■注意を要する子音

b	(語末で)	[プ]	
c	(外来語)	[ク]	Cafe [カフェー]
		[ツ]	circa [ツィルカ]
		[ス]	Cent [セント]
ch		[ヒ]	ich [イヒ]
	(a/o/u/auの後で)	[ハ/ホ/フ/ホ]	Bach [バッハ] doch [ドッホ] Tuch [トゥーフ] auch [アオホ]
	(外来語)	[シュ]	Chance [シャンセ]
		[ク]	Charakter [カラクター]
chs		[クス]	Fuchs [フクス]
d	(語末で)	[ト]	Kind [キント]
ds		[ツ]	abends [アーベンツ]
dt		[ト]	Stadt [シュタット]
er		[エーア, エア]	werden [ヴェーアデン]
	(語末で)	[アー]	Oktober [オクトーバー]
g	(語末で)	[ク]	Weg [ヴェーク]
	(外来語)	[ジュ]	Orange [オラーンジェ]
ig	(語末で)	[イヒ]	König [ケーニヒ]
j		[ユ]	Japan [ヤーパン]
	(外来語)	[ジュ]	Job [ジョップ]
pf		[プフ]	Kopf [コプフ]
ph	(外来語)	[フ]	Philosophie [フィロゾフィー]
qu		[クヴ]	Quittung [クヴィットゥング]
r	(語末で)	[ア]	Tür [テューア]
s	(+母音)	[ズ]	reisen [ライゼン]
sch		[シュ]	schlafen [シュラーフェン]
sp	(語頭で)	[シュプ]	spielen [シュピーレン]
ss, ß		[ス]	essen [エッセン] Fuß [フース]
st	(語頭で)	[シュト]	Straße [シュトラーセ]
t, th		[ト]	Tasse [タッセ] Thema [テーマ]
tio		[ツィオ]	Lektion [レクツィオーン]
ts, tz		[ツ]	rechts [レヒツ] Katze [カッツェ]
tsch		[チュ]	Deutsch [ドイチュ]
v		[フ]	Vater [ファーター]
		[ヴ]	Visum [ヴィーズム]
w		[ヴ]	Löwe [レーヴェ]
x		[クス]	Taxi [タクスィ]
z		[ツ]	Salz [ザルツ]

Daily
Japanese-German-English
Dictionary

デイリー
日独英
辞典 [カジュアル版]

三省堂編修所 [編]

三省堂

© Sanseido Co., Ltd. 2017
Printed in Japan

[装画] 青山タルト
[装丁] 三省堂デザイン室

まえがき

近年，日本アニメのブームがわき起こったり，和食が世界遺産に登録されたりと，日本の文化・芸術が世界的に注目を集めています。それに伴い，海外からの観光客や日本での留学・就労をもとめる外国人が増えています。そして，2020 年の東京オリンピック・パラリンピックをきっかけとして，多くの日本人がさまざまな言語や文化背景をもつ人たちをおもてなしの心で迎え入れようとしています。

2002 年より刊行を開始した「デイリー 3 か国語辞典」シリーズは，ハンディかつシンプルで使いやすいとのご好評をいただき，増刷を重ねてまいりました。このたび，より気軽にご利用いただけるよう，『デイリー日独英辞典 カジュアル版』を刊行いたします。これは，同シリーズの『デイリー日独英・独日英辞典』より「日独英部分」を独立させ内容を見直し，付録として「日常会話」や「分野別単語集」を盛りこんだものです。

本書の構成は次の通りです。くわしくは「この辞書の使い方」をごらんください。

◇**日独英辞典**…
日本語に対応するドイツ語がひと目でわかります。分野別単語集と合わせ約 1 万 3 千項目収録しました。見出しの日本語には「ふりがな」に加え「ローマ字」も示し，語義が複数にわたるものには（　　）で中見出しを設けました。ドイツ語と英語にはシンプルなカタカナ発音を示しました。

◇**日常会話**…
場面や状況別に，よく使われるごく基本的な表現をまとめました。ドイツ語と英語の音声は無料ウェブサービスで聴くことができます。

◇**分野別単語集**…
「職業」「病院」など，分野別に関連する基本的な単語をまとめました。

おもてなしにもご旅行にも，シンプルで引きやすい『デイリー日独英辞典 カジュアル版』が，読者のみなさまのコミュニケーションに役立つよう，心より願っています。

2017 年初夏

三省堂編修所

この辞書の使い方

【日独英辞典】
○日本語見出し
- 日常よく使われる日本語を五十音順に配列した
- 長音「ー」は直前の母音に置き換えて配列した

  例： **アーチ** → ああち　　**チーム** → ちいむ

- 見出し上部にふりがなを付け，常用漢字以外の漢字も用いた
- 見出し下部にローマ字を付けた

  例： **長所** → chousho　　**上達する** → joutatsusuru

- 語義が複数あるものには（　　）で中見出しを設けた
- 熟語見出しについては見出しを~で省略した

○ドイツ語
- 見出しの日本語に対応するドイツ語の代表的な語句を示した
- ドイツ語にはシンプルなカタカナ発音を付し，アクセント位置は太字とした
- 名詞の性は定冠詞 *der*（男性），*die*（女性），*das*（中性）を付けることで示し，複数形の語は語の後ろに *pl.* と表示した
- 人を表す語では，必要に応じて女性形を（　）に入れ以下のように示した

  例： *der(die)* **Lehrer(*in*)**　　*der(die)* **Beamte(-*in*)**

  　　　レーラー(･レリン)　　　　　ベア**ム**テ(･ティン)

- 分離動詞は分離する位置を「|」で示した
- 動詞には必要に応じて前置詞を付け，イタリックで示した
- 以下の記号によって目的語・再帰代名詞の格を示した

j^3	人の３格	j^4/et^4	人・物・事の４格
et^4	物・事の４格	$sich^4$	再帰代名詞の４格

- 定冠詞・記号類のカタカナ発音は割愛した

○英語
- 見出しの日本語に対応する英語の代表的な語句を示した
- 原則的にアメリカ英語とし，イギリス英語には British の略記号 Ⓑ を付けた
- 冠詞・複数形などの詳細な表記は原則的に割愛した
- 英語にはシンプルなカタカナ発音を付し，アクセント位置は太字とした

【日常会話】
- 「あいさつ」「食事」「買い物」「トラブル・緊急事態」の４つの場面別に，よく使われる日常会話表現をまとめた
- 日独英の順に配列し，同じ意味を表す別の表現は / で区切って併記した

【分野別単語集】
- 分野別によく使われる語句をまとめた
- 日独英の順に配列し，英語はⓐで示した

日	独	英

あ，ア

あーもんど
アーモンド
aamondo
die **Mandel**
マンデル
almond
アーモンド

あい
愛
ai
die **Liebe**
リーベ
love
ラヴ

あいかぎ
合い鍵
aikagi
der **Zweitschlüssel**
ツ**ヴァ**イトシュリュッセル
duplicate key
デュープリケト **キ**ー

あいかわらず
相変わらず
aikawarazu
wie immer
ヴィー **イ**マー
as usual
アズ **ユ**ージュアル

あいきょうのある
愛嬌のある
aikyounoaru
charmant
シャル**マ**ント
charming
チャーミング

あいこくしん
愛国心
aikokushin
der **Patriotismus**
パトリオ**ティ**スムス
patriotism
ペイトリオティズム

あいこん
アイコン
aikon
das **Icon**
アイコン
icon
アイカン

あいさつ
挨拶
aisatsu
der **Gruß,** *die* **Begrüßung**
グ**ル**ース，ベグ**リュ**ースング
greeting
グ**リ**ーティング

～する
grüßen
グ**リュ**ーセン
greet, salute
グ**リ**ート，サ**ル**ート

あいしゃどー
アイシャドー
aishadoo
der **Lidschatten**
リートシャッテン
eye shadow
アイ シャ**ド**ウ

あいしょう
愛称
aishou
der **Kosename**
コーゼナーメ
nickname
ニクネイム

あいじょう
愛情
aijou
die **Liebe,** *die* **Zuneigung**
リーベ，**ツ**ーナイグング
love, affection
ラヴ，ア**フェ**クション

あいず
合図
aizu
das **Signal,** *das* **Zeichen**
ズィグ**ナ**ール，**ツァ**イヒェン
signal, sign
ス**イ**グナル，**サ**イン

あいすくりーむ
アイスクリーム
aisukuriimu
das **Eis,** *die* **Eiscreme**
アイス，**ア**イスクレーメ
ice cream
アイス ク**リ**ーム

日	独	英
あいすこーひー **アイスコーヒー** aisukoohii	*der* **Eiskaffee** アイスカフェー	iced coffee アイスト コーフィ
あいすてぃー **アイスティー** aisutii	*der* **Eistee** アイステー	iced tea アイスト ティー
あいすほっけー **アイスホッケー** aisuhokkee	*das* **Eishockey** アイスホッキ	ice hockey アイス ハキ
あいすらんど **アイスランド** aisurando	(*das*) **Island** イースラント	Iceland アイスランド
あいする **愛する** aisuru	**lieben** リーベン	love ラヴ
あいそがつきる **愛想が尽きる** aisogatsukiru	*von j*³ **genug haben** フォン ‥ ゲヌーク ハーベン	(get) fed up with (ゲト) フェド アプ ウィズ
あいそのよい **愛想のよい** aisonoyoi	**umgänglich, freundlich** ウムゲングリヒ, フロイントリヒ	affable, approach-able アファブル, アプロウチャブル
あいた **空いた** aita	**leer, frei** レーア, フライ	empty, vacant エンプティ, ヴェイカント
あいだ **間** (時間) aida	*das* **Intervall** インターヴァル	interval インタヴァル
(距離)	*die* **Entfernung** エントフェルヌング	distance ディスタンス
(空間)	*der* **Zwischenraum** ツヴィッシェンラオム	space スペイス
あいて **相手** aite	*der*(*die*) **Partner(*in*)** パルトナー(-ネリン)	other person アザ パーソン
(敵)	*der*(*die*) **Gegner(*in*)** ゲーグナー(-ネリン)	opponent オポウネント
あいでぃあ **アイディア** aidia	*die* **Idee** イデー	idea アイディーア

日	独	英
あいてぃー **IT** aitii	*die* **Informationstechno-logie** インフォルマツィオーンステヒノロギー	information tech-nology インフォメイション テクナロジ
あいている **開いている** aiteiru	**offen** オッフェン	open オウプン
あいている **空いている** aiteiru	**frei, vakant** フライ, ヴァカント	vacant ヴェイカント
（自由だ）	**frei** フライ	free フリー
あいどる **アイドル** aidoru	*das* **Idol** イドール	idol アイドル
あいま **合間** aima	*die* **Zwischenzeit,** *die* **Pause** ツヴィッシェンツァイト, パオゼ	interval インタヴァル
あいまいな **曖昧な** aimaina	**vage, zweideutig** ヴァーゲ, ツヴァイドイティヒ	vague, ambiguous ヴェイグ, アンビギュアス
あいるらんど **アイルランド** airurando	(*das*) **Irland** イルラント	Ireland アイアランド
あいろん **アイロン** airon	*das* **Bügeleisen** ビューゲルアイゼン	iron アイアン
あう **会う** au	**sehen, begegnen** ゼーエン, ベゲーグネン	see, meet スィー, ミート
（約束して）	**treffen** トレッフェン	meet ミート
あう **合う** （一致する） au	**entsprechen, überein|-stimmen** エントシュプレッヒェン, ユーバーアインシュティメン	match with, con-form to マチ ウィズ, コンフォーム トゥ
（正確）	**richtig sein** リヒティヒ ザイン	(be) correct (ビ) コレクト
あうとぷっと **アウトプット** autoputto	*die* **Ausgabe** アオスガーベ	output アウトプト

日	独	英
あうとらいん **アウトライン** autorain	*der* **Umriss** ウムリス	outline アウトライン
あえる **和える** aeru	**an|machen** アンマッヘン	dress with ドレス ウィズ
あお **青** ao	*das* **Blau** ブラオ	blue ブルー
あおい **青い** aoi	**blau** ブラオ	blue ブルー
（顔色などが）	**blass** ブラス	pale ペイル
あおぐ **扇ぐ** aogu	**fächeln** フェッヒェルン	fan ファン
あおじろい **青白い** aojiroi	**bleich, blass** ブライヒ, ブラス	pale, wan ペイル, ワン
あか **赤** aka	*das* **Rot** ロート	red レド
あかい **赤い** akai	**rot** ロート	red レド
あかくなる **赤くなる** akakunaru	**rot werden, erröten** ロート ヴェーアデン, エアレーテン	turn red ターン レド
あかじ **赤字** akaji	*das* **Defizit** デーフィツィット	deficit デフィスィト
あかちゃん **赤ちゃん** akachan	*das* **Baby** ベビ	baby ベイビ
あかみ **赤身** （肉の） akami	**mageres Fleisch** マーゲレス フライシュ	lean リーン
あかり **明かり** akari	*das* **Licht,** *die* **Lampe** リヒト, ランペ	light, lamp ライト, ランプ
あがる **上がる** （上に行く） agaru	**auf|steigen** アオフシュタイゲン	go up, rise ゴウ アプ, ライズ

日	独	英
（増加する）	**an|steigen** アンシュタイゲン	increase, rise インクリース，ライズ
（興奮する・緊張する）	*sich*[4] **auf|regen, nervös sein** ‥ アオフレーゲン，ネルヴェース ザイン	(get) nervous (ゲト) ナーヴァス
あかるい **明るい** akarui	**hell** ヘル	bright ブライト
（性格が）	**heiter** ハイター	cheerful チアフル
あかわいん **赤ワイン** akawain	*der* **Rotwein** ロートヴァイン	red wine レド ワイン
あき **空き** （透き間） aki	*die* **Lücke** リュッケ	opening, gap オウプニング，ギャプ
（余地）	*der* **Raum,** *der* **Spielraum** ラオム，シュピールラオム	room, space ルーム，スペイス
あき **秋** aki	*der* **Herbst** ヘルプスト	fall, Ⓑautumn フォール，オータム
あきかん **空き缶** akikan	**leere Dose** レーレ ドーゼ	empty can エンプティ キャン
あきち **空き地** akichi	**freier Platz** フライアー プラッツ	vacant land ヴェイカント ランド
あきびん **空きびん** akibin	**leere Flasche** レーレ フラッシェ	empty bottle エンプティ バトル
あきべや **空き部屋** akibeya	**freies Zimmer** フライエス ツィマー	vacant room ヴェイカント ルーム
あきらかな **明らかな** akirakana	**klar, offensichtlich** クラール，オッフェンズィヒトリヒ	clear, evident クリア，エヴィデント
あきらかに **明らかに** akirakani	**deutlich, eindeutig** ドイトリヒ，アインドイティヒ	clearly クリアリ

日	独	英

あ

あきらめる
諦める
akirameru

auf|geben, verzichten
アオフゲーベン，フェアツィヒテン

give up, abandon
ギヴ アプ，アバンドン

あきる
飽きる
akiru

satt haben, Interesse *an*
et³/j³ **verlieren**
ザット ハーベン，インテレッセ アン ‥ フェア
リーレン

(get) tired of
(ゲト) タイアド オヴ

あきれすけん
アキレス腱
akiresuken

die **Achillessehne**
アヒレスゼーネ

Achilles' tendon
アキリーズ テンドン

あきれる
呆れる
akireru

verblüfft sein
フェアブリュッフト ザイン

(be) bewildered by
(ビ) ビウィルダド バイ

あく
悪
aku

das **Böse**
ベーゼ

evil, vice
イーヴィル，ヴァイス

あく
開く
aku

sich⁴ **öffnen**
‥ エフネン

open
オウプン

あく
空く
aku

frei werden
フライ ヴェーアデン

(become) vacant
(ビカム) ヴェイカント

あくい
悪意
akui

die **Bosheit,** *die* **Arglist**
ボースハイト，アルクリスト

malice
マリス

あくじ
悪事
akuji

die **Übeltat**
ユーベルタート

evil deed
イーヴィル ディード

あくしつな
悪質な
akushitsuna

boshaft
ボースハフト

vicious, vile
ヴィシャス，ヴァイル

あくしゅ
握手
akushu

der **Handschlag,** *der* **Hän-
dedruck**
ハントシュラーク，ヘンデドルック

handshake
ハンドシェイク

あくせいの
悪性の
akuseino

bösartig
ベースアールティヒ

malignant
マリグナント

あくせさりー
アクセサリー
akusesarii

die **Accessoires** *pl., das*
Zubehör
アクセソアール，ツーベヘーア

accessories
アクセソリズ

あくせす
アクセス
akusesu

der **Zugriff**
ツーグリフ

access
アクセス

日	独	英
あくせる **アクセル** akuseru	*das* **Gaspedal** ガースペダール	accelerator アクセラレイタ
あくせんと **アクセント** akusento	*der* **Akzent,** *die* **Betonung** アクツェント, ベトーヌング	accent アクセント
あくび **あくび** akubi	*das* **Gähnen** ゲーネン	yawn ヨーン
あくま **悪魔** akuma	*der* **Teufel** トイフェル	devil デヴィル
あくむ **悪夢** akumu	*der* **Albtraum** アルプトラオム	nightmare ナイトメア
あくめい **悪名** akumei	**schlechter Ruf** シュレヒター ルーフ	bad reputation バド レピュテイション
あくようする **悪用する** akuyousuru	**missbrauchen** ミスブラオヘン	abuse, misuse アビュース, ミスユーズ
あくりょく **握力** akuryoku	*die* **Griffstärke** グリフシュテルケ	grip strength グリップ ストレングス
あくりる **アクリル** akuriru	*das* **Acryl** アクリュル	acrylic アクリリク
あけがた **明け方** akegata	*der* **Tagesanbruch** ターゲスアンブルフ	daybreak デイブレイク
あける **開ける** akeru	**öffnen** エフネン	open オウプン
あける **空ける** akeru	**leeren** レーレン	empty エンプティ
あげる **上げる** ageru	**heben** ヘーベン	raise, lift レイズ, リフト
(与える)	**geben** ゲーベン	give, offer ギヴ, オファ
あげる **揚げる** ageru	**frittieren** フリティーレン	deep-fry ディープフライ

日	独	英
あご **顎** ago	*der* **Kiefer,** *das* **Kinn** キーファー，キン	jaw, chin チョー，チン
あこがれ **憧れ** akogare	*die* **Sehnsucht** ゼーンズフト	yearning ヤーニング
あこがれる **憧れる** akogareru	*sich*⁴ *nach j³/et³* **sehnen** ‥ ナーハ ‥ ゼーネン	aspire to, long for アスパイア トゥ，ローング フォ
あさ **朝** asa	*der* **Morgen** モルゲン	morning モーニング
あさ **麻** asa	*der* **Hanf** ハンフ	hemp ヘンプ
(布)	*das* **Leinen** ライネン	linen リネン
あさい **浅い** asai	**seicht** ザイヒト	shallow シャロウ
あさがお **朝顔** asagao	*die* **Trichterwinde** トリヒターヴィンデ	morning glory モーニング グローリ
あさって **あさって** asatte	**übermorgen** ユーバーモルゲン	day after tomor- row デイ アフタ トモーロウ
あさひ **朝日** asahi	*die* **Morgensonne** モルゲンゾネ	morning sun モーニング サン
あさましい **浅ましい** asamashii	**schändlich** シェントリヒ	shameful シェイムフル
あざむく **欺く** azamuku	**betrügen, täuschen** ベトリューゲン，トイシェン	cheat チート
あざやかな **鮮やかな** azayakana	**strahlend, frisch** シュトラーレント，フリッシュ	vivid ヴィヴィド
(手際が)	**gekonnt, meisterhaft** ゲコント，マイスターハフト	splendid, master- ful スプレンディド，マスタフル

日	独	英
あざらし **海豹** azarashi	*der* **Seehund** ゼーフント	seal スィール
あざわらう **あざ笑う** azawarau	**verspotten** フェアシュポッテン	ridicule リディキュール
あし **足** （足首から先） ashi	*der* **Fuß** フース	foot フト
～首	*das* **Fußgelenk** フースゲレンク	ankle アンクル
あし **脚** ashi	*das* **Bein** バイン	leg レグ
あじ **味** aji	*der* **Geschmack** ゲシュマック	taste テイスト
（風味）	*der* **Geschmack** ゲシュマック	flavor, Ⓑflavour フレイヴァ，フレイヴァ
あじあ **アジア** ajia	(*das*) **Asien** アーズィエン	Asia エイジャ
～の	**asiatisch** アズィアーティシュ	Asian エイジャン
あじけない **味気ない** ajikenai	**uninteressant** ウンインテレサント	uninteresting アニンタレスティング
あした **明日** ashita	**morgen** モルゲン	tomorrow トモーロウ
あじつけする **味付けする** ajitsukesuru	**würzen** ヴュルツェン	season with スィーズン ウィズ
あしば **足場** ashiba	*das* **Gerüst** ゲリュスト	scaffold スキャフォルド
あじみする **味見する** ajimisuru	**kosten, probieren** コステン，プロビーレン	taste テイスト
あじわう **味わう** ajiwau	**genießen** ゲニーセン	taste, relish テイスト，レリシュ

日	独	英
あずかる **預かる** azukaru	**auf|bewahren,** *auf* *j⁴/et⁴* **achten** アオフベヴァーレン，アオフ ‥ アハテン	look after ルク アフタ
あずき **小豆** azuki	**rote Bohne,** *die* **Azuki-bohne** ローテ ボーネ，アツキボーネ	red bean レド ビーン
あずける **預ける** azukeru	**an|vertrauen, deponie-ren** アンフェアトラオエン，デポニーレン	leave, deposit リーヴ，ディパズィト
あすぱらがす **アスパラガス** asuparagasu	*der* **Spargel** シュパルゲル	asparagus アスパラガス
あすぴりん **アスピリン** asupirin	*das* **Aspirin** アスピリーン	aspirin アスピリン
あせ **汗** ase	*der* **Schweiß** シュヴァイス	sweat スウェト
あせも **あせも** asemo	*der* **Hitzepickel** ヒッツェピッケル	heat rash ヒート ラシュ
あせる **焦る** aseru	**ungeduldig sein** ウンゲドゥルディヒ ザイン	(be) impatient (ビ) インペイシェント
あそこ **あそこ** asoko	**dort (drüben), da** ドルト（ドリューベン），ダー	over there オウヴァ ゼア
あそび **遊び** asobi	*das* **Spiel** シュピール	play プレイ
（娯楽）	*das* **Vergnügen,** *das* **Amü-sement** フェアグニューゲン，アミュゼマーン	amusement アミューズメント
（気晴らし）	*die* **Ablenkung,** *die* **Zer-streuung** アップレンクング，ツェアシュトロイウング	diversion ディヴァージョン
あそぶ **遊ぶ** asobu	**spielen** シュピーレン	play プレイ
あたい **価**　（価値） atai	*der* **Wert** ヴェーアト	value, worth ヴァリュ，ワース

日		独	英
	（値段）	*der* **Preis** プライス	price, cost プライス, コスト
あたえる **与える** ataeru		**geben** ゲーベン	give, present ギヴ, プリゼント
	（被害を）	**zu|fügen** ツーフューゲン	cause, inflict コーズ, インフリクト
あたたかい **暖かい** atatakai		**warm** ヴァルム	warm ウォーム
あたたかい **温かい** atatakai	（心が）	**warmherzig, freundlich** ヴァルムヘルツィヒ, フロイントリヒ	genial チーニャル
あたたまる **暖まる** atatamaru		*sich*[4] **erwärmen** ‥エアヴェルメン	(get) warm (ゲト) ウォーム
あたためる **暖める** atatameru		**wärmen, heizen** ヴェルメン, ハイツェン	warm (up), heat ウォーム (アプ), ヒート
あだな **あだ名** adana		*der* **Spitzname** シュピッツナーメ	nickname ニクネイム
あたま **頭** atama		*der* **Kopf** コプフ	head ヘド
	（頭脳）	*der* **Intellekt** インテレクト	brains, intellect ブレインズ, インテレクト
あたらしい **新しい** atarashii		**neu** ノイ	new ニュー
	（最新の）	**neuest** ノイエスト	recent リースント
	（新鮮な）	**frisch** フリッシュ	fresh フレシュ
あたり **当たり** atari	（球などの）	*der* **Treffer** トレッファー	hit, strike ヒト, ストライク
	（事業などの）	*der* **Erfolg** エアフォルク	success サクセス

あ

日	独	英
あたり **辺り** atari	*die* **Nachbarschaft** ナッハバールシャフト	vicinity ヴィスィニティ
あたりまえの **当たり前の** atarimaeno	**gemein, gewöhnlich** ゲマイン, ゲヴェーンリヒ	common, ordinary カモン, オーディネリ
あたる **当たる** （ボールなどが） ataru	**schlagen, treffen** シュラーゲン, トレッフェン	hit, strike ヒト, ストライク
（事業などが）	**Erfolg haben** エアフォルク ハーベン	hit, succeed ヒト, サクスィード
あちこち **あちこち** achikochi	**hier und dort** ヒーア ウント ドルト	here and there ヒア アンド ゼア
あちら **あちら** achira	**dort drüben** ドルト ドリューベン	(over) there (オウヴァ) ゼア
あつい **熱[暑]い** atsui	**heiß** ハイス	hot ハト
あつい **厚い** atsui	**dick** ディック	thick スィク
あつかい **扱い** atsukai	*die* **Behandlung,** *die* **Handhabung** ベハンドルング, ハントハーブング	treatment, hand- ling トリートメント, ハンドリング
あつかう **扱う** atsukau	**handhaben** ハントハーベン	handle ハンドル
（担当する）	**behandeln** ベハンデルン	manage, deal with マニヂ, ディール ウィズ
（待遇する）	**behandeln, bedienen** ベハンデルン, ベディーネン	treat, deal with トリート, ディール ウィズ
あっかする **悪化する** akkasuru	*sich*⁴ **verschlechtern** ‥ フェアシュレヒターン	grow worse グロウ ワース
あつかましい **厚かましい** atsukamashii	**unverschämt** ウンフェアシェームト	impudent インピュデント

日	独	英
あつぎする **厚着する** atsugisuru	$sich^4$ **warm an|ziehen** ‥ ヴァルム アンツィーエン	dress warmly ドレス ウォームリ
あつくるしい **暑苦しい** atsukurushii	**stickig** シュティッキヒ	sultry, stuffy サルトリ, スタフィ
あつさ **暑さ** atsusa	*die* **Hitze** ヒッツェ	heat ヒート
あつさ **厚さ** atsusa	*die* **Dicke** ディッケ	thickness スィクネス
あっさり **あっさり** assari	**einfach, kurz** アインファッハ, クルツ	simply, plainly スィンプリ, プレインリ
〜した	**einfach, leicht** アインファッハ, ライヒト	simple, plain スィンプル, プレイン
あっしゅくする **圧縮する** asshukusuru	**komprimieren** コンプリミーレン	compress カンプレス
あつでの **厚手の** atsudeno	**dick** ディック	thick スィク
あっとうする **圧倒する** attousuru	**überwältigen** ユーバーヴェルティゲン	overwhelm オウヴァ(ホ)ウェルム
あっとまーく **アットマーク** attomaaku	*das* **At-Zeichen** エットツァイヒェン	at sign, @ アト サイン
あっぱくする **圧迫する** appakusuru	**unterdrücken** ウンタードリュッケン	oppress, press オプレス, プレス
あつまり　　（会合） **集まり** atsumari	*die* **Zusammenkunft**, *das* **Treffen** ツザメンクンフト, トレッフェン	gathering, meeting ギャザリング, ミーティング
（多数集まったもの）	*die* **Ansammlung**, *die* **Menschenmenge** アンザムルング, メンシェンメンゲ	crowd, gathering クラウド, ギャザリング
あつまる　（会合する） **集まる** atsumaru	$sich^4$ **versammeln** ‥ フェアザメルン	meet, assemble ミート, アセンブル

日	独	英
（群がる）	**zusammen|kommen** ツザメンコメン	gather ギャザ
あつみ **厚み** atsumi	*die* **Dicke** ディッケ	thickness スィクネス
あつめる **集める** atsumeru	**sammeln** ザメルン	gather, collect ギャザ, コレクト
あつらえる **誂える** atsuraeru	**bestellen** ベシュテレン	order オーダ
あつりょく **圧力** atsuryoku	*der* **Druck** ドルック	pressure プレシャ
あてさき **宛て先** atesaki	*die* **Adresse,** *die* **An-schrift** アドレッセ, アンシュリフト	address アドレス
あてな **宛て名** atena	*der* (*die*) **Adressat(*in*)** アドレサート(-ティン)	addressee アドレスィー
あてはまる **当てはまる** atehamaru	*auf et⁴/j⁴* **zu|treffen** アオフ‥ ツートレッフェン	apply to, (be) true of アプライ トゥ, (ビ) トルー オヴ
あてる **充てる** ateru	**zu|teilen** ツータイレン	assign, allot アサイン, アラト
あてる **当てる** （ぶつける） ateru	**schlagen, treffen** シュラーゲン, トレッフェン	hit, strike ヒト, ストライク
（推測する）	**erraten** エアラーテン	guess ゲス
（成功する）	**Erfolg haben** エアフォルク ハーベン	succeed サクスィード
あと **跡** ato	*die* **Spur** シュプーア	mark, trace マーク, トレイス
あとあし **後足** atoashi	*das* **Hinterbein** ヒンターバイン	hind leg ハインド レグ

日	独	英
あどけない **あどけない** adokenai	**unschuldig** ウンシュルディヒ	innocent イノセント
あとしまつする **後始末する** atoshimatsusuru	**erledigen** エアレーディゲン	settle セトル
あとつぎ **跡継ぎ** atotsugi	*der* (*die*) **Nachfolger(*in*)** ナーハフォルガー(-・ゲリン)	successor サクセサ
あとで **後で** atode	**später, nachher** シュペーター, ナーハヘーア	later, after レイタ, アフタ
あとの **後の** atono	**nächst** ネーヒスト	next, latter ネクスト, ラタ
あどばいす **アドバイス** adobaisu	*der* **Ratschlag,** *der* **Rat** ラートシュラーク, ラート	advice アドヴァイス
あどれす **アドレス** adoresu	*die* **Adresse** アドレッセ	address アドレス
あな **穴** ana	*das* **Loch** ロッホ	hole, opening ホウル, オウプニング
あなうんさー **アナウンサー** anaunsaa	*der* (*die*) **Sprecher(*in*)** シュプレッヒャー(-・ヒェリン)	announcer アナウンサ
あなうんす **アナウンス** anaunsu	*die* **Ansage** アンザーゲ	announcement アナウンスメント
あなた **あなた** anata	**Sie** ズィー	you ユー
あなどる **侮る** anadoru	**verachten, gering schät-** **zen** フェアアハテン, ゲリング シェッツェン	underestimate, make light of アンダレスティメイト, メイク ライト オヴ
あなろぐの **アナログの** anaroguno	**analog** アナローク	analog, Ⓑanalogue アナローグ, アナローグ
あに **兄** ani	**älterer Bruder** エルテラー ブルーダー	(older) brother (オウルダ) ブラザ

日	独	英

あにめ
アニメ
anime
der **Zeichentrickfilm,** *der* **Anime**
ツァイヒェントリックフィルム，アニメ
animation
アニメイション

あね
姉
ane
ältere Schwester
エルテレ シュヴェスター
(older) sister
(オウルダ) スィスタ

あの
あの
ano
jen*er*(-*e*/-*es*)
イェーナー(-ネ/-ネス)
that
ザト

あのころ
あの頃
anokoro
damals
ダーマルス
in those days
イン ゾウズ デイズ

あぱーと
アパート
apaato
die **Mietwohnung**
ミートヴォーヌング
apartment, Ⓑflat
アパートメント，フラト

あばく
暴く
abaku
enthüllen
エントヒュレン
disclose
ディスクロウズ

あばれる
暴れる
abareru
toben
トーベン
behave violently
ビヘイヴ ヴァイオレントリ

あびせる
浴びせる
abiseru
gießen
ギーセン
pour on
ポー オン

あひる
家鴨
ahiru
die **Ente**
エンテ
(domestic) duck
(ドメスティク) ダク

あふがにすたん
アフガニスタン
afuganisutan
(*das*) **Afghanistan**
アフガーニスターン
Afghanistan
アフギャニスタン

あふたーけあ
アフターケア
afutaakea
die **Nachbehandlung**
ナーハベハンドルング
aftercare
アフタケア

あふたーさーびす
アフターサービス
afutaasaabisu
der **Kundendienst**
クンデンディーンスト
after-sales service
アフタセイルズ サーヴィス

あぶない
危ない
abunai
gefährlich
ゲフェーアリヒ
dangerous, risky
デインヂャラス，リスキ

あぶら
脂
abura
das **Fett**
フェット
grease, fat
グリース，ファト

日	独	英
あぶら **油** abura	*das* **Öl** エール	oil オイル
あぶらえ **油絵** aburae	*das* **Ölgemälde** エールゲメールデ	oil painting オイル ペインティング
あぶらっこい **油っこい** aburakkoi	**fettig** フェッティヒ	oily オイリ
あふりか **アフリカ** afurika	(*das*) **Afrika** アーフリカ	Africa アフリカ
〜の	**afrikanisch** アフリカーニシュ	African アフリカン
あぶる **あぶる** aburu	**braten** ブラーテン	roast ロウスト
あふれる **あふれる** afureru	**über|fließen, über|laufen** ユーバーフリーセン, ユーバーラオフェン	overflow, flood オウヴァフロウ, フラド
あべこべの **あべこべの** abekobeno	**umgekehrt** ウムゲケーアト	contrary, reverse カントレリ, リヴァース
あぼかど **アボカド** abokado	*die* **Avocado** アヴォカード	avocado アヴォカードウ
あまい **甘い** amai	**süß** ズュース	sweet スウィート
（物事に対して）	**nachsichtig** ナーハズィヒティヒ	indulgent インダルヂェント
あまえる **甘える** amaeru	*sich*[4] **ein|schmeicheln** ‥アインシュマイヒェルン	behave like a baby ビヘイヴ ライク ア ベイビ
あまくちの **甘口の** amakuchino	**süß** ズュース	sweet スウィート
あまずっぱい **甘酸っぱい** amazuppai	**bittersüß, süßsauer** ビターズュース, ズュースザオアー	bittersweet ビタスウィート
あまちゅあ **アマチュア** amachua	*der*(*die*) **Amateur**(*in*) アマテーア(-リン)	amateur アマチャ

日	独	英
あまど **雨戸** amado	*die* **Holzschiebetür** ホルツシーベテューア	(sliding) shutter (スライディング) **シャ**タ
あまやかす **甘やかす** amayakasu	**verwöhnen** フェア**ヴェー**ネン	spoil スポイル
あまり **余り** amari	*der* **Rest** レスト	rest, remainder レスト，リ**マ**インダ
あまる **余る** amaru	**übrig bleiben** **ユー**ブリヒ **ブ**ライベン	remain リ**メ**イン
あまんじる **甘んじる** amanjiru	*sich*[4] *mit et*[3] **begnügen** ‥ミット‥ベグ**ニュー**ゲン	(be) contented with (ビ) コン**テ**ンテド ウィズ
あみ **網** ami	*das* **Netz** ネッツ	net ネト
あみのさん **アミノ酸** aminosan	*die* **Aminosäure** アミーノ**ゾ**イレ	amino acid ア**ミ**ーノウ **ア**スィド
あみもの **編物** amimono	*das* **Stricken** シュト**リ**ッケン	knitting **ニ**ティング
あむ **編む** amu	**stricken** シュト**リ**ッケン	knit ニト
あめ **飴** ame	*die* **Süßigkeiten** *pl.* **ズ**ースィヒカイテン	candy, Ⓑsweets **キャ**ンディ，ス**ウィ**ーツ
あめ **雨** ame	*der* **Regen** **レ**ーゲン	rain **レ**イン
あめりか **アメリカ** amerika	(*das*) **Amerika** ア**メ**ーリカ	America ア**メ**リカ
〜合衆国	**die Vereinigten Staaten** **von Amerika** *pl.* ディー フェア**ア**イニヒテン シュ**タ**ーテン フォン ア**メ**ーリカ	United States (of America) ユ**ナ**イテッド ス**テ**イツ (オヴ ア **メ**リカ)
〜人	*der*(*die*) **Amerikaner**(*in*) アメリ**カ**ーナー(·ネリン)	American ア**メ**リカン

日	独	英
〜の	**amerikanisch** アメリカーニシュ	American アメリカン
あやしい **怪しい** ayashii	**fragwürdig, verdächtig** フラークヴュルディヒ，フェアデヒティヒ	doubtful, suspicious ダウトフル，サスピシャス
あやまち **過ち** ayamachi	*der* **Fehler,** *der* **Irrtum** フェーラー，イルトゥーム	fault, error フォルト，エラ
あやまり **誤り** ayamari	*der* **Fehler,** *der* **Irrtum** フェーラー，イルトゥーム	mistake, error ミステイク，エラ
あやまる **誤る** ayamaru	*sich*[4] **irren** ‥イレン	mistake, fail in ミステイク，フェイルイン
あやまる **謝る** ayamaru	*sich*[4] *bei j*[3] **entschuldigen** ‥バイ‥エントシュルディゲン	apologize to アパロヂャイズトゥ
あゆみ **歩み** ayumi	*der* **Schritt,** *der* **Gang** シュリット，ガング	walking, step ウォーキング，ステプ
あゆむ **歩む** ayumu	**gehen** ゲーエン	walk ウォーク
あらあらしい **荒々しい** araarashii	**wild, rau** ヴィルト，ラオ	wild, brutal ワイルド，ブルートル
あらい **粗い** arai	**grob** グロープ	rough, coarse ラフ，コース
あらう **洗う** arau	**waschen, reinigen** ヴァッシェン，ライニゲン	wash, cleanse ワシュ，クレンズ
あらかじめ **あらかじめ** arakajime	**im Voraus** イムフォラオス	in advance, beforehand インアドヴァンス，ビフォーハンド
あらし **嵐** arashi	*der* **Sturm** シュトゥルム	storm, tempest ストーム，テンペスト
あらす **荒らす** arasu	**zerstören** ツェアシュテーレン	damage ダミヂ

日	独	英
あらそい **争い** arasoi	*der* **Streit** シュトライト	quarrel クウォレル
（口論）	*der* **Streit** シュトライト	dispute ディスピュート
あらそう **争う**（けんかする） arasou	**streiten** シュトライテン	fight, quarrel ファイト, クウォレル
（口論する）	*mit j³* **streiten** ミット ‥ シュトライテン	dispute with ディスピュート ウィズ
あらたまる **改まる**（新しくなる） aratamaru	**erneuert werden** エアノイアート ヴェーアデン	(be) renewed (ビ) リニュード
（変わる）	**verändert werden** フェアエンダート ヴェーアデン	change チェインヂ
（改善される）	**verbessern** フェアベッサーン	reform, improve リフォーム, インプルーヴ
（儀式ばる）	**förmlich sein** フェルムリヒ ザイン	(be) formal (ビ) フォーマル
あらためる **改める**（新しくする） aratameru	**erneuern** エアノイアーン	renew, revise リニュー, リヴァイズ
（変える）	**verändern** フェアエンダーン	change チェインヂ
あらびあ **アラビア** arabia	*(das)* **Arabien** アラービエン	Arabia アレイビア
〜語	*das* **Arabisch** アラービシュ	Arabic アラビク
〜数字	**arabische Ziffern** *pl.* アラービシェ ツィッファーン	Arabic numerals アラビク ヌメラルズ
あらぶしゅちょうこくれんぽう **アラブ首長国連邦** arabushuchoukoku renpou	**die Vereinigten Arabi-schen Emirate** *pl.* ディー フェアアイニヒテン アラービシェン エミラーテ	UAE, United Arab Emirates ユーエイイー, ユナイテド アラブ イミレツ

日	独	英
<ruby>アラブの<rt>あらぶの</rt></ruby> arabuno	**arabisch** アラービシュ	Arabian アレイビアン
<ruby>あらゆる<rt>あらゆる</rt></ruby> arayuru	**alle, jeder(-e/-es)** ア レ, イェーダー(-デ/-デス)	all, every オール, エヴリ
<ruby>表す<rt>あらわす</rt></ruby> arawasu	**zeigen, auf|zeigen** ツァイゲン, アオフツァイゲン	show, manifest ショウ, マニフェスト
<ruby>現れる<rt>あらわれる</rt></ruby> arawareru	**erscheinen** エアシャイネン	come out, appear カム アウト, アピア
<ruby>蟻<rt>あり</rt></ruby> ari	*die* **Ameise** アーマイゼ	ant アント
<ruby>有り得る<rt>ありうる</rt></ruby> ariuru	**möglich** メークリヒ	possible パスィブル
<ruby>有り得ない<rt>ありえない</rt></ruby> arienai	**unmöglich** ウンメークリヒ	impossible インパスィブル
<ruby>有り難い<rt>ありがたい</rt></ruby> arigatai	**dankenswert, dankbar** ダンケンスヴェーアト, ダンクバール	thankful サンクフル
<ruby>ありのままの<rt>ありのままの</rt></ruby> arinomamano	**ehrlich, offen** エーアリヒ, オッフェン	frank, plain フランク, プレイン
<ruby>ありふれた<rt>ありふれた</rt></ruby> arifureta	**gewöhnlich** ゲヴェーンリヒ	common, ordinary カモン, オーディナリ
<ruby>ある<rt>ある</rt></ruby> (存在する) aru	**es gibt, sein** エス ギープト, ザイン	there is, be ゼア イズ, ビー
(位置する)	**liegen,** *sich*^{4} **befinden** リーゲン, .. ベフィンデン	(be) situated (ビ) スィチュエイテド
(持っている)	**haben** ハーベン	have, possess ハヴ, ポゼス
<ruby>あるいは<rt>あるいは</rt></ruby> aruiwa	**oder, entweder ... oder** オーダー, エントヴェーダー オーダー	(either) or (イーザ) オー
<ruby>アルカリ<rt>あるかり</rt></ruby> arukari	*das* **Alkali** アルカーリ	alkali アルカライ

日	独	英
あるく **歩く** aruku	**laufen, zu Fuß gehen** ラオフェン, ツー フース ゲーエン	walk, go on foot ウォーク, ゴウ オン フト
あるこーる **アルコール** arukooru	*der* **Alkohol** アルコホール	alcohol アルコホール
あるじぇりあ **アルジェリア** arujeria	(*das*) **Algerien** アルゲーリエン	Algeria アルヂアリア
あるぜんちん **アルゼンチン** aruzenchin	(*das*) **Argentinien** アルゲンティーニエン	Argentina アーヂェンティーナ
あるつはいまーびょう **アルツハイマー病** arutsuhaimaabyou	*der* **Alzheimer**, *die* **Alzhei-** **merkrankheit** アルツハイマー, アルツハイマークランクハイト	Alzheimer's dis- ease アールツハイマズ ディズィーズ
あるばいと **アルバイト** arubaito	*der* **Job**, *die* **Teilzeitbe-** **schäftigung** ジョップ, タイルツァイトベシェフティグング	part-time job パートタイム チャブ
あるばむ **アルバム** arubamu	*das* **Album** アルブム	album アルバム
あるみにうむ **アルミニウム** aruminiumu	*das* **Aluminium** アルミーニウム	aluminum アルーミナム
あれ **あれ** are	**das, es** ダス, エス	that, it ザト, イト
あれから **あれから** arekara	**seitdem** ザイトデーム	since then スィンス ゼン
あれほど **あれほど** arehodo	**so, so viel** ゾー, ゾー フィール	so (much) ソウ (マチ)
あれらの **あれらの** arerano	**jene** イェーネ	those ゾウズ
あれる **荒れる**　(天候が) areru	*sich*[4] **verschlechtern, stür-** **misch werden** ‥ フェアシュレヒターン, シュテュルミシュ **ヴェ**ーアデン	(be) rough, deteri- orate (ビ) ラフ, ディ**ティ**アリオレイ ト
	(肌が)　**rissig werden** リスィヒ **ヴェ**ーアデン	(get) rough (ゲト) ラフ

日	独	英
（荒廃する）	**verfallen, veröden** フェア**ファ**レン, フェア**エ**ーデン	(be) ruined (ビ) **ル**インド
あれるぎー **アレルギー** arerugii	*die* **Allergie** アレル**ギ**ー	allergy **ア**ラヂ
あれんじする **アレンジする** arenjisuru	**arrangieren, ein|richten** アランジーレン, **ア**インリヒテン	arrange アレ**イ**ンヂ
あわ **泡** awa	*der* **Schaum** **シャ**オム	bubble, foam **バ**ブル, **フォ**ウム
あわせる **合わせる** awaseru	**verbinden** フェア**ビ**ンデン	put together, unite **プ**ト トゲ**ザ**, ユー**ナ**イト
（照合する）	**vergleichen** フェアグ**ラ**イヒェン	compare コン**ペ**ア
（設定・調整する）	*sich⁴* **an|passen** ‥ **ア**ンパッセン	set, adjust **セ**ト, ア**ヂャ**スト
あわただしい **慌ただしい** awatadashii	**gehetzt, hastig** ゲ**ヘ**ッツト, **ハ**スティヒ	hurried **ハ**ーリド
あわだつ **泡立つ** awadatsu	**schäumen** **ショ**イメン	bubble, foam **バ**ブル, **フォ**ウム
あわてる **慌てる**　（急ぐ） awateru	*sich⁴* **beeilen** ‥ ベ**ア**イレン	(be) hurried, (be) rushed (ビ) **ハ**ーリド, (ビ) **ラ**シュト
（動転する）	**bestürzt sein** ベシュ**テュ**ルツト ザイン	(be) upset (ビ) アプ**セ**ト
あわれな **哀れな** awarena	**traurig, arm** ト**ラ**オリヒ, **ア**ルム	sad, poor **サ**ド, **プ**ア
あわれむ **哀れむ** awaremu	*mit j³* **Mitleid haben** ミット ‥ **ミ**ットライト **ハ**ーベン	pity, feel pity for **ピ**ティ, **フィ**ール ピティ フォ
あん **案**　（計画） an	*der* **Plan** プ**ラ**ーン	plan プ**ラ**ン

日	独	英
（提案）	*der* **Vorschlag** フォーアシュラーク	suggestion サグ**チェ**スチョン
あんいな **安易な** an-ina	**leicht, einfach** ライヒト, **ア**インファッハ	easy **イー**ズィ
あんきする **暗記する** ankisuru	**auswendig lernen** アオスヴェンディヒ **レ**ルネン	memorize, learn by heart **メ**モライズ, **ラ**ーン バイ **ハ**ート
あんけーと **アンケート** ankeeto	*die* **Umfrage** ウムフラーゲ	questionnaire クウェスチョ**ネ**ア
あんごう **暗号** angou	*die* **Chiffre**, *der* **Code** シフレ, **コ**ート	cipher, code **サ**イファ, **コ**ウド
あんこーる **アンコール** ankooru	*die* **Zugabe** ツーガーベ	encore **ア**ーンコー
あんさつ **暗殺** ansatsu	*das* **Attentat** アッテンタート	assassination アサスィ**ネ**イション
あんざん **暗算** anzan	*das* **Kopfrechnen** コプフレヒネン	mental arithmetic **メ**ンタル ア**リ**スメティク
あんじ **暗示** anji	*die* **Andeutung** アンドイトゥング	hint, suggestion **ヒ**ント, サグ**チェ**スチョン
あんしょうする **暗唱する** anshousuru	**rezitieren** レツィティーレン	recite リ**サ**イト
あんしょうばんごう **暗証番号** anshoubangou	*die* **Geheimnummer** ゲハイムヌマー	code number **コ**ウド **ナ**ンバ
あんしんする **安心する** anshinsuru	**erleichtert sein** エアライヒタート ザイン	feel relieved **フィ**ール リ**リ**ーヴド
あんず **杏** anzu	*die* **Aprikose** アプリコーゼ	apricot **ア**プリカト
あんせい **安静** ansei	*die* **Ruhe** ルーエ	rest **レ**スト

日	独	英
あんぜん **安全** anzen	*die* **Sicherheit** ズィヒャーハイト	security スィキュアリティ
～な	**sicher** ズィヒャー	safe, secure セイフ, スィキュア
あんてい **安定** antei	*die* **Beständigkeit**, *die* **Stabilität** ベシュテンディヒカイト, シュタビリテート	stability, balance スタビリティ, バランス
あんてぃーく **アンティーク** antiiku	*die* **Antiquität** アンティクヴィテート	antique アンティーク
あんてな **アンテナ** antena	*die* **Antenne** アンテネ	antenna, aerial アンテナ, エアリアル
あんな **あんな** anna	**solch ein, so ein** ゾルヒ アイン, ゾー アイン	such, like that サチ, ライク ザト
あんない **案内** annai	*die* **Führung** フュールング	guidance ガイダンス
～する	**führen, zeigen** フューレン, ツァイゲン	guide, show ガイド, ショウ
（通知）	*die* **Information**, *die* **Benachrichtigung** インフォルマツィオーン, ベナーハリヒティグング	information, notification インフォメイション, ノウティフィケイション
～する	**informieren, benachrichtigen** インフォルミーレン, ベナーハリヒティゲン	notify ノウティファイ
あんに **暗に** anni	**stillschweigend** シュティルシュヴァイゲント	tacitly タスィトリ
あんばらんす **アンバランス** anbaransu	*das* **Ungleichgewicht** ウングライヒゲヴィヒト	imbalance インバランス
あんぺあ **アンペア** anpea	*das* **Ampere** アンペーア	ampere アンピア
あんもくの **暗黙の** anmokuno	**stillschweigend** シュティルシュヴァイゲント	tacit タスィト

日	独	英
あんもにあ **アンモニア** anmonia	*das* **Ammoniak** アモニアーク	ammonia アモウニャ

い, イ

日	独	英
い **胃** i	*der* **Magen** マーゲン	stomach スタマク
いい **いい** ii	**gut** グート	good, fine, nice グド, ファイン, ナイス
いいあらそう **言い争う** iiarasou	*sich⁴ mit j³* **streiten** ‥ミット‥シュトライテン	quarrel with クウォレル ウィズ
いいえ **いいえ** iie	**nein** ナイン	no ノウ
いいかえす **言い返す** iikaesu	**entgegnen, erwidern** エントゲーグネン, エアヴィーダーン	answer back アンサ バク
いいかげんな **いい加減な** 　　　(無計画な) iikagenna	**willkürlich** ヴィルキューリヒ	haphazard ハプハザド
(無責任な)	**unverantwortlich** ウンフェアアントヴォルトリヒ	irresponsible イリスパンスィブル
いいすぎ **言い過ぎ** iisugi	*die* **Übertreibung** ユーバートライブング	exaggeration イグザチャレイション
いいつけ **言い付け** iitsuke	*die* **Anweisung** アンヴァイズング	order, instruction オーダ, インストラクション
いいつたえ **言い伝え** iitsutae	*die* **Tradition,** *die* **Sage** トラディツィオーン, ザーゲ	tradition, legend トラディション, レヂェンド
いいのがれる **言い逃れる** iinogareru	*sich⁴* **heraus|reden** ‥ヘラオスレーデン	excuse oneself イクスキューズ
いいふらす **言いふらす** iifurasu	**verbreiten** フェアブライテン	spread スプレド

日	独	英
いいぶん **言い分** iibun	*die* **Meinung,** *die* **Behauptung** マイヌング，ベハオプトゥング	say, opinion セイ，オピニオン
いーゆー **EU** iiyuu	(*die*) **EU, die Europäische Union** エーウー，ディー オイロペーイシェ ウニオーン	EU イーユー
いいわけ **言い訳** iiwake	*die* **Ausrede** アオスレーデ	excuse, pretext イクス**キュース**，プリーテクスト
いいん **委員** iin	*das* **Mitglied eines Ausschusses** ミットグリート アイネス **ア**オスシュセス	member of a committee メンバ オヴ ア コミティ
～会	*der* **Ausschuss** アオスシュス	committee コミティ
いう **言う** iu	**sagen** ザーゲン	say, tell セイ，テル
（称する）	**nennen, heißen** ネネン，ハイセン	call, name コール，ネイム
いえ **家**　（住居） ie	*das* **Haus** ハオス	house ハウス
（自宅）	*das* **Heim** ハイム	home ホウム
（家族）	*die* **Familie** ファミーリエ	family ファミリ
いえでする **家出する** iedesuru	**von zu Hause weg|laufen** フォン ツー ハオゼ **ヴ**ェックラオフェン	run away from home ラン アウェイ フラム ホウム
いおう **硫黄** iou	*der* **Schwefel** シュヴェーフェル	sulfur サルファ
いおん **イオン** ion	*das* **Ion** イオーン	ion アイオン
いか **以下**　（そこから後） ika	*das* **Folgende** ダス **フ**ォルゲンデ	(the) following （ザ）**フ**ォロウイング

日	独	英
（それより少ない）	**weniger als, unter** ヴェーニガー アルス，ウンター	less than, under レス ザン，アンダ
いか **烏賊** ika	*der* **Tintenfisch** ティンテンフィッシュ	squid, cuttlefish スクウィード，カトルフィシュ
いがい **以外** igai	**außer** アオサー	except, excepting イクセプト，イクセプティング
いがいな **意外な** igaina	**unerwartet** ウンエアヴァルテット	unexpected アニクスペクテド
いかいよう **胃潰瘍** ikaiyou	*das* **Magengeschwür** マーゲンゲシュヴューア	gastric ulcer, stomach ulcer ギャストリク アルサ，スタマク アルサ
いかがわしい **いかがわしい** （疑わしい） ikagawashii	**zweifelhaft** ツヴァイフェルハフト	doubtful ダウトフル
（わいせつな）	**unanständig** ウンアンシュテンディヒ	indecent インディーセント
いがく **医学** igaku	*die* **Medizin** メディツィーン	medical science メディカル サイエンス
いかす **生かす** （命を保つ） ikasu	**leben lassen** レーベン ラッセン	keep alive キープ アライヴ
（活用する）	**aus|nutzen** アオスヌッツェン	put to good use プト トゥ グド ユース
いかすい **胃下垂** ikasui	*die* **Magensenkung** マーゲンゼンクング	gastroptosis ガストラプトウスィス
いかめしい **厳めしい** ikameshii	**würdevoll** ヴュルデフォル	solemn, stern サレム，スターン
いかり **怒り** ikari	*der* **Zorn** ツォルン	anger, rage アンガ，レイヂ
いき **息** iki	*der* **Atem** アーテム	breath ブレス

日	独	英
いぎ **意義** igi	*die* **Bedeutung** ベドイトゥング	significance スィグニフィカンス
いぎ **異議** igi	*der* **Einwand** アインヴァント	objection オブチェクション
いきいきした **生き生きした** ikiikishita	**lebendig** レベンディヒ	lively, fresh ライヴリ, フレシュ
いきおい **勢い** ikioi	*die* **Wucht** ヴフト	momentum モウメンタム
いきかえる **生き返る** ikikaeru	**wieder zum Leben kommen** ヴィーダー ツム レーベン コメン	come back to life カム バック トゥ ライフ
いきかた **生き方** ikikata	*die* **Lebensweise** レーベンスヴァイゼ	lifestyle ライフスタイル
いきさき **行き先** ikisaki	*das* **Ziel** ツィール	destination デスティネイション
いきさつ　（事情） **いきさつ** ikisatsu	*die* **Umstände** *pl.* ウムシュテンデ	circumstances サーカムスタンセズ
（詳細）	*die* **Einzelheiten** *pl.* アインツェルハイテン	details ディーテイルズ
いきている **生きている** ikiteiru	**lebendig** レベンディヒ	alive, living アライヴ, リヴィング
いきどまり **行き止まり** ikidomari	*die* **Sackgasse** ザックガッセ	dead end デド エンド
いきなり **いきなり** ikinari	**plötzlich** プレッツリヒ	suddenly, abruptly サドンリ, アブラプトリ
いきぬき **息抜き** ikinuki	*die* **Ruhe,** *die* **Entspannung** ルーエ, エントシュパヌング	rest, breather レスト, ブリーザ
いきのこる **生き残る** ikinokoru	**überleben** ユーバーレーベン	survive サヴァイヴ

日	独	英
いきもの **生き物** ikimono	*das* **Lebewesen** レーベヴェーゼン	living thing リヴィング スィング
いぎりす **イギリス** igirisu	(*das*) **England,** (*das*) **Großbritannien** エングラント, グロースブリタニエン	England, Great Britain イングランド, グレイト ブリトン
～人	*der*(*die*) **Engländer(*in*)** エングレンダー(-デリン)	English (person) イングリッシュ (パーソン)
いきる **生きる** ikiru	**leben** レーベン	live, (be) alive ライヴ, (ビ) アライヴ
いく **行く** iku	**gehen** ゲーエン	go ゴウ
(去る)	**ab|fahren** アップファーレン	leave リーヴ
いくじ **育児** ikuji	*die* **Kinderpflege** キンダープフレーゲ	childcare チャイルドケア
いくつ **いくつ** ikutsu	**wie viel** ヴィー フィール	how many ハウ メニ
(年齢が)	**wie alt** ヴィー アルト	how old ハウ オウルド
いくつか **いくつか** ikutsuka	**einige** アイニゲ	some, several サム, セヴラル
いけ **池** ike	*der* **Teich** タイヒ	pond, pool パンド, プール
いけいれん **胃痙攣** ikeiren	*die* **Magenkrämpfe** *pl.* マーゲンクレンプフェ	stomach cramps スタマク クランプス
いけない **いけない** (悪い) ikenai	**böse, schlecht** ベーゼ, シュレヒト	bad, naughty バド, ノーティ
(してはならない)	**nicht dürfen** ニヒト デュルフェン	must not do マスト ナト

日	独	英
いけん **意見** （考え） iken	*die* **Meinung** マイヌング	opinion, idea オピニオン, アイディーア
（忠告）	*der* **Ratschlag** ラートシュラーク	advice アドヴァイス
いげん **威厳** igen	*die* **Würde** ヴュルデ	dignity ディグニティ
いご **以後** （今後） igo	**von nun an, in Zukunft** フォン ヌン アン, イン ツークンフト	from now on フラム ナウ オン
（その後）	**danach, seitdem** ダナーハ, ザイトデーム	after, since アフタ, スィンス
いこう **意向** ikou	*die* **Absicht** アップズィヒト	intention インテンション
いこうする **移行する** ikousuru	*sich⁴* **verlagern** ‥ フェアラーガーン	move, shift ムーヴ, シフト
いざかや **居酒屋** izakaya	*das* **Lokal,** *die* **Kneipe** ロカール, クナイペ	pub パブ
いざこざ **いざこざ** izakoza	*das* **Durcheinander,** *die* **Streitigkeiten** *pl.* ドゥルヒアイナンダー, シュトライティヒカイテ ン	dispute, quarrel ディスピュート, クウォレル
いさましい **勇ましい** isamashii	**tapfer** タプファー	brave, courageous ブレイヴ, カレイヂャス
いさめる **諫める** isameru	**ermahnen, tadeln** エアマーネン, ターデルン	remonstrate リマンストレイト
いさん **遺産** isan	*das* **Erbe,** *die* **Erbschaft** エルベ, エルプシャフト	inheritance, legacy インヘリタンス, レガスィ
いし **意志** ishi	*der* **Wille** ヴィレ	will, volition ウィル, ヴォウリション
いし **意思** ishi	*die* **Absicht** アップズィヒト	intention インテンション

日	独	英
いし **石** ishi	*der* **Stein** シュタイン	stone ストウン
いじ **意地** iji	*die* **Hartnäckigkeit,** *der* **Eigensinn** ハルトネッキヒカイト, アイゲンズィン	obstinacy アブスティナスィ
いしき **意識** ishiki	*das* **Bewusstsein** ベヴストザイン	consciousness カンシャスネス
〜する	*sich³* **bewusst sein** .. ベヴスト ザイン	(be) conscious of (ビ) カンシャス オヴ
いしつの **異質の** ishitsuno	**heterogen** ヘテローゲン	heterogeneous ヘテロヂーニアス
いじめる **いじめる** ijimeru	**quälen** クヴェーレン	bully, torment ブリ, トーメント
いしゃ **医者** isha	*der* **Arzt,** *die* **Ärztin** アールツト, エーアツティン	doctor ダクタ
いしゃりょう **慰謝料** isharyou	*das* **Schmerzensgeld** シュメルツェンスゲルト	compensation カンペンセイション
いじゅう **移住** (他国からの) ijuu	*die* **Einwanderung** アインヴァンデルンク	immigration イミグレイション
(他国への)	*die* **Auswanderung** アオスヴァンデルンク	emigration エミグレイション
いしゅく **萎縮** ishuku	*die* **Atrophie** アトロフィー	atrophy アトロフィ
いしょ **遺書** isho	*das* **Testament** テスタメント	will, testament ウィル, テスタメント
いしょう **衣装** ishou	*die* **Kleidung,** *das* **Kostüm** クライドゥング, コスチューム	clothes, costume クロウズ, カスチューム
いじょう **以上** ijou	**mehr als, über** メーア アルス, ユーバー	more than, over モー ザン, オウヴァ

日	独	英
いじょうな **異常な** ijouna	außergewöhnlich, abnormal アオサーゲヴェーンリヒ, **ア**ップノルマール	abnormal アブ**ノー**マル
いしょく **移植** (植物の) ishoku	*die* **Transplantation**, *die* **Verpflanzung** トランスプランタツィ**オー**ン, フェアプフ**ラン**ツング	transplantation トランスプラン**テイ**ション
(生体の)	*die* **Transplantation** トランスプランタツィ**オー**ン	transplant トランスプ**ラン**ト
いしょくの **異色の** ishokuno	einzigartig, auffallend **ア**インツィヒ**アー**ルティヒ, **ア**オフファレント	unique ユー**ニー**ク
いじる **いじる** ijiru	betasten, handhaben ベ**タ**ステン, **ハ**ントハーベン	finger, fumble with **フィ**ンガ, **ファ**ンブル ウィズ
いじわるな **意地悪な** ijiwaruna	boshaft, bösartig **ボー**スハフト, **ベー**スアールティヒ	ill-natured, nasty イル**ネイ**チャド, **ナ**スティ
いじん **偉人** ijin	große Persönlichkeit グ**ロー**セ ペル**ゼー**ンリヒカイト	great person グ**レイ**ト **パー**ソン
いす **椅子** isu	*der* **Sessel**, *der* **Stuhl** **ゼッ**セル, シュト**ゥー**ル	chair, stool **チェ**ア, スト**ゥー**ル
いすらえる **イスラエル** isuraeru	(*das*) **Israel** イスラ**エー**ル	Israel **イ**ズリエル
いすらむきょう **イスラム教** isuramukyou	*der* **Islam** イス**ラー**ム	Islam イス**ラー**ム
～徒	*der*(*die*) **Moslem**(*in*) **モ**スレム(モス**レー**ミン)	Muslim **マ**ズリム
いずれ **いずれ** (そのうち) izure	irgendwann **イ**ルゲントヴァン	someday **サ**ムデイ
いせい **異性** isei	anderes Geschlecht **ア**ンデレス ゲ**シュレ**ヒト	opposite sex ア**ポ**ズィト **セ**クス
いせき **遺跡** iseki	*die* **Ruine** ル**イー**ネ	ruins **ルー**インズ

日	独	英
いぜん **以前** izen	**früher** フリューアー	ago, before アゴウ, ビフォー
いぜんとして **依然として** izentoshite	**immer noch, noch** イマー ノッホ, ノッホ	still スティル
いそがしい **忙しい** isogashii	**beschäftigt sein** ベシェフティヒト ザイン	(be) busy (ビ) ビズィ
いそぐ **急ぐ** isogu	*sich⁴* **beeilen** ‥ ベアイレン	hurry, hasten ハーリ, ヘイスン
いぞく **遺族** izoku	*der/die* **Hinterbliebene** ヒンターブリーベネ	bereaved family ビリーヴド ファミリ
いそんする **依存する** isonsuru	**von** *j³/et³* **ab|hängen** フォン ‥ アップヘンゲン	depend on ディペンド オン
いた **板** (木などの) ita	*das* **Brett** ブレット	board ボード
(金属の)	*die* **Platte** プラッテ	plate プレイト
いたい **遺体** itai	*die* **Leiche** ライヒェ	dead body デド バディ
いたい **痛い** itai	**schmerzhaft** シュメルツハフト	painful ペインフル
いだいな **偉大な** idaina	**groß, mächtig** グロース, メヒティヒ	great, grand グレイト, グランド
いだく **抱く** idaku	**haben, hegen** ハーベン, ヘーゲン	have, bear ハヴ, ベア
いたくする **委託する** itakusuru	**betrauen** ベトラオエン	entrust, consign イントラスト, コンサイン
いたずら **いたずら** itazura	*der* **Streich** シュトライヒ	mischief, trick ミスチフ, トリク
〜な	**unartig** ウンアールティヒ	naughty ノーティ

日	独	英
いただく **頂く** （もらう） itadaku	**erhalten** エアハルテン	receive リスィーヴ
いたみ **痛み** itami	*der* **Schmerz** シュメルツ	pain, ache ペイン，エイク
いたむ **痛む** itamu	**weh|tun** ヴェートゥーン	ache, hurt エイク，ハート
いたむ **傷む** （壊れる） itamu	**beschädigt werden** ベシェーディヒト ヴェーアデン	(become) damaged (ビカム) ダミヂド
（腐る）	**verderben** フェアデルベン	rot, go bad ラト，ゴウ バド
いためる **炒める** itameru	**braten** ブラーテン	fry フライ
いたりあ **イタリア** itaria	(*das*) **Italien** イターリエン	Italy イタリ
〜語	*das* **Italienisch** イタリエーニシュ	Italian イタリャン
いたりっく **イタリック** itarikku	**kursiv** クルズィーフ	italics イタリクス
いたる **至る** itaru	**an|kommen, erreichen** アンコメン，エアライヒェン	arrive at アライヴ アト
いたるところに **至る所に** itarutokoroni	**überall** ユーバーアル	everywhere エヴリ(ホ)ウェア
いたわる **労る** itawaru	**schonen, pflegen** ショーネン，プフレーゲン	take care of, show kindness to テイク ケア オヴ，ショウ カインドネス トゥ
いち **一** ichi	**eins** アインス	one ワン
いち **位置** ichi	*die* **Position**, *die* **Lage** ポズィツィオーン，ラーゲ	position ポズィション

日	独	英
いち **市** ichi	*der* **Markt** マルクト	fair, market フェア，マーケト
いちおう **一応** ichiou	**im Allgemeinen** イム アルゲマイネン	generally チェネラリ
いちおく **一億** ichioku	**hundert Millionen** フンダート ミリオーネン	one hundred million ワン ハンドレド ミリョン
いちがつ **一月** ichigatsu	*der* **Januar** ヤヌアール	January チャニュエリ
いちげき **一撃** ichigeki	*der* **Schlag,** *der* **Streich** シュラーク，シュトライヒ	single strike スィングル ストライク
いちご **苺** ichigo	*die* **Erdbeere** エーアトベーレ	strawberry ストローベリ
いちじく **無花果** ichijiku	*die* **Feige** ファイゲ	fig フィグ
いちじの **一次の** ichijino	**erst** エーアスト	primary, first プライメリ，ファースト
いちじるしい **著しい** ichijirushii	**bemerkenswert, auffallend** ベメルケンスヴェーアト，アオフファレント	remarkable, marked リマーカブル，マークト
いちど **一度** ichido	**einmal** アインマール	once, one time ワンス，ワン タイム
いちどう **一同** ichidou	**alle, jeder(-e)** アレ，イェーダー(-デ)	all, everyone オール，エヴリワン
いちどに **一度に** ichidoni	**auf einmal** アオフ アインマール	at the same time アト ザ セイム タイム
いちにち **一日** ichinichi	**ein Tag** アイン ターク	(a) day, one day (ア) デイ，ワン デイ
〜おきに	**jeden zweiten Tag** イェーデン ツヴァイテン ターク	every other day エヴリ アザ デイ

日	独	英
いちにちじゅう **一日中** ichinichijuu	**den ganzen Tag** デン ガンツェン ターク	all day (long) オール デイ (ローング)
いちねん **一年** ichinen	**ein Jahr** アイン ヤール	(a) year, one year (ア) イア, ワン イア
いちねんじゅう **一年中** ichinenjuu	**das ganze Jahr hindurch** ダス ガンツェ ヤール ヒンドゥルヒ	all (the) year オール (ザ) イア
いちば **市場** ichiba	*der* **Markt** マルクト	market マーケト
いちばん **一番** ichiban	*der/die/das* **Erste,** *der/die/das* **Beste** エーアステ, ベステ	first, No.1 ファースト, ナンバ ワン
(最も)	**meist, am besten** マイスト, アム ベステン	most, best モウスト, ベスト
いちぶ **一部** ichibu	**(ein) Teil** (アイン) タイル	(a) part (ア) パート
いちまん **一万** ichiman	**zehntausend** ツェーンタオゼント	ten thousand テン サウザンド
いちめん **一面** (一つの面) ichimen	**eine Seite** アイネ ザイテ	one side ワン サイド
(全面)	**ganze Oberfläche** ガンツェ オーバーフレッヒェ	whole surface ホウル サーフェス
いちょう **銀杏** ichou	*der* **Ginkgo** ギンコ	ginkgo ギンコウ
いちりゅうの **一流の** ichiryuuno	**erstklassig, führend** エーアストクラスィヒ, フューレント	first-class ファーストクラス
いつ **いつ** itsu	**wann** ヴァン	when (ホ)ウェン
いつう **胃痛** itsuu	*die* **Magenbeschwerden** *pl.* マーゲンベシュヴェーアデン	stomachache スタマケイク

日	独	英
いっか **一家** ikka	*die* **Familie** ファミーリエ	family ファミリ
いつか **いつか** itsuka	**irgendwann** イルゲントヴァン	some time サム タイム
いっかい **一階** ikkai	*das* **Erdgeschoss** エーアトゲショス	first floor, Ⓑground floor ファースト フロー，グラウンド フロー
いっきに **一気に** ikkini	**in einem Zug** イン アイネム ツーク	in one try, Ⓑin one go イン ワン トライ，イン ワン ゴ ウ
いっけん **一見** ikken	**anscheinend** アンシャイネント	apparently アパレントリ
いっこ **一個** ikko	**ein(e), ein Stück** アイン(・ネ)，アイン シュテュック	one, (a) piece ワン，(ア) ピース
いっこう **一行** ikkou	*die* **Gruppe,** *die* **Reise-gruppe** グルッペ，ライゼグルッペ	party, suite パーティ，スウィート
いっさんかたんそ **一酸化炭素** issankatanso	*das* **Kohlenmonoxid** コーレンモノクスィート	carbon monoxide カーボン モナクサイド
いっしき **一式** isshiki	**ein Satz** アイン ザッツ	complete set コンプリート セト
いっしゅ **一種** isshu	**eine Art, eine Sorte** アイネ アールト，アイネ ゾルテ	a kind, a sort ア カインド，ア ソート
いっしゅん **一瞬** isshun	**(ein) Augenblick** (アイン) アオゲンブリック	(a) moment (ア) モウメント
いっしょう **一生** isshou	*das* **Leben, ganzes Le-ben** レーベン，ガンツェス レーベン	life, whole life ライフ，ホウル ライフ
いっしょうけんめい **一生懸命** isshoukenmei	**mit aller Kraft** ミット アラー クラフト	with all one's might ウィズ オール マイト
いっしょに **一緒に** isshoni	**zusammen, mit** ツザメン，ミット	together, with トゲザ，ウィズ

日	独	英
いっせいに **一斉に** isseini	**gleichzeitig** グライヒツァイティヒ	all at once **オール** アト **ワンス**
いっそう **一層** issou	**noch mehr** ノッホ メーア	much more **マチ** モー
いったいとなって **一体となって** ittaitonatte	**vereint** フェアアイント	together, as one トゲザ, アズ **ワン**
いっちする **一致する** icchisuru	*mit j³/et³* **überein|stimmen** ミット ‥ ユーバーア**イン**シュティメン	coincide with コウイン**サイド** ウィズ
いっちょくせんに **一直線に** icchokusenni	**in gerader Linie** イン ゲ**ラ**ーダー **リ**ーニエ	in a straight line イン ア スト**レイト** **ラ**イン
いっついの **一対の** ittsuino	**ein Paar** アイン **パ**ール	a pair of ア **ペ**ア オヴ
いっていの **一定の** itteino	**fest, konstant** フェスト, コンス**タ**ント	fixed **フィ**クスト
いつでも **いつでも** itsudemo	**immer** イマー	always **オール**ウェイズ
いっとう **一等**　　(賞) ittou	**erster Preis** **エ**ーアスター プ**ラ**イス	first prize **ファ**ースト プ**ラ**イズ
(一番良い等級)	**erste Klasse** **エ**ーアステ ク**ラ**ッセ	first class **ファ**ースト ク**ラ**ス
いっぱい **一杯**　　(満杯) ippai	**voll** *von et³*, **voller** **フォ**ル フォン ‥, **フォ**ラー	full of **フ**ル オヴ
〜の	**voll** **フォ**ル	full **フ**ル
いっぱん **一般** ippan	*die* **Allgemeinheit** アルゲ**マ**インハイト	generality ヂェ**ネ**ラリティ
〜的な	**gewöhnlich** ゲ**ヴェ**ーンリヒ	general, common **ヂェ**ネラル, **カ**モン
〜に	**im Allgemeinen** イム アルゲ**マ**イネン	generally **ヂェ**ネラリ

日	独	英
いっぽう **一方** （一方面） ippou	**eine Seite** アイネ ザイテ	one side, direction ワン サイド，ディレクション
～通行	*der* **Einbahnverkehr** アインバーンフェアケーア	one-way traffic ワンウェイ トラフィク
～的な	**einseitig** アインザイティヒ	one-sided ワンサイデド
（他方では）	**übrigens, andererseits** ユーブリゲンス，アンデラーザイツ	on the other hand, meanwhile オン ズィ アザ ハンド，ミーン (ホ)ワイル
いつまでも **いつまでも** itsumademo	**für immer** フューア イマー	forever フォレヴァ
いつも **いつも** itsumo	**immer** イマー	always オールウェイズ
いつわり **偽り** itsuwari	*die* **Lüge,** *die* **Falschheit** リューゲ，ファルシュハイト	lie, falsehood ライ，フォールスフド
いつわる **偽る** itsuwaru	**lügen** リューゲン	lie, deceive ライ，ディスィーヴ
いてざ **射手座** iteza	*der* **Schütze** デア シュッツェ	Archer, Sagittarius アーチャ，サヂテアリアス
いてん **移転** iten	*die* **Versetzung,** *der* **Umzug** フェアゼッツング，ウムツーク	relocation リーロウケイション
いでん **遺伝** iden	*die* **Vererbung** フェアエルブング	heredity ヒレディティ
～子	*das* **Gen** ゲーン	gene チーン
～子組み換え	*die* **Genmanipulation** ゲーンマニプラツィオーン	gene recombination チーン リーカンビネイション
いと **糸** ito	*der* **Faden,** *das* **Garn** ファーデン，ガルン	thread, yarn スレド，ヤーン

日	独	英
いど **井戸** ido	*der* **Brunnen** ブルネン	well ウェル
いどう **移動** idou	*die* **Bewegung** ベヴェーグング	movement ムーヴメント
〜する	*sich*[4] **fort|bewegen** .. フォルトベヴェーゲン	move ムーヴ
いとこ **従兄弟・従姉妹** itoko	*der* (*die*) **Cousin(e)** クゼーン (クズィーネ)	cousin カズン
いどころ **居所** idokoro	*der* **Aufenthaltsort** アオフエントハルツオルト	whereabouts (ホ)ウェラバウツ
いとなむ **営む** itonamu	**führen, betreiben** フューレン, ベトライベン	conduct, carry on コンダクト, キャリ オン
いどむ **挑む** idomu	**heraus|fordern** ヘラオスフォルダーン	challenge チャレンヂ
いない **以内** inai	**innerhalb** *von et*[3]**, weniger als** イナーハルプ フォン .., ヴェーニガー アルス	within, less than ウィズィン, レス ザン
いなか **田舎** inaka	*das* **Land,** *die* **Provinz** ラント, プロヴィンツ	countryside カントリサイド
いなずま **稲妻** inazuma	*der* **Blitz** ブリッツ	lightning ライトニング
いにんする **委任する** ininsuru	**beauftragen** ベアオフトラーゲン	entrust, leave イントラスト, リーヴ
いぬ **犬** inu	*der* **Hund** フント	dog ドーグ
いね **稲** ine	*der* **Reis,** *die* **Reispflanze** ライス, ライスプフランツェ	rice ライス
いねむり **居眠り** inemuri	*das* **Nickerchen** ニッカーヒェン	nap, doze ナプ, ドウズ

日	独	英
いのち **命** inochi	*das* **Leben** レーベン	life ライフ
いのり **祈り** inori	*das* **Gebet** ゲベート	prayer プレア
いのる **祈る** inoru	**beten** ベーテン	pray to プレイトゥ
（望む）	**wünschen** ヴュンシェン	wish ウィシュ
いばる **威張る** ibaru	**hochmütig sein** ホーホミューティヒ ザイン	(be) haughty, swag-ger (ヒ) ホーティ, スワガ
いはん **違反** ihan	*der* **Verstoß** フェアシュトース	violation ヴァイオレイション
いびき **いびき** ibiki	*das* **Schnarchen** シュナルヒェン	snore スノー
いびつな **歪な** ibitsuna	**verzerrt** フェアツェルト	distorted ディストーテド
いべんと **イベント** ibento	*das* **Event**, *die* **Veranstal-tung** イヴェント, フェアアンシュタルトゥング	event イヴェント
いほうの **違法の** ihouno	**illegal** イレガール	illegal イリーガル
いま **今** ima	**jetzt, nun** イェッツト, ヌン	now ナウ
いまいましい **忌々しい** imaimashii	**verdammt, verflixt** フェアダムト, フェアフリクスト	annoying アノイイング
いまごろ **今頃** imagoro	**um diese Zeit** ウム ディーゼ ツァイト	at this time アト ズィス タイム
いまさら **今更** imasara	**jetzt, nach so langer Zeit** イェッツト, ナーハ ゾー ランガー ツァイト	now, at this time ナウ, アト ズィス タイム

日	独	英
<ruby>意味<rt>いみ</rt></ruby> imi	*die* **Bedeutung** ベドイトゥング	meaning, sense ミーニング, センス
～する	**bedeuten** ベドイテン	mean, signify ミーン, ス**イ**グニファイ
<ruby>イミテーション<rt>いみてーしょん</rt></ruby> imiteeshon	*die* **Nachahmung** ナーハアームング	imitation イミ**テ**イション
<ruby>移民<rt>いみん</rt></ruby> (他国からの) imin	*der*(*die*) **Einwanderer(-in)** **ア**インヴァンデラー(-デリン)	immigrant イミグラント
(他国への)	*der*(*die*) **Auswanderer(-in)** **ア**オスヴァンデラー(-デリン)	emigrant エミグラント
<ruby>イメージ<rt>いめーじ</rt></ruby> imeeji	*das* **Bild**, *die* **Vorstellung** ビルト, **フォ**ーアシュテルング	image イミヂ
<ruby>妹<rt>いもうと</rt></ruby> imouto	**jüngere Schwester** ユンゲレ シュ**ヴェ**スター	(younger) sister (**ヤ**ンガ) ス**イ**スタ
<ruby>いやいや<rt>いやいや</rt></ruby> iyaiya	**ungern** **ウ**ンゲルン	reluctantly, unwillingly リ**ラ**クタントリ, アン**ウィ**リングリ
<ruby>嫌がらせ<rt>いやがらせ</rt></ruby> iyagarase	*die* **Belästigung** ベ**レ**スティグング	harassment, abuse ハ**ラ**スメント, ア**ビュ**ース
<ruby>違約金<rt>いやくきん</rt></ruby> iyakukin	*die* **Konventionalstrafe** コンヴェンツィオ**ナ**ールシュトラーフェ	penalty **ペ**ナルティ
<ruby>卑しい<rt>いやしい</rt></ruby> iyashii	**nieder, gemein** ニーダー, ゲ**マ**イン	low, humble **ロ**ウ, **ハ**ンブル
<ruby>癒す<rt>いやす</rt></ruby> iyasu	**heilen** **ハ**イレン	heal, cure ヒール, **キュ**ア
<ruby>嫌な<rt>いやな</rt></ruby> iyana	**ekelhaft, unangenehm** **エ**ーケルハフト, **ウ**ンアンゲネーム	disgusting ディス**ガ**スティング
<ruby>イヤホン<rt>いやほん</rt></ruby> iyahon	*der* **Kopfhörer** コ**プ**フヘーラー	earphone **イ**アフォウン

日	独	英
いやらしい **いやらしい** iyarashii	**unanständig, unange-nehm** ウンアンシュテンディヒ，ウンアンゲネーム	disagreeable ディサグリーアブル
いやりんぐ **イヤリング** iyaringu	*der* **Ohrring** オーアリング	earring イアリング
いよいよ **いよいよ** （ついに） iyoiyo	**endlich** エントリヒ	at last アト ラスト
（ますます）	**immer mehr** イマー メーア	more and more モー アンド モー
いよく **意欲** iyoku	*der* **Eifer,** *der* **Wille** アイファー，ヴィレ	volition, desire ヴォウリション，ディザイア
いらい **以来** irai	**seitdem** ザイトデーム	since, after that スィンス，アフタ ザト
いらい **依頼** irai	*der* **Auftrag,** *die* **Bitte** アオフトラーク，ビッテ	request リクウェスト
〜する	**beauftragen, bitten** ベアオフトラーゲン，ビッテン	ask, request アスク，リクウェスト
いらいらする **いらいらする** irairasuru	**gereizt sein** ゲライツト ザイン	(be) irritated (ビ) イリテイテド
いらく **イラク** iraku	*der* **Irak** イラーク	Iraq イラーク
いらすと **イラスト** irasuto	*die* **Illustration** イルストラツィオーン	illustration イラストレイション
いらすとれーたー **イラストレーター** irasutoreetaa	*der* (*die*) **Illustrator(*in*)** イルストラートア(イルストラトーリン)	illustrator イラストレイタ
いらん **イラン** iran	*der* **Iran** イラーン	Iran イラン
いりぐち **入り口** iriguchi	*der* **Eingang** アインガング	entrance エントランス

45

日	独	英
<ruby>医療<rt>いりょう</rt></ruby> iryou	**ärztliche Behandlung** エーアツトリヒェ ベハンドルング	medical treatment メディカル トリートメント
<ruby>威力<rt>いりょく</rt></ruby> iryoku	*die* **Macht** マハト	power, might パウア, マイト
<ruby>居る<rt>いる</rt></ruby> iru	**sein, es gibt** ザイン, エス ギープト	be, there is, there are ビー, ゼア イズ, ゼア アー
<ruby>要る<rt>いる</rt></ruby> iru	**brauchen** ブラオヘン	need, want ニード, ワント
<ruby>海豚<rt>いるか</rt></ruby> iruka	*der* **Delfin** デルフィーン	dolphin ダルフィン
<ruby>異例の<rt>いれいの</rt></ruby> ireino	**außergewöhnlich** アオサーゲヴェーンリヒ	exceptional イクセプショナル
<ruby>入れ替える<rt>いれかえる</rt></ruby> irekaeru	**ersetzen** エアゼッツェン	replace リプレイス
<ruby>入れ墨<rt>いれずみ</rt></ruby> irezumi	*die* **Tätowierung** テトヴィールング	tattoo タトゥー
<ruby>入れ歯<rt>いれば</rt></ruby> ireba	**künstliches Gebiss** キュンストリヒェス ゲビス	false teeth フォールス ティース
<ruby>入れ物<rt>いれもの</rt></ruby> iremono	*der* **Behälter** ベヘルター	receptacle リセプタクル
<ruby>入れる<rt>いれる</rt></ruby> (中に) ireru	**ein|setzen** アインゼッツェン	put in プト イン
(人を)	**herein|lassen** ヘラインラッセン	let into, admit into レト イントゥ, アドミト イントゥ
(受け入れる)	**akzeptieren, an|nehmen** アクツェプティーレン, アンネーメン	accept, take アクセプト, テイク
<ruby>色<rt>いろ</rt></ruby> iro	*die* **Farbe** ファルベ	color, ⒷColour カラ, カラ

日	独	英
いろいろな **色々な** iroirona	**verschieden, allerlei** フェアシーデン, アラーライ	various ヴェアリアス
いろけ **色気** iroke	*der* **Sexappeal** セクスアピール	sex appeal セクス アピール
いろん **異論** iron	*der* **Einwand** アインヴァント	objection オブチェクション
いわ **岩** iwa	*der* **Felsen** フェルゼン	rock ラク
いわう **祝う** iwau	**feiern** ファイアーン	celebrate セレブレイト
いわし **鰯** iwashi	*die* **Sardine** ザルディーネ	sardine サーディーン
いわゆる **いわゆる** iwayuru	**sogenannt** ゾーゲナント	so-called ソウコールド
いわれ **いわれ** iware	*der* **Grund,** *die* **Ursache** グルント, ウーアザッヘ	reason, origin リーズン, オーリヂン
いんかん **印鑑** inkan	*das* **Siegel** ズィーゲル	stamp, seal スタンプ, スィール
いんきな **陰気な** inkina	**düster, trübsinnig** デュースター, トリューブズィニヒ	gloomy グルーミ
いんく **インク** inku	*die* **Tinte** ティンテ	ink インク
いんけんな **陰険な** inkenna	**hinterlistig, verschlagen** ヒンターリスティヒ, フェアシュラーゲン	crafty, insidious クラフティ, インスィディアス
いんこ **インコ** inko	*der* **Sittich** ズィッティヒ	parakeet パラキート
いんさつ **印刷** insatsu	*der* **Druck,** *das* **Drucken** ドルック, ドルッケン	printing プリンティング
～する	**drucken** ドルッケン	print プリント

日	独	英
いんし **印紙** inshi	*die* **Steuermarke** シュトイアーマルケ	revenue stamp レヴェニュー スタンプ
いんしゅりん **インシュリン** inshurin	*das* **Insulin** インズリーン	insulin インシュリン
いんしょう **印象** inshou	*der* **Eindruck** アインドルック	impression インプレション
いんすたんとの **インスタントの** insutantono	**instant** インスタント	instant インスタント
いんすとーるする **インストールする** insutoorusuru	**installieren** インスタリーレン	install インストール
いんすとらくたー **インストラクター** insutorakutaa	*der*(*die*) **Instrukteur**(*in*), *der*(*die*) **Lehrer**(*in*) インストルクテーア(-リン), レーラー(-レリン)	instructor インストラクタ
いんすぴれーしょん **インスピレーション** insupireeshon	*die* **Eingebung**, *die* **Inspiration** アインゲーブング, インスピラツィオーン	inspiration インスピレイション
いんぜい **印税** inzei	*die* **Tantieme** タンティエーメ	royalty ロイアルティ
いんそつする **引率する** insotsusuru	**führen, leiten** フューレン, ライテン	lead リード
いんたーちぇんじ **インターチェンジ** intaachenji	*die* **Anschlussstelle** アンシュルスシュテレ	(travel) interchange (トラブル) インタチェインヂ
いんたーねっと **インターネット** intaanetto	*das* **Internet** インターネット	Internet インタネト
いんたーふぇろん **インターフェロン** intaaferon	*das* **Interferon** インターフェローン	interferon インタフィラン
いんたい **引退** intai	*der* **Rücktritt** リュックトリット	retirement リタイアメント
〜する	**zurück|treten, in den Ruhestand gehen** ツリュックトレーテン, イン デン ルーエシュタント ゲーエン	retire リタイア

日	独	英
いんたびゅー **インタビュー** intabyuu	*das* **Interview** インターヴュー	interview インタヴュー
いんち **インチ** inchi	*der* **Inch**, *der* **Zoll** インチ, ツォル	inch インチ
いんてりあ **インテリア** interia	*die* **Innenarchitektur**, *die* **Innenausstattung** イネンアルヒテクトゥーア, イネンアオスシュタットゥング	interior design インテリアリア デザイン
いんど **インド** indo	(*das*) **Indien** インディエン	India インディア
〜の	**indisch** インディシュ	Indian インディアン
いんとねーしょん **イントネーション** intoneeshon	*die* **Intonation** イントナツィオーン	intonation イントネイション
いんどねしあ **インドネシア** indoneshia	(*das*) **Indonesien** インドネーズィエン	Indonesia インドネージャ
いんぷっと **インプット** inputto	*die* **Eingabe** アインガーベ	input インプト
いんふるえんざ **インフルエンザ** infuruenza	*die* **Grippe** グリッペ	influenza インフルエンザ
いんふれ **インフレ** infure	*die* **Inflation** インフラツィオーン	inflation インフレイション
いんぼう **陰謀** inbou	*die* **Intrige** イントリーゲ	plot, intrigue プラト, イントリーグ
いんよう **引用** in-you	*das* **Zitat** ツィタート	citation サイテイション
〜する	**zitieren** ツィティーレン	quote, cite クウォウト, サイト
いんりょく **引力** inryoku	*die* **Anziehungskraft**, *die* **Schwerkraft** アンツィーウングスクラフト, シュヴェーアクラフト	attraction, gravitation アトラクション, グラヴィテイション

日	独	英

う，ウ

ウイスキー
uisukii
der **Whiskey,** *der* **Whisky**
ヴィスキ，ウィスキー
whiskey, ⓑwhisky
(ホ)**ウ**イスキ，ウィスキ

ウイルス
uirusu
das(*der*) **Virus**
ヴィールス
virus
ヴァイアラス

ウール
uuru
die **Wolle**
ヴォレ
wool
ウル

上　　（上方）
ue
oben
オーベン
upper part
アパ パート

（表面）
die **Oberfläche**
オーバーフレッヒェ
surface
サーフェス

〜に
oben, auf, über
オーベン，アオフ，ユーバー
on
アン

ウエイター
ueitaa
der **Kellner**
ケルナー
waiter
ウェイタ

ウエイトレス
ueitoresu
die **Kellnerin**
ケルネリン
waitress
ウェイトレス

ウエスト
uesuto
die **Taille**
タリェ
waist
ウェイスト

ウェブサイト
webusaito
die **Webseite**
ヴェップザイテ
website
ウェブサイト

植える
ueru
pflanzen
プフランツェン
plant
プラント

飢える
ueru
hungern
フンガーン
go hungry, starve
ゴウ ハングリ，スターヴ

ウォーミングアップ
woominguappu
das **Aufwärmen**
アオフヴェルメン
warm-up
ウォームアップ

魚座
uoza
die Fische *pl.*
フィッシェ
Fishes, Pisces
フィシェズ，**パ**イスィーズ

日	独	英
うがい **うがい** ugai	*das* **Gurgeln** グルゲルン	gargling ガーグリング
うかいする **迂回する** ukaisuru	**umfahren, umgehen** ウムファーレン, ウムゲーエン	take a roundabout way テイク ア ラウンダバウト ウェイ
うかがう **伺う** （尋ねる） ukagau	**fragen** フラーゲン	ask アスク
（訪問する）	**besuchen** ベズーヘン	visit ヴィズィト
うかつな **迂闊な** ukatsuna	**unvorsichtig, achtlos** ウンフォーアズィヒティヒ, アハトロース	careless ケアレス
うかぶ **浮かぶ** （水面に） ukabu	**treiben, schweben** トライベン, シュヴェーベン	float フロウト
（心に）	**ein|fallen** アインファレン	come to カム トゥ
うかる **受かる** ukaru	**bestehen** ベシュテーエン	pass パス
うき **浮き** uki	*der* **Schwimmer** シュヴィマー	float フロウト
うきぶくろ **浮き袋** ukibukuro	*der* **Schwimmreifen** シュヴィムライフェン	swimming ring スウィミング リング
（救命用の）	*die* **Rettungsboje,** *der* **Rettungsring** レットゥングスボーイェ, レットゥングスリング	life buoy ライフ ブイ
うく **浮く** （水面に） uku	**schwimmen** シュヴィメン	float フロウト
（余る）	**sparen** シュパーレン	(be) left, (be) not spent (ビ) レフト, (ビ) ナト スペント
うけいれる **受け入れる** ukeireru	**an|nehmen** アンネーメン	receive, accept リスィーヴ, アクセプト

日	独	英
うけおう **請け負う** ukeou	**einen Vertrag schließen** アイネン フェアトラーク シュリーセン	contract, under- take コントラクト, アンダテイク
うけつぐ **受け継ぐ** （後を継ぐ） uketsugu	**nach|folgen, überneh- men** ナーハフォルゲン, ユーバーネーメン	succeed to サクスィード トゥ
（相続する）	**erben** エルベン	inherit インヘリト
うけつけ **受付** （受付所） uketsuke	*das* **Auskunftsbüro** アオスクンフツビュロー	information office, reception インフォメイション オーフィス, リセプション
（受領）	*der* **Empfang** エンプファング	receipt, acceptance リスィート, アクセプタンス
うけつける **受け付ける** uketsukeru	**empfangen, an|nehmen** エンプファンゲン, アンネーメン	receive, accept リスィーヴ, アクセプト
うけとりにん **受取人** uketorinin	*der*(*die*) **Empfänger(*in*)** エンプフェンガー(-ゲリン)	receiver リスィーヴァ
（受給者・受益者）	*der*(*die*) **Empfänger(*in*)** エンプフェンガー(-ゲリン)	recipient リスィピアント
うけとる **受け取る** uketoru	**empfangen, erhalten** エンプファンゲン, エアハルテン	receive, get リスィーヴ, ゲト
うけみ **受け身** （受動態） ukemi	*das* **Passiv** パスィーフ	passive voice パスィヴ ヴォイス
（受動的態度）	*die* **Passivität** パスィヴィテート	passivity パスィヴィティ
うけもつ **受け持つ** ukemotsu	**über|nehmen** ユーバーネーメン	take charge of テイク チャーヂ オヴ
うける **受ける** （物などを） ukeru	**empfangen, erhalten** エンプファンゲン, エアハルテン	receive, get リスィーヴ, ゲト
（損害などを）	**erleiden** エアライデン	suffer サファ

日	独	英
（試験を）	**machen** マッヘン	take テイク
うごかす **動かす** ugokasu	**bewegen** ベヴェーゲン	move ムーヴ
（機械を）	**in Gang setzen** イン ガング ゼッツェン	run, work, operate ラン, ワーク, アペレイト
（心を）	**rühren** リューレン	move, touch ムーヴ, タチ
うごき **動き** ugoki	*die* **Bewegung** ベヴェーグング	movement, motion ムーヴメント, モウション
（活動）	*die* **Tätigkeit** テーティヒカイト	activity アクティヴィティ
（動向）	*die* **Tendenz** テンデンツ	trend トレンド
うごく **動く** ugoku	*sich*[4] **bewegen** ‥ ベヴェーゲン	move ムーヴ
（作動する）	**funktionieren, laufen** フンクツィオニーレン, ラオフェン	run, work ラン, ワーク
（心が）	**gerührt werden** ゲリューアト ヴェーアデン	(be) moved (ビ) ムーヴド
うさぎ **兎** usagi	*das* **Kaninchen** カニーンヒェン	rabbit ラビト
うし **牛** ushi	*das* **Rind** リント	cattle キャトル
（子牛）	*das* **Kalb** カルプ	calf キャフ
（雄牛）	*der* **Stier,** *der* **Ochse** シュティーア, オクセ	bull, ox ブル, アクス
（雌牛）	*die* **Kuh** クー	cow カウ

日	独	英
うしなう **失う** ushinau	**verlieren** フェアリーレン	lose, miss ルーズ，ミス
うしろ **後ろ** ushiro	*die* **Rückseite** リュックザィテ	back, behind バク，ビハインド
うず **渦** uzu	*der* **Strudel**, *der* **Wirbel** シュトゥルーデル，ヴィルベル	whirlpool (ホ)ワールプール
うすい **薄い** （厚みが） usui	**dünn** デュン	thin スィン
（色が）	**hell, blass** ヘル，ブラス	pale ペイル
（濃度が）	**schwach** シュヴァッハ	weak ウィーク
うずく **疼く** uzuku	**weh|tun** ヴェートゥーン	ache, hurt エイク，ハート
うすぐらい **薄暗い** usugurai	**düster** デュースター	dim, dark, gloomy ディム，ダーク，グルーミ
うずまき **渦巻き** uzumaki	*der* **Wirbel**, *der* **Strudel** ヴィルベル，シュトゥルーデル	whirlpool (ホ)ワールプール
うすめる **薄める** usumeru	**verdünnen** フェアデュネン	thin, dilute スィン，ダイリュート
うせつする **右折する** usetsusuru	**nach rechts biegen** ナーハ レヒツ ビーゲン	turn right ターン ライト
うそ **嘘** uso	*die* **Lüge** リューゲ	lie ライ
〜つき	*der*(*die*) **Lügner(*in*)** リューグナー(-ネリン)	liar ライア
うた **歌** uta	*das* **Lied** リート	song ソーング
うたう **歌う** utau	**singen** ズィンゲン	sing スィング

日	独	英
うたがい **疑い** （疑念） utagai	*der* **Zweifel** ツヴァイフェル	doubt ダウト
（不信）	*das* **Misstrauen** ミストラオエン	distrust ディストラスト
（容疑・嫌疑）	*der* **Verdacht** フェアダハト	suspicion サスピション
うたがう **疑う** （疑念を抱く） utagau	**zweifeln** ツヴァイフェルン	doubt ダウト
（嫌疑をかける）	**verdächtigen** フェアデヒティゲン	suspect サスペクト
（不審に思う）	**misstrauen** ミストラオエン	distrust ディストラスト
うたがわしい **疑わしい** utagawashii	**zweifelhaft, ungewiss** ツヴァイフェルハフト，ウンゲヴィス	doubtful ダウトフル
（不審な）	**verdächtig** フェアデヒティヒ	suspicious サスピシャス
うち **家** （家屋） uchi	*das* **Haus** ハオス	house ハウス
（家庭）	*die* **Familie** ファミーリエ	family, household ファミリ，ハウスホウルド
うち **内** uchi	*das* **Innere** イネレ	inside, interior インサイド，インティアリア
うちあける **打ち明ける** uchiakeru	*sich⁴* **an|vertrauen** ‥アンフェアトラオエン	confess, confide コンフェス，コンファイド
うちあわせる **打ち合わせる** uchiawaseru	**besprechen, ab|machen** ベシュプレッヒェン，アップマッヘン	arrange アレインジ
うちがわ **内側** uchigawa	*die* **Innenseite** イネンザイテ	inside インサイド
うちきな **内気な** uchikina	**scheu, schüchtern** ショイ，シュヒターン	shy, timid シャイ，ティミド

日	独	英
うちけす **打ち消す** uchikesu	**ab|leugnen, verneinen** アップロイグネン，フェアナイネン	deny ディナイ
うちゅう **宇宙** uchuu	*der* **Weltraum,** *das* **Universum** ヴェルトラオム，ウニヴェルズム	universe ユーニヴァース
〜飛行士	*der*(*die*) **Astronaut(*in*)** アストロナオト(･ティン)	astronaut アストロノート
うつ **打つ** utsu	**schlagen, treffen** シュラーゲン，トレッフェン	strike, hit ストライク，ヒト
うつ **撃つ** utsu	**schießen** シーセン	fire, shoot ファイア，シュート
うっかりして **うっかりして** ukkarishite	**versehentlich, aus Versehen** フェアゼーエントリヒ，アオス フェアゼーエン	carelessly ケアレスリ
うつくしい **美しい** utsukushii	**schön** シェーン	beautiful ビューティフル
うつす **写す** utsusu	**kopieren** コピーレン	copy カピ
（写真を）	**fotografieren** フォトグラフィーレン	take a photo テイク ア フォウトウ
うつす **移す** utsusu	**verlegen** フェアレーゲン	move, transfer ムーヴ，トランスファー
（病気を）	**an|stecken** アンシュテッケン	give, infect ギヴ，インフェクト
うったえる **訴える** uttaeru	（裁判に）**verklagen** フェアクラーゲン	sue スー
（世論に）	*an j*[4]*/et*[4] **appellieren** アン ‥ アペリーレン	appeal to アピール トゥ
（手段に）	*zu et*[3] **greifen** ツー ‥ グライフェン	resort to リゾート トゥ

日	独	英
うっとうしい **うっとうしい** uttoushii	**bedrückend, lästig** ベドリュッケント, レスティヒ	bothersome バザサム
うっとりする **うっとりする** uttorisuru	**hingerissen sein** ヒンゲリッセン ザイン	(be) mesmerized (ビ) メズメライズド
うつむく **うつむく** utsumuku	**den Kopf hängen lassen** デン コプフ ヘンゲン ラッセン	hang one's head ハング ヘド
うつる **移る** utsuru	**um|ziehen** ウムツィーエン	move ムーヴ
（病気が）	**an|stecken** アンシュテッケン	catch キャチ
うつわ **器** utsuwa	*das* **Geschirr**, *das* **Gefäß** ゲシル, ゲフェース	vessel, container ヴェスル, コンテイナ
うで **腕** ude	*der* **Arm** アルム	arm アーム
～時計	*die* **Armbanduhr** アルムバントゥーア	wristwatch リストワチ
（技能）	*die* **Fähigkeit** フェーイヒカイト	ability, skill アビリティ, スキル
うなぎ **鰻** unagi	*der* **Aal** アール	eel イール
うなずく **うなずく** unazuku	**nicken** ニッケン	nod ナド
うなる **唸る** unaru	**stöhnen** シュテーネン	groan グロウン
（動物が）	**knurren, brüllen** クヌレン, ブリュレン	growl グラウル
（機械や虫が）	**surren** ズレン	roar, buzz ロー, バズ
うに **海胆** uni	*der* **Seeigel** ゼーイーゲル	sea urchin スィー アーチン

日	独	英
うぬぼれる **うぬぼれる** unuboreru	**eingebildet werden** アインゲビルデット **ヴェ**ーアデン	(become) conceit-ed (ビカム) コン**ス**ィーテド
うは **右派** uha	*die* **Rechte** レヒテ	right wing **ラ**イト **ウ**ィング
うばう **奪う** (取り上げる・盗む) ubau	**weg|nehmen, rauben** **ヴェ**ックネーメン, **ラ**オベン	take away, rob テイク ア**ウェ**イ, **ラ**ブ
(剥奪する)	**ab|erkennen** **ア**ップエアケネン	deprive ディプ**ラ**イヴ
うばぐるま **乳母車** (箱形の) ubaguruma	*der* **Kinderwagen** **キ**ンダーヴァーゲン	baby carriage, Ⓑpram **ベ**イビ **キャ**リヂ, プ**ラ**ム
(椅子形の)	*der* **Buggy** **バ**ッギ	stroller, Ⓑpush-chair スト**ロ**ウラ, プ**シ**ュチェア
うぶな **初な** ubuna	**naiv, unschuldig** **ナ**イーフ, **ウ**ンシュルディヒ	innocent, naive **イ**ノセント, ナー**イ**ーヴ
うま **馬** uma	*das* **Pferd** プ**フェ**ーアト	horse **ホ**ース
(子馬)	*das* **Fohlen** **フォ**ーレン	foal, colt **フォ**ウル, **コ**ウルト
うまい **うまい** (おいしい) umai	**lecker** **レ**ッカー	good, delicious **グ**ド, ディ**リ**シャス
(上手だ)	**gut, geschickt** **グ**ート, ゲ**シ**ックト	good, skillful **グ**ド, ス**キ**ルフル
うまる **埋まる** umaru	**begraben werden** ベグ**ラ**ーベン **ヴェ**ーアデン	(be) buried (ビ) **ベ**リド
うまれる **生[産]まれる** umareru	**geboren werden** ゲ**ボ**ーレン **ヴェ**ーアデン	(be) born (ビ) **ボ**ーン
(生じる)	**entstehen** エント**シュ**テーエン	come into exist-ence **カ**ム **イ**ントゥ イグ**ズ**ィステンス

日	独	英
うみ **海** umi	*das* **Meer,** *die* **See** メーア, ゼー	sea スィー
うみだす **生み出す** umidasu	**erzeugen** エア**ツ**ォイゲン	produce プロ**デュ**ース
うみべ **海辺** umibe	*der* **Strand** シュト**ラ**ント	beach **ビ**ーチ
うむ **生[産]む** umu	**gebären** ゲ**ベ**ーレン	bear **ベ**ア
（生み出す）	**erzeugen, her|stellen** エア**ツ**ォイゲン, **ヘ**ーアシュテレン	produce プロ**デュ**ース
うめく **うめく** umeku	**stöhnen, ächzen** シュ**テ**ーネン, **エ**ヒツェン	groan, moan グ**ロ**ウン, **モ**ウン
うめたてる **埋め立てる** umetateru	**auf|schütten** **ア**オフシュッテン	fill up, reclaim **フィ**ル **ア**プ, リク**レ**イム
うめる **埋める** umeru	**vergraben** フェア**グ**ラーベン	bury **ベ**リ
（損失などを）	**decken** **デ**ッケン	cover **カ**ヴァ
（満たす）	**aus|füllen** **ア**オスフュレン	fill **フィ**ル
うもう **羽毛** umou	*die* **Feder,** *das* **Gefieder** **フェ**ーダー, ゲ**フィ**ーダー	feathers, down **フェ**ザズ, **ダ**ウン
うやまう **敬う** uyamau	**verehren** フェア**エ**ーレン	respect, honor, Ⓑhonour リス**ペ**クト, **ア**ナ, **ア**ナ
うら **裏** （表面・正面に対する） ura	*die* **Rückseite** **リュ**ックザイテ	back **バ**ク
（反対側）	*die* **Kehrseite,** *die* **Rück-seite** **ケ**ーアザイテ, **リュ**ックザイテ	reverse リ**ヴァ**ース

日	独	英
うらがえす **裏返す** uragaesu	**wenden, um|wenden** ヴェンデン, ウムヴェンデン	turn over ターン オウヴァ
うらがわ **裏側** uragawa	*die* **Rückseite** リュックザイテ	back, reverse side バク, リヴァース サイド
うらぎる **裏切る** uragiru	**verraten** フェアラーテン	betray ビトレイ
うらぐち **裏口** uraguchi	*die* **Hintertür** ヒンターテューア	back door バク ドー
うらごえ **裏声** uragoe	*das* **Falsett** ファルゼット	falsetto フォールセトウ
うらじ **裏地** uraji	*das* **Innenfutter** イネンフッター	lining ライニング
うらづける **裏付ける** urazukeru	**bestätigen, beweisen** ベシュテーティゲン, ベヴァイゼン	prove, confirm プルーヴ, コンファーム
うらどおり **裏通り** uradoori	*die* **Nebenstraße** ネーベンシュトラーセ	back street バク ストリート
うらない **占い** uranai	*die* **Wahrsagerei** ヴァールザーゲライ	fortune-telling フォーチュンテリング
うらなう **占う** uranau	**wahr|sagen** ヴァールザーゲン	tell a person's fortune テル フォーチュン
うらにうむ **ウラニウム** uraniumu	*das* **Uran** ウラーン	uranium ユアレイニアム
うらむ **恨む** uramu	**grollen** グロレン	bear a grudge ベア ア グラヂ
うらやましい **羨ましい** urayamashii	**beneidenswert** ベナイデンスヴェーアト	enviable エンヴィアブル
うらやむ **羨む** urayamu	**neidisch sein** ナイディシュ ザイン	envy エンヴィ

日	独	英
うらん **ウラン** uran	*das* **Uran** ウラーン	uranium ユアレイニアム
うりあげ **売り上げ** uriage	*der* **Umsatz** ウムザッツ	amount sold アマウント ソウルド
うりきれる **売り切れる** urikireru	**ausverkauft sein** アオスフェアカオフト ザイン	(be) sold out (ヒ) ソウルド アウト
うりだす **売り出す** uridasu	**auf den Markt bringen** アオフ デン マルクト ブリンゲン	put on sale プト オン セイル
うりば **売り場** uriba	*die* **Abteilung** アプタイルング	department ディパートメント
うる **売る** uru	**verkaufen** フェアカオフェン	sell セル
うるうどし **閏年** uruudoshi	*das* **Schaltjahr** シャルトヤール	leap year リープ イア
うるおい **潤い** uruoi	*die* **Feuchtigkeit** フォイヒティヒカイト	moisture モイスチャ
うるおう **潤う** uruou	**feucht werden** フォイヒト ヴェーアデン	(be) moistured, (be) moistened (ヒ) モイスチャド, (ヒ) モイス ンド
うるぐあい **ウルグアイ** uruguai	(*das*) **Uruguay** ウールグヴァイ	Uruguay ユアラグワイ
うるさい **うるさい** urusai	**laut** ラオト	noisy ノイズィ
(しつこい)	**hartnäckig, belästigend** ハルトネッキヒ, ベレスティゲント	pesky, persistent ペスキ, パスィステント
うるし **漆** urushi	*der* **Japanlack** ヤーパンラック	(Japanese) lacquer (ヂャパニーズ) ラカ
うれしい **嬉しい** ureshii	**froh, fröhlich** フロー, フレーリヒ	happy, delightful ハピ, ディライトフル

日	独	英
うれる **売れる** ureru	*sich⁴* **gut verkaufen** ‥ **グート** フェア**カオ**フェン	sell well セル **ウェ**ル
うろたえる **うろたえる** urotaeru	**aus der Fassung sein** アオス デア **ファッ**スング ザイン	(be) upset (ビ) ア**プセ**ト
うわき **浮気** uwaki	*die* **Liebesaffäre,** *der* **Sei-tensprung** **リー**ベスアフェーレ, **ザ**イテンシュプルング	(love) affair (ラヴ) ア**フェ**ア
うわぎ **上着** uwagi	*die* **Jacke** **ヤッ**ケ	jacket, coat **ヂャ**ケット, **コ**ウト
うわごと **うわごと** uwagoto	*das* **Delirium** デ**リー**リウム	delirium ディ**リ**リアム
うわさ **噂** uwasa	*das* **Gerücht** ゲ**リュ**ヒト	rumor, Ⓑrumour **ルー**マ, **ルー**マ
うわべ **上辺** uwabe	*die* **Oberfläche,** *die* **Äu-ßerlichkeit** **オー**バーフレッヒェ, **オ**イサリヒカイト	surface **サー**フェス
うわまわる **上回る** uwamawaru	**überschreiten** ユーバーシュ**ラ**イテン	exceed イク**スィー**ド
うわやく **上役** uwayaku	*der/die* **Vorgesetzte** **フォー**アゲゼッツテ	superior, boss スー**ピ**アリア, **バ**ス
うん **運** (運命) un	*das* **Schicksal** **シッ**クザール	fate, destiny **フェ**イト, **デ**スティニ
(幸運)	*das* **Glück** グ**リュッ**ク	fortune, luck **フォー**チュン, **ラ**ク
うんえい **運営** un-ei	*die* **Verwaltung** フェア**ヴァ**ルトゥング	management **マ**ニヂメント
うんが **運河** unga	*der* **Kanal** カ**ナー**ル	canal カ**ナ**ル
うんこう **運行** unkou	*der* **Betrieb,** *der* **Verkehr** ベト**リー**プ, フェア**ケー**ア	service, operation **サー**ヴィス, アペ**レ**イション

日	独	英
うんざりする **うんざりする** unzarisuru	**satt haben** ザット ハーベン	(be) sick of (ビ) スィク オヴ
うんせい **運勢** unsei	*das* **Schicksal,** *das* **Glück** シックザール, グリュック	fortune フォーチュン
うんそう **運送** unsou	*der* **Transport** トランスポルト	transportation トランスポーテイション
うんちん **運賃** unchin	*der* **Fahrpreis** ファールプライス	fare フェア
うんてん **運転** unten	*das* **Fahren** ファーレン	driving ドライヴィング
〜手	*der* (*die*) **Fahrer**(*in*) ファーラー(-レリン)	driver ドライヴァ
〜する	**fahren** ファーレン	drive ドライヴ
〜免許証	*der* **Führerschein** フューラーシャイン	driver's license ドライヴァズ ライセンス
（機械の）	*der* **Betrieb** ベトリープ	operation アペレイション
〜する	**betreiben** ベトライベン	operate アペレイト
うんどう **運動** undou	*das* **Training** トレーニング	exercise エクササイズ
〜する	*sich*[4] **bewegen** ‥ ベヴェーゲン	exercise エクササイズ
（競技としての）	*das* **Sport** シュポルト	sports スポーツ
（行動）	*die* **Kampagne** カンパニエ	campaign キャンペイン
うんめい **運命** unmei	*das* **Schicksal** シックザール	fate, destiny フェイト, デスティニ

日	独	英
うんゆ **運輸** un-yu	*der* **Transport** トランスポルト	transportation トランスポーテイション
うんよく **運よく** un-yoku	**glücklicherweise** グリュックリヒャーヴァイゼ	fortunately フォーチュネトリ

え, エ

え **絵** e	*das* **Bild** ビルト	picture ピクチャ
え **柄** e	*der* **Griff** グリフ	handle ハンドル
えあこん **エアコン** eakon	*die* **Klimaanlage** クリーマアンラーゲ	air conditioner エア コンディショナ
えいえんの **永遠の** eienno	**ewig** エーヴィヒ	eternal イターナル
えいが **映画** eiga	*der* **Film** フィルム	movie, film ムーヴィ, フィルム
～館	*das* **Kino** キーノ	(movie) theater, Ⓑcinema (ムーヴィ) スィアタ, スィネマ
えいきゅうに **永久に** eikyuuni	**auf ewig, für immer** アオフ エーヴィヒ, フューア イマー	permanently パーマネントリ
えいきょう **影響** eikyou	*der* **Einfluss** アインフルス	influence インフルエンス
えいぎょう **営業** eigyou	*das* **Geschäft,** *das* **Unternehmen** ゲシェフト, ウンターネーメン	business, trade ビズネス, トレイド
～する	**Geschäfte machen** ゲシェフテ マッヘン	do business ドゥー ビズネス
えいご **英語** eigo	*das* **Englisch** エングリシュ	English イングリシュ

日	独	英
えいこう **栄光** eikou	*der* **Ruhm** ルーム	glory グローリ
えいこく **英国** eikoku	*(das)* **England,** *(das)* **Groß-britannien** エングラント, グロースブリタニエン	England, Great Britain イングランド, グレイト ブリトン
えいじゅうする **永住する** eijuusuru	*sich*[4] **nieder|lassen** ‥ ニーダーラッセン	reside permanently リザイド パーマネントリ
えいず **エイズ** eizu	*das* **Aids** エイズ	AIDS エイヅ
えいせい **衛星** eisei	*der* **Satellit** ザテリート	satellite サテライト
えいせいてきな **衛生的な** eiseitekina	**hygienisch, sanitär** ヒュギーニシュ, ザニテーア	hygienic, sanitary ハイヂーニク, サニテリ
えいぞう **映像** eizou	*das* **Bild** ビルト	image イミヂ
えいてんする **栄転する** eitensuru	**befördert werden** ベフェルダート ヴェーアデン	(be) promoted (ビ) プロモウテド
えいゆう **英雄** eiyuu	*der(die)* **Held(*in*)** ヘルト(-ディン)	hero, heroine ヒアロウ, ヘロウイン
えいよ **栄誉** eiyo	*die* **Ehre** エーレ	honor, ⓑhonour アナ, アナ
えいよう **栄養** eiyou	*die* **Nahrung** ナールング	nutrition ニュートリション
えーかー **エーカー** eekaa	*der* **Acre** エーカー	acre エイカ
えーじぇんと **エージェント** eejento	*der(die)* **Agent(*in*)** アゲント(-ティン)	agent エイヂェント
えーす **エース** eesu	*das* **Ass** アス	ace エイス

日	独	英
えがお **笑顔** egao	**heiteres Gesicht** ハイテレス ゲズィヒト	smiling face スマイリング フェイス
えがく **描く** egaku	**zeichnen, malen** ツァイヒネン, マーレン	draw, paint ドロー, ペイント
えき **駅** eki	*der* **Bahnhof** バーンホーフ	station ステイション
えきしょう **液晶** ekishou	*das* **Flüssigkristall** フリュッスィヒクリスタル	liquid crystal リクウィド クリスタル
えきす **エキス** ekisu	*der*(*das*) **Extrakt** エクストラクト	extract イクストラクト
えきすとら **エキストラ** ekisutora	*das* **Extra,** *der*(*die*) **Sta-** **tist(*in*)** エクストラ, シュタティスト(・ティン)	extra エクストラ
えきぞちっくな **エキゾチックな** ekizochikkuna	**exotisch** エクソーティシュ	exotic イグザティク
えきたい **液体** ekitai	*die* **Flüssigkeit** フリュッスィヒカイト	liquid, fluid リクウィド, フルーイド
えくすたしー **エクスタシー** ekusutashii	*die* **Ekstase** エクスターゼ	ecstasy エクスタスィ
えぐぜくてぃぶ **エグゼクティブ** eguzekutibu	*der*(*die*) **Direktor(*in*),** *die* **Führungskraft** ディレクトーア(ディレクトーリン), フュールン グスクラフト	executive イグゼキュティヴ
えくぼ **えくぼ** ekubo	*das* **Grübchen** グリュープヒェン	dimple ディンプル
えごいすと **エゴイスト** egoisuto	*der*(*die*) **Egoist(*in*)** エゴイスト(・ティン)	egoist イーゴウイスト
えごいずむ **エゴイズム** egoizumu	*der* **Egoismus** エゴイスムス	egoism イーゴウイズム
えこのみーくらす **エコノミークラス** ekonomiikurasu	*die* **Touristenklasse** トゥリステンクラッセ	economy class イカノミ クラス

日	独	英
えこのみすと **エコノミスト** ekonomisuto	*der* (*die*) **Wirtschaftswis-senschaftler**(*in*) **ヴィ**ルトシャフツヴィッセンシャフトラー(·レリン)	economist イカノミスト
えころじー **エコロジー** ekorojii	*die* **Ökologie** エコロ**ギ**ー	ecology イー**カ**ロディ
えさ **餌** esa	*das* **Futter** **フッ**ター	pet food ペト フード
(釣りなどの)	*der* **Köder** **ケ**ーダー	bait ベイト
えじき **餌食** ejiki	*die* **Beute**, *das* **Opfer** **ボ**イテ, **オ**プファー	prey, victim プレイ, **ヴィ**クティム
えじぷと **エジプト** ejiputo	(*das*) **Ägypten** エ**ギュ**プテン	Egypt **イ**ーヂプト
えしゃくする **会釈する** eshakusuru	*sich*⁴ **verbeugen** ·· フェア**ボ**イゲン	salute, bow サル―ト, バウ
えすえふ **SF** esuefu	*die* **Science-Fiction** **サ**イエンスフィクシュン	science fiction **サ**イエンス **フィ**クション
えすかるご **エスカルゴ** esukarugo	*die* **Weinbergschnecke** **ヴァ**インベルクシュネッケ	escargot エスカ―**ゴ**ウ
えすかれーたー **エスカレーター** esukareetaa	*die* **Rolltreppe** **ロ**ルトレッペ	escalator, Ⓑmov-ing staircase **エ**スカレイタ, **ム**ーヴィング ス**テ**アケイス
えだ **枝** eda	*der* **Ast**, *der* **Zweig** **ア**スト, ツ**ヴァ**イク	branch, bough ブ**ラ**ンチ, バウ
えちおぴあ **エチオピア** echiopia	(*das*) **Äthiopien** エティ**オ**ーピエン	Ethiopia イ―スィ**オ**ウピア
えっせい **エッセイ** essei	*der* **Essay** **エ**セ	essay **エ**セイ
えつらんする **閲覧する** etsuransuru	**ein|sehen** **ア**インゼ―エン	read, inspect **リ**ード, イン**スペ**クト

日	独	英
えなめる **エナメル** enameru	*das* **Email**, *die* **Emaille** エマイ，エマリェ	enamel イナメル
えねるぎー **エネルギー** enerugii	*die* **Energie** エネルギー	energy エナヂ
えのぐ **絵の具** enogu	*die* **Farbe** ファルベ	paints, colors, Ⓑcolours ペインツ，カラズ，カラズ
えはがき **絵葉書** ehagaki	*die* **Ansichtskarte** アンズィヒツカルテ	picture postcard ピクチャ ポウストカード
えび **海老** ebi	*die* **Garnele** ガルネーレ	shrimp, prawn シュリンプ，プローン
（アカザエビ）	*die* **Scampi** *pl.* スカンピ	Japanese lobster ヂャパニーズ ラブスタ
（ロブスター）	*der* **Hummer** フマー	lobster ラブスタ
えぴそーど **エピソード** episoodo	*die* **Episode** エピゾーデ	episode エピソウド
えぴろーぐ **エピローグ** epiroogu	*der* **Epilog** エピローク	epilogue エピローグ
えぷろん **エプロン** epuron	*die* **Schürze** シュルツェ	apron エイプロン
えほん **絵本** ehon	*das* **Bilderbuch** ビルダーブーフ	picture book ピクチャ ブク
えめらるど **エメラルド** emerarudo	*der* **Smaragd** スマラクト	emerald エメラルド
えらー **エラー** eraa	*der* **Fehler** フェーラー	error エラ
えらい **偉い** erai	**groß** グロース	great グレイト

日	独	英
えらぶ **選ぶ** erabu	**aus|wählen** アオスヴェーレン	choose, select チューズ, セレクト
（選出する）	**wählen** ヴェーレン	elect イレクト
えり **襟** eri	*der* **Kragen** クラーゲン	collar カラ
えりーと **エリート** eriito	*die* **Elite** エリーテ	elite エイリート
える **得る** eru	**bekommen, erhalten** ベコメン, エアハルテン	get, obtain ゲト, オブテイン
えれがんとな **エレガントな** eregantona	**elegant** エレガント	elegant エリガント
えれべーたー **エレベーター** erebeetaa	*der* **Fahrstuhl,** *der* **Lift** ファールシュトゥール, リフト	elevator, Ⓑlift エレヴェイタ, リフト
えん **円** （図形の） en	*der* **Kreis** クライス	circle サークル
（通貨の）	*der* **Yen** イェン	yen イェン
えんかい **宴会** enkai	*das* **Bankett** バンケット	banquet バンクウェット
えんかくの **遠隔の** enkakuno	**fern, weit** フェルン, ヴァイト	remote, distant リモウト, ディスタント
えんがん **沿岸** engan	*die* **Küste** キュステ	coast コウスト
えんき **延期** enki	*die* **Verschiebung,** *der* **Aufschub** フェアシーブング, アオフシューブ	postponement ポウストポンメント
～する	**verschieben** フェアシーベン	postpone ポウストポウン

日	独	英
えんぎ **演技** engi	*die* **Darstellung** ダールシュテルング	performance, acting パフォーマンス, アクティング
～する	**dar|stellen** ダールシュテレン	act, perform アクト, パフォーム
えんきょくな **婉曲な** enkyokuna	**euphemistisch, verblümt** オイフェミスティシュ, フェアブリュームト	euphemistic ユーフェミスティク
えんきんほう **遠近法** enkinhou	*die* **Perspektive** ペルスペクティーヴェ	perspective パスペクティヴ
えんげい **園芸** engei	*die* **Gärtnerei,** *der* **Gartenbau** ゲルトネライ, ガルテンバオ	gardening ガードニング
えんげき **演劇** engeki	*das* **Schauspiel** シャオシュピール	theater, drama, Ⓑtheatre スィアタ, ドラーマ, スィアタ
えんこ **縁故** enko	*die* **Beziehung** ベツィーウング	relation リレイション
えんし **遠視** enshi	*die* **Weitsichtigkeit** ヴァイトズィヒティヒカイト	farsightedness ファーサイテドネス
えんじにあ **エンジニア** enjinia	*der*(*die*) **Ingenieur(*in*)** インジェニエーア(-エアリン)	engineer エンヂニア
えんしゅう **円周** enshuu	*der* **Kreisumfang** クライスウムファング	circumference サカムファレンス
えんしゅつ **演出** enshutsu	*die* **Regie** レジー	direction ディレクション
～家	*der*(*die*) **Regisseur(*in*)** レジセーア(-リン)	director ディレクタ
～する	**inszenieren** インスツェニーレン	direct ディレクト
えんじょ **援助** enjo	*die* **Hilfe,** *die* **Unterstützung** ヒルフェ, ウンターシュテュッツング	help, assistance ヘルプ, アスィスタンス

日	独	英

え

～する
unterstützen
ウンターシュテュッツェン
help, assist
ヘルプ, アスィスト

えんしょう
炎症
enshou
die **Entzündung**
エントツュンドゥング
inflammation
インフラメイション

えんじる
演じる
enjiru
dar|stellen, spielen
ダールシュテレン, シュピーレン
perform, play
パフォーム, プレイ

えんじん
エンジン
enjin
der **Motor**
モートア
engine
エンヂン

えんしんりょく
遠心力
enshinryoku
die **Zentrifugalkraft**
ツェントリフガールクラフト
centrifugal force
セントリフュガル フォース

えんすい
円錐
ensui
der **Kegel**
ケーゲル
cone
コウン

えんすと
エンスト
ensuto
das **Abwürgen eines Motors**
アップヴュルゲン アイネス モートアス
engine stall
エンヂン ストール

えんせいする
遠征する
enseisuru
eine Expedition machen
アイネ エクスペディツィオーン マッヘン
make an expedition
メイク アン エクスペディション

えんぜつ
演説
enzetsu
die **Rede**
レーデ
speech
スピーチ

えんそ
塩素
enso
das **Chlor**
クローア
chlorine
クローリーン

えんそう
演奏
ensou
das **Konzert,** *die* **Aufführung**
コンツェルト, アオフフュールング
musical performance
ミューズィカル パフォーマンス

～する
spielen , auf|führen
シュピーレン, アオフフューレン
play, perform
プレイ, パフォーム

えんそく
遠足
ensoku
die **Exkursion,** *der* **Ausflug**
エクスクルズィオーン, アオスフルーク
excursion, field trip
イクスカージョン, フィールド トリプ

えんたい
延滞
entai
der **Rückstand,** *der* **Verzug**
リュックシュタント, フェアツーク
delay
ディレイ

日	独	英
えんだか **円高** endaka	**hoher Yen-Kurs** ホーアー イェンクルス	strong yen rate ストローング **イェン** レイト
えんちゅう **円柱** enchuu	*die* **Säule** ゾイレ	column カラム
えんちょう **延長** enchou	*die* **Verlängerung** フェアレンゲルング	extension イクステンション
～する	**verlängern** フェアレンガーン	prolong, extend プロローング, イクステンド
～戦	*die* **Verlängerung der Spielzeit** フェアレンゲルング デア シュピールツァイト	overtime, Ⓑextra time オウヴァタイム, エクストラ タイム
えんどうまめ **えんどう豆** endoumame	*die* **Erbse** エルプセ	(green) pea (グリーン) ピー
えんとつ **煙突** entotsu	*der* **Schornstein** ショルンシュタイン	chimney チムニ
えんぴつ **鉛筆** enpitsu	*der* **Bleistift** ブライシュティフト	pencil ペンスル
えんぶん **塩分** enbun	*das* **Salz**, *der* **Salzgehalt** ザルツ, ザルツゲハルト	salt (content) ソールト (コンテント)
えんまんな **円満な** enmanna	**einträchtig** アイントレヒティヒ	harmonious ハーモウニアス
えんやす **円安** en-yasu	**tiefer Yen-Kurs** ティーファー **イェン**クルス	weak yen rate ウィーク **イェン** レイト
えんよう **遠洋** en-you	*der* **Ozean**, *die* **Hochsee** オーツェアーン, ホーホゼー	ocean オウシャン
えんりょ **遠慮** (ためらい) enryo	*das* **Zögern** ツェーガーン	hesitation ヘズィテイション
(謙虚さ)	*die* **Bescheidenheit** ベシャイデンハイト	modesty マディスティ

日	独	英

お

| ～する | *sich⁴* **zurück\|halten**
‥ ツリュックハルテン | (be) reserved, hold back
(ビ) リザーヴド, ホウルド バク |

お，オ

お **尾** o	*der* **Schwanz** シュヴァンツ	tail テイル
おい **甥** oi	*der* **Neffe** ネッフェ	nephew ネフュー
おいかえす **追い返す** oikaesu	**zurück|weisen** ツリュックヴァイゼン	send away センド アウェイ
おいかける **追いかける** oikakeru	**verfolgen** フェアフォルゲン	run after, chase ラン アフタ, チェイス
おいこしきんし **追い越し禁止** oikoshikinshi	*das* **Überholverbot** ユーバーホールフェアボート	no passing ノウ パスィング
おいこす **追い越す** oikosu	**überholen** ユーバーホーレン	overtake オウヴァテイク
おいしい **美味しい** oishii	**gut, lecker, köstlich** グート, レッカー, ケストリヒ	nice, delicious ナイス, ディリシャス
おいだす **追い出す** oidasu	**vertreiben** フェアトライベン	drive out ドライヴ アウト
おいつく **追いつく** oitsuku	**ein|holen** アインホーレン	catch up キャチ アプ
おいつめる **追い詰める** oitsumeru	**in die Enge treiben** イン ディー エンゲ トライベン	drive into, corner ドライヴ イントゥ, コーナ
おいはらう **追い払う** oiharau	**vertreiben** フェアトライベン	drive away, chase off ドライヴ アウェイ, チェイス オーフ
おいる **オイル** oiru	*das* **Öl** エール	oil オイル

日	独	英
おいる **老いる** oiru	**alt werden** アルト ヴェーアデン	grow old グロウ オウルド
おう **追う** ou	**nach|laufen** ナーハラオフェン	run after, chase ラン アフタ, チェイス
（流行を）	**folgen** フォルゲン	follow ファロウ
おう **負う** （背負う） ou	*sich³* **auf|bürden, tragen** ．．アウフビュルデン, トラーゲン	bear on one's back ベア オン バク
（責任・義務を）	*auf sich⁴* **nehmen** アオフ．．ネーメン	take upon oneself テイク アパン
おう **王** ou	*der* **König** ケーニヒ	king キング
おうえん **応援** （声援） ouen	*der* **Jubel**, *das* **Anfeuern** ユーベル, アンフォイヤーン	cheering, rooting チアリング, ルーティング
～する	**bei|stehen, an|feuern** バイシュテーエン, アンフォイアーン	cheer, root for チア, ルート フォ
おうかくまく **横隔膜** oukakumaku	*das* **Zwerchfell** ツヴェルヒフェル	diaphragm ダイアフラム
おうかん **王冠** oukan	*die* **Krone** クローネ	crown クラウン
おうきゅうてあて **応急手当** oukyuuteate	**erste Hilfe** エーアステ ヒルフェ	first aid ファースト エイド
おうこく **王国** oukoku	*das* **Königreich** ケーニヒライヒ	kingdom キングダム
おうじ **王子** ouji	*der* **Prinz** プリンツ	prince プリンス
おうじ **皇子** ouji	*der* **Kronprinz** クローンプリンツ	Imperial prince インピアリアル プリンス
おうしざ **牡牛座** oushiza	**der Stier** デア シュティーア	Bull, Taurus ブル, トーラス

日	独	英
おうじて **応じて** oujite	**nach, entsprechend** ナーハ, エントシュプレッヒェント	according to アコーディング トゥ
おうしゅうする **押収する** oushuusuru	**beschlagnahmen** ベシュラークナーメン	seize スィーズ
おうじょ **王女** oujo	*die* **Prinzessin** プリンツェッスィン	princess プリンセス
おうじょ **皇女** oujo	*die* **Kronprinzessin** クローンプリンツェッスィン	Imperial princess インピアリアル プリンセス
おうじる **応じる** （応える） oujiru	**antworten** アントヴォルテン	answer, reply to アンサ, リプライ トゥ
（受け入れる）	**an|nehmen, akzeptieren** アンネーメン, アクツェプティーレン	comply with, accept コンプライ ウィズ, アクセプト
おうせつしつ **応接室** ousetsushitsu	*das* **Empfangszimmer** エンプファングスツィマー	reception room リセプション ルーム
おうだん **横断** oudan	*die* **Durchquerung,** *die* **Überquerung** ドゥルヒクヴェールング, ユーバークヴェールング	crossing クロースィング
～する	**durchqueren, überqueren** ドゥルヒクヴェーレン, ユーバークヴェーレン	cross クロース
～歩道	*der* **Zebrastreifen** ツェーブラシュトライフェン	crosswalk, Ⓑpedestrian crossing クロースウォーク, ペデストリアン クロースィング
おうとう **応答** outou	*die* **Antwort** アントヴォルト	reply リプライ
おうねつびょう **黄熱病** ounetsubyou	*das* **Gelbfieber** ゲルプフィーバー	yellow fever イェロウ フィーヴァ
おうひ **王妃** ouhi	*die* **Königin** ケーニギン	queen クウィーン

日	独	英
おうふく **往復** oufuku	hin und zurück, Hin- und Rückfahrt ヒン ウント ツリュック, ヒン ウント リュックファールト	round trip, to and from ラウンド トリプ, トゥー アンド フラム
～する	hin- und zurück|gehen, hin- und zurück|fahren ヒン ウント ツリュックゲーエン, ヒン ウント ツリュックファーレン	go to and back ゴウ トゥ アンド バク
おうぼ **応募** oubo	*die* **Bewerbung**, *die* **Anmeldung** ベヴェルブング, アンメルドゥング	application アプリケイション
～する	*sich*[4] **bewerben** .. ベヴェルベン	apply, enter アプライ, エンタ
おうぼうな **横暴な** oubouna	**gewalttätig** ゲヴァルトテーティヒ	tyrannical, oppressive ティラニカル, オプレスィヴ
おうむ **鸚鵡** oumu	*der* **Papagei** パパガイ	parrot パロト
おうよう **応用** ouyou	*die* **Anwendung** アンヴェンドゥング	application, use アプリケイション, ユース
～する	**an|wenden** アンヴェンデン	apply アプライ
おうりょう **横領** ouryou	*die* **Unterschlagung** ウンターシュラーグング	embezzlement インベズルメント
おえる **終える** oeru	**beenden** ベエンデン	finish, complete フィニシュ, コンプリート
おおあめ **大雨** ooame	**starker Regen** シュタルカー レーゲン	heavy rain ヘヴィ レイン
おおい **多い** ooi	**viel, groß** フィール, グロース	much マチ
（回数が）	**häufig** ホイフィヒ	frequent フリークウェント
（数が）	**viel** フィール	many メニ

日	独	英
おおい **覆い** ooi	*die* **Decke,** *die* **Abde-ckung** デッケ，アップデックング	cover カヴァ
おおいに **大いに** ooini	**sehr, vielmals** ゼーア，フィールマールス	greatly, very much グレイトリ，**ヴェリ マ**チ
おおう **覆う**　（かぶせる） oou	**bedecken** ベデッケン	cover カヴァ
（隠す）	**verhüllen** フェア**ヒュ**レン	disguise ディスガイズ
おおがたの **大型の** oogatano	**groß, großformatig** グロース，グロースフォルマーティヒ	large-scale ラーヂスケイル
おおかみ **狼** ookami	*der* **Wolf** **ヴォ**ルフ	wolf **ウ**ルフ
おおきい **大きい** ookii	**groß** グロース	big, large **ビ**グ，**ラー**ヂ
おおきくする **大きくする** ookikusuru	**vergrößern** フェアグレーサーン	enlarge イン**ラー**ヂ
おおきくなる **大きくなる** ookikunaru	**groß werden,** *sich*[4] **aus|-weiten** グロース **ヴェ**ーアデン，‥ **ア**オスヴァイテン	(get) bigger, (get) larger (ゲト) **ビ**グ, (ゲト) **ラー**ヂャ
おおきさ **大きさ** ookisa	*die* **Größe** グレーセ	size **サ**イズ
おおきな **大きな** ookina	**groß** グロース	big, large **ビ**グ，**ラー**ヂ
（巨大な・莫大な）	**riesig, enorm** **リ**ーズィヒ，エ**ノ**ルム	huge, enormous **ヒュ**ーヂ，イ**ノ**ーマス
おーくしょん **オークション** ookushon	*die* **Auktion** アオクツィ**オ**ーン	auction **オ**ークション
おおぐまざ **大熊座** oogumaza	**der Große Bär, der Gro-ße Wagen** デア グローセ **ベ**ーア，デア グローセ **ヴァ**ーゲン	Great Bear グレイト ベア

日	独	英
おおげさな **大袈裟な** oogesana	**übertrieben** ユーバートリーベン	exaggerated イグザチェレイテド
おーけすとら **オーケストラ** ookesutora	*das* **Orchester** オルケスター	orchestra **オー**ケストラ
おおごえ **大声** oogoe	**laute Stimme** ラオテ シュティメ	loud voice ラウド **ヴォ**イス
おおざら **大皿** oozara	*die* **Platte** プラッテ	platter プ**ラ**タ
おーじー **OG** (卒業生) oojii	*die* **Absolventin** アプゾル**ヴェ**ンティン	graduate グ**ラ**ヂュエト
おーすとらりあ **オーストラリア** oosutoraria	(*das*) **Australien** アオスヽ**ラー**リエン	Australia オース**ト**レイリャ
おーすとりあ **オーストリア** oosutoria	(*das*) **Österreich** エーステライヒ	Austria **オー**ストリア
おおぜいの **大勢の** oozeino	**eine große Anzahl** *von j³* アイネ グローセ **アン**ツァール フォン ‥	(a) large number of (ア) ラーヂ ナンバ オヴ
おーそどっくすな **オーソドックスな** oosodokkusuna	**orthodox** オル**ト**ドクス	orthodox **オー**ソダクス
おーでぃおの **オーディオの** oodiono	**Audio-** **ア**オディオ‥	audio **オー**ディオウ
おーでぃしょん **オーディション** oodishon	*das* **Vorsprechen,** *das* **Vorsingen** **フォー**アシュプレッヒェン, **フォー**アズィンゲン	audition オー**ディ**ション
おーでころん **オーデコロン** oodekoron	*das* **Kölnischwasser,** (*das*) **Eau de Cologne** **ケ**ルニシュヴァッサー, オー**ドゥ** コローニュ	eau de cologne オウ デ コ**ロ**ウン
おおての **大手の** ooteno	**groß, bedeutend** グロース, ベ**ド**イテント	big, major **ビ**グ, **メ**イヂャ
おおどおり **大通り** oodoori	*die* **Hauptstraße** **ハ**オプトシュトラーセ	main road **メ**イン **ロ**ウド

日	独	英
おーとばい **オートバイ** ootobai	*das* **Motorrad** モートアラート	motorcycle モウタサイクル
おーどぶる **オードブル** oodoburu	*die* **Vorspeise** フォーアシュパイゼ	hors d'oeuvre オー ダーヴル
おーとまちっくの **オートマチックの** ootomachikkuno	**automatisch** アオトマーティシュ	automatic オートマティク
おーとめーしょん **オートメーション** ootomeeshon	*die* **Automation**, *die* **Auto-matisierung** アオトマツィオーン, アオトマティズィールング	automation オートメイション
おーなー **オーナー** oonaa	*der*(*die*) **Inhaber**(*in*) インハーバー(- ベリン)	owner オウナ
おーばー **オーバー** oobaa	*der* **Mantel** マンテル	overcoat オウヴァコウト
おーびー **OB** (卒業生) oobii	*der* **Absolvent** アプゾルヴェント	graduate グラデュエト
おーぷにんぐ **オープニング** oopuningu	*die* **Eröffnung** エアエフヌング	opening オウプニング
おーぷん **オーブン** oobun	*der* **Backofen** バックオーフェン	oven アヴン
おーぶんな **オープンな** oopunna	**offen** オッフェン	open オウプン
おーぼえ **オーボエ** ooboe	*die* **Oboe** オボーエ	oboe オウボウ
おおみそか **大晦日** oomisoka	*der*(*das*) **Silvester** ズィルヴェスター	New Year's Eve ニュー イアズ イーヴ
おおもじ **大文字** oomoji	*der* **Großbuchstabe** グロースブーフシュターベ	capital letter キャピトル レタ
おおや **大家** ooya	*der*(*die*) **Vermieter**(*in*) フェアミーター(- テリン)	owner オウナ

日	独	英
おおやけの **公の** （公共の） ooyakeno	**öffentlich** エッフェントリヒ	public パブリク
（公式の）	**offiziell** オフィツィエル	official オフィシャル
おおらかな **おおらかな** oorakana	**großzügig, großherzig** グロースツューギヒ，グロースヘルツィヒ	bighearted, mag-nanimous ビグハーテド，マグナニマス
おかあさん **お母さん** okaasan	*die* **Mutter** ムッター	mother マザ
おかしい **おかしい** （こっけいな） okashii	**komisch** コーミシュ	funny ファニ
（楽しい）	**lustig** ルスティヒ	amusing アミューズィング
（奇妙な）	**seltsam** ゼルトザーム	strange ストレインヂ
おかす **犯す** （罪などを） okasu	**begehen** ベゲーエン	commit コミト
（法律などを）	*gegen et⁴* **verstoßen** ゲーゲン‥フェアシュトーセン	violate ヴァイオレイト
（婦女を）	**vergewaltigen** フェアゲヴァルティゲン	rape レイプ
おかす **侵す** okasu	*in et⁴* **ein|greifen** イン‥アイングライフェン	violate, infringe on ヴァイオレイト，インフリンヂオン
おかす **冒す** okasu	**riskieren** リスキーレン	run ラン
おかず **おかず** okazu	*die* **Beilage** バイラーゲ	side dish, garnish サイドディシュ，ガーニシュ
おかね **お金** okane	*das* **Geld** ゲルト	money マニ

日	独	英
おがわ **小川** ogawa	*der* **Bach** バッハ	brook, stream ブルク, ストリーム
おかん **悪寒** okan	*das* **Frösteln** フレステルン	chill チル
おき **沖** oki	**offene See** オッフェネ ゼー	offing オーフィング
おきあがる **起き上がる** okiagaru	**auf|stehen** アオフシュテーエン	get up ゲト アプ
おきしだんと **オキシダント** okishidanto	*das* **Oxidans,** *das* **Oxidationsmittel** オクスィダンス, オクスィダツィオーンスミッテル	oxidant アクシダント
おぎなう **補う** oginau	**aus|gleichen, ergänzen** アオスグライヒェン, エアゲンツェン	make up for メイク アプ フォ
おきにいり **お気に入り** okiniiri	*der* **Liebling,** *der* **Favorit** リープリング, ファヴォリート	favorite, Ⓑfavourite フェイヴァリト, フェイヴァリト
おきもの **置物** okimono	*das* **Ornament,** *die* **Verzierung** オルナメント, フェアツィールング	ornament オーナメント
おきる **起きる** okiru	**auf|stehen** アオフシュテーエン	get up, rise ゲト アプ, ライズ
（目を覚ます）	**auf|wachen** アオフヴァッヘン	wake up ウェイク アプ
（発生する）	**passieren,** *sich*[4] **ereignen** パスィーレン, ‥ エアアイグネン	happen, occur ハプン, オカー
おきわすれる **置き忘れる** okiwasureru	**liegen lassen** リーゲン ラッセン	forget, leave フォゲト, リーヴ
おく **奥** oku	*das* **Innere** イネレ	innermost, far back イナモウスト, ファー バク
おく **億** oku	**hundert Millionen** フンダート ミリオーネン	one hundred million ワン ハンドレド ミリョン

日	独	英
おく **置く** oku	**legen, stellen** レーゲン, シュテレン	put, place プト, プレイス
おくがいの **屋外の** okugaino	**im Freien** イム フライエン	outdoor アウトドー
おくさん **奥さん** okusan	*die* **Gattin**, *die* **Frau** ガッティン, フラオ	Mrs, wife ミスィズ, ワイフ
おくじょう **屋上** okujou	*das* **Dach** ダッハ	roof ルーフ
おくそく **憶測** okusoku	*die* **Vermutung** フェアムートゥング	supposition サポジション
おくないの **屋内の** okunaino	**im Haus** イム ハオス	indoor インドー
おくびょうな **臆病な** okubyouna	**feige, furchtsam** ファイゲ, フルヒトザーム	cowardly, timid カウアドリ, ティミド
おくふかい **奥深い** okufukai	**tief** ティーフ	deep, profound ディープ, プロファウンド
おくゆき **奥行き** okuyuki	*die* **Tiefe** ティーフェ	depth デプス
おくりさき **送り先**　(届け先) okurisaki	*der* **Bestimmungsort** ベシュティムングスオルト	destination デスティネイション
おくりじょう **送り状** okurijou	*der* **Lieferschein** リーファーシャイン	invoice インヴォイス
おくりぬし **送り主** okurinushi	*der* (*die*) **Absender**(*in*) アップゼンダー(-デリン)	sender センダ
おくりもの **贈り物** okurimono	*das* **Geschenk** ゲシェンク	present, gift プレゼント, ギフト
おくる **送る** okuru	**senden** ゼンデン	send センド
(見送る)	**verabschieden** フェアアップシーデン	see off スィー オーフ

日	独	英
おくる **贈る** okuru	**schenken** シェンケン	present プリゼント
（賞などを）	**zu|erkennen** ツーエアケネン	award アウォード
おくれる **遅れる** okureru	*sich⁴* **verspäten** ‥ フェアシュペーテン	(be) late for (ビ) レイト フォ
おくれる **後れる**（時代などに）	**zurück|bleiben** ツリュックブライベン	(be) behind (ビ) ビハインド
おこす **起こす** okosu	**auf|richten** アオフリヒテン	raise, set up レイズ, セト アプ
（目覚めさせる）	**wecken** ヴェッケン	wake up ウェイク アプ
（引き起こす）	**aus|lösen, verursachen** アオスレーゼン, フェアウーアザッヘン	cause コーズ
おこたる **怠る** okotaru	**vernachlässigen** フェアナーハレスィゲン	neglect ニグレクト
おこない **行い** okonai	*die* **Tat** タート	act, action アクト, アクション
（品行）	*das* **Verhalten** フェアハルテン	conduct カンダクト
おこなう **行う** okonau	**tun, machen** トゥーン, マッヘン	do, act ドゥー, アクト
（挙行する）	**ab|halten** アップハルテン	hold, celebrate ホウルド, セレブレイト
（実施する）	**durch|führen** ドゥルヒフューレン	put in practice プト イン プラクティス
おこる **起こる** okoru	**geschehen, passieren** ゲシェーエン, パスィーレン	happen, occur ハプン, オカー
（勃発する）	**aus|brechen** アオスブレッヒェン	break out ブレイク アウト

日	独	英
おこる **怒る** okoru	*sich⁴* **ärgern** ‥エルガーン	(get) angry (ゲト) **ア**ングリ
おごる **奢る** ogoru	**ein|laden** **ア**インラーデン	treat トリート
おごる **驕る** ogoru	**überheblich sein, prah- len** ユーバー**ヘ**ープリヒ ザイン, プ**ラ**ーレン	(be) haughty (ビ) **ホ**ーティ
おさえる **押さえる** osaeru	**drücken** ド**リュ**ッケン	hold down **ホ**ウルド **ダ**ウン
おさえる **抑える** （制圧する） osaeru	**unterdrücken** ウンタード**リュ**ッケン	suppress サプ**レ**ス
（阻止する）	**verhindern, auf|halten** フェア**ヒ**ンダーン, **ア**オフハルテン	check, inhibit **チェ**ク, イン**ヒ**ビト
（抑制・制御する）	**kontrollieren** コントロ**リ**ーレン	control コント**ロ**ウル
おさない **幼い** osanai	**jung, klein** **ユ**ング, ク**ラ**イン	infant, juvenile **イ**ンファント, **チュ**ーヴェナイ ル
おさまる **治まる** （安定している） osamaru	*sich⁴* **beruhigen,** *sich⁴* **le- gen** ‥ベ**ル**ーイゲン, ‥**レ**ーゲン	(be) settled, (be) stabilized (ビ) **セ**トルド, (ビ) ス**タ**ビライ ズド
（鎮まる）	**ruhig werden,** *sich⁴* **beru- higen** **ル**ーイヒ **ヴェ**ーアデン, ‥ベ**ル**ーイゲン	calm down, sub- side **カ**ーム **ダ**ウン, サブ**サ**イド
（元に戻る）	**wiederhergestellt wer- den** **ヴィ**ーダー**ヘ**ーアゲシュテルト **ヴェ**ーアデン	(be) restored to (ビ) リスト**ー**ド トゥ
おさまる **納まる** （入っている） osamaru	*in et⁴* **hinein|passen** イン ‥ ヒ**ナ**インパッセン	(be) put in, fit in (ビ) **プ**ト イン, **フィ**ト イン
（落着する）	**beigelegt werden, erle- digt werden** **バ**イゲレークト **ヴェ**ーアデン, エアレー**ディ**ヒト **ヴェ**ーアデン	(be) settled (ビ) **セ**トルド
おさめる **治める** （鎮圧する） osameru	**unterdrücken** ウンタード**リュ**ッケン	suppress サプ**レ**ス

日	独	英
（統治する）	*regieren* レギーレン	rule, govern ルール, ガヴァン
おさめる **納める**（品物を） osameru	**liefern** リーファーン	deliver ディリヴァ
（金を）	**zahlen** ツァーレン	pay ペイ
おじ **伯[叔]父** oji	*der* **Onkel** オンケル	uncle アンクル
おしい **惜しい** oshii	**bedauerlich** ベダオアーリヒ	regrettable リグレタブル
おじいさん **おじいさん**（祖父） ojiisan	*der* **Großvater** グロースファーター	grandfather グランドファーザ
（老人）	**alter Mann** アルター マン	old man オウルド マン
おしえ **教え** oshie	*die* **Lehre** レーレ	lesson, teachings レスン, ティーチングズ
おしえる **教える** oshieru	**unterrichten** ウンターリヒテン	teach, instruct ティーチ, インストラクト
（告げる）	**mit|teilen** ミットタイレン	tell テル
（知らせる）	**informieren** インフォルミーレン	inform of インフォーム オヴ
おじぎ **お辞儀** ojigi	*die* **Verbeugung** フェアボイグング	bow バウ
おしこむ **押し込む** oshikomu	**hinein|drücken** ヒナインドリュッケン	push in, stuff into プシュ イン, スタフ イントゥ
おしつける **押しつける** （強制する） oshitsukeru	**auf|drängen** アオフドレンゲン	force フォース

日	独	英
おしべ **雄しべ** oshibe	*das* **Staubblatt** シュ**タ**オププラット	stamen ステイメン
おしむ **惜しむ** （残念がる） oshimu	**bedauern** ベ**ダ**オアーン	regret リグレト
（出し惜しむ）	**sparen** シュ**パ**ーレン	spare スペア
（大切にする）	**schätzen** **シェ**ッツェン	value **ヴァ**リュ
おしゃべりな **お喋りな** oshaberina	**geschwätzig** ゲシュ**ヴェ**ッツィヒ	talkative **ト**ーカティヴ
おしゃれする **お洒落する** osharesuru	*sich⁴* **schön machen** ‥ **シェ**ーン **マ**ッヘン	dress up ドレス **ア**プ
おしゃれな **お洒落な** osharena	**schick** **シ**ック	stylish ス**タ**イリシュ
おじょうさん **お嬢さん** ojousan	*das* **Fräulein,** *junge* **Dame** フ**ロ**イライン， **ユ**ンゲ **ダ**ーメ	young lady **ヤ**ング **レ**イディ
おしょく **汚職** oshoku	*die* **Korruption,** *die* **Be- stechung** コルプツィ**オ**ーン，ベシュ**テ**ッヒュング	corruption コ**ラ**プション
おす **押す** osu	**drücken, stoßen** ド**リュ**ッケン，シュ**ト**ーセン	push, press **プ**シュ，プレス
おす **雄** osu	*das* **Männchen** **メ**ンヒェン	male **メ**イル
おせじ **お世辞** oseji	*das* **Kompliment** コンプリ**メ**ント	compliment, flat- tery **カ**ンプリメント，フ**ラ**タリ
おせっかいな **お節介な** osekkaina	**zudringlich, aufdringlich** **ツ**ードリングリヒ，**ア**オフドリングリヒ	meddlesome **メ**ドルサム
おせん **汚染** osen	*die* **Verschmutzung** フェア**シュ**ムッツング	pollution ポ**リュ**ーション

日	独	英
遅い おそい osoi	**spät** シュペート	late レイト
（速度が）	**langsam** ラングザーム	slow スロウ
襲う おそう osou	**an|greifen** アングライフェン	attack アタク
（天災などが）	**heim|suchen, befallen** ハイムズーヘン，ベファレン	hit, strike ヒト，ストライク
恐らく おそらく osoraku	**wahrscheinlich, viel-leicht** ヴァールシャインリヒ，フィライヒト	perhaps パハプス
おそれ おそれ osore （懸念）	*die* **Befürchtung** ベフュルヒトゥング	apprehension アプリヘンション
（恐怖）	*die* **Furcht** フルヒト	fear フィア
恐れる おそれる osoreru	*sich⁴ vor et³* **fürchten, be-fürchten** ‥フォア‥ フュルヒテン，ベフュルヒテン	fear, (be) afraid of フィア，(ビ) アフレイド オヴ
恐ろしい おそろしい osoroshii	**furchtbar** フルヒトバール	fearful, awful フィアフル，オーフル
教わる おそわる osowaru	**lernen** レルネン	learn ラーン
オゾン おぞん ozon	*der(das)* **Ozon** オツォーン	ozone オウゾウン
お互いに おたがいに otagaini	**einander** アイナンダー	each other イーチ アザ
おたふく風邪 おたふくかぜ otafukukaze	*der* **Mumps** ムンプス	mumps マンプス
穏やかな おだやかな odayakana （平穏な）	**friedlich** フリートリヒ	calm, tranquil カーム，トランクウィル

日	独	英
(温厚な)	**sanft** ザンフト	gentle, kind チェントル, カインド
おちいる **陥る** ochiiru	*in et⁴* **geraten** イン ‥ ゲラーテン	fall into フォール イントゥ
おちつく **落ち着く** ochitsuku	*sich⁴* **beruhigen** ‥ ベルーイゲン	(become) calm, calm down (ビカム) カーム, カーム ダウン
(定住する)	*sich⁴* **nieder|lassen** ‥ ニーダーラッセン	settle down セトル ダウン
おちる **落ちる** ochiru	**fallen** ファレン	fall, drop フォール, ドラプ
(汚れ・しみが)	**ab|gehen** アプゲーエン	come off カム オーフ
(試験に)	**durch|fallen** ドゥルヒファレン	fail フェイル
おっと **夫** otto	*der* **Mann**, *der* **Gatte** マン, ガッテ	husband ハズバンド
おつり **お釣り** otsuri	*das* **Wechselgeld** ヴェクセルゲルト	change チェインヂ
おでこ **おでこ** odeko	*die* **Stirn** シュティルン	forehead フォーレド
おと **音** oto	*der* **Laut** ラオト	sound サウンド
おとうさん **お父さん** otousan	*der* **Vater** ファーター	father ファーザ
おとうと **弟** otouto	**jüngerer Bruder** ユンゲラー ブルーダー	(younger) brother (ヤンガ) ブラザ
おどかす **脅かす** odokasu	**bedrohen** ベドローエン	threaten, menace スレトン, メナス

日	独	英
おとこ **男** otoko	*der* **Mann** マン	man, male マン, メイル
おとこのこ **男の子** otokonoko	*der* **Junge** ユンゲ	boy ボイ
おどし **脅し** odoshi	*die* **Drohung** ドローウング	threat, menace スレト, メナス
おとしだま **お年玉** otoshidama	*das* **Neujahrsgeschenk** ノイヤールスゲシェンク	New Year's gift ニュー イアズ ギフト
おとす **落とす** otosu	**fallen lassen** ファレン ラッセン	drop, let fall ドラプ, レト フォール
(汚れを)	**entfernen** エントフェルネン	remove リムーヴ
(信用・人気を)	**verlieren, ein|büßen** フェアリーレン, **ア**インビューセン	lose ルーズ
おどす **脅す** odosu	**drohen, bedrohen** ドローエン, ベドローエン	threaten, menace スレトン, メナス
おとずれる **訪れる** otozureru	**besuchen** ベズーヘン	visit ヴィズィト
おととい **一昨日** ototoi	**vorgestern** フォーアゲスターン	day before yester-day デイ ビフォー イェスタディ
おととし **一昨年** ototoshi	**vorletztes Jahr** フォーアレッツテス ヤール	year before last イア ビフォー ラスト
おとな **大人** otona	*der/die* **Erwachsene** エア**ヴァ**クセネ	adult, grown-up アダルト, グロウナプ
おとなしい **おとなしい** otonashii	**sanft, ruhig** ザンフト, ルーイヒ	quiet, docile クワイエト, ダスィル
おとめざ **乙女座** otomeza	*die* **Jungfrau** ディー ユングフラオ	Virgin, Virgo ヴァーヂン, ヴァーゴウ

日	独	英
おどり **踊り** odori	*der* **Tanz** タンツ	dance ダンス
おとる **劣る** otoru	**unterlegen sein, nach|-stehen** ウンターレーゲン ザイン, **ナー**ハシュテーエン	(be) inferior to (ビ) イン**フィ**アリア トゥ
おどる **踊る** odoru	**tanzen** **タ**ンツェン	dance ダンス
おとろえる **衰える** （健康・人気が） otoroeru	**schwinden, nach|lassen** シュ**ヴィ**ンデン, **ナー**ハラッセン	decline ディク**ラ**イン
（人などが）	**schwach werden** シュ**ヴァ**ッハ **ヴェー**アデン	(become) weak (ビカム) **ウィー**ク
おどろかす **驚かす** odorokasu	**überraschen** ユー**バー**ラッシェン	surprise, astonish サプ**ラ**イズ, アス**タ**ニシュ
おどろき **驚き** odoroki	*die* **Überraschung** ユー**バー**ラッシュング	surprise サプ**ラ**イズ
おどろく **驚く** odoroku	**überrascht sein** ユー**バー**ラッシュト ザイン	(be) surprised (ビ) サプ**ラ**イズド
おなか **お腹** onaka	*der* **Bauch** **バ**オホ	stomach ス**タ**マク
おなじ **同じ**　（同一） onaji	**derselbe/dieselbe/das-selbe** デア**ゼ**ルベ / ディー**ゼ**ルベ / ダス**ゼ**ルベ	same **セ**イム
（等しい）	**gleich** グ**ラ**イヒ	equal, equivalent **イー**クワル, イク**ウィ**ヴァレント
（同様）	**ähnlich** **エー**ンリヒ	similar ス**ィ**ミラ
（共通）	**gemeinsam** ゲ**マ**インザーム	common **カ**モン
おに **鬼** oni	*der* **Teufel**, *der* **Dämon** **ト**イフェル, **デー**モン	ogre, demon **オ**ウガ, **ディー**モン

日	独	英
（遊戯の）	der (die) **Fänger(in)** フェンガー(‐ゲリン)	it イト
～ごっこ	die **Blindekuh,** das **Fangen** ブリンデクー，ファンゲン	(game of) tag (ゲイム オヴ) タグ
おの **斧** ono	die **Axt** アクスト	ax, hatchet, Ⓑaxe アクス，ハチト，アクス
おのおの **各々** onoono	jeder(-e) イェーダー(‐デ)	each イーチ
おば **伯[叔]母** oba	die **Tante** タンテ	aunt アント
おばあさん **おばあさん**（祖母） obaasan	die **Großmutter** グロースムッター	grandmother グランドマザ
（老女）	alte **Frau** アルテ フラオ	old woman オウルド ウマン
おぱーる **オパール** opaaru	der **Opal** オパール	opal オウパル
おばけ **お化け** obake	das **Gespenst** ゲシュペンスト	ghost ゴウスト
おびえる **怯える** obieru	**verängstigt sein** フェアエングスティヒト ザイン	(be) frightened at (ビ) フライトンド アト
おひつじざ **牡羊座** ohitsujiza	der **Widder** デア ヴィッダー	Ram, Aries ラム，エアリーズ
おぺら **オペラ** opera	die **Oper** オーパー	opera アパラ
おぺれーたー **オペレーター** opereetaa	der (die) **Operator(in)** オペラートア(オペラトーリン)	operator アパレイタ
おぼえている **覚えている** oboeteiru	sich⁴ an et⁴/j⁴ **erinnern** ‥アン‥エアイナーン	remember リメンバ

日	独	英
おぼえる **覚える** oboeru	*sich³* **merken** ‥メルケン	memorize メモライズ
（習得する）	**lernen** レルネン	learn ラーン
おぼれる **溺れる** oboreru	**ertrinken** エアトリンケン	(be) drowned (ビ) ドラウンド
おまけ **おまけ** （景品・割り増し） omake	*die* **Zugabe** ツーガーベ	premium プリーミアム
（付け足し）	*der* **Bonus,** *die* **Gratisbei-** **gabe** ボーヌス，グラーティスバイガーベ	bonus, extra ボウナス，エクストラ
〜する （割引）	**Preisnachlass geben, re-** **duzieren** プライスナーハラス　ゲーベン，レドゥツィーレ ン	discount ディスカウント
おまもり **お守り** omamori	*das* **Amulett,** *der* **Talis-** **man** アムレット，ターリスマン	charm, talisman チャーム，タリスマン
おまわりさん **お巡りさん** omawarisan	*der*（*die*）**Polizist(in)** ポリツィスト(-ティン)	police officer, cop, policeman ポリース オーフィサ，カプ，ポ リースマン
おむつ **おむつ** omutsu	*die* **Windel** ヴィンデル	diaper, Ⓑnappy ダイアパ，ナピ
おもい **重い** omoi	**schwer** シュヴェーア	heavy ヘヴィ
（役割・責任が）	**wichtig** ヴィヒティヒ	important, grave インポータント，グレイヴ
（病が）	**ernsthaft** エルンストハフト	serious スィアリアス
おもいがけない **思いがけない** omoigakenai	**unerwartet** ウンエアヴァルテット	unexpected アニクスペクテド
おもいきり **思い切り** omoikiri	**nach Herzenslust** ナーハ ヘルツェンスルスト	to one's heart's content トゥ ハーツ コンテント

日	独	英
思い出す omoidasu	*sich⁴ an et⁴/j⁴* **erinnern** ‥ アン ‥ エアイナーン	remember, recall リメンバ, リコール
思いつく omoitsuku	**ein|fallen** アインファレン	think of スィンク オヴ
思い出 omoide	*die* **Erinnerung** エアイネルング	memories メモリズ
思いやり omoiyari	*die* **Rücksicht** リュックズィヒト	consideration コンスィダレイション
思う omou	**denken** デンケン	think スィンク
（見なす）	*für et⁴/j⁴* **halten** フューア ‥ ハルテン	consider as コンスィダ アズ
（推測する）	**vermuten** フェアムーテン	suppose サポウズ
重さ omosa	*das* **Gewicht** ゲヴィヒト	weight ウェイト
面白い omoshiroi	**interessant** インテレサント	interesting インタレスティング
（奇抜だ）	**komisch, ulkig** コーミシュ, ウルキヒ	odd, novel アド, ナヴェル
玩具 omocha	*das* **Spielzeug** シュピールツォイク	toy トイ
表　　　（前面） omote	**vorn,** *die* **Vorderseite** フォルン, フォルダーザイテ	front, face フラント, フェイス
（表面・正面）	*die* **Vorderseite** フォルダーザイテ	face フェイス
（戸外）	**im Freien** イム フライエン	outdoors アウトドーズ
主な omona	**Haupt-, erstrangig** ハオプト‥, エーアストランギヒ	main, principal メイン, プリンスィパル

日	独	英
おもに **主に** omoni	**hauptsächlich** ハオプトゼニリヒ	mainly, mostly メインリ，モウストリ
おもむき **趣** omomuki	*der* **Geschmack**, *die* **Feinheit** ゲシュマック，ファインハイト	taste, elegance テイスト，エリガンス
おもり **重り** omori	*das* **Lot**, *das* **Gewicht** ロート，ゲヴィヒト	weight, plumb ウェイト，プラム
おもわく **思惑** omowaku	*die* **Erwartung**, *die* **Intention** エアヴァルトゥング，インテンツィオーン	intention, thought インテンション，ソート
おもんじる **重んじる** omonjiru	*auf et⁴* **Gewicht legen** アオフ‥ゲヴィヒト レーゲン	place importance upon プレイス インポータンス アポン
（尊重する）	**hoch achten** ホーホ アハテン	value ヴァリュ
おや **親** oya	*der* **Elternteil** エルターンタイル	parent ペアレント
（両親）	*die* **Eltern** *pl.* エルターン	parents ペアレンツ
おやつ **おやつ** oyatsu	*der* **Snack**, *der* **Imbiss** スネック，インビス	snack スナク
おやゆび **親指** oyayubi	*der* **Daumen** ダオメン	thumb サム
（足の）	**großer Zeh** グローサー ツェー	big toe ビグ トウ
およぐ **泳ぐ** oyogu	**schwimmen** シュヴィメン	swim スウィム
およそ **およそ** oyoso	**etwa, ungefähr** エトヴァ，ウンゲフェーア	about, nearly アバウト，ニアリ
およぶ **及ぶ** oyobu	**erreichen** エアライヒェン	reach, amount to リーチ，アマウント トゥ

日	独	英
おらんだ **オランダ** oranda	die **Niederlande** *pl.* ディー ニーダーランデ	Netherlands ネザランヅ
おりーぶ **オリーブ** oriibu	*die* **Olive** オリーヴェ	olive アリヴ
〜油	*das* **Olivenöl** オリーヴェンエール	olive oil アリヴ オイル
おりおんざ **オリオン座** orionza	der **Orion** デア オリーオン	Orion オライオン
おりじなるの **オリジナルの** orijinaruno	**original** オリギナール	original オリヂナル
おりたたむ **折り畳む** oritatamu	**zusammen|falten** ツザメンファルテン	fold up フォウルド アプ
おりめ **折り目** orime	*die* **Falte** ファルテ	fold フォウルド
おりもの **織物** orimono	*die* **Textilien** *pl.* テクスティーリエン	textile, fabrics テクスタイル, ファブリクス
おりる **下りる** oriru	**herunter|kommen** ヘルンターコメン	come down カム ダウン
おりる **降りる** oriru	**aus|steigen** アオスシュタイゲン	get off, get out of ゲト オーフ, ゲト アウト オヴ
おりんぴっく **オリンピック** orinpikku	*die* **Olympiade** オリュンピアーデ	Olympic Games オリンピク ゲイムズ
おる **折る** oru	**biegen** ビーゲン	bend ベンド
（切り離す）	**brechen** ブレッヒェン	break, snap ブレイク, スナプ
おる **織る** oru	**weben** ヴェーベン	weave ウィーヴ

日	独	英
おるがん **オルガン** orugan	*die* **Orgel,** *das* **Harmoni-um** オルゲル, ハルモーニウム	organ **オ**ーガン
おれがの **オレガノ** oregano	*der* **Oregano** オレーガノ	oregano オレ**ー**ガノウ
おれる **折れる** oreru	**brechen, zerbrechen** ブレッヒェン, ツェアブレッヒェン	break, snap ブレイク, スナプ
（譲歩する）	**nach|geben** ナーハゲーベン	give in ギヴ **イ**ン
おれんじ **オレンジ** orenji	*die* **Orange** オラーンジェ	orange **オ**リンヂ
おろかな **愚かな** orokana	**dumm** ドゥム	foolish, silly **フ**ーリシュ, ス**ィ**リ
おろし **卸** oroshi	*der* **Großhandel** グロースハンデル	wholesale **ホ**ウルセイル
～値	*der* **Großhandelspreis** グロースハンデルスプライス	wholesale price **ホ**ウルセイル プ**ラ**イス
おろす **降ろす** orosu	**ab|setzen** アップゼッツェン	drop off ドラプ **オ**ーフ
（積み荷を）	**ab|laden** アップラーデン	unload アン**ロ**ウド
おろす **下ろす** orosu	**herunter|nehmen** ヘルンターネーメン	take down **テ**イク **ダ**ウン
おわり **終わり** owari	*das* **Ende,** *der* **Schluss** エンデ, シュルス	end, close **エ**ンド, ク**ロ**ウズ
おわる **終わる** owaru	**enden** エンデン	end, close **エ**ンド, ク**ロ**ウズ
（完成する）	**beenden** ベエンデン	finish **フ**ィニシュ

日	独	英
（完結する）	**vollenden** フォルエンデン	conclude コンクルード
おん **恩** on	*die* **Gnade** グナーデ	obligation, debt of gratitude アブリゲイション，デト オヴ グ ラティテュード
おんかい **音階** onkai	*die* **Tonleiter** トーンライター	scale スケイル
おんがく **音楽** ongaku	*die* **Musik** ムズィーク	music ミュージク
おんかん **音感** onkan	*das* **Gehör** ゲヘーア	ear イア
おんきゅう **恩給** onkyuu	*die* **Pension**, *die* **Rente** パンズィオーン，レンテ	pension パーンスィアン
おんけい **恩恵** onkei	*die* **Wohltat**, *der* **Nutzen** ヴォールタート，ヌッツェン	favor, benefit, Ⓑfavour フェイヴァ，ベニフィト，フェ イヴァ
おんこうな **温厚な** onkouna	**sanft, sanftmütig** ザンフト，ザンフトミューティヒ	gentle チェントル
おんしつ **温室** onshitsu	*das* **Treibhaus** トライプハオス	greenhouse グリーンハウス
～効果	*der* **Treibhauseffekt** トライプハオスエフェクト	greenhouse effect グリーンハウス イフェクト
おんじん **恩人** onjin	*der*(*die*) **Wohltäter**(*in*) ヴォールテーター(-テリン)	benefactor ベネファクタ
おんす **オンス** onsu	*die* **Unze** ウンツェ	ounce アウンス
おんすい **温水** onsui	*das* **Warmwasser** ヴァルムヴァッサー	hot water ハト ウォータ
おんせい **音声** onsei	*die* **Stimme** シュティメ	voice ヴォイス

日	独	英
おんせつ **音節** onsetsu	*die* **Silbe** ズィルベ	syllable スィラブル
おんせん **温泉** onsen	**heiße Quelle,** *die* **Thermalquelle** ハイセ クヴェレ, テルマールクヴェレ	hot spring, spa ハト スプリング, スパー
おんたい **温帯** ontai	**gemäßigte Zone** ゲメースィヒテ ツォーネ	temperate zone テンペレト ゾウン
おんだんな **温暖な** ondanna	**mild** ミルト	warm, mild ウォーム, マイルド
おんど **温度** ondo	*die* **Temperatur** テンペラトゥーア	temperature テンパラチャ
〜計	*das* **Thermometer** テルモメーター	thermometer サマメタ
おんな **女** onna	*die* **Frau** フラオ	woman ウマン
おんなのこ **女の子** onnanoko	*das* **Mädchen** メートヒェン	girl, daughter ガール, ドータ
おんぷ **音符** onpu	*die* **Note** ノーテ	note ノウト
おんぶする **負んぶする** onbusuru	**huckepack tragen** フッケパック トラーゲン	carry on one's back キャリ オン バク
おんらいんの **オンラインの** onrainno	**online** オンライン	online アンライン

お

日	独	英

か, カ

科 (学校・病院の) ka	*die* **Abteilung** アプタイルング	department ディパートメント
(学習上の)	*der* **Kurs** クルス	course コース
課 (教科書などの) ka	*die* **Lektion** レクツィオーン	lesson レスン
(組織の区分の)	*die* **Abteilung** アプタイルング	section, division セクション, ディヴィジョン
蚊 ka	*die* **Mücke,** *der* **Moskito** ミュッケ, モスキート	mosquito モスキートウ
蛾 ga	*die* **Motte,** *der* **Nachtfalter** モッテ, ナハトファルター	moth モース
カーソル kaasoru	*der* **Cursor** ケーサー	cursor カーサ
カーディガン kaadigan	*die* **Strickjacke** シュトリックヤッケ	cardigan カーディガン
カーテン kaaten	*der* **Vorhang,** *die* **Gardine** フォーアハング, ガルディーネ	curtain カートン
カード kaado	*die* **Karte** カルテ	card カード
ガードマン gaadoman	*der* **Wächter** ヴェヒター	guard ガード
カートリッジ kaatorijji	*die* **Patrone** パトローネ	cartridge カートリヂ
ガーナ gaana	(*das*) **Ghana** ガーナ	Ghana ガーナ
カーネーション kaaneeshon	*die* **Nelke** ネルケ	carnation カーネイション

日	独	英
がーねっと **ガーネット** gaanetto	*der* **Granat** グラナート	garnet ガーネト
かーぶ **カーブ** kaabu	*die* **Kurve** クルヴェ	curve, turn カーヴ, ターン
かーぺっと **カーペット** kaapetto	*der* **Teppich** テッピヒ	carpet カーペト
がーるふれんど **ガールフレンド** gaarufurendo	*die* **Freundin** フロインディン	girlfriend ガールフレンド
かい **回** （競技・ゲームの） kai	*die* **Runde** ルンデ	round, inning ラウンド, イニング
（回数）	*das* **Mal** マール	time タイム
かい **会** （集まり） kai	*das* **Treffen**, *die* **Party** トレッフェン, パーティ	meeting, party ミーティング, パーティ
（団体）	*die* **Gesellschaft** ゲゼルシャフト	society ソサイエティ
かい **貝** kai	*die* **Muschel** ムッシェル	shellfish シェルフィシュ
がい **害** gai	*der* **Schaden** シャーデン	harm, damage ハーム, ダミヂ
かいいん **会員** kaiin	*das* **Mitglied** ミットグリート	member, member-ship メンバ, メンバシプ
かいおうせい **海王星** kaiousei	*der* **Neptun** デア ネプトゥーン	Neptune ネプテューン
がいか **外貨** gaika	**ausländische Währung** アオスレンディシェ ヴェールング	foreign money フォーリン マニ
かいがい **海外** kaigai	*das* **Ausland** アオスラント	foreign countries フォーリン カントリズ

日	独	英
かいかく **改革** kaikaku	*die* **Reform** レフォルム	reform, innovation リフォーム, イノヴェイション
～する	**reformieren** レフォルミーレン	reform, innovate リフォーム, イノヴェイト
かいかつな **快活な** kaikatsuna	**heiter, munter** ハイター, ムンター	cheerful チアフル
かいがら **貝殻** kaigara	*die* **Muschelschale** ムッシェルシャーレ	shell シェル
かいがん **海岸** kaigan	*die* **Küste** キュステ	coast, seashore コウスト, スィーショー
がいかん **外観** gaikan	*das* **Aussehen** アオスゼーエン	appearance アピアランス
かいぎ **会議** kaigi	*das* **Treffen,** *die* **Konferenz** トレッフェン, コンフェレンツ	meeting, conference ミーティング, カンファレンス
かいきゅう **階級** kaikyuu	*die* **Klasse** クラッセ	class, rank クラス, ランク
かいきょう **海峡** kaikyou	*die* **Meerenge** メーアエンゲ	strait, channel ストレイト, チャネル
かいぎょう **開業** kaigyou	*die* **Geschäftseröffnung** ゲシェフツエアエフヌング	starting a business スターティング ア ビズネス
かいぐん **海軍** kaigun	*die* **Marine** マリーネ	navy ネイヴィ
かいけい **会計** （勘定） kaikei	*die* **Rechnung** レヒヌング	check, ⒷBill, cheque チェク, ビル, チェク
（経済状況）	*die* **Buchhaltung** ブーフハルトゥング	accounting, finance アカウンティング, フィナンス
～士	*der*(*die*) **Rechnungsprüfer**(*in*) レヒヌングスプリューファー(・フェリン)	accountant アカウンタント

日	独	英
かいけつ **解決** kaiketsu	*die* **Lösung** レーズング	solution, settlement ソルーション, セトルメント
〜する	**lösen** レーゼン	solve, resolve サルヴ, リザルヴ
かいけん **会見** kaiken	*das* **Interview** インターヴュー	interview インタヴュー
がいけん **外見** gaiken	*das* **Aussehen** アオスゼーエン	appearance アピアランス
かいげんれい **戒厳令** kaigenrei	*das* **Standrecht** シュタントレヒト	martial law マーシャル ロー
かいご **介護** kaigo	*die* **Pflege** プフレーゲ	care ケア
かいごう **会合** kaigou	*das* **Treffen,** *die* **Zusammenkunft** トレッフェン, ツザメンクンフト	meeting, gathering ミーティング, ギャザリング
がいこう **外交** gaikou	*die* **Diplomatie** ディプロマティー	diplomacy ディプロウマスィ
〜官	*der*(*die*) **Diplomat(*in*)** ディプロマート(-ティン)	diplomat ディプロマト
がいこく **外国** gaikoku	*das* **Ausland** アオスラント	foreign country フォーリン カントリ
〜人	*der*(*die*) **Ausländer(*in*)** アオスレンダー(-リン)	foreigner フォーリナ
〜の	**ausländisch, fremd** アオスレンディシュ, フレムト	foreign フォーリン
がいこつ **骸骨** gaikotsu	*das* **Skelett** スケレット	skeleton スケルトン
かいさいする **開催する** kaisaisuru	**veranstalten, ab|halten** フェアアンシュタルテン, アップハルテン	hold, open ホウルド, オウプン

日	独	英
かいさつぐち **改札口** kaisatsuguchi	*die* **Sperre** シュペレ	ticket gate ティケト ゲイト
かいさん **解散** （議会などの） kaisan	*die* **Auflösung** アオフレーズング	dissolution ディソルーション
（集まりの）	*die* **Auflösung,** *das* **Been-den** アオフレーズング，ベエンデン	breakup ブレイカプ
がいさん **概算** gaisan	*der* **Überschlag** ユーバーシュラーク	rough estimate ラフ エスティメト
かいさんぶつ **海産物** kaisanbutsu	*die* **Meeresprodukte** *pl.* メーレスプロドゥクテ	marine products マリーン プラダクツ
かいし **開始** kaishi	*der* **Anfang,** *der* **Beginn** アンファング，ベギン	start, beginning スタート，ビギニング
～する	**an|fangen, beginnen** アンファンゲン，ベギネン	begin, start ビギン，スタート
かいしめる **買い占める** kaishimeru	**auf|kaufen** アオフカオフェン	buy up, corner バイ アプ，コーナ
かいしゃ **会社** kaisha	*die* **Firma** フィルマ	company, firm カンパニ，ファーム
～員	*der/die* **Angestellte** アンゲシュテルテ	office worker, em-ployee オーフィス ワーカ，インプロイイー
かいしゃく **解釈** kaishaku	*die* **Interpretation** インタープレタツィオーン	interpretation インタープリテイション
～する	**interpretieren** インタープレティーレン	interpret インタープリト
かいしゅう **回収** kaishuu	*die* **Rückgewinnung** リュックゲヴィヌング	recovery, collec-tion リカヴァリ，コレクション
かいしゅう **改宗** kaishuu	*die* **Bekehrung** ベケールング	conversion コンヴァーション

日	独	英
がいしゅつする **外出する** gaishutsusuru	aus|gehen アオスゲーエン	go out ゴウ アウト
かいじょう **会場** kaijou	*der* **Veranstaltungsort** フェアアンシュタルトゥングスオルト	site, venue サイト, ヴェニュー
かいじょうの **海上の** kaijouno	**marin, Meeres-** マリーン, メーレス..	marine マリーン
がいしょくする **外食する** gaishokusuru	**auswärts essen** アオスヴェルツ エッセン	eat out イート アウト
かいじょする **解除する** kaijosuru	**auf|heben** アオフヘーベン	cancel キャンセル
かいすい **海水** kaisui	*das* **Seewasser** ゼーヴァッサー	seawater スィーウォータ
〜浴	*das* **Seebad** ゼーバート	sea bathing スィー ベイズィング
かいすうけん **回数券** kaisuuken	*die* **Mehrfahrtenkarte** メーアファールテンカルテ	book of tickets, commutation tickets ブク オヴ ティケツ, カミュテイション ティケツ
がいする **害する** gaisuru	**schaden** シャーデン	injure インヂャ
かいせい **快晴** kaisei	**schönes Wetter** シェーネス ヴェッター	fine weather ファイン ウェザ
かいせいする **改正する** kaiseisuru	**verbessern** フェアベッサーン	revise, amend リヴァイズ, アメンド
かいせつ **解説** kaisetsu	*die* **Erklärung** エアクレールング	explanation エクスプラネイション
〜する	**erklären, kommentieren** エアクレーレン, コメンティーレン	explain, comment イクスプレイン, カメント
かいぜん **改善する** kaizen	**verbessern** フェアベッサーン	improve インプルーヴ

日	独	英
かいそう **海草・海藻** kaisou	*das* **Seegras** ゼーグラース	seaweed スィーウィード
かいぞう **改造** kaizou	*die* **Umgestaltung** ウムゲシュタルトゥング	reconstruction リーコンストラクション
かいそうする **回送する** kaisousuru	**weiter|leiten** ヴァイターライテン	send on, forward センド オン，フォーワド
かいぞく **海賊** kaizoku	*der* **Pirat** ピラート	pirate パイアレト
〜版	*der* **Raubdruck,** *die* **Raub-kopie** ラオプドルック，ラオプコピー	pirated edition パイアレイテド イ**ディ**ション
かいたくする **開拓する** kaitakusuru	**erschließen, urbar ma-chen** エアシュリーセン，ウーアパール **マ**ッヘン	open up, develop オウプン **ア**プ，ディ**ヴェ**ロプ
かいだん **会談** kaidan	*das* **Gespräch,** *die* **Konfe-renz** ゲシュプレーヒ，コンフェ**レ**ンツ	talk, conference ト―ク，**カ**ンファレンス
かいだん **階段** kaidan	*die* **Treppe** トレッペ	stairs ス**テ**アズ
かいちく **改築** kaichiku	*der* **Umbau,** *der* **Wieder-aufbau** ウムバオ，ヴィーダー**ア**オフバオ	rebuilding リー**ビ**ルディング
がいちゅう **害虫** gaichuu	*der* **Schädling** シェートリング	harmful insect, vermin ハームフル **イ**ンセクト，**ヴァ**ーミン
かいちゅうでんとう **懐中電灯** kaichuudentou	*die* **Taschenlampe** タッシェンランペ	flashlight, ⑧torch フラシュライト，**ト**ーチ
かいちょう **会長** kaichou	*der(die)* **Präsident(*in*),** *der/die* **Vorsitzende** プレズィデント(・ティン)，**フォ**ーアズィッツェンデ	president, CEO, chairman **プレ**ズィデント，ス**イ**ーイーオウ，**チェ**アマン
かいつうする **開通する** kaitsuusuru	**eröffnet werden** エア**エ**フネット **ヴェ**ーアデン	(be) opened to traffic (ビ) **オ**ウプンド トゥ ト**ラ**フィク
かいて **買い手** kaite	*der(die)* **Käufer(*in*)** コイファー(・フェリン)	buyer **バ**イア

日	独	英
かいてい **海底** kaitei	*der* **Meeresboden** メーレスボーデン	bottom of the sea バトム オヴ ザ スィー
かいていする **改定する** kaiteisuru	**erneuern, verbessern** エアノイアーン, フェアベッサーン	revise リヴァイズ
かいてきな **快適な** kaitekina	**bequem, angenehm** ベクヴェーム, アングネーム	agreeable, comfortable アグリーアブル, カンフォタブル
かいてん **回転** kaiten	*die* **Umdrehung** ウムドレーウング	turning, rotation ターニング, ロウテイション
～する	*sich⁴* **drehen** ‥ドレーエン	turn, rotate ターン, ロウテイト
かいてん **開店** kaiten	*die* **Eröffnung** エアエフヌング	opening オウプニング
がいど **ガイド** gaido	*der*(*die*) **Führer(*in*)** フューラー(‐レリン)	guide ガイド
～ブック	*der* **Reiseführer** ライゼフューラー	guidebook ガイドブク
～ライン	*die* **Richtlinien** *pl.* リヒトリーニエン	guidelines ガイドラインズ
かいとう **解答** kaitou	*die* **Lösung** レーズング	answer, solution アンサ, ソルーション
～する	**auf|lösen, lösen, beantworten** アオフレーゼン, レーゼン, ベアントヴォルテン	answer, solve アンサ, サルヴ
かいとう **回答** kaitou	*die* **Antwort** アントヴォルト	reply リプライ
～する	*auf et⁴* **antworten** アオフ‥アントヴォルテン	reply to リプライ トゥ
かいどくする **解読する** kaidokusuru	**entziffern** エントツィッファーン	decipher, decode ディサイファ, ディコウド

日	独	英
海難救助 かいなんきゅうじょ kainankyuujo	*der* **Seenotrettungsdienst** ゼーノトレットゥングスディーンスト	sea rescue, salvage スィー レスキュー, サルヴィデ
介入 かいにゅう kainyuu	*die* **Einmischung** アインミッシュング	intervention インタヴェンション
～する	*sich⁴ in et⁴* **ein|mischen** ‥ イン ‥ アインミッシェン	intervene インタヴィーン
概念 がいねん gainen	*der* **Begriff**, *das* **Konzept** ベグリフ, コンツェプト	notion, concept ノウション, カンセプト
開発 （商業的な） かいはつ kaihatsu	*die* **Erschließung** エアシュリースング	(business) exploita-tion (ビズネス) エクスプロイテイ ション
（新製品などの）	*die* **Entwicklung** エントヴィックルング	development ディヴェロプメント
～する	**erschließen, entwickeln** エアシュリーセン, エントヴィッケルン	develop, exploit ディヴェロプ, イクスプロイト
～途上国	*das* **Entwicklungsland** エントヴィックルングスラント	developing coun-try ディヴェロピング カントリ
海抜 かいばつ kaibatsu	**über dem Meeresspiegel** ユーバー デム メーレスシュピーゲル	above the sea アバヴ ザ スィー
会費 かいひ kaihi	*der* **Mitgliedsbeitrag** ミットグリーツバイトラーク	fee, membership fee フィー, メンバシプ フィー
外部 がいぶ gaibu	*die* **Außenseite** アオセンザイテ	outer section, out-er part アウタ セクション, アウタ パー ト
回復する かいふくする kaifukusuru	**wieder|her|stellen**, *sich⁴* **erholen** ヴィーダーヘーアシュテレン, ‥ エアホーレン	recover, restore リカヴァ, リストー
解放する かいほう kaihou	**befreien** ベフライエン	release, liberate リリース, リバレイト
解剖 かいぼう kaibou	*die* **Sektion** ゼクツィオーン	dissection ディセクション

日	独	英
かいほうする **開放する** kaihousuru	**offen lassen** オッフェン ラッセン	keep open キープ オウプン
かいまく **開幕** kaimaku	*die* **Eröffnung** エアエフヌング	opening オウプニング
がいむ **外務** gaimu	**auswärtige Angelegenheiten** *pl.* アオスヴェルティゲ アンゲレーゲンハイテン	foreign affairs フォーリン アフェアズ
かいもの **買い物** kaimono	*der* **Einkauf** アインカオフ	shopping シャピング
かいやく **解約** kaiyaku	*die* **Kündigung**, *die* **Aufhebung** キュンディグング, アオフヘーブング	cancellation キャンセレイション
がいらいご **外来語** gairaigo	*das* **Fremdwort** フレムトヴォルト	loanword ロウンワード
かいりつ **戒律** kairitsu	*das* **Gebot** ゲボート	commandment コマンドメント
がいりゃく **概略** gairyaku	*der* **Umriss** ウムリス	outline, summary アウトライン, サマリ
かいりゅう **海流** kairyuu	*die* **Meeresströmung** メーレスシュトレームング	sea current スィー カーレント
かいりょう **改良** kairyou	*die* **Verbesserung** フェアベッセルング	improvement インプルーヴメント
かいろ **回路** kairo	*der* **Stromkreis** シュトロームクライス	(electronic) circuit (イレクトラニク) サーキト
かいわ **会話** kaiwa	*das* **Gespräch** ゲシュプレーヒ	conversation カンヴァセイション
かいん **下院** kain	*das* **Repräsentantenhaus**, *das* **Unterhaus** レプレゼンタンテンハオス, ウンターハオス	House of Representatives ハウス オヴ レプリゼンタティヴズ
かう **飼う** kau	**halten, züchten** ハルテン, ツュヒテン	keep, raise キープ, レイズ

日	独	英
かう **買う** kau	**kaufen** カオフェン	buy, purchase バイ，パーチェス
がうん **ガウン** gaun	*die* **Robe,** *der* **Talar** ローベ，タラール	gown ガウン
かうんせらー **カウンセラー** kaunseraa	*der*(*die*) **Berater**(*in*) ベラーター(-テリン)	counselor カウンセラ
かうんせりんぐ **カウンセリング** kaunseringu	*die* **Beratung** ベラートゥング	counseling カウンセリング
かうんたー **カウンター** kauntaa	*der* **Ladentisch** ラーデンティッシュ	counter カウンタ
かえす **返す** kaesu	**zurück|geben** ツリュックゲーベン	return, send back リターン，センド バク
かえり **帰り** kaeri	*die* **Rückkehr** リュックケーア	way home ウェイ ホウム
かえりみる **顧みる** kaerimiru	*auf et⁴* **zurück|blicken** アオフ‥ツリュックブリッケン	look back, reflect on ルク バク，リフレクト オン
かえる **替[換]える** kaeru	**wechseln** ヴェクセルン	exchange for イクスチェインヂ フォ
かえる **蛙** kaeru	*der* **Frosch** フロッシュ	frog フローグ
かえる **帰る** kaeru	**zurück|kehren** ツリュックケーレン	come home, go home カム ホウム，ゴウ ホウム
（去る）	**weg|gehen** ヴェックゲーエン	leave リーヴ
かえる **変える** kaeru	**ändern** エンダーン	change チェインヂ
かえる **返る** kaeru	**zurückgegeben werden** ツリュックゲゲーベン ヴェーアデン	return, come back リターン，カム バク

日	独	英
かお **顔** kao	*das* **Gesicht** ゲズィヒト	face, look フェイス, ルク
かおり **香り** kaori	*der* **Duft** ドゥフト	smell, fragrance スメル, フレイグランス
がか **画家** gaka	*der*(*die*) **Maler(*in*)** マーラー(·レリン)	painter ペインタ
かがいしゃ **加害者** kagaisha	*der*(*die*) **Übeltäter(*in*)** ユーベルテーター(·テリン)	assailant アセイラント
かかえる **抱える** kakaeru	**in die Arme nehmen** イン ディー アルメ ネーメン	hold in one's arms ホウルド イン アームズ
かかく **価格** kakaku	*der* **Preis** プライス	price, value プライス, ヴァリュ
かがく **化学** kagaku	*die* **Chemie** ヒェミー	chemistry ケミストリ
かがく **科学** kagaku	*die* **Wissenschaft** ヴィッセンシャフト	science サイエンス
〜者	*der*(*die*) **Wissenschaft- ler(*in*)** ヴィッセンシャフトラー(·レリン)	scientist サイエンティスト
かかげる **掲げる** kakageru	**aus|hängen** アオスヘンゲン	hoist, hold up ホイスト, ホウルド アプ
かかと **踵** kakato	*die* **Ferse** フェルゼ	heel ヒール
かがみ **鏡** kagami	*der* **Spiegel** シュピーゲル	mirror, glass ミラ, グラス
かがむ **かがむ** kagamu	*sich⁴* **bücken** ‥ビュッケン	stoop ストゥープ
かがやかしい **輝かしい** kagayakashii	**glänzend, strahlend** グレンツェント, シュトラーレント	brilliant ブリリアント

日	独	英
かがやき **輝き** kagayaki	*der* **Glanz** グランツ	brilliance ブリリャンス
かがやく **輝く** kagayaku	**scheinen, glänzen** シャイネン, グレンツェン	shine, glitter シャイン, グリタ
かかりいん **係員** kakariin	*der/die* **Zuständige** ツーシュテンディゲ	person in charge of パーソン イン チャーヂ オヴ
かかる **掛かる** （物が） kakaru	**hängen** ヘンゲン	hang from ハング フラム
（金が）	**kosten** コステン	cost コスト
（時間が）	**dauern** ダオアーン	take テイク
かかわる **かかわる** kakawaru	*sich⁴ an et³* **beteiligen** ‥ アン ‥ ベ**タ**イリゲン	(be) concerned in (ビ) コン**サ**ーンド イン
かき **牡蠣** kaki	*die* **Auster** **ア**オスター	oyster **オ**イスタ
かき **柿** kaki	*die* **Kakifrucht,** *die* **Persimone** **カ**ーキフルフト, ペルズィ**モ**ーネ	persimmon パー**ス**ィモン
かぎ **鍵** kagi	*der* **Schlüssel** シュ**リ**ュッセル	key **キ**ー
かきかえる **書き換える** kakikaeru	**um|schreiben** **ウ**ムシュライベン	rewrite リー**ラ**イト
かきとめる **書き留める** kakitomeru	**auf|schreiben, notieren** **ア**オフシュライベン, ノ**ティ**ーレン	write down **ラ**イト **ダ**ウン
かきとり **書き取り** kakitori	*das* **Diktat** ディク**タ**ート	dictation ディク**テ**イション
かきとる **書き取る** kakitoru	**ab|schreiben, mit|schreiben** **ア**ップシュライベン, **ミ**ットシュライベン	write down, jot down **ラ**イト **ダ**ウン, **チ**ャト **ダ**ウン

日	独	英
かきなおす **書き直す** kakinaosu	**um|schreiben** ウムシュライベン	rewrite リーライト
かきまぜる **掻き混ぜる** kakimazeru	**vermischen, verrühren** フェアミッシェン, フェアリューレン	mix up ミクス アプ
かきまわす **掻き回す** kakimawasu	**um|rühren** ウムリューレン	stir スター
かきゅう **下級** kakyuu	**untere Klasse** ウンテレ クラッセ	lower class ロウア クラス
かぎょう **家業** kagyou	*der* **Familienbetrieb** ファミーリエンベトリープ	family business ファミリ ビズネス
かぎる **限る** kagiru	**beschränken** ベシュレンケン	limit, restrict リミト, リストリクト
かく **核** kaku	*der* **Kern** ケルン	core コー
（原子核）	*der* **Atomkern** アトームケルン	nucleus ニュークリアス
〜兵器	*die* **Atomwaffe** アトームヴァッフェ	nuclear weapon ニュークリア ウェポン
かく **書く** kaku	**schreiben** シュライベン	write ライト
かく **掻く** kaku	**kratzen** クラッツェン	scratch スクラチ
かぐ **家具** kagu	*das* **Möbel** メーベル	furniture ファーニチャ
かぐ **嗅ぐ** kagu	**riechen, schnuppern** リーヒェン, シュヌッパーン	smell, sniff スメル, スニフ
がく **額** gaku	*der* **Rahmen** ラーメン	frame フレイム
がくい **学位** gakui	*der* **Grad**, *der* **Titel** グラート, ティーテル	(university) degree (ユーニヴァースィティ) ディグリー

日	独	英
かくうの **架空の** kakuuno	**imaginär, eingebildet** イマギネーア，**ア**インゲビルデット	imaginary イマ**ヂ**ネリ
かくえきていしゃ **各駅停車** kakuekiteisha	*der* **Nahverkehrszug,** *der* **Bummelzug** ナーフェアケーアスツーク，**ブ**メルツーク	local train **ロ**ウカル ト**レ**イン
がくげい **学芸** gakugei	**Kunst und Wissenschaft** **ク**ンスト ウント **ヴ**ィッセンシャフト	arts and sciences **ア**ーツ アンド **サ**イエンセズ
かくげん **格言** kakugen	*die* **Maxime** マク**シ**ーメ	maxim **マ**クスィム
かくご **覚悟** kakugo	*die* **Bereitschaft** ベ**ラ**イトシャフト	preparedness プリ**ペ**アドネス
〜する	*auf et⁴* **vorbereitet sein** アオフ ‥ **フォ**ーアベライテット ザイン	(be) prepared for (ビ) プリ**ペ**アド フォ
かくさ **格差** kakusa	*der* **Unterschied,** *die* **Kluft** **ウ**ンターシート，ク**ル**フト	difference, gap **ディ**ファレンス，**ギャ**プ
かくじつな **確実な** kakujitsuna	**sicher, bestimmt** **ズ**ィヒャー，ベ**シ**ュティムト	sure, certain **シュ**ア，**サ**ートン
がくしゃ **学者** gakusha	*der* (*die*) **Wissenschaft-** **ler**(*in*) **ヴ**ィッセンシャフトラー(・レリン)	scholar ス**カ**ラ
がくしゅう **学習** gakushuu	*das* **Lernen** **レ**ルネン	learning **ラ**ーニング
〜する	**lernen** **レ**ルネン	study, learn ス**タ**ディ，**ラ**ーン
がくじゅつ **学術** gakujutsu	*die* **Wissenschaft** **ヴ**ィッセンシャフト	learning, science **ラ**ーニング，**サ**イエンス
かくしん **確信** kakushin	*die* **Überzeugung** ユーバー**ツォ**イグング	conviction コン**ヴィ**クション
〜する	**überzeugt sein, vertrauen** ユーバー**ツォ**イクト ザイン，フェアト**ラ**オエン	(be) convinced of (ビ) コン**ヴィ**ンスト オヴ

日	独	英
かくす **隠す** kakusu	**verstecken, verbergen** フェアシュテッケン，フェアベルゲン	hide, conceal ハイド，コンスィール
がくせい **学生** gakusei	*der(die)* **Student(*in*)** シュトゥデント(-ティン)	student ステューデント
〜証	*der* **Studentenausweis** シュトゥデンテンアオスヴァイス	student ID card ステューデント アイディー カード
かくせいざい **覚醒剤** kakuseizai	*das* **Stimulans**, *das* **Aufputschmittel** シュティームランス，アオフプッチュミッテル	stimulant スティミュラント
がくせつ **学説** gakusetsu	*die* **Theorie** テオリー	doctrine, theory ダクトリン，スィオリ
かくだいする **拡大する** kakudaisuru	**vergrößern** フェアグレーサーン	magnify, enlarge マグニファイ，インラーヂ
かくちょう **拡張** kakuchou	*die* **Erweiterung**, *die* **Ausdehnung** エアヴァイテルング，アオスデーヌング	extension イクステンション
〜する	**erweitern** エアヴァイターン	extend イクステンド
がくちょう **学長** gakuchou	*der(die)* **Rektor(*in*)** レクトーア(-トーリン)	president プレズィデント
かくづけ **格付け** kakuzuke	*die* **Einstufung** アインシュトゥーフング	rating レイティング
かくていする **確定する** kakuteisuru	**fest|legen, fest|setzen** フェストレーゲン，フェストゼッツェン	decide ディサイド
かくてる **カクテル** kakuteru	*der* **Cocktail** コクテイル	cocktail カクテイル
かくど **角度** kakudo	*der* **Winkel** ヴィンケル	angle アングル
かくとう **格闘** kakutou	*die* **Rauferei** ラオフェライ	fight ファイト

日	独	英
かくとくする **獲得する** kakutokusuru	**erwerben, erlangen** エアヴェルベン, エアランゲン	acquire, obtain アクウィア, オブテイン
かくにんする **確認する** kakuninsuru	**bestätigen** ベシュテーティゲン	confirm コンファーム
がくねん **学年** gakunen	*das* **Schuljahr** シュールヤール	school year スクール イア
がくひ **学費** gakuhi	*die* **Studienkosten** *pl., das* **Schulgeld** シュトゥーディエンコステン, シュールゲルト	tuition, school expenses テューイション, スクール イクスペンセズ
がくふ **楽譜** （総譜） gakufu	*die* **Partitur** パルティトゥーア	score スコー
（譜面）	*die* **Noten** *pl.* ノーテン	music ミューズィク
がくぶ **学部** gakubu	*die* **Fakultät** ファクルテート	faculty, department ファカルティ, ディパートメント
かくほする **確保する** kakuhosuru	**sichern** ズィヒャーン	secure スィキュア
かくまく **角膜** kakumaku	*die* **Hornhaut** ホルンハオト	cornea コーニア
かくめい **革命** kakumei	*die* **Revolution** レヴォルツィオーン	revolution レヴォルーション
がくもん **学問** gakumon	*die* **Wissenschaft** ヴィッセンシャフト	learning, study ラーニング, スタディ
がくや **楽屋** gakuya	*die* **Garderobe,** *der* **Umkleideraum** ガルデローベ, ウムクライデラオム	dressing room ドレスィング ルーム
かくりつ **確率** kakuritsu	*die* **Wahrscheinlichkeit** ヴァールシャインリヒカイト	probability プラバビリティ
かくりつする **確立する** kakuritsusuru	**errichten** エアリヒテン	establish イスタブリシュ

日	独	英
かくりょう **閣僚** kakuryou	*das* **Kabinettsmitglied** カビネッツミットグリート	cabinet minister **キャ**ビネト ミニスタ
がくりょく **学力** gakuryoku	*die* **Gelehrsamkeit** ゲレーアザームカイト	scholarship ス**カ**ラシプ
がくれき **学歴** gakureki	**akademischer Werde-gang** アカデーミシャー **ヴェー**アデガング	academic back-ground アカ**デ**ミク **バ**クグラウンド
かくれる **隠れる** kakureru	*sich*[4] **verstecken** ‥ フェアシュ**テ**ッケン	hide oneself **ハ**イド
がくわり **学割** gakuwari	*die* **Studentenermäßi-gung** シュトゥ**デ**ンテンエアメースィグング	student discount ス**テュ**ーデント **ディ**スカウント
かけ **賭け** kake	*das* **Glücksspiel** グ**リュ**ックスシュピール	gambling **ギャ**ンブリング
かげ **陰** kage	*der* **Schatten** **シャ**ッテン	shade **シェ**イド
かげ **影** kage	*der* **Schatten** **シャ**ッテン	shadow, silhouette **シャ**ドウ, スィル**エ**ト
がけ **崖** gake	*das* **Kliff** ク**リ**フ	cliff ク**リ**フ
かけい **家計** kakei	*der* **Haushalt** **ハ**オスハルト	household budget **ハ**ウスホウルド **バ**ヂェト
かけざん **掛け算** kakezan	*die* **Multiplikation** ムルティプリカツィ**オ**ーン	multiplication マルティプリ**ケ**イション
かけつする **可決する** kaketsusuru	**bewilligen** ベ**ヴィ**リゲン	approve アプ**ルー**ヴ
かけひき **駆け引き** kakehiki	*die* **Taktik** **タ**クティク	tactics **タ**クティクス
かけぶとん **掛け布団** kakebuton	*die* **Decke** **デ**ッケ	quilt, comforter ク**ウィ**ルト, **カ**ンフォタ

日	独	英
かけら **かけら** kakera	*das* **Fragment**, *das* **Bruch-stück** フラグメント，ブルッフシュテュック	fragment フラグメント
かける **掛ける** kakeru	**hängen, auf|hängen** ヘンゲン，**ア**オフヘンゲン	hang, suspend ハング，サスペンド
（時間・金を）	**verbrauchen, auf|wen-den** フェア**ブラ**オヘン，**ア**オフヴェンデン	spend スペンド
（電話を）	**an|rufen** **ア**ンルーフェン	call コール
（CD・レコードを）	**ab|spielen, spielen** **ア**ップシュピーレン，シュピーレン	play プレイ
（ラジオなどを）	**an|schalten** **ア**ンシャルテン	turn on **タ**ーン **オ**ン
かける **掛ける**（掛け算する）	**multiplizieren** ムルティプリ**ツィ**ーレン	multiply **マ**ルティプライ
かける **架ける** kakeru	**bauen** **バ**オエン	build over ビルド **オ**ウヴァ
かける **駆ける** kakeru	**rennen** **レ**ネン	run ラン
かける **欠ける** （一部が取れる） kakeru	**ab|brechen** **ア**ップブレッヒェン	break off ブレイク **オ**ーフ
（不足している）	**mangeln, fehlen** **マ**ンゲルン，**フェ**ーレン	lack ラク
かける **賭ける** kakeru	**wetten** **ヴェ**ッテン	bet on ベト **オ**ン
かげる **陰る** kageru	**dunkel werden** **ドゥ**ンケル **ヴェ**ーアデン	darken **ダ**ークン
かこ **過去** kako	*die* **Vergangenheit** フェア**ガ**ンゲンハイト	past パスト

日	独	英
かご **籠** kago	*der* **Korb,** *der* **Käfig** コルプ, ケーフィヒ	basket, cage バスケト, ケイヂ
かこう **加工** kakou	*die* **Verarbeitung** フェアアルバイトゥング	processing プラセスィング
～する	**verarbeiten, bearbeiten** フェアアルバイテン, ベアルバイテン	process プラセス
かごう **化合** kagou	*die* **Verbindung** フェアビンドゥング	combination カンビネイション
～する	*sich⁴ mit et³* **verbinden** ‥ミット‥ フェアビンデン	combine コンバイン
かこむ **囲む** kakomu	**umschließen, umgeben** ウムシュリーセン, ウムゲーベン	surround, enclose サラウンド, インクロウズ
かさ **傘** kasa	*der* **Regenschirm** レーゲンシルム	umbrella アンブレラ
かさい **火災** kasai	*das* **Feuer** フォイアー	fire ファイア
～報知機	*der* **Feuermelder** フォイアーメルダー	fire alarm ファイア アラーム
～保険	*die* **Feuerversicherung** フォイアーフェアズィヒェルング	fire insurance ファイア インシュアランス
かさなる **重なる** kasanaru	**aufeinander liegen** アオフアイナンダー リーゲン	(be) piled up, overlap (ビ) パイルド アプ, オウヴァラプ
(繰り返される)	*sich⁴* **wiederholen** ‥ ヴィーダーホーレン	(be) repeated (ビ) リピーテド
(同じ時に起こる)	*auf et⁴* **fallen** アオフ‥ ファレン	fall on, overlap フォール オン, オウヴァラプ
かさねる **重ねる** (上に置く) kasaneru	**aufeinander|legen** アオフアイナンダーレーゲン	pile up パイル アプ

日	独	英
（繰り返す）	**wiederholen** ヴィーダーホーレン	repeat リピート
かさばる **かさ張る** kasabaru	**sperrig sein** シュペリヒ ザイン	(be) bulky (ビ) バルキ
かざり **飾り** kazari	*die* **Verzierung,** *das* **Orna-ment** フェアツィールング，オルナメント	decoration, orna-ment デコレイション，オーナメント
かざる **飾る** （装飾する） kazaru	**schmücken, verzieren** シュミュッケン，フェアツィーレン	decorate, adorn デコレイト，アドーン
（陳列する）	**aus|stellen** アオスシュテレン	put on show, dis-play プト オン ショウ，ディスプレイ
かざん **火山** kazan	*der* **Vulkan** ヴルカーン	volcano ヴァルケイノウ
かし **華氏** kashi	**Fahrenheit** ファーレンハイト	Fahrenheit ファレンハイト
かし **歌詞** kashi	*der* **Text,** *der* **Liedertext** テクスト，リーダーテクスト	words, lyrics ワーヅ，リリクス
かし **菓子** kashi	*die* **Süßigkeit,** *das* **Ge-bäck** ズースィヒカイト，ゲベック	sweets, confec-tionery スウィーツ，コンフェクショネリ
かし **樫** kashi	*die* **Eiche** アイヒェ	oak オウク
かし **貸し** kashi	*das* **Darlehen** ダールレーエン	loan ロウン
かじ **家事** kaji	*der* **Haushalt** ハオスハルト	housework ハウスワーク
かじ **火事** kaji	*das* **Feuer** フォイアー	fire ファイア
かしきりの **貸し切りの** kashikirino	**gechartert** ゲチャルタート	chartered チャータド

日	独	英
かしこい **賢い** kashikoi	**klug, weise** クルーク, **ヴァ**イゼ	wise, clever **ワ**イズ, ク**レ**ヴァ
かしだし **貸し出し** kashidashi	*das* **Leihen** **ラ**イエン	lending **レ**ンディング
かしつ **過失** kashitsu	*der* **Fehler,** *die* **Fahrläs-sigkeit** **フェ**ーラー, **ファ**ールレスィヒカイト	fault, error **フォ**ルト, **エ**ラ
かしつけ **貸し付け** kashitsuke	*das* **Darlehen** **ダ**ールレーエン	loan, credit **ロ**ウン, ク**レ**ディト
かじの **カジノ** kajino	*das* **Kasino** カ**ズ**ィーノ	casino カ**ズ**ィーノウ
かしみや **カシミヤ** kashimiya	*der* **Kaschmir** カ**シュ**ミーア	cashmere **キャ**ジュミア
かしや **貸家** kashiya	*das* **Mietshaus** **ミ**ーツハオス	house for rent **ハ**ウス フォ **レ**ント
かしゃ **貨車** kasha	*der* **Güterwagen** **ギュ**ーターヴァーゲン	freight car フ**レ**イト **カ**ー
かしゅ **歌手** kashu	*der*(*die*) **Sänger**(*in*) **ゼ**ンガー(-**ゲ**リン)	singer **ス**ィンガ
かじゅあるな **カジュアルな** kajuaruna	**leger** レ**ジェ**ーア	casual **キャ**ジュアル
かじゅう **果汁** kajuu	*der* **Fruchtsaft** フ**ル**フトザフト	fruit juice フ**ル**ート **チュ**ース
かじょう **過剰** kajou	*der* **Überschuss** **ユ**ーバーシュス	excess, surplus イク**セ**ス, **サ**ープラス
かしょくしょう **過食症** kashokushou	*die* **Bulimie** ブリ**ミ**ー	bulimia ビュ**リ**ーミア
かしらもじ **頭文字** kashiramoji	*der* **Anfangsbuchstabe** **ア**ンファングスブーフシュターベ	initial letter, ini-tials イ**ニ**シャル **レ**タ, イ**ニ**シャルズ

か

日	独	英
かじる **かじる** kajiru	*an et*[3] **knabbern** アン ‥ クナッバーン	gnaw at, nibble at ノーアト, ニブル アト
かす **貸す** kasu	**leihen, verleihen** ライエン, フェアライエン	lend レンド
（家などを）	**vermieten** フェアミーテン	rent レント
（土地などを）	**verpachten, vermieten** フェアパハテン, フェアミーテン	lease リース
かす **滓** kasu	*der* **Rückstand** リュックシュタント	dregs ドレッグズ
かず **数** kazu	*die* **Zahl** ツァール	number, figure ナンバ, フィギャ
がす **ガス** gasu	*das* **Gas** ガース	gas ギャス
かすかな **かすかな** kasukana	**schwach, gering** シュヴァッハ, ゲリング	faint, slight フェイント, スライト
かすむ **霞む** kasumu	**dunstig sein** ドゥンスティヒ ザイン	(be) hazy (ビ) ヘイズィ
かすれる **掠れる** （声などが） kasureru	**heiser werden** ハイザー ヴェーアデン	(get) hoarse (ゲト) ホース
かぜ **風** kaze	*der* **Wind** ヴィント	wind, breeze ウィンド, ブリーズ
かぜ **風邪** kaze	*die* **Erkältung** エアケルトゥング	cold, flu コウルド, フルー
かせい **火星** kasei	*der* **Mars** デア マルス	Mars マーズ
かぜい **課税** kazei	*die* **Besteuerung** ベシュトイエルング	taxation タクセイション
かせき **化石** kaseki	*das* **Fossil** フォスィール	fossil ファスィル

日	独	英
かせぐ **稼ぐ** kasegu	**verdienen** フェアディーネン	earn アーン
（時間を）	**gewinnen** ゲヴィネン	gain ゲイン
かせつ **仮説** kasetsu	*die* **Hypothese** ヒュポテーゼ	hypothesis ハイパセスィス
かせつ **仮設** （一時的な） kasetsu	**provisorisch** プロヴィゾーリシュ	temporary テンポレリ
～住宅	*das* **Behelfsheim** ベヘルフスハイム	temporary houses テンポレリ ハウゼズ
～する	**provisorisch errichten** プロヴィゾーリシュ エアリヒテン	build temporarily ビルド テンポレリリ
かそう **仮装** kasou	*die* **Verkleidung** フェアクライドゥング	disguise ディスガイズ
がぞう **画像** gazou	*das* **Bild** ビルト	picture, image ピクチャ，イミヂ
かぞえる **数える** kazoeru	**zählen** ツェーレン	count, calculate カウント，キャルキュレイト
かぞく **家族** kazoku	*die* **Familie** ファミーリエ	family ファミリ
かそくする **加速する** kasokusuru	**beschleunigen** ベシュロイニゲン	accelerate アクセラレイト
がそりん **ガソリン** gasorin	*das* **Benzin** ベンツィーン	gasoline, gas, Ⓑpetrol ギャソリーン，ギャス，ペトロル
～スタンド	*die* **Tankstelle** タンクシュテレ	gas station, filling station ギャス ステイション，フィリング ステイション
かた **型** （鋳型） kata	*die* **Form**, *die* **Gussform** フォルム，グースフォルム	mold, cast モウルド，キャスト

日	独	英
（様式）	*der* **Stil**, *die* **Mode** シュティール，モーデ	style, mode, type スタイル，モウド，タイプ
かた **形** （パターン） kata	*das* **Muster** ムスター	pattern パタン
（形式・形状）	*das* **Format**, *die* **Form** フォルマート，フォルム	form, shape フォーム，シェイプ
かた **肩** kata	*die* **Schulter** シュルター	shoulder ショウルダ
かたい **固[堅・硬]い** katai	**hart, fest** ハルト，フェスト	hard, solid ハード，サリド
（態度・状態が）	**steif, stark** シュタイフ，シュタルク	strong, firm ストロング，ファーム
かだい **課題** （任務） kadai	*der* **Auftrag** アオフトラーク	task タスク
（主題）	*die* **Aufgabe**, *das* **Thema** アオフガーベ，テーマ	subject, theme サブヂクト，スィーム
かたがき **肩書** katagaki	*der* **Titel** ティーテル	title タイトル
かたがみ **型紙** katagami	*das* **Schnittmuster** シュニットムスター	paper pattern ペイパ パタン
かたき **敵** kataki	*der*(*die*) **Feind**(*in*), *der*(*die*) **Gegner**(*in*) ファイント(-ディン)，ゲーグナー(-ネリン)	enemy, opponent エネミ，オポウネント
かたくちいわし **片口鰯** katakuchiiwashi	*die* **Anchovis** アンヒョービス	anchovy アンチョウヴィ
かたち **形** katachi	*die* **Form**, *die* **Gestalt** フォルム，ゲシュタルト	shape, form シェイプ，フォーム
かたづく **片づく** （決着している） katazuku	*sich*[4] **erledigen** ‥エアレーディゲン	(be) settled (ビ) セトルド

日	独	英
（終了している）	**zu Ende sein, fertig sein** ツー エンデ ザイン, フェルティヒ ザイン	(be) finished, (be) done (ビ) フィニシュト, (ビ) ダン
（整理される）	**in Ordnung kommen** イン オルドヌング コメン	(be) put in order (ビ) プト イン オーダ
かたづける **片づける** katazukeru	**auf|räumen** アオフロイメン	put in order プト イン オーダ
（決着する）	**erledigen** エアレーディゲン	settle セトル
（終了する）	**fertig machen** フェルティヒ マッヘン	finish フィニシュ
かたな **刀** katana	*das* **Schwert** シュヴェーアト	sword ソード
かたはば **肩幅** katahaba	*die* **Schulterbreite** シュルターブライテ	shoulder length ショウルダ レングス
かたほう **片方** （もう一方） katahou	**einer(-e/-es) von beiden** アイナー(-ネ/-ネス) フォン バイデン	one of a pair ワン オヴ ア ペア
（片側）	**eine Seite** アイネ ザイテ	one side ワン サイド
かたまり **塊** katamari	*der* **Block** ブロック	lump, mass ランプ, マス
かたまる **固まる** （凝固する） katamaru	**gerinnen** ゲリネン	congeal, coagulate コンチール, コウアギュレイト
（固くなる）	**hart werden** ハルト ヴェーアデン	harden ハードン
かたみち **片道** katamichi	*der* **Hinweg** ヒンヴェーク	one way ワン ウェイ
かたむく **傾く** katamuku	*sich⁴* **neigen** ‥ ナイゲン	lean, incline リーン, インクライン

日	独	英
かたむける **傾ける** katamukeru	**neigen** ナイゲン	tilt, bend ティルト，ベンド
かためる **固める**（凝固させる） katameru	**zum Gerinnen bringen** ツム ゲリネン ブリンゲン	make congeal メイク コンチール
（固くする）	**härten** ヘルテン	harden ハードン
（強くする）	**stärken** シュテルケン	strengthen, fortify ストレングスン，**フォーティファ** イ
かたよる **偏る** katayoru	**einseitig sein** アインザイティヒ ザイン	lean to, (be) biased リーン トゥ，(ビ) バイアスト
かたる **語る** kataru	**sprechen** シュプレッヒェン	talk, speak トーク，スピーク
かたろぐ **カタログ** katarogu	*der* **Katalog** カタローク	catalog, ⑧cata- logue キャタローグ，**キャタログ**
かだん **花壇** kadan	*das* **Blumenbeet** ブルーメンベート	flowerbed フラウアベド
かち **価値** kachi	*der* **Wert** ヴェーアト	value, worth ヴァリュ，ワース
かち **勝ち** kachi	*der* **Sieg** ズィーク	victory, win ヴィクトリ，ウィン
かちく **家畜** kachiku	*das* **Vieh** フィー	livestock ライヴスタク
かちょう **課長** kachou	*der*(*die*) **Abteilungslei-** **ter**(*in*) アプ**タ**イルングスライター(-テリン)	section manager セクション マニヂャ
かつ **勝つ** katsu	**siegen, gewinnen** ズィーゲン，ゲ**ヴィ**ネン	win ウィン
かつお **鰹** katsuo	*der* **Bonito** ボニート	bonito ボニートウ

日	独	英
がっか **学科** (大学の) gakka	*die* **Abteilung** アプ**タ**イルング	department ディパートメント
がっか **学課** gakka	*der* **Unterricht** **ウ**ンター|ヒト	lesson **レ**スン
がっかい **学会** gakkai	**(wissenschaftliche) Ge- sellschaft** (**ヴィ**ッセンシャフトリヒェ) ゲ**ゼ**ルシャフト	academic society アカ**デ**ミク ソ**サ**イエティ
がっかりする **がっかりする** gakkarisuru	**enttäuscht sein** エント**ト**イシュト ザイン	(be) disappointed (ビ) ディサ**ポ**インテド
かっき **活気** kakki	*die* **Lebendigkeit** レ**ベ**ンディヒカイト	liveliness, anima- tion **ラ**イヴリネス, アニ**メ**イション
がっき **学期** gakki	*das* **Semester** ゼ**メ**スター	term, semester **タ**ーム, セ**メ**スタ
がっき **楽器** gakki	*das* **Musikinstrument** ム**ズィ**ークインストルメント	musical instru- ment **ミュ**ーズィカル **イ**ンストルメン ト
かっきてきな **画期的な** kakkitekina	**bahnbrechend** **バ**ーンブレッヒェント	epochmaking **エ**ポクメイキング
がっきゅう **学級** gakkyuu	*die* **Schulklasse**, *die* **Klas- se** **シュ**ールクラッセ, ク**ラ**ッセ	(school) class (ス**ク**ール) ク**ラ**ス
かつぐ **担ぐ** katsugu	**schultern** **シュ**ルターン	shoulder **ショ**ウルダ
(だます)	**täuschen** **ト**イシェン	deceive ディ**ス**ィーヴ
かっこいい **かっこいい** kakkoii	**attraktiv, klasse** アトラク**ティ**ーフ, ク**ラ**ッセ	neat, cool **ニ**ート, **ク**ール
かっこう **格好** kakkou	*die* **Form**, *die* **Gestalt** **フォ**ルム, ゲ**シュ**タルト	shape, form **シェ**イプ, **フォ**ーム
かっこう **郭公** kakkou	*der* **Kuckuck** **ク**ックク	cuckoo **ク**クー

日	独	英
がっこう **学校** gakkou	*die* **Schule** シューレ	school スクール
かっさい **喝采** kassai	*der* **Beifall** バイファル	cheers, applause チアズ，アプローズ
がっしょう **合唱** gasshou	*der* **Chor** コーア	chorus コーラス
かっしょくの **褐色の** kasshokuno	**braun** ブラオン	brown ブラウン
がっそう **合奏** gassou	*das* **Ensemble** アンサーンブル	ensemble アーンサーンブル
かっそうろ **滑走路** kassouro	*die* **Piste** ピステ	runway ランウェイ
かつて **かつて** katsute	**einst** アインスト	once, before ワンス，ビフォー
かってな **勝手な** kattena	**selbstsüchtig, eigenwil- lig** ゼルプストズュヒティヒ，アイゲンヴィリヒ	selfish セルフィシュ
かってに **勝手に** katteni	**ohne Erlaubnis** オーネ エアラオプニス	arbitrarily アービトレリリ
かっとう **葛藤** kattou	*der* **Konflikt,** *die* **Verwick- lung** コンフリクト，フェアヴィックルング	discord, conflict ディスコード，カンフリクト
かつどう **活動** katsudou	*die* **Tätigkeit** テーティヒカイト	activity アクティヴィティ
かっとなる **かっとなる** kattonaru	**aus der Haut fahren** アオス デア ハオト ファーレン	fly into a rage フライ イントゥ ア レイヂ
かっぱつな **活発な** kappatsuna	**lebhaft, lebendig** レープハフト，レベンディヒ	active, lively アクティヴ，ライヴリ
かっぷ **カップ** kappu	*die* **Tasse** タッセ	cup カプ

日	独	英
かっぷる **カップル** kappuru	*das* **Paar** パール	couple カプル
がっぺいする **合併する** gappeisuru	**fusionieren** フズィオニーレン	merge マーヂ
かつやくする **活躍する** katsuyakusuru	**aktiv sein** アクティーフ ザイン	(be) active in (ビ) **ア**クティヴ イン
かつよう **活用** katsuyou	*die* **Anwendung** アンヴェンドゥング	practical use, application プラクティカル ユース, アプリケイション
～する	**aus|nutzen, verwerten** アオスヌッツェン, フェアヴェルテン	put to practical use プト トゥ プラクティカル ユース
（文法の）	*die* **Konjugation** コンユガツィオーン	conjugation カンヂュ**ゲ**イション
かつら **かつら** katsura	*die* **Perücke** ペ**リ**ュッケ	wig **ウィ**グ
かてい **仮定** katei	*die* **Hypothese**, *die* **Annahme** ヒュポ**テ**ーゼ, **ア**ンナーメ	supposition, hypothesis サポ**ズィ**ション, ハイ**パ**セスィス
～する	**an|nehmen** **ア**ンネーメン	assume, suppose ア**ス**ーム, サ**ポ**ウズ
かてい **家庭** katei	*das* **Zuhause**, *die* **Familie** ツ**ハ**ウゼ, ファ**ミ**ーリエ	home, family **ホ**ウム, **ファ**ミリ
かど **角** kado	*die* **Ecke** **エ**ッケ	corner, turn **コ**ーナ, **タ**ーン
かどう **稼動** kadou	*der* **Betrieb** ベト**リ**ープ	operation アペ**レ**イション
かとうな **下等な** katouna	**niedrig** **ニ**ードリヒ	inferior, low イン**フィ**アリア, **ロ**ウ
かとりっく **カトリック** katorikku	*der* **Katholizismus** カトリ**ツィ**スムス	Catholicism カ**サ**リスィズム

日	独	英
かなあみ **金網** kanaami	*das* **Drahtnetz** ドラートネッツ	wire netting ワイア ネティング
かなしい **悲しい** kanashii	**traurig** トラオリヒ	sad, sorrowful サド, サロウフル
かなしみ **悲しみ** kanashimi	*die* **Trauer,** *die* **Traurigkeit** トラオアー, トラオリヒカイト	sorrow, sadness サロウ, サドネス
かなだ **カナダ** kanada	(*das*) **Kanada** カナダ	Canada キャナダ
かなづち **金槌** kanazuchi	*der* **Hammer** ハマー	hammer ハマ
かなめ **要** kaname	*der* **Angelpunkt** アンゲルプンクト	(essential) point (イセンシャル) ポイント
かならず **必ず** （ぜひとも） kanarazu	**auf jeden Fall** アオフ イェーデン ファル	by all means バイ オール ミーンズ
（間違いなく）	**bestimmt, unbedingt** ベシュティムト, ウンベディングト	without fail ウィザウト フェイル
（常に）	**immer** イマー	always オールウェイズ
かなり **かなり** kanari	**ziemlich** ツィームリヒ	fairly, pretty フェアリ, プリティ
かなりあ **カナリア** kanaria	*der* **Kanarienvogel** カナーリエンフォーゲル	canary カネアリ
かなりの **かなりの** kanarino	**beträchtlich** ベトレヒトリヒ	considerable コンスィダラブル
かに **蟹** kani	*die* **Krabbe** クラッベ	crab クラブ
〜座	*der* **Krebs** デア クレープス	Crab, Cancer クラブ, キャンサ
かにゅうする **加入する** kanyuusuru	**bei|treten** バイトレーテン	join, enter ヂョイン, エンタ

日	独	英
かぬー **カヌー** kanuu	*das* **Kanu** カーヌ , カヌー	canoe カヌー
かね **金** kane	*das* **Geld** ゲルト	money マニ
かね **鐘** kane	*die* **Glocke** グロッケ	bell ベル
かねつ **加熱** kanetsu	*das* **Erhitzen** エアヒッツェン	heating ヒーティング
かねつ **過熱** kanetsu	*die* **Überhitzung** ユーバーヒッツング	overheating オウヴァヒーティング
かねもうけ **金儲け** kanemouke	*der* **Gelderwerb** ゲルトエアヴェルプ	moneymaking マニメイキング
〜する	**Geld verdienen** ゲルト フェアディーネン	make money メイク マニ
かねもち **金持ち** kanemochi	*der*(*die*) **Reiche** ライヒェ	rich person リチ パーソン
かねる **兼ねる** (兼ね備える) kaneru	*mit et³* **verbunden sein** ミット ‥ フェアブンデン ザイン	combine with コンバイン ウィズ
(兼務する)	**gleichzeitig besetzen** グライヒツァイティヒ ベゼッツェン	hold concurrently ホウルド コンカーレントリ
かのうせい **可能性** kanousei	*die* **Möglichkeit** メークリヒカイト	possibility パスィビリティ
かのうな **可能な** kanouna	**möglich** メークリヒ	possible パスィブル
かのじょ **彼女** kanojo	**sie** ズィー	she シー
(恋人)	*die* **Freundin** フロインディン	girlfriend ガールフレンド

日	独	英
かば **河馬** kaba	*das* **Nilpferd,** *das* **Fluss-pferd** ニールプフェーアト，フルスプフェーアト	hippopotamus ヒポパタマス
かばー **カバー** kabaa	*die* **Decke** デッケ	cover カヴァ
〜する	**decken, ab|decken** デッケン，アップデッケン	cover カヴァ
かばう **かばう** kabau	**schützen, beschützen** シュッツェン，ベシュッツェン	protect プロテクト
かばん **鞄** kaban	*die* **Tasche** タッシェ	bag バグ
かはんすう **過半数** kahansuu	*die* **Mehrheit** メーアハイト	majority マチョーリティ
かび **かび** kabi	*der* **Schimmel** シメル	mold, mildew モウルド，ミルデュー
かびん **花瓶** kabin	*die* **Vase** ヴァーゼ	vase ヴェイス
かぶ **蕪** kabu	*die* **Rübe** リューベ	turnip ターニプ
かふぇ **カフェ** kafe	*das* **Café** カフェー	café, coffeehouse キャフェイ，コーフィハウス
かふぇいん **カフェイン** kafein	*das* **Koffein** コフェイーン	caffeine キャフィーン
かふぇおれ **カフェオレ** kafeore	*der* **Milchkaffee** ミルヒカフェー	café au lait キャフェイ オウ レイ
かぶけん **株券** kabuken	*das* **Aktienpapier** アクツィエンパピーア	stock certificate スタク サティフィケト
かぶしき **株式** kabushiki	*die* **Aktie** アクツィエ	stocks スタクス

日	独	英
〜会社	*die* **Aktiengesellschaft** アクツィエンゲゼルシャフト	joint-stock corporation チョイントスタク コーポレイション
〜市場	*die* **Börse** ベルゼ	stock market スタク マーケト
かふすぼたん **カフスボタン** kafusubotan	*der* **Manschettenknopf** マンシェッテンクノプフ	cuff link カフ リンクス
かぶせる **被せる** kabuseru	*mit et³* **bedecken** ミット .. ベデッケン	cover with カヴァ ウィズ
（罪などを）	**beschuldigen** ベシュルディゲン	charge with チャーヂ ウィズ
かぶせる **カプセル** kapuseru	*die* **Kapsel** カプセル	capsule キャプスル
かぶぬし **株主** kabunushi	*der*(*die*) **Aktionär**(*in*) アクツィオネーア(-リン)	stockholder スタクホウルダ
かぶる **被る** kaburu	**auf|setzen, tragen** アオフゼッツェン，トラーゲン	put on, wear プト オン，ウェア
かぶれ **かぶれ** kabure	*der* **Hautausschlag** ハオトアオスシュラーク	rash ラシュ
かふん **花粉** kafun	*der* **Pollen** ポレン	pollen パルン
〜症	*der* **Heuschnupfen**, *die* **Pollenallergie** ホイシュヌプフェン，ポレンアレルギー	hay fever ヘイ フィーヴァ
かべ **壁** kabe	*die* **Wand** ヴァント	wall, partition ウォール，パーティション
〜紙	*die* **Tapete** タペーテ	wallpaper ウォールペイパ
かぼちゃ **南瓜** kabocha	*der* **Kürbis** キュルビス	pumpkin パンプキン

日	独	英
かま **釜** kama	*der* **Kessel,** *der* **Kochtopf** ケッセル，コッホトプフ	iron pot アイアン パト
かま **窯** kama	*der* **Brennofen** ブレンオーフェン	kiln キルン
かまう　（干渉する） **構う** kamau	*sich[4] in et[4]* **ein|mischen** ‥イン‥ **ア**インミッシェン	meddle in メドル イン
（気にかける）	*sich[4] um j[4]/et[4]* **kümmern** ‥ウム‥ **キュ**マーン	care about, mind ケア アバウト，マインド
（世話する）	*für j[4]/et[4]* **sorgen** フューア‥ **ゾ**ルゲン	care for ケア フォ
がまんする **我慢する** gamansuru	**ertragen, dulden** エアトラーゲン，ドゥルデン	(be) patient (ビ) ペイシェント
かみ **紙** kami	*das* **Papier** パピーア	paper ペイパ
かみ **神** kami	*der* **Gott** ゴット	god ガド
（女神）	*die* **Göttin** ゲッティン	goddess ガデス
かみ **髪** kami	*das* **Haar** ハール	hair ヘア
かみそり **かみそり** kamisori	*das* **Rasiermesser,** *der* **Rasierapparat** ラズィーアメッサー，ラズィーアアパラート	razor レイザ
かみつな　（人口が） **過密な** kamitsuna	**überbevölkert** ユーバーベフェルカート	overpopulated オウヴァパピュレイテド
（余裕がない）	**dicht** ディヒト	tight, heavy タイト，ヘヴィ
かみなり **雷** kaminari	*der* **Donner** ドナー	thunder サンダ

日	独	英
かみん **仮眠** kamin	*das* **Schläfchen,** *das* **Nickerchen** シュレーフヒェン，ニッカーヒェン	doze ドゥズ
かむ **噛む** kamu	**beißen, kauen** バイセン，カオエン	bite, chew バイト，チュー
がむ **ガム** gamu	*der* **Kaugummi** カオグミ	chewing gum チューイング ガム
かめ **亀** kame	*die* **Schildkröte** シルトクレーテ	tortoise, turtle トータス，タートル
かめいする **加盟する** kameisuru	**bei|treten** バイトレーテン	(be) affiliated (ビ) アフィリエイテド
かめら **カメラ** kamera	*die* **Kamera,** *der* **Fotoapparat** カメラ，フォートアパラート	camera キャメラ
～マン（写真家）	*der*（*die*）**Fotograf(*in*)** フォトグラーフ(-フィン)	photographer フォタグラファ
～マン （映画・テレビなどの）	*der*（*die*）**Kameramann (-frau)** カメラマン(-フラオ)	cameraman キャメラマン
かめん **仮面** kamen	*die* **Maske** マスケ	mask マスク
がめん **画面** gamen	*der* **Bildschirm** ビルトシルム	screen, display スクリーン，ディスプレイ
かも **鴨** kamo	*die* **Ente** エンテ	duck ダク
かもく **科目** kamoku	*das* **Lehrfach** レーアファッハ	subject サブヂクト
かもつ **貨物** kamotsu	*die* **Fracht** フラハト	freight, goods フレイト，グヅ
～船	*der* **Frachter** フラハター	freighter フレイタ

日	独	英
～列車	*der* **Güterzug** ギューターツーク	freight train フレイト トレイン
かもめ **鴎** kamome	*die* **Möwe** メーヴェ	seagull スィーガル
かやく **火薬** kayaku	*das* **Pulver** プルファー	gunpowder ガンパウダ
かゆい **痒い** kayui	**juckend** ユッケント	itchy イチ
かよう **通う** （定期的に） kayou	**besuchen** ベズーヘン	commute to, at-tend コミュート トゥ, アテンド
（頻繁に）	**häufig besuchen** ホイフィヒ ベズーヘン	visit frequently ヴィズィト フリークウェントリ
かようび **火曜日** kayoubi	*der* **Dienstag** ディーンスターク	Tuesday テューズデイ
から **殻** （貝の） kara	*die* **Schale** シャーレ	shell シェル
（木の実の）	*die* **Schale** シャーレ	shell シェル
（卵の）	*die* **Eierschale** アイアーシャーレ	eggshell エグシェル
がら **柄** gara	*das* **Muster** ムスター	pattern, design パタン, ディザイン
からー **カラー** karaa	*die* **Farbe** ファルベ	color, Ⓑcolour カラ, カラ
～フィルム	*der* **Farbfilm** ファルプフィルム	color film カラ フィルム
からい **辛い** karai	**scharf** シャルフ	hot, spicy ハト, スパイスィ

日	独	英
（塩辛い）	**salzig** ザルツィヒ	salty ソールティ
からかう **からかう** karakau	**necken** ネッケン	make fun of メイク **ファン** オヴ
がらくた **がらくた** garakuta	*der* **Plunder,** *der* **Kram** プルンダー，クラーム	trash, garbage, Ⓑrubbish トラシュ，ガービヂ，ラビシュ
からくちの **辛口の** （酒など） karakuchino	**trocken, herb** トロッケン，ヘルプ	dry ドライ
（批評などが）	**hart, scharf** ハルト，シャルフ	harsh, sharp ハーシュ，**シャープ**
からす **カラス** karasu	*der* **Rabe** ラーベ	crow クロウ
がらす **ガラス** garasu	*das* **Glas** グラース	glass グラス
からだ **体** karada	*der* **Körper,** *der* **Leib** ケルパー，ライプ	body バディ
（体格）	*der* **Körperbau** ケルパーバオ	physique フィズィーク
からふるな **カラフルな** karafuruna	**bunt** ブント	colorful カラフル
かり **借り** kari	*die* **Schulden** *pl.,* *das* **Soll** シュルデン，ゾル	debt, loan デト，ロウン
かりいれ **借り入れ** kariire	*das* **Leihen** ライエン	borrowing バロウイング
かりうむ **カリウム** kariumu	*das* **Kalium** カーリウム	potassium ポタスィアム
かりきゅらむ **カリキュラム** karikyuramu	*der* **Lehrplan** レーアプラーン	curriculum カリキュラム

日	独	英
かりすま **カリスマ** karisuma	*das* **Charisma** ヒャーリスマ	charisma カリズマ
かりの **仮の** karino	**vorläufig** フォーアロイフィヒ	temporary テンポレリ
かりふらわー **カリフラワー** karifurawaa	*der* **Blumenkohl** ブルーメンコール	cauliflower コーリフラウア
かりゅう **下流** karyuu	*der* **Unterlauf** ウンターラオフ	downstream ダウンストリーム
かりる **借りる** kariru	*sich*[4] **aus|leihen, mieten** ‥ アオスライエン，ミーテン	borrow, rent バロウ，レント
かる **刈る**　（作物を） karu	**ernten** エルンテン	reap, harvest リープ，ハーヴェスト
（髪を）	**schneiden** シュナイデン	cut, trim カト，トリム
かるい **軽い** karui	**leicht, gering** ライヒト，ゲリング	light, slight ライト，スライト
（気楽な）	**leicht, einfach** ライヒト，アインファッハ	easy イーズィ
かるしうむ **カルシウム** karushiumu	*das* **Kalzium** カルツィウム	calcium キャルスィアム
かるて **カルテ** karute	*das* **Krankenblatt** クランケンブラット	(medical) chart （メディカル）チャート
かるてっと **カルテット** karutetto	*das* **Quartett** クヴァルテット	quartet クウォーテト
かれ **彼** kare	**er** エア	he ヒー
（恋人）	*der* **Freund** フロイント	boyfriend ボイフレンド
かれいな **華麗な** kareina	**prächtig, prunkvoll** プレヒティヒ，プルンクフォル	splendid, gorgeous スプレンディド，ゴーヂャス

日	独	英
かれー **カレー** karee	*der* (*das*) **Curry** カリ	curry カーリ
がれーじ **ガレージ** gareeji	*die* **Garage** ガラージェ	garage ガラージ
かれら **彼ら** karera	**sie** ズィー	they ゼイ
かれる **枯れる** kareru	**verdorren, verwelken** フェアドレン, フェアヴェルケン	wither, die ウィザ, ダイ
かれんだー **カレンダー** karendaa	*der* **Kalender** カレンダー	calendar キャレンダ
かろう **過労** karou	*die* **Überanstrengung** ユーバーアンシュトレングング	overwork オウヴァワーク
がろう **画廊** garou	*die* **Galerie** ガレリー	art gallery アート ギャラリ
かろうじて **辛うじて** karoujite	**knapp** クナップ	barely ベアリ
かろりー **カロリー** karorii	*die* **Kalorie** カロリー	calorie キャロリ
かわ **川** kawa	*der* **Fluss** フルス	river リヴァ
かわ **皮** kawa	(果皮) *die* **Schale** シャーレ	peel ピール
	(樹皮) *die* **Rinde** リンデ	bark バーク
	(皮膚) *die* **Haut** ハオト	skin スキン
	(毛皮) *das* **Fell** フェル	fur ファー
かわ **革** kawa	*das* **Leder** レーダー	leather レザ

日	独	英
がわ **側** gawa	*die* **Seite** ザイテ	side サイド
かわいい **可愛い** kawaii	**süß, hübsch, lieb** ズース, ヒュプシュ, リープ	cute キュート
かわいがる **可愛がる** kawaigaru	**lieben** リーベン	love, cherish ラヴ, チェリシュ
かわいそうな **可哀相な** kawaisouna	**arm, bedauernswert** アルム, ベダオアーンスヴェーアト	poor, pitiable プア, ピティアブル
かわかす **乾かす** kawakasu	**trocknen** トロックネン	dry ドライ
かわく **乾く** kawaku	**trocknen, aus|trocknen** トロックネン, アオストロックネン	dry (up) ドライ (アプ)
かわく **渇く** （喉が） kawaku	**durstig werden** ドゥルスティヒ ヴェーアデン	(become) thirsty (ビカム) サースティ
かわせ **為替** kawase	*die* **Zahlungsanweisung,** *der* **Wechsel** ツァールングスアンヴァイズング, ヴェクセル	money order マニ オーダ
～レート	*der* **Wechselkurs** ヴェクセルクルス	exchange rate イクスチェインヂ レイト
かわりに **代わりに** kawarini	**statt, anstatt** シュタット, アンシュタット	instead of, for インステド オヴ, フォー
かわる **代わる** kawaru	**ersetzen, aus|wechseln** エアゼッツェン, アオスヴェクセルン	replace リプレイス
かわる **変わる** kawaru	*sich⁴* **ändern,** *sich⁴ in et⁴* **verwandeln** ‥エンダーン, ‥イン‥ フェアヴァンデルン	change, turn into チェインヂ, ターン イントゥ
かん **勘** kan	*die* **Intuition** イントゥイツィオーン	intuition インテュイション
かん **缶** kan	*die* **Büchse,** *die* **Dose** ビュクセ, ドーゼ	can, tin キャン, ティン

日	独	英
がん **癌** gan	*der* **Krebs** クレープス	cancer **キャ**ンサ
かんえん **肝炎** kan-en	*die* **Hepatitis** ヘパ**ティ**ーティス	hepatitis ヘパ**タ**イティス
がんか **眼科** ganka	*die* **Ophthalmologie**, *die* **Augenheilkunde** オフタルモ**ロギ**ー, **ア**オゲンハイルクンデ	ophthalmology アフサル**マ**ロヂ
かんがえ **考え** kangae	*der* **Gedanke** ゲ**ダ**ンケ	thought, thinking **ソ**ート, **ス**ィンキング
（アイディア）	*die* **Idee** イ**デ**ー	idea アイ**ディ**ーア
（意見）	*die* **Meinung** **マ**イヌング	opinion オ**ピ**ニョン
かんがえる **考える** kangaeru	**denken** **デ**ンケン	think **ス**ィンク
かんかく **感覚** kankaku	*der* **Sinn**, *das* **Gefühl** **ズ**ィン, ゲ**フュ**ール	sense, feeling **セ**ンス, **フィ**ーリング
かんかく **間隔** kankaku	*der* **Abstand** **ア**ップシュタント	space, interval **スペ**イス, **イ**ンタヴァル
かんかつ **管轄** kankatsu	*die* **Zuständigkeit** ツー**シュ**テンディヒカイト	jurisdiction of ヂュア**リ**スディクション オヴ
かんがっき **管楽器** kangakki	*das* **Blasinstrument** ブ**ラ**ースインストルメント	wind instrument **ウィ**ンド **イ**ンストルメント
かんきする **換気する** kankisuru	**lüften**, **belüften** **リュ**フテン, ベ**リュ**フテン	ventilate **ヴェ**ンティレイト
かんきつるい **柑橘類** kankitsurui	*die* **Zitrusfrucht** **ツィ**トルスフルフト	citrus fruit **スィ**トラス フ**ル**ート
かんきゃく **観客** kankyaku	*der* (*die*) **Zuschauer**(*in*) ツー**シャ**オアー(-エリン)	spectator ス**ペ**クテイタ

日	独	英
～席	*der* **Zuschauerraum,** *die* **Tribüne** ツーシャオアーラオム, トリビューネ	seat, stand スィート, ス**タ**ンド
かんきょう **環境** kankyou	*die* **Umwelt,** *die* **Umgebung** ウムヴェルト, ウム**ゲ**ーブング	environment インヴァイアロンメント
かんきり **缶切り** kankiri	*der* **Büchsenöffner** ビュクセンエフナー	can opener **キャ**ン オウプナ
かんきん **監禁** kankin	*das* **Einsperren,** *die* **Inhaftierung** アインシュペレン, インハフ**ティ**ールング	confinement コン**ファ**インメント
がんきん **元金** gankin	*das* **Kapital** カピ**ター**ル	principal, capital プリンスィパル, **キャ**ピタル
かんけい **関係** kankei	*das* **Verhältnis,** *die* **Beziehung** フェア**ヘ**ルトニス, ベツィーウング	relation, relationship リ**レ**イション, リ**レ**イションシプ
～する	*sich*^{4} *auf et*^{4}*/j*^{4} **beziehen** ‥ アオフ ‥ ベツィーエン	(be) related to (ビ) リ**レ**イテド トゥ
～する（かかわる）	**involviert sein, beteiligt sein** インヴォル**ヴィ**ーアト ザイン, ベ**タ**イリヒト ザイン	(be) involved in (ビ) イン**ヴァ**ルヴド イン
かんげいする **歓迎する** kangeisuru	**willkommen heißen** ヴィル**コ**メン ハイセン	welcome **ウェ**ルカム
かんげきする **感激する** kangekisuru	**tief bewegt sein** **ティ**ーフ ベ**ヴェ**ークト ザイン	(be) deeply moved by (ビ) **ディ**ープリ **ム**ーヴド バイ
かんけつする **完結する** kanketsusuru	**beenden, ab|schließen** ベ**エ**ンデン, **ア**ップシュリーセン	finish **フィ**ニシュ
かんけつな **簡潔な** kanketsuna	**kurz, bündig** **ク**ルツ, **ビュ**ンディヒ	brief, concise ブ**リ**ーフ, コン**サ**イス
かんげんがく **管弦楽** kangengaku	*die* **Orchestermusik** オル**ケ**スターム**ズィ**ーク	orchestral music オー**ケ**ストラル **ミュ**ーズィク
かんご **看護** kango	*die* **Krankenpflege** ク**ラ**ンケンプフレーゲ	nursing **ナ**ースィング

日	独	英
~師	*der* **Krankenpfleger**, *die* **Krankenschwester** クランケンプフレーガー，クランケンシュヴェスター	nurse ナース
~する	**pflegen** プフレーゲン	nurse ナース
かんこう **観光** kankou	*der* **Tourismus**, *die* **Besichtigung** トゥリスムス，ベズィヒティグング	sightseeing サイトスィーイング
~客	*der* (*die*) **Tourist**(*in*) トゥリスト(-ティン)	tourist トゥアリスト
かんこうちょう **官公庁** kankouchou	*die* **Regierungs- und Gemeindebehörden** *pl.* レギールングス ウント ゲマインデベヘーアデン	government offices ガヴァンメント オーフィセズ
かんこうへん **肝硬変** kankouhen	*die* **Leberzirrhose** レーバーツィルホーゼ	cirrhosis スィロウスィス
かんこく **韓国** kankoku	(*das*) **Südkorea** ズュートコレーア	South Korea サウス コリーア
~語	*das* **Koreanisch** コレアーニシュ	Korean コリーアン
がんこな **頑固な** gankona	**hartnäckig, stur** ハルトネッキヒ，シュトゥーア	stubborn, obstinate スタボン，アブスティネト
かんさ **監査** kansa	*die* **Inspektion**, *die* **Revision** インスペクツィオーン，レヴィズィオーン	inspection インスペクション
かんさつ **観察** kansatsu	*die* **Beobachtung** ベオーバハトゥング	observation アブザヴェイション
~する	**beobachten** ベオーバハテン	observe オブザーヴ
かんさんする **換算する** kansansuru	**um|rechnen** ウムレヒネン	convert コンヴァート
かんし **冠詞** kanshi	*der* **Artikel** アルティーケル	article アーティクル

日	独	英
かんし **監視** kanshi	*die* **Aufsicht**, *die* **Überwachung** アオフズィヒト，ユーバーヴァッフング	surveillance サヴェイランス
かんじ **感じ** kanji	*das* **Gefühl** ゲフュール	feeling フィーリング
（印象）	*der* **Eindruck** アインドルック	impression インプレション
かんじ **漢字** kanji	**chinesisches Schriftzeichen** ヒネーズィシェス シュリフトツァイヒェン	Chinese character チャイニーズ キャラクタ
かんしゃ **感謝** kansha	*der* **Dank** ダンク	thanks, appreciation サンクス，アプリーシエイション
〜する	*j³ für et⁴* **danken** ‥ フューア ‥ ダンケン	thank サンク
かんじゃ **患者** kanja	*der*(*die*) **Patient**(*in*) パツィエント(-ティン)	patient, case ペイシェント，ケイス
かんしゅう **観衆** kanshuu	*der*(*die*) **Zuschauer**(*in*), *das* **Publikum** ツーシャオアー(-エリン)，プーブリクム	spectators, audience スペクテイタズ，オーディエンス
かんじゅせい **感受性** kanjusei	*die* **Empfänglichkeit**, *die* **Sensibilität** エンプフェングリヒカイト，ゼンズィビリテート	sensibility センスィビリティ
がんしょ **願書** gansho	*das* **Gesuch**, *das* **Bittschreiben** ゲズーフ，ビットシュライベン	application form アプリケイション フォーム
かんしょう **感傷** kanshou	*die* **Sentimentalität**, *die* **Empfindsamkeit** ゼンティメンタリテート，エムプフィントザームカイト	sentiment センティメント
かんじょう **感情** kanjou	*das* **Gefühl**, *die* **Emotion** ゲフュール，エモツィオーン	feeling, emotion フィーリング，イモウション
（情熱）	*die* **Leidenschaft** ライデンシャフト	passion パション

日	独	英
かんじょう **勘定** (計算) kanjou	*die* **Rechnung,** *die* **Be-rechnung** レヒヌング, ベレヒヌング	calculation キャルキュレイション
(支払い)	*die* **Zahlung** ツァールング	payment ペイメント
(請求書)	*die* **Rechnung** レヒヌング	bill, check, Ⓑcheque ビル, チェク, チェク
かんしょうする **干渉する** kanshousuru	*sich⁴ in et⁴* **ein|mischen** ‥ イン ‥ **ア**インミッシェン	interfere インタ**フィ**ア
かんしょうする **鑑賞する** kanshousuru	**schätzen, genießen** シェッツェン, ゲ**ニー**セン	appreciate アプ**リー**シエイト
がんじょうな **頑丈な** ganjouna	**solide, robust** ゾ**リー**デ, ロ**プ**スト	strong, stout スト**ロング**, ス**タウ**ト
かんじる **感じる** kanjiru	*sich⁴* **fühlen** ‥ **フュー**レン	feel **フィー**ル
かんしん **関心** kanshin	*das* **Interesse,** *die* **Auf-merksamkeit** インテ**レ**ッセ, **ア**オフメルクザームカイト	concern, interest コン**サー**ン, **イン**タレスト
かんしんする **感心する** kanshinsuru	**bewundern** ベ**ヴン**ダーン	admire アド**マイ**ア
かんしんな **感心な** kanshinna	**bewundernswert** ベ**ヴン**ダーンスヴェーアト	admirable **ア**ドミラブル
かんじんな **肝心な** kanjinna	**wichtig, wesentlich** **ヴィ**ヒティヒ, **ヴェー**ゼントリヒ	important, essen-tial イン**ポー**タント, イ**セン**シャル
かんすう **関数** kansuu	*die* **Funktion** フンクツィ**オー**ン	function **ファ**ンクション
かんせい **完成** kansei	*die* **Vollendung** フォル**エン**ドゥング	completion コンプ**リー**ション
～する	**vollenden** フォル**エン**デン	complete, accom-plish コンプ**リー**ト, ア**カ**ンプリシュ

日	独	英
かんせい **歓声** kansei	*der* **Jubel**, *der* **Juchzer** ユーベル，ユフツァー	shout of joy シャウト オヴ チョイ
かんぜい **関税** kanzei	*der* **Zoll** ツォル	customs, duty カスタムズ，デューティ
かんせつ **関節** kansetsu	*das* **Gelenk** ゲレンク	joint チョイント
かんせつの **間接の** kansetsuno	**indirekt, mittelbar** インディレクト，ミッテルバール	indirect インディレクト
かんせん **感染** kansen	*die* **Infektion** インフェクツィオーン	infection, conta- gion インフェクション，コンテイヂョン
かんせんする **観戦する** kansensuru	**ein Spiel an|schauen** アイン シュピール アンシャオエン	watch a game ワチ ア ゲイム
かんせんどうろ **幹線道路** kansendouro	*die* **Landstraße**, *die* **Fern- straße** ラントシュトラーセ，フェルンシュトラーセ	highway ハイウェイ
かんぜんな **完全な** kanzenna	**vollkommen** フォルコメン	perfect パーフェクト
かんそう **感想** kansou	*der* **Eindruck** アインドルック	thoughts, impres- sions ソーツ，インプレションズ
かんぞう **肝臓** kanzou	*die* **Leber** レーバー	liver リヴァ
かんそうき **乾燥機** kansouki	*der* **Trockner** トロックナー	dryer ドライア
かんそうきょく **間奏曲** kansoukyoku	*das* **Intermezzo** インターメッツォ	intermezzo インタメッツォウ
かんそうする **乾燥する** kansousuru	**trocknen** トロックネン	dry ドライ
かんそく **観測** kansoku	*die* **Beobachtung** ベオーバハトゥング	observation アブザヴェイション

日	独	英
～する	**beobachten** ベオーバハテン	observe オブ**ザ**ーヴ
かんそな **簡素な** kansona	**einfach, schlicht** **ア**インファッハ, シュ**リ**ヒト	simple **ス**インプル
かんだいな **寛大な** kandaina	**großzügig, tolerant** グ**ロ**ースツューギヒ, ト**レ**ラント	generous **チェ**ネラス
がんたん **元旦** gantan	*der* **Neujahrstag** ノイ**ヤ**ールスターク	New Year's Day **ニ**ュー **イ**アズ **デ**ィ
かんたんする **感嘆する** kantansuru	**bewundern** ベ**ヴ**ンダーン	admire アド**マ**イア
かんたんな **簡単な** kantanna	**einfach, leicht** **ア**インファッハ, **ラ**イヒト	simple, easy **ス**インプル, **イ**ーズィ
かんちがいする **勘違いする** kanchigaisuru	*sich[4]* **täuschen** ‥ **ト**イシェン	mistake ミス**テ**イク
かんちょう **官庁** kanchou	*die* **Behörde** ベ**ヘ**ーアデ	government offices **ガ**ヴァンメント **オ**ーフィセズ
かんちょう **干潮** kanchou	*die* **Ebbe** **エ**ッペ	low tide **ロ**ウ **タ**イド
かんづめ **缶詰** kanzume	*die* **Konserve** コン**ゼ**ルヴェ	canned food, ®tinned food **キャ**ンド **フ**ード, **テ**ィンド **フ**ード
かんてい **官邸** kantei	*der* **Amtssitz,** *die* **Residenz** **ア**ムツズィッツ, レ**ズ**ィデンツ	official residence オ**フ**ィシャル **レ**ズィデンス
かんてい **鑑定** kantei	*die* **Begutachtung** ベ**グ**ートアハトゥング	expert opinion **エ**クスパート オ**ピ**ニョン
かんてん **観点** kanten	*der* **Gesichtspunkt** ゲ**ズ**ィヒツプンクト	viewpoint **ヴュ**ーポイント
かんでんち **乾電池** kandenchi	*die* **Trockenbatterie,** *die* **Batterie** ト**ロ**ッケンバテリー, バ**テ**リー	dry cell, battery ド**ラ**イ **セ**ル, **バ**タリ

日	独	英
かんどう **感動** kandou	*die* **Begeisterung,** *die* **Rührung** ベガイステルング，リュールング	impression, emotion インプレション，イモウション
～する	*für et⁴* **begeistert sein, gerührt sein** フューア‥ベガイスタート ザイン，ゲリューアト ザイン	(be) moved by (ビ) **ムーヴド バイ**
～的な	**ergreifend, eindrucksvoll** エアグライフェント，アインドルックスフォル	impressive インプレスィヴ
かんとうし **間投詞** kantoushi	*die* **Interjektion** インターイェクツィオーン	interjection インタチェクション
かんとく **監督** （スポーツの） kantoku	*der*（*die*）**Trainer(in)** トレーナー(-ネリン)	manager マニヂャ
（映画の）	*der*（*die*）**Regisseur(in)** レジセーア(-リン)	director ディレクタ
（取り締まること）	*die* **Aufsicht** アオフズィヒト	supervision スーパヴィジャン
～する	**beaufsichtigen** ベアオフズィヒティゲン	supervise スーパヴァイズ
かんな **鉋** kanna	*der* **Hobel** ホーベル	plane プレイン
かんにんぐ **カンニング** kanningu	*das* **Mogeln,** *das* **Spicken** モーゲルン，シュピッケン	cheating チーティング
かんぬし **神主** kannushi	**schintoistischer Schreinhüter** シントイスティシャー シュラインヒューター	Shinto priest シントウ プリースト
かんねん **観念** kannen	*die* **Vorstellung,** *das* **Konzept** フォーアシュテルング，コンツェプト	idea, conception アイディーア，コンセプション
かんぱ **寒波** kanpa	*der* **Kälteeinbruch,** *die* **Kältewelle** ケルテアインブルフ，ケルテヴェレ	cold wave コウルド ウェイヴ
かんぱい **乾杯** kanpai	*der* **Toast,** *der* **Trinkspruch** トースト，トリンクシュプルッフ	toast トウスト

日	独	英
かんばつ **干ばつ** kanbatsu	*die* **Dürre** デュレ	drought ドラウト
がんばる **頑張る** ganbaru	*sich⁴* **an|strengen** ‥ アンシュトレンゲン	work hard ワーク ハード
（持ちこたえる）	**durch|halten** ドゥルヒハルテン	hold out ホウルド アウト
（主張する）	**behaupten** ベハオプテン	insist on インスィスト オン
かんばん **看板** kanban	*das* **Schild** シルト	billboard, sign-board ビルボード, サインボード
かんびょうする **看病する** kanbyousuru	**pflegen** プフレーゲン	nurse, look after ナース, ルク アフタ
かんぶ **幹部** kanbu	*der* **Vorstand,** *die* **Leitung** フォーアシュタント, ライトゥング	management マニヂメント
かんぺきな **完璧な** kanpekina	**vollkommen, perfekt** フォルコメン, ペルフェクト	flawless, perfect フローレス, パーフェクト
がんぼう **願望** ganbou	*der* **Wunsch** ヴンシュ	wish, desire ウィシュ, ディザイア
かんぼじあ **カンボジア** kanbojia	*(das)* **Kambodscha** カンボジャ	Cambodia キャンボウディア
かんゆうする **勧誘する** kan-yuusuru	*zu et³* **überreden** ツー ‥ ユーバーレーデン	solicit, canvass ソリスィト, キャンヴァス
かんようく **慣用句** kan-youku	*die* **Redewendung** レーデヴェンドゥング	idiom イディオム
かんような **寛容な** kan-youna	**tolerant, großzügig** トレラント, グロースツューギヒ	tolerant, generous タララント, ヂェネラス
かんよする **関与する** kan-yosuru	*sich⁴ an et³* **beteiligen** ‥ アン ‥ ベタイリゲン	participate パーティスィペイト

日	独	英
かんりする **管理する** （運営する） kanrisuru	**verwalten** フェアヴァルテン	manage マニヂ
（統制する）	**kontrollieren** コントロリーレン	control コントロウル
（保管する）	**auf|bewahren** アオフベヴァーレン	take charge of テイク チャーヂ オヴ
かんりゅう **寒流** kanryuu	**kalte Meeresströmung** カルテ メーレスシュトレームング	cold current コウルド カーレント
かんりょう **完了** kanryou	*die* **Vollendung** フォルエンドゥング	completion コンプリーション
〜する	**vollenden** フォルエンデン	finish, complete フィニシュ, コンプリート
（文法上の）	*das* **Perfekt** ペルフェクト	perfect form パーフェクト フォーム
かんりょうしゅぎ **官僚主義** kanryoushugi	*die* **Bürokratie,** *der* **Büro-kratismus** ビュロクラティー, ビュロクラティスムス	bureaucratism ビュアロクラティズム
かんれい **慣例** kanrei	*die* **Konvention** コンヴェンツィオーン	custom, convention カスタム, コンヴェンション
かんれん **関連** kanren	*der* **Zusammenhang** ツザメンハング	relation, connection リレイション, コネクション
〜する	*sich*^{4} *auf et*^{4}*/j*^{4} **beziehen** .. アオフ .. ベツィーエン	(be) related to (ビ) リレイテド トゥ
かんろく **貫禄** kanroku	*die* **Würde** ヴュルデ	dignity ディグニティ
かんわする **緩和する** kanwasuru	**mildern** ミルダーン	ease, relieve イーズ, リリーヴ

日	独	英

き, キ

き **木** ki	*der* **Baum** バオム	tree トリー
(木材)	*das* **Holz** ホルツ	wood ウド
ぎあ **ギア** gia	*der* **Gang** ガング	gear ギア
きあつ **気圧** kiatsu	*der* **Luftdruck** ルフトドルック	atmospheric pressure アトモスフェリク プレシャ
きー **キー** kii	*der* **Schlüssel** シュリュッセル	key キー
きーぼーど **キーボード** kiiboodo	*die* **Tastatur** タスタトゥーア	keyboard キーボード
きーほるだー **キーホルダー** kiihorudaa	*der* **Schlüsselanhänger** シュリュッセルアンヘンガー	key ring キー リング
きいろ **黄色** kiiro	*das* **Gelb** ゲルプ	yellow イェロウ
きーわーど **キーワード** kiiwaado	*das* **Schlüsselwort** シュリュッセルヴォルト	key word キー ワード
ぎいん **議員** giin	*der/die* **Abgeordnete** アップゲオルドネテ	member of an assembly メンバ オヴ アン アセンプリ
きえる (消滅する) **消える** kieru	**verschwinden** フェアシュヴィンデン	vanish, disappear ヴァニシュ, ディサピア
(火や明かりが)	**aus|gehen** アオスゲーエン	go out ゴウ アウト
ぎえんきん **義援金** gienkin	*die* **Spende,** *der* **Beitrag** シュペンデ, バイトラーク	donation, contribution ドウネイション, カントリビューション

日	独	英
きおく **記憶** kioku	*das* **Gedächtnis** ゲデヒトニス	memory メモリ
〜**する**	*sich³* **merken** ‥ メルケン	memorize, remember メモライズ，リメンバ
きおん **気温** kion	*die* **Temperatur** テンペラトゥーア	temperature テンパラチャ
きか **幾何** kika	*die* **Geometrie** ゲオメトリー	geometry デーアメトリ
きかい **機会** kikai	*die* **Gelegenheit** ゲレーゲンハイト	opportunity, chance アポテューニティ，**チャ**ンス
きかい **機械** kikai	*die* **Maschine** マシーネ	machine, apparatus マシーン，アパ**ラ**タス
〜**工学**	*der* **Maschinenbau** マシーネンバオ	mechanical engineering ミ**キャ**ニカル エンデ**ニ**アリング
ぎかい **議会** gikai	*das* **Parlament** パルラメント	Congress, ⒷParliament **カ**ングレス，**パ**ーラメント
きがえ **着替え** kigae	*das* **Umkleiden** ウムクライデン	change of clothes チェインヂ オヴ クロウズ
きかく **企画** kikaku	*der* **Plan** プラーン	plan, project プラン，プラヂェクト
〜**する**	**planen** プラーネン	make a plan メイク ア プラン
きかざる **着飾る** kikazaru	*sich⁴* **fein machen** ‥ **ファ**イン **マ**ッヘン	dress up ドレス ア**プ**
きがつく （わかる） **気が付く** kigatsuku	**bemerken** ベメルケン	notice, become aware ノウティス，ビ**カ**ム ア**ウェ**ア
（意識が戻る）	**zu Bewusstsein kommen** ツー ベ**ヴ**ストザイン **コ**メン	come to oneself, regain consciousness カム トゥ，リ**ゲ**イン **カ**ンシャスネス

日	独	英
（注意が行き届く）	**aufmerksam sein** アオフメルクザーム ザイン	(be) attentive (ビ) アテンティヴ
きがるな **気軽な** kigaruna	**leichtherzig, sorglos** ライヒトヘルツィヒ, ゾルクロース	lighthearted ライトハーデド
きかん **期間** kikan	*der* **Zeitraum** ツァイトラオム	period, term ピアリオド, ターム
きかん **機関**（機械・装置） kikan	*der* **Motor,** *die* **Maschine** モートア, マシーネ	engine, machine エンヂン, マシーン
（組織・機構）	*das* **Organ,** *die* **Organisa-tion** オルガーン, オルガニザツィオーン	organ, institution オーガン, インスティテューション
きかんし **気管支** kikanshi	*die* **Bronchien** *pl.* ブロンヒエン	bronchus ブランカス
〜炎	*die* **Bronchitis** ブロンヒーティス	bronchitis ブランカイティス
きかんしゃ **機関車** kikansha	*die* **Lokomotive** ロコモティーヴェ	locomotive ロウコモウティヴ
きかんじゅう **機関銃** kikanjuu	*das* **Maschinengewehr** マシーネンゲヴェーア	machine gun マシーン ガン
きき **危機** kiki	*die* **Krise** クリーゼ	crisis クライスィス
ききめ **効き目** kikime	*die* **Wirkung,** *die* **Wirk-samkeit** ヴィルクング, ヴィルクザームカイト	effect, efficacy イフェクト, エフィカスィ
ききゅう **気球** kikyuu	*der* **Luftballon** ルフトバロン	balloon バルーン
きぎょう **企業** kigyou	*das* **Unternehmen,** *der* **Betrieb** ウンターネーメン, ベトリープ	enterprise エンタプライズ
きぎょうか **起業家** kigyouka	*der*(*die*) **Unternehmer(*in*)** ウンターネーマー(- メリン)	entrepreneur アーントレプレナー

日	独	英
ぎきょく **戯曲** gikyoku	*das* **Drama,** *das* **Theater-stück** ドラーマ，テアーターシュテュック	drama, play ドラーマ，プレイ
ききん **基金** kikin	*der* **Fonds** フォーン	fund ファンド
ききん **飢饉** kikin	*die* **Hungersnot** フンガースノート	famine ファミン
ききんぞく **貴金属** kikinzoku	*das* **Edelmetall** エーデルメタル	precious metals プレシャス メトルズ
きく **効く** kiku	**wirken, funktionieren** ヴィルケン，フンクツィオニーレン	have an effect on ハヴ アン イフェクト オン
きく **聞く** kiku	**hören** ヘーレン	hear ヒア
（尋ねる）	**fragen** フラーゲン	ask, inquire アスク，インクワイア
きく **聴く** kiku	**zu|hören** ツーヘーレン	listen to リスン トゥ
きくばり **気配り** kikubari	*die* **Fürsorge,** *die* **Zuwen-dung** フューアゾルゲ，ツーヴェンドゥング	care, consideration ケア，コンシダレイション
きげき **喜劇** kigeki	*die* **Komödie,** *das* **Lust-spiel** コメーディエ，ルストシュピール	comedy カメディ
きけん **危険** kiken	*die* **Gefahr** ゲファール	danger, risk デインヂャ，リスク
〜な	**gefährlich** ゲフェーアリヒ	dangerous, risky デインヂャラス，リスキ
きげん **期限** kigen	*die* **Frist** フリスト	term, deadline ターム，デドライン
きげん **機嫌** kigen	*die* **Laune,** *die* **Stimmung** ラオネ，シュティムング	humor,　　mood, Ⓑhumour ヒューマ，ムード，ヒューマ

日	独	英
きげん **紀元** kigen	*die* **Ära** エーラ	era イアラ
きげん **起源** kigen	*der* **Ursprung,** *die* **Her-kunft** ウーアシュプルング, ヘーアクンフト	origin オーリヂン
きこう **気候** kikou	*das* **Klima** クリーマ	climate, weather クライメト, **ウェ**ザ
きごう **記号** kigou	*das* **Zeichen** ツァイヒェン	mark, sign マーク, サイン
きこえる **聞こえる** kikoeru	**hören** ヘーレン	hear ヒア
きこく **帰国** kikoku	*die* **Heimkehr** ハイムケーア	homecoming ホウムカミング
〜する	**heim|kehren** ハイムケーレン	return home リ**ター**ン ホウム
ぎこちない **ぎこちない** gikochinai	**ungeschickt** **ウ**ンゲシックト	awkward, clumsy **オー**クワド, ク**ラ**ムズィ
きこんの **既婚の** kikonno	**verheiratet** フェア**ハ**イラーテット	married **マ**リド
ぎざぎざの **ぎざぎざの** gizagizano	**gezackt** ゲ**ツァ**ックト	serrated サ**レ**イテド
きさくな **気さくな** kisakuna	**offen, offenherzig** **オ**ッフェン, **オ**ッフェンヘルツィヒ	frank フランク
きざし **兆し** kizashi	*das* **Vorzeichen,** *das* **An-zeichen** **フォ**ーアツァイヒェン, **ア**ンツァイヒェン	sign, indication サイン, インディ**ケ**イション
きざな **きざな** kizana	**affektiert** アフェク**ティ**ーアト	affected ア**フェ**クテド
きざむ **刻む** kizamu	**schneiden, zerschnei-den** シュ**ナ**イデン, ツェアシュ**ナ**イデン	cut カト

日	独	英
（肉・野菜を）	**hacken** ハッケン	grind, mince グラインド，ミンス
きし **岸** kishi	*das* **Ufer** ウーファー	bank, shore バンク，ショー
きじ **雉** kiji	*der* **Fasan** ファザーン	pheasant フェザント
きじ **記事** kiji	*der* **Artikel,** *der* **Bericht** アルティーケル，ベリヒト	article アーティクル
ぎし **技師** gishi	*der* (*die*) **Ingenieur**(*in*) インジェニエーア(-エアリン)	engineer エンヂニア
ぎじ **議事** giji	*die* **Verhandlung** フェアハンドルング	proceedings プロスィーディングズ
ぎしき **儀式** gishiki	*die* **Zeremonie** ツェレモニー	ceremony, rites セレモウニ，ライツ
きじつ **期日** kijitsu	*der* **Termin** テルミーン	date, time limit デイト，タイム リミト
きしゃ **汽車** kisha	*der* **Zug** ツーク	train トレイン
きしゅ **騎手** kishu	*der* **Reiter,** *der* **Jockey** ライター，ジョッケ	rider, jockey ライダ，チャキ
きじゅつ **記述** kijutsu	*die* **Beschreibung** ベシュライブング	description ディスクリプション
～する	**beschreiben** ベシュライベン	describe ディスクライブ
ぎじゅつ **技術** gijutsu	*die* **Technik** テヒニク	technique, technology テクニーク，テクナロヂ
～提携	**technische Kooperation** テヒニシェ コオペラツィオーン	technical cooperation テクニカル コウアペレイション

日	独	英
きじゅん **基準** kijun	*der* **Standard** シュタンダルト	standard, basis スタンダド, ベイスィス
きじゅん **規準** kijun	*die* **Norm** ノルム	standard スタンダド
きしょう **気象** kishou	*das* **Wetter** ヴェッター	weather, meteorol- ogy ウェザ, ミーティアラロヂ
きす **キス** kisu	*der* **Kuss** クス	kiss キス
きず **傷** kizu	*die* **Wunde** ヴンデ	wound, injury ウーンド, インヂャリ
（心の）	*das* **Trauma** トラオマ	trauma トラウマ
（品物の）	*der* **Makel,** *der* **Defekt** マーケル, デフェクト	flaw フロー
きすう **奇数** kisuu	**ungerade Zahl** ウンゲラーデ ツァール	odd number アド ナンバ
きずく **築く** kizuku	**bauen** バオエン	build, construct ビルド, コンストラクト
きずつく **傷付く** kizutsuku	*sich⁴* **verletzen** ‥ フェアレッツェン	(be) wounded (ビ) ウーンデド
きずつける **傷付ける** kizutsukeru	**verwunden, verletzen** フェアヴンデン, フェアレッツェン	wound, injure ウーンド, インヂャ
（心を）	**verletzen** フェアレッツェン	hurt ハート
きずな **絆** kizuna	*das* **Band,** *die* **Verbindung** バント, フェアビンドゥング	bond, tie バンド, タイ
ぎせい **犠牲** gisei	*das* **Opfer** オプファー	sacrifice サクリファイス

き

日	独	英
〜者	*das* **Opfer** オプファー	victim ヴィクティム
きせいちゅう **寄生虫** kiseichuu	*der* **Parasit** パラズィート	parasite パラサイト
きせいの **既成の** kiseino	**vollendet, ausgeführt** フォルエンデット，アオスゲフユーアト	accomplished アカンプリシュト
きせき **奇跡** kiseki	*das* **Wunder** ヴンダー	miracle ミラクル
〜的な	**wunderbar** ヴンダーバール	miraculous ミラキュラス
きせつ **季節** kisetsu	*die* **Jahreszeit** ヤーレスツァイト	season スィーズン
きぜつする **気絶する** kizetsusuru	**ohnmächtig werden** オーンメヒティヒ ヴェーアデン	faint, swoon フェイント，スウーン
きせる **着せる** kiseru	**an|kleiden, an|ziehen** アンクライデン，アンツィーエン	dress ドレス
（罪を）	**beschuldigen** ベシュルディゲン	lay on, accuse レイ オン，アキューズ
ぎぜん **偽善** gizen	*die* **Heuchelei** ホイヒェライ	hypocrisy ヒパクリスィ
〜的な	**heuchlerisch** ホイヒレリシュ	hypocritical ヒポクリティカル
きそ **基礎** kiso	*die* **Basis,** *die* **Grundlage** バーズィス，グルントラーゲ	base, foundation ベイス，ファウンデイション
〜的な	**grundlegend** グルントレーゲント	fundamental, basic ファンダメントル，ベイスィク
きそ **起訴** kiso	*die* **Anklage** アンクラーゲ	prosecution プラスィキューション
〜する	**an|klagen** アンクラーゲン	prosecute プラスィキュート

日	独	英
きそう **競う** kisou	**konkurrieren, wetteifern** コンクリーレン，ヴェットアイファーン	compete コンピート
きぞう **寄贈** kizou	*die* **Spende,** *die* **Schenkung** シュペンデ，シェンクング	donation ドゥネイション
ぎそう **偽装** gisou	*die* **Tarnung** タルヌンプ	camouflage キャモフラージュ
ぎぞうする **偽造する** gizousuru	**fälschen** フェルシェン	forge フォーヂ
きそく **規則** kisoku	*die* **Regel** レーゲル	rule, regulations ルール，レギュレイションズ
～的な	**regelmäßig** レーゲルメースィヒ	regular, orderly レギュラ，オーダリ
きぞく **貴族** kizoku	*der* **Adel** アーデル	noble, aristocrat ノウブル，アリストクラト
ぎそく **義足** gisoku	*die* **Beinprothese** バインプロテーゼ	artificial leg アーティフィシャル レグ
きた **北** kita	(*der*) **Norden** ノルデン	north ノース
～側	*die* **Nordseite** ノルトザイテ	north side ノース サイド
ぎたー **ギター** gitaa	*die* **Gitarre** ギタレ	guitar ギター
きたあめりか **北アメリカ** kitaamerika	(*das*) **Nordamerika** ノルトアメーリカ	North America ノース アメリカ
きたい **期待** kitai	*die* **Erwartung** エアヴァルトゥング	expectation エクスペクテイション
～する	**erwarten** エアヴァルテン	expect イクスペクト

き

日	独	英
きたい **気体** kitai	*das* **Gas** ガース	gas, vapor ギャス，ヴェイパ
ぎだい **議題** gidai	*die* **Tagesordnung** ターゲスオルドヌング	agenda アチェンダ
きたえる **鍛える** kitaeru	**trainieren** トレニーレン	train (oneself) トレイン
きたくする **帰宅する** kitakusuru	**nach Hause gehen** ナーハ ハオゼ ゲーエン	return home, get home リターン ホウム，ゲト ホウム
きたちょうせん **北朝鮮** kitachousen	(*das*) **Nordkorea** ノルトコレーア	North Korea ノース コリーア
きたない **汚い** kitanai	**schmutzig, verschmutzt** シュムッツィヒ，フェアシュムッツト	dirty, soiled ダーティ，ソイルド
(金銭に)	**geizig sein** ガイツィヒ ザイン	stingy スティンヂ
きたはんきゅう **北半球** kitahankyuu	**nördliche Hemisphäre,** *die* **Nordhalbkugel** ネルトリヒェ ヘミスフェーレ，ノルトハルプクーゲル	Northern Hemi-sphere ノーザン ヘミスフィア
きち **基地** kichi	*der* **Stützpunkt** シュテュッツプンクト	base ベイス
きちょう **機長** kichou	*der*(*die*) **Kapitän(in)** カピテーン(･ニン)	captain キャプテン
ぎちょう **議長** gichou	*der/die* **Vorsitzende** フォーアズィッツェンデ	chairperson チェアパースン
きちょうな **貴重な** kichouna	**wertvoll** ヴェーアトフォル	precious, valuable プレシャス，ヴァリュアブル
きちょうひん **貴重品** kichouhin	*die* **Wertsachen** *pl.* ヴェーアトザッヘン	valuables ヴァリュアブルズ
きちょうめんな **几帳面な** kichoumenna	**genau, methodisch** ゲナオ，メトーディシュ	exact, methodical イグザクト，メサディカル

日	独	英
きちんと **きちんと** kichinto	**genau** ゲナオ	exactly, accurately イグ**ザ**クトリ，ア**キュ**レトリ
きつい **きつい** （窮屈な） kitsui	**eng** エング	tight **タ**イト
（厳しい・激しい）	**streng, hart** シュト**レ**ング，**ハ**ルト	strong, hard スト**ロ**ング，**ハ**ード
きつえん **喫煙** kitsuen	*das* **Rauchen** **ラ**オヘン	smoking ス**モ**ウキング
きづかう **気遣う** kizukau	*sich⁴ um j⁴/et⁴* **sorgen** ‥ウム‥**ゾ**ルゲン	mind, worry **マ**インド，**ワ**ーリ
きっかけ **きっかけ** （機会） kikkake	*die* **Chance,** *die* **Gelegen-** **heit** **シャ**ーンセ，ゲ**レ**ーゲンハイト	chance, opportuni- ty **チャ**ンス，アパ**テュ**ーニティ
（手がかり）	*der* **Hinweis** **ヒ**ンヴァイス	clue, trail ク**ル**ー，ト**レ**イル
きづく **気付く** kizuku	**bemerken** ベ**メ**ルケン	notice **ノ**ウティス
きっさてん **喫茶店** kissaten	*das* **Café** カ**フェ**ー	coffee shop, tea- room **コ**ーフィ **シャ**プ，**ティ**ールーム
きっちん **キッチン** kicchin	*die* **Küche** **キュ**ッヘ	kitchen **キ**チン
きって **切手** kitte	*die* **Briefmarke** ブ**リ**ーフマルケ	(postage) stamp, Ⓑ(postal) stamp （**ポ**ウスティヂ）ス**タ**ンプ，（**ポ**ウストル）ス**タ**ンプ
きっと **きっと** kitto	**sicher, bestimmt** ズィ**ヒャ**ー，ベシュ**ティ**ムト	surely, certainly **シュ**アリ，**サ**ートンリ
きつね **狐** kitsune	*der* **Fuchs** **フ**クス	fox **ファ**クス
きっぷ **切符** kippu	*die* **Fahrkarte,** *das* **Ticket** **ファ**ールカルテ，**ティ**ケット	ticket **ティ**ケト

日	独	英
きてい **規定** kitei	*die* **Bestimmung** ベシュティムング	regulations レギュレイションズ
きどう **軌道** kidou	*die* **Bahn**, *der* **Orbit** バーン，オルビット	orbit オービト
きとくの **危篤の** kitokuno	**kritisch, gefährlich** クリーティシュ，ゲフェーアリヒ	critical クリティクル
きどる **気取る** kidoru	*sich*⁴ **auf|spielen, vor- nehm tun** ‥アオフシュピーレン，フォーアネーム トゥー ン	(be) affected (ヒ) アフェクテド
きにいる **気に入る** kiniiru	**gefallen, mögen** ゲファレン，メーゲン	(be) pleased with (ヒ) プリーズド ウィズ
きにする **気にする** kinisuru	*sich*⁴ *um j*⁴*/et*⁴ **sorgen** ‥ウム‥ゾルゲン	worry about ワーリ アバウト
きにゅうする **記入する** kinyuusuru	*sich*⁴ **ein|tragen, aus|fül- len** ‥アイントラーゲン，アオスフュレン	fill out, write in フィル アウト，ライト イン
きぬ **絹** kinu	*die* **Seide** ザイデ	silk スィルク
きねん **記念** kinen	*das* **Gedenken** ゲデンケン	commemoration コメモレイション
〜碑	*das* **Denkmal** デンクマール	monument マニュメント
〜日	*der* **Gedenktag** ゲデンクターク	memorial day, an- niversary メモーリアル デイ，アニヴァー サリ
きのう **機能** kinou	*die* **Funktion** フンクツィオーン	function ファンクション
きのう **昨日** kinou	**gestern** ゲスターン	yesterday イェスタディ
ぎのう **技能** ginou	*die* **Fertigkeit**, *die* **Fähig- keit** フェルティヒカイト，フェーイヒカイト	skill スキル

日	独	英
きのこ **茸** kinoko	*der* **Pilz** ピルツ	mushroom マシュルーム
きのどくな **気の毒な** kinodokuna	**bedauerlich** ベダオアーリヒ	pitiable, poor ピティアブル, プア
きばつな **奇抜な** kibatsuna	**originell** オリギネル	novel, original ナヴェル, オリデナル
きばらし **気晴らし** kibarashi	*die* **Zeitvertreib**, *die* **Zerstreuung** ツァイトフェアトリープ, ツェアシュトロイウング	pastime, diversion パスタイム, ディヴァージョン
きばん **基盤** kiban	*die* **Grundlage** グルントラーゲ	base, foundation ベイス, ファウンデイション
きびしい **厳しい** kibishii	**hart, streng** ハルト, シュトレング	severe, strict スィヴィア, ストリクト
きひん **気品** kihin	*die* **Eleganz**, *die* **Erhabenheit** エレガンツ, エアハーベンハイト	grace, dignity グレイス, ディグニティ
きびんな **機敏な** kibinna	**prompt** プロンプト	smart, quick スマート, クウィク
きふ **寄付** kifu	*die* **Spende** シュペンデ	donation ドウネイション
～する	**spenden** シュペンデン	donate, contribute ドウネイト, コントリビュート
ぎふ **義父** gifu	*der* **Schwiegervater** シュヴィーガーファーター	father-in-law ファーザリンロー
きぶん **気分** kibun	*die* **Stimmung** シュティムング	mood, feeling ムード, フィーリング
きぼ **規模** kibo	*das* **Ausmaß**, *der* **Maßstab** アオスマース, マースシュタープ	scale, size スケイル, サイズ
ぎぼ **義母** gibo	*die* **Schwiegermutter** シュヴィーガームッター	mother-in-law マザリンロー

日	独	英
きぼう **希望** kibou	*die* **Hoffnung** ホフヌング	hope, wish ホウプ，**ウィ**シュ
～する	**hoffen** ホッフェン	hope, wish ホウプ，**ウィ**シュ
きぼりの **木彫りの** kiborino	**aus Holz geschnitzt** アオス ホルツ ゲシュニッツト	wood carved **ウ**ド カーヴド
きほん **基本** kihon	*die* **Grundlage** グルントラーゲ	basis, standard **ベ**イスィス，ス**タ**ンダド
～的な	**grundlegend** グルントレーゲント	basic, fundamental **ベ**イスィク，ファンダ**メ**ントル
きまえのよい **気前のよい** kimaenoyoi	**großzügig** グロースツューギヒ	generous **チェ**ネラス
きまぐれな **気まぐれな** kimagurena	**launisch** ラオニシュ	capricious カプ**リ**シャス
きままな **気ままな** kimamana	**sorglos** ゾルクロース	carefree **ケ**アフリー
きまり **決まり** kimari	*die* **Regel** レーゲル	rule, regulation **ル**ール，レギュ**レ**イション
きまる **決まる** kimaru	**bestimmt werden, ent- schieden werden** ベシュティムト　**ヴェ**ーアデン，エント**シ**ーデン **ヴェ**ーアデン	(be) decided (ビ) ディ**サ**イデド
きみつ **機密** kimitsu	*das* **Geheimnis** ゲハイムニス	secrecy, secret **スィ**ークレスィ，**スィ**ークレト
きみどりいろ **黄緑色** kimidoriiro	*das* **Gelbgrün** ゲルプグリューン	pea green **ピ**ー グリーン
きみょうな **奇妙な** kimyouna	**seltsam, merkwürdig** ゼルトザーム，メルク**ヴュ**ルディヒ	strange スト**レ**インヂ
ぎむ **義務** gimu	*die* **Pflicht** プフリヒト	duty, obligation **デュ**ーティ，アブリ**ゲ**イション

日	独	英
～教育	allgemeine Schulpflicht アルゲマイネ シュールプフリヒト	compulsory education コンパルソリ エデュケイション
きむずかしい **気難しい** kimuzukashii	anspruchsvoll, kompliziert アンシュプルッフスフォル, コンプリツィーアト	hard to please ハード トゥ プリーズ
ぎめい **偽名** gimei	*der* **Deckname** デックナーメ	pseudonym スューダニム
きめる **決める** kimeru	entscheiden, *sich*⁴ *zu et*³ entschließen エントシャイデン, .. ツー .. エントシュリーセン	fix, decide on フィクス, ディサイド オン
きもち **気持ち** kimochi	*das* **Gefühl** ゲフュール	feeling フィーリング
ぎもん **疑問** gimon	*die* **Frage** フラーゲ	question, doubt クウェスチョン, ダウト
きゃく **客** (顧客) kyaku	*der*(*die*) **Kunde**(*-in*) クンデ(-ディン)	customer カスタマ
(招待客)	*der* **Gast** ガスト	guest ゲスト
(訪問者)	*der*(*die*) **Besucher**(*in*) ベズーハー(-ヘリン)	caller, visitor コーラ, ヴィズィタ
きやく **規約** kiyaku	*die* **Vereinbarung**, *der* **Vertrag** フェアアインバールング, フェアトラーク	agreement, contract アグリーメント, カントラクト
ぎゃく **逆** gyaku	*das* **Gegenteil** ゲーゲンタイル	(the) contrary (ザ) カントレリ
ぎゃぐ **ギャグ** gyagu	*der* **Gag** ゲク	gag, joke ギャグ, チョウク
ぎゃくさつ **虐殺** gyakusatsu	*das* **Massaker**, *das* **Blutbad** マサーカー, ブルートバート	massacre マサカ
きゃくしつじょうむいん **客室乗務員** kyakushitsujoumuin	*die* **Stewardess** ステューアデス	flight attendant フライト アテンダント

日	独	英
ぎゃくしゅう **逆襲** gyakushuu	*der* **Gegenangriff** ゲーゲンアングリフ	counterattack **カ**ウンタラタク
きゃくせん **客船** kyakusen	*der* **Passagierdampfer** パサジーアダンプファー	passenger boat パセンチャ **ボ**ウト
ぎゃくたい **虐待** gyakutai	*die* **Misshandlung** ミスハンドルング	abuse アビュース
ぎゃくてんする **逆転する** gyakutensuru	um|schlagen, um|kehren **ウ**ムシュラーゲン, **ウ**ムケーレン	(be) reversed (ビ) リ**ヴァ**ースト
ぎゃくの **逆の** gyakuno	**umgekehrt** ウムゲ**ケ**ーアト	reverse, contrary リ**ヴァ**ース, **カ**ントレリ
きゃくほん **脚本** kyakuhon	*das* **Drehbuch**, *das* **Sze-nario** ド**レ**ーブーフ, スツェ**ナ**ーリオ	play, drama, sce-nario プレイ, ド**ラ**ーマ, スィ**ネ**アリオウ
きゃしゃな **華奢な** kyashana	zart, zierlich ツァールト, ツィーアリヒ	delicate **デ**リケト
きゃすと **キャスト** kyasuto	*die* **Besetzung** ベ**ゼ**ッツング	cast **キャ**スト
きゃっかんてきな **客観的な** kyakkantekina	**objektiv** オブイェク**ティ**ーフ	objective オブ**チェ**クティヴ
きゃっしゅかーど **キャッシュカード** kyasshukaado	*die* **Scheckkarte** シェックカルテ	bank card **バ**ンク **カ**ード
きゃっちふれーず **キャッチフレーズ** kyacchifureezu	*das* **Schlagwort** シュ**ラ**ークヴォルト	catchphrase **キャ**チフレイズ
ぎゃっぷ **ギャップ** gyappu	*die* **Kluft**, *die* **Lücke** ク**ル**フト, **リュ**ッケ	gap **ギャ**プ
きゃばれー **キャバレー** kyabaree	*das* **Kabarett** カバ**レ**ット	cabaret **キャ**バレイ
きゃびあ **キャビア** kyabia	*der* **Kaviar** **カ**ーヴィアル	caviar **キャ**ヴィア

日	独	英
きゃべつ **キャベツ** kyabetsu	*der* **Kohl** コール	cabbage キャビヂ
ぎゃら **ギャラ** gyara	*die* **Garantie,** *das* **Honorar** ガランティー, ホノラール	guarantee ギャランティー
きゃらくたー **キャラクター** kyarakutaa	*der* **Charakter,** *die* **Figur** カラクター, フィグーア	character キャラクタ
ぎゃらりー **ギャラリー** gyararii	*die* **Galerie** ガレリー	gallery ギャラリ
きゃりあ **キャリア** （経歴） kyaria	*die* **Laufbahn** ラオフバーン	career カリア
ぎゃんぐ **ギャング** gyangu	*der* **Gangster** ガングスター	gang, gangster ギャング, ギャングスタ
きゃんせるする **キャンセルする** kyanserusuru	**ab|sagen, stornieren** アップザーゲン, シュトルニーレン	cancel キャンセル
きゃんせるまち **キャンセル待ち** kyanserumachi	*das* **Stand-by,** *das* **Stehen auf der Warteliste** シュテントバイ, シュテーエン アオフ デア ヴァ ルテリステ	standby スタンドバイ
きゃんぷ **キャンプ** kyanpu	*das* **Camping,** *das* **Zeltla-ger** ケンピング, ツェルトラーガー	camp キャンプ
ぎゃんぶる **ギャンブル** gyanburu	*das* **Glücksspiel** グリュックスシュピール	gambling ギャンブリング
きゃんぺーん **キャンペーン** kyanpeen	*die* **Kampagne** カンパニエ	campaign キャンペイン
きゅう **九** kyuu	**neun** ノイン	nine ナイン
きゅう **級** kyuu	*die* **Klasse** クラッセ	class, grade クラス, グレイド
きゅうえん **救援** kyuuen	*die* **Rettung** レットゥング	rescue, relief レスキュー, リリーフ

日	独	英
〜物資	die **Hilfsmittel** pl. ヒルフスミッテル	relief supplies リリーフ サプライズ
きゅうか **休暇** kyuuka	der **Urlaub**, die **Ferien** pl. ウーアラオプ，フェーリエン	holiday ハリデイ
きゅうかん **急患** kyuukan	der (die) **Notfallpatient(in)** ノートファルパツィエント(・ティン)	emergency case イマーヂェンスィ ケイス
きゅうぎ **球技** kyuugi	das **Ballspiel** バルシュピール	ball game ボール ゲイム
きゅうきゅうしゃ **救急車** kyuukyuusha	der **Krankenwagen** クランケンヴァーゲン	ambulance アンビュランス
きゅうぎょう **休業** kyuugyou	die **Schließung** シュリースング	closure クロウジャ
きゅうくつな **窮屈な** kyuukutsuna	**eng** エング	narrow, tight ナロウ，タイト
（気詰まりな）	**steif, gezwungen** シュタイフ，ゲツヴンゲン	uncomfortable, constrained アンカンフォタブル，コンスト レインド
きゅうけい **休憩** kyuukei	die **Pause** パオゼ	break ブレイク
〜する	**eine Pause machen** アイネ パオゼ マッヘン	take a break テイク ア ブレイク
きゅうげきな **急激な** kyuugekina	**rasch, abrupt** ラッシュ，アブルプト	sudden, abrupt サドン，アブラプト
きゅうこうれっしゃ **急行列車** kyuukouressha	der **Schnellzug** シュネルツーク	express train エクスプレス トレイン
きゅうさい **救済** kyuusai	die **Hilfe** ヒルフェ	relief, aid リリーフ，エイド
きゅうしきの **旧式の** kyuushikino	**altmodisch** アルトモーディシュ	old-fashioned オウルドファッション ド

日	独	英
きゅうじつ **休日** kyuujitsu	*der* **Feiertag** ファイアーターク	holiday, day off ハリデイ, デイ オーフ
きゅうじゅう **九十** kyuujuu	**neunzig** ノインツィヒ	ninety ナインティ
きゅうしゅうする **吸収する** kyuushuusuru	**auf|saugen** アオフザオゲン	absorb アブソーブ
きゅうじょ **救助** kyuujo	*die* **Rettung**, *die* **Bergung** レットゥング, ベルグング	rescue, help レスキュー, ヘルプ
きゅうじん **求人** kyuujin	*das* **Stellenangebot** シュテレンアンゲボート	job offer チャブ オーファ
きゅうしんてきな **急進的な** kyuushintekina	**radikal** ラディカール	radical ラディカル
きゅうすい **給水** kyuusui	*die* **Wasserversorgung** ヴァッサーフェアゾルグング	water supply ウォータ サプライ
きゅうせい **旧姓**　(既婚女性の) kyuusei	*der* **Mädchenname** メートヒェンナーメ	maiden name メイドン ネイム
きゅうせいの **急性の** kyuuseino	**akut** アクート	acute アキュート
きゅうせん **休戦** kyuusen	*der* **Waffenstillstand** ヴァッフェンシュティルシュタント	armistice アーミスティス
きゅうそくな **急速な** kyuusokuna	**rasch** ラッシュ	rapid, prompt ラピド, プランプト
きゅうち **窮地** kyuuchi	*die* **Notlage** ノートラーゲ	difficult situation ディフィカルト スィチュエイション
きゅうてい **宮廷** kyuutei	*der* **Hof** ホーフ	court コート
きゅうでん **宮殿** kyuuden	*der* **Palast** パラスト	palace パレス
きゅうとうする **急騰する** kyuutousuru	**empor|schnellen** エンポーアシュネレン	sharply rise シャープリ ライズ

日	独	英
ぎゅうにく **牛肉** gyuuniku	*das* **Rindfleisch** リントフライシュ	beef ビーフ
ぎゅうにゅう **牛乳** gyuunyuu	*die* **Milch** ミルヒ	milk ミルク
きゅうびょう **急病** kyuubyou	**plötzliche Erkrankung** プレッツリヒェ エアクランクング	sudden illness サドン イルネス
きゅうふ **給付** kyuufu	*die* **Leistung**, *die* **Versorgung** ライストゥング，フェアゾルグング	benefit ベネフィト
きゅうめい **救命** kyuumei	*die* **Rettung** レットゥング	lifesaving ライフセイヴィング
～胴衣	*die* **Schwimmweste** シュヴィムヴェステ	life jacket ライフ チャケト
きゅうやくせいしょ **旧約聖書** kyuuyakuseisho	**das Alte Testament** ダス アルテ テスタメント	Old Testament オウルド テスタメント
きゅうゆ **給油** kyuuyu	*das* **Tanken** タンケン	refueling リーフューアリング
きゅうゆう **旧友** kyuuyuu	*der*(*die*) **alte Freund**(*in*) アルテ フロイント(-ディン)	old friend オウルド フレンド
きゅうよう **急用** kyuuyou	**dringende Angelegenheit** ドリンゲンデ アンゲレーゲンハイト	urgent business アーヂェント ビズネス
きゅうようする **休養する** kyuuyousuru	*sich⁴* **erholen** ．．エアホーレン	take a rest テイク ア レスト
きゅうり **胡瓜** kyuuri	*die* **Gurke** グルケ	cucumber キューカンパ
きゅうりょう **給料** kyuuryou	*das* **Gehalt** ゲハルト	pay, salary ペイ，サラリ
きよい **清い** kiyoi	**rein** ライン	clean, pure クリーン，ピュア

日	独	英
きょう **今日** kyou	**heute** ホイテ	today トゥデイ
きょうい **驚異** kyoui	*das* **Wunder** ヴンダー	wonder ワンダ
きょういく **教育** kyouiku	*die* **Erziehung** エアツィーウング	education エデュケイション
～する	**erziehen, aus|bilden** エアツィーエン, **ア**オスビルデン	educate エデュケイト
きょういん **教員** kyouin	*der(die)* **Lehrer(*in*)** レーラー(-レリン)	teacher ティーチャ
きょうか **強化** kyouka	*die* **Verstärkung** フェアシュ**テ**ルクング	strengthening ストレングスニング
～する	**verstärken** フェアシュ**テ**ルケン	strengthen ストレングスン
きょうか **教科** kyouka	*das* **Lehrfach** レーアファッハ	subject **サ**ブヂェクト
きょうかい **協会** kyoukai	*der* **Verein** フェア**ア**イン	association, society アソウスィ**エ**イション, ソ**サ**イエティ
きょうかい **教会** kyoukai	*die* **Kirche** **キ**ルヒェ	church **チャ**ーチ
ぎょうかい **業界** gyoukai	*die* **Geschäftswelt** ゲ**シェ**フツヴェルト	industry **イ**ンダストリ
きょうがく **共学** kyougaku	*die* **Koedukation** コーエドゥカツィ**オ**ーン	coeducation コウエデュ**ケ**イション
きょうかしょ **教科書** kyoukasho	*das* **Lehrbuch**, *das* **Schulbuch** レーアブーフ, **シュ**ールブーフ	textbook **テ**クストブク
きょうかつ **恐喝** kyoukatsu	*die* **Erpressung** エア**プ**レッスング	threat, blackmail スレト, **ブ**ラクメイル

日	独	英
きょうかん **共感** kyoukan	*die* **Sympathie** ズュンパティー	sympathy スィンパスィ
きょうき **凶器** kyouki	*die* **Waffe** ヴァッフェ	weapon ウェポン
きょうぎ **競技** kyougi	*der* **Wettkampf**, *das* **Spiel** ヴェットカンプフ，シュピール	competition カンペティション
ぎょうぎ **行儀** gyougi	*die* **Manieren** *pl.* マニーレン	behavior, manners ビヘイヴァ，マナズ
きょうきゅう **供給** kyoukyuu	*die* **Versorgung**, *das* **Angebot** フェアゾルグング，アンゲボート	supply サプライ
〜**する**	*j⁴/et⁴ mit et³* **versorgen** ‥ミット‥フェアゾルゲン	supply サプライ
きょうぐう **境遇** kyouguu	*die* **Lebensumstände** *pl.* レーベンスウムシュテンデ	circumstances サーカムスタンセズ
きょうくん **教訓** kyoukun	*die* **Lehre**, *die* **Lektion** レーレ，レクツィオーン	lesson レスン
きょうこう **恐慌** kyoukou	*die* **Krise**, *die* **Panik**, *die* **Wirtschaftskrise** クリーゼ，パーニク，ヴィルトシャフツクリーゼ	panic パニク
きょうこう **教皇** kyoukou	*der* **Papst** パープスト	Pope ポウプ
きょうごうする **競合する** kyougousuru	*mit j³/et³* **konkurrieren** ミット‥コンクリーレン	compete with コンピート ウィズ
きょうこく **峡谷** kyoukoku	*die* **Schlucht** シュルフト	canyon キャニョン
きょうこな **強固な** kyoukona	**fest, unerschütterlich** フェスト，ウンエアシュッターリヒ	firm, solid ファーム，サリド
きょうざい **教材** kyouzai	*der* **Lehrstoff** レーアシュトフ	teaching material ティーチング マティアリアル

日	独	英
きょうさんしゅぎ **共産主義** kyousanshugi	*der* **Kommunismus** コムニスムス	communism カミュニズム
きょうし **教師** kyoushi	*der* (*die*) **Lehrer**(*in*) レーラー(・レリン)	teacher, professor ティーチャ, プロフェサ
ぎょうじ **行事** gyouji	*die* **Veranstaltung** フェアアンシュタルトゥング	event, function イヴェント, ファンクション
きょうしつ **教室** kyoushitsu	*das* **Klassenzimmer** クラッセンツィマー	classroom クラスルーム
ぎょうしゃ **業者** gyousha	*der* (*die*) **Unternehmer**(*in*), *der* (*die*) **Händler**(*in*) ウンターネーマー(・メリン), ヘンドラー(・レリン)	vendor, trader ヴェンダ, トレイダ
きょうじゅ **教授** kyouju	*der* (*die*) **Professor**(*in*) プロフェッソーア(・フェゾーリン)	professor プロフェサ
きょうしゅう **郷愁** kyoushuu	*das* **Heimweh** ハイムヴェー	nostalgia ナスタルヂャ
きょうせい **強制** kyousei	*der* **Zwang** ツヴァング	compulsion コンパルション
～する	*zu et³* **zwingen** ツー ‥ ツヴィンゲン	compel, force コンペル, フォース
ぎょうせい **行政** gyousei	*die* **Verwaltung** フェアヴァルトゥング	administration アドミニストレイション
～機関	*das* **Verwaltungsorgan** フェアヴァルトゥングスオルガーン	administrative organ アドミニストレイティヴ オーガン
ぎょうせき **業績** gyouseki	*die* **Leistung**, *die* **Ergebnisse** *pl.* ライストゥング, エアゲープニセ	achievement, results アチーヴメント, リザルツ
きょうそう **競争** kyousou	*die* **Konkurrenz**, *der* **Wettbewerb** コンクレンツ, ヴェットベヴェルプ	competition, contest カンペティション, カンテスト
～する	**konkurrieren, wetteifern** コンクリーレン, ヴェットアイファーン	compete コンピート

日	独	英
～力	*die* **Konkurrenzfähigkeit,** *die* **Wettbewerbsfähigkeit** コンクレンツフェーイヒカイト，ヴェットベヴェルプスフェーイヒカイト	competitiveness コンペティティヴネス
きょうそう **競走** kyousou	*der* **Wettlauf** ヴェットラオフ	race レイス
きょうそうきょく **協奏曲** kyousoukyoku	*das* **Konzert** コンツェルト	concerto コンチェアトウ
きょうそん **共存** kyouson	*die* **Koexistenz** コーエクスィステンツ	coexistence コウイグズィステンス
～する	**koexistieren** コーエクスィスティーレン	coexist コウイグズィスト
きょうだい **兄弟** kyoudai	*die* **Geschwister** *pl.* ゲシュヴィスター	siblings スィブリングズ
きょうちょうする **強調する** kyouchousuru	**betonen** ベトーネン	emphasize, stress エンファサイズ，ストレス
きょうつうの **共通の** kyoutsuuno	**gemeinsam** ゲマインザーム	common カモン
きょうてい **協定** kyoutei	*das* **Abkommen,** *die* **Übereinkunft** アップコメン，ユーバーアインクンフト	agreement, convention アグリーメント，コンヴェンション
きょうど **郷土** kyoudo	*die* **Heimat** ハイマート	native district ネイティヴ ディストリクト
きょうとう **教頭** kyoutou	*der*(*die*) **Konrektor**(*in*) コンレクトーア(-リン)	vice-principal, ⑱deputy-head-teacher ヴァイスプリンスィパル，デ ピュティヘッドティーチャ
きょうどうくみあい **協同組合** kyoudoukumiai	*die* **Genossenschaft** ゲノッセンシャフト	cooperative コウアペラティヴ
きょうどうの **共同の** kyoudouno	**gemeinschaftlich, gemeinsam** ゲマインシャフトリヒ，ゲマインザーム	common, joint カモン，チョイント

日	独	英
きような **器用な** kiyouna	**geschickt** ゲシックト	skillful スキルフル
きょうばい **競売** kyoubai	*die* **Auktion** アオクツィオーン	auction オークション
きょうはくする **脅迫する** kyouhakusuru	**drohen, bedrohen** ドローエン，ベドローエン	threaten, menace スレトン，メナス
きょうはん **共犯** kyouhan	*die* **Mitschuld,** *die* **Mittä- terschaft** ミットシュルト，ミットテーターシャフト	complicity コンプリスィティ
〜者	*der* (*die*) **Mittäter(*in*)** ミットテーター(-リン)	accomplice アカンプリス
きょうふ **恐怖** kyoufu	*die* **Furcht** フルヒト	fear, fright, terror フィア，フライト，テラ
きょうみ **興味** kyoumi	*das* **Interesse** インテレッセ	interest インタレスト
ぎょうむ **業務** gyoumu	*das* **Geschäft** ゲシェフト	business matter, task ビズネス マタ，タスク
きょうゆう **共有** kyouyuu	**gemeinsamer Besitz** ゲマインザーマー ベズィッツ	joint-ownership チョイントオウナシプ
きょうよう **教養** kyouyou	*die* **Bildung** ビルドゥング	culture, education カルチャ，エデュケイション
きょうりゅう **恐竜** kyouryuu	*der* **Dinosaurier** ディノザオリアー	dinosaur ダイナソー
きょうりょく **協力** kyouryoku	*die* **Zusammenarbeit** ツザメンアルバイト	cooperation コウアペレイション
〜する	**zusammen|arbeiten** ツザメンアルバイテン	cooperate with コウアペレイト ウィズ
きょうりょくな **強力な** kyouryokuna	**stark, kräftig** シュタルク，クレフティヒ	strong, powerful ストロング，パウアフル

日	独	英
ぎょうれつ **行列** gyouretsu	*die* **Reihe,** *die* **Schlange** ライエ, シュランゲ	line, ®queue ライン, キュー
（行進）	*der* **Zug** ツーク	procession, parade プロセション, パレイド
きょうれつな **強烈な** kyouretsuna	**intensiv** インテンズィーフ	intense インテンス
きょえいしん **虚栄心** kyoeishin	*die* **Eitelkeit** アイテルカイト	vanity ヴァニティ
きょか **許可** kyoka	*die* **Erlaubnis** エアラオプニス	permission パミション
～する	**erlauben** エアラオベン	permit パミト
ぎょぎょう **漁業** gyogyou	*die* **Fischerei** フィシェライ	fishery フィシャリ
きょく **曲** kyoku	*das* **Musikstück** ムズィークシュテュック	tune, piece テューン, ピース
きょくげん **極限** kyokugen	*die* **Grenze** グレンツェ	limit リミト
きょくせん **曲線** kyokusen	*die* **Kurve** クルヴェ	curve カーヴ
きょくたんな **極端な** kyokutanna	**extrem** エクストレーム	extreme, excessive イクストリーム, イクセスィヴ
きょくとう **極東** kyokutou	*der* **Fernost** フェルンオスト	Far East ファー イースト
きょこう **虚構** kyokou	*die* **Fiktion** フィクツィオーン	fiction フィクション
ぎょこう **漁港** gyokou	*der* **Fischereihafen** フィシェライハーフェン	fishing port フィシング ポート
きょじゃくな **虚弱な** kyojakuna	**schwach, schwächlich** シュヴァッハ, シュヴェヒリヒ	weak, delicate ウィーク, デリケト

日	独	英
きょじゅうしゃ **居住者** kyojuusha	*der (die)* **Bewohner(*in*)** ベヴォーナー(-ネリン)	resident, inhabitant レズィデント, インハビタント
きょしょう **巨匠** kyoshou	*der (die)* **Meister(*in*)** マイスター(-テリン)	great master, maestro グレイト **マ**スタ, マイ**ス**トロウ
きょしょくしょう **拒食症** kyoshokushou	*die* **Magersucht,** *die* **Anorexie** マーガーズフト, アノレク**スィ**ー	anorexia アノレク**スィ**ア
きょぜつする **拒絶する** kyozetsusuru	**zurück|weisen, ab|lehnen** ツ**リュ**ックヴァイゼン, **ア**ップレーネン	refuse, reject リ**フュ**ーズ, リ**ヂェ**クト
ぎょせん **漁船** gyosen	*das* **Fischerboot** フィッシャーボート	fishing boat **フィ**シング **ボ**ウト
ぎょそん **漁村** gyoson	*das* **Fischerdorf** フィッシャードルフ	fishing village **フィ**シング **ヴィ**リヂ
きょだいな **巨大な** kyodaina	**riesig, gigantisch** **リ**ーズィヒ, ギ**ガ**ンティシュ	huge, gigantic **ヒュ**ーヂ, ヂャイ**ギャ**ンティク
きょっかいする **曲解する** kyokkaisuru	**missdeuten** ミス**ド**イテン	distort, misconstrue ディス**ト**ート, ミスコンスト**ル**ー
きょてん **拠点** kyoten	*der* **Stützpunkt** シュ**テュ**ッツプンクト	base, stronghold **ベ**イス, スト**ロ**ーングホウルド
きょねん **去年** kyonen	**letztes Jahr** **レ**ッツテス **ヤ**ール	last year **ラ**スト **イ**ア
きょひ **拒否** kyohi	*die* **Ablehnung,** *die* **Verweigerung** **ア**ップレーヌング, フェア**ヴァ**イゲルング	denial, rejection ディ**ナ**イアル, リ**ヂェ**クション
～する	*sich*⁴ **weigern, verweigern** ‥**ヴァ**イガーン, フェア**ヴァ**イガーン	deny, reject ディ**ナ**イ, リ**ヂェ**クト
ぎょみん **漁民** gyomin	*der (die)* **Fischer(*in*)** フィッシャー(-シェリン)	fisherman **フィ**シャマン
ぎょらい **魚雷** gyorai	*der* **Torpedo** トル**ペ**ード	torpedo ト**ー**ピードウ

日	独	英
きょり 距離 kyori	*der* **Abstand,** *die* **Entfernung** アップシュタント，エント**フェル**ヌング	distance ディスタンス
きらいな 嫌いな kiraina	**unangenehm** ウンアンゲネーム	disliked ディスライクト
きらきらする **きらきらする** kirakirasuru	**funkeln** フンケルン	glitter グリタ
きらくな 気楽な kirakuna	**leichtlebig** ライヒトレービヒ	optimistic, easy アプティミスティク，**イー**ズィ
きらめく **きらめく** kirameku	**glitzern** グリッツァーン	glitter, sparkle グリタ，スパークル
きり 錐 kiri	*der* **Bohrer** ボーラー	drill, gimlet ドリル，**ギ**ムレト
きり 霧 kiri	*der* **Nebel** ネーベル	fog, mist **フォ**ーグ，ミスト
ぎり 義理 giri	*die* **Verpflichtung** フェアプフリヒトゥング	duty, obligation **デュー**ティ，アブリ**ゲ**イション
きりあげる 切り上げる （端数を） kiriageru	**auf|runden** アオフルンデン	round up **ラ**ウンド **ア**プ
きりかえる 切り替える kirikaeru	**um|schalten** **ウ**ムシャルテン	change **チェ**インヂ
きりさめ 霧雨 kirisame	*der* **Nieselregen** ニーゼルレーゲン	drizzle ドリズル
ぎりしゃ ギリシャ girisha	(*das*) **Griechenland** グリーヒェンラント	Greece グリース
～語	*das* **Griechisch** グリーヒシュ	Greek グリーク
きりすてる 切り捨てる （端数を） kirisuteru	**ab|runden** アップルンデン	round down **ラ**ウンド **ダ**ウン

日	独	英
（不要な物を）	**weg|streichen** ヴェックシュトライヒェン	cut away カト アウェイ
きりすと **キリスト** kirisuto	*(der)* **Christus** クリストゥス	Christ クライスト
〜教	*das* **Christentum** クリステントゥーム	Christianity クリスチアニティ
きりつ **規律** kiritsu	*die* **Disziplin,** *die* **Ord- nung** ディスツィプリーン，オルドヌング	discipline ディスィプリン
きりつめる **切り詰める** kiritsumeru	**reduzieren, kürzen** レドゥツィーレン，キュルツェン	reduce, cut down リデュース，カト ダウン
きりぬき **切り抜き** kirinuki	*der* **Ausschnitt** アオスシュニット	clipping クリピング
きりぬける **切り抜ける** kirinukeru	**überstehen** ユーバーシュテーエン	get through ゲト スルー
きりはなす **切り離す** kirihanasu	**ab|schneiden** アップシュナイデン	cut off, separate カト オーフ，セパレイト
きりひらく **切り開く** kirihiraku	**auf|schneiden** アオフシュナイデン	cut open, cut out カト オウプン，カト アウト
きりふだ **切り札** kirifuda	*der* **Trumpf,** *die* **Trumpf- karte** トルンプフ，トルンプフカルテ	trump トランプ
きりみ **切り身** kirimi	*die* **Scheibe** シャイベ	slice, fillet スライス，フィレト
きりゅう **気流** kiryuu	*die* **Luftströmung** ルフトシュトレームング	air current エア カーレント
きりょく **気力** kiryoku	*die* **Energie,** *die* **Geistes- kraft** エネルギー，ガイステスクラフト	energy, vigor エナヂ，ヴィガ
きりん **麒麟** kirin	*die* **Giraffe** ギラッフェ	giraffe ヂラフ

日	独	英
きる **切る** kiru	**schneiden** シュナイデン	cut カト
(薄く)	**in Scheiben schneiden** イン シャイベン シュナイデン	slice スライス
(鋸で)	**sägen** ゼーゲン	saw ソー
(スイッチを)	**aus|schalten** アオスシャルテン	turn off ターン オーフ
(電話を)	**auf|legen** アオフレーゲン	hang up ハング アプ
きる **着る** kiru	**an|ziehen** アンツィーエン	put on プト オン
きれ **切れ** kire (布)	*das* **Tuch** トゥーフ	cloth クロス
(個・枚・片)	*die* **Scheibe**, *das* **Stück** シャイベ, シュテュック	piece, cut ピース, カト
きれいな **きれいな** kireina	**schön** シェーン	pretty, beautiful プリティ, ビューティフル
(清潔な)	**sauber** ザオバー	clean クリーン
きれいに **きれいに** (完全に) kireini	**vollständig, ganz** フォルシュテンディヒ, ガンツ	completely コンプリートリ
(美しく)	**schön** シェーン	beautifully ビューティフリ
きれつ **亀裂** kiretsu	*die* **Spalte**, *der* **Riss** シュパルテ, リス	crack, fissure クラク, フィシャ
きれる **切れる** (物が) kireru	**gut schneiden** グート シュナイデン	cut well カト ウェル
(電話が)	**unterbrochen werden** ウンターブロッヘン ヴェーアデン	(be) cut off (ビ) カト オフ

日	独	英
（なくなる）	**mangeln, fehlen** マンゲルン，フェーレン	(be) out of (ビ) アウト オヴ
（頭が）	**scharf** シャルフ	brilliant, sharp ブリリアント，シャープ
きろく **記録** kiroku	*das* **Dokument,** *der* **Rekord** ドクメント，レコルト	record レコド
～**する**	**auf|zeichnen** アオフツァイヒネン	record リコード
きろぐらむ **キログラム** kiroguramu	*das* **Kilogramm** キログラム	kilogram キログラム
きろめーとる **キロメートル** kiromeetoru	*der* **Kilometer** キロメーター	kilometer キラミタ
きろりっとる **キロリットル** kirorittoru	*der* **Kiloliter** キロリーター	kiloliter キロリータ
きろわっと **キロワット** kirowatto	*das* **Kilowatt** キロヴァット	kilowatt キロワト
ぎろん **議論** giron	*die* **Diskussion,** *die* **Debatte** ディスクスィオーン，デバッテ	argument アーギュメント
ぎわく **疑惑** giwaku	*der* **Verdacht,** *der* **Zweifel** フェアダハト，ツヴァイフェル	doubt, suspicion ダウト，サスピション
きわだつ **際立つ** kiwadatsu	*sich*[4] **ab|heben** ‥ アップヘーベン	stand out スタンド アウト
きわどい **際どい** kiwadoi	**gefährlich, riskant** ゲフェーアリヒ，リスカント	dangerous, risky デインヂャラス，リスキ
きわめて **極めて** kiwamete	**sehr, extrem** ゼーア，エクストレーム	very, extremely ヴェリ，イクストリームリ
きん **金** kin	*das* **Gold** ゴルト	gold ゴウルド

き

日	独	英
～色の	**golden** ゴルデン	gold ゴウルド
<ruby>銀<rt>ぎん</rt></ruby> gin	*das* **Silber** ズィルバー	silver スィルヴァ
～色の	**silbern** ズィルバーン	silver スィルヴァ
<ruby>均一の<rt>きんいつの</rt></ruby> kin-itsuno	**gleichmäßig** グライヒメースィヒ	uniform ユーニフォーム
<ruby>禁煙<rt>きんえん</rt></ruby> kin-en	*das* **Rauchverbot, Rauchen verboten!** ラオホフェアボート，ラオヘン フェアボーテン	No Smoking. ノウ スモウキング
<ruby>金貨<rt>きんか</rt></ruby> kinka	*die* **Goldmünze** ゴルトミュンツェ	gold coin ゴウルド コイン
<ruby>銀貨<rt>ぎんか</rt></ruby> ginka	*die* **Silbermünze** ズィルバーミュンツェ	silver coin スィルヴァ コイン
<ruby>銀河<rt>ぎんが</rt></ruby> ginga	*die* **Galaxie,** *die* **Milchstraße** ガラクスィー，ミルヒシュトラーセ	Galaxy ギャラクスィ
<ruby>近海<rt>きんかい</rt></ruby> kinkai	*das* **Küstengewässer** キュステンゲヴェッサー	coastal waters コウスタル ウォーターズ
<ruby>金額<rt>きんがく</rt></ruby> kingaku	*der* **Betrag** ベトラーク	sum, amount of money サム，アマウント オヴ マニ
<ruby>近眼<rt>きんがん</rt></ruby> kingan	*die* **Kurzsichtigkeit** クルツズィヒティヒカイト	near-sightedness ニアサイテドネス
<ruby>金管楽器<rt>きんかんがっき</rt></ruby> kinkangakki	*das* **Blechblasinstrument** ブレヒブラースインストルメント	brass instrument ブラス インストルメント
<ruby>緊急の<rt>きんきゅうの</rt></ruby> kinkyuuno	**dringend** ドリンゲント	urgent アージェント
<ruby>金庫<rt>きんこ</rt></ruby> kinko	*der* **Safe,** *der* **Geldschrank** セイフ，ゲルトシュランク	safe, vault セイフ，ヴォールト

日	独	英
きんこう **均衡** kinkou	*das* **Gleichgewicht** グライヒゲヴィヒト	balance バランス
ぎんこう **銀行** ginkou	*die* **Bank** バンク	bank バンク
～員	*der/die* **Bankangestellte** バンクアンゲシュテルテ	bank clerk バンク クラーク
きんし **禁止** kinshi	*das* **Verbot** フェアボート	prohibition, ban プロウヒビション，バン
～する	**verbieten** フェアビーテン	forbid, prohibit フォビド，プロヒビト
きんしゅ **禁酒** kinshu	*die* **Abstinenz,** *der* **Alko-holverzicht** アプスティネンツ，アルコホールフェアツィヒト	abstinence from alcohol アプスティネンス フラム アルコホール
きんしゅく **緊縮** kinshuku	*die* **Einschränkung,** *die* **Kürzung** アインシュレンクング，キュルツング	retrenchment リトレンチメント
きんじょ **近所** kinjo	*die* **Nachbarschaft** ナッバールシャフト	neighborhood ネイバフド
きんじる **禁じる** kinjiru	**verbieten** フェアビーテン	forbid, prohibit フォビド，プロヒビト
きんせい **近世** kinsei	**frühe Neuzeit** フリューエ ノイツァイト	early modern ages アーリ マダン エイヂズ
きんせい **金星** kinsei	**die Venus** ディー ヴェーヌス	Venus ヴィーナス
きんぞく **金属** kinzoku	*das* **Metall** メタル	metal メトル
きんだい **近代** kindai	*die* **Neuzeit,** *die* **Moderne** ノイツァイト，モデルネ	modern ages マダン エイヂズ
きんちょうする **緊張する** kinchousuru	*sich*[4] **an|spannen, ange-spannt sein** ‥ アンシュパネン，アンゲシュパント ザイン	(be) tense (ビ) テンス

日	独	英
きんとう **近東** kintou	**Naher Osten,** (*der*) **Nah-ost** ナーアー オステン，ナーオスト	Near East ニア イースト
きんにく **筋肉** kinniku	*der* **Muskel** ムスケル	muscles マスルズ
きんぱつ **金髪** kinpatsu	**blondes Haar** ブロンデス ハール	blonde hair, fair hair ブランド ヘア，フェア ヘア
きんべんな **勤勉な** kinbenna	**fleißig** フライスィヒ	industrious インダストリアス
ぎんみする **吟味する** ginmisuru	**prüfen, untersuchen** プリューフェン，ウンターズーヘン	scrutinize スクルーティナイズ
きんむ **勤務** kinmu	*der* **Dienst,** *die* **Arbeit** ディーンスト，アルバイト	service, duty サーヴィス，デューティ
〜する	**dienen, arbeiten** ディーネン，アルバイテン	serve, work サーヴ，ワーク
きんめだる **金メダル** kinmedaru	*die* **Goldmedaille** ゴルトメダーリエ	gold medal ゴウルド メドル
ぎんめだる **銀メダル** ginmedaru	*die* **Silbermedaille** ズィルバーメダリエ	silver medal スィルヴァ メドル
きんゆう **金融** kin-yuu	*die* **Finanz,** *das* **Finanzwe-sen** フィナンツ，フィナンツヴェーゼン	finance フィナンス
きんようび **金曜日** kin-youbi	*der* **Freitag** フライターク	Friday フライデイ
きんよくてきな **禁欲的な** kin-yokutekina	**asketisch** アスケーティシュ	ascetic, austere アセティク，オースティア
きんり **金利** kinri	*der* **Zins,** *der* **Zinssatz** ツィンス，ツィンスザッツ	interest rates インタレスト レイツ
きんりょく **筋力** kinryoku	*die* **Muskelkraft** ムスケルクラフト	muscular power マスキュラ パウア

日	独	英
きんろう **勤労** kinrou	*die* **Arbeit** アルバイト	labor, work, Ⓑlabour レイバ, ワーク, レイバ

く, ク

日	独	英
く **区** ku	*der* **Stadtbezirk,** *der* **Bezirk** シュタットベツィルク, ベツィルク	ward, district ウォード, ディストリクト
ぐあい **具合** guai	*der* **Zustand** ツーシュタント	condition, state コンディション, ステイト
ぐあむ **グアム** guamu	**Guam** グアム	Guam グワーム
くい **悔い** kui	*die* **Reue** ロイエ	regret, remorse リグレト, リモース
くい **杭** kui	*der* **Pfahl** プファール	stake, pile ステイク, パイル
くいき **区域** kuiki	*die* **Zone,** *der* **Bezirk** ツォーネ, ベツィルク	area, zone エアリア, ゾウン
くいず **クイズ** kuizu	*das* **Quiz** クヴィス	quiz クウィズ
くいちがう **食い違う** kuichigau	*zu et³* **im Widerspruch stehen** ツー .. イム ヴィーダーシュプルフ シュテーエン	conflict with カンフリクト ウィズ
くいんてっと **クインテット** kuintetto	*das* **Quintett** クヴィンテット	quintet クウィンテト
くうぇーと **クウェート** kuweeto	(*das*) **Kuwait** クヴァイト	Kuwait クウェイト
くうかん **空間** kuukan	*der* **Raum** ラオム	space, room スペイス, ルーム
くうき **空気** kuuki	*die* **Luft** ルフト	air エア

日	独	英
くうきょ **空虚** kuukyo	*die* **Leere** レーレ	emptiness エンプティネス
くうぐん **空軍** kuugun	*die* **Luftwaffe** ルフトヴァッフェ	air force エア フォース
くうこう **空港** kuukou	*der* **Flughafen** フルークハーフェン	airport エアポート
くうしゅう **空襲** kuushuu	*der* **Luftangriff** ルフトアングリフ	air raid エア レイド
ぐうすう **偶数** guusuu	**gerade Zahl** ゲラーデ ツァール	even number イーヴン ナンバ
くうせき **空席** kuuseki	**freier Platz** フライアー プラッツ	vacant seat ヴェイカント スィート
（ポストの）	**offene Stelle** オッフェネ シュテレ	vacant position ヴェイカント ポズィション
ぐうぜん **偶然** guuzen	*der* **Zufall** ツーファル	chance, accident チャンス, アクスィデント
～に	**zufällig, durch Zufall** ツーフェリヒ, ドゥルヒ ツーファル	by chance バイ チャンス
くうぜんの **空前の** kuuzenno	**einmalig, unerhört** アインマーリヒ, ウンエアヘーアト	unprecedented アンプレセデンテド
くうそう **空想** kuusou	*die* **Fantasie** ファンタズィー	fantasy, daydream ファンタスィ, デイドリーム
～する	**fantasieren** ファンタズィーレン	imagine, fantasize イマヂン, ファンタサイズ
ぐうぞう **偶像** guuzou	*der* **Götze** ゲッツェ	idol アイドル
くーでたー **クーデター** kuudetaa	*der* **Staatsstreich**, *der* **Putsch** シュターツシュトライヒ, プッチュ	coup (d'état) クー (デイター)

日	独	英
くうはく **空白** kuuhaku	*die* **Lücke** リュッケ	blank ブランク
くうふくである **空腹である** kuufukudearu	**Hunger haben** フンガー ハーベン	(be) hungry (ビ) ハングリ
くうゆ **空輸** kuuyu	*der* **Lufttransport** ルフトトランスポルト	air transport エア トランスポート
くーらー **クーラー** kuuraa	*die* **Klimaanlage** クリーマアンラーゲ	air conditioner エア コンディショナ
くおーつ **クオーツ** kuootsu	*der* **Quarz** クヴァールツ	quartz クヴォーツ
くかく **区画** kukaku	*die* **Abteilung**, *der* **Block** アップタイルング, ブロック	division ディヴィジョン
くがつ **九月** kugatsu	*der* **September** ゼプテンバー	September セプテンバ
くかん **区間** kukan	*die* **Strecke** シュトレッケ	section セクション
くき **茎** kuki	*der* **Stiel** シュティール	stalk, stem ストーク, ステム
くぎ **釘** kugi	*der* **Nagel** ナーゲル	nail ネイル
くきょう **苦境** kukyou	*die* **Notlage**, *die* **Klemme** ノートラーゲ, クレメ	difficult situation ディフィカルト スィチュエイション
くぎり **区切り** kugiri	*die* **Pause** パオゼ	pause ポーズ
(終わり)	*das* **Ende** エンデ	end エンド
くぎる **区切る** kugiru	**teilen, unterteilen** タイレン, ウンタータイレン	divide ディヴァイド
くさ **草** kusa	*das* **Gras**, *das* **Kraut** グラース, クラオト	grass グラス

日	独	英
くさい **臭い** kusai	**stinkend, übel riechend** シュティンケント, ユーベル リーヒェント	smelly, stinking スメリ, スティンキング
くさり **鎖** kusari	_die_ **Kette** ケッテ	chain チェイン
くさる **腐る** kusaru	**verderben, verfaulen** フェアデルベン, フェアファオレン	rot, go bad ラト, ゴウ バド
くし **櫛** kushi	_der_ **Kamm** カム	comb コウム
くじ **くじ** kuji	_das_ **Los**, _die_ **Lotterie** ロース, ロテリー	lot, lottery ラト, ラタリ
くじく **挫く** kujiku	**verstauchen** フェアシュタオヘン	sprain, wrench スプレイン, レンチ
（落胆させる）	**entmutigen** エントムーティゲン	discourage ディスカーリヂ
くじける **挫ける** kujikeru	**entmutigt sein** エントムーティヒト ザイン	(be) discouraged (ビ) ディスカーリヂド
くじゃく **孔雀** kujaku	_der_ **Pfau** プファオ	peacock ピーカク
くしゃみ **くしゃみ** kushami	_das_ **Niesen** ニーゼン	sneeze スニーズ
くじょう **苦情** kujou	_die_ **Beschwerde** ベシュヴェーアデ	complaint コンプレイント
くしょうする **苦笑する** kushousuru	**gezwungen lächeln** ゲツヴンゲン レッヒェルン	force a smile フォース ア スマイル
くじら **鯨** kujira	_der_ **Wal** ヴァール	whale (ホ)ウェイル
くしんする **苦心する** kushinsuru	_sich⁴ um et⁴_ **bemühen** ‥ウム ‥ ベミューエン	take pains テイク ペインズ
くず **屑** kuzu	_der_ **Abfall** アップファル	waste, rubbish ウェイスト, ラビシュ

日	独	英
ぐずぐずする **ぐずぐずする** guzuguzusuru	**langsam sein, zögern** ラングザーム ザイン，ツェーガーン	(be) slow, hesitate (ビ) スロウ，ヘズィテイト
くすぐったい **くすぐったい** kusuguttai	**kitzelig** キッツェリヒ	ticklish ティクリシュ
くずす **崩す** kuzusu	**ab|brechen, zerstören** アップブレッヒェン，ツェアシュテーレン	pull down, break プル ダウン，ブレイク
（お金を）	**klein machen, wechseln** クライン マッヘン，ヴェクセルン	change チェインヂ
くすり **薬** kusuri	*das* **Medikament,** *die* **Medizin** メディカメント，メディツィーン	medicine, drug メディスィン，ドラグ
〜屋	*die* **Apotheke,** *die* **Drogerie** アポテーケ，ドロゲリー	pharmacy, drug-store ファーマスィ，ドラグストー
くすりゆび **薬指** kusuriyubi	*der* **Ringfinger** リングフィンガー	ring finger リング フィンガ
くずれる **崩れる** （形が） kuzureru	**Form verlieren** フォルム フェアリーレン	get out of shape ゲト アウト オヴ シェイプ
（崩れ落ちる）	**zusammen|brechen** ツザメンブレッヒェン	crumble, collapse クランブル，コラプス
くすんだ **くすんだ** kusunda	**stumpf** シュトゥンプフ	somber サンバ
くせ **癖** kuse	*die* **Gewohnheit** ゲヴォーンハイト	habit ハビト
ぐたいてきな **具体的な** gutaitekina	**konkret** コンクレート	concrete カンクリート
くだく **砕く** kudaku	**zerbrechen** ツェアブレッヒェン	break, smash ブレイク，スマシュ
くだける **砕ける** kudakeru	**brechen** ブレッヒェン	break, (be) broken ブレイク，(ビ) ブロウクン

日	独	英
くだもの **果物** kudamono	*das* **Obst** オープスト	fruit フルート
〜店	*der* **Obstladen** オープストラーデン	fruit store フルート ストー
くだらない **下らない** kudaranai	**unbedeutend** ウンベドイテント	trifling, trivial トライフリング，トリヴィアル
くだり **下り** kudari	*der* **Abstieg** アップシュティーク	descent ディセント
（下り列車）	*der* **Vorstadtzug** フォーアシュタットツーク	down train ダウン トレイン
くだる **下る** kudaru	**hinab|gehen** ヒナップゲーエン	go down, descend ゴウ ダウン，ディセンド
くち **口** kuchi	*der* **Mund** ムント	mouth マウス
ぐち **愚痴** guchi	*die* **Nörgelei** ネルゲライ	gripe, idle complaint グライプ，アイドル コンプレイント
くちげんか **口喧嘩** kuchigenka	*der* **Wortstreit** ヴォルトシュトライト	quarrel クウォレル
くちばし **嘴** kuchibashi	*der* **Schnabel** シュナーベル	beak, bill ビーク，ビル
くちびる **唇** kuchibiru	*die* **Lippe** リッペ	lip リプ
くちぶえ **口笛** kuchibue	*der* **Pfiff**, *das* **Pfeifen** プフィフ，プファイフェン	whistle (ホ)ウィスル
くちべに **口紅** kuchibeni	*der* **Lippenstift** リッペンシュティフト	rouge, lipstick ルージュ，リプスティク
くちょう **口調** kuchou	*der* **Ton** トーン	tone トウン

日	独	英
くつ **靴** kutsu	*die* **Schuhe** *pl.* シューエ	shoes, boots シューズ, ブーツ
～ひも	*der* **Schnürsenkel** シュニューアゼンケル	shoestring シューストリング
くつう **苦痛** kutsuu	*der* **Schmerz** シュメルツ	pain, agony ペイン, アゴニ
くつがえす **覆す** kutsugaesu	**um|stoßen** ウムシュトーセン	upset, overthrow アプセト, オウヴァスロウ
くっきー **クッキー** kukkii	*das* **Gebäck,** *der* **Keks** ゲベック, ケークス	cookie, ⑧biscuit クキ, ビスキト
くつした **靴下** kutsushita	*die* **Socken** *pl.* ゾッケン	socks, stockings サクス, スタキングズ
くっしょん **クッション** kusshon	*das* **Kissen** キッセン	cushion クション
くっせつ **屈折** kussetsu	*die* **Brechung** ブレッヒュング	refraction リーフラクション
くっつく **くっつく** kuttsuku	*an et³/j³* **kleben** アン .. クレーベン	cling to, stick to クリング トゥ, スティク トゥ
くっつける **くっつける** kuttsukeru	**an|heften** アンヘフテン	join, stick ヂョイン, スティク
くつろぐ **寛ぐ** kutsurogu	**(es)** *sich³* **bequem ma-chen** (エス) .. ベクヴェーム マッヘン	relax, make one-self at home リラクス, メイク アト ホウム
くどい **くどい** (味が) kudoi	**schwer, fettig** シュヴェーア, フェッティヒ	heavy, oily ヘヴィ, オイリ
	(話が) **weitschweifig** ヴァイトシュヴァイフィヒ	verbose ヴァーボウス
くとうてん **句読点** kutouten	*das* **Satzzeichen** ザッツツァイヒェン	punctuation marks パンクチュエイション マークス

日		独	英
くどく **口説く** kudoku	(言い寄る)	**an|machen** アンマッヘン	chat up チャト アプ
	(説得する)	*zu et³* **überreden** ツー ‥ ユーバーレーデン	persuade パスウェイド
くに **国** kuni		*das* **Land** ラント	country カントリ
	(祖国)	*das* **Vaterland** ファーターラント	home country, homeland, ®fatherland ホウム カントリ, ホウムランド, ファーザランド
	(政治機構としての)	*der* **Staat** シュタート	state ステイト
くばる **配る** kubaru	(配達する)	**aus|tragen** アオストラーゲン	deliver ディリヴァ
	(配布する)	*an j⁴* **verteilen** アン ‥ フェアタイレン	distribute ディストリビュート
くび **首** kubi		*der* **Hals** ハルス	neck ネク
	(頭部)	*der* **Kopf** コプフ	head ヘド
	(免職)	*die* **Entlassung** エントラッスング	dismissal ディスミサル
くふう **工夫** kufuu		*die* **Maßnahme,** *die* **Idee** マースナーメ, イデー	device, idea ディヴァイス, アイディーア
	～する	**erfinden** エアフィンデン	devise, contrive ディヴァイズ, コントライヴ
くぶん **区分** kubun	(分割)	*die* **Verteilung** フェアタイルング	division ディヴィジョン
	(分類)	*die* **Klassifikation,** *die* **Einteilung** クラスィフィカツィオーン, アインタイルング	classification クラスィフィケイション

日	独	英
くべつ **区別** kubetsu	*die* **Unterscheidung** ウンターシャイドゥング	distinction ディスティンクション
くぼみ **窪み** kubomi	*die* **Grube** グルーベ	dent, hollow デント, ハロウ
くま **熊** kuma	*der* **Bär** ベーア	bear ベア
くみ **組** (一対) kumi	*das* **Paar** パール	pair ペア
(一揃い)	*der* **Satz** ザッツ	set セト
(グループ)	*die* **Gruppe** グルッペ	group, team グループ, ティーム
(学級)	*die* **Klasse** クラッセ	class クラス
くみあい **組合** kumiai	*der* **Verband,** *der* **Bund** フェアバント, ブント	association, union アソウスィエイション, ユーニョン
くみあわせ **組み合わせ** kumiawase	*die* **Kombination** コンビナツィオーン	combination カンビネイション
くみたてる **組み立てる** kumitateru	**bauen** バオエン	put together, as-semble プト トゲザ, アセンブル
くむ **汲む** kumu	**schöpfen** シェプフェン	draw ドロー
くむ **組む** kumu	*sich*⁴ **vereinigen** ‥ フェアアイニゲン	unite with ユーナイト ウィズ
くも **雲** kumo	*die* **Wolke** ヴォルケ	cloud クラウド
くも **蜘蛛** kumo	*die* **Spinne** シュピネ	spider スパイダ

日	独	英
くもり **曇り** kumori	*die* **Bewölkung** ベヴェルクング	cloudy weather クラウディ ウェザ
〜の	**wolkig, trüb** ヴォルキヒ, トリューブ	cloudy クラウディ
くもる **曇る** kumoru	*sich*[4] **bewölken** .. ベヴェルケン	(become) cloudy (ビカム) クラウディ
くやしい **悔しい** kuyashii	**ärgerlich** エルガーリヒ	mortifying, frus- trating モーティファイング, フラスト レイティング
くやむ **悔やむ** kuyamu	**bereuen** ベロイエン	repent, regret リペント, リグレト
くらい **暗い** kurai	**dunkel, düster** ドゥンケル, デュースター	dark, gloomy ダーク, グルーミ
ぐらいだー **グライダー** guraidaa	*das* **Segelflugzeug** ゼーゲルフルークツォイク	glider グライダ
くらいまっくす **クライマックス** kuraimakkusu	*der* **Höhepunkt** ヘーエプンクト	climax クライマクス
ぐらうんど **グラウンド** guraundo	*der* **Sportplatz** シュポルトプラッツ	ground, field グラウンド, フィールド
くらし **暮らし** kurashi	*das* **Leben** レーベン	life, living ライフ, リヴィング
くらしっく **クラシック** kurashikku	**klassische Musik** クラスィシェ ムズィーク	classic クラスィク
くらす **暮らす** kurasu	**leben** レーベン	live, make a living ライヴ, メイク ア リヴィング
ぐらす **グラス** gurasu	*das* **Glas** グラース	glass グラス
ぐらすふぁいばー **グラスファイバー** gurasufaibaa	*die* **Glasfaser** グラースファーザー	glass fiber グラス ファイバ

日	独	英
くらっち **クラッチ** kuracchi	*die* **Kupplung** クップルング	clutch クラチ
ぐらびあ **グラビア** gurabia	*die* **Photogravüre** フォトグラヴューレ	photogravure フォウトグラヴュア
くらぶ **クラブ** （同好会・集会所） kurabu	*der* **Klub** クルップ	club クラブ
（ゴルフの）	*der* **Golfschläger,** *der* **Schläger** ゴルフシュレーガー，シュレーガー	club クラブ
ぐらふ **グラフ** gurafu	*das* **Diagramm** ディアグラム	graph グラフ
くらべる **比べる** kuraberu	**vergleichen** フェアグライヒェン	compare コンペア
ぐらむ **グラム** guramu	*das* **Gramm** グラム	gram, ⑧gramme グラム，グラム
くらやみ **暗闇** kurayami	*die* **Dunkelheit,** *die* **Fins- ternis** ドゥンケルハイト，フィンスターニス	darkness, (the) dark ダークネス,(ザ)ダーク
くらりねっと **クラリネット** kurarinetto	*die* **Klarinette** クラリネッテ	clarinet クラリネト
ぐらんどぴあの **グランドピアノ** gurandopiano	*der* **Flügel** フリューゲル	grand piano グランド ピアーノウ
くり **栗** kuri	*die* **Kastanie** カスターニエ	chestnut チェスナト
くりーにんぐ **クリーニング** kuriiningu	*die* **Reinigung** ライニグング	cleaning クリーニング
～店	*die* **Reinigung,** *die* **Wä- scherei** ライニグング，ヴェッシェライ	dry cleaner, laun- dry service ドライ クリーナ，ローンドリ サーヴィス
くりーむ **クリーム** kuriimu	*die* **Creme** クレーム	cream クリーム

日	独	英
くりかえし **繰り返し** kurikaeshi	*die* **Wiederholung** ヴィーダーホールング	repetition, refrain レペティション, リフレイン
くりかえす **繰り返す** kurikaesu	**wiederholen** ヴィーダーホーレン	repeat リピート
くりこす **繰り越す** kurikosu	**übertragen, überschrei- ben** ユーバートラーゲン, ユーバーシュライベン	carry forward キャリ フォーワド
くりすたる **クリスタル** kurisutaru	*der* **Kristall** クリスタル	crystal クリスタル
くりすちゃん **クリスチャン** kurisuchan	*der* (*die*) **Christ(*in*)** クリスト(-ティン)	Christian クリスチャン
くりすます **クリスマス** kurisumasu	*das* **Weihnachten** ヴァイナハテン	Christmas クリスマス
～イブ	**Heiliger Abend** ハイリガー アーベント	Christmas Eve クリスマス イーヴ
くりっくする **クリックする** kurikkusuru	**klicken** クリッケン	click クリク
くりっぷ **クリップ** kurippu	*die* **Büroklammer** ビューロークラマー	clip クリプ
くりにっく **クリニック** kurinikku	*die* **Klinik** クリーニク	clinic クリニク
くる **来る** kuru	**kommen** コメン	come, arrive カム, アライヴ
くるう **狂う** kuruu	**verrückt werden** フェアリュックト ヴェーアデン	go insane ゴウ インセイン
(調子が)	**daneben|gehen, schief|laufen** ダネーベンゲーヘン, シーフラオフェン	go wrong, go out of order ゴウ ローング, ゴウ アウト オ ヴ オーダ
(計画などが)	**schief gehen** シーフ ゲーエン	(be) upset (ビ) アプセト

日	独	英
ぐるーぷ **グループ** guruupu	*die* **Gruppe** グルッペ	group グループ
くるしい **苦しい** (苦痛である) kurushii	**schmerzlich** シュメルツリヒ	painful, hard ペインフル，ハード
(困難な)	**schwierig, mühsam** シュヴィーリヒ，ミューザーム	hard, difficult ハード，ディフィカルト
くるしみ **苦しみ** kurushimi	*die* **Qual,** *das* **Leid** クヴァール，ライト	pain, suffering ペイン，サファリング
くるしむ **苦しむ** (困る) kurushimu	*sich⁴ mit et³* **quälen** ‥ミット‥クヴェーレン	(be) troubled with (ビ) トラブルド ウィズ
(悩む)	*an et³* **leiden** アン‥ライデン	suffer from サファ フラム
くるしめる **苦しめる** kurushimeru	**quälen** クヴェーレン	torment トーメント
くるぶし **くるぶし** kurubushi	*der* **Fußknöchel** フースクネッヒェル	ankle アンクル
くるま **車** kuruma	*das* **Auto** アオト	car カー
(車輪)	*das* **Rad** ラート	wheel (ホ)ウィール
〜いす	*der* **Rollstuhl** ロルシュトゥール	wheelchair (ホ)ウィールチェア
くるまえび **車海老** kurumaebi	*die* **Garnele** ガルネーレ	tiger prawn タイガ プローン
くるみ **胡桃** kurumi	*die* **Walnuss** ヴァルヌス	walnut ウォールナト
くるむ **くるむ** kurumu	**ein|packen** アインパッケン	wrap up ラプ アプ
くれ **暮れ** kure	*das* **Jahresende** ヤーレスエンデ	year-end イアレンド

日	独	英
（夕暮れ）	*der* **Abend,** *die* **Abend-dämmerung** アーベント，アーベントデメルング	nightfall ナイトフォール
ぐれーぷふるーつ **グレープフルーツ** gureepufuruutsu	*die* **Grapefruit** グレープフルート	grapefruit グレイプフルート
くれーむ **クレーム** kureemu	*die* **Reklamation,** *die* **Be-schwerde** レクラマツィオーン，ベシュヴェーアデ	claim, complaint クレイム，コンプレイント
くれーん **クレーン** kureen	*der* **Kran** クラーン	crane クレイン
くれじっと **クレジット** kurejitto	*der* **Kredit** クレディート	credit クレディト
～カード	*die* **Kreditkarte** クレディートカルテ	credit card クレジット カード
くれそん **クレソン** kureson	*die* **Kresse** クレッセ	watercress ウォータクレス
くれよん **クレヨン** kureyon	*der* **Krayon** クレヨーン	crayon クレイアン
くれる **くれる** kureru	**geben, schenken** ゲーベン，シェンケン	give, present ギヴ，プリゼント
くれんざー **クレンザー** kurenzaa	*das* **Reinigungsmittel** ライニグングスミッテル	cleanser クレンザ
くろ **黒** kuro	*das* **Schwarz** シュヴァルツ	black ブラク
くろい **黒い** kuroi	**schwarz** シュヴァルツ	black ブラク
（日焼けして）	**sonnengebräunt** ゾネンゲブロイント	suntanned サンタンド
くろうする **苦労する** kurousuru	*sich⁴* **plagen** ‥プラーゲン	suffer, work hard サファ，ワーク ハード

日	独	英
くろうと **玄人** kurouto	*der* (*die*) **Experte(-*in*)** エクスペルテ(-ティン)	expert, profession-al エクスパート, プロフェショナル
くろーく **クローク** kurooku	*die* **Garderobe** ガルデローベ	cloakroom クロウクルーム
くろーぜっと **クローゼット** kuroozetto	*der* **Schrank** シュランク	closet, wardrobe クラーゼト, ウォードロウブ
くろーる **クロール** kurooru	*das* **Kraul** クラオル	crawl クロール
くろじ **黒字** kuroji	**schwarze Zahlen** *pl.* シュヴァルツェ ツァーレン	surplus, (the) black サープラス, (ザ) ブラク
くろすわーど **クロスワード** kurosuwaado	*das* **Kreuzworträtsel** クロイツヴォルトレーツェル	crossword クロースワード
ぐろてすくな **グロテスクな** gurotesukuna	**grotesk** グロテスク	grotesque グロウテスク
くろの **黒の** kurono	**schwarz** シュヴァルツ	black ブラク
くろまく **黒幕** kuromaku	*der* (*die*) **Drahtzieher(*in*)** ドラートツィーアー(-エリン)	wirepuller ワイアプラ
くわえる **加える** kuwaeru	**hinzu|tun, hinzu|fügen** ヒンツートゥーン, ヒンツーフューゲン	add to アド トゥ
くわしい **詳しい** kuwashii	**ausführlich, eingehend** アオスフューアリヒ, アインゲーエント	detailed ディテイルド
(よく知っている)	*in et*³ **bewandert sein** イン .. ベヴァンダート ザイン	(become) acquaint-ed with (ビカム) アクウェインテド ウィズ
くわだてる **企てる** kuwadateru	**planen, vor|haben** プラーネン, フォーアハーベン	plan, plot プラン, プラト
くわわる **加わる** kuwawaru	*sich*⁴ *an et*³ **beteiligen** .. アン .. ベタイリゲン	join, enter ヂョイン, エンタ

日	独	英
ぐん **軍** gun	*die* **Armee** アルメー	army, forces アーミ, フォーセズ
ぐん **郡** gun	*der* **Landkreis**, *der* **Bezirk** ラントクライス, ベツィルク	county カウンティ
ぐんかん **軍艦** gunkan	*das* **Kriegsschiff** クリークスシフ	warship ウォーシプ
ぐんじ **軍事** gunji	*die* **Militärangelegenheiten** *pl.* ミリテーアアンゲレーゲンハイテン	military affairs ミリテリ アフェアズ
ぐんしゅう **群衆** gunshuu	*die* **Masse**, *die* **Menge** マッセ, メンゲ	crowd クラウド
ぐんしゅく **軍縮** gunshuku	*die* **Abrüstung** アップリュストゥング	armaments reduction アーマメンツ リダクション
くんしょう **勲章** kunshou	*die* **Auszeichnung**, *der* **Orden** アオスツァイヒヌング, オルデン	decoration デコレイション
ぐんじん **軍人** gunjin	*der* (*die*) **Soldat**(*in*) ゾルダート(-ティン)	soldier, serviceman ソウルヂャ, サーヴィスマン
くんせいの **燻製の** kunseino	**geräuchert** ゲロイヒャート	smoked スモウクト
ぐんたい **軍隊** guntai	*die* **Armee**, *das* **Heer** アルメー, ヘーア	army, troops アーミ, トループス
ぐんび **軍備** gunbi	*die* **Rüstung** リュストゥング	armaments アーマメンツ
くんれん **訓練** kunren	*das* **Training** トレーニング	training トレイニング
〜する	**trainieren** トレニーレン	train, drill トレイン, ドリル

日	独	英

け, ケ

^け
毛
ke

das **Haar**
ハール

hair
ヘア

(獣毛) *das* **Fell**
フェル

fur
ファー

(羊毛) *die* **Wolle**
ヴォレ

wool
ウル

^{けい}
刑
kei

die **Strafe**
シュトラーフェ

penalty, sentence
ペナルティ, **セ**ンテンス

^{げい}
芸
gei

die **Kunst**
クンスト

art, accomplish-
ments
アート, ア**カ**ンプリシュメンツ

^{けいえい}
経営
keiei

die **Verwaltung,** *die* **Lei-
tung**
フェア**ヴァ**ルトゥング, **ラ**イトゥング

management
マ**ニ**ヂメント

〜者

der(*die*) **Leiter(***in***),**
der(*die*) **Manager(***in***)**
ライター(-テリン), **メ**ニジャー(-リン)

manager
マ**ニ**ヂャ

〜する

betreiben, leiten
ベト**ラ**イベン, **ラ**イテン

manage, run
マ**ニ**ヂ, **ラ**ン

^{けいか}
経過
keika

der **Verlauf,** *der* **Prozess**
フェア**ラ**オフ, プロ**ツェ**ス

progress
プ**ラ**グレス

^{けいかい}
警戒
keikai

die **Vorsicht**
フォーアズィヒト

caution, precau-
tion
コーション, プリ**コ**ーション

〜する

bewachen
ベ**ヴァ**ッヘン

guard against
ガード ア**ゲ**ンスト

^{けいかいな}
軽快な
keikaina

leicht
ライヒト

light, nimble
ライト, **ニ**ンブル

^{けいかく}
計画
keikaku

der **Plan,** *das* **Projekt**
プ**ラ**ーン, プロ**イェ**クト

plan, project
プ**ラ**ン, プラ**ヂェ**クト

日	独	英
〜する	**planen, vor|haben** プラーネン，フォーアハーベン	plan, project プラン，プロ**ヂェ**クト
けいかん **警官** keikan	*der* (*die*) **Polizist**(*in*) ポリ**ツィ**スト(-ティン)	police officer ポ**リ**ース **オ**ーフィサ
けいき **景気** （業績） keiki	*die* **Konjunktur** コンユンク**トゥ**ーア	economic state イー**コ**ナミク ス**テ**イト
（市況）	*die* **Marktlage** マルクトラーゲ	market **マ**ーケト
けいけん **経験** keiken	*die* **Erfahrung** エア**ファ**ールング	experience イクス**ピ**アリアンス
〜する	**erfahren, erleben** エア**ファ**ーレン，エア**レ**ーベン	experience イクス**ピ**アリアンス
けいこ **稽古** （リハーサル） keiko	*die* **Probe** プ**ロ**ーベ	rehearsal リ**ハ**ーサル
（練習・訓練）	*die* **Übung** **ユ**ーブング	practice, exercise プ**ラ**クティス，**エ**クササイズ
けいご **敬語** keigo	*die* **Höflichkeitsform** ヘーフリヒカイツフォルム	honorific アナ**リ**フィク
けいこう **傾向** keikou	*die* **Tendenz** テン**デ**ンツ	tendency **テ**ンデンスィ
けいこうぎょう **軽工業** keikougyou	*die* **Leichtindustrie** ライヒトインドゥストリー	light industries **ラ**イト イン**ダ**ストリズ
けいこうとう **蛍光灯** keikoutou	*die* **Leuchtstoffröhre**, *die* **Neonlampe** ロイヒトシュトフレーレ，**ネ**ーオンランペ	fluorescent lamp フルー**オ**レスント **ラ**ンプ
けいこく **警告** keikoku	*die* **Warnung** **ヴァ**ルヌング	warning, caution **ウォ**ーニング，**コ**ーション
〜する	*j⁴ vor et³/j³* **warnen** ‥ フォア ‥ **ヴァ**ルネン	warn **ウォ**ーン

日	独	英
けいざい **経済** keizai	*die* **Wirtschaft,** *die* **Öko-nomie** ヴィルトシャフト, エコノミー	economy, finance イカノミ, フィナンス
〜学	*die* **Wirtschaftswissen-schaft** ヴィルトシャフツヴィッセンシャフト	economics イーコナミクス
〜的な	**ökonomisch** エコノーミシュ	economical イーコナミカル
けいさいする **掲載する** keisaisuru	**veröffentlichen** フェアエッフェントリヒェン	publish パブリシュ
けいさつ **警察** keisatsu	*die* **Polizei** ポリツァイ	police ポリース
〜官	*der* (*die*) **Polizist(in)** ポリツィスト(-ティン)	police officer ポリース オーフィサ
〜署	*das* **Polizeirevier** ポリツァイレヴィーア	police station ポリース ステイション
けいさん **計算** keisan	*die* **Berechnung,** *die* **Kal-kulation** ベレヒヌング, カルクラツィオーン	calculation キャルキュレイション
〜機	*der* **Taschenrechner** タッシェンレヒナー	calculator キャルキュレイタ
〜する	**rechnen, aus|rechnen** レヒネン, アオスレヒネン	calculate, count キャルキュレイト, カウント
けいじ **刑事** keiji	*der* (*die*) **Kriminalbeam-te(-in)** クリミナールベアムテ(-ティン)	detective ディテクティヴ
けいじ **掲示** keiji	*der* **Aushang** アオスハング	notice, bulletin ノウティス, ブレティン
〜板	*die* **Anschlagstafel, schwarzes Brett** アンシュラークスターフェル, シュヴァルツェスブレット	bulletin board ブレティン ボード
けいしき **形式** keishiki	*die* **Form,** *die* **Formalität** フォルム, フォルマリテート	form, formality フォーム, フォーマリティ

日	独	英
〜的な	**formell, förmlich** フォルメル, フェルムリヒ	formal フォーマル
げいじゅつ **芸術** geijutsu	*die* **Kunst** クンスト	art アート
〜家	*der* (*die*) **Künstler(*in*)** キュンストラー(-レリン)	artist アーティスト
けいしょうする **継承する** keishousuru	**nach|folgen** ナーハフォルゲン	succeed to サクスィード トゥ
けいしょく **軽食** keishoku	**leichtes Essen** ライヒテス エッセン	light meal ライト ミール
けいず **系図** keizu	*der* **Stammbaum** シュタムバオム	genealogy デーニアロヂ
けいせい **形成** keisei	*die* **Gestaltung** ゲシュタルトゥング	formation フォーメイション
けいぞくする **継続する** keizokusuru	**fort|setzen** フォルトゼッツェン	continue コンティニュー
けいそつな **軽率な** keisotsuna	**gedankenlos, nachlässig** ゲダンケンロース, ナーハレスィヒ	careless, rash ケアレス, ラシュ
けいたい **形態** keitai	*die* **Gestalt**, *die* **Form** ゲシュタルト, フォルム	form, shape フォーム, シェイプ
けいたいでんわ **携帯電話** keitaidenwa	*das* **Handy** ヘンディ	cellphone, ⑧mo-bile phone セルフォウン, モウバイル フォウン
けいと **毛糸** keito	*das* **Wollgarn** ヴォルガルン	(woolen) yarn (ウルン) ヤーン
けいとう **系統** keitou	*das* **System** ズュステーム	system スィステム
げいにん **芸人** geinin	*der* (*die*) **Varietékünst-ler(*in*)** ヴァリエテーキュンストラー(-リン)	variety entertainer ヴァライエティ エンタテイナ

日	独	英
けいのう **芸能** geinou	die **Unterhaltung** ウンターハルトゥング	arts and entertainment
～人	der(die) **Entertainer(in)**, der/die **Prominente** エンターテーナー(-ネリン), プロミネンテ	entertainer エンタ**テ**イナ
けいば **競馬** keiba	das **Pferderennen** プフェーアデレネン	horse racing **ホ**ース **レ**イスィング
～場	die **Pferderennbahn** プフェーアデレンバーン	race track **レ**イス トラク
けいはくな **軽薄な** keihakuna	**leichtfertig** ライヒトフェルティヒ	frivolous フ**リ**ヴォラス
けいはつ **啓発** keihatsu	die **Aufklärung** アオフク**レ**ールング	enlightenment イン**ラ**イトンメント
～する	**auf|klären** アオフク**レ**ーレン	enlighten イン**ラ**イトン
けいばつ **刑罰** keibatsu	die **Strafe** シュト**ラ**ーフェ	punishment **パ**ニシュメント
けいはんざい **軽犯罪** keihanzai	**leichtes Vergehen** ライヒテス フェア**ゲ**ーエン	minor offense **マ**イナ オ**フェ**ンス
けいひ **経費** keihi	die **Kosten** pl. **コ**ステン	expenses イクス**ペ**ンセズ
けいび **警備** keibi	die **Wache**, die **Bewachung** **ヴァ**ッヘ, ベ**ヴァ**ッフング	defense, guard ディ**フェ**ンス, **ガ**ード
～する	**bewachen, beschützen** ベ**ヴァ**ッヘン, ベ**シュ**ッツェン	defend, guard ディ**フェ**ンド, **ガ**ード
けいひん **景品** keihin	die **Zugabe** **ツ**ーガーベ	premium プ**リ**ーミアム
けいべつする **軽蔑する** keibetsusuru	**verachten** フェア**ア**ハテン	despise, scorn ディス**パ**イズ, ス**コ**ーン

日	独	英
けいほう **警報** keihou	*der* **Alarm** アラルム	warning, alarm **ウォ**ーニング，ア**ラ**ーム
けいむしょ **刑務所** keimusho	*das* **Gefängnis** ゲフェングニス	prison プ**リ**ズン
けいやく **契約** keiyaku	*der* **Vertrag** フェア**ト**ラーク	contract **カ**ントラクト
～書	*die* **Vertragsurkunde** フェア**ト**ラークスウーアクンデ	contract **カ**ントラクト
～する	**einen Vertrag schließen** アイネン フェア**ト**ラーク シュリーセン	contract, sign a contract (with) コント**ラ**クト，**サ**イン ア **カ**ント ラクト（ウィズ）
けいゆ **経由** keiyu	**über, via** **ユ**ーバー，**ヴィ**ーア	by way of, via バイ **ウェ**イ オヴ，**ヴァ**イア
けいようし **形容詞** keiyoushi	*das* **Adjektiv** アトイエク**ティ**ーフ	adjective **ア**デクティヴ
けいり **経理** keiri	*die* **Buchführung** **ブ**ーフフュールング	accounting ア**カ**ウンティング
けいりゃく **計略** keiryaku	*die* **List** リスト	stratagem スト**ラ**タチャム
けいりゅう **渓流** keiryuu	*der* **Gebirgsbach** ゲ**ビ**ルクスバッハ	mountain stream **マ**ウンテン スト**リ**ーム
けいりょう **計量** keiryou	*die* **Messung** **メ**ッスング	measurement **メ**ジャメント
けいれき **経歴** keireki	*die* **Laufbahn** **ラ**オフバーン	one's career カ**リ**ア
けいれん **痙攣** keiren	*der* **Krampf** ク**ラ**ンプフ	spasm, cramp ス**パ**ズム，ク**ラ**ンプ
けいろ **経路** keiro	*der* **Kurs,** *die* **Route** **ク**ルス，**ル**ーテ	course, route **コ**ース，**ル**ート

日	独	英
けーき **ケーキ** keeki	*der* **Kuchen**, *die* **Torte** クーヘン，トルテ	cake ケイク
けーす **ケース**（場合・事件） keesu	*der* **Fall** ファル	case ケイス
（箱）	*das* **Etui** エトヴィー，エテュイー	case ケイス
げーと **ゲート** geeto	*das* **Tor**, *der* **Flugsteig** トーア，フルークシュタイク	gate ゲイト
げーむ **ゲーム** geemu	*das* **Spiel** シュピール	game ゲイム
けおりもの **毛織物** keorimono	*der* **Wollstoff**, *die* **Wollware** ヴォルシュトフ，ヴォルヴァーレ	woolen goods ウルン グツ
けが **怪我** kega	*die* **Verletzung** フェアレッツング	wound, injury ウーンド，インヂャリ
～する	*sich⁴* **verletzen** ‥ フェアレッツェン	(get) hurt (ゲト) ハート
～人	*der/die* **Verletzte** フェアレッツテ	injured person インヂャド パースン
げか **外科** geka	*die* **Chirurgie** ヒルルギー	surgery サーヂャリ
～医	*der*(*die*) **Chirurg**(*in*) ヒルルク(-ギン)	surgeon サーヂョン
けがす **汚す** kegasu	**schänden** シェンデン	disgrace ディスグレイス
けがれ **汚れ** kegare	*der* **Schmutz** シュムッツ	impurity インピュアリティ
けがわ **毛皮** kegawa	*der* **Pelz** ペルツ	fur ファー

日	独	英
げき **劇** geki	*das* **Schauspiel** シャオシュピール	play プレイ
げきじょう **劇場** gekijou	*das* **Theater** テアーター	theater, Ⓑtheatre スィアタ, スィアタ
げきだん **劇団** gekidan	*die* **Theatergruppe** テアーターグルッペ	theatrical compa- ny スィアトリカル カンパニ
げきれいする **激励する** gekireisuru	**auf|muntern** アオフムンターン	encourage インカーリヂ
けさ **今朝** kesa	**heute früh, heute Mor- gen** ホイテ フリュー, ホイテ モルゲン	this morning ズィス モーニング
げざい **下剤** gezai	*das* **Abführmittel** アップフューアミッテル	laxative, purgative ラクサティヴ, パーガティヴ
げし **夏至** geshi	*die* **Sommersonnenwen- de** ゾマーゾネンヴェンデ	summer solstice サマ サルスティス
けしいん **消印** keshiin	*der* **Poststempel** ポストシュテンペル	postmark ポウストマーク
けしき **景色** keshiki	*die* **Landschaft,** *die* **Aus- sicht** ラントシャフト, アオスズィヒト	scenery, view スィーナリ, ヴュー
けしごむ **消しゴム** keshigomu	*der* **Radiergummi** ラディーアグミ	eraser, Ⓑrubber イレイサ, ラバ
けじめ **けじめ** kejime	*die* **Unterscheidung,** *der* **Unterschied** ウンターシャイドゥング, ウンターシート	distinction ディスティンクション
〜をつける	**unterscheiden** ウンターシャイデン	distinguish be- tween ディスティングウィシュ ビト ウィーン
げしゃする **下車する** geshasuru	**aus|steigen** アオスシュタイゲン	get off ゲト オーフ
げじゅん **下旬** gejun	*das* **Monatsende** モーナツエンデ	end of the month エンド オヴ ザ マンス

日	独	英
けしょう **化粧** keshou	*das* **Schminken** シュミンケン	makeup メイカプ
〜室	*die* **Toilette** トアレッテ	dressing room, bathroom ドレスィング ルーム, バスルーム
〜水	*die* **Lotion** ロツィオーン	skin lotion スキン ロウション
〜する	*sich*[4] **schminken** ‥シュミンケン	put on makeup プト オン メイカプ
〜品	*der* **Kosmetikartikel** コスメーティクアルティーケル	cosmetics カズメティクス
けす **消す** （文字などを） kesu	**radieren** ラディーレン	erase イレイス
（明かり・火を）	**aus|löschen, aus|ma-chen** アオスレッシェン, アオスマッヘン	put out プト アウト
（スイッチを）	**aus|machen** アオスマッヘン	turn off, switch off ターン オーフ, スウィチ オーフ
げすい **下水** gesui	*das* **Abwasser** アップヴァッサー	sewage water スーイヂ ウォータ
〜道	*die* **Kanalisation** カナリザツィオーン	drainage ドレイニヂ
けずる **削る** kezuru	**ab|schaben** アップシャーベン	shave, whittle シェイヴ, (ホ)ウィトル
（削減する）	**kürzen** キュルツェン	curtail カーテイル
けた **桁** （数の） keta	*die* **Stelle** シュテレ	figure, digit フィギャ, ディヂト
けちな **けちな** kechina	**geizig** ガイツィヒ	stingy スティンヂ

日	独	英
けちゃっぷ **ケチャップ** kechappu	*der*(*das*) **Ketchup,** *der*(*das*) **Ketschup** ケッチャプ，ケッチャプ	catsup, ketchup ケチャプ，ケチャプ
けつあつ **血圧** ketsuatsu	*der* **Blutdruck** ブルートドルック	blood pressure ブラド プレシャ
けつい **決意** ketsui	*der* **Entschluss** エントシュルス	resolution レゾルーション
〜する	*sich*[4] **entschließen** ‥ エントシュリーセン	make up one's mind メイク アプ マインド
けつえき **血液** ketsueki	*das* **Blut** ブルート	blood ブラド
けつえん **血縁** ketsuen	*die* **Blutsverwandtschaft** ブルーツフェアヴァントシャフト	blood relation ブラド リレイション
けっか **結果** kekka	*das* **Ergebnis** エアゲープニス	result リザルト
けっかく **結核** kekkaku	*die* **Tuberkulose** トゥベルクローゼ	tuberculosis テュバーキュロウスィス
けっかん **欠陥** kekkan	*der* **Fehler** フェーラー	defect, fault ディフェクト，フォールト
けっかん **血管** kekkan	*die* **Ader** アーダー	blood vessel ブラド ヴェスル
げっかんし **月刊誌** gekkanshi	*die* **Monatsschrift** モーナツシュリフト	monthly (maga- zine) マンスリ (マガズィーン)
げっきゅう **月給** gekkyuu	*das* **Monatsgehalt** モーナツゲハルト	(monthly) salary (マンスリ) サラリ
けっきょく **結局** kekkyoku	**schließlich** シュリースリヒ	after all, in the end アフタ オール，イン ズィ エン ド
けっきん **欠勤** kekkin	*die* **Abwesenheit** アップヴェーゼンハイト	absence アブセンス

日	独	英
けつごう **結合** ketsugou	*die* **Verbindung** フェアビンドゥング	union, combina-tion ユーニョン，カンビネイション
〜する	*mit et³* **verbinden** ミット‥フェアビンデン	unite, combine ユーナイト，コンバイン
けっこうな **結構な** kekkouna	**ausgezeichnet** アオスゲツァイヒネット	excellent, nice エクセレント，ナイス
けっこん **結婚** kekkon	*die* **Heirat,** *die* **Ehe** ハイラート，エーエ	marriage マリヂ
〜式	*die* **Hochzeit** ホッホツァイト	wedding ウェディング
〜する	**heiraten** ハイラーテン	(get) married (ゲト) マリド
けっさく **傑作** kessaku	*das* **Meisterwerk,** *das* **Meisterstück** マイスターヴェルク，マイスターシュテュック	masterpiece マスタピース
けっさん **決算** kessan	*die* **Abrechnung** アップレヒヌング	settlement of ac-counts セトルメント オヴ アカウンツ
けっして **決して** kesshite	**nie** ニー	never ネヴァ
げっしゃ **月謝** gessha	*das* **Monatshonorar** モーナツホノラール	monthly fee マンスリ フィー
げっしゅう **月収** gesshuu	*das* **Monatseinkommen** モーナツアインコメン	monthly income マンスリ インカム
けっしょう **決勝** kesshou	*das* **Finale** フィナーレ	final ファイナル
けっしょう **結晶** kesshou	*der* (*das*) **Kristall** クリスタル	crystal クリスタル
げっしょく **月食** gesshoku	*die* **Mondfinsternis** モーントフィンスターニス	eclipse of the moon イクリプス オヴ ザ ムーン

日	独	英
けっしん **決心** kesshin	*der* **Entschluss** エントシュルス	determination ディターミネイション
〜**する**	*sich⁴* **entschließen** ‥ エントシュリーセン	make up one's mind メイク **アプ マ**インド
けっせい **血清** kessei	*das* **Blutserum** ブルートゼールム	serum **ス**ィアラム
けっせき **欠席** kesseki	*die* **Abwesenheit** アップヴェーゼンハイト	absence **ア**ブセンス
〜**する**	**abwesend sein** アップヴェーゼント ザイン	(be) absent from (ビ) **ア**ブセント フラム
けつだん **決断** ketsudan	*die* **Entscheidung** エント**シャ**イドゥング	decision ディス**ィ**ジョン
〜**する**	*sich⁴ für*(*gegen*) *et⁴* **entscheiden** ‥ フーア(ゲーゲン) ‥ エント**シャ**イデン	decide ディ**サ**イド
けってい **決定** kettei	*die* **Entscheidung** エント**シャ**イドゥング	decision ディス**ィ**ジョン
〜**する**	**entscheiden** エント**シャ**イデン	decide ディ**サ**イド
けってん **欠点** ketten	*der* **Fehler**, *die* **Schwachstelle** フェーラー, シュ**ヴァ**ッハシュテレ	fault, weak point **フォ**ールト, **ウ**ィーク **ポ**イント
けっとう **血統** kettou	*die* **Abstammung** アップシュタムング	blood, lineage ブ**ラ**ド, **リ**ニイヂ
(動物の)	*der* **Stammbaum** シュ**タ**ムバオム	pedigree **ペ**ディグリー
けっぱく **潔白** keppaku	*die* **Unschuld** **ウ**ンシュルト	innocence **イ**ノセンス
げっぷ **げっぷ** geppu	*der* **Rülpser** **リュ**ルプサー	burp **バ**ープ

日	独	英
けっぺきな **潔癖な** keppekina	**reinlich** ラインリヒ	fastidious, clean ファスティディアス, クリーン
けつぼう **欠乏** ketsubou	*der* **Mangel** マンゲル	lack, shortage ラク, ショーティヂ
〜する	*an et³* **mangeln** アン‥マンゲルン	lack ラク
けつまつ **結末** ketsumatsu	*der* **Schluss** シュルス	end, result エンド, リザルト
げつまつ **月末** getsumatsu	*das* **Monatsende** モーナツエンデ	end of the month エンド オヴ ザ マンス
げつようび **月曜日** getsuyoubi	*der* **Montag** モンターク	Monday マンデイ
けつれつ **決裂** ketsuretsu	*der* **Abbruch** アップブルフ	rupture ラプチャ
けつろん **結論** ketsuron	*der* **Schluss**, *die* **Folgerung** シュルス, フォルゲルング	conclusion コンクルージョン
けなす **けなす** kenasu	**herab|setzen, schlecht reden** ヘラップゼッツェン, シュレヒト レーデン	speak ill of スピーク イル オヴ
けにあ **ケニア** kenia	(*das*) **Kenia** ケーニア	Kenya ケニャ
げねつざい **解熱剤** genetsuzai	*das* **Fiebermittel** フィーバーミッテル	antipyretic アンティパイレティク
けはい **気配** kehai	*das* **Anzeichen** アンツァイヒェン	sign, indication サイン, インディケイション
けびょう **仮病** kebyou	**vorgetäuschte Krankheit** フォーアゲトイシュテ クランクハイト	feigned illness フェインド イルネス
げひんな **下品な** gehinna	**vulgär, gemein** ヴルゲーア, ゲマイン	vulgar, coarse ヴァルガ, コース

日	独	英
けむい **煙い** kemui	**rauchig** ラオヒヒ	smoky スモウキ
けむし **毛虫** kemushi	*die* **Raupe** ラオペ	caterpillar キャタピラ
けむり **煙** kemuri	*der* **Rauch** ラオホ	smoke スモウク
げり **下痢** geri	*der* **Durchfall** ドゥルヒファル	diarrhea ダイアリア
げりら **ゲリラ** gerira	*die* **Guerilla** ゲリラ	guerrilla ゲリラ
ける **蹴る** keru	**treten** トレーテン	kick キク
げるまにうむ **ゲルマニウム** gerumaniumu	*das* **Germanium** ゲルマーニウム	germanium チャーメイニアム
げれつな **下劣な** geretsuna	**gemein** ゲマイン	mean, base ミーン，ベイス
げれんで **ゲレンデ** gerende	*die* **Skipiste**, *das* **Skige-lände** シーピステ，シーゲレンデ	(ski) slope (スキー) スロウプ
けわしい **険しい** kewashii	**steil** シュタイル	steep スティープ
（顔つきが）	**hart, streng** ハルト，シュトレング	severe スィヴィア
けん **券** ken	*die* **Karte** カルテ	ticket, coupon ティケト，クーパン
けん **県**　　（日本の）	*die* **Präfektur** プレフェクトゥーア	prefecture プリーフェクチャ
げん **弦**　　（楽器の）	*die* **Saite** ザイテ	string ストリング

日	独	英
（弓の）	*die* **Bogensehne** ボーゲンゼーネ	bowstring ボウストリング
けんあくな **険悪な** ken-akuna	**bedrohlich** ベドローリヒ	threatening スレトニング
げんあん **原案** gen-an	*der* **Entwurf** エントヴルフ	first draft ファースト ドラフト
けんい **権威** ken-i	*die* **Autorität** アオトリテート	authority, prestige アソーリティ，プレスティージ
げんいん **原因** gen-in	*die* **Ursache** ウーアザッヘ	cause, origin コーズ，オーリヂン
げんえい **幻影** gen-ei	*die* **Illusion** イルズィオーン	illusion イルージョン
けんえき **検疫** ken-eki	*die* **Quarantäne** カランテーネ	quarantine クウォランティーン
げんえき **現役** gen-eki	**aktiver Dienst** アクティーヴァー ディーンスト	active service アクティヴ サーヴィス
けんえつ **検閲** ken-etsu	*die* **Zensur** ツェンズーア	inspection, censor-ship インスペクション，センサシプ
けんか **喧嘩** （殴り合い） kenka	*die* **Rauferei** ラオフェライ	fight ファイト
（口論）	*der* **Streit** シュトライト	quarrel, dispute クウォレル，ディスピュート
～する	*mit j³* **streiten** ミット ‥ シュトライテン	quarrel with クウォレル ウィズ
げんか **原価** genka	*der* **Kostenpreis** コステンプライス	cost price コースト プライス
けんかい **見解** kenkai	*die* **Meinung,** *die* **Ansicht** マイヌング，アンズィヒト	opinion, view オピニョン，ヴュー

日	独	英
げんかい **限界** genkai	*die* **Grenze** グレンツェ	limit, bounds リミト，バウンツ
けんがくする **見学する** kengakusuru	**besichtigen** ベズィヒティゲン	inspect, visit インスペクト，ヴィズィト
げんかくな **厳格な** genkakuna	**streng** シュトレング	strict, rigorous ストリクト，リガラス
げんかしょうきゃく **減価償却** genkashoukyaku	*die* **Abschreibung** アップシュライブング	depreciation ディプリーシエイション
げんがっき **弦楽器** gengakki	*das* **Streichinstrument** シュトライヒインストルメント	stringed instru-ments ストリングド インストルメンツ
げんかん **玄関** genkan	*der* **Eingang** アインガング	entrance エントランス
げんきな **元気な** genkina	**lebhaft, gesund** レープハフト，ゲズント	spirited, lively スピリテド，ライヴリ
けんきゅう **研究** kenkyuu	*die* **Forschung** フォルシュング	study, research スタディ，リサーチ
～者	*der* (*die*) **Forscher(*in*)** フォルシャー(·シェリン)	student, scholar ステューデント，スカラ
～所	*das* **Forschungsinstitut** フォルシュングスインスティトゥート	laboratory ラボラトーリ
～する	**forschen** フォルシェン	research, study リサーチ，スタディ
けんきょな **謙虚な** kenkyona	**bescheiden** ベシャイデン	modest マデスト
けんきん **献金** kenkin	*die* **Spende** シュペンデ	donation ドウネイション
げんきん **現金** genkin	*das* **Bargeld** バールゲルト	cash キャシュ

日	独	英
げんきんする **厳禁する** genkinsuru	**streng verbieten** シュトレング フェアビーテン	forbid strictly フォビド ストリクトリ
げんけい **原型** genkei	*der* **Prototyp** プロトテュープ	prototype プロウトタイプ
げんけい **原形** genkei	*die* **Originalform** オリギナールフォルム	original form オリヂナル フォーム
けんけつ **献血** kenketsu	*die* **Blutspende** ブルートシュペンデ	blood donation ブラド ドゥネイション
けんげん **権限** kengen	*die* **Befugnis** ベフークニス	competence カンピテンス
げんご **言語** gengo	*die* **Sprache** シュプラーヘ	language ラングウィヂ
〜学	*die* **Linguistik** リングイスティク	linguistics リング**ウィ**スティクス
けんこう **健康** kenkou	*die* **Gesundheit** ゲ**ズ**ントハイト	health ヘルス
〜な	**gesund** ゲ**ズ**ント	healthy, sound ヘルスィ，**サ**ウンド
げんこう **原稿** genkou	*das* **Manuskript** マヌスクリプト	manuscript, draft マニュスクリプト，ドラフト
げんこうはん **現行犯** genkouhan	**in flagranti, auf frischer Tat** イン フラグ**ラ**ンティ，アオフ フ**リ**ッシャー **タ**ート	red-handed レドハンデド
げんこく **原告** genkoku	*der*(*die*) **Kläger**(*in*) ク**レ**ーガー(・ゲリン)	plaintiff プレインティフ
けんさ **検査** kensa	*die* **Untersuchung** ウンター**ズ**ーフング	inspection インス**ペ**クション
〜する	**prüfen, untersuchen** プ**リュ**ーフェン，ウンター**ズ**ーヘン	inspect, examine インス**ペ**クト，イグ**ザ**ミン

日	独	英
げんざいの **現在の** genzaino	*gegenwärtig* ゲーゲンヴェルティヒ	present プレズント
げんざいりょう **原材料** genzairyou	*das* **Rohmaterial** ロー マテリアール	raw material ロー マ**ティ**アリアル
けんさく **検索** kensaku	*das* **Nachschlagen** ナーハシュラーゲン	search, retrieval **サ**ーチ，リト**リ**ーヴァル
〜する	**nach|schlagen** ナーハシュラーゲン	search, retrieve **サ**ーチ，リト**リ**ーヴ
げんさく **原作** gensaku	*das* **Original** オリギ**ナ**ール	original オ**リ**ヂナル
げんさんち **原産地** gensanchi	*das* **Herkunftsland,** *der* **Herkunftsort** ヘーアクンフツラント，ヘーアクンフツオルト	place of origin プレイス オヴ **オ**リヂン
けんじ **検事** kenji	*der*(*die*) **Staatsanwalt** **(-wältin)** シュターツアンヴァルト(·ヴェルティン)	public prosecutor パブリク プ**ラ**スィキュータ
げんし **原子** genshi	*das* **Atom** ア**ト**ーム	atom **ア**トム
〜爆弾	*die* **Atombombe** ア**ト**ームボンベ	atomic bomb ア**タ**ミク **バ**ム
〜力	*die* **Atomkraft** ア**ト**ームクラフト	nuclear power **ニュ**ークリア **パ**ウア
〜炉	*der* **Atomreaktor** ア**ト**ームレアクトーア	nuclear reactor **ニュ**ークリア リ**ア**クタ
げんじつ **現実** genjitsu	*die* **Realität** レアリ**テ**ート	reality, actuality リ**ア**リティ，アクチュ**ア**リティ
〜の	**wirklich** **ヴィ**ルクリヒ	real, actual **リ**ーアル，**ア**クチュアル
けんじつな **堅実な** kenjitsuna	**solide** ゾ**リ**ーデ	steady ス**テ**ディ

日	独	英
げんしの **原始の** genshino	**primitiv** プリミティーフ	primitive プリミティヴ
げんしゅ **元首** genshu	*das* **Staatsoberhaupt** シュターツオーバーハオプト	sovereign サヴレン
けんしゅう **研修** kenshuu	*die* **Ausbildung,** *die* **Schu-lung** アオスビルドゥング, シュールング	study スタディ
〜生	*der/die* **Auszubildende** アオスツビルデンデ	trainee トレイニー
けんじゅう **拳銃** kenjuu	*die* **Pistole,** *der* **Revolver** ピストーレ, レヴォルヴァー	handgun, pistol ハンドガン, ピストル
げんじゅうしょ **現住所** genjuusho	**derzeitiger Wohnort** デーアツァイティガー ヴォーンオルト	present address プレズント アドレス
げんじゅうな **厳重な** genjuuna	**streng, genau** シュトレング, ゲナオ	strict, severe ストリクト, スィヴィア
けんしゅくな **厳粛な** genshukuna	**ernst, feierlich** エルンスト, ファイアーリヒ	grave, solemn グレイヴ, サレム
けんしょう **懸賞** kenshou	*das* **Preisausschreiben** プライスアオスシュライベン	prize プライズ
げんしょう **現象** genshou	*das* **Phänomen** フェノーメン	phenomenon フィナメノン
げんじょう **現状** genjou	**gegenwärtiger Zustand** ゲーゲンヴェルティガー ツーシュタント	present condition プレズント コンディション
げんしょうする **減少する** genshousuru	**ab|nehmen** アップネーメン	decrease, decline ディークリース, ディクライン
げんしょく **原色** genshoku	*die* **Grundfarbe** グルントファルベ	primary color プライメリ カラ
けんしん **検診** kenshin	**ärztliche Untersuchung** エーアツトリヒェ ウンターズーフング	medical examination メディカル イグザミネイション

日	独	英
けんしんてきに **献身的に** kenshintekini	**aufopfernd** アオフオプファーント	devotedly ディ**ヴォ**ウテドリ
げんぜい **減税** genzei	*die* **Steuererleichterung** シュトイアーエアライヒテルング	tax reduction **タ**クス リ**ダ**クション
げんせいりん **原生林** genseirin	*der* **Urwald** ウーアヴァルト	primeval forest プライ**ミ**ーヴァル **フォ**ーレスト
けんせつ **建設** kensetsu	*der* **Bau** バオ	construction コンスト**ラ**クション
〜する	**bauen** バオエン	construct コンスト**ラ**クト
けんぜんな **健全な** kenzenna	**gesund** ゲ**ズ**ント	sound **サ**ウンド
げんそ **元素** genso	*das* **Element** エレメント	element **エ**レメント
げんそう **幻想** gensou	*die* **Illusion**, *die* **Vision** イルズィ**オ**ーン, ヴィズィ**オ**ーン	illusion, vision イ**ル**ージョン, **ヴィ**ジョン
げんそく **原則** gensoku	*das* **Prinzip**, *der* **Grund-satz** プリン**ツィ**ープ, グ**ル**ントザッツ	principle プ**リ**ンスィプル
げんそくする **減速する** gensokusuru	*sich*[4] **verlangsamen** ‥ フェア**ラ**ングザーメン	slow down ス**ロ**ウ **ダ**ウン
けんそん **謙遜** kenson	*die* **Bescheidenheit** ベ**シャ**イデンハイト	modesty, humility **マ**デスティ, ヒュー**ミ**リティ
〜する	**bescheiden sein** ベ**シャ**イデン ザイン	(be) modest (ビ) **マ**デスト
げんだいの **現代の** gendaino	**gegenwärtig** ゲーゲンヴェルティヒ	modern **マ**ダン
げんち **現地** genchi	*der* **Ort**, *die* **Stelle** **オ**ルト, シュ**テ**レ	spot ス**パ**ト

日		独	英
けんちく **建築** kenchiku	（建物）	*der* **Bau** バオ	building ビルディング
	（建築術）	*die* **Architektur**, *die* **Bau-kunst** アルヒテク**トゥ**ーア，**バ**オクンスト	architecture **ア**ーキテクチャ
～家		*der*(*die*) **Architekt**(*in*) アルヒ**テ**クト(-ティン)	architect **ア**ーキテクト
けんちょな **顕著な** kenchona		**auffallend, bemerkens-wert** **ア**オッファレント，ベ**メ**ルケンスヴェーアト	remarkable リ**マ**ーカブル
げんてい **限定** gentei		*die* **Beschränkung** ベシュ**レ**ンクング	limitation リミ**テ**イション
～する		**beschränken** ベシュ**レ**ンケン	limit to **リ**ミト
げんてん **原典** genten		*der* **Urtext** **ウ**ーアテクスト	original text オ**リ**ヂナル **テ**クスト
げんてん **原点** genten		*der* **Ausgangspunkt** **ア**オスガングスプンクト	starting point ス**タ**ーティング **ポ**イント
げんてん **減点** genten		*der* **Punkteabzug** **プ**ンクテアップツーク	demerit mark ディー**メ**リト **マ**ーク
げんど **限度** gendo		*die* **Grenze** **グ**レンツェ	limit **リ**ミト
けんとう **検討** kentou		*die* **Untersuchung**, *die* **Überprüfung** ウンター**ズ**ーフング，ユーパープ**リュ**ーフング	examination, dis-cussion イグザミ**ネ**イション，ディス**カ**ション
～する		**untersuchen** ウンター**ズ**ーヘン	examine イグ**ザ**ミン
けんとう **見当** kentou	（推測）	*die* **Schätzung** **シェ**ッツング	guess **ゲ**ス
	（目標）	*das* **Ziel** **ツィ**ール	aim **エ**イム

日	独	英
げんどうりょく **原動力** gendouryoku	*die* **Triebkraft** トリープクラフト	motive power モウティヴ パウア
げんば **現場** genba	*der* **Tatort** タートオルト	site, scene サイト, スィーン
けんびきょう **顕微鏡** kenbikyou	*das* **Mikroskop** ミクロスコープ	microscope マイクロスコウプ
けんぶつ **見物** kenbutsu	*die* **Besichtigung** ベズィヒティグング	sightseeing サイトスィーイング
～する	**besichtigen** ベズィヒティゲン	see, visit スィー, ヴィズィト
げんぶん **原文** genbun	*der* **Originaltext** オリギナールテクスト	original text オリヂナル テクスト
けんぽう **憲法** kenpou	*die* **Verfassung** フェアファッスング	constitution カンスティテューション
げんぽん **原本** genpon	*das* **Original** オリギナール	original オリヂナル
げんみつな **厳密な** genmitsuna	**exakt, streng** エクサクト, シュトレング	strict, close ストリクト, クロウス
けんめいな **賢明な** kenmeina	**weise** ヴァイゼ	wise, prudent ワイズ, プルーデント
けんめいに **懸命に** kenmeini	**eifrig** アイフリヒ	eagerly, hard イーガリ, ハード
けんもん **検問** kenmon	*die* **Kontrolle** コントロレ	inspection, examination インスペクション, イグザミネイション
けんやくする **倹約する** ken-yakusuru	**sparen** シュパーレン	economize イカノマイズ
げんゆ **原油** gen-yu	*das* **Rohöl** ローエール	crude oil クルード オイル

日	独	英
けんり **権利** kenri	*das* **Recht** レヒト	right ライト
げんり **原理** genri	*das* **Prinzip** プリンツィープ	principle, theory プリンスィプル, スィオリ
げんりょう **原料** genryou	*das* **Material,** *der* **Roh-stoff** マテリアール, ローシュトフ	raw materials ロー マテイアリアルズ
けんりょく **権力** kenryoku	*die* **Macht,** *die* **Autorität** マハト, アオトリテート	power, authority パウア, オサリティ

こ, コ

こ **子** ko	*das* **Kind,** *das* **Sohn,** *die* **Tochter** キント, ゾーン, トホター	child, infant チャイルド, インファント
ご **五** go	**fünf** フュンフ	five ファイヴ
ご **語** go	*das* **Wort** ヴォルト	word, term ワード, ターム
こい **濃い** (色が) koi	**dunkel** ドゥンケル	dark, deep ダーク, ディープ
(味が)	**stark** シュタルク	strong ストロング
(密度が)	**dick, dicht** ディック, ディヒト	dense デンス
こい **恋** koi	*die* **Liebe** リーベ	love ラヴ
〜**する**	*sich⁴ in j⁴/et⁴* **verlieben** ‥ イン ‥ フェアリーベン	fall in love (with) フォール イン ラヴ (ウィズ)
ごい **語彙** goi	*der* **Wortschatz** ヴォルトシャッツ	vocabulary ヴォウキャビュレリ

日	独	英
こいしい **恋しい** koishii	*sich⁴ nach j³/et³* **sehnen,** **vermissen** ‥ナーハ ‥ゼーネン, フェアミッセン	miss, long for ミス, ローング フォ
こいぬ **子犬** koinu	*das* **Hündchen** ヒュントヒェン	puppy パピ
こいびと **恋人** koibito	*der(die)* **Freund(in),** *der/* *die* **Geliebte** フロイント(・ディン), ゲリープテ	sweetheart, lover スウィートハート, ラヴァ
こいん **コイン** koin	*die* **Münze** ミュンツェ	coin コイン
～ロッカー	*das* **Schließfach** シュリースファッハ	coin locker コイン ラカ
こうい **好意** koui	*das* **Wohlwollen,** *die* **Güte** ヴォールヴォレン, ギューテ	goodwill グドウィル
こうい **行為** koui	*die* **Tat** タート	act, action, deed アクト, アクション, ディード
ごうい **合意** goui	*die* **Einigung** アイニグング	agreement アグリーメント
こういしつ **更衣室** kouishitsu	*der* **Umkleideraum** ウムクライデラオム	changing room チェインヂング ルーム
こういしょう **後遺症** kouishou	*die* **Folgeerscheinung** フォルゲエアシャイヌング	aftereffect アフタリフェクト
ごうう **豪雨** gouu	*der* **Regenguss** レーゲングス	heavy rain ヘヴィ レイン
こううん **幸運** kouun	*das* **Glück** グリュック	fortune, luck フォーチュン, ラク
こうえい **光栄** kouei	*die* **Ehre** エーレ	honor, glory アナ, グローリ
こうえん **公園** kouen	*der* **Park** パルク	park パーク

日	独	英
こうえん **講演** kouen	*der* **Vortrag** フォーアトラーク	lecture レクチャ
～する	**einen Vortrag halten** アイネン フォーアトラーク ハルテン	lecture on レクチャ オン
こうおん **高音** kouon	**hoher Ton** ホーアー トーン	high tone ハイ トウン
ごうおん **轟音** gouon	*das* **Getöse** ゲテーゼ	roar ロー
こうか **効果** kouka	*die* **Wirkung**, *der* **Effekt** ヴィルクング, エフェクト	effect, efficacy イフェクト, エフィカスィ
こうかい **後悔** koukai	*die* **Reue** ロイエ	regret, remorse リグレト, リモース
～する	**bereuen** ベロイエン	regret リグレト
こうかい **航海** koukai	*die* **Seefahrt** ゼーファールト	navigation ナヴィゲイション
こうがい **公害** kougai	*die* **Umweltverschmutzung** ウムヴェルトフェアシュムッツング	pollution ポリューション
こうがい **郊外** kougai	*die* **Vorstadt**, *der* **Vorort** フォーアシュタット, フォーアオルト	suburbs サバーブス
こうかいする **公開する** koukaisuru	**veröffentlichen** フェアエッフェントリヒェン	open to the public オウプン トゥ ザ パブリク
こうがく **光学** kougaku	*die* **Optik** オプティク	optics アプティクス
ごうかく **合格** goukaku	*das* **Bestehen** ベシュテーエン	pass, success パス, サクセス
～する	**bestehen** ベシュテーエン	pass パス

日	独	英
こうかな **高価な** koukana	**teuer, kostbar** トイアー，コストバール	expensive, costly イクスペンスィヴ，コストリ
ごうかな **豪華な** goukana	**prächtig** プレヒティヒ	gorgeous, deluxe ゴーヂャス，デルクス
こうかん **交換** koukan	*der* **Austausch** アオスタオシュ	exchange イクスチェインヂ
〜する	**tauschen, um|tauschen** タオシェン，ウムタオシェン	exchange イクスチェインヂ
こうがんざい **抗癌剤** kouganzai	*das* **Krebsmedikament,** *das* **Krebsmittel** クレープスメディカメント，クレープスミッテル	anticancer agent アンティキャンサ エイヂェント
こうき （2学期制の） **後期** kouki	*das* **Wintersemester,** **zweites Semester** ヴィンターゼメスター，ツヴァイテス ゼメスター	second semester セカンド セメスタ
こうぎ **抗議** kougi	*der* **Protest** プロテスト	protest プロテスト
〜する	*gegen et⁴* **protestieren** ゲーゲン・・プロテスティーレン	protest against プロテスト アゲンスト
こうぎ **講義** kougi	*die* **Vorlesung** フォーアレーズング	lecture レクチャ
〜する	**eine Vorlesung halten** アイネ フォーアレーズング ハルテン	lecture レクチャ
こうきあつ **高気圧** koukiatsu	*der* **Hochdruck,** *das* **Hoch** ホーホドルック，ホーホ	high atmospheric pressure ハイ アトモスフェリク プレシャ
こうきしん **好奇心** koukishin	*die* **Neugier** ノイギーア	curiosity キュアリアスィティ
こうきな **高貴な** koukina	**edel** エーデル	noble ノウブル
こうきゅうな **高級な** koukyuuna	**erstklassig** エーアストクラスィヒ	high-end, luxury ハイエンド，ラクシャリ

日	独	英
こうきょ **皇居** koukyo	**kaiserlicher Palast** カイザーリヒャー パラスト	Imperial Palace インピアリアル パレス
こうぎょう **工業** kougyou	*die* **Industrie** インドゥストリー	industry インダストリ
〜地帯	*das* **Industriegebiet** インドゥストリーゲビート	industrial area インダストリアル エアリア
こうぎょう **鉱業** kougyou	*der* **Bergbau** ベルクバオ	mining マイニング
こうきょうきょく **交響曲** koukyoukyoku	*die* **Sinfonie** ズィンフォニー	symphony スィンフォニ
こうきょうの **公共の** koukyouno	**öffentlich** エッフェントリヒ	public, common パブリク, カモン
ごうきん **合金** goukin	*die* **Legierung** レギールング	alloy アロイ
こうぐ **工具** kougu	*das* **Werkzeug** ヴェルクツォイク	tool, implement トゥール, インプレメント
こうくうがいしゃ **航空会社** koukuugaisha	*die* **Fluggesellschaft** フルークゲゼルシャフト	airline エアライン
こうくうき **航空機** koukuuki	*das* **Flugzeug** フルークツォイク	aircraft エアクラフト
こうくうけん **航空券** koukuuken	*das* **Flugticket** フルークティケット	airline ticket エアライン ティケト
こうくうびん **航空便** koukuubin	*die* **Luftpost** ルフトポスト	airmail エアメイル
こうけい **光景** koukei	*der* **Anblick**, *die* **Ansicht** アンブリック, アンズィヒト	spectacle, scene スペクタクル, スィーン
こうげい **工芸** kougei	*das* **Kunstgewerbe** クンストゲヴェルベ	craft クラフト
ごうけい **合計** goukei	*die* **Summe** ズメ	sum, total サム, トゥタル

日	独	英
～する	zusammen|zählen ツザメンツェーレン	total, sum up ト**ウ**タル，**サ**ム **ア**プ
こうけいき **好景気** koukeiki	*die* **Hochkonjunktur** ホーホコンユンクトゥーア	prosperity, boom プラス**ペ**リティ，**ブ**ーム
こうけいしゃ **後継者** koukeisha	*der(die)* **Nachfolger(*in*)** ナーハフォルガー(-ゲリン)	successor サク**セ**サ
こうげき **攻撃** kougeki	*der* **Angriff** アングリフ	attack, assault ア**タ**ク，ア**ソ**ールト
～する	an|greifen アングライフェン	attack, charge ア**タ**ク，**チャ**ーヂ
こうけつあつ **高血圧** kouketsuatsu	hoher Blutdruck ホーアー ブルートドルック	high blood pressure **ハ**イ ブ**ラ**ド プ**レ**シャ
こうげん **高原** kougen	*die* **Hochebene** ホーホエーベネ	plateau プラ**ト**ウ
こうけんする **貢献する** koukensuru	*zu et³* bei|tragen ツー‥ バイトラーゲン	contribute to コント**リ**ビュト トゥ
こうこう **高校** koukou	*die* **Oberschule** オーバーシューレ	high school **ハ**イ ス**ク**ール
～生	*der(die)* **Oberschüler(*in*)** オーバーシューラー(-レリン)	high school student **ハ**イ ス**ク**ール ステ**ュ**ーデント
こうごう **皇后** kougou	*die* **Kaiserin** カイゼリン	empress **エ**ンプレス
こうこうする **孝行する** koukousuru	den Eltern Freude bereiten デン エルターン フロイデ ベライテン	(be) good to one's parents (ビ) グド トゥ ペ**ア**レンツ
こうこがく **考古学** koukogaku	*die* **Archäologie** アルヒェオロギー	archaeology アーキ**ア**ロヂ
こうこく **広告** koukoku	*die* **Anzeige**, *die* **Reklame** アンツァイゲ，レク**ラ**ーメ	advertisement アドヴァ**タ**イズメント

日	独	英
こうごに **交互に** kougoni	abwechselnd アップヴェクセルント	alternately オールタネトリ
こうさ **交差** kousa	*die* **Kreuzung** クロイツング	crossing クロースィング
～する	*sich⁴* **kreuzen** ‥クロイツェン	cross, intersect クロース, インタセクト
～点	*die* **Kreuzung** クロイツング	crossing, crossroads クロースィング, クロースロウヅ
こうざ **講座** kouza	*der* **Kurs** クルス	course コース
こうざ **口座** kouza	*das* **Konto** コント	account アカウント
こうさい **交際** kousai	*die* **Gesellschaft**, *der* **Umgang** ゲゼルシャフト, ウムガング	company, association カンパニ, アソウスィエイション
～する	*mit j³* **Umgang haben** ミット ‥ ウムガング ハーベン	associate with アソウシエイト ウィズ
こうさく **工作** kousaku	*die* **Handarbeit** ハントアルバイト	handicraft ハンディクラフト
～機械	*die* **Werkzeugmaschine** ヴェルクツォイクマシーネ	machine tool マシーン トゥール
～する	**konstruieren, basteln** コンストルイーレン, バステルン	engineer, make エンジニア, メイク
こうざん **鉱山** kouzan	*das* **Bergwerk** ベルクヴェルク	mine マイン
こうさんする **降参する** kousansuru	**kapitulieren** カピトゥリーレン	surrender to サレンダ トゥ
こうし **講師** koushi	*der*(*die*) **Redner**(*in*), *der*(*die*) **Dozent**(*in*) レードナー(-ネリン), ドツェント(-ティン)	lecturer レクチャラ

日	独	英
こうじ **工事** kouji	*der* **Bau** バオ	work, construction ワーク, コンストラクション
こうしきの **公式の** koushikino	**offiziell** オフィツィエル	official, formal オフィシャル, フォーマル
こうじつ **口実** koujitsu	*der* **Vorwand** フォーアヴァント	pretext, excuse プリーテクスト, イクスキュース
こうしゃ **後者** kousha	*der/die/das* **Letztere** レッツテレ	latter ラタ
こうしゃ **校舎** kousha	*das* **Schulgebäude** シュールゲボイデ	schoolhouse スクールハウス
こうしゅう **講習** koushuu	*der* **Kurs** クルス	course コース
こうしゅうの **公衆の** koushuuno	*die* **Öffentlichkeit** エッフェントリヒカイト	public パブリク
こうじゅつ **口述** koujutsu	*das* **Diktat** ディクタート	dictation ディクテイション
～する	**diktieren, mündlich dar|legen** ディクティーレン, ミュントリヒ ダーレーゲン	dictate ディクテイト
こうじょ **控除** koujo	*der* **Abzug**, *die* **Absetzung** アップツーク, アップゼッツング	deduction ディダクション
～する	**ab|ziehen, ab|setzen** アップツィーエン, アップゼッツェン	deduct ディダクト
こうしょう **交渉** koushou	*die* **Verhandlung** フェアハンドルング	negotiations ニゴウシエイションズ
～する	**verhandeln** フェアハンデルン	negotiate with ニゴウシエイト ウィズ
こうじょう **工場** koujou	*die* **Fabrik** ファブリーク	factory, plant ファクトリ, プラント

日	独	英
<ruby>高尚<rt>こうしょう</rt></ruby>な koushouna	**edel, geschmackvoll** エーデル, ゲシュマックフォル	noble, refined ノウブル, リファインド
<ruby>強情<rt>ごうじょう</rt></ruby>な goujouna	**hartnäckig** ハルトネッキヒ	obstinate ア**ブ**スティネト
<ruby>公証人<rt>こうしょうにん</rt></ruby> koushounin	*der* (*die*) **Notar**(*in*) ノタール(・リン)	notary ノウタリ
<ruby>高所恐怖症<rt>こうしょきょうふしょう</rt></ruby> koushokyoufushou	*die* **Höhenangst** ヘーエンアングスト	acrophobia, fear of heights アクロフォウビア, フィア オヴ ハイツ
<ruby>行進<rt>こうしん</rt></ruby> koushin	*der* **Marsch**, *die* **Parade** マルシュ, パラーデ	march, parade マーチ, パレイド
〜する	**marschieren** マルシーレン	march マーチ
<ruby>香辛料<rt>こうしんりょう</rt></ruby> koushinryou	*das* **Gewürz** ゲヴュルツ	spices スパイセズ
<ruby>香水<rt>こうすい</rt></ruby> kousui	*das* **Parfum**, *das* **Parfüm** パルファン, パルフューム	perfume パーフューム
<ruby>洪水<rt>こうずい</rt></ruby> kouzui	*das* **Hochwasser**, *die* **Flut** ホーホヴァッサー, フルート	flood, inundation フラド, イナンデイション
<ruby>恒星<rt>こうせい</rt></ruby> kousei	*der* **Fixstern** フィクスシュテルン	fixed star フィクスト スター
<ruby>構成<rt>こうせい</rt></ruby> kousei	*die* **Zusammensetzung** ツザメンゼッツング	composition カンポ**ズィ**ション
〜する	**zusammen|setzen** ツザメンゼッツェン	compose コンポウズ
<ruby>合成<rt>ごうせい</rt></ruby> gousei	*die* **Synthese** ズュンテーゼ	synthesis スィンセスィス
〜樹脂	*die* **Synthetik**, *das* **Kunstharz** ズュンテーティク, クンストハールツ	synthetic resin スィンセティク レズィン

日	独	英
～する	zusammen|setzen ツザメンゼッツェン	synthesize スィンセサイズ
こうせいな **公正な** kouseina	gerecht ゲレヒト	just, fair ヂャスト, フェア
こうせいぶっしつ **抗生物質** kouseibusshitsu	*das* **Antibiotikum** アンティビオーティクム	antibiotic アンティバイアティク
こうせき **鉱石** kouseki	*das* **Erz** エルツ	ore オー
こうせん **光線** kousen	*der* **Lichtstrahl** リヒトシュトラール	ray, beam レイ, ビーム
こうぜんと **公然と** kouzento	öffentlich エッフェントリヒ	openly, publicly オウプンリ, パブリクリ
こうそ **控訴** kouso	*die* **Berufung** ベルーフング	appeal アピール
こうそう **構想** kousou	*das* **Konzept** コンツェプト	plan, conception プラン, コンセプション
こうそう **香草** kousou	*das* **Kraut** クラオト	herb アーブ
こうぞう **構造** kouzou	*die* **Struktur**, *die* **Konstruktion** シュトルクトゥーア, コンストルクツィオーン	structure ストラクチャ
こうそうけんちく **高層建築** kousoukenchiku	*das* **Hochhaus** ホーホハオス	high-rise ハイライズ
こうそく **高速** kousoku	hohe Geschwindigkeit ホーエ ゲシュヴィンディヒカイト	high speed ハイ スピード
～道路	*die* **Autobahn** アオトバーン	expressway, freeway, ®motorway イクスプレスウェイ, フリーウェイ, モウタウェイ
こうたいし **皇太子** koutaishi	*der* **Kronprinz** クローンプリンツ	Crown Prince クラウン プリンス

日	独	英
こうたいする **交替[代]する** koutaisuru	**wechseln,** *sich*[4] **ab|lösen** ヴェクセルン, ‥ アップレーゼン	take turns テイク ターンズ
こうだいな **広大な** koudaina	**groß, weit** グロース, ヴァイト	vast, immense ヴァスト, イメンス
こうたく **光沢** koutaku	*der* **Glanz** グランツ	luster, gloss ラスタ, グロス
こうちゃ **紅茶** koucha	*der* **Tee** テー	(black) tea (ブラク) ティー
こうちょう **校長** kouchou	*der(die)* **Schuldirektor(in),** *der(die)* **Rektor(in)** シュールディレクトーア(-トーリン), レクトーア (-トーリン)	principal, ⒝head- master プリンスィパル, ヘドマスタ
こうちょうな **好調な** kouchouna	**gut in Form sein, in gu-** **ter Form sein** グート イン フォルム ザイン, イン グーター フォルム ザイン	in good condition イン グド コンディション
こうつう **交通** (往来) koutsuu	*der* **Verkehr** フェアケーア	traffic トラフィク
(輸送)	*der* **Transport** トランスポルト	transport トランスポート
〜事故	*der* **Verkehrsunfall** フェアケーアスウンファル	traffic accident トラフィク アクスィデント
こうてい **皇帝** koutei	*der* **Kaiser** カイザー	emperor エンペラ
こうていする **肯定する** kouteisuru	**bejahen** ベヤーエン	affirm アファーム
こうていぶあい **公定歩合** kouteibuai	*der* **Diskontsatz** ディスコントザッツ	bank rate バンク レイト
こうてきな **公的な** koutekina	**öffentlich** エッフェントリヒ	official, public オフィシャル, パブリク
こうてつ **鋼鉄** koutetsu	*der* **Stahl** シュタール	steel スティール

日	独	英
こうてんする **好転する** koutensuru	*sich⁴* **bessern** ‥ベッサーン	turn for the better **ター**ン フォ ザ **ベ**ター
こうど **高度** koudo	*die* **Höhe** ヘーエ	altitude **ア**ルティテュード
こうとう **高騰** koutou	**plötzlicher Anstieg** プ**レ**ッツリヒャー **ア**ンシュティーク	sudden rise **サ**ドン **ラ**イズ
～する	**plötzlich an|steigen** プ**レ**ッツリヒ **ア**ンシュタイゲン	rise sharply **ラ**イズ **シャー**プリ
こうどう **行動** koudou	*die* **Tat,** *das* **Verhalten** **ター**ト, フェア**ハ**ルテン	action, conduct **ア**クション, **カ**ンダクト
～する	**handeln** **ハ**ンデルン	act **ア**クト
こうどう **講堂** koudou	*die* **Aula** **ア**オラ	hall, auditorium **ホー**ル, オーディ**トー**リアム
ごうとう **強盗** goutou	*der*(*die*) **Räuber**(*in*), *der* (*die*) **Einbrecher**(*in*) **ロ**イバー(-・**ベ**リン), **ア**インブレッヒャー(-・ヒェ リン)	robber, burglar **ラ**バ, **バー**グラ
ごうどう **合同** goudou	*die* **Vereinigung** フェア**ア**イニグング	union **ユー**ニョン
こうとうな **高等な** koutouna	**hoch** **ホー**ホ	advanced, high- grade アド**ヴァ**ンスト, **ハ**イグレイド
こうとうがっこう **高等学校** koutougakkou	*die* **Oberschule** **オー**バーシューレ	high school **ハ**イ ス**クー**ル
こうとうさいばんしょ **高等裁判所** koutousaibansho	**höheres Gericht** **ヘー**エレス ゲ**リ**ヒト	high court **ハ**イ **コー**ト
こうとうの **口頭の** koutouno	**mündlich** **ミュ**ントリヒ	oral, verbal **オー**ラル, **ヴァー**バル
こうどくりょう **購読料** koudokuryou	*der* **Abonnementpreis** アボネ**マー**ンプライス	subscription charge サブス**ク**リプション **チャー**ヂ

日	独	英
こうないえん **口内炎** kounaien	*die* **Stomatitis,** *die* **Entzündung der Mundschleimhaut** シュトマティーティス, エントツュンドゥング デア ムントシュライムハオト	mouth ulcer, stomatitis マウス アルサ, ストウマタイティス
こうにゅうする **購入する** kounyuusuru	**kaufen** カオフェン	purchase, buy パーチェス, バイ
こうにん **後任** kounin	*der*(*die*) **Nachfolger(***in***)** ナーハフォルガー(-ゲリン)	successor サクセサ
こうにんの **公認の** kouninno	**offiziell** オフィツィエル	official, approved オフィシャル, アプルーヴド
こうねん **光年** kounen	*das* **Lichtjahr** リヒトヤール	light-year ライトイヤー
こうはい **後輩** kouhai	*der* **Nachwuchs** ナーハヴクス	junior ヂューニア
こうばしい **香ばしい** koubashii	**duftend** ドゥフテント	fragrant フレイグラント
こうはん **後半** kouhan	**zweite Hälfte** ツヴァイテ ヘルフテ	latter half ラタ ハフ
こうばん **交番** kouban	*die* **Polizeiwache** ポリツァイヴァッヘ	(small) police station, Ⓑpolice box (スモール) ポリース ステイション, ポリース ボクス
こうひょうの **好評の** kouhyouno	**beliebt** ベリープト	popular パピュラ
こうふく **幸福** koufuku	*das* **Glück** グリュック	happiness ハピネス
～な	**glücklich** グリュックリヒ	happy ハピ
こうぶつ **好物** koubutsu	*das* **Lieblingsessen** リープリングスエッセン	favorite food フェイヴァリト フード
こうぶつ **鉱物** koubutsu	*das* **Mineral** ミネラール	mineral ミネラル

日	独	英
こうふん **興奮** koufun	*die* **Aufregung** アオフレーグング	excitement イクサイトメント
〜する	*sich*[4] **auf|regen** ‥ **ア**オフレーゲン	(be) excited (ビ) イクサイテド
こうぶん **構文** koubun	*der* **Satzbau** ザッツバオ	construction コンストラクション
こうぶんしょ **公文書** koubunsho	*die* **Akte** アクテ	official document オフィシャル ダキュメント
こうへいな **公平な** kouheina	**gerecht** ゲレヒト	fair, impartial フェア, インパーシャル
ごうべんじぎょう **合弁事業** goubenjigyou	*das* **Joint Venture** ジョイント ヴェンチャー	joint venture ヂョイント ヴェンチャ
こうほ **候補** kouho	*der*(*die*) **Kandidat**(*in*) カンディダート(-ティン)	candidate キャンディデイト
〜者	*der*(*die*) **Kandidat**(*in*) カンディダート(-ティン)	candidate キャンディデイト
こうぼ **酵母** koubo	*die* **Hefe** ヘーフェ	yeast, leaven イースト, レヴン
こうほう **広報** kouhou	*die* **Information** インフォルマツィオーン	public information パブリク インフォメイション
ごうほうてきな **合法的な** gouhoutekina	**legal** レガール	legal リーガル
ごうまんな **傲慢な** goumanna	**arrogant** アロガント	haughty ホーティ
こうみゃく **鉱脈** koumyaku	*die* **Erzader** エルツアーダー	vein of ore ヴェイン オヴ オー
こうみょうな **巧妙な** koumyouna	**geschickt** ゲシックト	skillful, dexterous スキルフル, デクストラス
こうむ **公務** koumu	*die* **Amtsgeschäfte** アムツゲシェフテ	official duties オフィシャル デューティズ

日	独	英
〜員	*der* (*die*) **Beamte(-*in*)** ベアムテ(-ティン)	public official パブリク オフィシャル
こうむる **被る** koumuru	**erleiden** エアライデン	receive, incur リスィーヴ, インカー
こうもく **項目** koumoku	*der* **Artikel** アルティーケル	item, clause アイテム, クローズ
こうもん **校門** koumon	*der* **Schuleingang** シュールアインガング	school gate スクール ゲイト
ごうもん **拷問** goumon	*die* **Folter,** *die* **Folterung** フォルター, フォルテルング	torture トーチャ
こうや **荒野** kouya	*die* **Wildnis** ヴィルトニス	wilds ワイルヅ
こうらく **行楽** kouraku	*der* **Ausflug** アオスフルーク	outing アウティング
〜客	*der* (*die*) **Tourist(*in*)** トゥリスト(-ティン)	vacationer, Ⓑholi- daymaker ヴェイケイショナ, ホリデイメ イカ
こうり **小売り** kouri	*der* **Einzelhandel** アインツェルハンデル	retail リーテイル
〜する	**im Einzelhandel verkau- fen** イム アインツェルハンデル フェアカオフェン	retail リーテイル
ごうりか **合理化** gourika	*die* **Rationalisierung** ラツィオナリズィールング	rationalization ラショナリゼイション
こうりつ **効率** kouritsu	*die* **Effizienz** エフィツィエンツ	efficiency イフィシェンスィ
〜的な	**effizient** エフィツィエント	efficient イフィシェント
ごうりてきな **合理的な** gouritekina	**rational** ラツィオナール	rational ラショナル

日	独	英
こうりゅう 交流 kouryuu	*der* **Austausch** アオスタオシュ	exchange イクス**チェ**インヂ
～する	aus|tauschen アオスタオシェン	exchange イクス**チェ**インヂ
（電流の）	*der* **Wechselstrom** ヴェクセルシュトローム	alternating current **オ**ールタネイティング **カ**ーレント
ごうりゅう 合流 gouryuu	*der* **Zusammenfluss** ツザメンフルス	confluence **カ**ンフルーエンス
～点	*die* **Mündung**, *der* **Zusammenfluss** ミュンドゥング，ツザメンフルス	point of confluence, meeting point **ポ**イント オヴ **カ**ンフルーエンス，**ミ**ーティング **ポ**イント
こうりょうとした 荒涼とした kouryoutoshita	öde エーデ	desolate **デ**ソレト
こうりょく 効力 （効果・効能） kouryoku	*die* **Wirkung** ヴィルクング	effect, efficacy イ**フェ**クト，**エ**フィカスィ
こうりょする 考慮する kouryosuru	erwägen, berücksichtigen エア**ヴェ**ーゲン，ベ**リュ**ックズィヒティゲン	consider コン**スィ**ダ
こうれい 高齢 kourei	hohes Alter ホーエス アルター	advanced age アド**ヴァ**ンスト **エ**イヂ
～化社会	alternde Gesellschaft アルターンデ ゲゼルシャフト	aging society **エ**イヂング ソ**サ**イエティ
こえ 声 koe	*die* **Stimme** シュ**ティ**メ	voice **ヴォ**イス
こえる 越える koeru	hinüber|gehen ヒニューバーゲーエン	go over, cross **ゴ**ウ **オ**ウヴァ，ク**ロ**ース
こえる 超える koeru	überschreiten ユーバーシュ**ラ**イテン	exceed, pass イク**スィ**ード，**パ**ス
ごーぐる ゴーグル googuru	*die* **Schutzbrille** **シュ**ッツブリレ	goggles **ガ**グルズ

日	独	英
こーち **コーチ** koochi	*der*(*die*) **Trainer(*in*)** トレーナー(-ネリン)	coach, trainer コウチ，トレイナ
こーと **コート** (球技の)	*das* **Spielfeld** シュピールフェルト	court コート
kooto		
(洋服の)	*der* **Mantel** マンテル	coat コウト
こーど **コード** (暗号)	*der* **Code** コート	code コウド
koodo		
(電線)	*die* **Schnur** シュヌーア	cord コード
こーなー **コーナー** koonaa	*die* **Ecke** エッケ	corner コーナ
こーひー **コーヒー** koohii	*der* **Kaffee** カフェ	coffee コーフィ
〜ショップ	*das* **Café** カフニー	coffee shop コーフィ シャプ
こーら **コーラ** koora	*das*(*die*) **Cola** コラ	Coke, cola コウク，コウラ
こーらす **コーラス** koorasu	*der* **Chor** コーア	chorus コーラス
こおり **氷** koori	*das* **Eis** アイス	ice アイス
こおる **凍る** kooru	**frieren** フリーレン	freeze フリーズ
ごーる **ゴール** gooru	*das* **Ziel**, *das* **Tor** ツィール，トーア	goal ゴウル
〜キーパー	*der*(*die*) **Torwart(*in*)** トーアヴァルト(-ティン)	goalkeeper ゴウルキーパ
〜キック	*der* **Abstoß** アップシュトース	goal kick ゴウル キク

日	独	英
ごかい **誤解** gokai	*das* **Missverständnis** ミスフェアシュテントニス	misunderstanding ミスアンダス**タ**ンディング
～する	**missverstehen** ミスフェアシュテーエン	misunderstand ミスアンダス**タ**ンド
こがいしゃ **子会社** kogaisha	*die* **Tochtergesellschaft** トホターゲゼルシャフト	subsidiary サブ**ス**ィディエリ
こかいん **コカイン** kokain	*das* **Kokain** コカ**イ**ーン	cocaine コウ**ケ**イン
ごがく **語学** gogaku	*das* **Sprachstudium** シュプラーハシュトゥーディウム	language study **ラ**ングウィチ ス**タ**ディ
ごかくけい **五角形** gokakukei	*das* **Fünfeck** フュンフエック	pentagon **ペ**ンタガン
こがす **焦がす** kogasu	**anbrennen lassen** アンブレネン ラッセン	burn, scorch **バ**ーン，ス**コ**ーチ
こがたの **小型の** kogatano	**klein** ク**ラ**イン	small, compact ス**モ**ール，コン**パ**クト
ごがつ **五月** gogatsu	*der* **Mai** マイ	May **メ**イ
ごかん **五感** gokan	**fünf Sinne** *pl.* フュンフ **ズ**ィネ	(the) five senses (ザ) **ファ**イヴ **セ**ンセズ
ごかんせいのある **互換性のある** gokanseinoaru	**kompatibel** コンパ**ティ**ーベル	compatible コン**パ**ティブル
こぎって **小切手** kogitte	*der* **Scheck** シェック	check, Ⓑchequecheque **チェ**ク，**チェ**ク
ごきぶり **ゴキブリ** gokiburi	*die* **Kakerlake,** *die* **Küchenschabe** カーカーラク，**キュ**ッヒェンシャーベ	cockroach **カ**クロウチ
こきゃく **顧客** kokyaku	*der*(*die*) **Kunde(-*in*)** **ク**ンデ(- ディン)	customer, client **カ**スタマ，ク**ラ**イエント

日	独	英
こきゅう **呼吸** kokyuu	*der* **Atem** アーテム	respiration レスピレイション
～する	**atmen** アートメン	breathe ブリーズ
こきょう **故郷** kokyou	*die* **Heimat** ハイマート	home town, home ホウム **タ**ウン, ホウム
こぐ **漕ぐ** kogu	**rudern** ルーダーン	row ラウ
ごく **語句** goku	*die* **Wörter** *pl.*, *die* **Wendungen** *pl.* ヴェルター, ヴェンドゥンゲン	words ワーヅ
こくえいの **国営の** kokueino	**staatlich** シュタートリヒ	state-run, ⒷGovernment-run ステイトラン, **ガ**ヴァメントラン
こくおう **国王** kokuou	*der* **König** ケーニヒ	king, monarch キング, **マ**ナク
こくがいに **国外に** kokugaini	**im Ausland** イム **ア**オスラント	abroad アブロード
こくぎ **国技** kokugi	*der* **Nationalsport** ナツィオ**ナ**ールシュポルト	national sport **ナ**ショナル スポート
こくさいけっこん **国際結婚** kokusaikekkon	**internationale Heirat**, *die* **Mischehe** インターナツィオ**ナ**ーレ ハイラート, ミッシュエーエ	international marriage インタ**ナ**ショナル **マ**リヂ
こくさいせん **国際線** kokusaisen	**internationale Fluglinie** インターナツィオ**ナ**ーレ フ**ル**ークリーニエ	international airline インタ**ナ**ショナル **エ**アライン
こくさいてきな **国際的な** kokusaitekina	**international** インターナツィオ**ナ**ール	international インタ**ナ**ショナル
こくさいでんわ **国際電話** kokusaidenwa	*das* **Auslandsgespräch** **ア**オスランツゲシュプレーヒ	international telephone call インタ**ナ**ショナル **テ**レフォウン コール

日	独	英
こくさいほう **国際法** kokusaihou	**internationales Recht**, *das* **Völkerrecht** インターナツィオナーレス レヒト, フェルカーレヒト	international law インタナショナル ロー
こくさんの **国産の** kokusanno	**einheimisch** アインハイミシュ	domestically produced ドメスティカリ プロデュースト
こくせき **国籍** kokuseki	*die* **Nationalität**, *die* **Staatsangehörigkeit** ナツィオナリテート, シュターツアンゲヘーリヒカイト	nationality ナショナリティ
こくそする **告訴する** kokusosuru	**an|klagen** アンクラーゲン	accuse アキューズ
こくちする **告知する** kokuchisuru	**an|kündigen** アンキュンディゲン	notify ノウティファイ
こくどう **国道** kokudou	*die* **Bundesstraße**, *die* **Staatsstraße** ブンデスシュトラーセ, シュターツシュトラーセ	national highway ナショナル ハイウェイ
こくないせん **国内線** kokunaisen	*die* **Inlandsflüge** インランツフリューゲ	domestic ドメスティク
こくないの **国内の** kokunaino	**inländisch** インレンディシュ	domestic ドメスティク
こくはくする **告白する** kokuhakusuru	**gestehen** ゲシュテーエン	confess コンフェス
こくはつする **告発する** kokuhatsusuru	**an|zeigen, an|klagen** アンツァイゲン, アンクラーゲン	accuse アキューズ
こくふくする **克服する** kokufukusuru	**überwinden** ユーバーヴィンデン	conquer, overcome カンカ, オウヴァカム
こくべつしき **告別式** kokubetsushiki	*die* **Trauerfeier** トラオアーファイアー	farewell service フェアウェル サーヴィス
こくほう **国宝** kokuhou	*der* **Staatsschatz** シュターツシャッツ	national treasure ナショナル トレジャ
こくぼう **国防** kokubou	*die* **Landesverteidigung** ランデスフェアタイディグング	national defense ナショナル ディフェンス

日	独	英
こくみん **国民** kokumin	*das* **Volk**, *der (die)* **Staatsbürger(in)** フォルク, シュターツビュルガー(-ゲリン)	nation, people ネイション, ピープル
〜の	**national** ナツィオナール	national ナショナル
こくもつ **穀物** kokumotsu	*das* **Getreide** ゲトライデ	grain, corn グレイン, コーン
こくゆうの **国有の** kokuyuuno	**staatlich** シュタートリヒ	national ナショナル
こくりつの **国立の** kokuritsuno	**staatlich** シュタートリヒ	national, state ナショナル, ステイト
こくれん **国連** kokuren	**die Vereinten Nationen (VN)** *pl.*, **die UNO** ディー フェアアインテン ナツィオーネン (ファオエン), ウーノ	UN, United Nations ユーエン, ユーナイテド ネイションズ
こけ **苔** koke	*das* **Moos** モース	moss モス
こげる **焦げる** kogeru	**an|brennen, verbrennen** アンブレネン, フェアブレネン	burn バーン
ここ **ここ** koko	**hier** ヒーア	here, this place ヒア, ズィス プレイス
こご **古語** kogo	**veraltetes Wort** フェアアルテテス ヴォルト	archaic words アーケイイク ワーヅ
ごご **午後** gogo	*der* **Nachmittag** ナーハミッターク	afternoon アフタヌーン
ここあ **ココア** kokoa	*der* **Kakao** カカオ	cocoa コウコウ
こごえる **凍える** kogoeru	**frieren** フリーレン	freeze フリーズ
ここちよい **心地よい** kokochiyoi	**gemütlich** ゲミュートリヒ	comfortable カンフォタブル

日	独	英
こごと **小言** kogoto	*die* **Schimpfe,** *die* **Schelte** シムプフェ, シェルテ	scolding スコウルディング
ここなつ **ココナツ** kokonatsu	*die* **Kokosnuss** コーコスヌス	coconut コウコナト
こころ **心** (意向) kokoro	*die* **Absicht** アップズィヒト	intention, will インテンション, ウィル
(感情)	*das* **Gefühl** ゲフュール	feeling フィーリング
(心情)	*das* **Herz** ヘルツ	mind, heart マインド, ハート
(精神)	*der* **Geist,** *die* **Seele** ガイスト, ゼーレ	spirit スピリト
こころえる **心得る** kokoroeru	**wissen, kennen** ヴィッセン, ケネン	know, understand ノウ, アンダスタンド
こころがける **心がける** kokorogakeru	*sich³* **merken,** *an et⁴* **denken** ‥メルケン, アン‥デンケン	bear in mind ベア イン マインド
こころがまえ **心構え** kokorogamae	*die* **Einstellung,** *die* **Bereitschaft** アインシュテルング, ベライトシャフト	preparation プレパレイション
こころざし **志** kokorozashi	*der* **Wille** ヴィレ	will, intention ウィル, インテンション
こころざす **志す** kokorozasu	**beabsichtigen,** *auf et⁴* **zielen** ベアップズィヒティゲン, アオフ‥ツィーレン	intend, aim インテンド, エイム
こころぼそい **心細い** kokorobosoi	**verlassen, hoffnungslos** フェアラッセン, ホフヌングスロース	forlorn, disheartening フォローン, ディスハートニング
こころみる **試みる** kokoromiru	**versuchen, probieren** フェアズーヘン, プロビーレン	try, attempt トライ, アテンプト
こころよい **快い** kokoroyoi	**angenehm** アンゲネーム	pleasant, agreeable プレザント, アグリーアブル

日	独	英
こころよく **快く** kokoroyoku	**mit Freude** ミット フロイデ	with pleasure ウィズ プレジャ
こさめ **小雨** kosame	**leichter Regen** ライヒター レーゲン	light rain ライト レイン
こざら **小皿** kozara	**kleiner Teller** クライナー テラー	small plate スモール プレイト
ごさん **誤算** gosan	*der* **Rechenfehler**, *die* **Fehleinschätzung** レッヒェンフェーラー, フェールアインシェッツング	misjudgment ミスチャヂメント
こし **腰** koshi	*die* **Taille**, *die* **Hüfte** タリエ, ヒュフテ	waist ウェイスト
こじ **孤児** koji	*die* **Waise** ヴァイゼ	orphan オーファン
こしかける **腰掛ける** koshikakeru	*sich⁴* **setzen** .. ゼッツェン	sit, sit down スィト, スィト ダウン
こしつ **個室** koshitsu	*das* **Einzelzimmer** アインツェルツィマー	private room プライヴェト ルーム
ごしっくようしき **ゴシック様式** goshikkuyoushiki	*die* **Gotik** ゴティク	Gothic ガスィク
こしつする **固執する** koshitsusuru	*auf et³* **bestehen** アオフ .. ベシュテーエン	persist パスィスト
ごじゅう **五十** gojuu	**fünfzig** フュンフツィヒ	fifty フィフティ
こしょう **胡椒** koshou	*der* **Pfeffer** プフェッファー	pepper ペパ
こしょうする **故障する** koshousuru	**kaputt gehen** カプット ゲーエン	break down ブレイク ダウン
こじん **個人** kojin	*das* **Individuum**, *der/die* **Einzelne** インディヴィードゥウム, アインツェルネ	individual インディヴィデュアル

日	独	英
～主義	*der* **Individualismus** インディヴィドゥアリスムス	individualism インディヴィデュアリズム
～的な	**persönlich** ペルゼーンリヒ	individual, person-al インディ**ヴィ**デュアル，**パ**ーソナル
こす 越[超]す kosu	**überschreiten** ユーバーシュライテン	exceed, pass イク**スィ**ード，**パ**ス
こすと コスト kosuto	*die* **Kosten** *pl.* コステン	cost コースト
こする 擦る kosuru	**reiben, streichen** ライベン，シュト**ラ**イヒェン	rub **ラ**ブ
こせい 個性 kosei	*die* **Persönlichkeit** ペルゼーンリヒカイト	individuality, char-acteristics インディヴィデュア**リ**ティ，**キャ**ラクタリスティク
～的な	**individuell, einzigartig** インディヴィドゥ**エ**ル，**ア**インツィヒ**アー**ルティヒ	unique, distinctive ユ**ニー**ク，ディス**ティ**ンクティヴ
こせき 戸籍 koseki	*das* **Personenstandsre-gister** ペル**ゾ**ーネンシュタンツレギスター	family register **ファ**ミリ **レ**ヂスタ
こぜに 小銭 kozeni	*das* **Kleingeld** ク**ラ**インゲルト	change, coins **チェ**インヂ，**コ**インズ
～入れ	*das* **Portemonnaie,** *der* **Geldbeutel** ポルトモネー，**ゲ**ルトボイテル	coin purse, Ⓑpurse **コ**イン **パ**ース，**パ**ース
ごぜん 午前 gozen	*der* **Morgen,** *der* **Vormit-tag** **モ**ルゲン，**フォ**ーアミッタ―ク	morning **モ**ーニング
～中	**morgens, vormittags** **モ**ルゲンス，**フォ**ーアミッタ―クス	during the morn-ing デュ**ア**リング ザ **モ**ーニング
こたい 固体 kotai	*der* **Festkörper** **フェ**ストケルパー	solid **サ**リド
こだい 古代 kodai	*die* **Antike,** *das* **Altertum** アン**ティ**ーケ，**ア**ルタートゥーム	antiquity アン**ティ**クウィティ

日	独	英
~の	**antik** アンティーク	ancient エインシェント
こたえ **答え** （解答） kotae	*die* **Lösung** レーズング	solution ソルーション
（回答・返事）	*die* **Antwort** アントヴォルト	answer, reply アンサ, リプライ
こたえる **応える** （応じる） kotaeru	**entsprechen** エントシュプレッヒェン	respond to, meet リスパンド トゥ, ミート
（反応する）	**reagieren** レアギーレン	respond リスパンド
こたえる **答える** kotaeru	*auf et⁴* **antworten** アオフ‥ **ア**ントヴォルテン	answer, reply **ア**ンサ, リプライ
こだわる **こだわる** kodawaru	*auf et⁴* **besonderen Wert** **legen** アオフ‥ベゾンデレン **ヴェ**ーアト レーゲン	(be) particular about (ビ) パ**ティ**キュラ アバウト
こちょう **誇張** kochou	*die* **Übertreibung** ユーバートライブング	exaggeration イグザチャ**レ**イション
~する	**übertreiben** ユーバートライベン	exaggerate イグ**ザ**チャレイト
こつ **こつ** （要領） kotsu	*der* **Kniff** ク**ニ**フ	knack **ナ**ク
こっか **国家** kokka	*der* **Staat** シュ**タ**ート	state ス**テ**イト
こっか **国歌** kokka	*die* **Nationalhymne** ナツィオ**ナ**ールヒュムネ	national anthem **ナ**ショナル **ア**ンセム
こっかい **国会** kokkai	*das* **Parlament** パルラメント	Parliament, Diet **パ**ーラメント, **ダ**イエット
こづかい **小遣い** kozukai	*das* **Taschengeld** **タ**ッシェンゲルト	pocket money **パ**ケト **マ**ニ

日	独	英
こっかく **骨格** kokkaku	der **Körperbau** ケルパーバオ	frame, build フレイム, ビルド
こっき **国旗** kokki	die **Nationalflagge** ナツィオナールフラッゲ	national flag ナショナル フラグ
こっきょう **国境** kokkyou	die **Landesgrenze** ランデスグレンツェ	frontier フランティア
こっく **コック** kokku	der **Koch**, die **Köchin** コッホ, ケッヒン	cook クク
こっこう **国交** kokkou	diplomatische **Beziehun- gen** pl. ディプロマーティシェ ベツィーウンゲン	diplomatic rela- tions ディプロマティク リレイション ズ
ごつごつした **ごつごつした** gotsugotsushita	**rau, schroff** ラオ, シュロフ	rugged, rough ラゲド, ラフ
こつずい **骨髄** kotsuzui	das **Knochenmark** クノッヘンマルク	bone marrow ボウン マロウ
こっせつ **骨折** kossetsu	der **Knochenbruch** クノッヘンブルフ	fracture フラクチャ
〜する	sich³ einen Knochen bre- chen .. アイネン クノッヘン ブレッヒェン	break a bone, frac- ture a bone ブレイク ア ボウン, フラクチャ ア ボウン
こっそり **こっそり** kossori	**heimlich, insgeheim** ハイムリヒ, インスゲハイム	quietly, in secret クワイエトリ, イン スィークレ ト
こづつみ **小包** kozutsumi	das **Paket**, das **Päckchen** パケート, ペックヒェン	parcel パースル
こっとうひん **骨とう品** kottouhin	die **Antiquität** アンティクヴィテート	curio, antique キュアリオウ, アンティーク
こっぷ **コップ** koppu	das **Glas** グラース	glass グラス
こていする **固定する** koteisuru	**befestigen, fixieren** ベフェスティゲン, フィクスィーレン	fix フィクス

日	独	英
こてん **古典** koten	*die* **Klassik** クラスィク	classic クラスィク
〜的な	**klassisch** クラスィシュ	classic クラスィク
こと **事** koto	*das* **Ding**, *die* **Sache** ディング, ザッヘ	matter, thing, affair マタ, スィング, アフェア
こどく **孤独** kodoku	*die* **Einsamkeit** アインザームカイト	solitude サリテュード
〜な	**einsam** アインザーム	solitary サリテリ
ことし **今年** kotoshi	**dieses Jahr** ディーゼス ヤール	this year ズィス イア
ことづけ **言付け** kotozuke	*die* **Botschaft** ボートシャフト	message メスィヂ
ことなる **異なる** kotonaru	*sich*^{4} *von et*^{3}/*j*^{3} **unterscheiden** .. フォン .. ウンターシャイデン	differ from ディファ フラム
ことば **言葉** kotoba	*die* **Sprache** シュプラーヘ	speech スピーチ
(言語)	*die* **Sprache** シュプラーヘ	language ラングウィヂ
(単語)	*das* **Wort** ヴォルト	word ワード
こども **子供** kodomo	*das* **Kind**, *das* **Sohn**, *die* **Tochter** キント, ゾーン, トホター	child チャイルド
ことわざ **ことわざ** kotowaza	*das* **Sprichwort** シュプリヒヴォルト	proverb プラヴァブ
ことわる **断る** kotowaru	**ab|lehnen** アップレーネン	refuse レフューズ

日	独	英
こな **粉** kona	*das* **Pulver** プルファー	powder パウダ
（穀類の）	*das* **Mehl** メール	flour フラウア
こなごなに **粉々に** konagonani	**in Stücke** イン シュ**テ**ュッケ	to pieces トゥ ピーセズ
こにゃっく **コニャック** konyakku	*der* **Cognac** コニャク	cognac コウニャク
こね **コネ** kone	*die* **Beziehung,** *die* **Ver-** **bindung** ベツィーウング，フェアビンドゥング	connections コ**ネ**クションズ
こねこ **子猫** koneko	*das* **Kätzchen** ケッツヒェン	kitten **キ**トン
こねる **こねる** koneru	**kneten** ク**ネ**ーテン	knead ニード
この **この** kono	**dies*er*(*-e*/*-es*)** ディーザー(-ゼ/-ゼス)	this ズィス
このあいだ **この間** konoaida	**neulich** ノイリヒ	(the) other day (ズィ) **ア**ザ デイ
このごろ **このごろ** konogoro	**jetzt** イェッツト	now, these days **ナ**ウ，ズィーズ **デ**イズ
このましい **好ましい**（よりよい） konomashii	**besser** ベッサー	preferable プレ**ファ**ラブル
（感じのよい）	**lieb, angenehm** リープ，**ア**ンゲネーム	agreeable アグ**リ**ーアブル
（望ましい）	**wünschenswert** **ヴ**ュンシェンスヴェーアト	desirable ディ**ザ**イアラブル
このみ **好み** konomi	*der* **Geschmack** ゲシュ**マ**ック	preference, taste プレ**ファ**ランス，**テ**イスト

日	独	英
こはく **琥珀** kohaku	*der* **Bernstein** ベルンシュタイン	amber アンバ
こばむ **拒む** kobamu	**verweigern, ab|lehnen** フェアヴァイガーン, アップレーネン	refuse レフューズ
こはん **湖畔** kohan	*die* **Seeküste** ゼーキュステ	lakeside レイクサイド
ごはん **御飯** gohan	*das* **Mahl** マール	meal ミール
（米飯）	*der* **Reis** ライス	rice ライス
こぴー **コピー** kopii	*die* **Kopie** コピー	photocopy, copy フォウトカピ, カピ
～機	*das* **Kopiergerät** コピーアゲレート	copier カピア
～する	**kopieren** コピーレン	copy カピ
こひつじ **子羊** kohitsuji	*das* **Lamm** ラム	lamb ラム
こぶ **こぶ** kobu	*die* **Beule** ボイレ	lump, bump ランプ, バンプ
（木の）	*der* **Knoten,** *der* **Knorren** クノーテン, クノレン	(tree) knot (トリー) ナト
こぶし **拳** kobushi	*die* **Faust** ファオスト	fist フィスト
こふん **古墳** kofun	*der* **Tumulus,** *der* **Grab-hügel** トゥームルス, グラープヒューゲル	tumulus テューミュラス
こぶん **子分** kobun	*der* (*die*) **Anhänger**(*in*) アンヘンガー(-ゲリン)	follower, hench-man ファロウア, ヘンチマン

日	独	英
ごぼう **牛蒡** gobou	**große Klette** グローセ クレッテ	burdock バーダーク
こぼす **こぼす** kobosu	**verschütten** フェアシュッテン	spill スピル
こぼれる **こぼれる** koboreru	**verschüttet werden** フェアシュッテット ヴェーアデン	fall, drop, spill フォール, ドラプ, スピル
こま **独楽** koma	*der* **Kreisel** クライゼル	top タプ
ごま **胡麻** goma	*der* **Sesam** ゼーザム	sesame セサミ
こまーしゃる **コマーシャル** komaasharu	*der* **Werbespot,** *die* **Werbung** ヴェルベスポット, ヴェルブング	commercial コマーシャル
こまかい **細かい** （小さい） komakai	**fein** ファイン	small, fine スモール, ファイン
（詳細だ）	**ausführlich, detailliert** アオスフューアリヒ, デタイーアト	detailed ディテイルド
ごまかす **ごまかす** gomakasu	**schwindeln** シュヴィンデルン	cheat, swindle チート, スウィンドル
こまく **鼓膜** komaku	*das* **Trommelfell** トロンメルフェル	eardrum イアドラム
こまらせる **困らせる** komaraseru	**in Verlegenheit bringen, irritieren** イン フェアレーゲンハイト ブリンゲン, イリティーレン	embarrass, annoy インバラス, アノイ
こまる **困る** komaru	**verlegen sein** フェアレーゲン ザイン	(be) embarrassed (ビ) インバラスト
（悩む）	**Probleme haben** プロブレーメ ハーベン	have trouble ハヴ トラブル
ごみ **ごみ** gomi	*der* **Abfall,** *der* **Müll** アップファル, ミュル	garbage, trash, Ⓑrubbish ガービヂ, トラシュ, ラビシュ

251

日	独	英
〜箱	*der* **Mülleimer** ミュルアイマー	garbage can, trash can, ⒷDustbin ガービヂ キャン, トラシュ キャン, ダストビン
こみゅにけーしょん **コミュニケーション** komyunikeeshon	*die* **Kommunikation** コムニカツィオーン	communication コミューニケイション
こむ **込む** komu	**überfüllt sein, voll sein** ユーバーフュルト ザイン, フォル ザイン	(be) jammed, (be) crowded (ビ) ヂャムド, (ビ) クラウデド
ごむ **ゴム** gomu	*der* **Gummi** グミ	rubber ラバ
こむぎ **小麦** komugi	*der* **Weizen** ヴァイツェン	wheat (ホ)ウィート
〜粉	*das* **Mehl** メール	flour フラウア
こめ **米** kome	*der* **Reis** ライス	rice ライス
こめでぃ **コメディ** komedi	*die* **Komödie** コメーディエ	comedy カメディ
こめる **込める** komeru	**laden** ラーデン	charge, load チャーヂ, ロウド
こめんと **コメント** komento	*der* **Kommentar** コメンタール	comment カメント
こもじ **小文字** komoji	*der* **Kleinbuchstabe** クラインブーフシュターベ	lowercase letter ロウアケイス レタ
こもり **子守** komori	*der* **Babysitter** ベービズィッター	babysitter ベイビスィタ
こもん **顧問** komon	*der*(*die*) **Berater(*in*)** ベラーター(-テリン)	adviser, consultant アドヴァイザ, コンサルタント
こや **小屋** koya	*die* **Hütte** ヒュッテ	hut, shed ハト, シード

こ

日	独	英
ごやく **誤訳** goyaku	*der* **Übersetzungsfehler** ユーバーゼッツングスフェーラー	mistranslation ミストランスレイション
こゆうの **固有の** koyuuno	**eigen** アイゲン	peculiar to ピキューリア トゥ
こゆうめいし **固有名詞** koyuumeishi	*der* **Eigenname** アイゲンナーメ	proper noun プラパ ナウン
こゆび **小指** (手の) koyubi	**kleiner Finger** クライナー フィンガー	little finger リトル フィンガ
(足の)	**kleine Zehe** クライネ ツェーエ	little toe リトル トウ
こよう **雇用** koyou	*die* **Anstellung** アンシュテルング	employment インプロイメント
〜する	**an|stellen, ein|stellen** アンシュテレン, アインシュテレン	employ インプロイ
こらえる **こらえる** (耐える) koraeru	**ertragen** エアトラーゲン	bear, endure ベア, インデュア
(抑える)	**beherrschen, unterdrü-cken** ベヘルシェン, ウンタードリュッケン	control, suppress コントロウル, サプレス
ごらく **娯楽** goraku	*die* **Unterhaltung** ウンターハルトゥング	amusement アミューズメント
こらむ **コラム** koramu	*die* **Spalte** シュパルテ	column カラム
こりつする **孤立する** koritsusuru	**allein stehen** アライン シュテーエン	(be) isolated (ビ) アイソレイテド
ごりら **ゴリラ** gorira	*der* **Gorilla** ゴリラ	gorilla ゴリラ
こりる **懲りる** koriru	*von et³* **genug haben** フォン ‥ ゲヌーク ハーベン	have had enough of ハヴ ハド イナフ オヴ

日	独	英
こる **凝る** （硬直する） koru	**steif werden** シュタイフ ヴェーアデン	grow stiff グロウ スティフ
（熱中する）	**in** *et*⁴ **vertieft sein**, *in et*⁴ **versunken sein** イン ‥ フェアティーフト ザイン，イン ‥ フェアズンケン ザイン	(be) absorbed in (ビ) アブソーブド イン
こるく **コルク** koruku	*der* **Kork**, *der* **Korken** コルク，コルケン	cork コーク
～抜き	*der* **Korkenzieher** コルケンツィーアー	corkscrew コークスクルー
ごるふ **ゴルフ** gorufu	*das* **Golf** ゴルフ	golf ガルフ
～場	*der* **Golfplatz** ゴルフプラッツ	golf links ガルフ リンクス
これ **これ** kore	**das, die***ser(-e/-es)* ダス，ディーザー(- ゼ /- ゼス)	this ズィス
これから **これから** korekara	**von nun an** フォン ヌン アン	after this, hereafter アフタ ズィス，ヒアラフタ
これくしょん **コレクション** korekushon	*die* **Sammlung** ザムルング	collection コレクション
これくとこーる **コレクトコール** korekutokooru	*das* **R-Gespräch** エルゲシュプレーヒ	collect call コレクト コール
これすてろーる **コレステロール** koresuterooru	*das* **Cholesterin** コレステリーン	cholesterol コレスタロウル
これら **コレラ** korera	*die* **Cholera** コーレラ	cholera カレラ
これらの **これらの** korerano	**diese** ディーゼ	these ズィーズ
ころがる **転がる** （回る） korogaru	**rollen** ロレン	roll ロウル

日	独	英
(倒れる)	**um|fallen** ウムファレン	fall over フォール オウヴァ
ころす **殺す** korosu	**töten, ermorden** テーテン，エアモルデン	kill, murder キル，マーダ
ころぶ **転ぶ** korobu	**stürzen, hin|fallen** シュテュルツェン，ヒンファレン	tumble down タンブル ダウン
こわい **怖い** kowai	**schrecklich, furchtbar** シュレックリヒ，フルヒトバール	terrible, fearful テリブル，フィアフル
こわがる **怖がる** kowagaru	*vor et³/j³* **Angst haben** フォア‥アングスト ハーベン	fear, (be) afraid フィア，(ビ) アフレイド
こわす **壊す** kowasu	**kaputt machen, zerbre-chen** カプット マッヘン，ツェアブレッヒェン	break, destroy ブレイク，ディストロイ
こわれる **壊れる** kowareru	**kaputt gehen, zerbre-chen** カプット ゲーエン，ツェアブレッヒェン	break, (be) broken ブレイク，(ビ) ブロウクン
こんいろ **紺色** kon-iro	*das* **Dunkelblau** ドゥンケルブラオ	dark blue ダーク ブルー
こんき **根気** konki	*die* **Ausdauer,** *die* **Geduld** アオスダオアー，ゲドゥルト	perseverance, pa-tience パースィヴィアランス，ペイシェンス
こんきょ **根拠** konkyo	*der* **Grund** グルント	ground グラウンド
こんくーる **コンクール** konkuuru	*der* **Wettbewerb** ヴェットベヴェルプ	contest カンテスト
こんくりーと **コンクリート** konkuriito	*der* **Beton** ベトン	concrete カンクリート
こんげつ **今月** kongetsu	**dieser Monat** ディーザー モーナト	this month ズィス マンス
こんご **今後** kongo	**von nun an** フォン ヌン アン	from now on フラム ナウ オン

日	独	英
こんごうする **混合する** kongousuru	**mischen** ミッシェン	mix, blend ミクス，ブレンド
こんごきょうわこく **コンゴ共和国** kongokyouwakoku	**die Republik Kongo** ディー レプブリーク コンゴ	Republic of Congo リパブリク オヴ カンゴウ
こんさーと **コンサート** konsaato	*das* **Konzert** コンツェルト	concert カンサト
こんざつする **混雑する** konzatsusuru	*sich⁴* **drängen** ..ドレンゲン	(be) congested with (ビ) コンチェステド ウィズ
こんさるたんと **コンサルタント** konsarutanto	*der*(*die*) **Berater**(***in***) ベラーター(-テリン)	consultant コンサルタント
こんしゅう **今週** konshuu	**diese Woche** ディーゼ ヴォッヘ	this week ズィス ウィーク
こんじょう (気概) **根性** konjou	*die* **Willenskraft** ヴィレンスクラフト	spirit, grit スピリト，グリト
(性質)	*die* **Natur**, *der* **Charakter** ナトゥーア，カラクター	nature ネイチャ
こんぜつする **根絶する** konzetsusuru	**aus|rotten** アオスロッテン	eradicate イラディケイト
こんせぷと **コンセプト** konseputo	*das* **Konzept** コンツェプト	concept カンセプト
こんせんさす **コンセンサス** konsensasu	*die* **Übereinstimmung** ユーバーアインシュティムング	consensus コンセンサス
こんせんと **コンセント** konsento	*die* **Steckdose** シュテックドーゼ	outlet, socket アウトレト，サケト
こんそめ **コンソメ** konsome	*die* **Consommé** コンソメー	consommé コンソメイ
こんたくとれんず **コンタクトレンズ** kontakutorenzu	*die* **Kontaktlinsen** *pl.* コンタクトリンゼン	contact lenses カンタクト レンゼズ

日	独	英
こんだんかい **懇談会** kondankai	*das* **Gespräch am runden Tisch** ゲシュプレーヒ アム ルンデン ティッシュ	round-table conference ラウンドテーブル カンファレンス
こんちゅう **昆虫** konchuu	*das* **Insekt** インゼクト	insect インセクト
こんでぃしょん **コンディション** kondishon	*die* **Kondition,** *die* **Form** コンディツィオーン，フォルム	condition コンディション
こんてすと **コンテスト** kontesuto	*der* **Wettbewerb** ヴェットベヴェルプ	contest コンテスト
こんてな **コンテナ** kontena	*der* **Container** コンテーナー	container コンテイナ
こんでんさー **コンデンサー** kondensaa	*der* **Kondensator** コンデンザートーア	condenser コンデンサ
こんど **今度** kondo	**diesmal** ディースマール	this time ズィス タイム
こんどうする **混同する** kondousuru	**verwechseln** フェアヴェクセルン	confuse コンフューズ
こんどーむ **コンドーム** kondoomu	*das* **Kondom,** *das* **Präservativ** コンドーム，プレゼルヴァティーフ	condom カンダム
こんどみにあむ **コンドミニアム** kondominiamu	*die* **Eigentumswohnung** アイゲントゥームスヴォーヌング	condominium コンドミニアム
ごんどら **ゴンドラ** gondora	*die* **Gondel** ゴンデル	gondola ガンドラ
こんとらすと **コントラスト** kontorasuto	*der* **Kontrast** コントラスト	contrast カントラスト
こんとろーる **コントロール** kontorooru	*die* **Kontrolle** コントロレ	control コントロウル
～する	**kontrollieren** コントロリーレン	control コントロウル

日	独	英
こんとん **混沌** konton	*das* **Chaos** カーオス	chaos ケイアス
こんな **こんな** konna	**solch** ゾルヒ	such サチ
こんなん **困難** konnan	*die* **Schwierigkeit** シュヴィーリヒカイト	difficulty ディフィカルティ
～な	**schwierig** シュヴィーリヒ	difficult, hard ディフィカルト，ハード
こんにち **今日** konnichi	**heute** ホイテ	today トゥデイ
こんぱーとめんと **コンパートメント** konpaatomento	*das* **Abteil** アプタイル	compartment コンパートメント
こんぱくとな **コンパクトな** konpakutona	**kompakt** コンパクト	compact コンパクト
こんばん **今晩** konban	**heute Abend** ホイテ アーベント	this evening ズィス イーヴニング
こんび **コンビ** konbi	*die* **Kombination** コンビナツィオーン	combination コンビネイション
こんびーふ **コンビーフ** konbiifu	**Corned Beef** コーネト ビーフ	corned beef コーンド ビーフ
こんびなーと **コンビナート** konbinaato	*der* **Industriekomplex** インドゥストリーコンプレクス	industrial complex インダストリアル カンプレクス
こんびに **コンビニ** konbini	*der* **24-Stunden-Super-markt** フィーアウントツヴァンツィヒ シュトゥンデン ズーパーマルクト	convenience store カンヴィーニェンス ストー
こんびねーしょん **コンビネーション** konbineeshon	*die* **Kombination** コンビナツィオーン	combination コンビネイション
こんぴゅーたー **コンピューター** konpyuutaa	*der* **Computer** コンピューター	computer コンピュータ

日	独	英
こんぶ **昆布** konbu	*der* **Riementang** リーメンタング	kelp, seaweed ケルプ, スィーウィード
こんぷれっくす **コンプレックス** konpurekkusu	*der* **Komplex** コンプレクス	complex カンプレクス
こんぽう **梱包** konpou	*die* **Verpackung** フェアパックング	packing パキング
〜する	**verpacken** フェアパッケン	pack up パク アプ
こんぽん **根本** konpon	*das* **Fundament** フンダメント	foundation ファウンデイション
こんま **コンマ** konma	*das* **Komma** コマ	comma カマ
こんや **今夜** kon-ya	**heute Nacht** ホイテ ナハト	tonight トゥナイト
こんやく **婚約** kon-yaku	*die* **Verlobung** フェアローブング	engagement インゲイヂメント
〜者	*der/die* **Verlobte** フェアローブテ	fiancé, fiancée フィーアーンセイ, フィーアーンセイ
〜する	*sich⁴ mit j³* **verloben** ..ミット .. フェアローベン	(be) engaged to (ビ) インゲイヂド トゥ
こんらん **混乱** konran	*die* **Verwirrung** フェアヴィルング	confusion コンフュージョン
〜する	**in Unordnung geraten** イン ウンオルドヌング ゲラーテン	(be) confused (ビ) コンフューズド
こんわく **困惑** konwaku	*die* **Verlegenheit** フェアレーゲンハイト	embarrassment インバラスメント

日	独	英

さ, サ

さ **差** sa	*die* **Differenz**, *der* **Unterschied** ディフェレンツ, ウンターシート	difference ディファレンス
さーかす **サーカス** saakasu	*der* **Zirkus** ツィルクス	circus サーカス
さーきっと **サーキット** saakitto	*die* **Rennbahn** レンバーン	circuit サーキト
さーちえんじん **サーチエンジン** saachienjin	*die* **Suchmaschine** ズーフマシーネ	search engine サーチ エンデン
さーちらいと **サーチライト** saachiraito	*der* **Suchscheinwerfer** ズーフシャインヴェルファー	searchlight サーチライト
さーばー **サーバー** saabaa	*der* **Server** サーヴァー	server サーヴァ
さーびす **サービス** saabisu	*die* **Dienstleistung** ディーンストライストゥング	service サーヴィス
〜料	*der* **Bedienungszuschlag**, *die* **Servicegebühr** ベディーヌングスツーシュラーク, ゼーアヴィスゲビューア	service charge サーヴィス チャーヂ
さーぶ **サーブ** saabu	*der* **Aufschlag** アオフシュラーク	serve, service サーヴ, サーヴィス
さーふぁー **サーファー** saafaa	*der*(*die*) **Surfer**(*in*) サーファー(-フェリン)	surfer サーファ
さーふぃん **サーフィン** saafin	*das* **Surfing** サーフィング	surfing サーフィング
さーもん **サーモン** saamon	*der* **Lachs** ラクス	salmon サモン
さいあくの **最悪の** saiakuno	**schlimmst** シュリムスト	worst ワースト

日	独	英
さいがい **災害** saigai	*die* **Katastrophe** カタストローフェ	calamity, disaster カラミティ, ディザスタ
ざいかい **財界** zaikai	*die* **Finanzwelt** フィナンツヴェルト	financial world フィナンシャル ワールド
さいかいする **再開する** saikaisuru	**wieder eröffnen** ヴィーダー エアエフネン	reopen リーオウプン
さいきん **最近** saikin	**neulich** ノイリヒ	recently リーセントリ
さいきん **細菌** saikin	*die* **Bakterien** *pl.* バクテーリエン	bacteria, germs バクティアリア, チャームズ
さいく **細工** saiku	*die* **Arbeit,** *die* **Handarbeit** アルバイト, ハントアルバイト	work, workman- ship ワーク, ワークマンシプ
さいくつする **採掘する** saikutsusuru	**ab|bauen, fördern** アップバオエン, フェルダーン	mine マイン
さいくりんぐ **サイクリング** saikuringu	*die* **Radtour,** *die* **Radwan- derung** ラートトゥーア, ラートヴァンデルング	cycling サイクリング
さいくる **サイクル** saikuru	*der* **Zyklus,** *die* **Periode** ツュークルス, ペリオーデ	cycle サイクル
さいけつ **採決** saiketsu	*die* **Abstimmung** アップシュティムング	vote ヴォウト
さいけつ **採血** saiketsu	*die* **Blutentnahme** ブルートエントナーメ	drawing blood ドローイング ブラド
さいけん **債券** saiken	*die* **Obligation** オブリガツィオーン	bond バンド
ざいげん **財源** zaigen	*die* **Einnahmequelle** アインナーメクヴェレ	funds ファンヅ
さいけんとうする **再検討する** saikentousuru	**überprüfen** ユーバープリューフェン	reexamine リーイグザミン

日	独	英
さいご **最期** saigo	*der* **Tod** トート	death, last moment デス, ラスト モウメント
さいご **最後** saigo	*das* **Ende**, *der* **Schluss** エンデ, シュルス	last, end ラスト, エンド
〜の	**letzt** レッツト	last, final ラスト, ファイナル
ざいこ **在庫** zaiko	*der* **Vorrat** フォーアラート	stocks スタクス
さいこうの **最高の** saikouno	**höchst** ヘーヒスト	best ベスト
さいころ **さいころ** saikoro	*der* **Würfel** ヴュルフェル	dice ダイス
さいさん **採算** saisan	*der* **Gewinn** ゲヴィン	profit, gain プラフィト, ゲイン
ざいさん **財産** zaisan	*das* **Eigentum**, *das* **Vermögen** アイゲントゥーム, フェアメーゲン	estate, fortune イステイト, フォーチュン
さいじつ **祭日** saijitsu	*der* **Feiertag** ファイアータークフ	festival day フェスティヴァル デイ
ざいしつ **材質** zaishitsu	*die* **Materialqualität** マテリアールクヴァリテート	quality of materials クワリティ オヴ マティアリアルズ
さいしゅうする **採集する** saishuusuru	**sammeln** ザメルン	collect, gather コレクト, ギャザ
さいしゅうの **最終の** saishuuno	**letzt** レッツト	last ラスト
さいしゅつ **歳出** saishutsu	*die* **Jahresausgaben** *pl.* ヤーレスアオスガーベン	annual expenditure アニュアル イクスペンディチャ
さいしょ **最初** saisho	*der* **Anfang** アンファング	beginning ビギニング

日	独	英
～の	**erst** エーアスト	first, initial ファースト, イニシャル
さいしょうげん **最小限** saishougen	*das* **Minimum** ミーニムム	minimum ミニマム
さいじょうの **最上の** saijouno	**best** ベスト	best ベスト
さいしょくしゅぎしゃ **菜食主義者** saishokushugisha	*der* (*die*) **Vegetarier(*in*)** ヴェゲターリアー(-エリン)	vegetarian ヴェデテアリアン
さいしんの **最新の** saishinno	**neuest** ノイエスト	latest, up-to-date レイテスト, アプトゥデイト
さいしんの **細心の** saishinno	**sorgfältig** ゾルクフェルティヒ	careful, prudent ケアフル, プルーデント
さいず **サイズ** saizu	*die* **Größe** グレーセ	size サイズ
ざいせい **財政** zaisei	*die* **Finanzen** *pl.* フィナンツェン	finances フィナンセズ
さいせいき **最盛期** saiseiki	*die* **Blütezeit** ブリューテツァイト	prime プライム
さいせいする **再生する** saiseisuru	**regenerieren** レゲネリーレン	regenerate リチェネレイト
（録音したものを）	**wieder|geben** ヴィーダーゲーベン	play back プレイ バク
さいぜんせん **最前線** saizensen	*die* **Front**, *die* **Spitze** フロント, シュピッツェ	cutting edge, fore- front カティング エデ, フォーフラント
さいそくする **催促する** saisokusuru	**auf|fordern** アオフフォルダーン	press, urge プレス, アーヂ
さいだいげん **最大限** saidaigen	*das* **Maximum** マクスィムム	maximum マクスィマム

日	独	英
さいだいの **最大の** saidaino	**maximal** マクスィマール	maximum マクスィマム
さいたく **採択** saitaku	*die* **Annahme** アンナーメ	adoption, choice アダプション，チョイス
ざいだん **財団** zaidan	*die* **Stiftung** シュティフトゥング	foundation ファウンデイション
さいていの **最低の** saiteino	**minimal** ミニマール	minimum ミニマム
さいてきな **最適な** saitekina	**passendst** パッセンツト	most suitable モウスト スータブル
さいてんする **採点する** saitensuru	**benoten, Noten geben** ベノーテン，ノーテン ゲーベン	mark, grade マーク，グレイド
さいと **サイト** saito	*die* **Webseite** ヴェップザイテ	site サイト
さいど **サイド** saido	*die* **Seite** ザイテ	side サイド
さいなん **災難** sainan	*das* **Unglück** ウングリュック	misfortune, calamity ミスフォーチュン，カラミティ
さいのう **才能** sainou	*die* **Begabung,** *das* **Talent** ベガーブング，タレント	talent, ability タレント，アビリティ
さいばい **栽培** saibai	*der* **Anbau** アンバオ	cultivation, culture カルティヴェイション，カルチャ
～する	**an|bauen, züchten** アンバオエン，ツュヒテン	cultivate, grow カルティヴェイト，グロウ
さいはつする **再発する** saihatsusuru	**einen Rückfall haben** アイネン リュックファル ハーベン	relapse リラプス
さいばん **裁判** saiban	*das* **Gericht** ゲリヒト	justice, trial チャスティス，トライアル

日	独	英
〜官	*der* (*die*) **Richter(in)** リヒター (-テリン)	judge ヂャヂ
〜所	*der* **Gerichtshof** ゲリヒツホーフ	court of justice コート オヴ ヂャスティス
さいふ **財布** saifu	*die* **Brieftasche**, *der* **Geld-** **beutel** ブリーフタッシェ, ゲルトボイテル	purse, wallet パース, ワレト
さいほう **裁縫** saihou	*die* **Näharbeit** ネーアルバイト	needlework ニードルワーク
さいぼう **細胞** saibou	*die* **Zelle** ツェレ	cell セル
さいみんじゅつ **催眠術** saiminjutsu	*die* **Hypnotik** ヒュプノーティク	hypnotism ヒプノティズム
さいむ **債務** saimu	*die* **Schulden** *pl.* シュルデン	debt デト
ざいむ **財務** zaimu	*das* **Finanzwesen** フィナンツヴェーゼン	financial affairs ファイナンシャル アフェアズ
ざいもく **材木** zaimoku	*das* **Holz** ホルツ	wood, lumber ウド, ランバ
さいようする **採用する**　(案を) saiyousuru	**an|nehmen** アンネーメン	adopt アダプト
（従業員を）	**an|stellen, ein|stellen** アンシュテレン, アインシュテレン	employ インプロイ
ざいりゅうほうじん **在留邦人** zairyuuhoujin	**im Ausland lebende Ja-** **paner** *pl.* イム アオスラント レーベンデ ヤパーナー	Japanese residents ヂャパニーズ レズィデンツ
さいりょう **裁量** sairyou	*das* **Ermessen** エアメッセン	judgment ヂャヂメント
さいりょう **再利用** sairiyou	*die* **Wiederverwendung** ヴィーダーフェアヴェンドゥング	recycling リーサイクリング

日	独	英
ざいりょう **材料** zairyou	*das* **Material** マテリアール	materials マテリアリアルズ
さいりょうの **最良の** sairyouno	**best** ベスト	best ベスト
ざいりょく **財力** zairyoku	*die* **Finanzkraft** フィナンツクラフト	financial power フィナンシャル パウア
さいれん **サイレン** sairen	*die* **Sirene** ズィレーネ	siren サイアレン
さいわい **幸い** saiwai	*das* **Glück** グリュック	happiness ハピネス
〜な	**glücklich** グリュックリヒ	happy, fortunate ハピ, フォーチュネト
さいん **サイン** sain	*die* **Unterschrift** ウンターシュリフト	signature スィグナチャ
さうじあらびあ **サウジアラビア** saujiarabia	(*das*) **Saudi-Arabien** ザオディアラービエン	Saudi Arabia サウディ アレイビア
さうな **サウナ** sauna	*die* **Sauna** ザオナ	sauna サウナ
さえぎる **遮る** saegiru	**unterbrechen, behindern** ウンターブレッヒェン, ベヒンダーン	interrupt, obstruct インタラプト, オブストラクト
さえる **冴える** saeru	**klar sein** クラール ザイン	(be) bright (ビ) ブライト
さか **坂** saka	*die* **Steigung** シュタイグング	slope, hill スロウプ, ヒル
さかい **境** sakai	*die* **Grenze** グレンツェ	boundary, border バウンダリ, ボーダ
さかえる **栄える** sakaeru	**gedeihen** ゲダイエン	prosper プラスパ
さがす **探[捜]す** sagasu	*nach et³/j³* **suchen** ナーハ .. ズーヘン	seek for, look for スィーク フォ, ルク フォ

日	独	英
（辞書などで）	**nach|schlagen** ナーハシュラーゲン	look up ルク アプ
（捜し出す）	**nach|sehen** ナーハゼーエン	look out ルク アウト
さかずき **杯** sakazuki	*der* **Becher,** *das* **Glas** ベッヒャー，グラース	cup, glass カプ，グラス
さかだちする **逆立ちする** sakadachisuru	**einen Handstand ma-chen** アイネン ハントシュタント マッヘン	do a handstand ドゥー ア ハンドスタンド
さかな **魚** sakana	*der* **Fisch** フィッシュ	fish フィシュ
〜屋	*das* **Fischgeschäft** フィッシュゲシェフト	fish shop フィシュ シャプ
さかのぼる **遡る** sakanoboru	*auf et⁴/j⁴* **zurück|gehen** アオフ‥ツリュックゲーエン	go back ゴウ バク
さかや **酒屋** sakaya	*die* **Weinhandlung,** *das* **Spirituosengeschäft** ヴァインハンドルング，シュピリトゥオーゼンゲシェフト	liquor store, Ⓑoff-licence リカ ストー，オフ ライセンス
さからう **逆らう** sakarau	*sich⁴* **widersetzen** ‥ヴィーダーゼッツェン	oppose, go against オポウズ，ゴウ ア ゲンスト
さかり **盛り** （全盛期） sakari	*die* **Blütezeit** ブリューテツァイト	prime プライム
（頂点）	*der* **Höhepunkt** ヘーエプンクト	height ハイト
さがる **下がる** （下へ動く） sagaru	**fallen, sinken** ファレン，ズィンケン	fall, drop フォール，ドラプ
（垂れ下がる）	**herunter|hängen** ヘルンターヘンゲン	hang down ハング ダウン
さかんな **盛んな** （活発な） sakanna	**aktiv, lebhaft** アクティーフ，レープハフト	active アクティヴ

日	独	英
（繁栄している）	**blühend** ブリューエント	prosperous プラスペラス
<ruby>先<rt>さき</rt></ruby> saki （先端）	*die* **Spitze** シュピッツェ	point, tip ポイント，ティプ
（先頭）	*die* **Spitze** シュピッツェ	head, top ヘド，タプ
（続き）	*die* **Folge** フォルゲ	sequel スィークウェル
（未来）	*die* **Zukunft** ツークンフト	future フューチャ
<ruby>詐欺<rt>さぎ</rt></ruby> sagi	*der* **Schwindel,** *der* **Be-trug** シュヴィンデル，ベトルーク	fraud フロード
～師	*der* (*die*) **Schwindler(*in*)** シュヴィンドラー(・レリン)	swindler スウィンドラ
<ruby>一昨々日<rt>さきおととい</rt></ruby> sakiototoi	**vorvorgestern** フォーアフォーアゲスターン	three days ago スリー デイズ アゴウ
<ruby>サキソフォン<rt>さきそふぉん</rt></ruby> sakisofon	*das* **Saxophon** ザクソフォーン	saxophone サクソフォウン
<ruby>先物取引<rt>さきものとりひき</rt></ruby> sakimonotorihiki	*das* **Termingeschäft** テルミーンゲシェフト	futures trading フューチャズ トレイディング
<ruby>作業<rt>さぎょう</rt></ruby> sagyou	*die* **Arbeit** アルバイト	work, operations ワーク，アペレイションズ
～する	**arbeiten, bedienen** アルバイテン，ベディーネン	work, operate ワーク，アペレイト
<ruby>柵<rt>さく</rt></ruby> saku	*der* **Zaun** ツァオン	fence フェンス
<ruby>割く<rt>さく</rt></ruby> saku	**sparen** シュパーレン	spare スペア

日	独	英
さく **咲く** saku	**auf|blühen** アオフブリューエン	bloom, come out ブルーム, カム アウト
さく **裂く** saku	**zerreißen** ツェアライセン	rend, tear, sever レンド, テア, セヴァ
さくいん **索引** sakuin	*der* **Index** インデクス	index インデクス
さくげん **削減** sakugen	*die* **Kürzung** キュルツング	reduction, cut リダクション, カト
さくしする **作詞する** sakushisuru	**einen Text schreiben** アイネン テクスト シュライベン	write the lyrics ライト ザ リリクス
さくじつ **昨日** sakujitsu	**gestern** ゲスターン	yesterday イェスタディ
さくしゃ **作者** sakusha	*der*(*die*) **Autor(*in*)** アオトーア(・トーリン)	writer, author ライタ, オーサ
さくしゅする **搾取する** sakushusuru	**aus|beuten** アオスボイテン	squeeze スクウィーズ
さくじょする **削除する** sakujosuru	**streichen, löschen** シュトライヒェン, レッシェン	delete ディリート
さくせいする **作成する** sakuseisuru	**an|fertigen** アンフェルティゲン	draw up, make out ドロー アプ, メイク アウト
さくせん **作戦** sakusen	*die* **Operation,** *die* **Strategie** オペラツィオーン, シュトラテギー	operations アペレイションズ
さくねん **昨年** sakunen	**letztes Jahr** レッツテス ヤール	last year ラスト イア
さくひん **作品** sakuhin	*das* **Werk** ヴェルク	work, piece ワーク, ピース
さくぶん **作文** sakubun	*der* **Aufsatz** アオフザッツ	essay エセイ

日	独	英
さくもつ **作物** sakumotsu	*die* **Feldfrüchte** *pl.,* *die* **Ernte** フェルトフリュヒテ, エルンテ	crops クラプス
さくや **昨夜** sakuya	**letzte Nacht** レッツテ ナハト	last night ラスト ナイト
さくら **桜** sakura	*die* **Kirschblüte** キルシュブリューテ	cherry blossoms チェリ ブラソムズ
（の木）	*der* **Kirschbaum** キルシュバオム	cherry tree チェリ トリー
さくらそう **桜草** sakurasou	*die* **Primel** プリーメル	primrose プリムロウズ
さくらんぼ **桜桃** sakuranbo	*die* **Kirsche** キルシェ	cherry チェリ
さぐりだす **探り出す** saguridasu	**heraus|finden** ヘラァスフィンデン	find out ファインド アウト
さくりゃく **策略** sakuryaku	*der* **Kunstgriff** クンストグリフ	plan, plot プラン, プラト
さぐる **探る**　（手探りで）	**tasten** タステン	feel for フィール フォ
（物や場所などを）	**erforschen** エアフォルシェン	search, look for サーチ, ルク フォ
（動向を）	**aus|kundschaften, spio-nieren** アオスクントシャフテン, シュピオニーレン	spy スパイ
ざくろ **石榴** zakuro	*der* **Granatapfel** グラナートアプフェル	pomegranate パムグラネト
さけ **鮭** sake	*der* **Lachs** ラクス	salmon サモン
さけ **酒** sake	*der* **Alkohol** アルコホール	alcohol アルコホール

日	独	英
（日本酒）	*der* **Sake**, *der* **Reiswein** ザーケ，ライスヴァイン	sake, rice wine サキー，ライス ワイン
さけぶ **叫ぶ** sakebu	**schreien** シュライエン	shout, cry シャウト，クライ
さける **避ける** sakeru	**vermeiden** フェアマイデン	avoid アヴォイド
さける **裂ける** sakeru	**zerreißen** ツェアライセン	split スプリト
さげる **下げる** sageru	**senken** ゼンケン	lower, drop ラウア，ドラプ
さこつ **鎖骨** sakotsu	*das* **Schlüsselbein** シュリュッセルバイン	collarbone, clavi-cle カラボウン，クラヴィクル
ささいな **些細な** sasaina	**unbedeutend** ウンベドイテント	trifling, trivial トライフリング，トリヴィアル
ささえる **支える** sasaeru	**stützen** シュテュッツェン	support, maintain サポート，メインテイン
ささげる **捧げる** sasageru	*sich⁴ für j⁴/et⁴* **opfern** ‥フューア‥オプファーン	devote oneself to ディヴォウト トゥ
さざなみ **さざ波** sazanami	**kleine Wellen***pl.* クライネ ヴェレン	ripples リプルズ
ささやく **ささやく** sasayaku	**flüstern** フリュスターン	whisper (ホ)ウィスパ
ささる **刺さる** sasaru	**stechen** シュテッヒェン	stick スティク
さしえ **挿絵** sashie	*die* **Illustration** イルストラツィオーン	illustration イラストレイション
さしこむ **差し込む**（プラグを） sashikomu	*in et⁴* **stecken** イン‥シュテッケン	plug in プラグ イン

日	独	英
（光が）	**hinein|scheinen** ヒナインシャイネン	shine in シャイン イン
（挿入する）	**hinein|tun** ヒナイントゥーン	insert インサート
さしずする **指図する** sashizusuru	**an|weisen** アンヴァイゼン	direct, instruct ディレクト, インストラクト
さしだしにん **差出人** sashidashinin	*der*(*die*) **Absender(*in*)** アップゼンダー(-デリン)	sender, remitter センダ, リミタ
さしひく **差し引く** sashihiku	**ab|ziehen, ab|rechnen** アップツィーエン, アップレヒネン	deduct from ディダクト フラム
さしょう **査証** sashou	*das* **Visum** ヴィーズム	visa ヴィーザ
ざしょうする **座礁する** zashousuru	**stranden** シュトランデン	go aground ゴウ アグラウンド
さす **さす** （光が） sasu	**scheinen** シャイネン	shine シャイン
（水を）	**gießen** ギーセン	pour ポー
さす **刺す** （蚊・蜂が） sasu	**beißen, stechen** バイセン, シュテッヒェン	bite, sting バイト, スティング
（尖ったもので）	**stechen** シュテッヒェン	pierce, stab ピアス, スタブ
さす **差す** sasu	**hinein|stecken** ヒナインシュテッケン	insert インサート
（傘を）	**den Regenschirm auf|- spannen** デン レーゲンシルム アオフシュパネン	put up an umbrella プト アプ アン アンブレラ
さす **指す** sasu	**zeigen,** *auf et⁴/j⁴* **deuten** ツァイゲン, アオフ‥ドイテン	point to ポイント トゥ

日	独	英
（指名する）	**nennen** ネン	nominate, name ナミネイト, ネイム
さすぺんす **サスペンス** sasupensu	*die* **Spannung** シュパヌング	suspense サスペンス
さすらう **さすらう** sasurau	**wandern** ヴァンダーン	wander ワンダ
さする **擦る** sasuru	**reiben, streichen** ライベン, シュトライヒェン	rub ラブ
ざせき **座席** zaseki	*der* **Platz** プラッツ	seat スィート
ざせつする **挫折する** zasetsusuru	**scheitern** シャイターン	(be) frustrated (ビ) フラストレイテド
させる （してもらう） **させる** saseru	**lassen** ラッセン	have a person do ハヴ
（やらせておく）	**lassen** ラッセン	let a person do レト
（やらせる）	**machen, veranlassen** マッヘン, フェアアンラッセン	make a person do メイク
さそい （招待） **誘い** sasoi	*die* **Einladung** アインラードゥング	invitation インヴィテイション
（誘惑）	*die* **Versuchung** フェアズーフング	temptation テンプテイション
さそう （招く） **誘う** sasou	**ein|laden** アインラーデン	invite インヴァイト
（誘惑する）	**verlocken** フェアロッケン	tempt テンプト
さそり **蠍** sasori	*der* **Skorpion** スコルピオーン	scorpion スコーピアン
〜座	**der Skorpion** デア スコルピオーン	Scorpion, Scorpio スコーピアン, スコーピオウ

日	独	英
さだめる **定める** sadameru	**bestimmen** ベシュティメン	decide on, fix ディ**サイド** オン, **フィ**クス
さつ **冊** satsu	*der* **Band,** *das* **Exemplar** バント, エクセンプ**ラー**ル	volume, copy **ヴァ**リュム, **カ**ピ
さつ **札** satsu	*die* **Banknote** バンク**ノー**テ	bill, paper money, Ⓑnote ビル, **ペイ**パ **マ**ニ, **ノ**ウト
～入れ	*die* **Brieftasche** ブリーフ**タッ**シェ	wallet **ワ**レト
さつえい **撮影** satsuei	*das* **Fotografieren,** *die* **Aufnahme** フォトグラフィーレン, **ア**オフ**ナー**メ	photographing フォウト**グ**ラフィング
～する	**fotografieren, auf|neh-** **men** フォトグラ**フィー**レン, **ア**オフ**ネー**メン	photograph, film **フォ**ウトグラフ, **フィ**ルム
ざつおん **雑音** zatsuon	*das* **Geräusch** ゲ**ロ**イシュ	noise **ノ**イズ
さっか **作家** sakka	*der*(*die*) **Schriftsteller**(*in*) シュリフトシュテ**ラー**(･**レ**リン)	writer, author **ラ**イタ, **オー**サ
さっかー **サッカー** sakkaa	*der* **Fußball** **フー**スバル	soccer, Ⓑfootball **サ**カ, **フ**トボール
さっかく **錯覚** sakkaku	*die* **Illusion** イルズィ**オー**ン	illusion イ**ルー**ジョン
さっき **さっき** sakki	**vorhin** **フォー**アヒン	now, just now **ナ**ウ, **チャ**スト **ナ**ウ
さっきょく **作曲** sakkyoku	*die* **Komposition** コンポズィツィ**オー**ン	composition カンポ**ズィ**ション
～する	**komponieren** コンポ**ニー**レン	compose コン**ポ**ウズ
さっきん **殺菌** sakkin	*die* **Sterilisation** シュテリリザツィ**オー**ン	sterilization ステリリ**ゼ**イション

日	独	英
ざっし **雑誌** zasshi	*die* **Zeitschrift** ツァイトシュリフト	magazine マガズィーン
ざっしゅ **雑種** zasshu	*die* **Hybride,** *der* **Misch-** **ling** ヒュブリーデ，ミッシュリング	crossbreed, hybrid クロースブリード，ハイブリド
さつじん **殺人** satsujin	*der* **Mord,** *die* **Ermordung** モルト，エアモルドゥング	homicide, murder ハミサイド，マーダ
〜犯	*der*(*die*) **Mörder**(*in*) メルダー(-デリン)	murderer, killer マーダラ，キラ
さっする **察する** sassuru	**vermuten** フェアムーテン	guess, imagine ゲス，イマヂン
ざっそう **雑草** zassou	*das* **Unkraut** ウンクラオト	weeds ウィーヅ
さっそく **早速** sassoku	**sofort** ゾフォルト	immediately イミーディエトリ
ざつだん **雑談** zatsudan	*das* **Geschwätz,** *das* **Ge-** **plauder** ゲシュ**ヴェ**ッツ，ゲプラオダー	gossip, chat ガスィプ，チャト
さっちゅうざい **殺虫剤** sacchuuzai	*das* **Insektizid** インゼクティ**ヴィ**ート	insecticide インセクティサイド
さっとうする **殺到する** sattousuru	**drängen, stürzen** ドレンゲン，シュ**テュ**ルツェン	rush ラシュ
ざつな **雑な** zatsuna	**grob** グロープ	rough, rude ラフ，ルード
ざっぴ **雑費** zappi	*die* **Unkosten** *pl.* ウンコステン	miscellaneous ex- penses ミセレイニアス イクスペンスィ ズ
さつまいも **さつま芋** satsumaimo	*die* **Süßkartoffel** ズュースカルトフェル	sweet potato スウィート ポテイトウ
ざつむ **雑務** zatsumu	*die* **Kleinigkeit,** *die* **Ne-** **bensache** クライニヒカイト，ネーベンザッヘ	small jobs スモール **ヂ**ャブズ

日	独	英
さてい **査定** satei	*die* **Einschätzung** アインシェッツング	assessment アセスメント
さとう **砂糖** satou	*der* **Zucker** ツッカー	sugar シュガ
さどう **茶道** sadou	*die* **Teezeremonie** テーツェレモニー	tea ceremony ティー セレモウニ
さとる **悟る** satoru	**ein|sehen, erkennen** アインゼーエン, エアケネン	realize, notice リーアライズ, ノウティス
さは **左派** saha	*die* **Linke** リンケ	left wing レフト ウィング
さば **鯖** saba	*die* **Makrele** マクレーレ	mackerel マクレル
さばいばる **サバイバル** sabaibaru	*das* **Überleben** ユーバーレーベン	survival サヴァイヴァル
さばく **砂漠** sabaku	*die* **Wüste** ヴューステ	desert デザト
さび **錆** sabi	*der* **Rost** ロスト	rust ラスト
さびしい **寂しい** sabishii	**einsam** アインザーム	lonely, desolate ロウンリ, デソレト
さびる **錆びる** sabiru	**verrosten** フェアロステン	rust ラスト
さふぁいあ **サファイア** safaia	*der* **Saphir** ザーフィア	sapphire サファイア
さべつ **差別** sabetsu	*die* **Diskriminierung** ディスクリミニールング	discrimination ディスクリミネイション
〜する	**diskriminieren** ディスクリミニーレン	discriminate ディスクリミネイト
さほう **作法** sahou	*die* **Manieren** *pl.* マニーレン	manners マナズ

さ

日	独	英
さぽーたー **サポーター** （サッカーなどの） sapootaa	*der* (*die*) **Anhänger**(*in*) アンヘンガー(-･ゲリン)	supporter サポータ
さまざまな **様々な** samazamana	**verschiedenartig** フェアシーデンアールティヒ	various, diverse ヴェアリアス, ダイヴァース
さます **冷ます** samasu	**kühlen** キューレン	cool クール
（気持ちを）	*j*³ **die Lust verderben** ‥ ディー ルスト フェアデルベン	spoil one's plea- sure スポイル プレジャ
さます **覚ます** samasu	**auf|wachen** アオフヴァッヘン	awaken アウェイクン
さまたげる **妨げる** samatageru	**stören, behindern** シュテーレン, ベヒンダーン	disturb, interfere with ディスターブ, インタフィア ウィズ
さまよう **さまよう** samayou	**wandern, umher|wan- dern** ヴァンダーン, ウムヘーアヴァンダーン	wander around ワンダ アラウンド
さみっと **サミット** samitto	*der* **Gipfel**, *die* **Gipfelkon- ferenz** ギプフェル, ギプフェルコンフェレンツ	summit サミト
さむい **寒い** samui	**kalt** カルト	cold, chilly コウルド, チリ
さむさ **寒さ** samusa	*die* **Kälte**, *der* **Frost** ケルテ, フロスト	cold コウルド
さめ **鮫** same	*der* **Hai** ハイ	shark シャーク
さめる **冷める** sameru	*sich*⁴ **ab|kühlen, kalt wer- den** ‥ アップキューレン, カルト ヴェーアデン	cool down クール ダウン
（気持ちが）	**ab|kühlen** アップキューレン	cool down クール ダウン
ざやく **座薬** zayaku	*das* **Zäpfchen** ツェプフヒェン	suppository サパズィトーリ

日	独	英
さよう **作用** sayou	*die* **Wirkung,** *die* **Funktion** ヴィルクング, フンクツィオーン	action, function アクション, ファンクション
〜する	*auf j⁴/et⁴* **wirken** アオフ・・**ヴィ**ルケン	act upon, affect アクト アポン, アフェクト
さら **皿** sara	*der* **Teller** テラー	plate, dish プレイト, **ディ**シュ
さらいしゅう **再来週** saraishuu	**übernächste Woche** ユーバーネーヒステ **ヴォ**ッヘ	week after next **ウィ**ーク アフタ **ネ**クスト
さらいねん **再来年** sarainen	**übernächstes Jahr** ユーバーネーヒステス **ヤ**ール	year after next **イ**ア アフタ **ネ**クスト
さらう **さらう** sarau	**kidnappen, verschleppen** キットネッペン, フェアシュ**レ**ッペン	kidnap **キ**ドナプ
ざらざらの **ざらざらの** zarazarano	**grob, rau** グ**ロ**ープ, **ラ**オ	rough, coarse **ラ**フ, **コ**ース
さらす **さらす** sarasu	**bloß|legen** ブ**ロ**ースレーゲン	expose イクス**ポ**ウズ
さらだ **サラダ** sarada	*der* **Salat** ザ**ラ**ート	salad **サ**ラド
さらに **更に** sarani	**außerdem** **ア**オサーデーム	still more, further ス**ティ**ル **モ**ー, **ファ**ーザ
さらりーまん **サラリーマン** sarariiman	*der/die* **Angestellte** **ア**ンゲシュテルテ	office worker **オ**ーフィス **ワ**ーカ
さりげない **さりげない** sarigenai	**natürlich, flüchtig** ナ**テュ**ーアリヒ, フ**リュ**ヒティヒ	natural, casual **ナ**チュラル, **キャ**ジュアル
さる **猿** saru	*der* **Affe** **ア**ッフェ	monkey, ape **マ**ンキ, **エ**イプ
さる **去る** saru	**verlassen** フェア**ラ**ッセン	quit, leave ク**ウィ**ト, **リ**ーヴ

日	独	英
さるもねらきん **サルモネラ菌** sarumonerakin	*die* **Salmonelle** ザルモネレ	salmonella サルモネラ
さわ **沢** sawa	*der* **Sumpf** ズンプフ	swamp, marsh スワンプ，マーシュ
さわがしい **騒がしい** sawagashii	**laut, geräuschvoll** ラオト，ゲロイシュフォル	noisy ノイズィ
さわぎ **騒ぎ** sawagi	*der* **Lärm** レルム	clamor クラマ
（騒動）	*der* **Aufruhr** アオフルーア	disturbance ディスターバンス
さわぐ **騒ぐ** sawagu	**lärmen, Lärm machen** レルメン，レルム マッヘン	make noise メイク ノイズ
（騒動を起こす）	**Aufruhr erregen** アオフルーア エアレーゲン	make a disturbance メイク ア ディスターバンス
さわやかな **爽やかな** sawayakana	**erfrischend** エアフリッシェント	refreshing リフレシング
さわる **触る** sawaru	**berühren** ベリューレン	touch, feel タチ，フィール
さん **三** san	**drei** ドライ	three スリー
さん **酸** san	*die* **Säure** ゾイレ	acid アスィド
さんおいる **サンオイル** san-oiru	*das* **Sonnenöl** ゾネネール	suntan oil サンタン オイル
ざんがい **残骸** zangai	*die* **Trümmer** *pl.* トリュンマー	remains, wreckage リメインズ，レキヂ
さんかく **三角** sankaku	*das* **Dreieck** ドライエック	triangle トライアングル

日	独	英
さんかする **参加する** sankasuru	*an et*[3] **teil|nehmen** アン‥**タ**イルネーメン	participate, join パー**ティ**スィペイト，**チョ**イン
さんがつ **三月** sangatsu	*der* **März** メルツ	March **マ**ーチ
さんかんする **参観する** sankansuru	**besichtigen** ベ**ズィ**ヒティゲン	visit, inspect **ヴィ**ズィト，イン**スペ**クト
さんきゃく **三脚** sankyaku	*das* **Stativ** シュタ**ティ**ーフ	tripod **トラ**イパド
ざんぎゃくな **残虐な** zangyakuna	**grausam, brutal** グ**ラ**オザーム，ブル**タ**ール	atrocious, brutal ア**トロ**ウシャス，ブ**ルー**トル
さんぎょう **産業** sangyou	*die* **Industrie** インドゥス**トリ**ー	industry **イ**ンダストリ
ざんぎょう **残業** zangyou	*die* **Überstunden** *pl.* **ユ**ーバーシュトゥンデン	overtime work **オ**ウヴァタイム **ワ**ーク
さんぐらす **サングラス** sangurasu	*die* **Sonnenbrille** **ゾ**ネンブリレ	sunglasses **サ**ングラセズ
ざんげ **懺悔** zange	*die* **Beichte,** *die* **Buße** **バ**イヒテ，**ブ**ーセ	confession, repent- ance コン**フェ**ション，リ**ペ**ンタンス
さんご **珊瑚** sango	*die* **Koralle** コ**ラ**レ	coral **カ**ラル
〜礁	*das* **Korallenriff** コ**ラ**レンリフ	coral reef **カ**ラル **リ**ーフ
さんこう **参考** sankou	*der* **Hinweis** **ヒ**ンヴァイス	reference **レ**ファレンス
ざんこくな **残酷な** zankokuna	**brutal, grausam** ブル**タ**ール，グ**ラ**オザーム	cruel, merciless ク**ル**エル，**マ**ースィレス
さんじゅう **三十** sanjuu	**dreißig** ド**ラ**イスィヒ	thirty **サ**ーティ

日	独	英
さんしょう **参照** sanshou	*das* **Nachschlagen** ナーハシュラーゲン	reference レファレンス
～する	**nach|schlagen** ナーハシュラーゲン	refer to リファートゥ
ざんしんな **斬新な** zanshinna	**neuartig** ノイアールティヒ	new, novel ニュー，ナヴェル
さんすう **算数** sansuu	*das* **Rechnen**, *die* **Arith-metik** レヒネン，アリトメーティク	arithmetic アリスメティク
さんする **産する** sansuru	**erzeugen** エアツォイゲン	produce プロデュース
さんせい **賛成** sansei	*die* **Zustimmung** ツーシュティムング	approval アプルーヴァル
～する	**zu|stimmen** ツーシュティメン	approve of アプルーヴ オヴ
さんせい **酸性** sansei	*die* **Acidität** アツィディテート	acidity アスィディティ
～雨	**saurer Regen** ザオラー レーゲン	acid rain アスィド レイン
さんそ **酸素** sanso	*der* **Sauerstoff** ザオアーシュトフ	oxygen アクスィチェン
～マスク	*die* **Sauerstoffmaske** ザオアーシュトフマスケ	oxygen mask アクスィチェン マスク
ざんだか **残高** zandaka	*der* **Saldo** ザルド	balance バランス
さんたくろーす **サンタクロース** santakuroosu	*der* **Weihnachtsmann** ヴァイナハツマン	Santa Claus, ⒷFa-ther Christmas サンタ クローズ，ファーザ クリスマス
さんだる **サンダル** sandaru	*die* **Sandale** ザンダーレ	sandals サンダルズ

日	独	英
さんだんとび **三段跳び** sandantobi	*der* **Dreisprung** ドライシュプルング	triple jump トリプル チャンプ
さんち **産地** sanchi	*das* **Anbaugebiet** アンバオゲビート	place of production プレイス オヴ プロダクション
さんちょう **山頂** sanchou	*der* **Berggipfel** ベルクギプフェル	summit サミト
ざんねんな **残念な** zannenna	**bedauerlich** ベダオアーリヒ	regrettable リグレタブル
さんばい **三倍** sanbai	**dreifach** ドライファッハ	triple トリプル
さんばし **桟橋** sanbashi	*die* **Landungsbrücke** ランドゥングスブリュッケ	pier ピア
さんぱつ **散髪** sanpatsu	*das* **Haarschneiden** ハールシュナイデン	haircut ヘアカト
さんびか **賛美歌** sanbika	*das* **Kirchenlied** キルヒェンリート	hymn ヒム
さんふじんか **産婦人科** sanfujinka	*die* **Gynäkologie** ギュネコロギー	obstetrics and gynecology オブステトリクス アンド ガイナカロディ
さんぶつ **産物** sanbutsu	*das* **Erzeugnis** エアツォイクニス	product, produce プラダクト, プロデュース
さんぷる **サンプル** sanpuru	*das* **Muster** ムスター	sample サンプル
さんぶん **散文** sanbun	*die* **Prosa** プローザ	prose プロウズ
さんぽ **散歩** sanpo	*der* **Spaziergang** シュパツィーアガング	walk ウォーク
～する	**spazieren gehen** シュパツィーレン ゲーエン	take a walk テイク ア ウォーク

日	独	英
さんまんな **散漫な** sanmanna	**nachlässig, zerstreut** ナーハレスィヒ, ツェアシュトロイト	loose, slipshod ルース, スリプシャド
さんみ **酸味** sanmi	*die* **Säure** ゾイレ	acidity アスィディティ
さんみゃく **山脈** sanmyaku	*die* **Gebirgskette** ゲビルクスケッテ	mountain range マウンテン レインデ
さんらんする **散乱する** sanransuru	**zerstreut sein** ツェアシュトロイト ザイン	(be) dispersed (ビ) ディスパースト
さんらんする **産卵する** sanransuru	**Eier legen** アイアー レーゲン	lay eggs レイ エグズ
さんりゅうの **三流の** sanryuuno	**drittklassig** ドリットクラスィヒ	third-class, third-rate サードクラス, サードレイト
さんれつする **参列する** sanretsusuru	*an et³* **teil|nehmen** アン ‥ タイルネーメン	attend アテンド

し，シ

日	独	英
し **四** shi	**vier** フィーア	four フォー
し **市** shi	*die* **Stadt** シュタット	city, town スィティ, タウン
し **死** shi	*der* **Tod** トート	death デス
し **詩** shi	*das* **Gedicht**, *die* **Poesie** ゲディヒト, ポエズィー	poetry, poem ポウイトリ, ポウイム
じ **字** ji	*der* **Buchstabe**, *das* **Schrift-zeichen** ブーフシュターベ, シュリフトツァイヒェン	letter, character レタ, キャラクタ
じ **時** ji	*die* **Zeit**, *die* **Stunde** ツァイト, シュトゥンデ	hour, time アウア, タイム

283

日	独	英
じ **痔** ji	*die* **Hämorrhoiden** *pl.* ヘモロイーデン	hemorrhoids, piles ヘモロイヅ, パイルズ
しあい **試合** shiai	*das* **Spiel**, *das* **Match** シュピール, メッチュ	game, match ゲイム, マチ
しあがる **仕上がる** shiagaru	**fertig sein** フェルティヒ ザイン	(be) completed (ビ) コンプリーテド
しあげる **仕上げる** shiageru	**an|fertigen, fertig|stellen** アンフェルティゲン, フェルティヒシュテレン	finish, complete フィニシュ, コンプリート
しあさって **しあさって** shiasatte	**überübermorgen** ユーバーユーバーモルゲン	two days after tomorrow トゥー デイズ アフタ トモーロウ
しあわせ **幸せ** shiawase	*das* **Glück** グリュック	happiness ハピネス
～な	**glücklich, zufrieden** グリュックリヒ, ツフリーデン	happy, fortunate ハピ, フォーチュネト
しいく **飼育** shiiku	*die* **Zucht** ツフト	breeding ブリーディング
じいしき **自意識** jiishiki	*das* **Selbstbewusstsein** ゼルプストベヴストザイン	self-consciousness セルフカンシャスネス
しーずん **シーズン** shiizun	*die* **Saison** ゼゾーン	season スィーズン
しーつ **シーツ** shiitsu	*das* **Betttuch** ベットトゥーフ	sheet, bedsheet シート, ベドシート
しーでぃー **CD** shiidii	*die* **CD** ツェーデー	compact disk カンパクト ディスク
しーてぃーすきゃん **CT スキャン** shiitiisukyan	*die* **Computertomografie** コンピュータートモグラフィー	CT scanning スィーティー スキャニング
じーでぃーぴー **GDP** jiidiipii	*das* **Bruttosozialprodukt** ブルットゾツィアールプロドゥクト	gross domestic product グロウス ドメスティク プラダクト

日	独	英
しーと **シート** shiito	*der* **Sitzplatz** ズィッツプラッツ	seat スィート
～ベルト	*der* **Sicherheitsgurt** ズィヒャーハイツグルト	seatbelt スィートベルト
しーふーど **シーフード** shiifuudo	*die* **Meeresfrüchte** *pl.* メーレスフリュヒテ	seafood スィーフード
しいる **強いる** shiiru	*zu et³* **zwingen** ツー .. ツヴィンゲン	force, compel フォース, コンペル
しーる **シール** shiiru	*das* **Siegel**, *der* **Aufkleber** ズィーゲル, アオフクレーバー	seal, sticker スィール, スティカ
しいれ **仕入れ** shiire	*der* **Beschaffung**, *die* **La-gerhaltung** ベシャッフング, ラーガーハルトゥング	stocking スタキング
しいん **子音** shiin	*der* **Konsonant** コンゾナント	consonant カンソナント
しーん **シーン** shiin	*die* **Szene** スツェーネ	scene スィーン
じいん **寺院** jiin	**buddhistischer Tempel** ブディスティシャー テンペル	Buddhist temple ブディスト テンプル
じーんず **ジーンズ** jiinzu	*die* **Jeans** *pl.* ジーンズ	jeans ヂーンズ
しぇあ **シェア** shea	*der* **Anteil** アンタイル	share シェア
じえい **自衛** jiei	*die* **Selbstverteidigung** ゼルプストフェアタイディグング	self-defense セルフディフェンス
しえいの **市営の** shieino	**städtisch** シュテーティシュ	municipal ミューニスィパル
しぇーびんぐくりーむ **シェービング ク リーム** sheebingukuriimu	*die* **Rasiercreme** ラズィーアクレーム	shaving cream シェイヴィング クリーム

日	独	英
ジェスチャー jesuchaa _{じぇすちゃー}	*die* **Geste** ゲステ	gesture チェスチャ
ジェット機 jettoki _{じぇっとき}	*das* **Düsenflugzeug** デューゼンフルークツォイク	jet plane チェト プレイン
シェフ shefu _{しぇふ}	*der* (*die*) **Chef*koch*(*-kö-chin*)** シェフコッホ(-ケッヒン)	chef シェフ
シェルター sherutaa _{しぇるたー}	*der* **Luftschutzraum**, *die* **Zuflucht** ルフトシュッツラオム, ツーフルフト	shelter シェルタ
支援 shien _{しえん}	*die* **Unterstützung** ウンターシュテュッツング	support サポート
塩 shio _{しお}	*das* **Salz** ザルツ	salt ソールト
潮 shio _{しお}	*die* **Gezeiten** *pl.* ゲツァイテン	tide タイド
〜風	*der* **Seewind** ゼーヴィント	sea breeze スィー ブリーズ
塩辛い shiokarai _{しおからい}	**salzig** ザルツィヒ	salty ソールティ
塩漬け shiozuke _{しおづけ}	*das* **Pökeln**, *das* **Einsalzen** ペーケルン, アインザルツェン	salt pickling ソールト ピクリング
潮時 shiodoki _{しおどき}	**gute Gelegenheit** グーテ ゲレーゲンハイト	right time, opportune time ライト タイム, アパテューン タイム
塩水 shiomizu _{しおみず}	*das* **Salzwasser** ザルツヴァッサー	saltwater ソールトウォータ
しおり shiori _{しおり}	*das* **Lesezeichen** レーゼツァイヒェン	bookmark ブクマーク
萎れる shioreru _{しおれる}	**verwelken** フェアヴェルケン	droop, wither ドループ, ウィザ

日	独	英
しか **歯科** shika	*die* **Zahnmedizin** ツァーンメディツィーン	dentistry デンティストリ
〜医	*der*(*die*) **Zahnarzt(-ärztin)** ツァーンアールツト(-エーアツティン)	dentist デンティスト
しか **鹿** shika	*der* **Hirsch** ヒルシュ	deer ディア
じか **時価** jika	*der* **Tagespreis** ターゲスプライス	current price カーレント プライス
じが **自我** jiga	*das* **Ich** イヒ	self, ego セルフ, エゴウ
しかい **視界** shikai	*die* **Sicht** ズィヒト	sight, field of vision サイト, フィールド オヴ ヴィジョン
しがい **市外** shigai	*der* **Vorort** フォーアオルト	suburbs サバーブズ
しかいしゃ **司会者** shikaisha	*der/die* **Vorsitzende** フォーアズィッツェンデ	chairperson チェアパースン
(テレビ・イベントの)	*der*(*die*) **Moderator(in)** モデラートア(-ラトーリン)	MC エムスィー
しかいする **司会する** shikaisuru	**den Vorsitz führen** デン フォーアズィッツ フューレン	preside at プリザイド アト
しがいせん **紫外線** shigaisen	**ultraviolette Strahlen** *pl.* ウルトラヴィオレッテ シュトラーレン	ultraviolet rays アルトラヴァイオレト レイズ
しかえしする **仕返しする** shikaeshisuru	*sich*[4] *an j*[3] *für et*[4] **rächen** ‥ アン ‥ フューア ‥ レッヒェン	avenge oneself アヴェンヂ
しかく **四角** shikaku	*das* **Viereck** フィーアエック	square スクウェア
しかく **資格** shikaku	*die* **Qualifikation** クヴァリフィカツィオーン	qualification クワリフィケイション

日	独	英
しかく **視覚** shikaku	*das* **Gesicht** ゲズィヒト	sight サイト
じかく **自覚** jikaku	*das* **Selbstbewusstsein** ゼルプストベヴストザイン	consciousness カンシャスネス
〜する	*sich³* **einer Sache be- wusst sein** ‥ アイナー **ザ**ッヘ ベヴスト ザイン	(be) conscious of (ビ) **カ**ンシャス オヴ
しかけ **仕掛け** shikake	*die* **Vorrichtung** フォー**ア**リヒトゥング	device, mecha- nism ディ**ヴァ**イス, メカニズム
しかし **しかし** shikashi	**aber, jedoch** **ア**ーバー, イェ**ドッ**ホ	but, however バト, ハウ**エ**ヴァ
じかせいの **自家製の** jikaseino	**hausgemacht** ハオスゲ**マ**ハト	homemade **ホ**ウムメイド
じがぞう **自画像** jigazou	*das* **Selbstbildnis** ゼルプスト**ビ**ルトニス	self-portrait セルフ**ポ**ートレト
しかたがない **仕方がない** shikataganai	**nicht zu ändern** ニヒト ツー **エ**ンダーン	it can't be helped イト **キャ**ント ビ **ヘ**ルプト
しがつ **四月** shigatsu	*der* **April** ア**プ**リル	April **エ**イプリル
じかつする **自活する** jikatsusuru	**auf eigenen Füßen ste- hen** アオフ アイゲネン **フュ**ーセン シュ**テ**ーエン	support oneself サ**ポ**ート
しがみつく **しがみつく** shigamitsuku	*sich⁴ an et³* **fest|halten** ‥ アン ‥ **フェ**ストハルテン	cling to ク**リ**ング トゥ
しかも **しかも** shikamo	**außerdem, darüber hin- aus** アオサーデーム, ダ**リュ**ーバー ヒ**ナ**オス	moreover, besides モー**ロ**ウヴァ, ビ**サ**イヅ
しかる **叱る** shikaru	**schimpfen** **シ**ンプフェン	scold, reprove ス**コ**ウルド, リプ**ル**ーヴ
じかん **時間** jikan	*die* **Zeit**, *die* **Stunde** **ツァ**イト, シュ**トゥ**ンデ	time, hour **タ**イム, **ア**ウア

日	独	英
志願する しがんする （願い出る） shigansuru	*wünschen* ヴュンシェン	desire, aspire to ディザイア, アスパイア トゥ
（申し込む）	*sich⁴ um et⁴* **bewerben** .. ウム .. ベヴェルベン	apply for アプライ フォ
指揮 しき shiki	*die* **Leitung** ライトゥング	command コマンド
〜者	*der* (*die*) **Dirigent**(*in*) ディリゲント(-ティン)	conductor コンダクタ
式 （儀式・式典） しき shiki	*die* **Zeremonie** ツェレモニー	ceremony セレモウニ
（形式）	*die* **Form** フォルム	style, form スタイル, フォーム
（数式）	*die* **Formel** フォルメル	formula, expression フォーミュラ, イクスプレション
（方式）	*die* **Methode**, *das* **System** メトーデ, ズュステーム	method, system メソド, スィステム
時期 じき jiki	*die* **Zeit**, *die* **Jahreszeit** ツァイト, ヤーレスツァイト	time, season タイム, スィーズン
磁気 じき jiki	*der* **Magnetismus** マグネティスムス	magnetism マグネティズム
敷石 しきいし shikiishi	*der* **Pflasterstein** プフラスターシュタイン	pavement ペイヴメント
敷金 しききん shikikin	*die* **Kaution** カオツィオーン	deposit ディパズィト
色彩 しきさい shikisai	*die* **Farbe**, *die* **Färbung** ファルベ, フェルブング	color, tint, ⒷColour カラ, ティント, カラ
式場 しきじょう shikijou	*die* **Festhalle** フェストハレ	ceremonial hall セレモウニアル ホール

日	独	英
しきそ **色素** shikiso	*das* **Pigment** ピグメント	pigment ピグメント
しきちょう **色調** shikichou	*der* **Farbton** ファルプトーン	tone, hue トウン, ヒュー
じきひつ **直筆** jikihitsu	*das* **Autograph** アオトグラーフ	autograph オートグラフ
しきべつする **識別する** shikibetsusuru	**unterscheiden** ウンターシャイデン	discern, distinguish ディサーン, ディスティングウィシュ
しきもの **敷物** shikimono	*der* **Teppich** テッピヒ	carpet, rug カーペト, ラグ
しきゅう **子宮** shikyuu	*die* **Gebärmutter** ゲベーアムッター	uterus, womb ユーテラス, ウーム
じきゅう **時給** jikyuu	*der* **Stundenlohn** シュトゥンデンローン	hourly wage アウアリ ウェイヂ
じきゅうじそく **自給自足** jikyuujisoku	*die* **Autarkie** アオタルキー	self-sufficiency セルフサフィシェンスィ
しきょう **司教** shikyou	*der* **Bischof** ビショフ	bishop ビショプ
しきょう **市況** shikyou	*der* **Markt,** *die* **Marktlage** マルクト, マルクトラーゲ	market マーケト
じきょう **自供** jikyou	*das* **Geständnis,** *das* **Bekenntnis** ゲシュテントニス, ベケントニス	confession コンフェション
じぎょう **事業** jigyou	*das* **Unternehmen** ウンターネーメン	enterprise, undertaking エンタプライズ, アンダテイキング
しきり **仕切り** shikiri	*die* **Trennwand** トレンヴァント	partition パーティション
しきん **資金** shikin	*das* **Kapital** カピタール	capital, funds キャピタル, ファンヅ

日	独	英
しく **敷く** shiku	**belegen, legen** ベレーゲン, レーゲン	lay, spread レイ, スプレド
じく **軸** jiku	*die* **Achse** アクセ	axis, shaft アクスィス, シャフト
じぐざぐ **ジグザグ** jiguzagu	*der* **Zickzack** ツィックツァック	zigzag ズィグザグ
しくみ **仕組み** shikumi	*der* **Mechanismus** メヒャニスムス	mechanism メカニズム
しけ **時化** shike	**stürmisches Wetter** シュテュルミシェス ヴェッター	stormy weather ストーミ ウェザ
しけい **死刑** shikei	*die* **Todesstrafe** トーデスシュトラーフェ	capital punishment キャピタル パニシュメント
しげき **刺激** shigeki	*die* **Anregung** アンレーグング	stimulus, impulse スティミュラス, インパルス
～する	**an|regen, auf|regen** アンレーゲン, アオフレーゲン	stimulate, excite スティミュレイト, イクサイト
しげる **茂る** shigeru	**wuchern** ヴーハーン	grow thick グロウ スィク
しけん **試験** shiken	*die* **Prüfung,** *das* **Examen** プリューフング, エクサーメン	examination, test イグザミネイション, テスト
しげん **資源** shigen	*die* **Ressourcen** *pl.* レスルセン	resources リソーセズ
じけん **事件** jiken	*der* **Vorfall** フォーアファル	event, incident, case イヴェント, インスィデント, ケイス
じげん **次元** jigen	*die* **Dimension** ディメンズィオーン	dimension ディメンション
じこ **事故** jiko	*der* **Unfall,** *das* **Unglück** ウンファル, ウングリュック	accident アクスィデント

日	独	英
じこ **自己** jiko	*das* **Selbst** ゼルプスト	self, ego **セ**ルフ, **エ**ゴウ
じこう **時効** jikou	*die* **Verjährung** フェア**イェ**ールング	prescription プリス**ク**リプション
じこく **時刻** jikoku	*die* **Zeit**, *die* **Stunde** **ツァ**イト, シュ**トゥ**ンデ	time, hour **タ**イム, **ア**ウア
〜表	*der* **Fahrplan** **ファ**ールプラーン	timetable **タ**イムテイブル
じごく **地獄** jigoku	*die* **Hölle** **ヘ**レ	hell, inferno **ヘ**ル, イン**ファ**ーノウ
しごと **仕事** shigoto	*das* **Geschäft**, *die* **Arbeit** ゲ**シェ**フト, **ア**ルバイト	work, business, task **ワ**ーク, **ビ**ズネス, **タ**スク
しこむ **仕込む** （教える） shikomu	**aus｜bilden** **ア**オスビルデン	train, teach ト**レ**イン, **ティ**ーチ
（仕入れておく）	**auf Lager nehmen, an｜- schaffen** アオフ **ラ**ーガー **ネ**ーメン, **ア**ンシャッフェン	stock, prepare ス**タ**ク, プリ**ペ**ア
しさ **示唆** shisa	*die* **Andeutung** **ア**ンドイトゥング	suggestion サグ**チェ**スチョン
〜する	**an｜deuten** **ア**ンドイテン	suggest サグ**チェ**スト
じさ **時差** jisa	*der* **Zeitunterschied** **ツァ**イトウンターシート	difference in time **ディ**ファレンス イン **タ**イム
〜ぼけ	*der* **Jetlag** **ジェ**ットラグ	jet lag **チェ**ト **ラ**グ
しさい **司祭** shisai	*der* **Priester** プ**リ**ースター	priest プ**リ**ースト
しさつ **視察** shisatsu	*die* **Besichtigung** ベ**ズィ**ヒティグング	inspection インス**ペ**クション

日	独	英
〜する	**inspizieren, besichtigen** インスピツィーレン, ベズィヒティゲン	inspect, visit インスペクト, ヴィジィット
じさつする **自殺する** jisatsusuru	**Selbstmord begehen** ゼルプストモルト ベゲーエン	commit suicide コミト スーイサイド
しさん **資産** shisan	*das* **Vermögen** フェアメーゲン	property, fortune プラパティ, フォーチュン
じさんする **持参する** jisansuru	**mit|bringen, mit|nehmen** ミットブリンゲン, ミットネーメン	take with oneself テイク ウィズ
しじ **指示** shiji	*die* **Anweisung** アンヴァイズング	indication インディケイション
〜する	**an|weisen** アンヴァイゼン	indicate インディケイト
しじ **支持** shiji	*die* **Unterstützung** ウンターシュテュッツング	support, backing サポート, バキング
〜する	**unterstützen** ウンターシュテュッツェン	support, back up サポート, バク アプ
じじ **時事** jiji	*die* **Aktualitäten** *pl.* アクトゥアリテーテン	current events カーレント イヴェンツ
ししざ **獅子座** shishiza	**der Löwe** デア レーヴェ	Lion, Leo ライオン, レオ
ししつ **資質** shishitsu	*die* **Veranlagung** フェアアンラーグング	nature, temperament ネイチャ, テンペラメント
じじつ **事実** jijitsu	*die* **Tatsache** タートザッヘ	fact ファクト
ししゃ **支社** shisha	*die* **Zweigstelle** ツヴァイクシュテレ	branch ブランチ
ししゃ **死者** shisha	*der/die* **Tote** トーテ	dead person, (the) dead デド パースン, (ザ) デド

日	独	英
じしゃく **磁石** jishaku	*der* **Magnet** マグネート	magnet マグネト
ししゃごにゅうする **四捨五入する** shishagonyuusuru	**runden, ab|runden** ルンデン, **ア**ップルンデン	round up ラウンド **ア**プ
ししゅう **刺繍** shishuu	*die* **Stickerei** シュティッケ**ラ**イ	embroidery インブ**ロ**イダリ
しじゅう **四十** shijuu	**vierzig** **フィ**アツィヒ	forty **フォ**ーティ
じしゅする **自首する** jishusuru	*sich*[4] **der Polizei stellen** ‥ デア ポリ**ツァ**イ シュ**テ**レン	turn oneself in to the police **タ**ーン イントゥ ザ ポ**リ**ース
ししゅつ **支出** shishutsu	*die* **Ausgaben** *pl.* **ア**オスガーベン	expenses, expendi- ture イクス**ペ**ンセズ, イクス**ペ**ン ディチャ
じしゅてきな **自主的な** jishutekina	**freiwillig** フ**ラ**イヴィリヒ	voluntary **ヴァ**ランテリ
ししゅんき **思春期** shishunki	*die* **Adoleszenz**, *die* **Pu- bertät** アドレス**ツェ**ンツ, プベル**テ**ート	adolescence, pu- berty アド**レ**センス, **ピュ**ーバティ
ししょ **司書** shisho	*der* (*die*) **Bibliothekar(in)** ビブリオテ**カ**ール(・リン)	librarian ライブ**レ**アリアン
じしょ **辞書** jisho	*das* **Wörterbuch** **ヴェ**ルターブーフ	dictionary **ディ**クショネリ
じじょ **次女** jijo	**zweite Tochter** ツ**ヴァ**イテ **ト**ホター	second daughter **セ**コンド **ド**ータ
しじょう **市場** shijou	*der* **Markt** **マ**ルクト	market **マ**ーケト
じじょう **事情** (状況) jijou	*die* **Umstände** *pl.* **ウ**ムシュテンデ	circumstances **サ**ーカムスタンセズ
(理由・背景)	*der* **Grund** グ**ル**ント	reasons **リ**ーズンズ

日	独	英
ししょく **試食** shishoku	*die* **Kostprobe,** *das* **Probieren** コストプローベ, プロビーレン	tasting, sampling **テ**イスティング, **サ**ンプリング
じしょくする **辞職する** jishokusuru	*von et*[3] **zurück|treten** フォン ‥ ツ**リ**ュックトレーテン	resign リ**ザ**イン
じじょでん **自叙伝** jijoden	*die* **Autobiografie** アオトビオグラ**フ**ィー	autobiography オートバイ**ア**グラフィ
ししょばこ **私書箱** shishobako	*das* **Postfach** ポストファッハ	post-office box, PO box ポウストオーフィス バクス, **ピ**ーオウ **バ**クス
しじん **詩人** shijin	*der* (*die*) **Dichter**(*in*) **デ**ィヒター(-テリン)	poet, poetess **ポ**ウイト, ポウ**イ**テス
じしん **自信** jishin	*das* **Selbstvertrauen** ゼルプストフェアトラオエン	confidence **カ**ンフィデンス
じしん **自身** jishin	**selbst** ゼルプスト	self, oneself **セ**ルフ, **ワ**ンセルフ
じしん **地震** jishin	*das* **Erdbeben** **エ**ーアトベーベン	earthquake **ア**ースクウェイク
じすいする **自炊する** jisuisuru	**selbst kochen** ゼルプスト **コ**ッヘン	cook for oneself **ク**ク フォ
しすう **指数** shisuu	*der* **Index** **イ**ンデクス	index number **イ**ンデクス **ナ**ンバ
しずかな **静かな** shizukana	**still, ruhig** シュ**テ**ィル, **ル**ーイヒ	silent, still, calm **サ**イレント, ス**テ**ィル, **カ**ーム
しずく **滴** shizuku	*der* **Tropfen** ト**ロ**プフェン	drop ド**ラ**プ
しずけさ **静けさ** shizukesa	*die* **Ruhe,** *die* **Stille** **ル**ーエ, シュ**テ**ィレ	silence, stillness **サ**イレンス, ス**テ**ィルネス
しすてむ **システム** shisutemu	*das* **System** ズス**テ**ーム	system ス**ィ**ステム

日	独	英
じすべり **地滑り** jisuberi	*der* **Erdrutsch** エーアトルッチュ	landslide ランドスライド
しずまる **静まる** shizumaru	**ruhig werden,** *sich⁴* **beruhigen** ルーイヒ ヴェーアデン, ‥ベルーイゲン	(become) quiet, calm down (ビカム) クワイエト, カーム ダ ウン
しずむ **沈む** shizumu	**sinken** ズィンケン	sink, go down スィンク, ゴウ ダウン
（太陽などが）	**unter|gehen** ウンターゲーエン	set セト
しずめる **鎮める** shizumeru	**beruhigen** ベルーイゲン	quell クウェル
しせい **姿勢** shisei	*die* **Haltung** ハルトゥング	posture, pose パスチャ, ポウズ
じせいする **自制する** jiseisuru	*sich⁴* **beherrschen** ‥ ベヘルシェン	control oneself コントロウル
しせき **史跡** shiseki	**historische Stätte** ヒストーリシェ シュテッテ	historic site ヒストリク サイト
しせつ **施設** shisetsu	*die* **Einrichtung** アインリヒトゥング	facility, institution ファスィリティ, インスティ テューション
しせん **視線** shisen	*der* **Blick** ブリック	glance, gaze グランス, ゲイズ
しぜん **自然** shizen	*die* **Natur** ナトゥーア	nature ネイチャ
〜科学	*die* **Naturwissenschaft** ナトゥーアヴィッセンシャフト	natural science ナチュラル サイエンス
〜に	**natürlich** ナテューアリヒ	naturally ナチュラリ
じぜん **慈善** jizen	*die* **Wohltätigkeit** ヴォールテーティヒカイト	charity, benevolence チャリティ, ベネヴォレンス

日	独	英
しそう **思想** shisou	*der* **Gedanke** ゲダンケ	thought, idea ソート，アイディーア
じそく **時速** jisoku	*die* **Stundengeschwin-digkeit** シュトゥンデンゲシュヴィンディヒカイト	miles per hour, speed per hour マイルズ パー アウア，スピー ド パー アウア
じぞくする **持続する** jizokusuru	**an|dauern** アンダオアーン	continue コンティニュー
しそん **子孫** shison	*der* **Nachkomme,** *die* **Nachwelt** ナーハコメ，ナーハヴェルト	descendant, pos-terity ディセンダント，パステリティ
じそんしん **自尊心** jisonshin	*der* **Stolz,** *die* **Selbstach-tung** シュトルツ，ゼルプストアハトゥング	pride, self-respect プライド，セルフリスペクト
した **下** shita	**unterer Teil** ウンテラー タイル	lower part ロウア パート
（低い所）	**darunter** ダルンター	below ビロウ
した **舌** shita	*die* **Zunge** ツンゲ	tongue タング
じたい **事態** jitai	*die* **Situation** ズィトゥアツィオーン	situation スィチュエイション
じだい **時代** jidai	*das* **Zeitalter,** *die* **Zeit** ツァイトアルター，ツァイト	time, period, era タイム，ピアリオド，イアラ
じたいする **辞退する** jitaisuru	**ab|sagen, ab|lehnen** アップザーゲン，アップレーネン	decline, refuse ディクライン，レフューズ
しだいに **次第に** shidaini	**allmählich** アルメーリヒ	gradually グラデュアリ
したう **慕う** shitau	*sich⁴ nach j³/et³* **sehnen** ‥ナーハ‥ゼーネン	yearn after, long for ヤーン アフタ，ローング フォ
したうけ **下請け** shitauke	*der* **Subkontrakt** ズップコントラクト	subcontract サプカントラクト

日	独	英
したがう **従う** （ついて行く） shitagau	**folgen, begleiten** フォルゲン, ベグライテン	follow, accompany ファロウ, アカンパニ
（逆らわない）	**gehorchen** ゲホルヒェン	obey オベイ
したがき **下書き** shitagaki	*der* **Entwurf** エントヴルフ	draft ドラフト
したぎ **下着** shitagi	*die* **Unterwäsche** ウンターヴェッシェ	underwear アンダウェア
したくする **支度する** shitakusuru	(*sich⁴ auf et⁴*) **vor|bereiten** （.. アオフ ..）**フォー**アベライテン	prepare for プリペア フォ
したじ **下地** shitaji	*die* **Grundlage** グルントラーゲ	groundwork グラウンドワーク
したしい **親しい** shitashii	*mit j³* **befreundet** ミット .. ベフロインデット	close, familiar クロウス, ファミリア
したしらべ **下調べ** shitashirabe	*die* **Voruntersuchung** フォーアウンターズーフング	preliminary inqui- ry プリリミネリ インクワイアリ
したたる **滴る** shitataru	**tropfen** トロプフェン	drop, drip ドラプ, ドリプ
したっぱ **下っ端** shitappa	*der/die* **Untergebene** ウンターゲーベネ	underling アンダリング
したどり **下取り** shitadori	*die* **Inzahlungnahme** インツァールングナーメ	trade-in トレイディン
したぬり **下塗り** shitanuri	*die* **Grundierung** グルンディールング	undercoating アンダコウティング
したびらめ **舌平目** shitabirame	*die* **Seezunge** ゼーツンゲ	sole ソウル
したみ **下見** shitami	*die* **Vorbesichtigung** フォーアベズィヒティグング	preliminary in- spection プリリミネリ インスペクション

日	独	英
じだん **示談** jidan	*der* **Vergleich** フェアグライヒ	private settlement プライヴェト **セ**トルメント
しち **七** shichi	**sieben** ズィーベン	seven **セ**ヴン
じち **自治** jichi	*die* **Autonomie**, *die* **Selbst-verwaltung** アオトノミー, ゼルプストフェアヴァルトゥング	autonomy オー**タ**ノミ
しちがつ **七月** shichigatsu	*der* **Juli** ユーリ	July デュ**ラ**イ
しちじゅう **七十** shichijuu	**siebzig** ズィープツィヒ	seventy **セ**ヴンティ
しちめんちょう **七面鳥** shichimenchou	*der* **Truthahn**, *die* **Trut-henne** トルートハーン, トルートヘネ	turkey **タ**ーキ
しちや **質屋** shichiya	*das* **Leihhaus** ライハオス	pawnshop **ポ**ーンシャプ
しちゃくする **試着する** shichakusuru	**an|probieren** アンプロビーレン	try on ト**ラ**イ **オ**ン
しちゅー **シチュー** shichuu	*der* **Eintopf** アイントプフ	stew ス**テ**ュー
しちょう **市長** shichou	*der* (*die*) **Bürgermeister**(*in*) ビュルガーマイスター(- テリン)	mayor **メ**イア
しちょうしゃ **視聴者** shichousha	*der* (*die*) **Fernsehzuschau-er**(*in*), *der* (*die*) **Zuschau-er**(*in*) フェルンゼーツーシャオアー(- エリン), **ツ**ーシャオアー(- エリン)	TV audience ティー**ヴ**ィー **オ**ーディエンス
しつ **質** shitsu	*die* **Qualität** クヴァリ**テ**ート	quality ク**ワ**リティ
しつう **歯痛** shitsuu	*der* **Zahnschmerz** ツァーンシュメルツ	toothache **ト**ゥーセイク
じっか **実家** jikka	*das* **Elternhaus** エルターンハオス	parents' home **ペ**アレンツ **ホ**ウム

日	独	英
しっかくする **失格する** shikkakusuru	**disqualifiziert werden** ディスクヴァリフィツィーアト ヴェーアデン	(be) disqualified (ビ) ディスクワリファイド
しっかりする **しっかりする** （頑丈になる） shikkarisuru	**fest werden** フェスト ヴェーアデン	(become) strong (ビカム) ストローング
（元気を出す）	**Mut fassen** ムート ファッセン	take courage テイク カーリヂ
しつぎおうとう **質疑応答** shitsugioutou	**Frage und Antwort** フラーゲ ウント アントヴォルト	questions and answers クウェスチョンズ アンド アンサーズ
しつぎょう **失業** shitsugyou	*die* **Arbeitslosigkeit** アルバイツローズィヒカイト	unemployment アニンプロイメント
〜者	*der/die* **Arbeitslose** アルバイツローゼ	unemployed アニンプロイド
〜する	**arbeitslos werden** アルバイツロース ヴェーアデン	lose one's job ルーズ チブ
じつぎょうか **実業家** jitsugyouka	*der* **Geschäftsmann** ゲシェフツマン	business person ビズネス パースン
じっきょうちゅうけい **実況中継** jikkyouchuukei	*die* **Livesendung** ライフゼンドゥング	live broadcast ライヴ ブロードキャスト
しっけ **湿気** shikke	*die* **Feuchtigkeit** フォイヒティヒカイト	moisture モイスチャ
しつけ **躾** shitsuke	*die* **Erziehung,** *die* **Disziplin** エアツィーウング，ディスツィプリーン	training, discipline トレイニング，ディスィプリン
じっけん **実験** jikken	*das* **Experiment** エクスペリメント	experiment イクスペリメント
じつげんする **実現する** jitsugensuru	**verwirklichen** フェアヴィルクリヒェン	realize, come true リーアライズ，カム トルー
しつこい **しつこい** （執念深い） shitsukoi	**hartnäckig, lästig** ハルトネッキヒ，レスティヒ	obstinate, persistent アブスティネト，パスィステント

日	独	英
（味などがきつい）	**schwer** シュヴェーア	heavy ヘヴィ
しっこう **失効** shikkou	*die* **Ungültigkeit** ウンギュルティヒカイト	lapse, expiry ラプス，イクスパイアリ
じっこうする **実行する** jikkousuru	**aus|führen** アオスフューレン	carry out, practice キャリアウト，プラクティス
じつざい **実在** jitsuzai	*die* **Existenz,** *die* **Realität** エクスィステンツ，レアリテート	actual existence アクチュアル イグズィステンス
じっさいに **実際に** jissaini	**in der Tat** イン デア タート	actually, really アクチュアリ，リーアリ
じっしする **実施する** jisshisuru	**durch|führen** ドゥルヒフューレン	enforce インフォース
じっしつ **実質** jisshitsu	*die* **Substanz** ズプスタンツ	substance サブスタンス
じっしゅう **実習** jisshuu	*das* **Praktikum,** *die* **Ausbildung** プラクティクム，アオスビルドゥング	practice, training プラクティス，トレイニング
～生	*der* (*die*) **Praktikant(in)**, *der/die* **Auszubildende** プラクティカント(-ティン)，アオスツビルデンデ	trainee トレイニー
じつじょう **実情** jitsujou	*die* **Wirklichkeit** ヴィルクリヒカイト	actual circumstance, state of affairs アクチュアル サーカムスタンス，ステイト オヴ アフェアズ
しっしん **湿疹** shisshin	*das* **Ekzem** エクツェーム	eczema エクセマ
しっしんする **失神する** shisshinsuru	**ohnmächtig werden** オーンメヒティヒ ヴェーアデン	faint, swoon フェイント，スウーン
じっせき **実績** jisseki	*die* **Leistung,** *das* **Ergebnis** ライストゥング，エアゲープニス	results, achievements リザルツ，アチーヴメンツ

日	独	英
しっそうする **失踪する** shissousuru	**verschwinden** フェアシュ**ヴィ**ンデン	disappear ディサ**ピ**ア
しっそな **質素な** shissona	**schlicht** シュ**リ**ヒト	plain, simple プ**レ**イン, **ス**インプル
じったい **実態** jittai	*die* **Realität** レアリ**テ**ート	actual condition, realities **ア**クチュアル コン**ディ**ション, リア**リ**ティーズ
しっと **嫉妬** shitto	*die* **Eifersucht** **ア**イファーズフト	jealousy **チェ**ラスィ
〜する	*auf j⁴* **eifersüchtig sein,** **beneiden** アオフ・・**ア**イファーズュヒティヒ ザイン, ベ**ナ** イデン	(be) jealous of, envy (ビ) **チェ**ラス オヴ, **エ**ンヴィ
しつど **湿度** shitsudo	*die* **Feuchtigkeit** **フォ**イヒティヒカイト	humidity ヒュー**ミ**ディティ
しつないで **室内で** shitsunaide	**im Haus** イム **ハ**オス	indoors イン**ドー**ズ
しっぱい **失敗** shippai	*der* **Misserfolg,** *der* **Fehl-** **schlag** **ミ**スエアフォルク, **フェ**ールシュラーク	failure **フェ**イリュア
〜する	**misslingen, fehl|schla-** **gen** ミス**リ**ンゲン, **フェ**ールシュラーゲン	fail in **フェ**イル イン
しっぷ **湿布** shippu	*die* **Kompresse** コンプ**レ**ッセ	compress **カ**ンプレス
じつぶつ **実物** jitsubutsu	*das* **Original** オリギ**ナ**ール	real thing **リー**アル **ス**イング
しっぽ **尻尾** shippo	*der* **Schwanz** シュ**ヴァ**ンツ	tail **テ**イル
しつぼうする **失望する** shitsubousuru	**enttäuscht sein** エント**ト**イシュト ザイン	(be) disappointed (ビ) ディサ**ポ**インテド
じつむ **実務** jitsumu	*die* **Praxis** プ**ラ**クスィス	practical business プ**ラ**クティカル **ビ**ズネス

日	独	英
しつもん **質問** shitsumon	*die* **Frage** フラーゲ	question クウェスチョン
〜**する**	**fragen** フラーゲン	ask a question アースク ア クウェスチョン
じつりょく **実力** jitsuryoku	*die* **Fähigkeit** フェーイヒカイト	ability アビリティ
じつれい **実例** jitsurei	*das* **Beispiel** バイシュピール	example イグザンプル
しつれいな **失礼な** shitsureina	**unhöflich** ウンヘーフリヒ	rude, impolite ルード, インポライト
しつれんする **失恋する** shitsurensuru	*sich⁴* **unglücklich verlie-ben** ‥ ウングリュックリヒ フェアリーベン	(be) disappointed in love (ビ) ディサポインテド イン ラヴ
じつわ **実話** jitsuwa	**wahre Geschichte** ヴァーレ ゲシヒテ	true story トルー ストーリ
してい **指定** shitei	*die* **Bestimmung** ベシュティムング	designation デズィグネイション
〜**する**	**bestimmen** ベシュティメン	appoint, designate アポイント, デズィグネイト
〜**席**	**reservierter Platz** レゼルヴィーアター プラッツ	reserved seat リザーヴド スィート
してきする **指摘する** shitekisuru	*auf et⁴* **hin|weisen** アオフ ‥ ヒンヴァイゼン	point out, indicate ポイント アウト, インディケイト
してきな **私的な** shitekina	**privat** プリヴァート	private, personal プライヴェト, パーソナル
してつ **私鉄** shitetsu	*die* **Privatbahn** プリヴァートバーン	private railroad プライヴェト レイルロウド
してん **支店** shiten	*die* **Zweigstelle** ツヴァイクシュテレ	branch ブランチ

日	独	英
じてん **辞典** jiten	*das* **Wörterbuch** ヴェルターブーフ	dictionary ディクショネリ
じてんしゃ **自転車** jitensha	*das* **Fahrrad** ファールラート	bicycle バイスィクル
しどう **指導** shidou	*die* **Führung,** *die* **Beratung** フュールング, ベラートゥング	guidance, direction ガイダンス, ディレクション
～する	**führen, beraten** フューレン, ベラーテン	guide, lead, coach ガイド, リード, コウチ
じどう **児童** jidou	*das* **Kind** キント	child チャイルド
じどうし **自動詞** jidoushi	**intransitives Verb** イントランズィティーヴェス ヴェルプ	intransitive verb イントランスィティヴ ヴァープ
じどうしゃ **自動車** jidousha	*das* **Auto** アオト	car, automobile カー, オートモビール
～事故	*der* **Autounfall** アオトウンファル	car accident カー アクスィデント
じどうてきに **自動的に** jidoutekini	**automatisch** アオトマーティシュ	automatically オートマティカリ
じどうどあ **自動ドア** jidoudoa	**automatische Tür** アオトマーティシェ テューア	automatic door オートマティク ドー
じどうはんばいき **自動販売機** jidouhanbaiki	*der* **Automat** アオトマート	vending machine ヴェンディング マシーン
しなぎれ **品切れ** shinagire	**ausverkauft** アオスフェアカオフト	sold out ソウルド アウト
しなびる **しなびる** shinabiru	**welken** ヴェルケン	wither ウィザ
しなもの **品物** shinamono	*der* **Artikel,** *die* **Ware** アルティーケル, ヴァーレ	article, goods アーティクル, グヅ

日	独	英
しなやかな **しなやかな** shinayakana	**elastisch, flexibel** エラスティシュ, フレクスィーベル	flexible フレクスィブル
しなりお **シナリオ** shinario	*das* **Drehbuch** ドレーブーフ	scenario, script スィネアリオウ, スクリプト
じなん **次男** jinan	**zweiter Sohn** ツヴァイター ゾーン	second son セカンド サン
じにんする **辞任する** jininsuru	**zurück|treten** ツリュックトレーテン	resign リザイン
しぬ **死ぬ** shinu	**sterben, ums Leben kommen** シュテルベン, ウムス レーベン コメン	die ダイ
じぬし **地主** jinushi	*der*(*die*) **Grundbesitzer(*in*)** グルントベズィッツァー(-ツェリン)	landowner ランドオウナ
しのぐ **しのぐ** (勝る) shinogu	**übertreffen** ユーバートレッフェン	exceed, surpass イクスィード, サーパス
(切り抜ける)	**überwinden** ユーバーヴィンデン	tide over タイド オウヴァ
(耐える)	**aus|halten** アオスハルテン	endure, bear インデュア, ベア
しはい **支配** shihai	*die* **Herrschaft** ヘルシャフト	management, control マニヂメント, コントロウル
～する	**herrschen, kontrollieren** ヘルシェン, コントロリーレン	manage, control マニヂ, コントロウル
～人	*der*(*die*) **Manager(*in*)** メニジャー(-リン)	manager マニヂャ
しばい **芝居** shibai	*das* **Schauspiel,** *das* **Drama** シャオシュピール, ドラーマ	play, drama プレイ, ドラーマ
じはく **自白** jihaku	*das* **Geständnis** ゲシュテントニス	self confession セルフ コンフェション

日	独	英
地場産業 じばさんぎょう jibasangyou	**örtliche Industrie** エルトリヒェ インドゥストリー	local industry ロウカル インダストリ
しばしば しばしば shibashiba	**oft** オフト	often オーフン
自発的な じはつてきな jihatsutekina	**spontan, freiwillig** シュポンターン, フライヴィリヒ	spontaneous, voluntary スパンテイニアス, **ヴァ**ランテリ
始発電車 しはつでんしゃ shihatsudensha	**erster Zug** エーアスター ツーク	first train **ファ**ースト トレイン
芝生 しばふ shibafu	*der* **Rasen** ラーゼン	lawn ローン
支払い しはらい shiharai	*die* **Zahlung,** *die* **Bezahlung** ツァールング, ベツァールング	payment ペイメント
支払う しはらう shiharau	**zahlen, bezahlen** ツァーレン, ベツァーレン	pay ペイ
しばらく しばらく （ある程度長く） shibaraku	**lange** ランゲ	for a long time フォア ローング **タ**イム
（長くない）	**eine Weile** アイネ **ヴァ**イレ	for a while フォ ア (ホ)**ワ**イル
縛る しばる shibaru	**binden** ビンデン	bind バインド
地盤 （地面） じばん jiban	*der* **Boden,** *der* **Grund** ボーデン, グルント	ground グラウンド
（土台・基礎）	*das* **Fundament** フンダメント	foundation, base ファウン**デ**イション, ベイス
市販の しはんの shihanno	**verkäuflich** フェア**コ**イフリヒ	on the market オン ザ **マ**ーケト

日	独	英
じびいんこうか **耳鼻咽喉科** jibiinkouka	*die* **Hals-Nasen-Ohren-Heilkunde**, *die* **HNO-Heilkunde** ハルスナーゼンオーレンハイルクンデ, ハーエヌオーハイルクンデ	otorhinolaryngology オウトウラノウラリンガロヂ
しひで **私費で** shihide	**auf eigene Kosten** アオフ **ア**イゲネ **コ**ステン	at one's own expense アト **オ**ウン イクス**ペ**ンス
しひょう **指標** shihyou	*der* **Indikator**, *das* **Kennzeichen** インディカートーア, **ケ**ンツァイヒェン	index **イ**ンデクス
じひょう **辞表** jihyou	*das* **Entlassungsgesuch** エントラッスングスゲズーフ	resignation レズィグ**ネ**イション
じびょう **持病** jibyou	**chronische Krankheit** ク**ロー**ニシェ ク**ラ**ンクハイト	chronic disease ク**ラ**ニク ディ**ズィ**ーズ
しびれる **痺れる** shibireru	**ein|schlafen** **ア**インシュラーフェン	(become) numb (ビ**カ**ム) **ナ**ム
しぶい **渋い** (好みが) shibui	**geschmackvoll** ゲシュ**マ**ックフォル	tasteful, sober **テ**イストフル, **ソ**ウバ
(味が)	**herb, bitter** ヘルプ, **ビ**ッター	astringent, bitter アスト**リ**ンジェント, **ビ**タ
しぶき **しぶき** shibuki	*der* **Spritzer** シュプ**リ**ッツァー	spray, splash スプ**レ**イ, スプ**ラ**シュ
しぶしぶ **しぶしぶ** shibushibu	**ungern** **ウ**ンゲルン	reluctantly リ**ラ**クタントリ
しぶとい **しぶとい** shibutoi	**hartnäckig, zäh** ハルト**ネ**ッキヒ, **ツェ**ー	tenacious, obstinate ティ**ネ**イシャス, **ア**ブスティネト
しぶる **渋る** shiburu	**zögern** **ツェ**ーガーン	hesitate, show reluctance ヘズィテイト, **ショ**ウ リ**ラ**クタンス
じぶん **自分** jibun	*das* **Selbst** **ゼ**ルプスト	self **セ**ルフ

日	独	英
しへい **紙幣** shihei	*der* **Geldschein,** *die* **Bank-note** ゲルトシャイン, バンクノーテ	bill, note ビル, ノウト
しほう **四方** shihou	**alle Seiten** *pl.*, **vier Rich-tungen** *pl.* アレ ザイテン, フィーア リヒトゥンゲン	every direction エヴリ ディレクション
しぼう **脂肪** shibou	*das* **Fett** フェット	fat, grease ファト, グリース
じほう **時報** jihou	*die* **Zeitansage** ツァイトアンザーゲ	time signal タイム スィグナル
しほうけん **司法権** shihouken	*die* **Justizgewalt,** *die* **Ju-dikative** ユスティーツゲヴァルト, ユディカティーヴェ	jurisdiction デュアリスディクション
しぼうする **志望する** shibousuru	**wünschen** ヴュンシェン	wish, desire ウィシュ, ディザイア
しぼむ **しぼむ** shibomu	**verwelken** フェアヴェルケン	wither, fade ウィザ, フェイド
しぼる **搾る** shiboru	**pressen, aus|pressen** プレッセン, アオスプレッセン	press, wring, squeeze プレス, リング, スクウィーズ
しほん **資本** shihon	*das* **Kapital** カピタール	capital キャピタル
〜家	*der* (*die*) **Kapitalist**(*in*) カピタリスト(-ティン)	capitalist キャピタリスト
〜金	*das* **Kapital** カピタール	capital キャピタル
〜主義	*der* **Kapitalismus** カピタリスムス	capitalism キャピタリズム
しま **縞** shima	*der* **Streifen** シュトライフェン	stripes ストライプス
しま **島** shima	*die* **Insel** インゼル	island アイランド

日	独	英
しまい **姉妹** shimai	*die* **Schwestern** *pl.* シュヴェスターン	sisters スィスタズ
しまう **しまう** shimau	**weg|räumen** ヴェックロイメン	put away プト アウェイ
じまく **字幕** jimaku	*der* **Untertitel** ウンターティーテル	subtitles サブタイトルズ
しまつ **始末** (結果) shimatsu	*das* **Ergebnis** エアゲープニス	result リザルト
(処分)	*die* **Beseitigung** ベザイティグング	disposal ディスポウザル
しまる **閉まる** shimaru	(*sich⁴*) **schließen** (..) シュリーセン	shut, (be) closed シャト, (ビ) クロウズド
じまん **自慢** jiman	*die* **Prahlerei** プラーレライ	boast, vanity ボウスト, ヴァニティ
～する	*mit et³* **prahlen** ミット.. プラーレン	boast of, (be) proud of ボウスト オヴ, (ビ) プラウド オヴ
じみな **地味な** jimina	**unauffällig, schlicht** ウンアオフフェリヒ, シュリヒト	plain, quiet プレイン, クワイアト
しみゅれーしょん **シミュレーション** shimyureeshon	*die* **Simulation** ズィムラツィオーン	simulation スィミュレイション
しみる **染みる** shimiru	*in et⁴* **dringen** イン.. ドリンゲン	penetrate, soak ペネトレイト, ソウク
しみん **市民** shimin	*der*(*die*) **Bürger**(*in*) ビュルガー(-・ゲリン)	citizen スィティズン
じむ **事務** jimu	*die* **Büroarbeit** ビュローアルバイト	business, affairs ビズネス, アフェアズ
～員	*der/die* **Büroangestellte** ビュローアンゲシュテルテ	clerk, office worker クラーク, オーフィス ワーカ

308

日	独	英
～的な	**sachlich, nüchtern** ザッハリヒ, ニュヒターン	businesslike ビズネスライク
しめい **氏名** shimei	*der* **Name** ナーメ	name ネイム
しめい **使命** shimei	*die* **Aufgabe** アオフガーベ	mission ミション
しめいする **指名する** shimeisuru	**nennen, ernennen** ネネン, エアネネン	name, nominate ネイム, ナミネイト
しめきり **締め切り** shimekiri	**letzter Termin** レッツター テルミーン	deadline デドライン
しめきる **締め切る** shimekiru	**schließen, ab|schließen** シュリーセン, アップシュリーセン	close クロウズ
じめじめした **じめじめした** jimejimeshita	**feucht** フォイヒト	damp, moist ダンプ, モイスト
しめす **示す** shimesu	**zeigen** ツァイゲン	show, indicate ショウ, インディケイト
しめだす **締め出す** shimedasu	**aus|schließen** アオスシュリーセン	shut out シャト アウト
じめつする **自滅する** jimetsusuru	*sich⁴* **ruinieren** ‥ルイニーレン	ruin oneself ルーイン
しめる **絞める** shimeru	**binden, schnüren** ビンデン, シュニューレン	tighten タイトン
しめる **湿る** shimeru	**feucht werden** フォイヒト ヴェーアデン	dampen ダンプン
しめる **占める** shimeru	**besetzen** ベゼッツェン	occupy アキュパイ
しめる **閉める** shimeru	**schließen, zu|machen** シュリーセン, ツーマッヘン	shut, close シャト, クロウズ
じめん **地面** jimen	*die* **Erde** エーアデ	earth, ground アース, グラウンド

日	独	英
しも **霜** shimo	*der* **Raureif**, *der* **Frost** ラオライフ, フロスト	frost フロースト
じもとの **地元の** jimotono	**örtlich, lokal** エルトリヒ, ロカール	local ロウカル
しもん **指紋** shimon	*der* **Fingerabdruck** フィンガーアブドルック	fingerprint フィンガプリント
しや **視野** shiya	*das* **Gesichtsfeld**, *das* **Blickfeld** ゲズィヒツフェルト, ブリックフェルト	field of vision フィールド オヴ ヴィジョン
じゃーじ **ジャージ** jaaji	*der* **Trainingsanzug** トレーニングスアンツーク	tracksuit トラクスート
じゃーなりすと **ジャーナリスト** jaanarisuto	*der*(*die*) **Journalist(*in*)** ジュルナリスト(-ティン)	journalist チャーナリスト
じゃーなりずむ **ジャーナリズム** jaanarizumu	*der* **Journalismus**, *die* **Presse** ジュルナリスムス, プレッセ	journalism チャーナリズム
しゃーぷぺんしる **シャープペンシル** shaapupenshiru	*der* **Druckbleistift** ドルックブライシュティフト	mechanical pencil メキャニカル ペンスル
しゃーべっと **シャーベット** shaabetto	*der*(*das*) **Sorbet** ゾルベット	sherbet シャーベト
しゃいん **社員** shain	*der/die* **Angestellte**, *der*(*die*) **Mitarbeiter(*in*)** アンゲシュテルテ, ミットアルバイター(-テリン)	employee, staff インプロイイー, スタフ
しゃかい **社会** shakai	*die* **Gesellschaft** ゲゼルシャフト	society ソサイエティ
〜学	*die* **Soziologie** ゾツィオロギー	sociology ソウスィアロヂィ
〜主義	*der* **Sozialismus** ゾツィアリスムス	socialism ソウシャリズム
じゃがいも **じゃが芋** jagaimo	*die* **Kartoffel** カルトッフェル	potato ポテイトウ

日	独	英
しゃがむ **しゃがむ** shagamu	**hocken** ホッケン	squat down スクワト ダウン
しやくしょ **市役所** shiyakusho	*das* **Rathaus** ラートハオス	city hall スィティ ホール
じゃぐち **蛇口** jaguchi	*der* **Wasserhahn** ヴァッサーハーン	faucet, Ⓑtap フォーセト, **タ**プ
じゃくてん **弱点** jakuten	*die* **Schwäche** シュ**ヴェ**ッヒェ	weak point **ウィ**ーク **ポ**イント
しゃくど **尺度** shakudo	*das* **Maß** マース	measure, scale **メ**ジャ, ス**ケ**イル
しゃくほうする **釈放する** shakuhousuru	**frei‖lassen** フ**ラ**イラッセン	set free **セ**ト フ**リ**ー
しゃくめいする **釈明する** shakumeisuru	**erklären, rechtfertigen** エアク**レ**ーレン, **レ**ヒトフェルティゲン	explain, vindicate イクスプ**レ**イン, **ヴ**ィンディケ イト
しゃくや **借家** shakuya	**gemietetes Haus** ゲ**ミ**ーテテス **ハ**オス	rented house **レ**ンテド **ハ**ウス
しゃげき **射撃** shageki	*der* **Schuss** **シュ**ス	shooting, firing **シュ**ーティング, **ファ**イアリン グ
じゃけっと **ジャケット** jaketto	*die* **Jacke** **ヤ**ッケ	jacket **チャ**ケト
しゃこ **車庫** shako	*die* **Garage** ガ**ラ**ージェ	garage ガ**ラ**ージ
しゃこうかい **社交界** shakoukai	*der* **Gesellschaftskreis** ゲ**ゼ**ルシャフツクライス	high society **ハ**イ ソ**サ**イエティ
しゃこうだんす **社交ダンス** shakoudansu	*der* **Gesellschaftstanz** ゲ**ゼ**ルシャフツタンツ	social dance **ソ**ウシャル **ダ**ンス
しゃざい **謝罪** shazai	*die* **Entschuldigung** エント**シュ**ルディグング	apology ア**パ**ロヂ
～する	*sich*⁴ **entschuldigen** ‥ エント**シュ**ルディゲン	apologize ア**パ**ロヂャイズ

日	独	英
しゃじつしゅぎ **写実主義** shajitsushugi	*der* **Realismus** レアリスムス	realism リーアリズム
しゃしょう **車掌** shashou	*der*(*die*) **Schaffner(*in*)** シャフナー(-ネリン)	conductor コンダクタ
しゃしん **写真** shashin	*das* **Foto** フォート	photograph フォウトグラフ
〜家	*der*(*die*) **Fotograf(*in*)** フォトグラーフ(-フィン)	photographer フォタグラファ
じゃず **ジャズ** jazu	*der* **Jazz** ジャズ，ジェス	jazz チャズ
しゃせい **写生** shasei	*die* **Skizze** スキッツェ	sketch スケチ
しゃせつ **社説** shasetsu	*der* **Leitartikel** ライトアルティーケル	editorial エディトーリアル
しゃせん **車線** shasen	*die* **Fahrbahn**, *die* **Fahr-spur** ファールバーン，ファールシュプーア	lane レイン
しゃたく **社宅** shataku	*die* **Dienstwohnung** ディーンストヴォーヌング	company house カンパニ ハウス
しゃだんする **遮断する** shadansuru	**ab|sperren** アップシュペレン	block, intercept ブラク，インタセプト
しゃちょう **社長** shachou	*der*(*die*) **Präsident(*in*)**, *der*(*die*) **Direktor(*in*)** プレズィデント(-ティン)，ディレクトーア(ディレクトーリン)	president プレズィデント
しゃつ **シャツ** （下着の） shatsu	*das* **Unterhemd** ウンターヘムト	undershirt, Ⓑvest アンダシャート，ヴェスト
（洋服の）	*das* **Hemd** ヘムト	(dress) shirt (ドレス) シャート
しゃっかん **借款** shakkan	*die* **Anleihe**, *das* **Darlehen** アンライエ，ダールレーエン	loan ロウン

日	独	英
じゃっき **ジャッキ** jakki	*der* **Wagenheber** ヴァーゲンヘーバー	jack チャク
しゃっきん **借金** shakkin	*die* **Schulden** *pl.* シュルデン	debt, loan デト, ロウン
しゃっくり **しゃっくり** shakkuri	*der* **Schluckauf** シュルックアオフ	hiccup ヒカプ
しゃったー **シャッター** （カメラの） shattaa	*der* **Verschluss** フェアシュルス	shutter シャタ
（玄関・窓の）	*der* **Rollladen** ロルラーデン	shutter シャタ
しゃどう **車道** shadou	*die* **Fahrbahn** ファールバーン	roadway ロウドウェイ
しゃぶる **しゃぶる** shaburu	an et^3 **lutschen** アン‥ルッチェン	suck, suckle サク, サクル
しゃべる **シャベル** shaberu	*die* **Schaufel** シャオフェル	shovel シャヴル
しゃほん **写本** shahon	*das* **Manuskript** マヌスクリプト	manuscript マニュスクリプト
じゃま **邪魔** jama	*das* **Hindernis** ヒンダーニス	hindrance, obsta-cle ヒンドランス, アブスタクル
〜する	**stören, hindern** シュテーレン, ヒンダーン	disturb, hinder ディスターブ, ハインダ
〜な	**hinderlich** ヒンダーリヒ	obstructive オブストラクティヴ
じゃむ **ジャム** jamu	*die* **Marmelade** マルメラーデ	jam チャム
しゃめん **斜面** shamen	*der* **Abhang** アップハング	slope スロウプ

日	独	英
しゃもじ **杓文字** shamoji	*der* **Schöpflöffel** シェプフレッフェル	rice paddle ライス パドル
じゃり **砂利** jari	*der* **Kies** キース	gravel グラヴェル
しゃりょう **車両** sharyou	*das* **Fahrzeug,** *der* **Wagen** ファールツォイク, ヴァーゲン	vehicles, cars ヴィーイクルズ, カーズ
しゃりん **車輪** sharin	*das* **Rad** ラート	wheel (ホ)ウィール
しゃれ **しゃれ** share	*der* **Witz** ヴィッツ	joke, witticism ヂョウク, ウィティスィズム
しゃれい **謝礼** sharei	*die* **Belohnung** ベローヌング	remuneration リミューナレイション
しゃれた **しゃれた** （おしゃれな） shareta	**schick, elegant** シック, エレガント	chic, elegant シーク, エリガント
（気の利いた）	**geistreich** ガイストライヒ	witty, smart ウィティ, スマート
しゃわー **シャワー** shawaa	*die* **Dusche** ドゥッシェ	shower シャウア
じゃんぱー **ジャンパー** janpaa	*die* **Windjacke** ヴィントヤッケ	windbreaker ウィンドブレイカ
しゃんぱん **シャンパン** shanpan	*der* **Champagner,** *der* **Sekt** シャンパニャー, ゼクト	champagne シャンペイン
しゃんぷー **シャンプー** shanpuu	*das* **Shampoo** シェンプー	shampoo シャンプー
じゃんる **ジャンル** janru	*die* **Gattung** ガットゥング	genre ジャーンル
しゅい **首位** shui	**erster Platz** エーアスター プラッツ	leading position リーディング ポズィション

日	独	英
しゅう **州** shuu	*das* **Land,** *das* **Bundes-land** ラント, ブンデスラント	state, province ステイト, プラヴィンス
しゅう **週** shuu	*die* **Woche** ヴォッヘ	week ウィーク
じゅう **十** juu	**zehn** ツェーン	ten テン
じゅう **銃** juu	*das* **Gewehr** ゲヴェーア	gun ガン
じゆう **自由** jiyuu	*die* **Freiheit** フライハイト	freedom, liberty フリーダム, リバティ
しゅうい **周囲** (円周・外周) shuui	*der* **Umfang,** *der* **Umkreis** ウムファング, ウムクライス	circumference サーカムフェレンス
（環境・状況）	*die* **Umgebung** ウムゲーブング	surroundings サラウンディングズ
じゅうい **獣医** juui	*der* (*die*) **Tier*arzt*(-*ärztin*)** ティーアアールツト(-エーアツティン)	veterinarian ヴェテリネアリアン
じゅういち **十一** juuichi	**elf** エルフ	eleven イレヴン
じゅういちがつ **十一月** juuichigatsu	*der* **November** ノヴェンバー	November ノウヴェンバ
しゅうえき **収益** shuueki	*der* **Ertrag,** *der* **Gewinn** エアトラーク, ゲヴィン	profits, gains プラフィツ, ゲインズ
じゅうおく **十億** juuoku	**eine Milliarde** アイネ ミリアルデ	billion ビリョン
しゅうかい **集会** shuukai	*die* **Versammlung** フェアザムルング	meeting, gathering ミーティング, ギャザリング
しゅうかく **収穫** shuukaku	*die* **Ernte** エルンテ	crop, harvest クラプ, ハーヴェスト

日	独	英
〜する	**ernten** エルンテン	harvest, reap ハーヴェスト, リープ
しゅうがくりょこう **修学旅行** shuugakuryokou	*die* **Schulreise** シュールライゼ	school trip スクール トリプ
じゆうがた **自由形** jiyuugata	*das* **Freistilschwimmen** フライシュティールシュヴィメン	freestyle swim- ming フリースタイル スウィミング
じゅうがつ **十月** juugatsu	*der* **Oktober** オクトーバー	October アクトウバ
しゅうかん **習慣** shuukan	*die* **Gewohnheit** ゲヴォーンハイト	habit, custom ハビト, カスタム
しゅうかんし **週刊誌** shuukanshi	*die* **Wochenzeitschrift** ヴォッヘンツァイトシュリフト	weekly ウィークリ
しゅうき **周期** shuuki	*der* **Zyklus**, *die* **Periode** ツュークルス, ペリオーデ	cycle, period サイクル, ピアリオド
しゅうきゅう **週休** shuukyuu	*der* **Wochenfeiertag** ヴォッヘンファイアーターク	weekly holiday ウィークリ ハリデイ
しゅうきゅう **週給** shuukyuu	*der* **Wochenlohn** ヴォッヘンローン	weekly pay ウィークリ ペイ
じゅうきゅう **十九** juukyuu	**neunzehn** ノインツェーン	nineteen ナインティーン
じゅうきょ **住居** juukyo	*die* **Wohnung** ヴォーヌング	dwelling ドウェリング
しゅうきょう **宗教** shuukyou	*die* **Religion** レリギオーン	religion リリヂョン
じゅうぎょういん **従業員** juugyouin	*der* (*die*) **Mitarbeiter**(*in*) ミットアルバイター(- テリン)	employee, worker インプロイイー, ワーカ
じゅうきんぞく **重金属** juukinzoku	*das* **Schwermetall** シュヴェーアメタル	heavy metal ヘヴィ メトル

日	独	英
しゅークリーム **シュークリーム** shuukuriimu	*der* **Windbeutel** ヴィントボイテル	cream puff クリーム パフ
しゅうけいする **集計する** shuukeisuru	**zusammen|rechnen** ツザメンレヒネン	total トウトル
しゅうげき **襲撃** shuugeki	*der* **Angriff** アングリフ	attack, assault アタク, アソールト
じゅうご **十五** juugo	**fünfzehn** フュンフツェーン	fifteen フィフティーン
じゅうこうぎょう **重工業** juukougyou	*die* **Schwerindustrie** シュヴェーアインドゥストリー	heavy industries ヘヴィ インダストリズ
じゅーさー **ジューサー** juusaa	*die* **Saftpresse** ザフトプレッセ	juicer チューサ
しゅうさい **秀才** shuusai	**hervorragender Kopf** ヘアフォーアラーゲンダー コプフ	brilliant scholar ブリリャント スカラ
しゆうざいさん **私有財産** shiyuuzaisan	*das* **Privateigentum** プリヴァートアイゲントゥーム	private property プライヴェト プラパティ
じゅうさつする **銃殺する** juusatsusuru	**erschießen** エアシーセン	shoot dead, gun down シュート デド, ガン ダウン
じゅうさん **十三** juusan	**dreizehn** ドライツェーン	thirteen サーティーン
しゅうし **修士** shuushi	*der* **Magister**, *der* **Master** マギスター, マースター	master マスタ
～課程	*der* **Magisterkurs**, *der* **Master-Kurs** マギスタークルス, マースタークルス	master's course マスタズ コース
～号	*der* **Magister-Abschluss**, *der* **Master-Abschluss** マギスターアップシュルス, マースターアップシュルス	master's degree マスタズ ディグリー
じゅうし **十四** juushi	**vierzehn** フィアツェーン	fourteen フォーティーン

日	独	英
じゅうじ **十字** juuji	*das* **Kreuz** クロイツ	cross クロース
じゅうじか **十字架** juujika	*das* **Kreuz** クロイツ	cross クロース
しゅうじがく **修辞学** shuujigaku	*die* **Rhetorik** レトーリク	rhetoric レトリク
じゅうしする **重視する** juushisuru	**wichtig nehmen** ヴィヒティヒ ネーメン	attach importance to アタチ インポータンス トゥ
じゅうしち **十七** juushichi	**siebzehn** ズィープツェーン	seventeen セヴンティーン
じゅうじつする **充実する** juujitsusuru	**erfüllt sein** エアフュルト ザイン	fulfill, complete フルフィル, コンプリート
しゅうしふ **終止符** shuushifu	*der* **Punkt** プンクト	period, Ⓑ full stop ピアリオド, フル スタプ
しゅうしゅう **収集** shuushuu	*die* **Sammlung** ザムルング	collection コレクション
〜する	**sammeln** ザメルン	collect コレクト
しゅうしゅく **収縮** shuushuku	*die* **Kontraktion** コントラクツィオーン	contraction コントラクション
じゅうじゅんな **従順な** juujunna	**gehorsam** ゲホーアザーム	obedient オビーディエント
じゅうしょ **住所** juusho	*die* **Adresse**, *die* **Anschrift** アドレッセ, アンシュリフト	address アドレス
じゅうしょう **重傷** juushou	**schwere Verletzung** シュヴェーレ フェアレッツング	serious wound スィアリアス ウーンド
しゅうしょくする **就職する** shuushokusuru	**eine Stellung finden** アイネ シュテルング フィンデン	find employment ファインド インプロイメント

日	独	英
じゅうじろ **十字路** juujiro	*die* **Kreuzung** クロイツング	crossroads クロースロウヅ
じゅうしん **重心** juushin	*der* **Schwerpunkt** シュヴェーアプンクト	center of gravity センタ オヴ グラヴィティ
しゅうしんけい **終身刑** shuushinkei	**lebenslängliche Frei-heitsstrafe** レーベンスレングリヒェ フライハイツシュトラーフェ	life imprisonment ライフ インプリズンメント
じゅーす **ジュース** juusu	*der* **Saft** ザフト	juice ヂュース
しゅうせい **習性** shuusei	*die* **Gewohnheit** ゲヴォーンハイト	habit ハビト
しゅうせいする **修正する** shuuseisuru	**korrigieren** コリギーレン	amend, revise アメンド, リヴァイズ
じゆうせき **自由席** jiyuuseki	**nicht reservierter Platz** ニヒト レゼルヴィーアター プラッツ	nonreserved seat ナンリザーヴド スィート
しゅうせん **終戦** shuusen	*das* **Kriegsende** クリークスエンデ	end of war エンド オヴ ウォー
しゅうぜんする **修繕する** shuuzensuru	**reparieren** レパリーレン	repair, mend リペア, メンド
じゅうたい **渋滞** juutai	*der* **Stau** シュタオ	(traffic) jam (トラフィク) ヂャム
じゅうたい **重体** juutai	*die* **Lebensgefahr** レーベンスゲファール	serious condition スィアリアス コンディション
じゅうだい **十代** juudai	*der* **Teenager** ティーネージャ	teens ティーンズ
しゅうたいせい **集大成** shuutaisei	*das* **Sammelwerk** ザメルヴェルク	compilation コンピレイション
じゅうだいな **重大な** juudaina	**wichtig, ernst** ヴィヒティヒ, エルンスト	grave, serious グレイヴ, スィアリアス

日	独	英
じゅうたく **住宅** juutaku	*das* **Wohnhaus** ヴォーンハオス	house, housing ハウス, ハウズィング
しゅうだん **集団** shuudan	*die* **Gruppe** グルッペ	group, body グループ, バディ
じゅうだんする **縦断する** juudansuru	**überqueren** ユーバークヴェーレン	traverse トラヴァース
しゅうちしん **羞恥心** shuuchishin	*das* **Schamgefühl** シャームゲフュール	sense of shame センス オヴ シェイム
しゅうちゃくえき **終着駅** shuuchakueki	*die* **Endstation** エントシュタツィオーン	terminus, terminal ターミナス, ターミナル
しゅうちゃくする **執着する** shuuchakusuru	*sich⁴ an et⁴/j⁴* **hängen** ‥ アン ‥ ヘンゲン	(be) fixated on, adhere to (ビ) フィクセイテド オン, アド ヒア トゥ
しゅうちゅうする **集中する** shuuchuusuru	*sich⁴* **konzentrieren** ‥ コンツェントリーレン	concentrate カンセントレイト
しゅうてん **終点** shuuten	*die* **Endstation** エントシュタツィオーン	end of a line エンド オヴ ア ライン
しゅうでん **終電** shuuden	**letzter Zug** レッツター ツーク	last train (of the day) ラスト トレイン (オヴ ザ デイ)
じゅうてん **重点** juuten	*der* **Schwerpunkt**, *die* **Wichtigkeit** シュヴェーアプンクト, ヴィヒティヒカイト	emphasis, impor- tance エンファスィス, インポータン ス
じゅうでんする **充電する** juudensuru	**auf|laden** アオフラーデン	charge チャーヂ
しゅーと **シュート** shuuto	*der* **Schuss**, *der* **Wurf** シュス, ヴルム	shot シャト
しゅうどういん **修道院** shuudouin	*das* **Kloster** クロー-スター	monastery, con- vent マナステリ, カンヴェント
しゅうどうし **修道士** shuudoushi	*der* **Mönch** メンヒ	monk マンク

日	独	英
しゅうどうじょ **修道女** shuudoujo	*die* **Nonne** ノネ	nun, sister ナン, スィスタ
じゆうな **自由な** jiyuuna	**frei, liberal** フライ, リベラール	free, liberal フリー, リベラル
じゅうなんな **柔軟な** juunanna	**flexibel, elastisch** フレクスィーベル, エラスティシュ	flexible, supple フレクスィプル, サプル
じゅうに **十二** juuni	**zwölf** ツヴェルフ	twelve トウェルヴ
じゅうにがつ **十二月** juunigatsu	*der* **Dezember** デツェンバー	December ディセンバ
じゅうにしちょう **十二指腸** juunishichou	*der* **Zwölffingerdarm** ツヴェルフフィンガーダルム	duodenum デューアディーナム
しゅうにゅう **収入** shuunyuu	*das* **Einkommen**, *die* **Ein-** **künfte** *pl.* アインコメン, アインキュンフテ	income インカム
しゅうにん **就任** shuunin	*der* **Amtsantritt** アムツアントリット	inauguration イノーギュレイション
しゅうのう **収納** shuunou	*die* **Lagerung** ラーゲルング	storage ストーリヂ
しゅうは **宗派** shuuha	*die* **Sekte** ゼクテ	sect セクト
しゅうはすう **周波数** shuuhasuu	*die* **Frequenz** フレクヴェンツ	frequency フリークウェンスィ
じゅうはち **十八** juuhachi	**achtzehn** アハツェーン	eighteen エイティーン
じゅうびょう **重病** juubyou	**schwere Krankheit** シュヴェーレ クランクハイト	serious illness スィアリアス イルネス
しゅうふくする **修復する** shuufukusuru	**restaurieren** レスタオリーレン	restore リストー

日	独	英
しゅうぶん **秋分** shuubun	*die* **Herbst-Tagundnacht-gleiche** ヘルプストタークウントナハトグライヒェ	autumnal equinox オータムナル イークウィナス
じゅうぶんな **十分な** juubunna	**reichlich, genügend** ライヒリヒ, ゲニューゲント	sufficient, enough サフィシェント, イナフ
しゅうへん **周辺** shuuhen	*die* **Umgebung,** *der* **Um-kreis** ウムゲーブング, ウムクライス	vicinity (of), area (of) ヴィスィニティ (オヴ), エアリア (オヴ)
～機器	*das* **Peripheriegerät** ペリフェリーゲレート	peripherals プリフェラルズ
じゆうぼうえき **自由貿易** jiyuuboueki	*der* **Freihandel** フライハンデル	free trade フリー トレイド
しゅうまつ **週末** shuumatsu	*das* **Wochenende** ヴォッヘンエンデ	weekend ウィーケンド
じゅうまん **十万** juuman	**hunderttausend** フンダートタオゼント	one hundred thousand ワン ハンドレト サウザンド
じゅうみん **住民** juumin	*der* (*die*) **Einwohner(*in*)** アインヴォーナー(-ネリン)	inhabitants, residents インハビタンツ, レズィデンツ
じゅうやく **重役** juuyaku	*der* (*die*) **Direktor(*in*)** ディレクトーア(ディレクトーリン)	executive, director イグゼキュティヴ, ディレクタ
じゅうゆ **重油** juuyu	*das* **Schweröl** シュヴェーアエール	heavy oil ヘヴィ オイル
しゅうゆう **周遊** shuuyuu	*die* **Rundreise** ルントライゼ	tour, round trip トゥア, ラウンド トリプ
しゅうようする **収容する** shuuyousuru	**auf|nehmen, unter|bringen** アオフネーメン, ウンターブリンゲン	admit, accommodate アドミト, アカモデイト
じゅうような **重要な** juuyouna	**wichtig** ヴィヒティヒ	important, principal インポータント, プリンスィパル

日	独	英
しゅうり **修理** shuuri	*die* **Reparatur** レパラトゥーア	repair, mend リペア，メンド
～する	**reparieren** レパリーレン	repair, mend リペア，メンド
じゅうりょう **重量** juuryou	*das* **Gewicht** ゲヴィヒト	weight ウェイト
～挙げ	*das* **Gewichtheben** ゲヴィヒトヘーベン	weightlifting ウェイトリフティング
しゅうりょうする **終了する** shuuryousuru	**ab|schließen** アップシュリーセン	finish, end, close フィニシュ，エンド，クロウズ
じゅうりょく **重力** juuryoku	*die* **Gravitation** グラヴィタツィオーン	gravity, gravitation グラヴィティ，グラヴィテイション
しゅうろく **収録** shuuroku	*die* **Aufnahme** アオフナーメ	recording リコーディング
じゅうろく **十六** juuroku	**sechzehn** ゼヒツェーン	sixteen スィクスティーン
しゅうわい **収賄** shuuwai	*die* **Bestechung** ベシュテッヒュング	bribery, corruption ブライバリ，コラプション
しゅえい **守衛** shuei	*der*(*die*) **Pförtner**(*in*) プフェルトナー(-ネリン)	guard ガード
しゅえん **主演** shuen	*die* **Hauptrolle** ハオプトロレ	leading role リーディング ロウル
～俳優	*der*(*die*) **Hauptdarsteller**(*in*) ハオプトダールシュテラー(-レリン)	leading actor リーディング アクタ
しゅかん **主観** shukan	*das* **Subjekt,** *der* **Subjektivismus** ズブイェクト，ズブイェクティヴィスムス	subjectivity サブヂェクティヴィティ
～的な	**subjektiv** ズブイェクティーフ	subjective サブヂェクティヴ

日	独	英
しゅぎ **主義** shugi	*das* **Prinzip** プリンツィープ	principle, doctrine プリンスィプル, **ダ**クトリン
しゅぎょう **修行** shugyou	*die* **Lehrzeit** レーアツァイト	apprenticeship アプレンティスシプ
じゅきょう **儒教** jukyou	*der* **Konfuzianismus** コンフツィア**ニ**スムス	Confucianism コン**フュー**シャニズム
じゅぎょう **授業** jugyou	*der* **Unterricht** **ウ**ンターリヒト	class, lesson ク**ラ**ス, **レ**スン
じゅく **塾** juku	*die* **Nachhilfeschule** ナーハヒルフェシューレ	juku, private af-ter-school class ジュク, プライヴェト アフタス**ク**ール ク**ラ**ス
しゅくがかい **祝賀会** shukugakai	*die* **Feier** **ファ**イアー	formal celebration **フォ**ーマル セレブ**レ**イション
じゅくご **熟語** jukugo	*das* **Idiom**, *die* **Redewen-dung** イディ**オ**ーム, **レ**ーデヴェンドゥング	idiom, phrase **イ**ディオム, フ**レ**イズ
しゅくじつ **祝日** shukujitsu	*der* **Feiertag** **ファ**イアーターク	public holiday, festival **パ**ブリク **ハ**リデイ, **フェ**スティヴァル
しゅくしゃ **宿舎** shukusha	*die* **Unterkunft** **ウ**ンタークンフト	lodging **ラ**ヂング
しゅくしょうする **縮小する** shukushousuru	**verkleinern** フェアク**ラ**イナーン	reduce, curtail リ**デュ**ース, カー**テ**イル
じゅくする **熟する** jukusuru	**reifen** **ラ**イフェン	(become) ripe, ma-ture (ビカム) **ラ**イプ, マ**チュ**ア
しゅくだい **宿題** shukudai	*die* **Hausaufgabe** **ハ**オスアオフガーベ	homework **ホ**ウムワーク
じゅくねん **熟年** jukunen	**reifes Alter** **ラ**イフェス **ア**ルター	mature aged マ**チュ**ア **エ**イヂド
しゅくはくする **宿泊する** shukuhakusuru	**übernachten** ユーバー**ナ**ハテン	lodge, stay **ラ**ヂ, ス**テ**イ

日	独	英
じゅくれん **熟練** jukuren	*die* **Geschicklichkeit** ゲシックリヒカイト	skill スキル
～する	**erfahren werden** エアファーレン ヴェーアデン	(become) skilled (ビカム) スキルド
しゅげい **手芸** shugei	*die* **Handarbeit** ハントアルバイト	handicraft ハンディクラフト
しゅけん **主権** shuken	*die* **Souveränität** ズヴェレニテート	sovereignty サヴレンティ
じゅけんする **受験する** jukensuru	**ein Examen machen** アイン エクザーメン マッヘン	take an examination テイク アン エグザミネイション
しゅご **主語** shugo	*das* **Subjekt** ズブイェクト	subject サブヂェクト
しゅさいする **主催する** shusaisuru	**veranstalten** フェアアンシュタルテン	host, organize ホウスト, オーガナイズ
しゅざいする **取材する** shuzaisuru	**Stoff sammeln** シュトフ ザメルン	gather information ギャザ インフォメイション
しゅじゅつ **手術** shujutsu	*die* **Operation** オペラツィオーン	operation アペレイション
～する	**operieren** オペリーレン	operate, perform surgery アペレイト, パフォーム サーヂャリ
しゅしょう **主将** shushou	*der*(*die*) **Kapitän(*in*)** カピテーン(-ニン)	captain キャプテン
しゅしょう **首相** shushou	*der*(*die*) **Premierminister(*in*)** プレミエーミニスター(-テリン)	prime minister プライム ミニスタ
(ドイツ・オーストリアの)	*der*(*die*) **Bundeskanzler(*in*)** ブンデスカンツラー(-レリン)	chancellor チャンセラ
じゅしょうしゃ **受賞者** jushousha	*der*(*die*) **Preisträger(*in*)** プライストレーガー(-ゲリン)	prize winner プライズ ウィナ

日	独	英
じゅしょうする **受賞する** jushousuru	**einen Preis erhalten** アイネン プライス エアハルテン	win a prize **ウィ**ン ア **プ**ライズ
じゅしょうする **授賞する** jushousuru	**einen Preis verleihen** アイネン プライス フェアライエン	award a prize to ア**ウォ**ード ア **プ**ライズ トゥ
しゅしょく **主食** shushoku	*das* **Grundnahrungsmittel** グルントナールングスミッテル	staple food ス**テ**イプル **フ**ード
しゅじん **主人** (一家の主) shujin	*das* **Familienoberhaupt** ファミーリエンオーバーハオプト	head of a family **ヘ**ド オヴ ア **ファ**ミリ
(所有者)	*der*(*die*) **Eigentümer(*in*)** **ア**イゲンテューマー(-メリン)	proprietor プロ**プ**ライアタ
(夫)	*der* **Ehemann** **エ**ーエマン	husband **ハ**ズバンド
じゅしん **受信** jushin	*der* **Empfang** エンプ**ファ**ング	reception リ**セ**プション
～する	**empfangen** エンプ**ファ**ンゲン	receive リ**スィ**ーヴ
しゅじんこう **主人公** shujinkou	*der*(*die*) **Protagonist(*in*)**, *die* **Hauptfigur** プロタ**ゴ**ニスト(-ティン), **ハ**オプトフィグーア	protagonist プロウ**タ**ガニスト
しゅせき **首席** shuseki	*der* **Primus**, *der/die* **Erste** プ**リ**ームス, **エ**ーアステ	head, top of the class **ヘ**ド, **タ**プ オヴ ザ ク**ラ**ス
しゅだい **主題** shudai	*das* **Thema** **テ**ーマ	subject, theme **サ**ブヂェクト, **スィ**ーム
しゅだん **手段** shudan	*das* **Mittel** **ミ**ッテル	means, way **ミ**ーンズ, **ウェ**イ
しゅちょう **主張** shuchou	*die* **Behauptung** ベ**ハ**オプトゥング	assertion, claim ア**サ**ーション, ク**レ**イム
～する	**behaupten** ベ**ハ**オプテン	assert, claim ア**サ**ート, ク**レ**イム

日	独	英
しゅつえんする **出演する** shutsuensuru	**auf|treten** アオフトレーテン	appear on stage アピア オン ステイヂ
しゅっか **出荷** shukka	*der* **Versand** フェアザント	shipment, for-warding シプメント，フォーワディング
しゅっきんする **出勤する** shukkinsuru	**zur Arbeit gehen** ツーア アルバイト ゲーエン	go to work ゴウ トゥ ワーク
しゅっけつ **出血** shukketsu	*die* **Blutung** ブルートゥング	hemorrhage ヘモリヂ
〜する	**bluten** ブルーテン	bleed ブリード
しゅつげん **出現** shutsugen	*die* **Erscheinung** エアシャイヌング	appearance アピアランス
〜する	**erscheinen** エアシャイネン	appear アピア
じゅつご **述語** jutsugo	*das* **Prädikat** プレディカート	predicate プレディケト
しゅっこくする **出国する** shukkokusuru	**aus|reisen** アオスライゼン	leave a country リーヴ ア カントリ
しゅっさん **出産** shussan	*die* **Geburt** ゲブーアト	birth, delivery バース，ディリヴァリ
〜する	**gebären** ゲベーレン	give birth to ギヴ バース トゥ
しゅっし **出資** shusshi	*die* **Geldanlage,** *die* **In-vestition** ゲルトアンラーゲ，インヴェスティツィオーン	investment インヴェストメント
しゅつじょう **出場** shutsujou	*die* **Teilnahme** タイルナーメ	participation パーティスィペイション
〜する	*an et*[3] **teil|nehmen** アン .. タイルネーメン	participate in パーティスィペイト イン

日	独	英
しゅっしんち **出身地** shusshinchi	*der* **Heimatort** ハイマートオルト	home town ホウム タウン
しゅっせいりつ **出生率** shusseiritsu	*die* **Geburtenrate** ゲブーアテンラーテ	birthrate バースレイト
しゅっせき **出席** shusseki	*die* **Anwesenheit** **ア**ンヴェーゼンハイト	attendance, presence アテンダンス, プレゼンス
～者	*der/die* **Anwesende** **ア**ンヴェーゼンデ	attendee アテンディー
～する	*bei et³* **anwesend sein** バイ‥ **ア**ンヴェーゼント ザイン	attend, (be) present at アテンド, (ビ) プレズント アト
しゅっせする **出世する** shussesuru	**Karriere machen** カリエーレ **マ**ッヘン	make a career メイク ア カリア
しゅっちょう **出張** shucchou	*die* **Dienstreise** **ディ**ーンストライゼ	business trip ビズネス トリプ
しゅっぱつ **出発** shuppatsu	*die* **Abfahrt** **ア**ップファールト	departure ディパーチャ
～する	**ab|fahren** **ア**ップファーレン	start, depart スタート, ディパート
しゅっぱん **出版** shuppan	*die* **Veröffentlichung** フェア**エ**ッフェントリヒュング	publication パブリケイション
～社	*der* **Verlag** フェア**ラ**ーク	publishing company パブリシング **カ**ンパニ
～する	**veröffentlichen** フェア**エ**ッフェントリヒェン	publish, issue パブリシュ, **イ**シュー
～物	*die* **Publikation** プブリカツィ**オ**ーン	publication パブリケイション
しゅっぴ **出費** shuppi	*die* **Ausgaben** *pl.* **ア**オスガーベン	expenses イクスペンセズ

日	独	英
しゅつりょくする **出力する** shutsuryokusuru	**aus|geben** アオスゲーベン	output アウトプト
しゅと **首都** shuto	*die* **Hauptstadt** ハオプトシュタット	capital city キャピトル スィティ
しゅどうけん **主導権** shudouken	*die* **Initiative,** *die* **Führer-schaft** イニツィアティーヴェ, フューラーシャフト	initiative イニシャティヴ
じゅどうたい **受動態** judoutai	*das* **Passiv** パスィーフ	passive voice パスィヴ ヴォイス
しゅどうの **手動の** shudouno	**manuell** マヌエル	hand-operated, manual ハンドアパレイテド, マニュアル
しゅとくする **取得する** shutokusuru	**erwerben** エアヴェルベン	acquire, obtain アクワイア, オブテイン
じゅなん **受難** junan	*das* **Leiden** ライデン	sufferings サファリングズ
じゅにゅうする **授乳する** junyuusuru	**stillen, die Brust geben** シュティレン, ディー ブルスト ゲーベン	nurse, feed ナース, フィード
しゅにん **主任** shunin	*der*(*die*) **Leiter(in),** *der* (*die*) **Chef(in)** ライター(-テリン), シェフ(-フィン)	chief, head チーフ, ヘド
しゅのう **首脳** shunou	*der* **Vorstand** フォーアシュタント	head, leader ヘド, リーダ
しゅの－ける **シュノーケル** shunookeru	*der* **Schnorchel** シュノルヒェル	snorkel スノーケル
しゅび **守備** shubi	*die* **Verteidigung** フェアタイディグング	defense, Ⓑdefence ディフェンス, ディフェンス
しゅひん **主賓** shuhin	*der* **Ehrengast** エーレンガスト	guest of honor ゲスト オヴ アナ
しゅふ **主婦** shufu	*die* **Hausfrau** ハオスフラオ	housewife ハウスワイフ

日	独	英
しゅみ **趣味** shumi	*der* **Geschmack**, *das* **Hobby** ゲシュマック, ホビ	taste, hobby テイスト, ハビ
じゅみょう **寿命** jumyou	*die* **Lebensspanne** レーベンスシュパンネ	life span ライフ スパン
しゅもく **種目** （競技の） shumoku	*die* **Disziplin** ディスツィプリーン	event イヴェント
（項目） 	*der* **Artikel** アルティーケル	item アイテム
しゅやく **主役** shuyaku	*die* **Hauptrolle** ハオプトロレ	leading part リーディング パート
しゅよう **腫瘍** shuyou	*der* **Tumor**, *die* **Geschwulst** トゥーモア, ゲシュヴルスト	tumor テューマ
じゅよう **需要** juyou	*die* **Nachfrage** ナーハフラーゲ	demand ディマンド
しゅような **主要な** shuyouna	**hauptsächlich** ハオプトゼヒリヒ	principal, main プリンスィパル, メイン
じゅりつする **樹立する** juritsusuru	**errichten** エアリヒテン	establish イスタブリシュ
しゅりゅうだん **手榴弾** shuryuudan	*die* **Handgranate** ハントグラナーテ	hand grenade ハンド グリネイド
しゅりょう **狩猟** shuryou	*die* **Jagd** ヤークト	hunting ハンティング
じゅりょうしょう **受領証** juryoushou	*die* **Quittung** クヴィットゥング	receipt リスィート
しゅりょく **主力** shuryoku	*die* **Hauptmacht** ハオプトマハト	main force メイン フォース
しゅるい **種類** shurui	*die* **Art**, *die* **Sorte** アールト, ゾルテ	kind, sort カインド, ソート

日	独	英
しゅわ **手話** shuwa	*die* **Gebärdensprache** ゲベーアデンシュプラーヘ	sign language サイン ラングウィヂ
じゅわき **受話器** juwaki	*der* **Hörer** ヘーラー	receiver リスィーヴァ
じゅん **順** jun	*die* **Reihenfolge** ライエンフォルゲ	order, turn オーダ, ターン
じゅんい **順位** jun-i	*die* **Rangordnung** ラングオルドヌング	grade, ranking グレイド, ランキング
じゅんえき **純益** jun-eki	*der* **Nettogewinn** ネットゲヴィン	net profit ネト プラフィト
しゅんかん **瞬間** shunkan	*der* **Augenblick** アオゲンブリック	moment モウメント
じゅんかんする **循環する** junkansuru	**zirkulieren, rotieren** ツィルクリーレン, ロティーレン	circulate, rotate サーキュレイト, ロウテイト
じゅんきょうしゃ **殉教者** junkyousha	*der*(*die*) **Märtyrer(*in*)** メルテュラー(-レリン)	martyr マータ
じゅんきょうじゅ **准教授** junkyouju	*der*(*die*) **außerordentliche Professor(*in*)** アオサーオルデントリヒェ プロフェッソーア(プ ロフェソーリン)	associate professor アソウシエイト プロフェサ
じゅんきん **純金** junkin	**reines Gold** ライネス ゴルト	pure gold ピュア ゴウルド
じゅんけつ **純潔** junketsu	*die* **Reinheit,** *die* **Keusch- heit** ラインハイト, コイシュハイト	purity, chastity ピュアリティ, チャスティティ
じゅんけっしょう **準決勝** junkesshou	*das* **Halbfinale** ハルプフィナーレ	semifinals セミファイナルズ
じゅんじゅんけっしょう **準々決勝** junjunkesshou	*das* **Viertelfinale** フィルテルフィナーレ	quarterfinals クウォータファイナルズ
じゅんしんな **純真な** junshinna	**naiv, unschuldig** ナイーフ, ウンシュルディヒ	naive, innocent ナーイーヴ, イノセント

日	独	英
じゅんすいな **純粋な** junsuina	**rein, echt** ライン, エヒト	pure, genuine ピュア, チェニュイン
じゅんちょうな **順調な** junchouna	**glatt** グラット	smooth, favorable, favourable スムーズ, フェイヴァラブル, フェイヴァラブル
じゅんのうする **順応する** junnousuru	*sich⁴ auf et⁴* **ein|stellen** ‥ アオフ ‥ **ア**インシュテレン	adapt oneself アダプト
じゅんばん **順番** junban	*die* **Reihenfolge** **ラ**イエンフォルゲ	order, turn **オ**ーダ, **タ**ーン
じゅんび **準備** junbi	*die* **Vorbereitung** **フォ**ーアベライトゥング	preparation プレパ**レ**イション
〜する	**vor|bereiten** **フォ**ーアベライテン	prepare プリ**ペ**ア
しゅんぶん **春分** shunbun	*die* **Frühlings-Tagund- nachtgleiche** フ**リュ**ーリングスタークウントナハトグ**ラ**イヒェ	spring equinox スプリング **イ**ークウィナクス
じゅんれい **巡礼** junrei	*die* **Pilgerfahrt** **ピ**ルガーファールト	pilgrimage **ピ**ルグリミチ
〜者	*der* (*die*) **Pilger**(*in*) **ピ**ルガー(-・ゲリン)	pilgrim **ピ**ルグリム
じゅんろ **順路** junro	**vorgeschlagener Weg,** *die* **Route** **フォ**ーアゲシュラーゲナー **ヴェ**ーク, **ル**ーテ	route **ル**ート
しよう **使用** shiyou	*der* **Gebrauch** ゲブ**ラ**オホ	use **ユ**ース
〜料	*die* **Benutzungsgebühr** ベ**ヌ**ッツングスゲビューア	fee **フ**ィー
しよう **私用** shiyou	*die* **Privatsache** プリ**ヴ**ァートザッヘ	private business プラ**イ**ヴェト **ビ**ズネス
しょう **省** shou	*das* **Ministerium** ミニス**テ**ーリウム	ministry **ミ**ニストリ

日	独	英
しょう **章** shou	*das* **Kapitel** カピテル	chapter チャプタ
しょう **賞** shou	*der* **Preis** プライス	prize, award プライズ, アウォード
じょういん **上院** jouin	*das* **Oberhaus** オーバーハオス	upper house, Senate アパ ハウス, セナト
じょうえいする **上映する** joueisuru	**vor|führen, zeigen** フォーアフューレン, ツァイゲン	put on, show プト オン, ショウ
しょうえね **省エネ** shouene	*die* **Energieeinsparung** エネルギーアインシュパールング	energy conservation エナヂ コンサヴェイション
じょうえんする **上演する** jouensuru	**auf|führen** アオフフューレン	perform パフォーム
しょうか **消化** shouka	*die* **Verdauung** フェアダオウング	digestion ディチェスチョン
～する	**verdauen** フェアダオエン	digest ダイヂェスト
しょうか **消火** shouka	*das* **Feuerlöschen** フォイアーレッシェン	fire fighting ファイア ファイティング
～器	*der* **Feuerlöscher** フォイアーレッシャー	extinguisher イクスティングウィシャ
しょうが **生姜** shouga	*der* **Ingwer** イングヴァー	ginger ヂンヂャ
しょうがい **傷害** shougai	*die* **Verletzung** フェアレッツング	injury インヂャリ
しょうがい **障害** shougai	*das* **Hindernis**, *die* **Störung** ヒンダーニス, シュテールング	obstacle アプスタクル
～物競走	*der* **Hindernislauf** ヒンダーニスラオフ	obstacle race アプスタクル レイス

日	独	英
しょうがい **生涯** shougai	*das* **Leben** レーベン	lifetime ライフタイム
しょうかいする **紹介する** shoukaisuru	**vor|stellen** フォーアシュテレン	introduce イントロデュース
しょうがくきん **奨学金** shougakukin	*das* **Stipendium** シュティペンディウム	scholarship スカラシプ
しょうがくせい **奨学生** shougakusei	*der*(*die*) **Stipendiat(in)** シュティペンディアート(-ティン)	scholarship stu- dent, scholar スカラシプ スデューデント, ス カラ
しょうがくせい **小学生** shougakusei	*der*(*die*) **Grundschüler(in)** グルントシューラー(-レリン)	schoolchild スクールチャイルド
しょうがつ **正月** shougatsu	*das* **Neujahr** ノイヤール	New Year ニュー イア
しょうがっこう **小学校** shougakkou	*die* **Grundschule** グルントシューレ	elementary school エレメンタリ スクール
じょうき **蒸気** jouki	*der* **Dampf** ダンプフ	vapor, steam ヴェイパ, スティーム
じょうぎ **定規** jougi	*das* **Lineal** リネアール	ruler ルーラ
じょうきゃく **乗客** joukyaku	*der*(*die*) **Passagier(in)** パサジーア(-リン)	passenger パセンヂャ
じょうきゅうの **上級の** joukyuuno	**höher, ober** ヘーアー, オーバー	higher, advanced ハイヤ, アドヴァンスト
しょうぎょう **商業** shougyou	*der* **Handel** ハンデル	commerce カマス
じょうきょう **状況** joukyou	*die* **Situation** ズィトゥアツィオーン	situation スィチュエイション
しょうきょくてきな **消極的な** shoukyokutekina	**negativ, passiv** ネーガティーフ, パスィーフ	negative, passive ネガティヴ, パスィヴ

日	独	英
しょうぐん **将軍** shougun	*der (die)* **General(*in*)** ゲネラール(・リン)	general チェネラル
じょうけい **情景** joukei	*der* **Anblick,** *die* **Szenerie** アンブリック, スツェネリー	spectacle, sight スペクタクル, サイト
しょうげき **衝撃** shougeki	*der* **Schock** ショック	shock, impact シャク, インパクト
じょうげする **上下する** jougesuru	**auf- und ab|gehen** アオフ ウント **ア**ップゲーエン	rise and fall ライズ アンド フォール
しょうけん **証券** shouken	*das* **Wertpapier** ヴェーアトパピーア	bond, securities バンド, スィキュアリティズ
しょうげん **証言** shougen	*die* **Zeugenaussage** ツォイゲンアオスザーゲ	testimony テスティモウニ
〜する	**aus|sagen, bezeugen** アオスザーゲン, ベツォイゲン	testify テスティファイ
じょうけん **条件** jouken	*die* **Bedingung** ベディングング	condition, terms コンディション, タームズ
しょうこ **証拠** shouko	*der* **Beweis** ベヴァイス	proof, evidence プルーフ, エヴィデンス
しょうご **正午** shougo	*der* **Mittag** ミッターク	noon ヌーン
じょうこく **上告** joukoku	*die* **Berufung** ベルーフング	(final) appeal (ファイナル) アピール
しょうさい **詳細** shousai	*die* **Einzelheit** アインツェルハイト	details ディーテイルズ
じょうざい **錠剤** jouzai	*die* **Tablette** タブレッテ	pill, tablet ピル, タブレト
しょうさいな **詳細な** shousaina	**ausführlich** アオスフューアリヒ	detailed ディテイルド
じょうし **上司** joushi	*der/die* **Vorgesetzte** フォーアゲゼッツテ	superior, boss スーピアリア, バス

日	独	英
じょうしき **常識** joushiki	**der gesunde Menschen- verstand** デア ゲズンデ メンシェンフェアシュタント	common sense カモン センス
しょうじきな **正直な** shoujikina	**ehrlich** エーアリヒ	honest アネスト
じょうしつの **上質の** joushitsuno	**fein** ファイン	of fine quality オヴ ファイン クワリティ
しょうしゃ **商社** shousha	*die* **Handelsfirma** ハンデルスフィルマ	trading company トレイディング カンパニ
じょうしゃけん **乗車券** joushaken	*die* **Fahrkarte** ファールカルテ	ticket ティケト
じょうしゃする **乗車する** joushasuru	*in et⁴* **ein|steigen** イン .. アインシュタイゲン	board, take, get in ボード, テイク, ゲト イン
しょうしゅうする **召集する** （会議などを） shoushuusuru	**ein|berufen, zusammen|- rufen** アインベルーフェン, ツザメンルーフェン	convene, call コンヴィーン, コール
（兵隊を）	**ein|berufen, ein|ziehen** アインベルーフェン, アインツィーエン	muster, call out マスタ, コール アウト
じょうじゅん **上旬** joujun	*der* **Monatsanfang** モーナツアンファング	first ten days of a month ファースト テン デイズ オヴ ア マンス
しょうしょ **証書** shousho	*das* **Zeugnis** ツォイクニス	bond, deed バンド, ディード
しょうじょ **少女** shoujo	*das* **Mädchen** メートヒェン	girl ガール
しょうじょう **症状** shoujou	*das* **Symptom** ズュンプトーム	symptom スィンプトム
しょうじょう **賞状** shoujou	*die* **Ehrenurkunde** エーレンウーアクンデ	certificate of merit サティフィケト オヴ メリト
じょうしょうする **上昇する** joushousuru	**auf|steigen** アオフシュタイゲン	rise, go up ライズ, ゴウ アプ

日	独	英
しょうじる **生じる** shoujiru	*sich*[4] **ereignen, erfolgen** ‥ エア**ア**イグネン, エア**フォ**ルゲン	happen, take place ハプン, テイク プレイス
しょうしんする **昇進する** shoushinsuru	**befördert werden** ベ**フェ**ルダート **ヴェ**ーアデン	(be) promoted (ビ) プロ**モ**ウテド
しょうすう **小数** shousuu	*der* **Dezimalbruch** デツィ**マ**ールブルフ	decimal **デ**スィマル
しょうすう **少数** shousuu	*die* **Minderheit** **ミ**ンダーハイト	minority ミ**ノ**ーリティ
じょうずな **上手な** jouzuna	**geschickt** ゲ**シ**ックト	skillful ス**キ**ルフル
しようする **使用する** shiyousuru	**gebrauchen, benutzen** ゲプ**ラ**オヘン, ベ**ヌ**ッツェン	use **ユ**ーズ
じょうせい **情勢** jousei	*die* **Sachlage** **ザ**ッハラーゲ	situation スィチュ**エ**イション
しょうせつ **小説** shousetsu	*der* **Roman** ロ**マ**ーン	novel **ナ**ヴェル
〜家	*der*(*die*) **Schriftsteller(***in***)** シュ**リ**フトシュテラー(-レリン)	novelist **ナ**ヴェリスト
じょうせつの **常設の** jousetsuno	**ständig** シュ**テ**ンディヒ	standing, permanent ス**タ**ンディング, **パ**ーマネント
しょうぞう **肖像** shouzou	*das* **Porträt** ポルト**レ**ー	portrait **ポ**ートレイト
じょうぞう **醸造** jouzou	*das* **Brauen** ブ**ラ**オエン	brewing ブ**ル**ーイング
しょうそく **消息** shousoku	*die* **Nachricht** **ナ**ーハリヒト	news **ニュ**ーズ
しょうたい **招待** shoutai	*die* **Einladung** **ア**インラードゥング	invitation インヴィ**テ**イション

日	独	英
〜する	ein|laden アインラーデン	invite インヴァイト
じょうたい **状態** joutai	*der* **Zustand** ツーシュタント	state, situation ステイト, スィチュエイション
しょうだくする **承諾する** shoudakusuru	ein|willigen アインヴィリゲン	consent, accept コンセント, アクセプト
じょうたつする **上達する** joutatsusuru	*in et³* **Fortschritte machen** イン ‥ **フォルト**シュリッテ **マ**ッヘン	make progress, improve メイク プラグレス, インプルーヴ
しょうだん **商談** shoudan	*die* **Geschäftsverhand- lung** ゲ**シェ**フツフェアハンドルング	business talk ビズネス **ト**ーク
じょうだん **冗談** joudan	*der* **Scherz** **シェ**ルツ	joke, jest **チョ**ウク, **チェ**スト
しょうちする **承知する** shouchisuru	*in et⁴* **ein|willigen** イン ‥ **ア**インヴィリゲン	agree, consent アグ**リ**ー, コン**セ**ント
しょうちゅう **焼酎** shouchuu	*der* **Shochu** **ショ**ーチュ	shochu, spirits **ショ**ウチュウ, ス**ピ**リツ
しょうちょう **小腸** shouchou	*der* **Dünndarm** **デュ**ンダルム	small intestine ス**モ**ール イン**テ**スティン
しょうちょう **象徴** shouchou	*das* **Symbol** ズン**ボ**ール	symbol **スィ**ンボル
〜する	symbolisieren ズンボリ**ズィ**ーレン	symbolize **スィ**ンボライズ
しょうてん **焦点** shouten	*der* **Brennpunkt** プ**レ**ンプンクト	focus **フォ**ウカス
しょうどうてきな **衝動的な** shoudoutekina	impulsiv インプル**ズィ**ーフ	impulsive イン**パ**ルスィヴ
じょうとうの **上等の** joutouno	erstklassig **エ**ーアストクラスィヒ	good, superior **グ**ド, スー**ピ**アリア

日	独	英
しょうどく **消毒** shoudoku	*die* **Desinfektion** デスインフェクツィオーン	disinfection ディスインフェクション
～する	**desinfizieren** デスインフィツィーレン	disinfect ディスインフェクト
～薬	*das* **Desinfektionsmittel** デスインフェクツィオーンスミッテル	disinfectant ディスインフェクタント
じょうとする **譲渡する** joutosuru	**ab|treten** アップトレーテン	transfer トランスファ
しょうとつする **衝突する** shoutotsusuru	*mit et³* **zusammen|stoßen** ツザメンシュトーセン	collide with コライド ウィズ
しょうにか **小児科** shounika	*die* **Pädiatrie**, *die* **Kinderheilkunde** ペディアトリー，キンダーハイルクンデ	pediatrics ピーディアトリクス
～医	*der*(*die*) **Kinder*arzt*(-*ärztin*)** キンダーアールツト(-エーアツティン)	pediatrician ピーディアトリシャン
しょうにん **商人** shounin	*der*(*die*) **Händler(*in*)** ヘンドラー(-レリン)	merchant マーチャント
しょうにん **証人** shounin	*der*(*die*) **Zeuge(-*in*)** ツォイゲ(-ギン)	witness ウィトネス
しようにん **使用人** shiyounin	*der/die* **Beschäftigte** ベシェフティヒテ	employee インプロイイー
しょうにんする **承認する** shouninsuru	**an|erkennen, bewilligen** アンエアケネン，ベヴィリゲン	approve アプルーヴ
じょうにんの **常任の** jouninno	**ständig, regulär** シュテンディヒ，レグレーア	standing, regular スタンディング，レギュラ
じょうねつ **情熱** jounetsu	*die* **Leidenschaft** ライデンシャフト	passion パション
しょうねん **少年** shounen	*der* **Junge** ユンゲ	boy ボイ

日	独	英
じょうば **乗馬** jouba	*das* **Reiten** ライテン	(horse) riding (ホース) ライディング
しょうはい **勝敗** shouhai	**Sieg oder Niederlage** ズィーク オーダー ニーダーラーゲ	victory or defeat ヴィクトリ オ ディフィート
しょうばい **商売** shoubai	*das* **Geschäft** ゲシェフト	trade, business トレイド, ビズネス
じょうはつする **蒸発する** jouhatsusuru	**verdunsten** フェアドゥンステン	evaporate イヴァポレイト
じょうはんしん **上半身** jouhanshin	*der* **Oberkörper** オーバーケルパー	upper half of body アパ ハフ オヴ バディ
しょうひ **消費** shouhi	*der* **Verbrauch** フェアブラオホ	consumption コンサンプション
～者	*der* (*die*) **Verbraucher**(*in*) フェアブラオハー(·ヘリン)	consumer コンシューマ
～する	**verbrauchen** フェアブラオヘン	consume, spend コンシューム, スペンド
～税	*die* **Verbrauchssteuer** フェアブラオホスシュトイアー	consumption tax コンサンプション タクス
しょうひょう **商標** shouhyou	*das* **Warenzeichen** ヴァーレンツァイヒェン	trademark, brand トレイドマーク, ブランド
しょうひん **商品** shouhin	*die* **Ware** ヴァーレ	commodity, goods コマディティ, グツ
しょうひん **賞品** shouhin	*der* **Preis** プライス	prize プライズ
じょうひんな **上品な** jouhinna	**vornehm, elegant** フォーアネーム, エレガント	elegant, refined エリガント, リファインド
しょうぶ **勝負** shoubu	*der* **Wettkampf** ヴェットカンプフ	game, match ゲイム, マチ
～する	**kämpfen, wetteifern** ケンプフェン, ヴェットアイファーン	contest, fight コンテスト, ファイト

日	独	英
じょうぶな **丈夫な** joubuna	**stabil** シュタビール	strong, robust ストロング, ロウバスト
しょうほう **商法** shouhou	*das* **Handelsgesetz** ハンデルスゲゼッツ	commercial law, Ⓑcommercial code コマーシャル ロー, コマーシャ ル コウド
しょうぼう **消防** shoubou	*die* **Feuerwehr** フォイアーヴェーア	fire fighting ファイア ファイティング
〜士	*der* **Feuerwehrmann,** *die* **Feuerwehrfrau** フォイアーヴェーアマン, フォイアーヴェーアフ ラオ	fire fighter ファイア ファイタ
〜車	*das* **Feuerwehrauto** フォイアーヴェーアアオト	fire engine ファイア エンヂン
〜署	*die* **Feuerwache** フォイアーヴァッヘ	fire station ファイア ステイション
じょうほう **情報** jouhou	*die* **Information** インフォルマツィオーン	information インフォメイション
じょうほする **譲歩する** jouhosuru	**zu|gestehen** ツーゲシュテーエン	concede コンスィード
しょうみの **正味の** shoumino	**netto** ネット	net ネト
じょうみゃく **静脈** joumyaku	*die* **Vene** ヴェーネ	vein ヴェイン
じょうむいん **乗務員** joumuin	*das* **Personal,** *die* **Crew** ペルゾナール, クルー	crew member クルー メンバ
しょうめい **照明** shoumei	*die* **Beleuchtung** ベロイヒトゥング	lighting ライティング
しょうめい **証明** shoumei	*der* **Beweis** ベヴァイス	proof, evidence プルーフ, エヴィデンス
〜書	*die* **Bescheinigung** ベシャイニグング	certificate サティフィケト

日	独	英
〜する	**beweisen** ベヴァイゼン	prove, verify プルーヴ, ヴェリファイ
しょうめん **正面** shoumen	die **Vorderseite** フォルダーザイテ	front フラント
じょうやく **条約** jouyaku	der **Vertrag** フェアトラーク	treaty, pact トリーティ, パクト
しょうゆ **醤油** shouyu	die **Sojasoße** ゾーヤゾーセ	soy sauce ソイ ソース
しょうよ **賞与** shouyo	der **Bonus** ボーヌス	bonus ボウナス
じょうようする **常用する** jouyousuru	**alltäglich gebrauchen** アルテークリヒ ゲブラオヘン	use habitually ユーズ ハビチュアリ
しょうらい **将来** shourai	die **Zukunft** ツークンフト	future フューチャ
しょうり **勝利** shouri	der **Sieg** ズィーク	victory ヴィクトリ
じょうりく **上陸** jouriku	die **Landung** ランドゥング	landing ランディング
しょうりつ **勝率** shouritsu	der **Prozentsatz der Ge-winne** プロツェントザッツ デア ゲヴィネ	winning percent-age ウィニング パセンティヂ
しょうりゃくする **省略する** shouryakusuru	**ab|kürzen** アップキュルツエン	omit, abridge オウミト, アブリヂ
じょうりゅう **上流** jouryuu	der **Oberlauf** オーバーラオフ	upstream, Ⓑupperstream アプストリーム, アパ ストリーム
じょうりゅう **蒸留** jouryuu	die **Destillation** デスティラツィオーン	distillation ディスティレイション
〜酒	die **Spirituose** シュピリトゥオーゼ	distilled liquor ディスティルド リカ

日	独	英
しょうりょうの **少量の** shouryouno	**ein wenig** アイン ヴェーニヒ	(a) little (ア) リトル
じょうれい **条例** jourei	*die* **Verordnung**, *die* **Satzung** フェアオルドヌング, ザッツング	regulations, rules レギュレイションズ, ルールズ
しょうれいする **奨励する** shoureisuru	**fördern** フェルダーン	encourage インカーリヂ
じょうれん **常連** jouren	*der* **Stammkunde** シュタムクンデ	regular レギュラ
しょー **ショー** shoo	*die* **Schau**, *die* **Show** シャオ, ショー	show ショウ
じょおう **女王** joou	*die* **Königin** ケーニギン	queen クウィーン
しょーういんどー **ショーウインドー** shoouindoo	*das* **Schaufenster** シャオフェンスター	display window ディスプレイ ウィンドウ
しょーつ **ショーツ** shootsu	*die* **Shorts** *pl.*, **kurze Hose** ショーアツ, クルツェ ホーゼ	shorts ショーツ
しょーとぱんつ **ショートパンツ** shootopantsu	*die* **Shorts** *pl.*, **kurze Hose** ショーアツ, クルツェ ホーゼ	short pants, shorts ショート パンツ, ショーツ
しょーる **ショール** shooru	*der* **Schal** シャール	shawl ショール
しょか **初夏** shoka	*der* **Frühsommer** フリューゾマー	early summer アーリ サマ
じょがいする **除外する** jogaisuru	**aus|schließen** アオスシュリーセン	exclude, except イクスクルード, イクセプト
しょがくしゃ **初学者** shogakusha	*der*(*die*) **Anfänger**(*in*) アンフェンガー(-ゲリン)	beginner ビギナ
しょき **初期** shoki	*das* **Anfangsstadium** アンファングスシュターディウム	initial stage イニシャル ステイヂ

日	独	英
しょき **書記** shoki	*der* (*die*) **Sekretär**(*in*) ゼクレテーア(・リン)	clerk, secretary クラーク, **セ**クレテリ
しょきゅう **初級** shokyuu	*die* **Grundstufe** グルントシュトゥーフェ	beginners' class ビギナズ クラス
じょきょ **除去** jokyo	*die* **Beseitigung** ベ**ザ**イティグング	removal リ**ムー**ヴァル
～**する**	*aus et*³ **entfernen** アオス‥エント**フェ**ルネン	remove, eliminate リ**ムー**ヴ, イ**リ**ミネイト
じょぎんぐ **ジョギング** jogingu	*das* **Jogging** ジョギング	jogging **チャ**ギング
しょく **職** shoku	*die* **Stelle**, *der* **Posten** シュ**テ**レ, **ポ**ステン	job, work, position **チャ**ブ, **ワ**ーク, ポ**ジ**ィション
しょくいん **職員** shokuin	*der/die* **Angestellte**, *das* **Personal** **ア**ンゲシュテルテ, ペルゾ**ナ**ール	staff ス**タ**フ
しょくぎょう **職業** shokugyou	*der* **Beruf** ベ**ルー**フ	occupation アキュ**ペ**イション
しょくご **食後** shokugo	**nach dem Essen** ナーハ デム **エ**ッセン	after a meal **ア**フタ ア **ミ**ール
しょくじ **食事** shokuji	*das* **Essen** **エ**ッセン	meal **ミ**ール
しょくぜん **食前** shokuzen	**vor dem Essen** フォーア デム **エ**ッセン	before a meal ビ**フォ**ア ア **ミ**ール
しょくちゅうどく **食中毒** shokuchuudoku	*die* **Nahrungsmittelver-giftung** **ナ**ールングスミッテルフェアギフトゥング	food poisoning **フ**ード **ポ**イズニング
しょくつう **食通** shokutsuu	*der* (*die*) **Feinschme-cker**(*in*) **ファ**インシュメッカー(・ケリン)	gourmet **グ**アメイ
しょくどう **食堂** shokudou	*das* **Restaurant** レスト**ラ**ーン	restaurant **レ**ストラント

345

日	独	英
～車	*der* **Speisewagen** シュパイゼヴァーゲン	dining car ダイニング カー
しょくどう **食道** shokudou	*die* **Speiseröhre** シュパイゼレーレ	esophagus, gullet イサファガス, ガレット
しょくにん **職人** shokunin	*der*(*die*) **Handwerker**(*in*) ハントヴェルカー(・ケリン)	workman, artisan ワークマン, アーティザン
しょくば **職場** shokuba	*der* **Arbeitsplatz** アルバイツプラッツ	place of work プレイス オヴ ワーク
しょくひ **食費** shokuhi	*die* **Verpflegungskosten** *pl.* フェアプフレーグングスコステン	food expenses フード イクスペンセズ
しょくひん **食品** shokuhin	*das* **Lebensmittel** レーベンスミッテル	food フード
～添加物	*die* **Zusatzstoffe für Lebensmittel** *pl.* ツーザッツシュトッフェ フューア レーベンスミッテル	food additives フード アディティヴズ
しょくぶつ **植物** shokubutsu	*die* **Pflanze** プフランツェ	plant, vegetation プラント, ヴェヂテイション
～園	**botanischer Garten** ボターニシャー ガルテン	botanical garden ボタニカル ガードン
しょくみんち **植民地** shokuminchi	*die* **Kolonie** コロニー	colony カロニ
しょくむ **職務** shokumu	*der* **Dienst**, *der* **Beruf** ディーンスト, ベルーフ	duty, work デューティ, ワーク
しょくもつ **食物** shokumotsu	*das* **Lebensmittel**, *das* **Nahrungsmittel** レーベンスミッテル, ナールングスミッテル	food フード
しょくようの **食用の** shokuyouno	**essbar** エスバール	edible エディブル
しょくよく **食欲** shokuyoku	*der* **Appetit** アペティート	appetite アペタイト

日	独	英
しょくりょう **食糧** shokuryou	*die* **Nahrungsmittel** *pl.* ナールングスミッテル	food, provisions フード, プロヴィジョンズ
しょくりょうひんてん **食料品店** shokuryouhinten	*das* **Lebensmittelge-schäft** レーベンスミッテルゲシェフト	grocery, Ⓑgreen-grocer's グロウサリ, グリーングロウサズ
じょげん **助言** jogen	*der* **Ratschlag** ラートシュラーク	advice, counsel アドヴァイス, カウンスル
～する	**beraten, einen Ratschlag geben** ベラーテン, アイネン ラートシュラーク ゲーベン	advise, counsel アドヴァイス, カウンスル
じょこうする **徐行する** jokousuru	**langsam fahren** ラングザーム ファーレン	go slow ゴウ スロウ
しょざいち **所在地** shozaichi	*der* **Standort** シュタントオルト	location ロウケイション
しょしき **書式** shoshiki	*das* **Format** フォルマート	form, format フォーム, フォーマト
じょしゅ **助手** joshu	*der*(*die*) **Assistent(in)** アスィステント(・ティン)	assistant アスィスタント
しょじょ **処女** shojo	*die* **Jungfrau** ユングフラオ	virgin, maiden ヴァーヂン, メイドン
じょじょに **徐々に** jojoni	**allmählich** アルメーリヒ	gradually, slowly グラヂュアリ, スロウリ
しょしんしゃ **初心者** shoshinsha	*der*(*die*) **Anfänger(in)** アンフェンガー(・ゲリン)	beginner ビギナ
じょすう **序数** josuu	*die* **Ordinalzahl** オルディナールツァール	ordinal オーディナル
じょせい **女性** josei	*die* **Frau**, *die* **Dame** フラオ, ダーメ	woman, lady ウマン, レイディ
じょそう **助走** josou	*der* **Anlauf** アンラオフ	run up ラン アプ

日	独	英
しょぞくする **所属する** shozokusuru	**an|gehören** アンゲヘーレン	belong to ビローング トゥ
しょたい **所帯** shotai	*der* **Haushalt** ハオスハルト	household, family ハウスホウルド, **ファ**ミリ
じょたいする **除隊する** jotaisuru	**aus dem Militärdienst entlassen werden** アオス デム ミリ**テー**アディーンスト エント**ラッ**セン **ヴェー**アデン	(be) discharged from military service (ビ) ディス**チャー**デド フラム ミリテリ **サー**ヴィス
しょたいめん **初対面** shotaimen	**erste Begegnung** **エー**アステ ベ**ゲー**グヌング	first meeting **ファー**スト ミーティング
しょち **処置** (治療) shochi	*die* **Behandlung**, *die* **Maßnahme** ベ**ハ**ンドルング, **マー**スナーメ	treatment ト**リー**トメント
(措置・対策)	*die* **Maßnahme** **マー**スナーメ	disposition, measure ディスポ**ズィ**ション, **メ**ジャ
～する (治療する)	**behandeln** ベ**ハ**ンデルン	treat ト**リー**ト
(処理する)	**Maßnahmen treffen** **マー**スナーメン ト**レッ**フェン	take measure, administer テイク **メ**ジャ, アド**ミ**ニスタ
しょちょう **所長** shochou	*der*(*die*) **Direktor(in)** ディレク**トー**ア(ディレク**トー**リン)	head, director **ヘ**ド, ディ**レ**クタ
しょちょう **署長** shochou	*der*(*die*) **Amtsvorsteher(in)** **ア**ムツフォーアシュテーアー(-リン)	head **ヘ**ド
しょっかく **触覚** shokkaku	*die* **Tastempfindung**, *der* **Tastsinn** **タ**ストエンプフィンドゥング, **タ**ストズィン	sense of touch センス オヴ **タ**チ
しょっき **食器** shokki	*das* **Geschirr** ゲ**シ**ル	tableware **テ**イブルウェア
～洗い機	*die* **Geschirrspülmaschine** ゲ**シ**ルシュ**ピュー**ルマシーネ	dishwasher ディシュ**ウォ**シャ
～棚	*der* **Geschirrschrank** ゲ**シ**ルシュランク	cupboard **カ**バド

日	独	英
じょっき **ジョッキ** jokki	*der* **Bierkrug,** *das* **Maß** ビーアクルーク, マース	jug, mug **チャ**グ, **マ**グ
しょっく **ショック** shokku	*der* **Schock** ショック	shock **シャ**ク
しょっぱい **しょっぱい** shoppai	**salzig** ザルツィヒ	salty **ソー**ルティ
しょてん **書店** shoten	*die* **Buchhandlung** ブーフハンドルング	bookstore **ブ**クストー
しょとうきょういく **初等教育** shotoukyouiku	*die* **Grundschulbildung** グルントシュールビルドゥング	elementary educa- tion エレメンタリ エデュ**ケ**イション
しょとく **所得** shotoku	*das* **Einkommen** アインコメン	income **イ**ンカム
～税	*die* **Einkommenssteuer** アインコメンスシュトイアー	income tax **イ**ンカム **タ**クス
しょばつする **処罰する** shobatsusuru	**bestrafen** ベシュト**ラ**ーフェン	punish **パ**ニシュ
じょばん **序盤** joban	*die* **Eröffnungsphase** エア**エ**フヌングスファーゼ	early stage **アー**リ ス**テ**イヂ
しょひょう **書評** shohyou	*die* **Buchbesprechung** ブーフベシュプレヒュング	book review **ブ**ク リ**ヴュ**ー
しょぶん **処分** shobun	*die* **Beseitigung,** *die* **Ent- sorgung** ベザイティグング, エント**ゾ**ルグング	disposal ディス**ボ**ウザル
～する	**weg|werfen** **ヴェ**ックヴェルフェン	dispose of ディス**ポ**ウズ オヴ
じょぶん **序文** jobun	*das* **Vorwort** **フォ**ーアヴォルト	preface プレ**ファ**ス
しょほ **初歩** shoho	*die* **Grundlage,** *der* **An- satz** グルントラーゲ, **ア**ンザッツ	rudiments ルー**ディ**メンツ

日	独	英
しょほうせん **処方箋** shohousen	*das* **Rezept** レツェプト	prescription プリスクリプション
しょみんてきな **庶民的な** shomintekina	**bürgerlich** ビュルガーリヒ	popular パピュラ
しょめい **署名** shomei	*die* **Unterschrift** ウンターシュリフト	signature スィグナチャ
～する	**unterschreiben** ウンターシュライベン	sign サイン
じょめいする **除名する** jomeisuru	*j⁴ aus et³* **aus|schließen** ‥アオス‥ **ア**オスシュリーセン	strike off a list ストライク オフ ア **リ**スト
しょゆう **所有** shoyuu	*der* **Besitz** ベ**ズィ**ッツ	possession, owner-ship ポゼション, **オ**ウナシプ
～権	*das* **Eigentumsrecht** **ア**イゲントゥームスレヒト	ownership, title **オ**ウナシプ, **タ**イトル
～者	*der*(*die*) **Besitzer(in)**, *der* (*die*) **Eigentümer(in)** ベ**ズ**ィッツァー(-ツェリン), **ア**イゲンテューマー (-メリン)	owner, proprietor **オ**ウナ, プロプ**ラ**イアタ
～する	**besitzen** ベ**ズ**ィッツェン	have, possess, own ハヴ, ポゼス, **オ**ウン
じょゆう **女優** joyuu	*die* **Schauspielerin** **シャ**オシュピーレリン	actress **ア**クトレス
しょり **処理** shori	*die* **Erledigung** エアレーディグング	disposition ディスポ**ズ**ィション
～する	**erledigen** エアレー**デ**ィゲン	dispose of, treat ディス**ポ**ウズ オヴ, ト**リ**ート
じょりょく **助力** joryoku	*die* **Hilfe** **ヒ**ルフェ	help, aid **ヘ**ルプ, **エ**イド
しょるい **書類** shorui	*das* **Dokument** ドク**メ**ント	documents, papers **ダ**キュメンツ, **ペ**イパズ

日	独	英
しょるだーばっぐ **ショルダーバッグ** shorudaabaggu	*die* **Umhängetasche** ウムヘンゲタッシェ	shoulder bag ショウルダ バグ
じらい **地雷** jirai	*die* **Mine** ミーネ	(land) mine (ランド) マイン
しらが **白髪** shiraga	**graues Haar** グラオエス ハール	gray hair グレイ ヘア
しらけさせる **白けさせる** shirakesaseru	**Stimmung verderben** シュティムング フェアデルベン	chill チル
しらじらしい **白々しい** shirajirashii	**durchsichtig** ドゥルヒズィヒティヒ	transparent トランスペアレント
しらせ **知らせ** (案内) shirase	*die* **Nachricht** ナーハリヒト	notice, informa- tion ノウティス，インフォメイショ ン
(前兆)	*das* **Vorzeichen** フォーアツァイヒェン	omen, sign オウメン，サイン
しらせる **知らせる** shiraseru	**mit|teilen, informieren** ミットタイレン，インフォルミーレン	inform, tell, report インフォーム，テル，リポート
しらばくれる **しらばくれる** shirabakureru	*sich⁴* **dumm stellen** ‥ドゥム シュテレン	feign ignorance フェイン イグノランス
しらふ **しらふ** shirafu	*die* **Nüchternheit** ニュヒターンハイト	soberness ソウバネス
しらべる **調べる** shiraberu	**untersuchen, prüfen** ウンターズーヘン，プリューフェン	examine, check up イグザミン，チェク アプ
しらみ **虱** shirami	*die* **Laus** ラオス	louse ラウス
しり **尻** shiri	*das* **Gesäß,** *der* **Hintern** ゲゼース，ヒンターン	buttocks, behind バトクス，ビハインド
しりあ **シリア** shiria	(*das*) **Syrien** ジューリエン	Syria スィリア

日	独	英
しりあい **知り合い** shiriai	*der/die* **Bekannte** ベカンテ	acquaintance アクウェインタンス
しりあう **知り合う** shiriau	**kennen|lernen, kennen lernen** ケネンレルネン, ケネン レルネン	get to know ゲト トゥ ノウ
しりある **シリアル** shiriaru	*die* **Getreideflocken** *pl.* ゲトライデフロッケン	cereal スィアリアル
しりーず **シリーズ** shiriizu	*die* **Serie** ゼーリエ	series スィリーズ
しりこん **シリコン** shirikon	*das* **Silikon** ズィリコーン	silicon スィリコン
しりぞく **退く** shirizoku	**zurück|treten** ツリュックトレーテン	retreat, go back リトリート, ゴウ バク
しりぞける **退ける**（下がらせる） shirizokeru	**zurück|schlagen** ツリュックシュラーゲン	drive back ドライヴ バク
（受け入れない）	**zurück|weisen, ab|lehnen** ツリュックヴァイゼン, アップレーネン	reject, refuse リチェクト, レフューズ
じりつ **自立** jiritsu	*die* **Selbstständigkeit** ゼルプストシュテンディヒカイト	independence インディペンデンス
～する	**selbstständig sein** ゼルプストシュテンディヒ ザイン	(become) independent (ビカム) インディペンデント
しりつの **市立の** shiritsuno	**städtisch** シュテーティシュ	municipal ミューニスィパル
しりつの **私立の** shiritsuno	**privat** プリヴァート	private プライヴェト
しりゅう **支流** shiryuu	*der* **Nebenfluss** ネーベンフルス	tributary, branch トリビュテリ, ブランチ
しりょ **思慮** shiryo	*die* **Überlegung,** *das* **Nachdenken** ユーバーレーグング, ナーハデンケン	consideration, discretion コンスィダレイション, ディスクレション

日	独	英
〜深い	**besonnen** ベゾネン	prudent プルーデント
しりょう **資料** shiryou	*das* **Material,** *die* **Unterlage** マテリアール, **ウ**ンターラーゲ	materials, data マ**ティ**アリアルズ, **デ**イタ
しりょく **視力** shiryoku	*die* **Sehkraft** **ゼ**ークラフト	sight, vision **サ**イト, **ヴィ**ジョン
じりょく **磁力** jiryoku	*der* **Magnetismus** マグネ**ティ**スムス	magnetism **マ**グネティズム
しる **知る**　　（学ぶ） shiru	**lernen** **レ**ルネン	learn **ラ**ーン
（気づく）	**merken** **メ**ルケン	(be) aware of (ビ) ア**ウェ**ア オヴ
（認識する・理解する）	**kennen, wissen** **ケ**ネン, **ヴィ**ッセン	know **ノ**ウ
しるく **シルク** shiruku	*die* **Seide** **ザ**イデ	silk ス**ィ**ルク
しるし **印** shirushi	*das* **Zeichen** **ツァ**イヒェン	mark, sign **マ**ーク, **サ**イン
しるす **記す** shirusu	**schreiben, auf|schreiben** シュ**ラ**イベン, **ア**オフシュライベン	write down **ラ**イト **ダ**ウン
しれい **司令** shirei	*die* **Anweisung** **ア**ンヴァイズング	command コ**マ**ンド
〜官	*der* (*die*) **Kommandant(*in*)** コマン**ダ**ント(-ティン)	commander コ**マ**ンダ
〜塔 （チームの中心選手）	*der* (*die*) **Spielmacher(*in*)** シュ**ピ**ールマッハー(-ヘリン)	playmaker プ**レ**イメイカ
〜部	*das* **Hauptquartier** ハ**オ**プトクヴァル**ティ**ーア	headquarters **ヘ**ドクウォータズ

日	独	英
じれい **辞令** jirei	*die* **Ernennungsurkunde** エアネヌングスウーアクンデ	written appoint-ment リトン アポイントメント
しれわたる **知れ渡る** shirewataru	**allgemein bekannt wer-den** アルゲマイン ベカント ヴェーアデン	(be) known to all (ビ) ノウン トゥ オール
しれん **試練** shiren	*die* **Probe,** *der* **Versuch** プローベ, フェアズーフ	trial, ordeal トライアル, オーディール
じれんま **ジレンマ** jirenma	*das* **Dilemma** ディレマ	dilemma ディレマ
しろ **城** shiro	*das* **Schloss** シュロス	castle キャスル
しろ **白** shiro	*das* **Weiß** ヴァイス	white (ホ)ワイト
しろうと **素人** shirouto	*der*(*die*) **Amateur**(*in*) アマテーア(-リン)	amateur アマチャ
しろっぷ **シロップ** shiroppu	*der* **Sirup** ズィールップ	syrup スィラプ
しろわいん **白ワイン** shirowain	*der* **Weißwein** ヴァイスヴァイン	white wine (ホ)ワイト ワイン
しわ　　(皮膚の) **しわ** shiwa	*die* **Falte** ファルテ	wrinkles リンクルズ
(物の)	*die* **Knitterfalte** クニッターファルテ	creases クリーセズ
しわける **仕分ける** shiwakeru	**sortieren** ゾルティーレン	classify, sort クラスィファイ, ソート
しわざ **仕業** shiwaza	*die* **Tat** タート	act, deed アクト, ディード
しん　　(鉛筆の) **芯** shin	*die* **Mine** ミーネ	pencil lead ペンスル リード

日	独	英
しんい **真意** shin-i	**wahre Absicht** ヴァーレ アップズィヒト	real intention リーアル インテンション
じんいてきな **人為的な** jin-itekina	**künstlich** キュンストリヒ	artificial アーティフィシャル
じんいん **人員** jin-in	*das* **Personal** ペルゾナール	staff スタフ
しんか **進化** shinka	*die* **Evolution**, *die* **Ent-wicklung** エヴォルツィオーン, エントヴィックルング	evolution エヴォルーション
しんがいする **侵害する** shingaisuru	**verstoßen, verletzen** フェアシュトーセン, フェアレッツェン	infringe インフリンヂ
じんかく **人格** jinkaku	*die* **Persönlichkeit** ペルゼーンリヒカイト	personality, indi-viduality パーソナリティ, インディヴィデュアリティ
しんがくする **進学する** shingakusuru	**in eine weiterführende Schule kommen** イン アイネ ヴァイターフューレンデ シューレ コメン	academic advance-ment アカデミク アドヴァンスメント
しんかする **進化する** shinkasuru	*sich⁴* **entwickeln** ‥ エントヴィッケルン	evolve イヴァルヴ
しんがた **新型** shingata	**neues Modell** ノイエス モデル	new model ニュー マドル
しんがっき **新学期** shingakki	**neues Semester** ノイエス ゼメスター	new school term ニュー スクール タｰ厶
しんがぽーる **シンガポール** shingapooru	(*das*) **Singapur** ズィンガプーア	Singapore スィンガポー
しんかん **新刊** shinkan	*die* **Neuerscheinung** ノイエアシャイヌング	new publication ニュー パブリケイション
しんぎ **審議** shingi	*die* **Beratung** ベラートゥング	discussion, delib-eration ディスカション, ディリバレイション
〜する	**beraten** ベラーテン	discuss ディスカス

日	独	英
しんきの **新規の** shinkino	**neu, frisch** ノイ, フリッシュ	new, fresh ニュー, フレシュ
しんきょう **心境** shinkyou	*der* **Seelenzustand** ゼーレンツーシュタント	frame of mind フレイム オヴ マインド
しんきろう **蜃気楼** shinkirou	*die* **Luftspiegelung** ルフトシュピーゲルング	mirage ミラージュ
しんきろく **新記録** shinkiroku	**neuer Rekord** ノイアー レコルト	new record ニュー レコド
しんきんかん **親近感** shinkinkan	*das* **Gefühl der Vertraut-heit**, *die* **Affinität** ゲフュール デア フェアトラオトハイト, アフィニテート	affinity アフィニティ
しんぐ **寝具** shingu	*das* **Bettzeug** ベットツオイク	bedding ベディング
しんくう **真空** shinkuu	*das* **Vakuum** ヴァークウム	vacuum ヴァキュアム
じんくす **ジンクス** jinkusu	**unglückliches Vorzei-chen** ウングリュックリヒェス フォーアツァイヒェン	jinx ヂンクス
しんくたんく **シンクタンク** shinkutanku	*die* **Denkfabrik** デンクファブリーク	think tank スィンク タンク
しんぐるす **シングルス** shingurusu	*das* **Einzelspiel** アインツェルシュピール	singles スィングルズ
しんぐるるーむ **シングルルーム** shingururuumu	*das* **Einzelzimmer** アインツェルツィマー	single room スィングル (ルーム)
しんくろないずどすいみんぐ **シンクロナイズド スイミング** shinkuronaizudosuimingu	*das* **Synchronschwim-men** ズュンクローンシュヴィメン	synchronized swimming スィンクラナイズド スウィミング
しんけい **神経** shinkei	*der* **Nerv** ネルフ	nerve ナーヴ
～痛	*die* **Neuralgie** ノイラルギー	neuralgia ニュアラルヂャ

日	独	英
しんげつ **新月** shingetsu	*der* **Neumond** ノイモーント	new moon ニュー ムーン
しんげん **震源** shingen	*das* **Hypozentrum** ヒュポツェントルム	seismic center, hypocenter サイズミク センタ, ハイポセンタ
じんけん **人権** jinken	*die* **Menschenrechte** *pl.* メンシェンレヒテ	human rights ヒューマン ライツ
しんけんな **真剣な** shinkenna	**ernst** エルンスト	serious, earnest スィアリアス, アーネスト
じんけんひ **人件費** jinkenhi	*die* **Personalkosten** *pl.* ペルゾナールコステン	personnel expenses パーソネル イクスペンセズ
しんこう **信仰** shinkou	*der* **Glaube** グラオベ	faith, belief フェイス, ビリーフ
～する	*an j*⁴*/et*⁴ **glauben** アン ‥ グラオベン	believe in ビリーヴ イン
しんこう **進行** shinkou	*der* **Verlauf** フェアラオフ	progress プラグレス
～する	**fort|schreiten, voran|-kommen** フォルトシュライテン, フォランコメン	progress, advance プラグレス, アドヴァンス
しんごう **信号** shingou	*das* **Signal,** *die* **Ampel** ズィグナール, アンペル	signal スィグナル
じんこう **人口** jinkou	*die* **Bevölkerung** ベフェルケルング	population パピュレイション
じんこうえいせい **人工衛星** jinkoueisei	*der* **Satellit** ザテリート	artificial satellite アーティフィシャル サテライト
じんこうこきゅう **人工呼吸** jinkoukokyuu	**künstliche Beatmung** キュンストリヒェ ベアートムング	artificial respiration アーティフィシャル レスピレイション
じんこうてきな **人工的な** jinkoutekina	**künstlich** キュンストリヒ	artificial アーティフィシャル

日	独	英
深呼吸 shinkokyuu	tiefes Atmen ティーフェス アートメン	deep breathing ディープ ブリーズィング
申告 shinkoku	*die* **Anmeldung**, *die* **Angabe** アンメルドゥング, アンガーベ	report リポート
～する	**an|melden**, **an|geben** アンメルデン, アンゲーベン	report, declare リポート, ディクレア
深刻な shinkokuna	**ernst** エルンスト	serious, grave スィアリアス, グレイヴ
新婚 shinkon	*der/die* **Jungverheiratete** ユングフェアハイラーテテ	newlyweds ニューリウェヅ
～旅行	*die* **Hochzeitsreise** ホッホツァイツライゼ	honeymoon ハニムーン
審査 shinsa	*die* **Prüfung**, *die* **Beurteilung** プリューフング, ベウルタイルング	inspection, examination インスペクション, イグザミネイション
震災 shinsai	*die* **Erdbebenkatastrophe** エーアトベーベンカタストローフェ	earthquake, disaster アースクウェイク, ディザスタ
人材 jinzai	**talentierter Mensch**, *das* **Talent** タレンティーアター メンシュ, タレント	talented person タレンテド パーソン
診察 shinsatsu	**(ärztliche) Untersuchung** (エーアツトリヒェ) ウンターズーフング	medical examination メディカル イグザミネイション
～室	*das* **Sprechzimmer** シュプレヒツィマー	consulting room コンサルティング ルーム
～する	**untersuchen** ウンターズーヘン	examine イグザミン
紳士 shinshi	*der* **Herr** ヘル	gentleman ヂェントルマン
人事 jinji	*die* **Personalangelegenheit** ペルゾナールアンゲレーゲンハイト	personnel matters パーソネル マヅス

日	独	英
しんじけーと **シンジケート** shinjikeeto	*das* **Syndikat** ズュンディカート	syndicate ス**イ**ンディケト
しんしつ **寝室** shinshitsu	*das* **Schlafzimmer** シュ**ラー**フツィマー	bedroom ベドルーム
しんじつ **真実** shinjitsu	*die* **Wahrheit** ヴァールハイト	truth トルース
～の	**wahr** ヴァール	true, real トルー，リーアル
しんじゃ **信者** shinja	*der/die* **Gläubige,** *der*(*die*) **Anhänger(***in***)** グ**ロ**イビゲ，**ア**ンヘンガー(‐ゲリン)	believer ビリーヴァ
じんじゃ **神社** jinja	*der* **Shinto-Schrein** シントシュ**ラ**イン	Shinto shrine シントウ シュ**ラ**イン
しんじゅ **真珠** shinju	*die* **Perle** ペルレ	pearl パール
じんしゅ **人種** jinshu	*die* **Rasse** **ラ**ッセ	race レイス
～差別	*der* **Rassismus** ラ**ス**イスムス	racial discrimina- tion **レ**イシャル ディスクリミ**ネ**イ ション
しんしゅつ **進出** shinshutsu	*das* **Vorrücken** **フォ**ーアリュッケン	advancement, for- ay アド**ヴァ**ンスメント，**フォ**ーレ イ
～する	**vor|rücken** **フォ**ーアリュッケン	advance アド**ヴァ**ンス
しんじょう **信条** shinjou	*das* **Credo,** *das* **Glaubens-** **bekenntnis** ク**レ**ード，グ**ラ**オベンスベケントニス	belief, principle ビリーフ，プリンス**イ**プル
しんしょくする **侵食する** shinshokusuru	**erodieren, ab|schwem-** **men** エロ**ディ**ーレン，**ア**ップシュヴェメン	erode イ**ロ**ウド
しんじる **信じる** shinjiru	**an** *j*[4]/*et*[4] **glauben** アン‥グ**ラ**オベン	believe ビ**リ**ーヴ

日	独	英
（信頼する）	**vertrauen** フェア**ト**ラオエン	trust **ト**ラスト
しんじん **新人** shinjin	*der* **Neuling** **ノ**イリング	new face **ニュー** **フェ**イス
しんすいする **浸水する** shinsuisuru	**überschwemmt werden** ユーバーシュ**ヴェ**ムト **ヴェ**ーアデン	(be) flooded (ビ) フ**ラ**デド
じんせい **人生** jinsei	*das* **Leben** **レ**ーベン	life **ラ**イフ
しんせいじ **新生児** shinseiji	*das* **Neugeborene** **ノ**イゲボーレネ	newborn baby **ニュー**ボーン ベイビ
しんせいする **申請する** shinseisuru	**beantragen, einen An- trag stellen** ベ**ア**ントラーゲン，アイネン **ア**ントラーク シュ テレン	apply for ア**プ**ライ フォ
しんせいな **神聖な** shinseina	**heilig** **ハ**イリヒ	holy, sacred **ホ**ウリ，**セ**イクレド
しんせさいざー **シンセサイザー** shinsesaizaa	*der* **Synthesizer** **ズ**ュンテサイザー	synthesizer **ス**ィンセサイザ
しんせつな **親切な** shinsetsuna	**freundlich, nett** フ**ロ**イントリヒ，**ネ**ット	kind **カ**インド
しんぜん **親善** shinzen	*die* **Freundschaft** フ**ロ**イントシャフト	friendship フ**レ**ンドシプ
しんせんな **新鮮な** shinsenna	**frisch** フ**リ**ッシュ	fresh, new フ**レ**シュ，**ニ**ュー
しんそう **真相** shinsou	*die* **Wahrheit** **ヴァ**ールハイト	truth ト**ル**ース
しんぞう **心臓** shinzou	*das* **Herz** **ヘ**ルツ	heart **ハ**ート
〜病	*die* **Herzkrankheit** **ヘ**ルツクランクハイト	heart disease **ハ**ート ディ**ズ**ィーズ

日	独	英
～発作	*der* **Herzanfall** ヘルツアンファル	heart attack ハート アタク
～麻痺	*die* **Herzlähmung** ヘルツレームング	heart failure ハート フェイリャ
じんぞう 腎臓 jinzou	*die* **Niere** ニーレ	kidney キドニ
しんぞく 親族 shinzoku	*der/die* **Verwandte**, *die* **Verwandtschaft** フェアヴァンテ, フェアヴァントシャフト	relative レラティヴ
じんそくな 迅速な jinsokuna	**schnell, rapid** シュネル, ラピート	rapid, prompt ラピド, プランプト
じんたい 人体 jintai	**menschlicher Körper** メンシュリヒャー ケルパー	human body ヒューマン バディ
しんたいしょうがいしゃ 身体障がい者 shintaishougaisha	*der/die* **Körperbehinderte** ケルパーベヒンダーテ	disabled (person) ディセイブルド (パースン)
しんたいそう 新体操 shintaisou	**rhythmische Sportgymnastik** リュトミシェ シュポルトギュムナスティク	rhythmic gymnastics リズミク ヂムナスティクス
しんたく 信託 shintaku	*die* **Treuhand** トロイハント	trust トラスト
しんだん 診断 shindan	*die* **Diagnose** ディアグノーゼ	diagnosis ダイアグノウスィス
～書	**ärztliches Attest** エーアツトリヒェス アテスト	medical certificate メディカル サティフィケト
じんち 陣地 jinchi	*die* **Stellung** シュテルング	(military) position (ミリテリ) ポズィション
しんちゅう 真鍮 shinchuu	*das* **Messing** メッスィング	brass ブラス
しんちょう 身長 shinchou	*die* **Körpergröße** ケルパーグレーセ	stature スタチャ

日	独	英
しんちょうな **慎重な** shinchouna	**vorsichtig, sorgfältig** フォーアズィヒティヒ, ゾルクフェルティヒ	cautious, prudent コーシャス, プルーデント
しんちんたいしゃ **新陳代謝** shinchintaisha	*der* **Stoffwechsel** シュトフヴェクセル	metabolism メタボリズム
しんつう **心痛** shintsuu	*die* **Angst,** *das* **Bangen** アングスト, バンゲン	anguish アングウィシュ
じんつう **陣痛** jintsuu	*die* **Wehen** *pl.* ヴェーエン	labor (pains) レイバ (ペインズ)
しんてん **進展** shinten	*die* **Entwicklung** エントヴィックルング	development, progress ディヴェロプメント, プラグレス
～する	*sich⁴* **entwickeln** .. エントヴィッケルン	develop, progress ディヴェロプ, プラグレス
しんでん **神殿** shinden	*der* **Schrein,** *der* **Tempel** シュライン, テンペル	shrine シュライン
しんでんず **心電図** shindenzu	*das* **Elektrokardiogramm,** *das* **EKG** エレクトロカルディオグラム, エーカーゲー	electrocardiogram イレクトロウカーディオグラム
しんど **震度** shindo	*die* **Erdbebenstärke** エーアトベーベンシュテルケ	seismic intensity サイズミク インテンスィティ
しんとう **神道** shintou	*der* **Schintoismus** シントイスムス	Shinto シントウ
しんどう **振動** shindou	*die* **Schwingung** シュヴィングング	vibration ヴァイブレイション
～する	**schwingen** シュヴィンゲン	vibrate ヴァイブレイト
じんどう **人道** jindou	*die* **Humanität** フマニテート	humanity ヒューマニティ
～主義	*der* **Humanismus** フマニスムス	humanitarianism ヒューマニテアリアニズム

日	独	英
～的な	**human, humanität** フマーン, フマニテーア	humane ヒューメイン
しんどろーむ **シンドローム** shindoroomu	*das* **Syndrom** ズュンドローム	syndrome スィンドロウム
しんなー **シンナー** shinnaa	*die* **Verdünnung** フェアデュヌング	(paint) thinner (ペイント) スィナ
しんにゅう **侵入** shinnyuu	*der* **Einbruch** アインブルフ	invasion インヴェイジョン
～する	**ein|brechen, ein|fallen** アインブレッヒェン, アインファレン	invade インヴェイド
しんにゅうせい **新入生** shinnyuusei	*der*(*die*) **neue Schüler(*in*)** ノイエ シューラー(- レリン)	new student ニュー ステューデント
しんにん **信任** shinnin	*das* **Vertrauen** フェアトラオエン	confidence カンフィデンス
～投票	*das* **Vertrauensvotum** フェアトラオエンスヴォートゥム	vote of confidence ヴォウト オヴ カンフィデンス
しんねん **新年** shinnen	*das* **Neujahr** ノイヤール	new year ニュー イア
しんぱい **心配** shinpai	*die* **Sorge** ゾルゲ	anxiety, worry アングザイエティ, ワーリ
～する	*sich³* **um** *et⁴/j⁴* **Sorgen machen** ‥ウム‥ゾルゲン マッヘン	(be) anxious about (ビ) アンクシャス アバウト
しんばる **シンバル** shinbaru	*die* **Zimbel,** *das* **Becken** ツィンベル, ベッケン	cymbals スィンバルズ
しんぱん **審判** (判断・判定) shinpan	*das* **Urteil** ウルタイル	judgment チャヂメント
(人)	*der*(*die*) **Schiedsrichter(*in*)** シーツリヒター(- テリン)	umpire, referee アンパイア, レフェリー

日	独	英
しんぴてきな **神秘的な** shinpitekina	**mysteriös** ミュステリエース	mysterious ミスティアリアス
しんぴょうせい **信憑性** shinpyousei	*die* **Glaubhaftigkeit** グラオプハフティヒカイト	authenticity オーセンティスィティ
しんぴん **新品** shinpin	*die* **Neuware** ノイヴァーレ	new article ニュー アーティクル
しんぷ **新婦** shinpu	*die* **Braut** ブラオト	bride ブライド
しんぷ **神父** shinpu	*der* **Pater** パーター	father ファーザ
じんぶつ **人物** jinbutsu	*die* **Person** ペルゾーン	person パースン
（性格・人柄）	*die* **Persönlichkeit,** *der* **Charakter** ペルゼーンリヒカイト，カラクター	character, person- ality キャラクタ，パーソナリティ
しんぶん **新聞** shinbun	*die* **Zeitung** ツァイトゥング	newspaper, (the) press ニューズペイパ，(ザ) プレス
～記者	*der*(*die*) **Zeitungsrepor-ter**(*in*), *der*(*die*) **Journa-list**(*in*) ツァイトゥングスレポルター(-テリン)，ジュルナリスト(-ティン)	reporter, Ⓑpress- man リポータ，プレスマン
～社	*der* **Zeitungsverlag** ツァイトゥングスフェアラーク	newspaper pub- lishing company ニューズペイパ パブリシング カンパニ
じんぶんかがく **人文科学** jinbunkagaku	*die* **Geisteswissenschaf-ten** *pl.* ガイステスヴィッセンシャフテン	humanities ヒューマニティズ
しんぽ **進歩** shinpo	*der* **Fortschritt** フォルトシュリット	progress, advance プラグレス，アドヴァンス
～する	**Fortschritte machen** フォルトシュリッテ マッヘン	make progress, ad- vance メイク プラグレス，アドヴァンス

日	独	英
〜的な	**fortschrittlich, progressiv** フォルトシュリットリヒ，プログレス**ィ**ーフ	advanced, progressive アド**ヴァ**ンスト，プログレス**ィ**ヴ
じんぼう **人望** jinbou	*die* **Beliebtheit** ベリープトハイト	popularity パ**ピュ**ラリティ
しんぽうしゃ **信奉者** shinpousha	*der* (*die*) **Anhänger(*in*)** **ア**ンヘンガー(・ゲリン)	believer, follower ビ**リー**ヴァ，**ファ**ロウア
しんぼうする **辛抱する** shinbousuru	**dulden, ertragen** ドゥルデン，エアト**ラー**ゲン	endure, bear イン**デュ**ア，**ベ**ア
しんぼく **親睦** shinboku	*die* **Freundschaft** フ**ロ**イントシャフト	friendship フ**レ**ンドシプ
しんぽじうむ **シンポジウム** shinpojiumu	*das* **Symposion** ズュン**ポー**ズィオン	symposium スィン**ポ**ウズィアム
しんぼる **シンボル** shinboru	*das* **Symbol** ズュン**ボ**ール	symbol ス**ィ**ンボル
しんまい **新米** shinmai	**neuer Reis** **ノ**イアー **ラ**イス	new rice **ニュ**ー **ラ**イス
(初心者)	*der* (*die*) **Anfänger(*in*)** **ア**ンフェンガー(・ゲリン)	novice, newcomer **ナ**ヴィス，**ニュ**ーカマ
じんましん **じんましん** jinmashin	*der* **Nesselausschlag** **ネ**ッセルアオスシュラーク	nettle rash, hives **ネ**トル **ラ**シュ，**ハ**イヴズ
しんみつな **親密な** shinmitsuna	**vertraut** フェアト**ラ**オト	close, intimate ク**ロ**ウス，**イ**ンティメト
じんみゃく **人脈** jinmyaku	*die* **Beziehung** ベ**ツィ**ーウング	connections コ**ネ**クションズ
じんめい **人名** jinmei	*der* **Personenname** ペル**ゾ**ーネンナーメ	name of a person **ネ**イム オ**ヴ** ア **パ**ースン
じんもん **尋問** jinmon	*das* **Verhör** フェア**ヘ**ーア	interrogation インテロ**ゲ**イション

日	独	英
しんや **深夜** shin-ya	*die* **Mitternacht** ミッターナハト	midnight ミドナイト
しんやくせいしょ **新約聖書** shin-yakuseisho	**das Neue Testament** ダス ノイエ テスタメント	New Testament ニュー テスタメント
しんゆう **親友** shin-yuu	*der* (*die*) **gute Freund(*in*)** グーテ フロイント(- ディン)	close friend クロウス フレンド
しんよう **信用** shin-you	*das* **Vertrauen** フェアトラオエン	reliance, trust リライアンス, トラスト
〜する	**vertrauen** フェアトラオエン	trust, believe in トラスト, ビリーヴ イン
しんようじゅ **針葉樹** shin-youju	*der* **Nadelbaum** ナーデルバオム	conifer カニファ
しんらいする **信頼する** shinraisuru	**vertrauen** フェアトラオエン	trust, rely トラスト, リライ
しんらつな **辛辣な** shinratsuna	**scharf, beißend** シャルフ, バイセント	biting バイティング
しんり **心理** shinri	*der* **Seelenzustand,** *die* **Gemütsverfassung** ゼーレンツーシュタント, ゲミューツフェアファッスング	mental state メンタル ステイト
〜学	*die* **Psychologie** プスュヒョロギー	psychology サイカロディ
〜学者	*der* (*die*) **Psychologe(-*in*)** プスュヒョローゲ(- ギン)	psychologist サイカロデスト
しんりゃく **侵略** shinryaku	*die* **Invasion** インヴァズィオーン	invasion インヴェイジョン
〜する	**ein|fallen, überfallen** アインファレン, ユーバーファレン	invade, raid インヴェイド, レイド
しんりょうじょ **診療所** shinryoujo	*die* **Klinik** クリーニク	clinic クリニク

日	独	英
しんりん **森林** shinrin	*der* **Wald**, *der* **Forst** ヴァルト，フォルスト	forest, woods フォーレスト，ウヅ
しんるい **親類** shinrui	*der/die* **Verwandte**, *die* **Verwandtschaft** フェアヴァンテ，フェアヴァントシャフト	relative レラティヴ
じんるい **人類** jinrui	*die* **Menschheit** メンシュハイト	mankind マンカインド
～学	*die* **Anthropologie** アントロポロギー	anthropology アンスロパロヂ
しんろ **進路** shinro	*der* **Kurs**, *der* **Weg** クルス，ヴェーク	course, way コース，ウェイ
しんろう **新郎** shinrou	*der* **Bräutigam** ブロイティガム	bridegroom ブライドグルーム
しんわ **神話** shinwa	*der* **Mythos**, *die* **Mythologie** ミュートス，ミュトロギー	myth, mythology ミス，ミサロヂ

す，ス

日	独	英
す **巣** su	（蜘蛛の）*das* **Spinnengewebe** シュピネンゲヴェーベ	cobweb カブウェブ
	（鳥・昆虫の）*das* **Nest** ネスト	nest ネスト
	（蜂の）*die* **Bienenwabe** ビーネンヴァーベ	beehive ビーハイヴ
す **酢** su	*der* **Essig** エッスィヒ	vinegar ヴィニガ
ず **図** zu	*das* **Bild** ビルト	picture, figure ピクチャ，フィギャ
ずあん **図案** zuan	*das* **Muster** ムスター	design, sketch ディザイン，スケチ

日	独	英
すいい **推移** suii	*der* **Wandel** ヴァンデル	change チェインヂ
すいい **水位** suii	*der* **Wasserstand** ヴァッサーシュタント	water level ウォータ レヴル
すいーとぴー **スイートピー** suiitopii	*die* **Gartenwicke** ガルテンヴィッケ	sweet pea スウィート ピー
すいえい **水泳** suiei	*das* **Schwimmen** シュヴィメン	swimming スウィミング
すいおん **水温** suion	*die* **Wassertemperatur** ヴァッサーテンペラトゥーア	water temperature ウォータ テンパラチャ
すいか **西瓜** suika	*die* **Wassermelone** ヴァッサーメローネ	watermelon ウォータメロン
すいがい **水害** suigai	*der* **Wasserschaden,** *die* **Überschwemmung** ヴァッサーシャーデン, ユーバーシュヴェムング	flood, flood disaster フラド, フラド ディザスタ
すいぎん **水銀** suigin	*das* **Quecksilber** クヴェックスィルバー	mercury マーキュリ
すいさいが **水彩画** suisaiga	*das* **Aquarell** アクヴァレル	watercolor ウォータカラ
すいさんぎょう **水産業** suisangyou	*die* **Fischerei** フィシェライ	fisheries フィシャリズ
すいさんぶつ **水産物** suisanbutsu	*die* **Meeresfrüchte** *pl.* メーレスフリュヒテ	marine products マリーン プラダクツ
すいしつ **水質** suishitsu	*die* **Wasserqualität** ヴァッサークヴァリテート	water quality ウォータ クワリティ
すいしゃ **水車** suisha	*die* **Wassermühle** ヴァッサーミューレ	water mill ウォータ ミル
すいじゃくする **衰弱する** suijakusuru	*sich⁴* **aus|zehren, schwach werden** ‥ アオスツェーレン, シュヴァッハ ヴェーアデン	grow weak グロウ ウィーク

日	独	英
すいじゅん **水準** suijun	*das* **Niveau** ニヴォー	level, standard レヴェル, スタンダド
すいしょう **水晶** suishou	*der* **Kristall** クリスタル	crystal クリスタル
すいじょうき **水蒸気** suijouki	*der* **Wasserdampf** ヴァッサーダンプフ	steam スティーム
すいしんする **推進する** suishinsuru	**voran|treiben** フォラントライベン	drive forward ドライヴ フォーワド
すいす **スイス** suisu	**die Schweiz** ディー シュヴァイツ	Switzerland スウィツァランド
すいせい **水星** suisei	*der* **Merkur** デア メルクーア	Mercury マーキュリ
すいせん **推薦** suisen	*die* **Empfehlung** エンプフェールング	recommendation レコメンデイション
〜する	**empfehlen** エンプフェーレン	recommend レコメンド
すいせん **水仙** suisen	*die* **Narzisse** ナルツィッセ	narcissus, daffodil ナースィサス, ダフォディル
すいそ **水素** suiso	*der* **Wasserstoff** ヴァッサーシュトフ	hydrogen ハイドロヂェン
すいそう **水槽** suisou	*der* **Wasserbehälter** ヴァッサーベヘルター	water tank, cistern ウォータ タンク, スィスタン
（熱帯魚などの）	*das* **Aquarium** アクヴァーリウム	aquarium アクウェアリアム
すいぞう **膵臓** suizou	*die* **Bauchspeicheldrüse** バオホシュパイヒェルドリューゼ	pancreas パンクリアス
すいそうがく **吹奏楽** suisougaku	*die* **Blasmusik** ブラースムズィーク	wind music ウィンド ミューズィク
すいそく **推測** suisoku	*die* **Vermutung** フェアムートゥング	guess, conjecture ゲス, コンヂェクチャ

日	独	英
〜する	**vermuten** フェアムーテン	guess, conjecture ゲス，コンチェクチャ
すいぞくかん **水族館** suizokukan	*das* **Aquarium** アクヴァーリウム	aquarium アクウェアリアム
すいたいする **衰退する** suitaisuru	**verfallen** フェアファレン	decline ディクライン
すいちょくな **垂直な** suichokuna	**vertikal, senkrecht** ヴェルティカール，ゼンクレヒト	vertical ヴァーティカル
すいっち **スイッチ** suicchi	*der* **Schalter** シャルター	switch スウィチ
すいていする **推定する** suiteisuru	**vermuten, schätzen** フェアムーテン，シェッツェン	presume プリジューム
すいでん **水田** suiden	*das* **Reisfeld** ライスフェルト	rice paddy ライス パディ
すいとう **水筒** suitou	*die* **Trinkflasche**, *die* **Feld-flasche** トリンクフラッシェ，フェルトフラッシェ	water bottle, can-teen ウォータ バトル，キャンティーン
すいどう **水道** suidou	*die* **Wasserversorgung** ヴァッサーフェアゾルグング	water service ウォータ サーヴィス
すいはんき **炊飯器** suihanki	*der* **Reiskocher** ライスコッハー	rice cooker ライス クカ
ずいひつ **随筆** zuihitsu	*der* **Essay** エセ	essay エセイ
〜家	*der*(*die*) **Essayist(*in*)** エセイスト(-ティン)	essayist エセイイスト
すいぶん **水分** suibun	*der* **Wassergehalt**, *die* **Feuchtigkeit** ヴァッサーゲハルト，フォイヒティヒカイト	water, moisture ウォータ，モイスチャ
ずいぶん **随分** zuibun	**ziemlich, sehr** ツィームリヒ，ゼーア	fairly, extremely フェアリ，イクストリームリ

日	独	英
すいへいせん **水平線** suiheisen	*der* **Horizont** ホリ**ツォ**ント	horizon ホ**ラ**イズン
すいへいの **水平の** suiheino	**waagerecht, horizontal** **ヴァ**ーゲレヒト，ホリツォン**ター**ル	level, horizontal **レ**ヴル，ホーリ**ザ**ントル
すいみん **睡眠** suimin	*der* **Schlaf** シュ**ラ**ーフ	sleep ス**リ**ープ
〜薬	*das* **Schlafmittel** シュ**ラ**ーフミッテル	sleeping drug ス**リ**ーピング ド**ラ**グ
すいめん **水面** suimen	*der* **Wasserspiegel** **ヴァ**ッサーシュ**ピ**ーゲル	surface of the wa- ter **サ**ーフェス オヴ ザ **ウォ**ータ
すいようび **水曜日** suiyoubi	*der* **Mittwoch** **ミ**ットヴォホ	Wednesday **ウェ**ンズデイ
すいり **推理** suiri	*die* **Schlussfolgerung** シュ**ル**スフォルゲルング	reasoning, infer- ence **リ**ーズニング，**イ**ンファレンス
〜小説	*der* **Krimi** ク**リ**ーミ	detective story ディ**テ**クティヴ ス**ト**ーリ
〜する	**schlussfolgern** シュ**ル**スフォルガーン	reason, infer **リ**ーズン，イン**ファ**ー
すいれん **睡蓮** suiren	*die* **Seerose** **ゼ**ーローゼ	water lily **ウォ**タ **リ**リ
すう **吸う**　（液体を） suu	**saugen, ein|saugen** **ザ**オゲン，**ア**インザオゲン	sip, suck ス**イ**プ，**サ**ク
（煙草を）	**rauchen** **ラ**オヘン	smoke ス**モ**ウク
（息を）	**ein|atmen** **ア**インアートメン	breathe in, inhale ブ**リ**ーズ **イ**ン，イン**ヘ**イル
すうぇーでん **スウェーデン** suweeden	*(das)* **Schweden** シュ**ヴェ**ーデン	Sweden ス**ウィ**ードン

日	独	英
すうがく **数学** suugaku	*die* **Mathematik** マテマティーク	mathematics マセマティクス
すうこうな **崇高な** suukouna	**erhaben** エアハーベン	sublime サブライム
すうじ **数字** suuji	*die* **Zahl**, *die* **Ziffer** ツァール, ツィッファー	figure, numeral フィギャ, ニューメラル
すうしき **数式** suushiki	*die* **Formel** フォルメル	formula, expression フォーミュラ, イクスプレション
ずうずうしい **図々しい** zuuzuushii	**frech, unverschämt** フレヒ, ウンフェアシェームト	impudent, audacious インピュデント, オーデイシャス
すーつ **スーツ** suutsu	*der* **Anzug** アンツーク	suit スート
すーつけーす **スーツケース** suutsukeesu	*der* **Koffer** コッファー	suitcase スートケイス
すうにん **数人** suunin	**mehrere Personen** *pl.* メーレレ ペルゾーネン	several people セヴラル ピープル
すうねん **数年** suunen	**einige Jahre** *pl.* アイニゲ ヤーレ	several years セヴラル イアズ
すーぱーまーけっと **スーパーマーケット** suupaamaaketto	*der* **Supermarkt** ズーパーマルクト	supermarket スーパマーケト
すうはいする **崇拝する** suuhaisuru	**verehren** フェアエーレン	worship, adore ワーシプ, アドー
すーぷ **スープ** suupu	*die* **Suppe** ズッペ	soup スープ
すえーど **スエード** sueedo	*das* **Velours** ヴェルーア	suede スウェイド
すえっこ **末っ子** suekko	**jüngstes Kind** ユングステス キント	youngest child ヤンゲスト チャイルド

日	独	英
すえる **据える** sueru	**setzen, legen** ゼッツェン，レーゲン	place, lay, set プレイス，レイ，セト
すかーと **スカート** sukaato	*der* **Rock** ロック	skirt スカート
すかーふ **スカーフ** sukaafu	*der* **Schal,** *das* **Halstuch** シャール，ハルストゥーフ	scarf スカーフ
ずがいこつ **頭蓋骨** zugaikotsu	*der* **Schädel** シェーデル	skull スカル
すかいだいびんぐ **スカイダイビング** sukaidaibingu	*das* **Fallschirmspringen** ファルシルムシュプリンゲン	skydiving スカイダイヴィング
すかうと **スカウト** sukauto	*der* **Scout,** *der*(*die*) **Talentsucher(*in*)** スカウト，タレントズーハー(・ヘリン)	scout スカウト
すがお **素顔** sugao	**ungeschminktes Gesicht** ウンゲシュミンクテス ゲズィヒト	face without makeup フェイス ウィザウト メイカプ
すがすがしい **清々しい** sugasugashii	**erfrischend, frisch** エアフリッシェント，フリッシュ	refreshing, fresh リフレシング，フレシュ
すがた **姿** sugata	*die* **Figur** フィグーア	figure, shape フィギャ，シェイプ
ずかん **図鑑** zukan	**illustriertes Lexikon** イルストリーアテス レクスィコン	illustrated book イラストレイテド ブク
すぎ **杉** sugi	**japanische Zeder** ヤパーニシェ ツェーダー	Japanese cedar ヂャパニーズ スィーダ
すきー **スキー** sukii	*der* **Ski,** *das* **Skifahren** シー，シーファーレン	skiing, ski スキーイング，スキー
すききらい **好き嫌い** sukikirai	**Vorliebe und Abneigung** フォーアリーベ ウント アップナイグング	likes and dislikes ライクス アンド ディスライクス
すきとおった **透き通った** sukitootta	**transparent, durchsichtig** トランスパレント，ドゥルヒズィヒティヒ	transparent, clear トランスペアレント，クリア

日	独	英
すきな **好きな** sukina	**Lieblings-** リープリングス..	favorite, Ⓑfavour- ite フェイヴァリト, フェイヴァリト
すきま **透き間** sukima	*die* **Lücke** リュッケ	opening, gap オウプニング, ギャプ
すきむみるく **スキムミルク** sukimumiruku	*die* **Magermilch** マーガーミルヒ	skim milk スキム ミルク
すきゃなー **スキャナー** sukyanaa	*der* **Scanner** スケナー	scanner スキャナ
すきゃんだる **スキャンダル** sukyandaru	*der* **Skandal** スカンダール	scandal スキャンダル
すきゅーばだいびんぐ **スキューバダイビ ング** sukyuubadaibingu	*das* **Sporttauchen** シュポルトタオヘン	scuba diving スキューバ ダイヴィング
すぎる **過ぎる** （期限が） sugiru	**ab‖laufen** アップラオフェン	(be) out, expire (ビ) アウト, イクスパイア
（更に先へ）	*an et³* **vorüber‖gehen** アン .. フォリューバーゲーエン	pass, go past パス, ゴウ パスト
（時が）	**vergehen** フェアゲーエン	pass, elapse パス, イラプス
（数量などが）	**überschreiten** ユーバーシュライテン	(be) over, exceed (ビ) オウヴァ, イクスィード
（程度を）	**zu weit gehen** ツー ヴァイト ゲーエン	go too far ゴウ トゥー ファー
すきんしっぷ **スキンシップ** sukinshippu	*der* **Hautkontakt** ハオトコンタクト	physical contact フィズィカル カンタクト
すきんだいびんぐ **スキンダイビング** sukindaibingu	*das* **Sporttauchen**, *das* **Tauchen** シュポルトタオヘン, タオヘン	skin diving スキン ダイヴィング
すく **空く** （人が） suku	*sich⁴* **leeren** .. レーレン	(become) less crowded (ビカム) レス クラウデド

す

日	独	英
(手が)	**frei sein** フライ ザイン	(be) free (ビ) フリー
(腹が)	**hungrig sein** フングリヒ ザイン	feel hungry フィール ハングリ
すくう **掬う** sukuu	**schöpfen** シェプフェン	scoop, ladle スクープ, レイドル
すくう **救う** sukuu	**retten** レッテン	rescue, save レスキュー, セイヴ
すくーたー **スクーター** sukuutaa	*der* **Motorroller** モートアロラー	scooter スクータ
すくない **少ない** sukunai	**wenig** ヴェーニヒ	few, little フュー, リトル
すくなくとも **少なくとも** sukunakutomo	**mindestens** ミンデステンス	at least アト リースト
すぐに **直ぐに** suguni	**sofort** ゾフォルト	at once, immediately アト ワンス, イミーディエトリ
すくむ **すくむ** sukumu	**zusammen|zucken, wie gelähmt sein** ツザメンツッケン, ヴィー ゲレームト ザイン	cower, cringe カウア, クリンヂ
すくらんぶるえっぐ **スクランブルエッグ** sukuranburueggu	*das* **Rührei** リューアアイ	scrambled eggs スクランブルド エグズ
すくりーん **スクリーン** sukuriin	*die* **Leinwand** ラインヴァント	screen スクリーン
すくりゅー **スクリュー** sukuryuu	*die* **Schraube,** *die* **Schiffs-schraube** シュラオベ, シフスシュラオベ	screw スクルー
すぐれた **優れた** sugureta	**ausgezeichnet** アオスゲツァイヒネット	excellent, fine エクセレント, ファイン
すぐれる **優れる** sugureru	**überlegen sein** ユーバーレーゲン ザイン	(be) better, (be) superior to (ビ) ベタ, (ビ) スピアリア トゥ

日	独	英
すくろーる **スクロール** sukurooru	*das* **Scrollen** スクロレン	scroll スクロウル
ずけい **図形** zukei	*die* **Figur,** *die* **Grafik** フィグーア, グラーフィク	figure, diagram フィギャ, ダイアグラム
すけーと **スケート** sukeeto	*der* **Eislauf,** *das* **Schlitt-schuhlaufen** アイスラオフ, シュリットシューラオフェン	skating スケイティング
～靴	*der* **Schlittschuh** シュリットシュー	skates スケイツ
すけーる **スケール**　(規模) sukeeru	*die* **Skala,** *das* **Format** スカーラ, フォルマート	scale スケイル
(尺度)	*der* **Maßstab** マースシュターブ	scale スケイル
すけじゅーる **スケジュール** sukejuuru	*das* **Programm** プログラム	schedule スケデュル
すけっち **スケッチ** sukecchi	*die* **Skizze** スキッツェ	sketch スケチ
すける **透ける** sukeru	**durchsichtig sein** ドゥルヒズィヒティヒ ザイン	(be) transparent (ビ) トランスペアラント
すこあ **スコア** sukoa	*die* **Punktzahl,** *das* **Ergeb-nis** プンクトツァール, エアゲープニス	score スコー
～ボード	*die* **Anzeigetafel** アンツァイゲターフェル	scoreboard スコーボード
すごい **すごい** sugoi	**wunderbar** ヴンダーバール	wonderful, great ワンダフル, グレイト
すこし **少し** sukoshi	**ein bisschen, etwas** アイン ビスヒェン, エトヴァス	a few, a little ア フュー, ア リトル
すごす **過ごす** sugosu	**verbringen** フェアブリンゲン	pass, spend パス, スペンド

日	独	英
すこっぷ **スコップ** sukoppu	*die* **Schaufel** シャオフェル	scoop, shovel スクープ, シャヴル
すこやかな **健やかな** sukoyakana	**gesund** ゲズント	healthy ヘルスィ
すさまじい **すさまじい** susamajii	**fürchterlich** フュルヒターリヒ	dreadful, terrible ドレドフル, テリブル
ずさんな **杜撰な** zusanna	**nachlässig** ナーハレスィヒ	careless, slipshod ケアレス, スリプシャド
すじ **筋** suji	*der* **Streifen** シュトライフェン	line ライン
（物事の道理）	*die* **Vernunft,** *die* **Logik** フェアヌンフト, ローギク	reason, logic リーズン, ラヂク
（話のあらすじ）	*die* **Handlung** ハンドルング	plot プラト
すじょう **素性** sujou	*die* **Herkunft,** *die* **Abstam- mung** ヘーアクンフト, アップシュタムング	birth, origin バース, オーリヂン
すず **錫** suzu	*das* **Zinn** ツィン	tin ティン
すず **鈴** suzu	*die* **Glocke,** *das* **Glöck- chen** グロッケ, グレックヒェン	bell ベル
すすぐ **すすぐ** susugu	**spülen** シュピューレン	rinse リンス
すずしい **涼しい** suzushii	**kühl** キュール	cool クール
すすむ **進む** susumu	**vorwärts gehen** フォーアヴェルツ ゲーエン	go forward ゴウ フォーワド
（物事が）	**fort|schreiten** フォルトシュライテン	progress プラグレス

日	独	英
すずむ **涼む** suzumu	*sich*[4] **in der Kühle erfri-schen** ‥ インデア **キュー**レ エアフ**リッ**シェン	enjoy the cool air イン**チョ**イ ザ **クー**ル **エ**ア
すずめ **雀** suzume	*der* **Spatz**, *der* **Sperling** シュ**パッ**ツ, シュ**ペ**ルリング	sparrow ス**パ**ロウ
すすめる **勧める** susumeru	*j*[3] *zu et*[3] **raten**, *j*[3] *et*[4] **emp-fehlen** ‥ ツー ‥ **ラー**テン, ‥ エンプ**フェー**レン	advise アド**ヴァ**イズ
すすめる **進める** susumeru	**voran|treiben** フォ**ラ**ントライベン	advance, push on アド**ヴァ**ンス, **プ**シュ **オ**ン
すすめる **薦める** susumeru	**empfehlen** エンプ**フェー**レン	recommend レコ**メ**ンド
すずらん **鈴蘭** suzuran	*das* **Maiglöckchen** **マ**イグレックヒェン	lily of the valley **リ**リ **オ**ヴ ザ **ヴァ**リ
すする **啜る** susuru	**schlürfen** シュ**リュ**ルフェン	sip, slurp **ス**ィプ, ス**ラー**プ
(鼻水を)	**schnüffeln** シュ**ニュッ**フェルン	sniff ス**ニ**フ
すそ **裾** suso	*der* **Saum** **ザ**オム	skirt, train ス**カー**ト, ト**レ**イン
すたー **スター** sutaa	*der* **Star** シュ**ター**ル	star ス**ター**
すたーと **スタート** sutaato	*der* **Start** シュ**タ**ルト	start ス**ター**ト
〜ライン	*die* **Startlinie** シュ**タ**ルトリーニエ	starting line ス**ター**ティング **ラ**イン
すたいる **スタイル** sutairu	*die* **Figur** フィ**グー**ア	figure **フィ**ギャ
(様式・やり方)	*der* **Stil** シュ**ティー**ル	style ス**タ**イル

日	独	英
すたじあむ **スタジアム** sutajiamu	*das* **Stadion** シュターディオン	stadium ステイディアム
すたじお **スタジオ** sutajio	*das* **Studio** シュトゥーディオ	studio ステューディオウ
すたっふ **スタッフ** sutaffu	*der*(*die*) **Mitarbeiter(*in*)**, *das* **Personal** ミットアルバイター(-テリン), ペルゾナール	staff スタフ
すたれる **廃れる** sutareru	**verfallen** フェアファレン	go out of use ゴウ アウト オヴ ユース
すたんど **スタンド** (観覧席) sutando	*der* **Zuschauerraum**, *die* **Tribüne** ツーシャオアーラオム, トリビューネ	grandstand グランドスタンド
(照明器具)	*die* **Stehlampe** シュテーランペ	desk lamp デスク ランプ
すたんぷ **スタンプ** sutanpu	*der* **Stempel**, *der* **Post- stempel** シュテンペル, ポストシュテンペル	stamp, postmark スタンプ, ポウストマーク
すちーむ **スチーム** suchiimu	*der* **Dampf** ダンプフ	steam スティーム
ずつう **頭痛** zutsuu	*der* **Kopfschmerz** コプフシュメルツ	headache ヘデイク
すっかり **すっかり** sukkari	**ganz** ガンツ	all, entirely オール, インタイアリ
すづけ **酢漬け** suzuke	*das* **in Essig Eingelegte** イン エッスィヒ アインゲレークテ	pickling ピクリング
すっぱい **酸っぱい** suppai	**sauer** ザオアー	sour, acid サウア, アスィド
すてーじ **ステージ** suteeji	*die* **Bühne** ビューネ	stage ステイヂ
すてきな **素敵な** sutekina	**herrlich, schön** ヘルリヒ, シェーン	great, fine グレイト, ファイン

日	独	英
すてっぷ **ステップ** suteppu	*der* **Schritt** シュリット	step ステプ
すでに **既に** sudeni	**schon, bereits** ショーン, ベライツ	already オールレディ
すてる **捨てる** suteru	**weg|werfen** ヴェックヴェルフェン	throw away, dump スロウ アウェイ, ダンプ
すてれお **ステレオ** sutereo	*das* **Stereo**, *die* **Stereoanlage** シュテーレオ, シュテーレオアンラーゲ	stereo スティアリオウ
すてんどぐらす **ステンドグラス** sutendogurasu	*das* **Buntglas**, *die* **Glasmalerei** ブントグラース, グラースマーレライ	stained glass ステインド グラス
すとーかー **ストーカー** sutookaa	*der(die)* **lästige Verfolger(in)** レスティゲ フェアフォルガー(-・ゲリン)	stalker ストーカ
すとーぶ **ストーブ** sutoobu	*der* **Ofen** オーフェン	heater, stove ヒータ, ストウヴ
すとーりー **ストーリー** sutoorii	*die* **Geschichte** ゲシヒテ	story ストーリ
すとーる **ストール** sutooru	*die* **Stola** シュトーラ	stole ストウル
すとっきんぐ **ストッキング** sutokkingu	*der* **Strumpf** シュトルンプフ	stockings スタキングズ
すとっく **ストック**（スキーの） sutokku	*der* **Stock** シュトック	ski pole スキー ポウル
すとっぷうぉっち **ストップウォッチ** sutoppuwocchi	*die* **Stoppuhr** シュトップウーア	stopwatch スタプワチ
すとらいき **ストライキ** sutoraiki	*der* **Streik** シュトライク	strike ストライク
すとらいぷ **ストライプ** sutoraipu	*der* **Streifen** シュトライフェン	stripes ストライプス

日	独	英
すとれす **ストレス** sutoresu	*der* **Stress** シュトレス	stress ストレス
すとれっち **ストレッチ** sutorecchi	*die* **Dehnübung,** *das* **Stretching** デーンユーブング，ストレチング	stretch ストレチ
すとろー **ストロー** sutoroo	*der* **Strohhalm** シュトローハルム	straw ストロー
すとろーく **ストローク** sutorooku	*der* **Schlag,** *der* **Stoß** シュラーク，シュトース	stroke ストロウク
すな **砂** suna	*der* **Sand** ザント	sand サンド
すなおな **素直な** sunaona	**folgsam, gehorsam** フォルクザーム，ゲホーアザーム	docile, obedient ダスィル，オビーディエント
すなっぷ **スナップ** sunappu	*der* **Druckknopf** ドルッククノプフ	snap スナプ
すなわち **すなわち** sunawachi	**nämlich** ネームリヒ	namely, that is ネイムリ，ザト イズ
すにーかー **スニーカー** suniikaa	*der* **Turnschuh** トゥルンシュー	sneakers, Ⓑtrain- ers スニーカズ，トレイナズ
すね **脛** sune	*der* **Unterschenkel** ウンターシェンケル	shin シン
すねる **すねる** suneru	**schmollend sein, miss-** **gestimmt sein** シュモレント ザイン，ミスゲシュティムト ザイン	sulk サルク
ずのう **頭脳** zunou	*das* **Gehirn** ゲヒルン	brains, head ブレインズ，ヘド
すのーぼーど **スノーボード** sunooboodo	*das* **Snowboard** スノウボード	snowboard スノウボード
すぱーくりんぐわいん **スパークリングワ** **イン** supaakuringuwain	*der* **Sekt** ゼクト	sparkling wine スパークリング ワイン

日	独	英
すぱい **スパイ** supai	*der* (*die*) **Spion**(*in*) シュピ**オ**ーン(・ニン)	spy, secret agent ス**パ**イ，ス**ィ**ークレト **エ**イヂェ ント
すぱいす **スパイス** supaisu	*das* **Gewürz** ゲ**ヴュ**ルツ	spice ス**パ**イス
すぱげってぃ **スパゲッティ** supagetti	*die* **Spaghetti** シュパ**ゲ**ッティ	spaghetti スパ**ゲ**ティ
すばしこい **すばしこい** subashikoi	**flink** フ**リ**ンク	nimble, agile **ニ**ンブル，**ア**ヂル
すはだ **素肌** suhada	**bloße Haut** ブ**ロ**ーセ **ハ**オト	bare skin **ベ**ア ス**キ**ン
すぱな **スパナ** supana	*der* **Schraubenschlüssel** シュ**ラ**オベンシュリュッセル	wrench, spanner **レ**ンチ，ス**パ**ナ
ずばぬけて **ずば抜けて** zubanukete	**mit Abstand, außerge- wöhnlich** ミット **ア**ップシュタント，**ア**オサーゲ**ヴェ**ーンリ ヒ	by far, exception- ally バイ **ファ**ー，イク**セ**プショナリ
すばやい **素早い** subayai	**schnell** シュ**ネ**ル	nimble, quick **ニ**ンブル，ク**ウィ**ク
すばらしい **素晴らしい** subarashii	**ausgezeichnet, wunder- bar** **ア**オスゲツァイヒネット，**ヴ**ンダーバール	wonderful, splen- did **ワ**ンダフル，スプ**レ**ンディド
すぴーかー **スピーカー** supiikaa	*der* **Lautsprecher** **ラ**オトシュプレッヒャー	speaker ス**ピ**ーカ
すぴーち **スピーチ** supiichi	*die* **Rede,** *die* **Ansprache** **レ**ーデ，**ア**ンシュプラーへ	speech ス**ピ**ーチ
すぴーど **スピード** supiido	*die* **Geschwindigkeit** ゲシュ**ヴィ**ンディヒカイト	speed ス**ピ**ード
ずひょう **図表** zuhyou	*das* **Diagramm** ディア**グラ**ム	chart, diagram **チャ**ート，**ダ**イアグラム
すぷーん **スプーン** supuun	*der* **Löffel** **レ**ッフェル	spoon ス**プ**ーン

日	独	英
すぷりんくらー **スプリンクラー** supurinkuraa	*der* **Rasensprenger** ラーゼンシュプレンガー	sprinkler スプリンクラ
すぷれー **スプレー** supuree	*der*(*das*) **Spray** シュプレー	spray スプレイ
すぺいん **スペイン** supein	(*das*) **Spanien** シュパーニエン	Spain スペイン
～語	*das* **Spanisch** シュパーニシュ	Spanish スパニシュ
すぺーす **スペース** supeesu	*der* **Raum** ラオム	space スペイス
すべすべした **すべすべした** subesubeshita	**glatt** グラット	smooth, slippery スムーズ, スリパリ
すべての **すべての** subeteno	**all** アル	all, every, whole オール, エヴリ, ホウル
すべる **滑る** suberu	**rutschen** ルッチェン	slip, slide スリプ, スライド
（床が）	**glitschig sein** グリッチヒ ザイン	(be) slippery (ビ) スリパリ
（スケートで）	**gleiten** グライテン	skate スケイト
すべる **スペル** superu	*die* **Schreibweise** シュライプヴァイゼ	spelling スペリング
すぽーくすまん **スポークスマン** supookusuman	*der*(*die*) **Sprecher**(*in*) シュプレッヒャー(-ヒェリン)	spokesman スポウクスマン
すぽーつ **スポーツ** supootsu	*der* **Sport** シュポルト	sports スポーツ
ずぼん **ズボン** zubon	*die* **Hose** ホーゼ	trousers トラウザズ
すぽんさー **スポンサー** suponsaa	*der*(*die*) **Sponsor**(*in*) シュポンザー(シュポンゾーリン)	sponsor スパンサ

日	独	英
すぽんじ **スポンジ** suponji	*der* **Schwamm** シュヴァム	sponge スパンヂ
すまい **住まい** sumai	*das* **Haus**, *der* **Wohnsitz** ハオス，ヴォーンズィッツ	house ハウス
すます **済ます** （終わらす） sumasu	**erledigen** エアレーディゲン	finish フィニシュ
（代用する）	**aus|kommen** アオスコメン	substitute for サブスティテュート フォ
すみ **隅** sumi	*die* **Ecke** エッケ	nook, corner ヌク，コーナ
すみ **炭** sumi	*die* **Holzkohle** ホルツコーレ	charcoal チャーコウル
すみ **墨** sumi	*die* **Tusche** トゥッシェ	China ink チャイナ インク
すみれ **菫** sumire	*das* **Veilchen** ファイルヒェン	violet ヴァイオレト
すむ **済む** sumu	**enden, fertig sein** エンデン，フェルティヒ ザイン	(be) finished (ビ) フィニシュト
すむ **住む** sumu	**wohnen** ヴォーネン	live ライヴ
すむ **澄む** sumu	**klar werden** クラール ヴェーアデン	(become) clear (ビカム) クリア
すもーくさーもん **スモークサーモン** sumookusaamon	**geräucherter Lachs** ゲロイヒェルター ラクス	smoked salmon スモウクト サモン
すもっぐ **スモッグ** sumoggu	*der* **Smog** スモック	smog スマグ
ずらす **ずらす** （物を） zurasu	**rücken** リュッケン	shift, move シフト，ムーヴ

日	独	英
（時間を）	**verschieben, auf|schieben** フェア**シ**ーベン, **ア**オフシーベン	stagger ス**タ**ガ
すらんぐ **スラング** surangu	*der* **Slang** ス**ラ**ング	slang ス**ラ**ング
すらんぷ **スランプ** suranpu	*der* **Sturz** シュ**トゥ**ルツ	slump ス**ラ**ンプ
すり **すり** suri	*der*(*die*) **Taschendieb**(*in*) **タ**ッシェンディープ(-ビン)	pickpocket **ピ**クパケト
すりおろす **擦り下ろす** suriorosu	**reiben, zerreiben** **ラ**イベン, ツェア**ラ**イベン	grind, grate グ**ラ**インド, グ**レ**イト
すりきず **擦り傷** surikizu	*die* **Schürfwunde,** *die* **Schramme** **シュ**ルフヴンデ, シュ**ラ**メ	abrasion アブ**レ**イジョン
すりきれる **擦り切れる** surikireru	*sich*[4] **ab|reiben** ‥ **ア**ップライベン	wear out **ウェ**ア **ア**ウト
すりっと **スリット** suritto	*der* **Schlitz** シュ**リ**ッツ	slit ス**リ**ト
すりっぱ **スリッパ** surippa	*der* **Pantoffel** パン**ト**ッフェル	slippers ス**リ**パズ
すりっぷ　（下着） **スリップ** surippu	*das* **Unterkleid,** *der* **Unter-** **rock** **ウ**ンタークライト, **ウ**ンターロック	slip ス**リ**プ
すりっぷする **スリップする** surippusuru	**rutschen** **ル**ッチェン	slip, skid ス**リ**プ, ス**キ**ド
すりむな **スリムな** surimuna	**schlank** シュ**ラ**ンク	slim ス**リ**ム
すりらんか **スリランカ** suriranka	**Sri Lanka** ス**リ**ー **ラ**ンカ	Sri Lanka ス**リ**ー **ラ**ーンカ
すりる **スリル** suriru	*die* **Erregung,** *der* **Schau-** **der** エア**レ**ーグング, **シャ**オダー	thrill ス**リ**ル

日	独	英
する **する** suru	**tun, machen** トゥーン, マッヘン	do, try, play ドゥー, トライ, プレイ
する **擦る** （こする） suru	**reiben** ライベン	rub, chafe ラブ, チェイフ
ずるい **ずるい** zurui	**schlau** シュラオ	sly スライ
ずるがしこい **ずる賢い** zurugashikoi	**listig, hinterlistig** リスティヒ, ヒンターリスティヒ	cunning カニング
するどい **鋭い** surudoi	**scharf, spitz** シャルフ, シュピッツ	sharp, pointed シャープ, ポインテド
ずるやすみ **ずる休み** zuruyasumi	*das* **Schwänzen** シュヴェンツェン	truancy トルーアンスィ
すれちがう **擦れ違う** surechigau	**aneinander vorbei|gehen** アンアイナンダー フォアバイゲーエン	pass each other パス イーチ アザ
ずれる **ずれる** （逸脱する） zureru	**ab|weichen** アップヴァイヒェン	deviate ディーヴィエイト
	（移動する） *sich⁴* **verschieben** ..フェアシーベン	shift, deviate シフト, ディーヴィエイト
すろーがん **スローガン** suroogan	*das* **Schlagwort**, *die* **Parole** シュラークヴォルト, パローレ	slogan, motto スロウガン, マトウ
すろーぷ **スロープ** suroopu	*der* **Abhang** アップハング	slope スロウプ
すろーもーしょん **スローモーション** suroomooshon	*die* **Zeitlupe** ツァイトルーペ	slow motion スロウ モウション
すろっとましん **スロットマシン** surottomashin	*der* **Spielautomat** シュピールアオトマート	slot machine スラト マシーン
すろばきあ **スロバキア** surobakia	**die Slowakei** ディー スロヴァカイ	Slovakia スロウヴァーキア

す

日	独	英
すろべにあ **スロベニア** surobenia	(*das*) **Slowenien** スロヴェーニエン	Slovenia スロウヴィーニア
すわる **座る** suwaru	*sich⁴* **setzen** ‥ゼッツェン	sit down, take a seat スィト ダウン, テイク ア スィート

せ, セ

せ **背** se	*die* **Körpergröße** ケルパーグレーセ	height ハイト
せい **姓** sei	*der* **Familienname** ファミーリエンナーメ	family name, surname ファミリ ネイム, サーネイム
せい **性** sei	*das* **Geschlecht** ゲシュレヒト	sex セクス
せい **生** sei	*das* **Leben** レーベン	life, living ライフ, リヴィング
ぜい **税** zei	*die* **Steuer** シュトイアー	tax タクス
～込み	**einschließlich der Steuer, brutto** アインシュリースリヒ デア シュトイアー, ブルット	including tax インクルーディング タクス
～別	**ohne Steuern, zuzüglich Steuern** オーネ シュトイアーン, ツーツュークリヒ シュトイアーン	without tax ウィザウト タクス
せいい **誠意** seii	*die* **Aufrichtigkeit** アオフリヒティヒカイト	sincerity スィンセリティ
せいいっぱい **精一杯** seiippai	**mit aller Kraft, nach besten Kräften** ミット アラー クラフト, ナーハ ベステン クレフテン	as hard as possible アズ ハード アズ パスィブル
せいえん **声援** seien	*die* **Ermunterung** エアムンテルング	cheering チアリング

日	独	英
～する	**ermuntern, an|feuern** エアムンターン, アンフォイアーン	cheer チア
せいおう **西欧** seiou	(*das*) **Westeuropa** ヴェストオイローパ	West Europe ウェスト ユアロプ
せいか **成果** seika	*der* **Erfolg**, *das* **Ergebnis** エアフォルク, エアゲープニス	result, (the) fruits リザルト, (ザ) フルーツ
せいかい **政界** seikai	**politische Welt** ポリーティシェ ヴェルト	political world ポリティカル ワールド
せいかい **正解** seikai	**richtige Antwort** リヒティゲ アントヴォルト	correct answer コレクト アンサ
せいかく **性格** seikaku	*die* **Persönlichkeit**, *der* **Charakter** ペルゼーンリヒカイト, カラクター	personality, nature パーソナリティ, ネイチャ
せいがく **声楽** seigaku	*die* **Vokalmusik** ヴォカールムズィーク	vocal music ヴォウカル ミューズィク
せいかくな **正確な** seikakuna	**exakt, richtig** エクサクト, リヒティヒ	exact, correct イグザクト, コレクト
せいかつ **生活** seikatsu	*das* **Leben** レーベン	life, livelihood ライフ, ライヴリフド
～する	**leben** レーベン	live ライヴ
ぜいかん **税関** zeikan	*der* **Zoll**, *das* **Zollamt** ツォル, ツォルアムト	customs, customs office カスタムズ, カスタムズ オーフィス
せいかんする **静観する** seikansuru	**ruhig ab|warten** ルーイヒ アップヴァルテン	wait and see ウェイト アンド スィー
せいかんする **生還する** seikansuru	**lebend zurück|kehren** レーベント ツリュックケーレン	return alive リターン アライヴ
せいき **世紀** seiki	*das* **Jahrhundert** ヤールフンダート	century センチュリ

日	独	英
せいぎ **正義** seigi	*die* **Gerechtigkeit** ゲレヒティヒカイト	justice **チャ**スティス
せいきゅう **請求** seikyuu	*die* **Forderung** フォルデルング	demand, claim ディ**マ**ンド，ク**レ**イム
〜書	*die* **Rechnung** レヒヌング	bill, invoice **ビ**ル，**イ**ンヴォイス
〜する	**ein|fordern, verlangen** **ア**インフォルダーン，フェア**ラ**ンゲン	claim, demand ク**レ**イム，ディ**マ**ンド
せいぎょ **制御** seigyo	*die* **Kontrolle** コント**ロ**レ	control コント**ロ**ウル
〜する	**kontrollieren** コントロ**リ**ーレン	control コント**ロ**ウル
せいきょく **政局** seikyoku	**politische Lage** ポ**リ**ーティシェ **ラ**ーゲ	political situation ポ**リ**ティカル スィチュ**エ**イション
ぜいきん **税金** zeikin	*die* **Steuer** シュ**ト**イアー	tax **タ**クス
せいくうけん **制空権** seikuuken	*die* **Lufthoheit** **ル**フトホーハイト	air superiority **エ**ア スピア**リオ**ーリティ
せいけい **生計** seikei	*der* **Lebensunterhalt** **レ**ーベンスウンターハルト	living **リ**ヴィング
せいけいげか **整形外科** seikeigeka	*die* **Orthopädie** オルトペ**ディ**ー	orthopedic surgery オーソ**ピ**ーディク **サ**ーヂャリ
せいけつな **清潔な** seiketsuna	**sauber, rein** **ザ**オバー，**ラ**イン	clean, neat ク**リ**ーン，**ニ**ート
せいけん **政権** seiken	**politische Macht** ポ**リ**ーティシェ **マ**ハト	political power ポ**リ**ティカル **パ**ウア
せいげん **制限** seigen	*die* **Beschränkung** ベシュ**レ**ンクング	restriction, limit リスト**リ**クション，**リ**ミト
〜する	**beschränken, begrenzen** ベシュ**レ**ンケン，ベグ**レ**ンツェン	limit, restrict **リ**ミト，リスト**リ**クト

日	独	英
せいこう **成功** seikou	*der* **Erfolg** エアフォルク	success サクセス
～する	**gelingen** ゲリンゲン	succeed, succeed in サクスィード，サクスィード イン
せいざ **星座** seiza	*das* **Sternbild** シュテルンビルト	constellation カンステレイション
せいさい **制裁** seisai	*die* **Bestrafung** ベシュトラーフング	sanctions, punishment サンクションズ，パニシュメント
せいさく **制[製]作** seisaku	*die* **Anfertigung,** *die* **Herstellung** アンフェルティグング，ヘーアシュテルング	production, manufacture プロダクション，マニュファクチャ
～する	**her|stellen, produzieren** ヘーアシュテレン，プロドゥツィーレン	make, produce メイク，プロデュース
せいさく **政策** seisaku	*die* **Politik** ポリティーク	policy パリスィ
せいさん **生産** seisan	*die* **Produktion,** *die* **Herstellung** プロドゥクツィオーン，ヘーアシュテルング	production, manufacture プロダクション，マニュファクチャ
～する	**produzieren, her|stellen** プロドゥツィーレン，ヘーアシュテレン	produce, manufacture プロデュース，マニュファクチャ
せいし **生死** seishi	**Leben und Tod** レーベン ウント トート	life and death ライフ アンド デス
せいし **静止** seishi	*der* **Stillstand,** *die* **Ruhe** シュティルシュタント，ルーエ	standstill, motionlessness スタンドスティル，モウションレスネス
～する	**still|stehen** シュティルシュテーエン	rest, stand still レスト，スタンド スティル
せいじ **政治** seiji	*die* **Politik** ポリティーク	politics パリティクス

日	独	英
～家	*der* (*die*) **Politiker**(*in*) ポリティカー(- ケリン)	statesman, politician ステイツマン, パリティシャン
せいしきな **正式な** seishikina	**offiziell** オフィツィエル	formal, official フォーマル, オフィシャル
せいしつ **性質** seishitsu	*die* **Eigenschaft** アイゲンシャフト	nature, disposition ネイチャ, ディスポズィション
せいじつな **誠実な** seijitsuna	**ehrlich** エーアリヒ	sincere, honest スィンスィア, アネスト
せいじゃく **静寂** seijaku	*die* **Stille** シュティレ	silence, stillness サイレンス, スティルネス
せいしゅく **静粛** seishuku	*die* **Stille**, *die* **Ruhe** シュティレ, ルーエ	silence サイレンス
せいじゅくする **成熟する** seijukusuru	**reif werden** ライフ ヴェーアデン	ripen, mature ライプン, マチュア
せいしゅん **青春** seishun	*die* **Jugend** ユーゲント	youth ユース
せいしょ **聖書** seisho	*die* **Bibel** ビーベル	Bible バイブル
せいじょうな **正常な** seijouna	**normal** ノルマール	normal ノーマル
せいしょうねん **青少年** seishounen	*die* **Jugendlichen** *pl.* ユーゲントリヒェン	younger generation ヤンガ ヂェネレイション
せいしょくしゃ **聖職者** seishokusha	*der/die* **Geistliche** ガイストリヒェ	clergy クラーヂ
せいしん **精神** seishin	*der* **Geist** ガイスト	spirit, mind スピリト, マインド
せいじん **成人** seijin	*der/die* **Erwachsene** エアヴァクセネ	adult, grown-up アダルト, グロウナプ

日	独	英
〜する	**erwachsen werden** エアヴァクセン ヴェーアデン	grow up グロウ アプ
せいじん **聖人** seijin	*der/die* **Heilige** ハイリゲ	saint セイント
せいしんか **精神科** seishinka	*die* **Psychiatrie** プスュヒアトリー	psychiatry サイカイアトリ
〜医	*der*(*die*) **Psychiater**(*in*) プスュヒアーター(- テリン)	psychiatrist サイカイアトリスト
せいず **製図** seizu	*die* **Zeichnung** ツァイヒヌング	drafting, drawing ドラフティング, ドローイング
せいすう **整数** seisuu	**ganze Zahl** ガンツェ ツァール	integer インティヂャ
せいせき **成績** seiseki	*die* **Leistung,** *das* **Zeugnis** ライストゥング, ツォイクニス	result, record リザルト, リコード
せいせんしょくりょうひん **生鮮食料品** seisenshokuryouhin	**leicht verderbliche Le- bensmittel** *pl.* ライヒト フェアデルプリヒェ レーベンスミッテ ル	perishables ペリシャブルズ
せいぜんと **整然と** seizento	**ordentlich** オルデントリヒ	orderly, regularly オーダリ, レギュラリ
せいぞう **製造** seizou	*die* **Herstellung,** *die* **Pro- duktion** ヘーアシュテルング, プロドゥクツィオーン	manufacture, pro- duction マニュファクチャ, プロダクショ ン
〜業	*die* **Her|stellungsindus- trie,** *die* **Produktionsin- dustrie** ヘーアシュテルングスインドゥストリー, プロ ドゥクツィオーンスインドゥストリー	manufacturing in- dustry マニュファクチャリング インダ ストリ
せいそうけん **成層圏** seisouken	*die* **Stratosphäre** シュトラトスフェーレ	stratosphere ストラトスフィア
せいそな **清楚な** seisona	**gepflegt, zierlich** ゲプフレークト, ツィーアリヒ	neat ニート

日	独	英
せいぞん **生存** seizon	*das* **Dasein**, *die* **Existenz** ダーザイン, エクスィステンツ	existence, life イグ**ズィ**ステンス, **ラ**イフ
～する	**existieren, leben** エクスィス**ティ**ーレン, **レ**ーベン	exist, survive イグ**ズィ**スト, サ**ヴァ**イヴ
せいたいがく **生態学** seitaigaku	*die* **Ökologie** エコロ**ギ**ー	ecology イー**カ**ロヂィ
せいだいな **盛大な** seidaina	**großartig** グ**ロ**ースアールティヒ	prosperous, grand プ**ラ**スペラス, グ**ラ**ンド
ぜいたく **贅沢** zeitaku	*der* **Luxus** **ル**クスス	luxury **ラ**クシャリ
～な	**luxuriös** ルクスリ**エ**ース	luxurious ラグ**ジュ**アリアス
せいち **聖地** seichi	**heiliger Ort** **ハ**イリガー **オ**ルト	sacred ground **セ**イクリド グ**ラ**ウンド
せいちょう **成長** seichou	*das* **Wachstum** **ヴァ**クストゥーム	growth グ**ロ**ウス
～する	**wachsen** **ヴァ**クセン	grow グ**ロ**ウ
せいてきな **静的な** seitekina	**statisch** シュ**タ**ーティシュ	static ス**タ**ティク
せいてつ **製鉄** seitetsu	*die* **Eisengewinnung** **ア**イゼンゲヴィヌング	iron manufactur- ing **ア**イアン マニュ**ファ**クチャリング
せいてん **晴天** seiten	**schönes Wetter** **シェ**ーネス **ヴェ**ッター	fine weather **ファ**イン **ウェ**ザ
せいでんき **静電気** seidenki	**statische Elektrizität** シュ**タ**ーティシェ エレクトリツィ**テ**ート	static electricity ス**タ**ティク イレクト**リ**スィティ
せいと **生徒** seito	*der*(*die*) **Schüler(*in*)** **シュ**ーラー(-・レリン)	student, pupil ス**テュ**ーデント, **ピュ**ーピル

日	独	英
せいど **制度** seido	*die* **Institution,** *das* **System** インスティトゥツィオーン, ズュステーム	system, institution スィステム, インスティテューション
せいとう **政党** seitou	**politische Partei** ポリーティシェ パルタイ	political party ポリティカル パーティ
せいとうな **正当な** seitouna	**gerecht, legitim** ゲレヒト, レギティーム	just, proper, legal チャスト, プラパ, リーガル
せいとうぼうえい **正当防衛** seitoubouei	*die* **Notwehr** ノートヴェーア	self-defense セルフディフェンス
せいとんする **整頓する** seitonsuru	**in Ordnung bringen** イン オルドヌング ブリンゲン	put in order プト イン オーダ
せいなん **西南** seinan	(*der*) **Südwesten** ズュートヴェステン	southwest サウスウェスト
せいねん **成年** seinen	*die* **Mündigkeit** ミュンディヒカイト	adult age アダルト エイヂ
せいねん **青年** seinen	*der/die* **Jugendliche** ユーゲントリヒェ	young man, youth ヤング マン, ユース
せいねんがっぴ **生年月日** seinengappi	*das* **Geburtsdatum** ゲブーアツダートゥム	date of birth デイト オヴ バース
せいのう **性能** seinou	*die* **Leistung** ライストゥング	performance, capability パフォーマンス, ケイパビリティ
せいはんたい **正反対** seihantai	**genaues Gegenteil** ゲナオエス ゲーゲンタイル	exact opposite イグザクト アポズィト
せいびする **整備する** seibisuru	**instand halten, warten** インシュタント ハルテン, ヴァルテン	maintain, adjust メインテイン, アチャスト
せいびょう **性病** seibyou	*die* **Geschlechtskrankheit** ゲシュレヒツクランクハイト	venereal disease ヴィニアリアル ディズィーズ
せいひん **製品** seihin	*das* **Produkt,** *die* **Ware** プロドゥクト, ヴァーレ	product プラダクト

日	独	英
せいふ **政府** seifu	*die* **Regierung** レギールング	government ガヴァンメント
せいぶ **西部** seibu	*der* **Westen** ヴェステン	western part ウェスタン パート
せいふく **制服** seifuku	*die* **Uniform** ウニフォルム	uniform ユーニフォーム
せいふくする **征服する** seifukusuru	**erobern** エアオーバーン	conquer カンカ
せいぶつ **生物** seibutsu	*das* **Lebewesen** レーベヴェーゼン	living thing, life リヴィング スイング, ライフ
〜学	*die* **Biologie** ビオロギー	biology バイアロディ
せいぶつが **静物画** seibutsuga	*das* **Stillleben** シュティルレーベン	still life スティル ライフ
せいぶん **成分** seibun	*der* **Bestandteil** ベシュタントタイル	ingredient イングリーディエント
せいべつ **性別** seibetsu	*der* **Geschlechtsunter-schied** ゲシュレヒツウンターシート	gender distinction チェンダ ディスティンクション
せいほうけい **正方形** seihoukei	*das* **Quadrat** クヴァドラート	square スクウェア
せいほく **西北** seihoku	(*der*) **Nordwesten** ノルトヴェステン	northwest ノースウェスト
せいみつな **精密な** seimitsuna	**genau, fein** ゲナオ, ファイン	precise, minute プリサイス, マイニュート
ぜいむしょ **税務署** zeimusho	*das* **Finanzamt** フィナンツアムト	tax office タクス オーフィス
せいめい **姓名** seimei	**(voller) Name** (フォラー) ナーメ	(full) name (フル) ネイム

日	独	英
せいめい **生命** seimei	*das* **Leben** レーベン	life ライフ
～保険	*die* **Lebensversicherung** レーベンスフェアズィヒェルング	life insurance ライフ インシュアランス
せいめい **声明** seimei	*die* **Erklärung** エアクレールング	declaration デクラレイション
せいもん **正門** seimon	*das* **Haupttor** ハオプトトーア	front gate フラント ゲイト
せいやく **制約** seiyaku	*die* **Einschränkung** アインシュレンクング	restriction, limita- tion リストリクション，リミテイショ ン
せいやく **誓約** seiyaku	*der* **Eid**, *der* **Schwur** アイト，シュヴーア	oath, pledge オウス，プレヂ
せいよう **西洋** seiyou	*der* **Westen** ヴェステン	(the) West, (the) Occident (ザ) ウェスト，(ズィ) アクスィ デント
せいようする **静養する** seiyousuru	*sich*[4] **erholen** ‥ エアホーレン	take a rest テイク ア レスト
せいり **整理** seiri	*die* **Ordnung** オルドヌング	arrangement アレインヂメント
～する	**ordnen** オルドネン	put in order, ar- range プト イン オーダ，アレインヂ
せいり **生理** (月経) seiri	*die* **Monatsblutung**, *die* **Menstruation** モーナツブルートゥング，メンストルアツィオー ン	menstruation, pe- riod メンストルエイション，ピアリ オド
～痛	*die* **Menstruationsschmer-** **zen** *pl.* メンストルアツィオーンスシュメルツェン	menstrual pain メンストルアル ペイン
～用品	*die* **Damenbinde** ダーメンビンデ	sanitary napkin サニテリ ナプキン
(生命現象)	*die* **Physiologie** フュズィオロギー	physiology フィズィアロヂ

日	独	英
〜学	*die* **Physiologie** フュズィオロギー	physiology フィズィ**ア**ロヂ
ぜいりし **税理士** zeirishi	*der* (*die*) **Steuerberater**(*in*) シュト**イ**アーベラーター(・テリン)	licensed tax accountant **ラ**イセンスト **タ**クス ア**カ**ウンタント
せいりつ **成立** seiritsu	*das* **Zustandekommen**, *die* **Entstehung** ツシュ**タ**ンデコメン, エントシュテーウング	formation フォー**メ**イション
〜する	**zustande kommen** ツシュ**タ**ンデ **コ**メン	(be) formed (ビ) **フォ**ームド
ぜいりつ **税率** zeiritsu	*der* **Steuersatz** シュト**イ**アーザッツ	tax rates **タ**クス **レ**イツ
せいりょういんりょう **清涼飲料** seiryouinryou	*der* **Softdrink** **ゾ**フトドリンク	soft drink, beverage **ソ**フト ドリンク, ペ**ヴァ**リヂ
せいりょく **勢力** seiryoku	*der* **Einfluss**, *die* **Macht** **ア**インフルス, **マ**ハト	influence, power **イ**ンフルエンス, **パ**ウア
せいりょく **精力** seiryoku	*die* **Energie** エネル**ギ**ー	energy, vitality **エ**ナヂ, ヴァイ**タ**リティ
〜的な	**energisch** エ**ネ**ルギシュ	energetic, vigorous エナ**チ**ェティク, **ヴィ**ゴラス
せいれき **西暦** seireki	**christliche Zeitrechnung**, **nach Christus (n. Chr.)** ク**リ**ストリヒェ **ツァ**イトレヒヌング, ナーハ ク**リ**ストゥス	Christian Era, AD ク**リ**スチャン **イ**アラ, エ**イ**ディー
せいれつする **整列する** seiretsusuru	**an|treten** **ア**ントレーテン	form a line **フォ**ーム ア **ラ**イン
せーたー **セーター** seetaa	*der* **Pullover** プ**ロ**ーヴァー	sweater, pullover, Ⓑjumper ス**ウェ**タ, プ**ロ**ウヴァ, **チャ**ンパ
せーる **セール** seeru	*der* **Ausverkauf** **ア**オスフェアカオフ	sale **セ**イル
せーるすまん **セールスマン** seerusuman	*der* (*die*) **Verkäufer**(*in*) フェア**コ**イファー(・フェリン)	salesman **セ**イルズマン

日	独	英
せおう **背負う** seou	**auf dem Rücken tragen** アオフ デム リュッケン トラーゲン	carry on one's back キャリ オン バク
せおよぎ **背泳ぎ** seoyogi	*das* **Rückenschwimmen** リュッケンシュヴィメン	backstroke バクストロウク
せかい **世界** sekai	*die* **Welt** ヴェルト	world ワールド
～遺産	*das* **Weltkultur- und Naturerbe** ヴェルトクルトゥーア ウント ナトゥーアエルベ	World Heritage ワールド ヘリテヂ
～史	*die* **Weltgeschichte** ヴェルトゲシヒテ	world history ワールド ヒストリ
～的な	**weltweit, international** ヴェルトヴァイト, インターナツィオナール	worldwide ワールドワイド
せかす **急かす** sekasu	**hetzen** ヘッツェン	expedite, hurry エクスペダイト, ハーリ
せき **咳** seki	*der* **Husten** フーステン	cough コーフ
～止め	*das* **Hustenmittel** フーステンミッテル	cough remedy コーフ レメディ
せき **席** seki	*der* **Platz** プラッツ	seat スィート
せきがいせん **赤外線** sekigaisen	*die* **Infrarotstrahlen** *pl.*, *das* **Infrarot** インフラロートシュトラーレン, インフラロート	infrared rays インフラレド レイズ
せきじゅうじ **赤十字** sekijuuji	**das Rote Kreuz** ダス ローテ クロイツ	Red Cross レド クロース
せきずい **脊髄** sekizui	*das* **Rückenmark** リュッケンマルク	spinal cord スパイナル コード
せきたん **石炭** sekitan	*die* **Steinkohle** シュタインコーレ	coal コウル

日	独	英
せきどう **赤道** sekidou	*der* **Äquator** エク**ヴァー**トア	equator イク**ウェ**イタ
せきにん **責任** sekinin	*die* **Verantwortung** フェア**アン**トヴォルトゥング	responsibility リスパンスィ**ビ**リティ
せきぶん **積分** sekibun	*die* **Integralrechnung,** *das* **Integral** インテ**グ**ラールレヒヌング，インテグ**ラ**ール	integral (calculus), integration **イ**ンテグラル（**キャ**ルキュラ ス），インテグ**レ**イション
せきゆ **石油** sekiyu	*das* **Erdöl** エーアト**エ**ール	oil, petroleum **オ**イル，ペト**ロ**ウリアム
せきり **赤痢** sekiri	*die* **Ruhr** **ル**ーア	dysentery **ディ**センテアリ
せくしーな **セクシーな** sekushiina	**sinnlich, sexy** **ズィ**ンリヒ，**ゼ**クスィ	sexy **セ**クスィ
せくはら **セクハラ** sekuhara	**sexuelle Belästigung** ゼクス**エ**レ ベ**レ**スティグング	sexual harassment **セ**クシュアル ハ**ラ**スメント
せけん **世間** seken	*die* **Gesellschaft,** *die* **All- gemeinheit** ゼ**ゼ**ルシャフト，**ア**ルゲ**マ**インハイト	society ソ**サ**イエティ
せしゅう **世襲** seshuu	*die* **Vererbung** フェア**エ**ルブング	heredity ヘ**レ**ディティ
ぜせいする **是正する** zeseisuru	**berichtigen** ベ**リ**ヒティゲン	correct コ**レ**クト
せそう **世相** sesou	**gesellschaftliche Ver- hältnisse** *pl.* ゲ**ゼ**ルシャフトリヒェ フェア**ヘ**ルトニッセ	social conditions ソウシャル コン**ディ**ションズ
せだい **世代** sedai	*die* **Generation** ゲネラツィ**オ**ーン	generation チェネ**レ**イション
せつ **説** （意見・見解） setsu	*die* **Meinung,** *die* **Theorie** **マ**イヌング，テオ**リ**ー	opinion オ**ピ**ニオン
（学説）	*die* **Theorie** テオ**リ**ー	theory ス**ィ**オリ

日	独	英
ぜつえんする **絶縁する** zetsuensuru	**die Beziehung ab|brechen** ディー ベツィーウング アップブレッヒェン	break off relations ブレイク オフ リレイションズ
（電気を）	**isolieren** イゾリーレン	insulate インシュレイト
せっかい **石灰** sekkai	*der* **Kalk** カルク	lime ライム
せっかく **折角** sekkaku	**trotz aller Bemühungen** トロッツ アラー ベミューウンゲン	in spite of all one's trouble イン スパイト オヴ オール トラブル
せっかちな **せっかちな** sekkachina	**ungeduldig** ウンゲドゥルディヒ	hasty, impetuous ヘイスティ, インペチュアス
せっきょうする **説教する** sekkyousuru	**predigen** プレーディゲン	preach プリーチ
せっきょくせい **積極性** sekkyokusei	*die* **Positivität**, *die* **Unternehmenslust** ポズィティヴィテート, ウンターネーメンスルスト	positiveness, proactiveness パズィティヴネス, プロアクティヴネス
せっきょくてきな **積極的な** sekkyokutekina	**aktiv, positiv** アクティーフ, ポーズィティーフ	positive, active パズィティヴ, アクティヴ
せっきん **接近** sekkin	*die* **Annäherung** アンネーエルング	approach アプロウチ
～する	*sich*⁴ **nähern** ‥ ネーアーン	approach, draw near アプロウチ, ドロー ニア
せっくす **セックス** sekkusu	*der* **Sex** ゼクス	sex セクス
せっけい **設計** sekkei	*der* **Plan**, *der* **Entwurf** プラーン, エントヴルフ	plan, design プラン, ディザイン
～図	*der* **Entwurf** エントヴルフ	plan, blueprint プラン, ブループリント
～する	**planen, entwerfen** プラーネン, エントヴェルフェン	plan, design プラン, ディザイン

日	独	英
せっけっきゅう **赤血球** sekkekkyuu	**rotes Blutkörperchen,** *die* **Erythrozyten** *pl.* ローテス ブルートケルパーヒェン, エリュトロ ツューテン	red blood cell レド ブラド **セ**ル
せっけん **石鹸** sekken	*die* **Seife** ザイフェ	soap ソウプ
せっこう **石膏** sekkou	*der* **Gips** ギプス	gypsum, plaster **チ**プサム, プ**ラ**スタ
ぜっこうする **絶交する** zekkousuru	**die Verbindung ab|bre-** **chen** ディー フェア**ビ**ンドゥング **ア**ップブレッヒェン	cut contact with カト **カ**ンタクト ウィズ
ぜっこうの **絶好の** zekkouno	**allerbest** ア**ラ**ーベスト	best, ideal ベスト, アイ**ディ**ーアル
ぜっさんする **絶賛する** zessansuru	**rühmen** リューメン	extol イクス**ト**ウル
せっしゅする **摂取する** sesshusuru	**ein|nehmen** **ア**インネーメン	take in テイク **イ**ン
せっしょう **折衝** sesshou	*die* **Verhandlung** フェア**ハ**ンドルング	negotiation ニゴウシ**エ**イション
～する	*mit j³ über et⁴* **verhandeln** ミット … ユーバー … フェア**ハ**ンデルン	negotiate ニ**ゴ**ウシエイト
せっしょく **接触** sesshoku	*der* **Kontakt** コン**タ**クト	contact, touch **カ**ンタクト, **タ**チ
～する	**berühren, in Kontakt tre-** **ten** ベリューレン, イン コン**タ**クト トレーテン	touch, make con- tact with **タ**チ, メイク **カ**ンタクト ウィズ
せつじょく **雪辱** setsujoku	*die* **Ehrenrettung** エーレンレット**ゥ**ング	revenge リ**ヴェ**ンヂ
ぜっしょく **絶食** zesshoku	*das* **Fasten** **ファ**ステン	fasting, fast **ファ**スティング, **ファ**スト
せっする **接する** sessuru	**berühren, in Kontakt tre-** **ten** ベリューレン, イン コン**タ**クト トレーテン	touch, come into contact with **タ**チ, **カ**ム イントゥ **カ**ンタクト ウィズ

日	独	英
（隣接する）	*an et* **grenzen** アン‥グレンツェン	adjoin ア**ヂョ**イン
せっせい **節制** sessei	*die* **Mäßigkeit,** *das* **Maß-halten** メースィヒカイト，マースハルテン	temperance **テ**ンペランス
～する	*sich* **in** *et* **mäßigen** ‥イン‥メースィゲン	(be) moderate in (ビ) **マ**ダレト イン
せっせん **接戦** sessen	*der* **Nahkampf** **ナ**ーカンプフ	close game ク**ロ**ウス **ゲ**イム
せつぞく **接続** setsuzoku	*der* **Anschluss** **ア**ンシュルス	connection コ**ネ**クション
～詞	*die* **Konjunktion** コンユンクツィ**オ**ーン	conjunction コン**ヂャ**ンクション
～する	**an|schließen** **ア**ンシュリーセン	join, connect with **ヂョ**イン，カ**ネ**クト ウィズ
せったい **接待** settai	*die* **Bewirtung,** *der* **Emp-fang** ベ**ヴィ**ルトゥング，エンプ**ファ**ング	reception, wel-come リ**セ**プション，**ウェ**ルカム
～する	**bewirten, empfangen** ベ**ヴィ**ルテン，エンプ**ファ**ンゲン	entertain, host エンタ**テ**イン，**ホ**ウスト
ぜつだいな **絶大な** zetsudaina	**grenzenlos, unermess-lich** グ**レ**ンツェンロース，ウンエア**メ**スリヒ	immeasurable イ**メ**ジャラブル
ぜったいの **絶対の** zettaino	**absolut** アプソ**ルー**ト	absolute **ア**プソリュート
せつだんする **切断する** setsudansuru	**ab|schneiden** **ア**ップシュナイデン	cut off **カ**ト **オ**ーフ
せっちゃくざい **接着剤** secchakuzai	*der* **Klebstoff** ク**レ**ープシュトフ	adhesive アド**ヒ**ースィヴ
せっちゅうあん **折衷案** secchuuan	*der* **Kompromiss** **コ**ンプロミス	compromise **カ**ンプロマイズ

日	独	英
ぜっちょう **絶頂** zecchou	*der* **Höhepunkt** ヘーエプンクト	summit, height サミト, ハイト
せってい **設定** settei	*die* **Einrichtung** アインリヒトゥング	setting up セティング アプ
～する	**konfigurieren, ein|rich- ten** コンフィグリーレン, アインリヒテン	establish, set up イスタブリシュ, セト アプ
せってん **接点** setten	*der* **Berührungspunkt** ベリュールングスプンクト	point of contact ポイント オヴ カンタクト
せっと **セット** setto	*der* **Satz,** *das* **Set** ザッツ, ゼット	set セト
せつど **節度** setsudo	*das* **Maß,** *die* **Mäßigkeit** マース, メースィヒカイト	moderation モダレイション
せっとくする **説得する** settokusuru	**überreden** ユーバーレーデン	persuade パスウェイド
せっぱく **切迫** seppaku	*die* **Dringlichkeit** ドリングリヒカイト	urgency アーヂェンスィ
せつび **設備** setsubi	*die* **Einrichtung** アインリヒトゥング	equipment イクウィプメント
～投資	*die* **Anlageinvestition** アンラーゲインヴェスティツィオーン	plant and equip- ment investment プラント アンド イクウィプメン ト インヴェストメント
ぜつぼう **絶望** zetsubou	*die* **Verzweiflung** フェアツヴァイフルング	despair ディスペア
～する	*an et³/j³* **verzweifeln** アン .. フェアツヴァイフェルン	despair of ディスペア オヴ
～的な	**hoffnungslos** ホフヌングスロース	desperate デスパレト
せつめい **説明** setsumei	*die* **Erklärung** エアクレールング	explanation エクスプラネイション

日	独	英
～書	*die* **Gebrauchsanweisung** ゲブラオホスアンヴァイズング	explanatory note, instructions イクスプラナトーリ ノウト, インストラクションズ
～する	**erklären** エアクレーレン	explain イクスプレイン
ぜつめつ **絶滅** zetsumetsu	*das* **Aussterben** アオスシュテルベン	extinction イクスティンクション
～する	**aus|sterben** アオスシュテルベン	(become) extinct (ビカム) イクスティンクト
せつやく **節約** setsuyaku	*die* **Sparsamkeit,** *die* **Einsparung** シュパールザームカイト, アインシュパールング	economy, saving イカノミ, セイヴィング
～する	**sparen** シュパーレン	economize in, save イカノマイズ イン, セイヴ
せつりつする **設立する** setsuritsusuru	**gründen** グリュンデン	establish, found イスタブリシュ, ファウンド
せなか **背中** senaka	*der* **Rücken** リュッケン	back バク
せねがる **セネガル** senegaru	(*der*) **Senegal** ゼーネガル	Senegal セニゴール
せのびする **背伸びする** senobisuru	*sich*⁴ **strecken** ‥ シュトレッケン	stand on tiptoe スタンド オン ティプトウ
せぴあいろ **セピア色** sepiairo	*die* **Sepia** ゼーピア	sepia スィーピア
ぜひとも **是非とも** zehitomo	**unbedingt** ウンベディングト	by all means バイ オール ミーンズ
せびる **せびる** sebiru	**schnorren** シュノレン	scrounge, mooch スクラウンヂ, ムーチ
せぼね **背骨** sebone	*das* **Rückgrat** リュックグラート	backbone バクボウン

せ

日	独	英
せまい **狭い** semai	**eng** エング	narrow, small ナロウ, スモール
せまる **迫る**　　（強いる） semaru	**zwingen** ツヴィンゲン	press, urge プレス, アーヂ
（近づく） 	*sich⁴* **nähern** ‥ ネーアーン	approach アプロウチ
（切迫する） 	**drängen** ドレンゲン	(be) on the verge of (ビ) オン ザ **ヴァー**ヂ オヴ
せめる **攻める** semeru	**an|greifen** アングライフェン	attack, assault ア**タ**ク, ア**ソー**ルト
せめる **責める** semeru	**tadeln, vor|werfen** **タ**ーデルン, **フォー**アヴェルフェン	blame, reproach ブレイム, リプ**ロ**ウチ
せめんと **セメント** semento	*der* **Zement** ツェメント	cement セメント
ぜらちん **ゼラチン** zerachin	*die* **Gelatine** ジェラ**ティ**ーネ	gelatin **ヂェ**ラティン
せらぴすと **セラピスト** serapisuto	*der* (*die*) **Therapeut(*in*)** テラ**ポ**イト(·ティン)	therapist **セ**ラピスト
せらみっく **セラミック** seramikku	*die* **Keramik** ケ**ラ**ーミク	ceramics セ**ラ**ミクス
ぜりー **ゼリー** zerii	*das* **Gelee** ジェ**レ**ー	jelly **ヂェ**リ
せりふ **せりふ** serifu	*der* **Text** テクスト	speech, dialogue スピーチ, **ダ**イアローグ
せるふさーびす **セルフサービス** serufusaabisu	*die* **Selbstbedienung** **ゼ**ルプストベディーヌング	self-service セルフ**サー**ヴィス
ぜろ **ゼロ**　　　（0） zero	*die* **Null** ヌル	zero **ズィ**アロウ

日	独	英
せろり **セロリ** serori	*der* **Sellerie** ゼレリ	celery セラリ
せろん **世論** seron	**öffentliche Meinung** エッフェントリヒェ マイヌング	public opinion パブリク オピニョン
せわ **世話** sewa	*die* **Pflege** プフレーゲ	care, aid ケア，エイド
～する	**pflegen** プフレーゲン	take care テイク ケア
せん **千** sen	**tausend** タオゼント	(a) thousand (ア) サウザンド
せん **栓** sen	*der* **Pfropfen** プフロプフェン	stopper, plug スタパ，プラグ
せん **線** sen	*die* **Linie** リーニエ	line ライン
ぜん **善** zen	*das* **Gute,** *die* **Güte** グーテ，ギューテ	good, goodness グド，グドネス
ぜんあく **善悪** zen-aku	**Gut und Böse** グート ウント ベーゼ	good and evil グド アンド イーヴル
せんい **繊維** sen-i	*die* **Faser** ファーザー	fiber ファイバ
ぜんい **善意** zen-i	**guter Wille, gute Absicht** グーター ヴィレ，グーテ アップズィヒト	goodwill グドウィル
ぜんいん **全員** zen-in	**alle, alle Beteiligten** *pl.* アレ，アレ ベタイリヒテン	all members オール メンバズ
ぜんえい **前衛** zen-ei	*die* **Avantgarde** アヴァーンガルデ	vanguard, advance guard ヴァンガード，アドヴァンス ガード
ぜんかい **前回** zenkai	**letztes Mal** レッツテス マール	last time ラスト タイム

日	独	英
せんかん **戦艦** senkan	*das* **Schlachtschiff** シュラハトシフ	battleship バトルシプ
ぜんき **前期** zenki	**erste Hälfte** エーアステ ヘルフテ	first term ファースト ターム
せんきょ **選挙** senkyo	*die* **Wahl** ヴァール	election イレクション
〜する	**wählen** ヴェーレン	elect イレクト
せんきょうし **宣教師** senkyoushi	*der*(*die*) **Missionar**(*in*) ミスィオナール(-リン)	missionary ミショネリ
せんくしゃ **先駆者** senkusha	*der*(*die*) **Pionier**(*in*) ピオニーア(-リン)	pioneer パイオニア
せんげつ **先月** sengetsu	**letzten Monat** レッツテン モーナト	last month ラスト マンス
せんげん **宣言** sengen	*die* **Erklärung** エアクレールング	declaration デクラレイション
〜する	**deklarieren, kund|geben** デクラリーレン, クントゲーベン	declare, proclaim ディクレア, プロクレイム
せんご **戦後** sengo	*die* **Nachkriegszeit** ナーハクリークスツァイト	after the war アフタ ザ ウォー
ぜんご **前後** （位置の） zengo	**vorne und hinten** フォルネ ウント ヒンテン	front and rear フラント アンド リア
（時間の）	**vorher und nachher** フォーアヘーア ウント ナーハヘーア	before and after ビフォー アンド アフタ
（およそ）	**etwa, ungefähr** エトヴァ, ウンゲフェーア	about, or so アバウト, オー ソウ
（順序）	*die* **Reihenfolge** ライエンフォルゲ	order, sequence オーダ, スィークウェンス
せんこう **専攻** senkou	*das* **Hauptfach** ハオプトファッハ	speciality スペシアリティ

日	独	英
～する	als Hauptfach studieren アルス ハオプトファッハ シュトゥディーレン	major in メイヂャ イン
ぜんこく **全国** zenkoku	ganzes Land ガンツェス ラント	whole country ホウル カントリ
～的な	landesweit ランデスヴァイト	national ナショナル
せんこくする **宣告する** senkokusuru	verurteilen フェアウルタイレン	sentence センテンス
せんさー **センサー** sensaa	*der* **Sensor** ゼンゾア	sensor センサ
せんさい **戦災** sensai	*der* **Kriegsschaden** クリークスシャーデン	war damage ウォー ダミヂ
せんざい **洗剤** senzai	*das* **Waschmittel** ヴァッシュミッテル	detergent, cleanser ディターヂェント, クレンザ
ぜんさい **前菜** zensai	*die* **Vorspeise** フォーアシュパイゼ	hors d'oeuvre オーダーヴル
せんさいな **繊細な** sensaina	zart, fein ツァールト, ファイン	delicate デリケト
せんし **先史** senshi	*die* **Vorgeschichte** フォーアゲシヒテ	prehistory プリヒストリ
せんし **戦死** senshi	*der* **Tod auf dem Schlachtfeld** トート アオフ デム シュラハトフェルト	death in battle デス イン バトル
せんじつ **先日** senjitsu	kürzlich, neulich キュルツリヒ, ノイリヒ	(the) other day (ズィ) アザ デイ
ぜんじつ **前日** zenjitsu	am Tag vorher, am Vortag アム ターク フォーアヘーア, アム フォーアターク	(the) day before (ザ) デイ ビフォー
せんしゃ **戦車** sensha	*der* **Panzer** パンツァー	tank タンク

日	独	英
ぜんしゃ **前者** zensha	*jener(-e/-es)* イェーナー(-ネ/-ネス)	former フォーマ
せんしゅ **選手** senshu	*der*(*die*) **Sportler**(*in*), *der* (*die*) **Spieler**(*in*) シュポルトラー(-レリン), シュピーラー(-レリン)	athlete, player アスリート, プレイア
～権	*die* **Meisterschaft** マイスターシャフト	championship チャンピオンシプ
せんしゅう **先週** senshuu	**letzte Woche** レッツテ ヴォッヘ	last week ラスト ウィーク
せんじゅうみん **先住民** senjuumin	*die* **Eingeborenen** *pl.* アインゲボーレネン	indigenous peoples, aborigines インディチェナス ピープルズ, アボリヂニーズ
せんしゅつ **選出** senshutsu	*die* **Wahl** ヴァール	election イレクション
せんじゅつ **戦術** senjutsu	*die* **Taktik** タクティク	tactics タクティクス
せんしゅつする **選出する** senshutsusuru	**wählen** ヴェーレン	elect イレクト
ぜんじゅつの **前述の** zenjutsuno	**oben erwähnt** オーベン エアヴェーント	above-mentioned アバヴメンションド
せんじょう **戦場** senjou	*das* **Schlachtfeld** シュラハトフェルト	battlefield バトルフィールド
せんしょく **染色** senshoku	*die* **Färbung** フェルブング	dyeing ダイング
～体	*das* **Chromosom** クロモゾーム	chromosome クロウモゾウム
ぜんしん **前進** zenshin	*der* **Fortschritt**, *das* **Vor-rücken** フォルトシュリット, フォーアリュッケン	progress, advance プラグレス, アドヴァンス
ぜんしん **全身** zenshin	**ganzer Körper** ガンツァー ケルパー	whole body ホウル バディ

日	独	英
せんしんこく **先進国** senshinkoku	*die* **Industrieländer** *pl.* インドゥストリーレンダー	developed countries ディヴェロップト カントリズ
ぜんしんする **前進する** zenshinsuru	**vor|rücken, vor|marschieren** フォーアリュッケン, フォーアマルシーレン	advance アドヴァンス
せんす **扇子** sensu	*der* **Fächer** フェッヒャー	folding fan フォウルディング ファン
せんすいかん **潜水艦** sensuikan	*das* **U-Boot** ウーボート	submarine サブマリーン
せんせい **先生** sensei	*der*(*die*) **Lehrer(*in*)** レーラー(-レリン)	teacher, instructor ティーチャ, インストラクタ
せんせい **専制** sensei	*die* **Gewaltherrschaft** ゲヴァルトヘルシャフト	despotism, autocracy デスポティズム, オータクラスィ
ぜんせい **全盛** zensei	*die* **Blütezeit** ブリューテツァイト	height of prosperity ハイト オヴ プラスペリティ
せんせいじゅつ **占星術** senseijutsu	*die* **Astrologie** アストロロギー	astrology アストラロヂィ
せんせいする **宣誓する** senseisuru	**einen Eid ab|legen** アイネン アイト アップレーゲン	take an oath, swear テイク アン オウス, スウェア
せんせーしょなるな **センセーショナルな** senseeshonaruna	**sensationell** ゼンザツィオネル	sensational センセイショナル
せんせん **戦線** sensen	*die* **Front** フロント	front (line) フラント (ライン)
せんぜん **戦前** senzen	*die* **Vorkriegszeit** フォーアクリークスツァイト	prewar プリーウォー
ぜんせん **前線** （気象） zensen	*die* **Wetterfront**, *die* **Front** ヴェッターフロント, フロント	(weather) front (ウェザ) フラント
（軍事）	*die* **Kriegsfront**, *die* **Front** クリークスフロント, フロント	front (line) フラント (ライン)

日	独	英
ぜんぜん **全然** zenzen	**gar nicht, überhaupt nicht** ガール ニヒト，ユーバーハオプト ニヒト	not at all ナト アト オール
せんせんしゅう **先々週** sensenshuu	**vorletzte Woche** フォーアレッツテ ヴォッヘ	week before last ウィーク ビフォ ラスト
せんぞ **先祖** senzo	*der*(*die*) **Vorfahr(*in*)** フォーアファール(-リン)	ancestor アンセスタ
せんそう **戦争** sensou	*der* **Krieg** クリーク	war, warfare ウォー，ウォーフェア
ぜんそうきょく **前奏曲** zensoukyoku	*die* **Ouvertüre,** *das* **Vorspiel** ウヴェルテューレ，フォーアシュピール	overture, prelude オウヴァチャ，プレリュード
ぜんそく **喘息** zensoku	*das* **Asthma** アストマ	asthma アズマ
ぜんたい **全体** zentai	*das* **Ganze** ガンツェ	whole, entirety ホウル，インタイアティ
せんたく **洗濯** sentaku	*das* **Waschen,** *die* **Wäsche** ヴァッシェン，ヴェッシェ	wash, laundry ワシュ，ローンドリ
～機	*die* **Waschmaschine** ヴァッシュマシーネ	washing machine ワシング マシーン
～する	**waschen** ヴァッシェン	wash ワシュ
せんたく **選択** sentaku	*die* **Auswahl,** *die* **Wahl** アオスヴァール，ヴァール	selection, choice セレクション，チョイス
せんたん **先端** sentan	*die* **Spitze** シュピッツェ	point, tip ポイント，ティプ
せんちめーとる **センチメートル** senchimeetoru	*der* **Zentimeter** ツェンティメーター	centimeter, Ⓑcentimetre センティミータ，センティミータ
せんちめんたるな **センチメンタルな** senchimentaruna	**sentimental** ゼンティメンタール	sentimental センティメンタル

日	独	英
せんちょう **船長** senchou	*der*(*die*) **Kapitän**(*in*) カピテーン(-ニン)	captain **キャ**プテン
ぜんちょう **前兆** zenchou	*das* **Vorzeichen,** *das* **Omen** フォーアツァイヒェン, **オー**メン	omen, sign, symptom **オ**ウメン, **サ**イン, **ス**ィンプトム
ぜんてい **前提** zentei	*die* **Voraussetzung** フォ**ラ**オスゼッツング	premise プ**レ**ミス
せんでんする **宣伝する** sendensuru	*für et⁴* **werben** フューア‥**ヴェ**ルベン	advertise **ア**ドヴァタイズ
ぜんと **前途** zento	*die* **Zukunft** **ツ**ークンフト	future, prospects **フュ**ーチャ, プ**ラ**スペクツ
せんとう **先頭** sentou	*die* **Spitze,** *der* **Kopf** シュ**ピ**ッツェ, **コ**プフ	head, top ヘド, **タ**プ
せんとうき **戦闘機** sentouki	*das* **Jagdflugzeug,** *der* **Kampfjet** **ヤー**クトフルークツオイク, **カ**ンプフジェット	fighter **ファ**イタ
せんどうする **扇動する** sendousuru	**agitieren** アギ**ティ**ーレン	stir up, agitate ス**ター** ア**プ**, **ア**ヂテイト
せんにゅうかん **先入観** sennyuukan	*das* **Vorurteil** フォーア**ウ**ルタイル	preconception プリーコン**セ**プション
ぜんにん **善人** zennin	**guter Mensch** グーター **メ**ンシュ	good man グド **マ**ン
ぜんにんしゃ **前任者** zenninsha	*der*(*die*) **Vorgänger**(*in*) フォーア**ゲ**ンガー(-ゲリン)	predecessor プレデ**セ**サ
せんぬき **栓抜き** sennuki	*der* **Korkenzieher,** *der* **Flaschenöffner** コルケン**ツィ**ーアー, フ**ラ**ッシェンエフナー	corkscrew, bottle opener **コー**クスクルー, **バ**トル **オ**ウプナ
ぜんねん **前年** zennen	**voriges Jahr** **フォー**リゲス **ヤ**ール	previous year プ**リー**ヴィアス **イ**ア
せんねんする **専念する** sennensuru	*sich⁴ auf et⁴* **konzentrieren** ‥アオフ‥ コンツェント**リ**ーレン	devote oneself to ディ**ヴォ**ウト トゥ

日	独	英
せんのうする **洗脳する** sennousuru	**Gehirnwäsche vor|neh-men** ゲヒルンヴェッシェ フォーアネーメン	brainwash ブレインウォーシュ
せんばい **専売** senbai	*das* **Monopol** モノポール	monopoly モナポリ
せんぱい **先輩** senpai	*der/die* **Ältere** エルテレ	senior, elder スィーニア, エルダ
ぜんはん **前半** zenhan	**erste Hälfte** エーアステ ヘルフテ	first half ファースト ハフ
ぜんぱんの **全般の** zenpanno	**allgemein, ganz** アルゲマイン, ガンツ	general ヂェネラル
ぜんぶ **全部** zenbu	*das* **Ganze, alles** ガンツェ, アレス	all, (the) whole オール, (ザ) ホウル
せんぷうき **扇風機** senpuuki	*der* **Ventilator** ヴェンティラートア	electric fan イレクトリク ファン
せんぷくする **潜伏する** senpukusuru	*sich*[4] **verbergen** .. フェアベルゲン	lie hidden ライ ヒドン
ぜんぶん **全文** zenbun	**ganzer Text** ガンツァー テクスト	whole sentence ホウル センテンス
せんぽう **先方** senpou	*die* **Gegenseite** ゲーゲンザイテ	(the) other party (ズィ) アザ パーティ
ぜんぽうの **前方の** zenpouno	**vorne, vorder** フォルネ, フォルダー	before, in front of ビフォー, イン フラント オヴ
せんめいな **鮮明な** senmeina	**klar** クラール	clear クリア
ぜんめつする **全滅する** zenmetsusuru	**vollständig unter|gehen, vollständig vernichtet werden** フォルシュテンディヒ ウンターゲーエン, フォルシュテンディヒ フェアニヒテット ヴェーアデン	(be) annihilated (ビ) アナイアレイテド

日	独	英
せんめんじょ **洗面所** senmenjo	*die* **Toilette,** *der* **Waschraum** トアレッテ, ヴァッシュラオム	washroom, bathroom, Ⓑlavatory, toilet ワシュルーム, バスルーム, ラヴァトーリ, トイレト
せんめんだい **洗面台** senmendai	*das* **Waschbecken** ヴァッシュベッケン	washbasin, Ⓑsink ワシュベイスン, スィンク
せんもん **専門** senmon	*das* **Fach,** *das* **Fachgebiet** ファッハ, ファッハゲビート	specialty スペシャルティ
～家	*der*(*die*) **Experte(-*in*)** エクスペルテ(-ティン)	specialist スペシャリスト
～学校	*die* **Fachschule** ファッハシューレ	vocational school, Ⓑtechnical college ヴォケイショナル スクール, テクニカル カレヂ
～的な	**fachlich** ファッハリヒ	professional, special プロフェショナル, スペシャル
ぜんや **前夜** zen-ya	*der* **Vorabend** フォーアアーベント	(the) previous night (ザ) プリーヴィアス ナイト
せんやく **先約** sen-yaku	**eine andere Verabredung** アイネ アンデレ フェアアップレードゥング	previous engagement プリーヴィアス インゲイヂメント
せんゆう **占有** sen-yuu	*der* **Besitz** ベズィッツ	possession, occupancy ポゼション, アキュパンスィ
～する	**besitzen** ベズィッツェン	possess, occupy ポゼス, アキュパイ
せんようの **専用の** sen-youno	**exklusiv** エクスクルズィーフ	exclusive イクスクルースィヴ
ぜんりつせん **前立腺** zenritsusen	*die* **Prostata** プロスタタ	prostate プラステイト
せんりゃく **戦略** senryaku	*die* **Strategie** シュトラテギー	strategy ストラテヂ

日	独	英
せんりょう **占領** senryou	*die* **Besetzung** ベゼッツング	occupation アキュペイション
～する	**besetzen** ベゼッツェン	occupy, capture **ア**キュパイ, **キャ**プチャ
ぜんりょうな **善良な** zenryouna	**gutmütig** グートミューティヒ	good, virtuous **グ**ド, **ヴァー**チュアス
ぜんりょく **全力** zenryoku	**ganze Kraft** ガンツェ クラフト	all one's strength **オー**ル スト**レ**ングス
せんれい **洗礼** senrei	*die* **Taufe** タオフェ	baptism バ**プ**ティズム
ぜんれい **前例** zenrei	*der* **Präzedenzfall** プレツェデンツファル	precedent プレ**スィ**デント
せんれんされた **洗練された** senrensareta	**raffiniert** ラフィ**ニー**アト	refined リ**ファ**インド
せんれんする **洗練する** senrensuru	**verfeinern, raffinieren** フェア**ファ**イナーン, ラフィ**ニー**レン	refine リ**ファ**イン
せんろ **線路** senro	*das* **Gleis,** *die* **Bahnlinie** グ**ラ**イス, **バー**ンリーニエ	railroad line, Ⓑrailway line **レ**イルロウド **ラ**イン, **レ**イル ウェイ **ラ**イン

そ, ソ

日	独	英
そあくな **粗悪な** soakuna	**minderwertig** ミンダー**ヴェー**アティヒ	crude, poor ク**ルー**ド, **プ**ア
そう **添う** sou	**folgen, begleiten** **フォ**ルゲン, ベグ**ラ**イテン	accompany ア**カ**ンパニ
ぞう **象** zou	*der* **Elefant** エレ**ファ**ント	elephant **エ**レファント
ぞう **像** zou	*die* **Statue,** *das* **Abbild** シュタ**トゥー**エ, **ア**ップビルト	image, figure, stat- ue **イ**ミヂ, **フィ**ギャ, ス**タ**チュー

日	独	英
そうい **相違** soui	*der* **Unterschied** ウンターシート	difference, varia-tion ディファレンス, ヴェアリエイション
ぞうお **憎悪** zouo	*der* **Hass** ハス	hatred ヘイトレド
そうおん **騒音** souon	*der* **Lärm,** *das* **Geräusch** レルム, ゲロイシュ	noise ノイズ
ぞうか **増加** zouka	*die* **Zunahme** ツーナーメ	increase インクリース
～する	**zu|nehmen** ツーネーメン	increase, augment インクリース, オーグメント
そうかい **総会** soukai	*die* **Generalversammlung** ゲネラールフェアザムルング	general meeting ヂェネラル ミーティング
そうがく **総額** sougaku	*die* **Summe** ズメ	total (amount) トウタル (アマウント)
そうがんきょう **双眼鏡** sougankyou	*das* **Fernglas** フェルングラース	binoculars バイナキュラズ
そうぎ **葬儀** sougi	*die* **Beerdigung** ベエーアディグング	funeral フューネラル
そうきん **送金** soukin	*die* **Überweisung** ユーバーヴァイズング	remittance リミタンス
～する	**überweisen** ユーバーヴァイゼン	send money センド マニ
ぞうきん **雑巾** zoukin	*der* **Putzlappen,** *das* **Wischtuch** プッツラッペン, ヴィッシュトゥーフ	dustcloth, Ⓑduster ダストクロース, ダスタ
ぞうげ **象牙** zouge	*das* **Elfenbein** エルフェンバイン	ivory アイヴォリ
そうけい **総計** soukei	*die* **Summe** ズメ	total amount トウタル アマウント

日	独	英
そうげん **草原** sougen	*die* **Wiese** ヴィーゼ	plain, prairie プレイン，プレアリ
そうこ **倉庫** souko	*das* **Lager** ラーガー	warehouse ウェアハウス
そうこうきょり **走行距離** soukoukyori	*die* **Fahrstrecke** ファールシュトレッケ	mileage マイリヂ
そうごうする **総合する** sougousuru	**zusammen|fassen, vereinheitlichen** ツザンメンファッセン，フェアアインハイトリヒェン	synthesize スィンセサイズ
そうごうてきな **総合的な** sougoutekina	**zusammenfassend, synthetisch** ツザメンファッセント，ズンテーティシュ	synthetic, comprehensive スィンセティク，カンプリヘンスィヴ
そうごんな **荘厳な** sougonna	**feierlich** ファイアーリヒ	solemn サレム
そうさ **捜査** sousa	*die* **Ermittlung,** *die* **Fahndung** エアミットルング，ファーンドゥング	investigation, search インヴェスティゲイション，サーチ
～する	**ermitteln, fahnden** エアミッテルン，ファーンデン	investigate インヴェスティゲイト
そうさ **操作** sousa	*die* **Bedienung** ベディーヌング	operation アペレイション
～する	**bedienen** ベディーネン	operate アペレイト
そうさいする **相殺する** sousaisuru	**aus|gleichen** アオスグライヒェン	offset, cancel out オーフセト，キャンセル アウト
そうさく **創作** sousaku	*die* **Schaffung** シャッフング	creation クリエイション
～する	**schaffen** シャッフェン	create, compose クリエイト，コンポウズ
そうさくする **捜索する** sousakusuru	**suchen, durchsuchen** ズーヘン，ドゥルヒズーヘン	search for サーチ フォ

日	独	英
そうじ **掃除** souji	*die* **Reinigung** ライニグング	cleaning クリーニング
～機	*der* **Staubsauger** シュ**タ**オプザオガー	vacuum cleaner **ヴァ**キューム クリーナ
～する	**reinigen, putzen** ライ**ニ**ゲン, **プ**ッツェン	clean, sweep ク**リ**ーン, ス**ウィ**ープ
そうしゃ **走者** sousha	*der* (*die*) **Läufer**(*in*) ロイファー(·フェリン)	runner **ラ**ナ
そうじゅうする **操縦する** （乗り物・装置を） soujuusuru	**lenken, steuern** レンケン, シュ**ト**イアーン	handle, operate **ハ**ンドル, **ア**ペレイト
（飛行機を）	**fliegen** フ**リ**ーゲン	pilot **パ**イロト
（船を）	**steuern** シュ**ト**イアーン	steer ス**ティ**ア
そうじゅくな **早熟な** soujukuna	**frühreif** フ**リュ**ーライフ	precocious プリ**コ**ウシャス
そうしょく **装飾** soushoku	*die* **Dekoration** デコラツィ**オ**ーン	decoration デコ**レ**イション
～する	**dekorieren** デコ**リ**ーレン	adorn, ornament ア**ド**ーン, **オ**ーナメント
そうしん **送信** soushin	*die* **Sendung,** *die* **Über- sendung** **ゼ**ンドゥング, ユーバー**ゼ**ンドゥング	transmission トランス**ミ**ション
～する	**senden** **ゼ**ンデン	transmit トランス**ミ**ト
ぞうぜい **増税** zouzei	*die* **Steuererhöhung** シュ**ト**イアーエアヘーウング	tax increase **タ**クス イン**ク**リース
そうせつする **創設する** sousetsusuru	**gründen** グ**リュ**ンデン	found **ファ**ウンド

日	独	英
ぞうせん **造船** zousen	*der* **Schiffbau** シフバオ	shipbuilding シプビルディング
そうぞう **創造** souzou	*die* **Schöpfung** シェプフング	creation クリエイション
〜する	**schöpfen** シェプフェン	create クリエイト
〜的な	**schöpferisch, originell** シェプフェリシュ, オリギネル	creative, original クリエイティヴ, オリデナル
そうぞう **想像** souzou	*die* **Fantasie,** *die* **Vorstellung** ファンタズィー, フォーアシュテルング	imagination, fancy イマヂネイション, ファンスィ
〜する	*sich*[3] **vor|stellen** ‥ フォーアシュテレン	imagine, fancy イマヂン, ファンスィ
そうぞうしい **騒々しい** souzoushii	**laut** ラオト	imagine, fancy イマヂン, ファンスィ
そうぞく **相続** souzoku	*die* **Erbschaft** エルプシャフト	inheritance, succession インヘリタンス, サクセション
〜する	**erben** エルベン	inherit, succeed インヘリト, サクスィード
〜税	*die* **Erbschaftssteuer** エルプシャフツシュトイアー	inheritance tax インヘリタンス タクス
〜人	*der* (*die*) **Erbe(-*in*)** エルベ(-ビン)	heir, heiress エア, エアレス
そうそふ **曾祖父** sousofu	*der* **Urgroßvater** ウーアグロースファーター	great-grandfather グレイトグランドファーザ
そうそぼ **曾祖母** sousobo	*die* **Urgroßmutter** ウーアグロースムッター	great-grandmother グレイトグランドマザ
そうたいてきな **相対的な** soutaitekina	**relativ** レラティーフ	relative レラティヴ

日	独	英
そうだいな **壮大な** soudaina	**grandios** グランディオース	magnificent, grand マグニフィセント, グランド
そうだん **相談** soudan	*die* **Beratung,** *die* **Bespre-chung** ベラートゥング, ベシュプレッヒュング	consultation カンスルテイション
〜する	**besprechen,** *sich⁴* **bera-ten** ベシュプレッヒェン, .. ベラーテン	consult with コンサルト ウィズ
そうち **装置** souchi	*die* **Vorrichtung** フォーアリヒトゥング	device, equipment ディヴァイス, イクウィプメント
そうちょう **早朝** souchou	**am frühen Morgen** アム フリューエン モルゲン	early in the morn-ing アーリ イン ザ モーニング
そうどう **騒動** soudou	*die* **Unruhen** *pl.* ウンルーエン	disturbance, con-fusion ディスターバンス, コンフュージョン
そうとうする **相当する** soutousuru	**entsprechen** エントシュプレッヒェン	correspond to, (be) fit for コーレスポンド トゥ, (ビ) フィト フォ
そうとうな **相当な** soutouna	**beachtlich** ベアハトリヒ	considerable, fair コンスィダラブル, フェア
そうなん **遭難** sounan	*das* **Unglück** ウングリュック	accident, disaster アクスィデント, ディザスタ
〜者	*der/die* **Verunglückte** フェアウングリュックテ	victim, sufferer ヴィクティム, サファラ
そうにゅうする **挿入する** sounyuusuru	**ein|schieben, ein|fügen** アインシーベン, アインフューゲン	insert インサート
そうば **相場** souba	*der* **Marktpreis** マルクトプライス	market price マーケト プライス
（投機的取引）	*die* **Spekulation** シュペクラツィオーン	speculation スペキュレイション
そうび **装備** soubi	*die* **Ausrüstung** アオスリュストゥング	equipment, outfit イクウィプメント, アウトフィト

日	独	英
〜する	**aus|rüsten** アオスリュステン	equip with イクウィプ ウィズ
そうふする **送付する** soufusuru	**senden** ゼンデン	send センド
そうべつかい **送別会** soubetsukai	*die* **Abschiedsfeier** アップシーツファイアー	farewell party フェアウェル パーティ
そうめいな **聡明な** soumeina	**klug, intelligent** クルーク, インテリゲント	bright, intelligent ブライト, インテリヂェント
ぞうよぜい **贈与税** zouyozei	*die* **Schenkungssteuer** シェンクングスシュトイアー	gift tax ギフト タクス
そうりだいじん **総理大臣** souridaijin	*der* **Premierminister(*in*)** プレミエーミニスター(-テリン)	Prime Minister プライム ミニスタ
そうりつしゃ **創立者** souritsusha	*der*(*die*) **Gründer(*in*)** グリュンダー(-デリン)	founder ファウンダ
そうりつする **創立する** souritsusuru	**gründen** グリュンデン	found, establish ファウンド, イスタブリシュ
そうりょ **僧侶** souryo	**(buddhistischer) Mönch** (ブディスティシャー) メンヒ	monk, priest マンク, プリースト
そうりょう **送料** souryou	*die* **Versandkosten** *pl.* フェアザントコステン	postage, carriage ポウスティヂ, キャリヂ
そうりょうじ **総領事** souryouji	*der*(*die*) **Generalkonsul(*in*)** ゲネラールコンズル(-リン)	consul general カンスル ヂェネラル
ぞうわい **贈賄** zouwai	*die* **Bestechung** ベシュテッヒュング	bribery ブライバリ
そえる **添える** soeru	**hinzu|fügen, bei|legen** ヒンツーフューゲン, バイレーゲン	affix, attach アフィクス, アタチ
そーす **ソース** soosu	*die* **Soße** ゾーセ	sauce ソース

日	独	英
そーせーじ **ソーセージ** sooseeji	*die* **Wurst** ヴルスト	sausage ソスィヂ
そーだ **ソーダ** sooda	*das* **Soda** ゾーダ	soda ソウダ
ぞくご **俗語** zokugo	*die* **Umgangssprache**, *der* **Slang** ウムガングスシュプラーヘ, スラング	slang スラング
そくしする **即死する** sokushisuru	**auf der Stelle tot sein** アオフ デア シュテレ トート ザイン	die instantly ダイ インスタントリ
そくしん **促進** sokushin	*die* **Förderung** フェルデルング	promotion プロモウション
〜する	**fördern** フェルダーン	promote プロモウト
ぞくする **属する** zokusuru	*zu et³/j³* **gehören** ツー .. ゲヘーレン	belong to ビローング トゥ
そくたつ **速達** sokutatsu	*die* **Eilpost** アイルポスト	express mail, spe- cial delivery イクスプレス メイル, スペシャ ル デリヴァリ
そくてい **測定** sokutei	*die* **Messung** メッスング	measurement メジャメント
〜する	**messen** メッセン	measure メジャ
そくど **速度** sokudo	*die* **Geschwindigkeit** ゲシュヴィンディヒカイト	speed, velocity スピード, ヴェラスィティ
〜計	*der* **Tachometer** タホメーター	speedometer スピダメタ
〜制限	*das* **Tempolimit** テンポリミット	speed limit スピード リミト
そくばい **即売** sokubai	*der* **Verkauf auf der Stelle** フェアカオフ アオフ デア シュテレ	spot sale スパト セイル

日	独	英
そくばく **束縛** sokubaku	*die* **Fesselung,** *die* **Bin-dung** フェッセルング，ビンドゥング	restraint, restric-tion リストレイント，リストリクション
〜する	**fesseln, binden** フェッセルン，ビンデン	restrain, restrict リストレイン，リストリクト
そくほう **速報** sokuhou	*die* **Kurzmeldung,** *die* **Sondermeldung** クルツメルドゥング，ゾンダーメルドゥング	newsflash, break-ing news ニューズフラシュ，ブレイキングニューズ
そくめん **側面** sokumen	*die* **Seite** ザイテ	side サイド
そくりょう **測量** sokuryou	*die* **Messung** メッスング	measurement メジャメント
〜する	**vermessen** フェアメッセン	measure, survey メジャ，サーヴェイ
そくりょく **速力** sokuryoku	*die* **Geschwindigkeit** ゲシュヴィンディヒカイト	speed, velocity スピード，ヴェラスィティ
そけっと **ソケット** soketto	*die* **Fassung** ファッスング	socket サケット
そこ **底** （容器などの） soko	*der* **Boden** ボーデン	bottom バトム
（靴の）	*die* **Sohle** ゾーレ	sole ソウル
そこく **祖国** sokoku	*das* **Vaterland** ファーターラント	motherland, fa-therland マザランド，ファーザランド
そこぢから **底力** sokojikara	**verborgene Kraft** フェアボルゲネ クラフト	reserve strength リザーヴ ストレングス
そこなう **損なう** sokonau	**schaden, verletzen** シャーデン，フェアレッツェン	hurt, harm ハート，ハーム
そざい **素材** sozai	*das* **Material** マテリアール	material マティアリアル

日	独	英
そしき **組織** soshiki	*die* **Organisation** オルガニザツィオーン	organization オーガニゼイション
そしする **阻止する** soshisuru	*an et³* **hindern** アン ‥ ヒンダーン	hinder, obstruct ハインダ, オブストラクト
そしつ **素質** soshitsu	*die* **Begabung,** *das* **Talent** ベガーブング, タレント	aptitude, gift アプティテュード, ギフト
そして **そして** soshite	**und, dann** ウント, ダン	and, then アンド, ゼン
そしょう **訴訟** soshou	*der* **Prozess** プロツェス	lawsuit, action ロースート, アクション
そしょく **粗食** soshoku	**schlichte Mahlzeit** シュリヒテ マールツァイト	simple diet スィンプル ダイエト
そせん **祖先** sosen	*der* (*die*) **Vorfahr**(*in*) フォーアファール(-リン)	ancestor アンセスタ
そそぐ **注ぐ** sosogu	**gießen, schütten** ギーセン, シュッテン	pour ポー
そそっかしい **そそっかしい** sosokkashii	**unachtsam** ウンアハトザーム	careless ケアレス
そそのかす **唆す** sosonokasu	*zu et³* **verführen** ツー ‥ フェアフューレン	tempt, seduce テンプト, スィデュース
そだつ **育つ** sodatsu	**auf|wachsen, wachsen, groß werden** アオフヴァクセン, ヴァクセン, グロース ヴェーアデン	grow グロウ
そだてる **育てる** sodateru	**groß|ziehen, erziehen** グロースツィーエン, エアツィーエン	bring up ブリング アプ
(動物を)	**züchten** ツュヒテン	rear, raise リア, レイズ
(植物を)	**kultivieren** クルティヴィーレン	cultivate カルティヴェイト

日	独	英
そち **措置** sochi	*die* **Maßnahme** マースナーメ	measure, step メジャ, ステプ
そちら **そちら** sochira	**dort** ドルト	that way, there ザト ウェイ, ゼア
そっき **速記** sokki	*die* **Stenografie** シュテノグラフィー	shorthand ショートハンド
そっきょう **即興** sokkyou	*die* **Improvisation** インプロヴィザツィオーン	improvisation インプロヴィゼイション
そつぎょう **卒業** sotsugyou	*das* **Absolvieren,** *der* **Schulabgang** アプゾルヴィーレン, シュールアプガング	graduation グラデュエイション
〜する	**absolvieren** アプゾルヴィーレン	graduate from グラデュエイト フラム
〜生	*der* (*die*) **Absolvent(*in*)** アプゾルヴェント(-ティン)	graduate グラデュエト
そっくす **ソックス** sokkusu	*die* **Socke** ゾッケ	socks サクス
そっくり **そっくり** sokkuri	**genau wie** ゲナオ ヴィー	just like ヂャスト ライク
(全部)	**vollständig, völlig** フォルシュテンディヒ, フェリヒ	all, entirely オール, インタイアリ
そっけない **そっけない** sokkenai	**kalt, schroff** カルト, シュロフ	blunt, curt ブラント, カート
そっちょくな **率直な** socchokuna	**offen** オッフェン	frank, outspoken フランク, アウトスポウクン
そっと **そっと** sotto	**leise** ライゼ	quietly, softly クワイエトリ, ソーフトリ
ぞっとする **ぞっとする** zottosuru	**schaudern** シャオダーン	shudder, shiver シャダ, シヴァ

日	独	英
そつろん **卒論** sotsuron	*die* **Diplomarbeit,** *die* **Ab-schlussarbeit** ディプロームアルバイト, **ア**ップシュルスアルバイト	graduation thesis グラデュ**エ**イション ス**ィ**ースィス
そで **袖** sode	*der* **Ärmel** **エ**ルメル	sleeve スリーヴ
そと **外** soto	**draußen, außen, außer-halb** ド**ラ**オセン, **ア**オセン, **ア**オサーハルプ	outside アウト**サ**イド
そとの **外の** sotono	**draußen, außerhalb** ド**ラ**オセン, **ア**オサーハルプ	outdoor, external **ア**ウトドー, エクス**ター**ナル
そなえる **備える** （準備を整える） sonaeru	*sich⁴ für et⁴* **vor|bereiten** .. フーア .. **フォ**ーアベライテン	prepare oneself for プリ**ペ**ア フォ
（用意する）	**vor|sorgen** **フォ**ーアゾルゲン	provide, equip プロ**ヴァ**イド, イク**ウィ**プ
そなた **ソナタ** sonata	*die* **Sonate** ゾ**ナ**ーテ	sonata ソ**ナ**ータ
その **その** sono	**der/die/das, dies*er*(*-e/-es*)** **デ**ア / **デ**ィー / **ダ**ス, **デ**ィーザー(-ゼ/-ゼス)	that **ザ**ト
そのうえ **その上** sonoue	**außerdem** **ア**オサーデーム	besides ビ**サ**イヅ
そのうち **その内** sonouchi	**bald** バルト	soon **ス**ーン
そのかわり **その代わり** sonokawari	**stattdessen** シュ**タ**ットデッセン	instead インス**テ**ド
そのご **その後** sonogo	**danach** ダ**ナ**ーハ	after that アフタ **ザ**ト
そのころ **その頃** sonokoro	**damals** **ダ**ーマルス	about that time ア**バ**ウト **ザ**ト **タ**イム
そのた **その他** sonota	**und so weiter** **ウ**ント **ゾ**ー **ヴァ**イター	et cetera, and so on イト **セ**テラ, アンド **ソ**ウ **オ**ン

日	独	英
そのとき **その時** sonotoki	**damals** ダーマルス	then, at that time ゼン, アト ザト タイム
そば **そば** (近く) soba	*die* **Seite** ザイテ	side サイド
そばに **そばに** sobani	**neben** ネーベン	by, beside バイ, ビサイド
そびえる **そびえる** sobieru	**auf|ragen, hervor|ragen** アオフラーゲン, ヘアフォーアラーゲン	tower, rise タウア, ライズ
そふ **祖父** sofu	*der* **Großvater** グロースファーター	grandfather グランドファーザ
そふぁー **ソファー** sofaa	*das* **Sofa** ゾーファ	sofa ソウファ
そふとうぇあ **ソフトウェア** sofutowea	*die* **Software** ゾフトウェア	software ソーフトウェア
そぷらの **ソプラノ** sopurano	*der* **Sopran** ゾプラーン	soprano ソプラーノウ
そぶり **素振り** soburi	*das* **Benehmen** ベネーメン	behavior, attitude ビヘイヴァ, アティテュード
そぼ **祖母** sobo	*die* **Großmutter** グロースムッター	grandmother グランドマザ
そぼくな **素朴な** sobokuna	**einfach, schlicht** アインファッハ, シュリヒト	simple, artless スインプル, アートレス
そまつな **粗末な** somatsuna	**schlicht, rau** シュリヒト, ラオ	coarse, humble コース, ハンブル
そむく **背く** somuku	**nicht gehorchen,** *sich⁴* **widersetzen** ニヒト ゲホルヒェン, ‥ ヴィーダーゼッツェン	disobey, betray ディスオベイ, ビトレイ
そむける **背ける** somukeru	**ab|wenden** アップヴェンデン	avert, turn away アヴァート, ターン アウェイ

日	独	英
そむりえ **ソムリエ** somurie	*der* **Sommelier,** *die* **Som-melière** ソムリエー，ソムリエーレ	sommelier サムリエイ
そめる **染める** someru	**färben** フェルベン	dye, color, Ⓑcolour ダイ，カラ，カラ
そよかぜ **そよ風** soyokaze	*die* **Brise,** *der* **Lufthauch** ブリーゼ，ルフトハオホ	breeze ブリーズ
そら **空** sora	*der* **Himmel** ヒメル	sky スカイ
そり **そり** sori	*der* **Schlitten** シュリッテン	sled, sledge スレド，スレヂ
そる **剃る** soru	**rasieren** ラズィーレン	shave シェイヴ
それ **それ** sore	**er/sie/es, das** エア／ズィー／エス，ダス	it, that イト，ザト
それから **それから** sorekara	**danach, seitdem** ダナーハ，ザイトデーム	and, since then アンド，スィンス ゼン
それぞれ **それぞれ** sorezore	**einzeln** アインツェルン	respectively リスペクティヴリ
それぞれの **それぞれの** sorezoreno	**jeder(-e/-es)** イェーダー(-デ/-デス)	respective, each リスペクティヴ，イーチ
それまで **それまで** soremade	**bis dahin** ビス ダーヒン	till then ティル ゼン
それる **それる** soreru	**ab|schweifen, ab|wei-chen** アップシュヴァイフェン，アップヴァイヒェン	deviate, veer off ディーヴィエイト，ヴィア オフ
そろう **揃う** （等しくなる） sorou	**gleich sein** グライヒ ザイン	(be) even (ビ) イーヴン
（集まる）	*sich*⁴ **sammeln** ‥ザメルン	gather ギャザ

日	独	英
（整う）	**angeordnet werden** アンゲオルドネット ヴェーアデン	(become) complete (ビカム) コンプリート
そろえる **揃える**（等しくする） soroeru	**aus|gleichen** アオスグライヒェン	make even メイク **イ**ーヴン
（まとめる）	**zusammen|stellen, ver-vollständigen** ツザメンシュテレン, フェア**フォ**ルシュテンディゲン	complete, collect コンプリート, コレクト
（整える）	**ordnen** **オ**ルドネン	arrange ア**レ**インジ
そろばん **算盤** soroban	_der_ **Abakus,** _das_ **Rechen-brett** **ア**ーバクス, **レ**ッヒェンブレット	abacus **ア**バカス
そわそわする **そわそわする** sowasowasuru	**unruhig sein, nervös sein** **ウ**ンルーイヒ ザイン, ネル**ヴェ**ース ザイン	(be) nervous (ビ) **ナ**ーヴァス
そん **損** son	_der_ **Verlust,** _die_ **Einbuße** フェア**ル**スト, **ア**インブーセ	loss, disadvantage **ロ**ース, ディサド**ヴァ**ンティヂ
～をする	**einen Verlust erleiden, verlieren** **ア**イネン フェア**ル**スト エア**ラ**イデン, フェア**リ**ーレン	lose, suffer a loss **ル**ーズ, **サ**ファ ア **ロ**ース
そんがい **損害** songai	_der_ **Schaden,** _der_ **Verlust** **シャ**ーデン, フェア**ル**スト	damage, loss **ダ**ミヂ, **ロ**ース
そんけい **尊敬** sonkei	_die_ **Verehrung,** _der_ **Respekt** フェア**エ**ールング, レス**ペ**クト	respect リス**ペ**クト
～する	**verehren, respektieren** フェア**エ**ーレン, レスペク**ティ**ーレン	respect, esteem リス**ペ**クト, イス**ティ**ーム
そんげん **尊厳** songen	_die_ **Würde** **ヴュ**ルデ	dignity, prestige **ディ**グニティ, プレス**ティ**ージ
そんざい **存在** sonzai	_die_ **Existenz** エクスィス**テ**ンツ	existence イグ**ズィ**ステンス
～する	**existieren, bestehen** エクスィス**ティ**ーレン, ベシュ**テ**ーエン	exist, (be) existent イグ**ズィ**スト, (ビ) イグ**ズィ**ステント

日	独	英
そんしつ **損失** sonshitsu	*der* **Verlust** フェアルスト	loss ロース
そんぞくする **存続する** sonzokusuru	**fort|bestehen** フォルトベシュテーエン	continue コンティニュー
そんだいな **尊大な** sondaina	**hochmütig** ホーホミューティヒ	arrogant アロガント
そんちょう **尊重** sonchou	*die* **Achtung** アハトゥング	respect, esteem リスペクト, イスティーム
〜する	**achten** アハテン	respect, esteem リスペクト, イスティーム
そんな **そんな** sonna	**so ein, solch** ゾー アイン, ゾルヒ	such サチ

日	独	英

た, タ

た
田
ta
das **Reisfeld**
ライスフェルト
rice field
ライス フィールド

たーとるねっく
タートルネック
taatorunekku
der **Rollkragen**
ロルクラーゲン
turtleneck
タートルネク

たーぼ
ターボ
taabo
der **Turbo**
トゥルボ
turbo
ターボ

たい
タイ
tai
(*das*) **Thailand**
タイラント
Thailand
タイランド

たい
鯛
tai
die **Seebrasse**
ゼーブラッセ
sea bream
スィー ブリーム

だい
台
dai
der **Ständer,** *das* (*der*) **Po-dest**
シュテンダー, ポデスト
stand, pedestal
スタンド, ペデストル

たいあたりする
体当たりする
taiatarisuru
sich[4] *auf j*[4]/*et*[4] **werfen**
‥ アオフ ‥ ヴェルフェン
tackle, ram
タクル, ラム

たいあっぷ
タイアップ
taiappu
die **Verbindung**
フェアビンドゥング
tie-up
タイアプ

たいいく
体育
taiiku
der **Sport,** *die* **Gymnastik**
シュポルト, ギュムナスティク
physical education
フィズィカル エデュケイション

だいいちの
第一の
daiichino
erst
エーアスト
first
ファースト

たいいんする
退院する
taiinsuru
entlassen werden
エントラッセン ヴェーアデン
(be) discharged from hospital
(ビ) ディスチャーヂド フラム ハスピトル

たいえきする
退役する
taiekisuru
sich[4] **zurück|ziehen**
‥ ツリュックツィーエン
retire
リタイア

だいえっと
ダイエット
daietto
die **Diät**
ディエート
diet
ダイエト

日	独	英
たいおうする **対応する** taiousuru	**entsprechen** エントシュプレッヒェン	correspond to コーレスパンド トゥ
だいおきしん **ダイオキシン** daiokishin	*das* **Dioxin** ディオクスィーン	dioxin ダイアクスィン
たいおん **体温** taion	*die* **Körpertemperatur** ケルパーテンペラトゥーア	temperature テンペラチャ
〜計	*das* **Fieberthermometer** フィーバーテルモメーター	thermometer サマメタ
たいか **大家** taika	*der* **Meister,** *die* **Autorität** マイスター，アオトリテート	great master, authority グレイト マスタ，オサリティ
たいかく **体格** taikaku	*der* **Körperbau** ケルパーバオ	physique, build フィズィーク，ビルド
だいがく **大学** daigaku	*die* **Universität,** *die* **Hochschule** ウニヴェルズィテート，ホーホシューレ	university, college ユーニヴァースィティ，カリヂ
〜院	*der* **Magister- und Doktorkursus** マギスター ウント ドクトアクルズス	graduate school グラヂュエト スクール
〜生	*der* (*die*) **Student(in)** シュトゥデント(-ティン)	university student ユーニヴァースィティ ステューデント
たいがくする **退学する** taigakusuru	**von der Schule ab|gehen** フォン デア シューレ アップゲーエン	leave school リーヴ スクール
たいき **大気** taiki	*die* **Atmosphäre,** *die* **Luft** アトモスフェーレ，ルフト	air, atmosphere エア，アトモスフィア
〜汚染	*die* **Luftverschmutzung** ルフトフェアシュムッツング	air pollution エア ポリューション
〜圏	*die* **Atmosphäre** アトモスフェーレ	atmosphere アトモスフィア
だいきぼな **大規模な** daikibona	**umfangreich** ウムファングライヒ	large-scale ラーヂスケイル

日	独	英
たいきゃくする **退却する** taikyakusuru	*sich⁴* **zurück|ziehen** ‥ ツリュックツィーエン	retreat from リトリート フラム
たいきゅうせい **耐久性** taikyuusei	*die* **Dauerhaftigkeit** ダオアーハフティヒカイト	durability デュラビリティ
だいきん **代金** daikin	*der* **Preis** プライス	price プライス
たいぐう **待遇** taiguu	*die* **Behandlung,** *die* **Be- dienung** ベハンドルング，ベディーヌング	treatment トリートメント
たいくつ **退屈** taikutsu	*die* **Langeweile** ランゲヴァイレ	boredom ボーダム
～な	**langweilig** ラングヴァイリヒ	boring, tedious ボーリング，ティーディアス
たいけい **体形** taikei	*die* **Figur** フィグーア	figure フィギャ
たいけい **体系** taikei	*das* **System** ズュステーム	system スィステム
たいけつする **対決する** taiketsusuru	*sich⁴ mit j³/et³* **auseinan- der|setzen** ‥ ミット ‥ アオスアイナンダーゼッツェン	confront コンフラント
たいけん **体験** taiken	*das* **Erlebnis** エアレープニス	experience イクスピアリアンス
～する	**erleben** エアレーベン	experience, go through イクスピアリアンス，ゴウ ス ルー
たいこうする **対抗する** taikousuru	*sich⁴ gegen j⁴/et⁴* **wenden,** *mit j³/et³* **konkurrieren** ‥ ゲーゲン ‥ **ヴェ**ンデン，ミット ‥ コンク リーレン	oppose, confront オポウズ，コンフラント
だいこうする **代行する** daikousuru	**vertreten** フェアトレーテン	act for アクト フォー
だいごの **第五の** daigono	**fünft** フュンフト	fifth フィフス

日	独	英
たいざいする **滞在する** taizaisuru	*sich⁴* **auf|halten, bleiben** ‥ **ア**オフハルテン，ブ**ラ**イベン	stay ステイ
たいさく **対策** taisaku	*die* **Maßnahme** マースナーメ	measures メジャズ
だいさんの **第三の** daisanno	**dritt** ドリット	third サード
たいし **大使** taishi	*der*(*die*) **Botschafter(*in*)** ボートシャフター(‐テリン)	ambassador アンバサダ
～館	*die* **Botschaft** ボートシャフト	embassy エンバスィ
たいしつ **体質** taishitsu	*die* **Konstitution** コンスティトゥツィオーン	constitution カンスティ**テュ**ーション
だいじな **大事な** daijina	**wichtig, bedeutend** **ヴィ**ヒティヒ，ベ**ド**イテント	important, pre- cious イン**ポ**ータント，プ**レ**シャス
だいじにする **大事にする** daijinisuru	**hoch|schätzen, schonen** **ホ**ーホシェッツェン，**ショ**ーネン	take care of **テ**イク **ケ**ア オヴ
たいしゅう **大衆** taishuu	*das* **Volk,** *die* **Masse** **フォ**ルク，**マ**ッセ	general public **チェ**ネラル **パ**ブリク
たいじゅう **体重** taijuu	*das* **Körpergewicht** **ケ**ルパーゲ**ヴィ**ヒト	body weight **バ**ディ **ウェ**イト
たいしょう **対照** taishou	*der* **Kontrast,** *der* **Ver- gleich** コント**ラ**スト，フェアグ**ラ**イヒ	contrast, compari- son **カ**ントラスト，コン**パ**リスン
～する	**gegenüber|stellen, ver- gleichen** ゲーゲン**ユ**ーバーシュテレン，フェアグ**ラ**イヒェ ン	contrast, compare コント**ラ**スト，コン**ペ**ア
たいしょう **対象** taishou	*der* **Gegenstand** **ゲ**ーゲンシュタント	object **ア**ブヂェクト
だいしょう **代償** daishou	*der* **Ersatz,** *die* **Entschä- digung** エア**ザ**ッツ，エント**シェ**ーディグング	compensation カンペン**セ**イション

日	独	英
たいじょうする **退場する** taijousuru	**verlassen** フェアラッセン	leave, exit リーヴ, エグズィット
たいしょく **退職** taishoku	*der* **Rücktritt,** *das* **Ausscheiden** リュックトリット, アオスシャイデン	retirement リタイアメント
～する	**aus dem Dienst aus|scheiden** アオス デム ディーンスト アオスシャイデン	retire from リタイア フラム
だいじん **大臣** daijin	*der*(*die*) **Minister(***in***)** ミニスター(-テリン)	minister ミニスタ
たいしんの **耐震の** taishinno	**erdbebensicher** エーアトベーベンズィヒャー	earthquake-proof アースクウェイクプルーフ
だいず **大豆** daizu	*die* **Sojabohne** ゾーヤボーネ	soybean, Ⓑsoya-bean ソイビーン, ソヤビーン
たいすいの **耐水の** taisuino	**wasserdicht** ヴァッサーディヒト	waterproof ウォータプルーフ
たいすう **対数** taisuu	*der* **Logarithmus** ロガリトムス	logarithm ロガリズム
だいすう **代数** daisuu	*die* **Algebra** アルゲブラ	algebra アルヂブラ
たいせい **体制** taisei	*die* **Organisation,** *das* **System** オルガニザツィオーン, ズュステーム	organization オーガニゼイション
たいせい **大勢** taisei	**allgemeine Lage** アルゲマイネ ラーゲ	general trend ヂェネラル トレンド
たいせいよう **大西洋** taiseiyou	**der Atlantik** デア アトランティク	Atlantic Ocean アトランティク オーシャン
たいせき **体積** taiseki	*der* **Rauminhalt,** *das* **Volumen** ラオムインハルト, ヴォルーメン	volume ヴァリュム
たいせつな **大切な** taisetsuna	**wichtig, wertvoll** ヴィヒティヒ, ヴェーアトフォル	important, precious インポータント, プレシャス

日	独	英
たいせんする **対戦する** taisensuru	*mit j³ (gegen j⁴)* **kämpfen** ミット‥（ゲーゲン‥）**ケ**ンプフェン	fight with **ファ**イト ウィズ
たいそう **体操** taisou	*die* **Gymnastik**, *das* **Turnen** ギュム**ナ**スティク，**トゥ**ルネン	gymnastics ヂム**ナ**スティクス
だいたい **大体**　（およそ） daitai	**ungefähr** **ウ**ンゲフェーア	about ア**バ**ウト
（概略）	*die* **Hauptzüge** *pl.*, *das* **Wesentliche** **ハ**オプトツューゲ，**ヴェ**ーゼントリヒェ	outline, summary **ア**ウトライン，**サ**マリ
（大抵）	**im Allgemeinen** イム **ア**ルゲマイネン	generally **ヂェ**ネラリ
だいたすう **大多数** daitasuu	**große Mehrheit**, *die* **Majorität** グ**ロ**ーセ **メ**ーアハイト，マヨリ**テ**ート	large majority **ラ**ーヂ マ**ヂョ**リティ
たいだな **怠惰な** taidana	**faul** **ファ**オル	lazy **レ**イズィ
たいだん **対談** taidan	*das* **Gespräch** ゲシュプ**レ**ーヒ	talk **ト**ーク
〜**する**	*mit j³* **ein Gespräch führen**, *mit j³* **sprechen** ミット‥アイン ゲシュプ**レ**ーヒ **フュ**ーレン，ミット‥シュプ**レッ**ヒェン	have a talk with **ハ**ヴ ア **ト**ーク ウィズ
だいたんな **大胆な** daitanna	**kühn, tapfer** **キュ**ーン，**タ**プファー	bold, daring **ボ**ウルド，**デ**アリング
たいちょう **体調** taichou	*die* **Kondition, körperliche Verfassung** コンディツィ**オ**ーン，**ケ**ルパーリヒェ フェア**ファ**ッスング	physical condition **フィ**ズィカル コン**ディ**ション
だいちょう **大腸** daichou	*der* **Dickdarm** **ディ**ックダルム	large intestine **ラ**ーヂ イン**テ**スティン
たいつ **タイツ** taitsu	*die* **Strumpfhose** シュト**ル**ンプフホーゼ	tights **タ**イツ
たいてい **大抵**（大体） taitei	**im Allgemeinen, meist** イム **ア**ルゲマイネン，**マ**イスト	generally **ヂェ**ネラリ

日	独	英
（大部分）	**fast alle** ファスト アレ	almost オールモウスト
たいど **態度** taido	*das* **Verhalten,** *die* **Haltung** フェアハルテン，ハルトゥング	attitude, manner アティテュード，マナ
たいとうの **対等の** taitouno	**gleich, gleichwertig** グライヒ，グライヒヴェーアティヒ	equal, even イークワル，イーヴン
だいどうみゃく **大動脈** daidoumyaku	*die* **Aorta,** *die* **Hauptschlagader** アオルタ，ハオプトシュラークアーダー	aorta エイオータ
だいとうりょう **大統領** daitouryou	*der*(*die*) **Präsident(*in*)** プレズィデント(-ティン)	president プレズィデント
だいどころ **台所** daidokoro	*die* **Küche** キュッヘ	kitchen キチン
だいとし **大都市** daitoshi	*die* **Großstadt** グロースシュタット	big city ビグ スィティ
たいとる **タイトル** taitoru	*der* **Titel** ティーテル	title タイトル
だいなみっくな **ダイナミックな** dainamikkuna	**dynamisch** デュナーミシュ	dynamic ダイナミク
だいにの **第二の** dainino	**zweit** ツヴァイト	second セカンド
だいにんぐ **ダイニング** dainingu	*das* **Esszimmer** エスツィマー	dining room ダイニング ルーム
たいねつの **耐熱の** tainetsuno	**hitzebeständig** ヒッツェベシュテンディヒ	heat resistant ヒート レズィスタント
だいばー **ダイバー** daibaa	*der*(*die*) **Taucher(*in*)** タオハー(-ヘリン)	diver ダイヴァ
たいばつ **体罰** taibatsu	**körperliche Züchtigung** ケルパーリヒェ ツュヒティグング	corporal punishment コーポラル パニシュメント

日	独	英
たいはん **大半** taihan	**größter Teil** グレースター **タ**イル	(the) greater part of (ザ) グ**レ**イタ **パ**ート オヴ
たいひ **堆肥** taihi	*der* **Kompost**, *der* **Mist-haufen** コン**ポ**スト, **ミ**ストハオフェン	compost **カ**ンポウスト
だいひょう **代表** daihyou	*der*(*die*) **Vertreter(in)** フェアト**レ**ーター(-テリン)	representative レプリ**ゼ**ンタティヴ
～する	**vertreten** フェアト**レ**ーテン	represent レプリ**ゼ**ント
～的な	**repräsentativ** レプレゼンタ**ティ**ーフ	representative レプリ**ゼ**ンタティヴ
～取締役	*der*(*die*) **Direktor(in)**, *der*(*die*) **Geschäftsführer(in)** ディ**レ**クトーア(ディレク**ト**ーリン), ゲ**シェ**フツフューラー(-レリン)	CEO, company president ス**イ**ー**イ**ーオウ, **カ**ンパニ プ**レ**ズィデント
だいびんぐ **ダイビング** daibingu	*das* **Tauchen** **タ**オヘン	diving **ダ**イヴィング
だいぶ **大分** daibu	**ziemlich** **ツィ**ームリヒ	very, pretty **ヴェ**リ, プ**リ**ティ
たいふう **台風** taifuu	*der* **Taifun** タイ**フ**ーン	typhoon タイ**フ**ーン
たいへいよう **太平洋** taiheiyou	*der* **Pazifik** デア パ**ツィ**フィク	Pacific Ocean パ**スィ**フィク **オ**ーシャン
たいへん **大変** taihen	**sehr** **ゼ**ーア	very, extremely **ヴェ**リ, イクスト**リ**ームリ
だいべん **大便** daiben	*der* **Kot**, *der* **Stuhl** **コ**ート, シュ**ト**ゥール	feces **フィ**ースィーズ
たいへんな (すばらしい) taihenna	**wunderbar, großartig** **ヴ**ンダーバール, グ**ロ**ースアールティヒ	wonderful, splen-did **ワ**ンダフル, スプ**レ**ンディド
(やっかいな)	**umständlich, lästig** **ウ**ムシュテントリヒ, **レ**スティヒ	troublesome, hard ト**ラ**ブルサム, **ハ**ード

日	独	英
（重大な・深刻な）	**ernst, ernsthaft** エルンスト，エルンストハフト	serious, grave スィアリアス，グレイヴ
たいほ **逮捕** taiho	*die* **Verhaftung** フェアハフトゥング	arrest, capture アレスト，キャプチャ
〜する	**verhaften, fest|nehmen** フェアハフテン，フェストネーメン	arrest, capture アレスト，キャプチャ
たいほう **大砲** taihou	*das* **Geschütz,** *die* **Kanone** ゲシュッツ，カノーネ	cannon キャノン
たいぼうの **待望の** taibouno	**lang erwartet** ラング エアヴァルテット	long-awaited ロングアウェイテド
だいほん **台本** （映画・劇の） daihon	*das* **Drehbuch** ドレーブーフ	scenario, script サネアリオウ，スクリプト
（歌劇の）	*das* **Libretto** リブレット	libretto リブレトウ
たいま **大麻** taima	*das* **Marihuana** マリフアーナ	marijuana マリワーナ
たいまー **タイマー** taimaa	*die* **Schaltuhr** シャルトゥーア	timer タイマ
たいまんな **怠慢な** taimanna	**nachlässig** ナーハレスィヒ	negligent ネグリヂェント
たいみんぐ **タイミング** taimingu	*das* **Timing** タイミング	timing タイミング
だいめい **題名** daimei	*der* **Titel** ティーテル	title タイトル
だいめいし **代名詞** daimeishi	*das* **Pronomen** プロノーメン	pronoun プロウナウン
たいや **タイヤ** taiya	*der* **Reifen** ライフェン	tire タイア

日	独	英
だいや **ダイヤ** （運行表） daiya	*der* **Fahrplan** ファールプラーン	timetable **タ**イムテイブル
だいやもんど **ダイヤモンド** daiyamondo	*der* **Diamant** ディア**マ**ント	diamond **ダ**イアモンド
たいよう **太陽** taiyou	*die* **Sonne** ゾネ	sun **サ**ン
だいようする **代用する** daiyousuru	**ersetzen** エア**ゼ**ッツェン	substitute for **サ**ブスティテュート フォ
だいよんの **第四の** daiyonno	**viert** **フィ**ーアト	fourth **フォ**ース
たいらな **平らな** tairana	**eben, flach** **エ**ーベン，フ**ラ**ッハ	even, level, flat **イ**ーヴン，**レ**ヴル，フ**ラ**ト
だいり **代理** dairi	*die* **Vertretung** フェアト**レ**ートゥング	representative, proxy レプリ**ゼ**ンタティヴ，プ**ラ**クスィ
〜店	*die* **Agentur** アゲント**ゥ**ーア	agency **エ**イヂェンスィ
たいりく **大陸** tairiku	*der* **Kontinent,** *das* **Fest-** **land** **コ**ンティネント，**フェ**ストラント	continent **カ**ンティネント
だいりせき **大理石** dairiseki	*der* **Marmor** **マ**ルモア	marble **マ**ーブル
たいりつ **対立** tairitsu	*der* **Gegensatz** **ゲ**ーゲンザッツ	opposition アポ**ズィ**ション
〜する	**entgegen|stehen, im Ge-** **gensatz stehen** エント**ゲ**ーゲンシュテーエン，イム **ゲ**ーゲンザッ ツ シュ**テ**ーエン	(be) opposed to (ビ) オ**ポ**ウズド トゥ
たいりょう **大量** tairyou	**eine Menge** **ア**イネ **メ**ンゲ	mass, large quanti- ties **マ**ス，**ラ**ーヂ ク**ワ**ンティティズ
〜生産	*die* **Massenproduktion** **マ**ッセンプロドゥクツィ**オ**ーン	mass production **マ**ス プロ**ダ**クション

日	独	英
たいりょく **体力** tairyoku	die **Körperkraft** ケルパークラフト	physical strength フィズィカル ストレングス
たいる **タイル** tairu	die **Fliese**, die **Kachel** フリーゼ，カッヘル	tile タイル
たいわする **対話する** taiwasuru	**sprechen** シュプレッヒェン	have a dialogue ハヴ ア ダイアローグ
たいわん **台湾** taiwan	(das) **Taiwan** タイヴァン	Taiwan タイワーン
だうんじゃけっと **ダウンジャケット** daunjaketto	die **Daunenjacke** ダオネンヤッケ	down jacket ダウン チャケト
だうんろーどする **ダウンロードする** daunroodosuru	**herunter|laden, down-loaden** ヘルンターラーデン，ダウンローデン	download ダウンロウド
たえず **絶えず** taezu	**immer, ununterbrochen** イマー，ウンウンターブロッヘン	always, all the time オールウェイズ，オール ザ タイム
たえる **絶える** taeru	**aus|sterben** アオスシュテルベン	cease, die out スィース，ダイ アウト
たえる **耐える** （我慢する） taeru	**ertragen, erdulden** エアトラーゲン，エアドゥルデン	bear, stand ベア，スタンド
（持ちこたえる）	**überstehen, widerstehen** ユーバーシュテーエン，ヴィーダーシュテーエン	withstand ウィズスタンド
だえん **楕円** daen	die **Ellipse** エリプセ	ellipse, oval イリプス，オウヴァル
たおす **倒す** （打ち倒す） taosu	**um|stoßen, um|werfen** ウムシュトーセン，ウムヴェルフェン	knock down ナク ダウン
（相手を負かす）	**schlagen, besiegen** シュラーゲン，ベズィーゲン	defeat, beat ディフィート，ビート
（崩壊させる）	**stürzen** シュテュルツェン	overthrow オウヴァスロウ

日	独	英
たおる **タオル** taoru	*das* **Handtuch,** *der* **Wasch-lappen** ハントトゥーフ, **ヴァ**ッシュラッペン	towel **タ**ウエル
たおれる **倒れる** taoreru	**fallen, um|stürzen** **ファ**レン, **ウ**ムシュテュルツェン	fall, collapse **フォ**ール, コ**ラ**プス
たか **鷹** taka	*der* **Falke** **ファ**ルケ	hawk **ホ**ーク
たかい **高い** takai	**hoch, groß** **ホ**ーホ, グ**ロ**ース	high, tall **ハ**イ, **ト**ール
（値段が）	**teuer** **ト**イアー	expensive イクス**ペ**ンスィヴ
だかいする **打開する** dakaisuru	**überwinden** ユーバー**ヴィ**ンデン	break, make a breakthrough ブ**レ**イク, **メ**イク ア ブレイクス**ル**ー
たがいに **互いに** tagaini	**einander, gegenseitig** アイ**ナ**ンダー, **ゲ**ーゲンザイティヒ	mutually **ミ**ューチュアリ
たがいの **互いの** tagaino	**gegenseitig** **ゲ**ーゲンザイティヒ	mutual **ミ**ューチュアル
だがっき **打楽器** dagakki	*das* **Schlagzeug** シュ**ラ**ークツォイク	percussion instrument パー**カ**ション **イ**ンストルメント
たかまる **高まる** （上昇する） takamaru	**steigen,** *sich*⁴ **heben** シュ**タ**イゲン, ‥ **ヘ**ーベン	rise **ラ**イズ
（高ぶる）	*sich*⁴ **auf|regen** ‥ **ア**オフレーゲン	(get) excited (ゲト) イク**サ**イテド
たかめる **高める** takameru	**steigern, heben** シュ**タ**イガーン, **ヘ**ーベン	raise, increase **レ**イズ, イン**ク**リース
たがやす **耕す** tagayasu	**bearbeiten, bebauen** ベ**ア**ルバイテン, ベ**バ**オエン	cultivate, plow **カ**ルティヴェイト, プ**ラ**ウ
たから **宝** takara	*der* **Schatz** **シャ**ッツ	treasure ト**レ**ジャ

日	独	英
〜くじ	*das* **Lotto**, *die* **Lotterie** ロット, ロテリー	lottery ラタリ
たかる **たかる** takaru	**erpressen** エアプレッセン	extort イクスト-ト
たき **滝** taki	*der* **Wasserfall** ヴァッサーファル	waterfall, falls ウォータフォール, フォールズ
だきょうする **妥協する** dakyousuru	**einen Kompromiss schlie-** **ßen** アイネン コンプロミス シュリーセン	compromise with カンプロマイズ ウィズ
たく **炊く** taku	**kochen** コッヘン	cook, boil クク, ボイル
だく **抱く** daku	**umarmen** ウムアルメン	embrace インブレイス
たくさんの **沢山の** takusanno	**viel** フィール	many, much メニ, マチ
たくしー **タクシー** takushii	*das* **Taxi** タクスィ	cab, taxi キャブ, タクスィ
たくはい **宅配** takuhai	*die* **Zustellung frei Haus**, *die* **Hauszustellung** ツーシュテルング フライ ハオス, ハオスツー シュテルング	door-to-door de- livery ドータドー ディリヴァリ
たくましい **たくましい** takumashii	**kräftig, robust** クレフティヒ, ロブスト	sturdy, stout スターディ, スタウト
たくみな **巧みな** takumina	**geschickt, gewandt** ゲシックト, ゲヴァント	skillful スキルフル
たくらむ **企む** takuramu	**planen** プラーネン	scheme, plot スキーム, プラト
たくわえ **蓄え** takuwae	*der* **Vorrat** フォーアラート	store, reserve スト-, リザーヴ
（貯金）	*die* **Ersparnisse** *pl.* エアシュパールニセ	savings セイヴィングズ

日	独	英
たくわえる **蓄える** takuwaeru	**auf|speichern, auf|be-wahren** アオフシュパイヒャーン, アオフベヴァーレン	store, keep ストー, キープ
（貯金する）	**sparen** シュパーレン	save セイヴ
だげき **打撃** dageki	*der* **Schlag,** *der* **Schock** シュラーク, ショック	blow, shock ブロウ, シャク
だけつする **妥結する** daketsusuru	**eine Einigung erreichen** アイネ アイニグング エアライヒェン	reach an agree-ment リーチ アン アグリーメント
たこ **凧** tako	*der* **Drachen** ドラッヘン	kite カイト
たこ **蛸** tako	*der* **Krake** クラーケ	octopus アクトパス
たこくせきの **多国籍の** takokusekino	**multinational** ムルティナツィオナール	multinational マルティナショナル
たさいな **多彩な** tasaina	**bunt, vielfältig** ブント, フィールフェルティヒ	colorful カラフル
ださんてきな **打算的な** dasantekina	**berechnend** ベレヒネント	calculating キャルキュレイティング
たしか **確か** tashika	**wahrscheinlich** ヴァールシャインリヒ	probably プラバブリ
～な	**sicher, zuverlässig** ズィヒャー, ツーフェアレスィヒ	sure, certain シュア, サートン
～に	**bestimmt, sicherlich** ベシュティムト, ズィヒャーリヒ	certainly サートンリ
たしかめる **確かめる** tashikameru	*sich[4] et[2]* **vergewissern** ‥‥ フェアゲヴィッサーン	make sure of メイク シュア オヴ
たしざん **足し算** tashizan	*die* **Addition** アディツィオーン	addition アディション

日	独	英
たしなみ **嗜み** （素養・心得） tashinami	*die* **Bildung** ビルドゥング	knowledge ナリデ
（好み・趣味）	*der* **Geschmack** ゲシュマック	taste テイスト
だじゃれ **駄洒落** dajare	**schlechter Witz,** *der* **Ka-** **lauer** シュレヒター ヴィッツ，カーラオアー	pun パン
だしんする **打診する** （意向を） dashinsuru	**sondieren** ゾンディーレン	sound out サウンド アウト
たす **足す** tasu	**addieren, hinzu|fügen** アディーレン，ヒンツーフューゲン	add アド
だす **出す** （中から） dasu	**heraus|nehmen** ヘラオスネーメン	take out テイク アウト
（露出する）	**entblößen** エントブレーセン	expose イクスポウズ
（提出する）	**ein|reichen** アインライヒェン	hand in ハンド イン
（手紙などを）	**ab|senden, ab|schicken** アップゼンデン，アップシッケン	mail, Ⓑpost メイル，ポウスト
（発行する）	**heraus|geben, veröffent-** **lichen** ヘラオスゲーベン，フェアエッフェントリヒェン	publish パブリシュ
たすう **多数** tasuu	*die* **Menge,** *die* **Mehrheit** メンゲ，メーアハイト	majority マチョーリティ
～決	*der* **Mehrheitsbeschluss** メーアハイツベシュルス	decision by major- ity ディスイジョン バイ マチョリ ティ
～の	**zahlreich, viel** ツァールライヒ，フィール	numerous, many ニューメラス，メニ
たすかる **助かる** tasukaru	**gerettet werden,** *sich⁴* **retten** ゲレッテット ヴェーアデン，‥レッテン	(be) rescued (ビ) レスキュード

日	独	英
（助けになる）	**eine Hilfe sein, behilflich sein** アイネ ヒルフェ ザイン，ベヒルフリヒ ザイン	(be) helped (ビ) ヘルプト
たすける **助ける** tasukeru	**retten** レッテン	save セイヴ
（援助する）	**helfen** ヘルフェン	help ヘルプ
たずねる **尋ねる** tazuneru	**fragen,** *sich⁴* **erkundigen** フラーゲン，‥エアクンディゲン	ask アスク
たずねる **訪ねる** tazuneru	**besuchen** ベズーヘン	visit ヴィズィト
だせい **惰性** dasei	*die* **Trägheit** トレークハイト	inertia イナーシャ
たたえる **称える** tataeru	**loben, preisen, rühmen** ローベン，プライゼン，リューメン	praise プレイズ
たたかい **戦い**（戦争・紛争） tatakai	*der* **Krieg** クリーク	war ウォー
（戦闘）	*die* **Schlacht** シュラハト	battle バトル
（けんか・抗争）	*der* **Kampf** カンプフ	fight ファイト
たたかう **戦う** tatakau	**kämpfen, streiten** ケンプフェン，シュトライテン	fight ファイト
たたく **叩く** tataku	**schlagen, klopfen** シュラーゲン，クロプフェン	strike, hit, knock ストライク，ヒト，ナク
ただし **但し** tadashi	**allerdings, aber** アラーディングス，アーバー	but, however バト，ハウエヴァ
ただしい **正しい** tadashii	**richtig, korrekt** リヒティヒ，コレクト	right, correct ライト，コレクト

日	独	英
ただちに **直ちに** tadachini	**sofort** ゾフォルト	at once アト ワンス
ただの **ただの** （普通の） tadano	**gewöhnlich** ゲヴェーンリヒ	ordinary オーディナリ
（無料の）	**kostenlos** コステンロース	free, gratis フリー，グラティス
たたむ **畳む** tatamu	**falten** ファルテン	fold フォウルド
ただれる **ただれる** tadareru	**entzündet sein** エントツュンデト ザイン	(be) inflamed (ビ) インフレイムド
たちあがる **立ち上がる** tachiagaru	**auf|stehen,** *sich⁴* **erheben** アオフシュテーエン，‥エアヘーベン	stand up スタンド アプ
たちあげる **立ち上げる** tachiageru	**gründen, starten** グリュンデン，シュタルテン	start up スタート アプ
たちいりきんし **立ち入り禁止** tachiirikinshi	**Zutritt verboten!** ツートリット フェアボーテン	No Entry., Keep Out. ノウ エントリ，キープ アウト
たちさる **立ち去る** tachisaru	**weg|gehen, verlassen** ヴェックゲーエン，フェアラッセン	leave リーヴ
たちどまる **立ち止まる** tachidomaru	**stehen bleiben, still|stehen** シュテーエン ブライベン，シュティルシュテーエン	stop, halt スタプ，ホールト
たちなおる **立ち直る** tachinaoru	*sich⁴* **erholen,** *sich⁴* **bessern** ‥エアホーレン，‥ベッサーン	get over, recover ゲト オウヴァ，リカヴァ
たちのく **立ち退く** tachinoku	**räumen, aus|ziehen** ロイメン，アオスツィーエン	leave, move out リーヴ，ムーヴ アウト
たちば **立場** tachiba	*der* **Standpunkt** シュタントプンクト	standpoint スタンドポイント
たつ **立つ** tatsu	**auf|gehen, auf|stehen** アオフゲーエン，アオフシュテーエン	stand, rise スタンド，ライズ

447

日	独	英
たつ **経つ** tatsu	**vergehen** フェアゲーエン	pass, elapse パス, イラプス
たつ **発つ** tatsu	**ab|fahren, verlassen** アップファーレン, フェアラッセン	set out, depart セト アウト, ディパート
たつ **建つ** tatsu	**gebaut werden, stehen** ゲバオト ヴェーアデン, シュテーエン	(be) built (ビ) ビルト
たっきゅう **卓球** takkyuu	*das* **Tischtennis** ティッシュテニス	table tennis テイブル テニス
だっこする **抱っこする** dakkosuru	**auf dem Arm tragen** アオフ デム アルム トラーゲン	carry キャリ
たっしゃな **達者な** （健康な） tasshana	**gesund** ゲズント	healthy ヘルスィ
（上手な）	**gewandt, geschickt** ゲヴァント, ゲシックト	skilled, proficient スキルド, プロフィシェント
だっしゅする **ダッシュする** dasshusuru	**stürzen** シュテュルツェン	dash ダシュ
だっしゅつする **脱出する** dasshutsusuru	*aus et³* **entfliehen,** *aus et³* **aus|brechen** アオス ‥ エントフリーエン, アオス ‥ アオス ブレッヒェン	escape from イスケイプ フラム
たっする **達する** tassuru	**erreichen, gelangen** エアライヒェン, ゲランゲン	reach, arrive at リーチ, アライヴ アト
だつぜい **脱税** datsuzei	*die* **Steuerhinterziehung** シュトイアーヒンターツィーウング	tax evasion タクス イヴェイジョン
〜する	**Steuer hinterziehen** シュトイアー ヒンターツィーエン	evade a tax イヴェイド ア タクス
たっせいする **達成する** tasseisuru	**erreichen, leisten** エアライヒェン, ライステン	accomplish, achieve アカンプリシュ, アチーヴ
だっせんする **脱線する** dassensuru	**entgleisen** エントグライゼン	(be) derailed (ビ) ディレイルド

日	独	英
（話が）	**ab|schweifen** アップシュヴァイフェン	digress from ダイグレス フラム
たった **たった** tatta	**nur, bloß** ヌーア，ブロース	only, just オウンリ，**チャ**スト
だったいする **脱退する** dattaisuru	*aus et³* **aus|treten** アオス‥ **ア**オストレーテン	withdraw from ウィズ**ドロ**ー フラム
たったいま **たった今** tattaima	**gerade jetzt, soeben** ゲ**ラ**ーデ **イェッ**ツト，ゾエーベン	just now **チャ**スト **ナ**ウ
たつまき **竜巻** tatsumaki	*der* **Wirbelsturm,** *die* **Windhose** ヴィルベルシュトゥルム，**ヴィ**ントホーゼ	tornado トー**ネイ**ドウ
だつもう **脱毛** （除毛） datsumou	*die* **Enthaarung** エント**ハ**ールング	hair removal, dep- ilation ヘア リ**ム**ーヴァル，デ**ピ**レイ ション
（毛が抜け落ちる）	*der* **Haarausfall** ハーアアオスファル	hair loss ヘア ロース
だつらくする **脱落する** datsurakusuru	**aus|fallen, heraus|fallen** **ア**オスファレン，ヘ**ラ**オスファレン	(be) omitted, fall off （ビ）オウ**ミ**テド，**フォ**ール オフ
たて **縦** tate	*die* **Länge** **レ**ンゲ	length **レ**ングス
たて **盾** tate	*der* **Schild** **シ**ルト	shield **シ**ールド
たてまえ **建て前** tatemae	**in der Öffentlichkeit ver-** **tretene Meinung** イン デア **エッ**フェントリヒカイト フェアト**レ**ー テネ **マ**イヌング	professed inten- tion, official stance プロ**フェ**スト イン**テ**ンション， オ**フィ**シャル ス**タ**ンス
たてもの **建物** tatemono	*das* **Gebäude,** *der* **Bau** ゲ**ボ**イデ，**バ**オ	building **ビ**ルディング
たてる **立てる** tateru	**stellen, auf|stellen** シュ**テ**レン，**ア**オフシュテレン	stand, put up ス**タ**ンド，**プ**ト **ア**プ
（計画などを）	**ent|werfen** エント**ヴェ**ルフェン	form, make **フォ**ーム，**メ**イク

日	独	英
たてる **建てる** （建築する） tateru	**bauen** バオエン	build, construct ビルド, コンストラクト
（設立する）	**gründen** グリュンデン	establish, found イスタブリシュ, ファウンド
たどうし **他動詞** tadoushi	**transitives Verb** トランスィティーヴェス ヴェルプ	transitive verb トランスィティヴ ヴァーブ
だとうする **打倒する** datousuru	**nieder|schlagen** ニーダーシュラーゲン	defeat ディフィート
だとうな **妥当な** datouna	**angemessen, passend** アンゲメッセン, パッセント	appropriate, proper アプロウプリエト, プラパ
たとえば **例えば** tatoeba	**zum Beispiel** ツム バイシュピール	for example フォ イグザンプル
たとえる **例える** tatoeru	*mit et³* **vergleichen** ミット ‥ フェアグライヒェン	compare to カンペア トゥ
たどる **たどる** tadoru	**folgen, verfolgen** フォルゲン, フェアフォルゲン	follow, trace ファロウ, トレイス
たな **棚** tana	*das* **Wandbrett,** *das* **Regal** ヴァントブレット, レガール	shelf, rack シェルフ, ラク
たに **谷** tani	*das* **Tal,** *die* **Schlucht** タール, シュルフト	valley ヴァリ
だに **ダニ** dani	*die* **Zecke,** *die* **Milbe** ツェッケ, ミルベ	tick ティク
たにん **他人** tanin	**andere Leute** *pl.* アンデレ ロイテ	other people アザ ピープル
（知らない人）	*der/die* **Fremde** フレムデ	stranger ストレインヂャ
たね **種** tane	*der* **Samen,** *der* **Kern** ザーメン, ケルン	seed スィード

日	独	英
たのしい **楽しい** tanoshii	fröhlich, vergnügt フレーリヒ, フェアグニュークト	fun, enjoyable ファン, インチョイアブル
たのしみ **楽しみ** tanoshimi	*das* **Vergnügen**, *der* **Spaß** フェアグニューゲン, シュパース	pleasure, joy プレジャ, チョイ
たのしむ **楽しむ** tanoshimu	*sich⁴* **freuen, genießen** .. フロイエン, ゲニーセン	enjoy インチョイ
たのみ **頼み** tanomi	*die* **Bitte** ビッテ	request, favor, ®favour リクウェスト, フェイヴァ, フェイヴァ
たのむ **頼む** tanomu	**bitten** ビッテン	ask, request アスク, リクウェスト
たのもしい **頼もしい** （信頼できる） tanomoshii	**zuverlässig** ツーフェアレスィヒ	reliable リライアブル
（有望な）	**vielversprechend** フィールフェアシュプレッヒェント	promising プラミスィング
たば **束** taba	*das* **Bündel**, *das* **Bund** ビュンデル, ブント	bundle, bunch バンドル, バンチ
たばこ **煙草** tabako	*der* **Tabak**, *die* **Zigarette** ターバク, ツィガレッテ	tobacco, cigarette トバコウ, スィガレト
たび **旅** tabi	*die* **Reise** ライゼ	travel, journey トラヴル, チャーニ
たびだつ **旅立つ** tabidatsu	**eine Reise an|treten, ab|reisen** アイネ ライゼ アントレーテン, アップライゼン	embark on a journey インバーク オン ア チャーニ
たびたび **度々** tabitabi	**oft, häufig** オフト, ホイフィヒ	often オーフン
たぶー **タブー** tabuu	*das* **Tabu** タブー	taboo タブー
だぶだぶの **だぶだぶの** dabudabuno	**zu weit, zu groß** ツー ヴァイト, ツー グロース	loose-fitting ルースフィティング

日	独	英
たふな **タフな** tafuna	**zäh, beharrlich** ツェー，ベハルリヒ	tough, hardy タフ，ハーディ
だぶる **ダブる** daburu	**überlappen** ユーバーラッペン	overlap オウヴァラプ
だぶるくりっくする **ダブルクリックする** daburukurikkusuru	**doppelklicken** ドッペルクリッケン	double-click ダブルクリク
たぶん **多分** tabun	**wahrscheinlich, wohl** ヴァールシャインリヒ，ヴォール	perhaps, maybe パハプス，メイビ
たべもの **食べ物** tabemono	*das* **Essen,** *die* **Lebens-mittel** *pl.* エッセン，レーベンスミッテル	food, provisions フード，プロヴィジョンズ
たべる **食べる** taberu	**essen** エッセン	eat イート
たほう **他方** tahou	**andererseits** アンデラーザイツ	on the other hand オン ズィ アザ ハンド
たぼうな **多忙な** tabouna	**beschäftigt** ベシェフティヒト	busy ビズィ
だぼく **打撲** daboku	*die* **Prellung, blauer Fleck** プレルング，ブラオアー フレック	blow ブロウ
たま **珠** tama	*die* **Perle** ペルレ	bead, gem ビード，チェム
たま **球** tama	*der* **Ball,** *die* **Kugel** バル，クーゲル	ball, sphere ボール，スフィア
たま **弾** tama	*die* **Kugel** クーゲル	bullet, shell ブレト，シェル
たまご **卵** tamago	*das* **Ei** アイ	egg エグ
たましい **魂** tamashii	*die* **Seele,** *der* **Geist** ゼーレ，ガイスト	soul, spirit ソウル，スピリト

日	独	英
だます **騙す** damasu	**betrügen, täuschen** ベトリューゲン, トイシェン	deceive, trick ディスィーヴ, トリク
だまって **黙って** （静かに） damatte	**schweigend** シュヴァイゲント	silently サイレントリ
（無断で） damatte	**ohne Erlaubnis** オーネ エアラオプニス	without leave ウィザウト リーヴ
たまに **たまに** tamani	**ab und zu, gelegentlich** アップ ウント ツー, ゲレーゲントリヒ	occasionally オケイジョナリ
たまねぎ **玉葱** tamanegi	*die* **Zwiebel** ツヴィーベル	onion アニョン
たまる **溜まる** tamaru	*sich⁴* **an|sammeln,** *sich⁴* **an|häufen** ‥アンザメルン, ‥アンホイフェン	accumulate, gather アキューミュレイト, ギャザ
だまる **黙る** damaru	**schweigen** シュヴァイゲン	(become) silent (ビカム) サイレント
だみー **ダミー** damii	*der* **Dummy,** *der* **Stroh-** **mann** ダミ, シュトローマン	dummy ダミ
だむ **ダム** damu	*der* **Staudamm,** *die* **Tal-** **sperre** シュタオダム, タルシュペレ	dam ダム
だめーじ **ダメージ** dameeji	*der* **Schaden** シャーデン	damage ダミヂ
ためす **試す** tamesu	**probieren, versuchen** プロビーレン, フェアズーヘン	try, test トライ, テスト
だめな **駄目な** damena	**nutzlos** ヌッツロース	useless, no use ユースレス, ノウ ユース
ためになる **ためになる** tameninaru	**nützlich, gewinnbrin-** **gend** ニュッツリヒ, ゲヴィンブリンゲント	good for, profit- able グド フォ, プラフィタブル
ためらう **ためらう** tamerau	**zögern** ツェーガーン	hesitate ヘズィテイト

日	独	英
ためる **貯める** tameru	**sparen** シュパーレン	save, store セイヴ, ストー
たもつ **保つ** tamotsu	**halten, bewahren** ハルテン, ベヴァーレン	keep キープ
たより **便り** （手紙） tayori	*der* **Brief** ブリーフ	letter レタ
（知らせ）	*die* **Nachricht** ナーハリヒト	news ニューズ
たより **頼り** tayori	*das* **Vertrauen,** *der* **Verlass** フェアトラオエン, フェアラス	reliance, confidence リライアンス, カンフィデンス
たよる **頼る** tayoru	*sich⁴ auf j⁴/et⁴* **verlassen,** *auf j⁴/et⁴* **angewiesen sein** ・・ アオフ ・・ フェアラッセン, アオフ ・・ アンゲヴィーゼン ザイン	rely on, depend on リライ オン, ディペンド オン
だらくする **堕落する** darakusuru	**verderben, degenerieren** フェアデルベン, デゲネリーレン	degenerate into ディチェネレイト イントゥ
だらしない **だらしない** darashinai	**schlampig, nachlässig** シュランピヒ, ナーハレスィヒ	untidy, slovenly アンタイディ, スラヴンリ
たらす **垂らす** （ぶら下げる） tarasu	**hängen** ヘンゲン	hang down ハング ダウン
（こぼす）	**verschütten, vergießen** フェアシュッテン, フェアギーセン	drop, spill ドラプ, スピル
たりない **足りない** tarinai	**nicht genügen,** *an et³* **mangeln** ニヒト ゲニューゲン, アン ・・ マンゲルン	(be) short of (ビ) ショート オヴ
たりょうに **多量に** taryouni	**in großen Mengen** イン グローセン メンゲン	abundantly アバンダントリ
たりる **足りる** tariru	**genügen, aus|reichen** ゲニューゲン, アオスライヒェン	(be) enough (ビ) イナフ
だるい **だるい** darui	**schlaff, schlapp** シュラフ, シュラップ	feel heavy, (be) dull フィール ヘヴィ, (ビ) ダル

日	独	英
たるむ **弛む** tarumu	**schlaff werden, erschlaffen** シュラフ ヴェーアデン，エアシュラッフェン	(be) loose, slacken (ビ) ルース，スラクン
だれ **誰** dare	**wer** ヴェーア	who フー
だれか **誰か** dareka	**jemand** イェーマント	someone, some-body サムワン，サムバディ
たれる **垂れる**（ぶら下がる） tareru	**hängen** ヘンゲン	hang, drop ハング，ドラプ
（こぼれる）	**tropfen** トロプフェン	drop, drip ドラプ，ドリプ
だれる **だれる**（だらける） dareru	**ermüden** エアミューデン	dull ダル
たれんと **タレント** tarento	*das* **Starlet** シュタールレト	personality パーソナリティ
たわむ **たわむ** tawamu	*sich⁴* **krümmen** ‥クリュメン	bend ベンド
たわむれる **戯れる** tawamureru	**spielen** シュピーレン	play プレイ
たん **痰** tan	*der* **Schleim**, *der* **Auswurf** シュライム，アオスヴルフ	phlegm, sputum フレム，スピュータム
だん **段** dan	*die* **Stufe** シュトゥーフェ	step, stair ステプ，ステア
だんあつする **弾圧する** dan-atsusuru	**unterdrücken** ウンタードリュッケン	suppress サプレス
たんい **単位** tan-i	*die* **Einheit** アインハイト	unit ユーニト
（履修単位）	*der* **Anrechnungspunkt** アンレヒヌングスプンクト	credit クレディト

日	独	英
たんいつの **単一の** tan-itsuno	**einfach, einzeln** アインファッハ, アインツェルン	single, sole スィングル, ソウル
たんか **担架** tanka	*die* **Tragbahre** トラークバーレ	stretcher ストレチャ
たんかー **タンカー** tankaa	*der* **Tanker** タンカー	tanker タンカ
だんかい **段階** dankai	*die* **Stufe**, *die* **Phase** シュトゥーフェ, ファーゼ	step, stage ステプ, ステイヂ
だんがい **断崖** dangai	*das* **Kliff** クリフ	cliff クリフ
たんき **短期** tanki	**kurze Frist** クルツェ フリスト	short term ショート ターム
たんきな **短気な** tankina	**hitzig, reizbar** ヒッツィヒ, ライツバール	short-tempered, quick-tempered ショートテンパド, クウィクテンパド
たんきゅうする **探究する** tankyuusuru	**erforschen** エアフォルシェン	study, investigate スタディ, インヴェスティゲイト
たんきょりきょうそう **短距離競走** tankyorikyousou	*der* **Kurzstreckenlauf** クルツシュトレッケンラオフ	short-distance race ショートディスタンス レイス
たんく **タンク** tanku	*der* **Behälter** ベヘルター	tank タンク
だんけつする **団結する** danketsusuru	*sich*⁴ **vereinigen** ‥ フェアアイニゲン	unite ユーナイト
たんけん **探検** tanken	*die* **Expedition** エクスペディツィオーン	exploration エクスプロレイション
～する	**erforschen** エアフォルシェン	explore イクスプロー
だんげんする **断言する** dangensuru	**beteuern, versichern** ベトイアーン, フェアズィヒャーン	assert, affirm アサート, アファーム

日	独	英
たんご **単語** tango	*das* **Wort** ヴォルト	word ワード
たんこう **炭坑** tankou	*die* **Kohlengrube** コーレングルーベ	coal mine コウル マイン
だんごうする **談合する** dangousuru	*sich⁴ mit j³* **besprechen** ‥ミット‥ベシュプレッヒェン	rig a bid リグ ア ビド
だんさー **ダンサー** dansaa	*der*(*die*) **Tänzer**(*in*) テンツァー(-ツェリン)	dancer ダンサ
たんさん **炭酸** tansan	*die* **Kohlensäure** コーレンゾイレ	carbonic acid カーバニク アスィド
〜ガス	*das* **Kohlensäuregas** コーレンゾイレガース	carbonic acid gas カーバニク アスィド ギャス
〜水	*der* **Sprudel** シュプルーデル	soda water ソウダ ウォータ
たんしゅくする **短縮する** tanshukusuru	**verkürzen, ab|kürzen** フェアキュルツェン, アップキュルツェン	shorten, reduce ショートン, リデュース
たんじゅんな **単純な** tanjunna	**einfach, schlicht** アインファッハ, シュリヒト	plain, simple プレイン, スィンプル
たんしょ **短所** tansho	*der* **Nachteil**, *die* **Schwä- che** ナーハタイル, シュヴェッヒェ	shortcoming ショートカミング
たんじょう **誕生** tanjou	*die* **Geburt** ゲブーアト	birth バース
〜する	**geboren werden** ゲボーレン ヴェーアデン	(be) born (ビ) ボーン
〜日	*der* **Geburtstag** ゲブーアツターク	birthday バースデイ
たんす **箪笥** tansu	*der* **Kleiderschrank**, *die* **Kommode** クライダーシュランク, コモーデ	chest of drawers チェスト オヴ ドローズ

日	独	英
だんす **ダンス** dansu	*der* **Tanz** タンツ	dancing, dance ダンスィング，ダンス
たんすい **淡水** tansui	*das* **Süßwasser** ズースヴァッサー	fresh water フレシュ ウォータ
たんすう **単数** tansuu	*die* **Einzahl** アインツァール	singular スィンギュラ
だんせい **男性** dansei	*der* **Mann** マン	male メイル
たんせき **胆石** tanseki	*der* **Gallenstein** ガレンシュタイン	gallstone ゴールストゥン
たんそ **炭素** tanso	*der* **Kohlenstoff** コーレンシュトフ	carbon カーボン
だんそう **断層** dansou	*die* **Verwerfung** フェアヴェルフング	fault フォルト
たんだい **短大** tandai	**zweijährige Hochschule** ツヴァイイェーリゲ ホーホシューレ	two-year college トゥーイア カリヂ
だんたい **団体** dantai	*der* **Verband,** *die* **Organi-sation** フェアバント，オルガニザツィオーン	group, organiza-tion グループ，オーガニゼイション
だんだん **だんだん** dandan	**allmählich, nach und nach** アルメーリヒ，ナーハ ウント ナーハ	gradually グラヂュアリ
だんち **団地** danchi	*die* **Wohnsiedlung** ヴォーンズィードルング	housing develop-ment ハウズィング ディヴェロプメント
たんちょう **短調** tanchou	*das* **Moll** モル	minor key マイナ キー
たんちょうな **単調な** tanchouna	**eintönig, monoton** アインテーニヒ，モノトーン	monotonous, dull モナトナス，ダル
たんてい **探偵** tantei	*der* (*die*) **Detektiv**(*in*) デテクティーフ(·ヴィン)	detective ディテクティヴ

た

日	独	英
たんとうする **担当する** tantousuru	*für et⁴* **verantwortlich sein** フューア ‥ フェア**アント**ヴォルトリヒ ザイン	take charge of テイク **チャ**ーヂ オヴ
たんどくの **単独の** tandokuno	**einzeln, allein** **ア**インツェルン, ア**ラ**イン	sole, individual ソウル, インディ**ヴィ**デュアル
たんなる **単なる** tannaru	**nur, bloß** **ヌ**ーア, ブ**ロ**ース	mere, simple ミア, **ス**インプル
たんに **単に** tanni	**nur** **ヌ**ーア	only, merely **オ**ウンリ, ミアリ
だんねんする **断念する** dannensuru	*auf et⁴* **verzichten, auf|geben** アオフ ‥ フェア**ツィ**ヒテン, **ア**オフゲーベン	give up, abandon ギヴ **ア**プ, ア**バ**ンドン
たんのうする **堪能する** tannousuru	*mit et³* **zufrieden sein** ミット ‥ ツフ**リ**ーデン ザイン	(be) satisfied with (ビ) **サ**ティスファイド ウィズ
たんのうな **堪能な** tannouna	**geschickt, bewandert** ゲ**シ**ックト, ベ**ヴァ**ンダート	proficient, good プロ**フィ**シェント, **グ**ド
たんぱ **短波** tanpa	*die* **Kurzwelle** **ク**ルツヴェレ	shortwave ショート**ウェ**イヴ
たんぱくしつ **たんぱく質** tanpakushitsu	*das* **Eiweiß** **ア**イヴァイス	protein プロウ**ティ**ーン
たんぱくな **淡白な** tanpakuna	**leicht** **ラ**イヒト	light, simple **ラ**イト, **ス**インプル
（性格が）	**offenherzig, unbefangen** **オ**ッフェンヘルツィヒ, **ウ**ンベファンゲン	frank, indifferent フランク, イン**ディ**ファレント
たんぺん **短編** tanpen	**kleines Stück,** *die* **Kurzgeschichte** ク**ラ**イネス シュ**テ**ュック, **ク**ルツゲシヒテ	short work ショート **ワ**ーク
だんぺん **断片** danpen	*das* **Fragment** フラグ**メ**ント	fragment フラグ**メ**ント
たんぼ **田んぼ** tanbo	*das* **Reisfeld** **ラ**イスフェルト	rice field **ラ**イス **フィ**ールド

日	独	英
<ruby>担保<rt>たんぽ</rt></ruby> tanpo	*das* **Pfand**, *die* **Sicherheit** プファント, ズィヒャーハイト	security, mortgage スィ**キュ**アリティ, **モー**ギヂ
<ruby>暖房<rt>だんぼう</rt></ruby> danbou	*die* **Heizung** ハイツング	heating **ヒー**ティング
<ruby>段ボール<rt>だんぼーる</rt></ruby> danbooru	*die* **Wellpappe** ヴェルパッペ	corrugated paper **コー**ラゲイテド **ペ**イパ
<ruby>タンポン<rt>たんぽん</rt></ruby> tanpon	*der* **Tampon** タンポン	tampon **タ**ンパン
<ruby>端末<rt>たんまつ</rt></ruby> tanmatsu	*das* **Terminal**, *das* **Computerterminal** テーアミナル, コンピューターテーアミナル	terminal **ター**ミナル
<ruby>断面<rt>だんめん</rt></ruby> danmen	*der* **Schnitt**, *die* **Schnittfläche** シュニット, シュニットフレッヒェ	cross section ク**ロー**ス **セ**クション
<ruby>段落<rt>だんらく</rt></ruby> danraku	*der* **Absatz**, *der* **Einschnitt** アップザッツ, **ア**インシュニット	paragraph **パ**ラグラフ
<ruby>暖流<rt>だんりゅう</rt></ruby> danryuu	**warme Meeresströmung** ヴァルメ メーレスシュトレーミング	warm current **ウォ**ーム **カ**ーレント
<ruby>弾力<rt>だんりょく</rt></ruby> danryoku	*die* **Elastizität** エラスティツィテート	elasticity イラス**ティ**スィティ
<ruby>暖炉<rt>だんろ</rt></ruby> danro	*der* **Kamin**, *der* **Ofen** カミーン, **オ**ーフェン	fireplace **ファ**イアプレイス
<ruby>談話<rt>だんわ</rt></ruby> danwa	*das* **Gespräch** ゲシュプレーヒ	talk, conversation **トー**ク, カンヴァ**セ**イション

ち, チ

日	独	英
<ruby>血<rt>ち</rt></ruby> chi	*das* **Blut** ブルート	blood ブ**ラ**ド
<ruby>チアノーゼ<rt>ちあのーぜ</rt></ruby> chianooze	*die* **Zyanose** ツュア**ノ**ーゼ	cyanosis サイア**ノ**ウスィス

日	独	英
ちあん **治安** chian	**öffentliche Sicherheit** エッフェントリヒェ ズィヒャーハイト	(public) peace, (public) order (パブリク) ピース,(パブリク) オーダ
ちい **地位** (階級・等級) chii	*die* **Stellung,** *der* **Status** シュテルング,シュタートゥス	rank ランク
(役職・立場)	*die* **Position,** *die* **Stellung** ポズィツィオーン,シュテルング	position ポズィション
ちいき **地域** chiiki	*das* **Gebiet** ゲビート	region, zone リーヂョン,ゾウン
ちいさい **小さい** chiisai	**klein** クライン	small, little スモール,リトル
(微細な)	**winzig, fein** ヴィンツィヒ,ファイン	minute, fine マイニュート,ファイン
(幼い)	**klein, jung** クライン,ユング	little, young リトル,ヤング
ちーず **チーズ** chiizu	*der* **Käse** ケーゼ	cheese チーズ
ちーむ **チーム** chiimu	*die* **Mannschaft,** *das* **Team** マンシャフト,ティーム	team ティーム
～ワーク	*das* **Teamwork** ティームウェーク	teamwork ティームワーク
ちえ **知恵** chie	*die* **Weisheit** ヴァイスハイト	wisdom, intelli- gence ウィズダム,インテリヂェンス
ちぇーん **チェーン** cheen	*die* **Kette** ケッテ	chain チェイン
～店	*die* **Ladenkette** ラーデンケッテ	chain store チェイン ストー
ちぇこ **チェコ** cheko	(*das*) **Tschechien** チェヒエン	Czech Republic チェク リパブリク

日	独	英
ちぇっくする **チェックする** chekkusuru	**prüfen, an|kreuzen** プリューフェン, アンクロイツェン	check チェク
ちぇろ **チェロ** chero	*das* **Cello**, *das* **Violoncello** チェロ, ヴィオロンチェロ	cello チェロウ
ちぇんばろ **チェンバロ** chenbaro	*das* **Cembalo** チェンバロ	cembalo チェンバロウ
ちかい **近い** chikai	**nahe** ナーエ	near, close to ニア, クロウス トゥ
ちかい **地階** chikai	*das* **Untergeschoss**, *das* **Souterrain** ウンターゲショス, ズテレーン	basement ベイスメント
ちがい **違い** chigai	*der* **Unterschied** ウンターシート	difference ディフレンス
ちがいほうけん **治外法権** chigaihouken	*die* **Exterritorialität** エクステリトリアリテート	extraterritorial rights エクストラテリトーリアル ライツ
ちかう **誓う** chikau	**schwören** シュヴェーレン	vow, swear ヴァウ, スウェア
ちがう **違う** chigau	*sich⁴ von et³/j³* **unterscheiden** ‥フォン‥ウンターシャイデン	differ from ディファ フラム
ちかく **知覚** chikaku	*die* **Wahrnehmung** ヴァールネームング	perception パセプション
ちがく **地学** chigaku	**physische Geographie** フューズィシェ ゲオグラフィー	physical geography フィズィカル ヂアグラフィ
ちかごろ **近頃** chikagoro	**heutzutage, neulich** ホイトツターゲ, ノイリヒ	recently, these days リーセントリ, ズィーズ デイズ
ちかしつ **地下室** chikashitsu	*der* **Keller** ケラー	basement, cellar ベイスメント, セラ
ちかづく **近付く** chikazuku	*sich⁴* **nähern, heran|kommen** ‥ネーアーン, ヘランコメン	approach アプロウチ

ち

日	独	英
ちかてつ **地下鉄** chikatetsu	*die* **U-Bahn,** *die* **Unter-grundbahn** ウーバーン，ウンターグルントバーン	subway, Ⓑunder-ground, Tube サブウェイ，アンダグラウンド，テューブ
ちかどう **地下道** chikadou	*die* **Straßenunterführung** シュトラーセンウンターフーールング	underpass, subway アンダパス，サブウェイ
ちかの **地下の** chikano	**unterirdisch** ウンターイルディシュ	underground, sub-terranean アンダグラウンド，サブタレイニアン
ちかみち **近道** chikamichi	*die* **Abkürzung** アップキュルツング	shortcut ショートカト
ちかよる **近寄る** chikayoru	*an j⁴/et⁴* **heran|kommen** アン‥ヘランコメン	approach アプロウチ
力　（権力・活力） chikara	*die* **Kraft,** *die* **Macht** クラフト，マハト	power, energy パウア，エナヂ
（能力）	*die* **Fähigkeit** フェーイヒカイト	ability, power アビリティ，パウア
ちきゅう **地球** chikyuu	**die Erde** ディー エーアデ	earth アース
〜儀	*der* **Globus** グローブス	globe グロウブ
ちぎる **千切る** chigiru	**ab|reißen, brechen** アップライセン，ブレッヒェン	tear off テア オフ
ちく **地区** chiku	*der* **Bezirk,** *das* **Gebiet** ベツィルク，ゲビート	district, section ディストリクト，セクション
ちくさん **畜産** chikusan	*die* **Viehzucht** フィーツフト	stockbreeding スタクブリーディング
ちくせき **蓄積** chikuseki	*die* **Anhäufung** アンホイフング	accumulation アキューミュレイション
ちくのうしょう **蓄膿症** chikunoushou	*das* **Empyem** エンピュエーム	empyema エンピイーマ

日	独	英
ちけい **地形** chikei	*die* **Topographie** トポグラフィー	terrain, topography テレイン, トパグラフィ
ちけっと **チケット** chiketto	*das* **Ticket,** *die* **Eintritts-karte** ティケット, アイントリッツカルテ	ticket ティケト
ちこくする **遅刻する** chikokusuru	*sich[4]* **verspäten, zu spät kommen** ‥ フェアシュペーテン, ツー シュペート コメン	(be) late for (ビ) レイト フォ
ちじ **知事** chiji	*der* (*die*) **Gouverneur(*in*)** グヴェルネーア(-リン)	governor ガヴァナ
ちしき **知識** chishiki	*die* **Kenntnis,** *das* **Wissen** ケントニス, ヴィッセン	knowledge ナリヂ
ちしつ **地質** chishitsu	*die* **Bodenbeschaffenheit** ボーデンベシャッフェンハイト	nature of the soil ネイチャ オヴ ザ ソイル
ちじょう **地上** chijou	*der* **Boden,** *der* **Erdboden** ボーデン, エーアトボーデン	ground グラウンド
ちじん **知人** chijin	*der/die* **Bekannte** ベカンテ	acquaintance アクウェインタンス
ちず **地図** chizu	*die* **Landkarte,** *der* **Stadt-plan** ラントカルテ, シュタットプラーン	map, atlas マプ, アトラス
ちせい **知性** chisei	*der* **Intellekt,** *die* **Intelli-genz** インテレクト, インテリゲンツ	intellect, intelligence インテレクト, インテリヂェンス
ちそう **地層** chisou	*die* **Erdschicht** エーアトシヒト	stratum, layer ストレイタム, レイア
ちたい **地帯** chitai	*die* **Zone** ツォーネ	zone, region ゾウン, リーヂョン
ちたん **チタン** chitan	*das* **Titan** ティターン	titanium タイテイニアム
ちち **乳** (乳房) chichi	*die* **Brust,** *der* **Busen** ブルスト, ブーゼン	breasts ブレスツ

日	独	英
（母乳）	*die* **Milch**, *die* **Muttermilch** ミルヒ，**ム**ッターミルヒ	mother's milk **マ**ザズ **ミ**ルク
ちち **父** chichi	*der* **Vater** **ファ**ーター	father **ファ**ーザ
～方	**väterlicherseits** **フェ**ーターリヒャーザイツ	father's side **ファ**ーザズ **サ**イド
ちぢまる **縮まる** chijimaru	**gekürzt werden** ゲ**キュ**ルツト **ヴェ**ーアデン	(be) shortened (ビ) **ショ**ートンド
ちぢむ **縮む** chijimu	**schrumpfen, ein|laufen** シュ**ル**ンプフェン，**ア**インラオフェン	shrink シュ**リ**ンク
ちぢめる **縮める** chijimeru	**verkürzen, ab|kürzen** フェア**キュ**ルツェン，**ア**ップキュルツエン	shorten, abridge **ショ**ートン，アブ**リ**ヂ
ちちゅうかい **地中海** chichuukai	**das Mittelmeer** ダス **ミ**ッテルメーア	Mediterranean メディタ**レ**イニアン
ちぢれる **縮れる** chijireru	*sich*[4] **kräuseln** ‥ ク**ロ**イゼルン	(be) curled, wrinkle (ビ) **カ**ールド，**リ**ンクル
ちつじょ **秩序** chitsujo	*die* **Ordnung** **オ**ルドヌング	order **オ**ーダ
ちっそ **窒素** chisso	*der* **Stickstoff** シュ**ティ**ックシュトフ	nitrogen **ナ**イトロヂェン
ちっそくする **窒息する** chissokusuru	**ersticken** エアシュ**ティ**ッケン	(be) suffocated (ビ) **サ**フォケイテド
ちてきな **知的な** chitekina	**intellektuell** インテレク**トゥ**エル	intellectual インテ**レ**クチュアル
ちのう **知能** chinou	*die* **Intelligenz**, *der* **Intellekt** インテリ**ゲ**ンツ，**イ**ンテレクト	intellect, intelligence **イ**ンテレクト，インテ**リ**ヂェンス
ちぶさ **乳房** chibusa	*die* **Brust**, *der* **Busen** ブ**ル**スト，**ブ**ーゼン	breasts ブ**レ**スツ

日	独	英
ちへいせん **地平線** chiheisen	*der* **Horizont** ホリ**ツォ**ント	horizon ホ**ラ**イズン
ちほう **地方** chihou	*die* **Region**, *das* **Land** レギ**オ**ーン，**ラ**ント	locality, (the) country ロウ**キャ**リティ, (ザ) **カ**ントリ
ちみつな **緻密な** chimitsuna	**genau** ゲ**ナ**オ	minute, fine マイ**ニュ**ート，**ファ**イン
ちめい **地名** chimei	*der* **Ortsname** **オ**ルツナーメ	place-name プ**レ**イスネイム
ちめいど **知名度** chimeido	*der* **Bekanntheitsgrad** ベ**カ**ントハイツグラート	recognizability レカグナイザ**ビ**リティ
ちゃ **茶** cha	*der* **Tee** **テ**ー	tea **ティ**ー
ちゃーたーする **チャーターする** chaataasuru	**chartern, mieten** **チャ**ルターン，**ミ**ーテン	charter **チャ**ータ
ちゃーみんぐな **チャーミングな** chaaminguna	**charmant, reizend** シャル**マ**ント，**ラ**イツェント	charming **チャ**ーミング
ちゃいろ **茶色** chairo	*das* **Braun** ブ**ラ**オン	brown ブ**ラ**ウン
ちゃくじつな **着実な** chakujitsuna	**sicher, zuverlässig** **ズィ**ヒャー，**ツ**ーフェアレスィヒ	steady ス**テ**ディ
ちゃくじつに **着実に** chakujitsuni	**sicher, zuverlässig** **ズィ**ヒャー，**ツ**ーフェアレスィヒ	steadily ス**テ**ディリ
ちゃくしょくする **着色する** chakushokusuru	**färben** **フェ**ルベン	color, paint **カ**ラ，**ペ**イント
ちゃくせきする **着席する** chakusekisuru	**Platz nehmen**, *sich⁴* **setzen** プ**ラ**ッツ **ネ**ーメン，‥**ゼ**ッツェン	sit down ス**イ**ト **ダ**ウン
ちゃくちする **着地する** chakuchisuru	**landen** **ラ**ンデン	land **ラ**ンド

日	独	英
ちゃくちゃくと **着々と** chakuchakuto	**stetig, Schritt für Schritt** シュテーティヒ, シュリット フーア シュリット	steadily ステディリ
ちゃくばらい **着払い** chakubarai	*die* **Nachnahme** ナーハナーメ	collect on delivery コレクト オン ディリヴァリ
ちゃくようする **着用する** chakuyousuru	**tragen, an|haben** トラーゲン, アンハーベン	wear ウェア
ちゃくりく **着陸** chakuriku	*die* **Landung** ランドゥング	landing ランディング
〜する	**landen** ランデン	land ランド
ちゃりてぃー **チャリティー** charitii	*die* **Wohltätigkeit,** *die* **Karitas** ヴォールテーティヒカイト, カーリタス	charity チャリティ
ちゃれんじする **チャレンジする** charenjisuru	**heraus|fordern** ヘラオスフォルダーン	challenge チャレンヂ
ちゃわん **茶碗** chawan	*die* **Tasse,** *die* **Reisschale** タッセ, ライスシャーレ	rice bowl ライス ボウル
ちゃんす **チャンス** chansu	*die* **Chance,** *die* **Gelegenheit** シャーンセ, ゲレーゲンハイト	chance, opportunity チャンス, アパチューニティ
ちゃんと **ちゃんと** (きちんと) chanto	**ordentlich, genau** オルデントリヒ, ゲナオ	neatly ニートリ
(正しく)	**richtig** リヒティヒ	properly プラパリ
(まちがいなく)	**ganz bestimmt** ガンツ ベシュティムト	without fail ウィザウト フェイル
ちゃんねる **チャンネル** channeru	*der* **Kanal** カナール	channel チャネル
ちゃんぴおん **チャンピオン** chanpion	*der* **Champion** チェンピエン	champion チャンピオン

日	独	英
<ruby>注意<rt>ちゅうい</rt></ruby> （留意） chuui	*die* **Achtung,** *die* **Aufmerksamkeit** アハトゥング，アオフメルクザームカイト	attention アテンション
〜**する** （留意する）	**achten,** *auf et⁴/j⁴* **auf|passen** アハテン，アオフ‥アオフパッセン	pay attention to ペイ アテンション トゥ
（警告）	*die* **Warnung,** *die* **Vorsicht** ヴァルヌング，フォーアズィヒト	caution, warning コーション，ウォーニング
〜**する** （警告する）	**warnen** ヴァルネン	warn ウォーン
（忠告）	*der* **Rat** ラート	advice アドヴァイス
〜**する** （忠告する）	**raten** ラーテン	advise アドヴァイズ
<ruby>中央<rt>ちゅうおう</rt></ruby> chuuou	*die* **Mitte,** *das* **Zentrum** ミッテ，ツェントルム	center, Ⓑcentre センタ，センタ
<ruby>中央アメリカ<rt>ちゅうおうあめりか</rt></ruby> chuuouamerika	*(das)* **Mittelamerika** ミッテルアメーリカ	Central America セントラル アメリカ
<ruby>仲介<rt>ちゅうかい</rt></ruby> chuukai	*die* **Vermittlung** フェアミットルング	mediation ミーディエイション
〜**者**	*der(die)* **Vermittler(*in*)** フェアミットラー(・レリン)	mediator ミーディエイタ
〜**する**	*zwischen j³* **vermitteln** ツヴィッシェン‥フェアミッテルン	mediate between ミーディエイト ビトウィーン
<ruby>中学<rt>ちゅうがく</rt></ruby> chuugaku	*die* **Mittelschule** ミッテルシューレ	junior high school ヂューニア ハイ スクール
〜**生**	*der(die)* **Mittelschüler(*in*)** ミッテルシューラー(・レリン)	junior high school student ヂューニア ハイ スクール ステューデント
<ruby>中華料理<rt>ちゅうかりょうり</rt></ruby> chuukaryouri	**chinesische Küche** ヒネーズィシェ キュッヒェ	Chinese food チャイニーズ フード

日	独	英
ちゅうかん **中間** chuukan	*die* **Mitte** ミッテ	middle ミドル
ちゅうきゅうの **中級の** chuukyuuno	**mittler** ミットラー	intermediate インタミーディエト
ちゅうけい **中継** chuukei	*die* **Übertragung** ユーバートラーグング	relay リーレイ
～する	**übertragen** ユーバートラーゲン	relay リーレイ
～放送	*die* **Rundfunkübertragung** ルントフンクユーバートラーグング	relay broadcast リーレイ ブロードキャスト
ちゅうこく **忠告** chuukoku	*der* **Rat**, *der* **Ratschlag** ラート, ラートシュラーク	advice アドヴァイス
～する	**raten, einen Rat geben** ラーテン, アイネン ラート ゲーベン	advise アドヴァイズ
ちゅうごく **中国** chuugoku	(*das*) **China** ヒーナ	China チャイナ
～語	*das* **Chinesisch** ヒネーズィシュ	Chinese チャイニーズ
ちゅうこの **中古の** chuukono	**gebraucht, aus zweiter Hand** ゲブラオホト, アオス ツヴァイター ハント	used, secondhand ユーズド, セカンドハンド
ちゅうざい **駐在** chuuzai	*der* **Aufenthalt** アオフエントハルト	residence レズィデンス
ちゅうさいする **仲裁する** chuusaisuru	**schlichten** シュリヒテン	arbitrate アービトレイト
ちゅうし **中止** chuushi	*das* **Aufhören**, *der* **Ab-bruch** アオフヘーレン, アップブルフ	suspension, cancellation サスペンション, キャンセレイション
～する	**auf|hören, ab|brechen** アオフヘーレン, アップブレッヒェン	stop, suspend スタプ, サスペンド

468

日	独	英
ちゅうじえん **中耳炎** chuujien	*die* **Mittelohrentzündung** ミッテルオーアエントツュンドゥング	otitis media オウ**タ**イティス ミーディア
ちゅうじつな **忠実な** chuujitsuna	**treu, getreu** トロイ, ゲトロイ	faithful **フェ**イスフル
ちゅうしゃ **注射** chuusha	*die* **Injektion,** *die* **Spritze** インイェクツィオーン, シュプリッツェ	injection, shot イン**ヂェ**クション, **シャ**ト
ちゅうしゃ **駐車** chuusha	*das* **Parken** パルケン	parking **パー**キング
〜禁止	**Parken verboten!** パルケン フェア**ボー**テン	No Parking ノウ **パー**キング
〜場	*der* **Parkplatz** パルクプラッツ	parking lot **パー**キング **ラ**ト
ちゅうしゃく **注釈** chuushaku	*die* **Anmerkung** アンメルクング	notes, annotation ノウツ, アノ**テ**イション
ちゅうじゅん **中旬** chuujun	*die* **Monatsmitte** モーナツミッテ	middle of **ミ**ドル オヴ
ちゅうしょう **抽象** chuushou	*die* **Abstraktion** アプストラクツィオーン	abstraction アプスト**ラ**クション
〜画	**abstrakte Malerei** アプスト**ラ**クテ マーレライ	abstract painting **ア**ブストラクト **ペ**インティング
〜的な	**abstrakt** アプスト**ラ**クト	abstract アプスト**ラ**クト
ちゅうしょうきぎょう **中小企業** chuushoukigyou	*der* **Klein- und Mittelbe-trieb** クライン ウント ミッテルベト**リー**プ	small and medi-um-sized business ス**モー**ル アンド ミーディアムサ イズド **ビ**ズネス
ちゅうしょうする **中傷する** chuushousuru	**verleumden** フェア**ロ**イムデン	slander, speak ill of ス**ラ**ンダ, ス**ピ**ーク **イ**ル オヴ
ちゅうしょく **昼食** chuushoku	*das* **Mittagessen** ミッタークエッセン	lunch **ラ**ンチ

日	独	英
ちゅうしん **中心** chuushin	*der* **Mittelpunkt,** *das* **Zentrum** ミッテルプンクト，ツェントルム	center, core, Ⓑcentre センタ，コー，センタ
ちゅうすいえん **虫垂炎** chuusuien	*die* **Blinddarmentzündung** ブリントダルムエントツュンドゥング	appendicitis アペンディサイティス
ちゅうすう **中枢** chuusuu	*das* **Zentrum** ツェントルム	center, Ⓑcentre センタ，センタ
ちゅうせい **中世** chuusei	*das* **Mittelalter** ミッテルアルター	Middle Ages ミドル エイヂェズ
～の	**mittelalterlich** ミッテルアルターリヒ	medieval メディイーヴァル
ちゅうせいし **中性子** chuuseishi	*das* **Neutron** ノイトロン	neutron ニュートラン
ちゅうぜつ （妊娠の） **中絶** chuuzetsu	*der* **Schwangerschaftsabbruch** シュヴァンガーシャフツアップブルフ	abortion アボーション
ちゅうせん **抽選** chuusen	*die* **Verlosung** フェアローズング	lottery ラタリ
ちゅうたいする **中退する** chuutaisuru	**Ausbildung ab|brechen** アオスビルドゥング アップブレッヒェン	dropout, leave school ドラパウト，リーヴ スクール
ちゅうだんする **中断する** chuudansuru	**unterbrechung, ab|brechen** ウンターブレッヒュング，アップブレッヒェン	interrupt インタラプト
ちゅうちょする **躊躇する** chuuchosuru	**zögern** ツェーガーン	hesitate ヘズィテイト
ちゅうとう **中東** chuutou	**Mittlerer Osten** ミットレラー オステン	Middle East ミドル イースト
ちゅうとうきょういく **中等教育** chuutoukyouiku	**höhere Schulbildung** ヘーエレ シュールビルドゥング	secondary education セカンデリ エデュケイション
ちゅうどく **中毒** chuudoku	*die* **Vergiftung** フェアギフトゥング	poisoning ポイズニング

日	独	英
ちゅうとで **中途で** chuutode	**halbwegs, auf dem hal-ben Weg** ハルプ**ヴェ**ークス, アオフ デム ハルベン **ヴェ**ーク	halfway ハフ**ウェ**イ
ちゅーにんぐ **チューニング** chuuningu	*das* **Einstellen** **ア**インシュテレン	tuning **テュ**ーニング
ちゅうねん **中年** chuunen	**mittleres Alter** ミットレレス **ア**ルター	middle age **ミ**ドル **エ**イヂ
ちゅうもくする **注目する** chuumokusuru	*auf j*[4]*/et*[4] **achten** アオフ‥ **ア**ハテン	take notice of, pay attention to **テ**イク **ノ**ウティス オヴ, **ペ**イ ア**テ**ンション トゥ
ちゅうもん **注文** chuumon	*die* **Bestellung,** *der* **Auf-trag** ベシュ**テ**ルング, **ア**オフトラーク	order **オ**ーダ
〜する	**bestellen** ベシュ**テ**レン	order **オ**ーダ
ちゅうりつの **中立の** chuuritsuno	**neutral** ノイト**ラ**ール	neutral **ニュ**ートラル
ちゅうりゅうかいきゅう **中流階級** chuuryuukaikyuu	*die* **Mittelklasse** ミッテルクラッセ	middle classes **ミ**ドル ク**ラ**セズ
ちゅうわする **中和する** chuuwasuru	**neutralisieren** ノイトラリ**ズィ**ーレン	neutralize **ニュ**ートララ**イ**ズ
ちゅにじあ **チュニジア** chunijia	*(das)* **Tunesien** トゥ**ネ**ージエン	Tunisia テュー**ニ**ージャ
ちょう **腸** chou	*der* **Darm** **ダ**ルム	intestines イン**テ**スティンズ
ちょう **蝶** chou	*der* **Schmetterling** シュ**メ**ッターリング	butterfly **バ**タフライ
ちょういんする **調印する** chouinsuru	**unterzeichnen** ウンター**ツァ**イヒネン	sign **サ**イン
ちょうえつする **超越する** chouetsusuru	**transzendieren** トランスツェン**ディ**ーレン	transcend トラン**セ**ンド

471

ち

日	独	英
ちょうおんぱ **超音波** chouonpa	*der* **Ultraschall** ウルトラシャル	ultrasound アルトラサウンド
ちょうかく **聴覚** choukaku	*das* **Gehör** ゲヘーア	sense of hearing センス オヴ ヒアリング
ちょうかする **超過する** choukasuru	**überschreiten** ユーバーシュライテン	exceed イクスィード
ちょうかん **朝刊** choukan	*das* **Morgenblatt**, *die* **Morgenausgabe** モルゲンブラット, モルゲンアオスガーベ	morning paper モーニング ペイパ
ちょうきの **長期の** choukino	**langfristig, dauerhaft** ラングフリスティヒ, ダオアーハフト	long term ローング ターム
ちょうきょうする **調教する** choukyousuru	**dressieren, ab|richten** ドレスィーレン, アップリヒテン	train in, break in トレイン イン, ブレイク イン
ちょうきょり **長距離** choukyori	*die* **Langstrecke** ラングシュトレッケ	long distance ローング ディスタンス
ちょうこう **聴講** choukou	*der* **Besuch einer Vorlesung** ベズーフ アイナー フォーアレーズング	auditing オーディティング
〜生	*der*(*die*) **Hörer**(*in*) **einer Vorlesung** ヘーラー(-レリン) アイナー フォーアレーズング	auditor オーディタ
ちょうごうする **調合する** chougousuru	**zu|bereiten, mengen** ツーベライテン, メンゲン	prepare, mix プリペア, ミクス
ちょうこうそうびる **超高層ビル** choukousoubiru	*der* **Wolkenkratzer** ヴォルケンクラッツァー	skyscraper スカイスクレイパ
ちょうこく **彫刻** choukoku	*die* **Skulptur**, *die* **Plastik** スクルプトゥーア, プラスティク	sculpture スカルプチャ
ちょうさする **調査する** chousasuru	**untersuchen, nach|forschen** ウンターズーヘン, ナーハフォルシェン	investigate, examine インヴェスティゲイト, イグザミン
ちょうし (具合・加減) **調子** choushi	*die* **Kondition**, *der* **Zustand** コンディツィオーン, ツーシュタント	condition コンディション

日	独	英
（拍子）	*der* **Takt,** *der* **Rhythmus** タクト, リュトムス	time, rhythm タイム, リズム
ちょうしゅう **聴衆** choushuu	*der*(*die*) **Zuhörer(***in***),** *das* **Publikum** ツーヘーラー(-.レリン), プープリクム	audience オーディエンス
ちょうしょ **長所** chousho	*der* **Vorteil,** *die* **Stärke** フォルタイル, シュテルケ	strong point, merit ストローング ポイント, メリト
ちょうじょ **長女** choujo	**älteste Tochter** アルテステ トホター	oldest daughter オウルデスト ドータ
ちょうじょう **頂上** choujou	*der* **Gipfel** ギプフェル	summit サミト
ちょうしょうする **嘲笑する** choushousuru	**verspotten, aus|lachen** フェアシュポッテン, アオスラッヘン	laugh at, ridicule ラフ アト, リディキュール
ちょうしょく **朝食** choushoku	*das* **Frühstück** フリューシュテュック	breakfast ブレクファスト
ちょうせいする **調整する** chouseisuru	**an|passen** アンパッセン	adjust アヂャスト
ちょうせつ **調節** chousetsu	*die* **Einstellung,** *die* **Regulierung** アインシュテルング, レグリールング	regulation, control レギュレイション, コントロウル
～する	**ein|stellen, regulieren** アインシュテレン, レグリーレン	regulate, control レギュレイト, コントロウル
ちょうせん **挑戦** chousen	*die* **Herausforderung** ヘラオスフォルデルング	challenge チャレンヂ
～者	*der*(*die*) **Herausforderer(***-in***)** ヘラオスフォルデラー(-.デリン)	challenger チャレンヂャ
～する	**heraus|fordern** ヘラオスフォルダーン	challenge チャレンヂ
ちょうたつする **調達する** choutatsusuru	**an|schaffen** アンシャッフェン	supply, provide サプライ, プロヴァイド

日	独	英
ちょうちふす **腸チフス** chouchifusu	*der* **Typhus** テーフス	typhoid タイフォイド
ちょうちょう **町長** chouchou	*der*(*die*) **Bürgermeister**(*in*) ビュルガーマイスター(-テリン)	mayor メイア
ちょうていする **調停する** chouteisuru	**schlichten, bei‖legen** シュリヒテン, バイレーゲン	arbitrate アービトレイト
ちょうてん **頂点** chouten	*der* **Höhepunkt** ヘーエプンクト	peak ピーク
ちょうど **丁度** choudo	**gerade, genau** ゲラーデ, ゲナオ	just, exactly チャスト, イグザクトリ
ちょうなん **長男** chounan	**ältester Sohn** エルテスター ゾーン	oldest son オウルデスト サン
ちょうのうりょく **超能力** chounouryoku	**übernatürliche Kraft** ユーバーナテューアリヒェ クラフト	extrasensory perception, ESP エクストラセンソリ パセプション, イーエスピー
ちょうふくする **重複する** choufukusuru	*sich⁴* **wiederholen** ‥ヴィーダーホーレン	(be) repeated (ビ) リピーテド
ちょうへい **徴兵** chouhei	*die* **Einberufung** アインベルーフング	conscription, draft コンスクリプション, ドラフト
ちょうへんしょうせつ **長編小説** chouhenshousetsu	*der* **Roman** ロマーン	long novel ロング ナヴェル
ちょうほうけい **長方形** chouhoukei	*das* **Rechteck** レヒトエック	rectangle レクタングル
ちょうほうな **重宝な** chouhouna	**praktisch, nützlich** プラクティシュ, ニュッツリヒ	handy, convenient ハンディ, コンヴィーニェント
ちょうみりょう **調味料** choumiryou	*das* **Gewürz** ゲヴュルツ	seasoning スィーズニング
ちょうやく **跳躍** chouyaku	*der* **Sprung,** *der* **Satz** シュプルング, ザッツ	jump チャンプ

日	独	英
ちょうり **調理** chouri	*die* **Zubereitung** ツーベライトゥング	cooking クキング
〜する	**kochen** コッヘン	cook クク
ちょうりつ **調律** chouritsu	*das* **Stimmen** シュティメン	tuning テューニング
ちょうりゅう **潮流** chouryuu	*die* **Strömung** シュトレームング	tide, tidal current タイド, タイダル カーレント
ちょうりょく **聴力** chouryoku	*das* **Gehör**, *der* **Hörsinn** ゲヘーア, ヘーアズィン	listening ability リスニング アビリティ
ちょうれい **朝礼** chourei	*der* **Morgenappell** モルゲンアペル	morning meeting モーニング ミーティング
ちょうわする **調和する** chouwasuru	**harmonieren, überein|- stimmen** ハルモニーレン, ウーバーアインシュティメン	(be) in harmony with (ビ) イン ハーモニ ウィズ
ちょきん **貯金** chokin	*das* **Ersparte**, *die* **Erspar- nisse** *pl.* エアシュパールテ, エアシュパールニセ	savings, deposit セイヴィングズ, ディパズィット
〜する	**Geld sparen** ゲルト シュパーレン	save セイヴ
ちょくしんする **直進する** chokushinsuru	**geradeaus gehen** ゲラーデアオス ゲーエン	go straight ahead ゴウ ストレイト アヘド
ちょくせつぜい **直接税** chokusetsuzei	**direkte Steuer** ディレクテ シュトイアー	direct tax ディレクト タクス
ちょくせつの **直接の** chokusetsuno	**direkt, unmittelbar** ディレクト, ウンミッテルバール	direct ディレクト
ちょくせん **直線** chokusen	**gerade Linie**, *die* **Gerade** ゲラーデ リーニエ, ゲラーデ	straight line ストレイト ライン
ちょくちょう **直腸** chokuchou	*der* **Mastdarm** マストダルム	rectum レクタム

日	独	英
ちょくつうの **直通の** chokutsuuno	**direkt** ディレクト	direct, nonstop ディレクト, **ナ**ンス**タ**プ
ちょくばい **直売** chokubai	*der* **Direktverkauf** ディレクトフェアカオフ	direct sales ディレクト **セ**イルズ
ちょくめんする **直面する** chokumensuru	**gegenüber|stehen** ゲーゲン**ユ**ーバーシュテーエン	face, confront **フェ**イス, コン**フラ**ント
ちょくやく **直訳** chokuyaku	**wörtliche Übersetzung** ヴェルトリヒェ ユーバー**ゼ**ッツング	literal translation **リ**タラル トランス**レ**イション
ちょくりつの **直立の** chokuritsuno	**aufrecht** **ア**オフレヒト	vertical, erect **ヴァ**ーティカル, イ**レ**クト
ちょくりゅう **直流** chokuryuu	*der* **Gleichstrom** グ**ラ**イヒシュトローム	direct current, DC ディレクト **カ**ーレント, **ディ**ー**スィ**ー
ちょこれーと **チョコレート** chokoreeto	*die* **Schokolade** ショコ**ラ**ーデ	chocolate **チャ**コレト
ちょさくけん **著作権** chosakuken	*das* **Urheberrecht** **ウ**ーアヘーバーレヒト	copyright **カ**ピライト
ちょしゃ **著者** chosha	*der* (*die*) **Autor(in)**, *der* (*die*) **Verfasser(in)** **ア**オトーア(・**ト**ーリン), フェア**ファ**ッサー(・セリン)	author, writer **オ**ーサ, **ラ**イタ
ちょすいち **貯水池** chosuichi	*das* **Reservoir** レゼルヴォ**ア**ール	reservoir **レ**ザヴワー
ちょぞうする **貯蔵する** chozousuru	**auf|bewahren, lagern** **ア**オフベヴァーレン, **ラ**ーガーン	store, keep ス**ト**ー, **キ**ープ
ちょちくする **貯蓄する** chochikusuru	**sparen** シュ**パ**ーレン	save **セ**イヴ
ちょっかく **直角** chokkaku	**rechter Winkel** レヒター **ヴィ**ンケル	right angle **ラ**イト **ア**ングル
ちょっかん **直感** chokkan	*die* **Intuition** イントゥイツィ**オ**ーン	intuition インテュ**イ**ション

日	独	英
〜的な	**intuitiv** イントゥイティーフ	intuitive インテューイティヴ
ちょっけい **直径** chokkei	*der* **Durchmesser** ドゥルヒメッサー	diameter ダイアメタ
ちょっこうする **直行する** chokkousuru	**durch|fahren, durch|gehen** ドゥルヒファーレン, ドゥルヒゲーエン	go direct ゴウ ディレクト
ちょっと　　（少し） **ちょっと** chotto	**ein bisschen, ein wenig** アイン ビスヒェン, アイン ヴェーニヒ	a little ア リトル
（短い時間）	**einen Augenblick** アイネン アオゲンブリック	for a moment フォア モウメント
ちらかる **散らかる** chirakaru	**zerstreut herum|liegen** ツェアシュトロイト ヘルムリーゲン	(be) scattered (ビ) スキャタド
ちり **地理** chiri	*die* **Geographie,** *die* **Erdkunde** ゲオグラフィー, エーアトクンデ	geography ヂアグラフィ
ちり **チリ** chiri	(*das*) **Chile** チーレ	Chile チリ
ちりょう **治療** chiryou	**ärztliche Behandlung** エーアツトリヒェ ベハンドルング	medical treatment メディカル トリートメント
〜する	**behandeln, kurieren** ベハンデルン, クリーレン	treat, cure トリート, キュア
ちんかする **沈下する** chinkasuru	**ab|sinken, sinken** アップズィンケン, ズィンケン	sink スィンク
ちんぎん **賃金** chingin	*der* **Lohn** ローン	wages, pay ウェイヂズ, ペイ
ちんじゅつする **陳述する** chinjutsusuru	**aus|sagen** アオスザーゲン	state ステイト
ちんじょう **陳情** chinjou	*das* **Gesuch** ゲズーフ	petition ピティション

日	独	英
ちんせいざい **鎮静剤** chinseizai	*das* **Beruhigungsmittel** ベルーイグングスミッテル	sedative セダティヴ
ちんたい **賃貸** chintai	*die* **Vermietung** フェアミートゥング	rent レント
ちんつうざい **鎮痛剤** chintsuuzai	*das* **Linderungsmittel**, *das* **Schmerzmittel** リンデルングスミッテル，シュメルツミッテル	analgesic アナルチーズィク
ちんでんする **沈殿する** chindensuru	*sich*[4] **nieder|schlagen** ‥ニーダーシュラーゲン	settle セトル
ちんぱんじー **チンパンジー** chinpanjii	*der* **Schimpanse** シンパンゼ	chimpanzee チンパンズィー
ちんぼつする **沈没する** chinbotsusuru	**sinken, unter|gehen** ズィンケン，ウンターゲーエン	sink スィンク
ちんもく **沈黙** chinmoku	*das* **Schweigen** シュヴァイゲン	silence サイレンス
ちんれつする **陳列する** chinretsusuru	**aus|stellen** アオスシュテレン	exhibit, display イグズィビト，ディスプレイ

つ, ツ

日	独	英
つい **対** tsui	*das* **Paar** パール	pair, couple ペア，カプル
ついか **追加** tsuika	*der* **Zusatz**, *der* **Nachtrag** ツーザッツ，ナーハトラーク	addition アディション
〜する	**hinzu|fügen, nach|tragen** ヒンツーフューゲン，ナーハトラーゲン	add to アド トゥ
ついきゅうする **追及する** tsuikyuusuru	**befragen** ベフラーゲン	cross-examine クロースイグザミン
ついきゅうする **追求する** tsuikyuusuru	**verfolgen, nach|jagen** フェアフォルゲン，ナーハヤーゲン	pursue, seek after パスー，スィーク アフタ

日	独	英
ついきゅうする **追究する** tsuikyuusuru	**erforschen, ermitteln** エアフォルシェン, エアミッテルン	investigate インヴェスティゲイト
ついせきする **追跡する** tsuisekisuru	**verfolgen, nach|gehen** フェアフォルゲン, **ナー**ハゲーエン	pursue, chase パスー, **チェ**イス
ついたち **一日** tsuitachi	**erster Tag des Monats** **エ**ーアスター **ターク** デス **モ**ーナツ	first day of the month **ファ**ースト デイ オヴ ザ **マ**ンス
ついている **ついている** tsuiteiru	**Glück haben** グリュック ハーベン	(be) lucky (ビ) **ラ**キ
ついとうする **追悼する** tsuitousuru	**trauern** トラオアーン	mourn **モ**ーン
ついとつする **追突する** tsuitotsusuru	*auf et⁴* **auf|fahren** アオフ ‥ **ア**オフファーレン	crash into the rear of **クラ**シュ イントゥ ザ **リ**ア オヴ
ついに **ついに** tsuini	**schließlich, endlich** シュリースリヒ, **エ**ントリヒ	at last アト **ラ**スト
ついほうする **追放する** tsuihousuru	**vertreiben, verbannen** フェア**トラ**イベン, フェア**バ**ネン	banish, expel **バ**ニシュ, イク**ス**ペル
ついやす **費やす** tsuiyasu	**auf|wenden, investieren** **ア**オフヴェンデン, インヴェス**ティ**ーレン	spend ス**ペ**ンド
ついらくする **墜落する** tsuirakusuru	**ab|stürzen** **ア**ップシュテュルツェン	crash ク**ラ**シュ
ついんるーむ **ツインルーム** tsuinruumu	*das* **Zweibettzimmer** ツ**ヴァ**イベットツィマー	twin room ト**ウィ**ン **ル**ーム
つうがくする **通学する** tsuugakusuru	**Schule besuchen, zur Schule gehen** **シュ**ーレ ベ**ズ**ーヘン, ツーア **シュ**ーレ **ゲ**ーエン	go to school **ゴ**ウ トゥ ス**クー**ル
つうかする **通過する** tsuukasuru	**passieren, vorbei|gehen** パス**ィ**ーレン, フォー**ア**バイゲーエン	pass by **パ**ス **バ**イ
つうきんする **通勤する** tsuukinsuru	**zur Arbeit fahren, zur Arbeit pendeln** ツーア **ア**ルバイト **ファ**ーレン, ツーア **ア**ルバイト ペンデルン	commute to work コ**ミュ**ート トゥ **ワ**ーク

日	独	英
つうこうにん **通行人** tsuukounin	*der*(*die*) **Passant(in)** パサント(-ティン)	passer-by パサバイ
つうじょうの **通常の** tsuujouno	**gewöhnlich, üblich** ゲヴェーンリヒ, ユープリヒ	usual, ordinary ユージュアル, オーディネリ
つうじる　（道などが） **通じる** tsuujiru	**führen** フューレン	go to, lead to ゴウ トゥ, リード トゥ
（電話が）	**mit** *j³/et³* **verbunden werden** ミット‥フェアブンデン ヴェーアデン	get through to ゲト スルー トゥ
つうしん **通信** tsuushin	*die* **Kommunikation,** *die* **Korrespondenz** コムニカツィオーン, コレスポンデンツ	communication コミューニケイション
つうち **通知** tsuuchi	*die* **Mitteilung,** *die* **Nachricht** ミットタイルング, ナーハリヒト	notice, notification ノウティス, ノウティフィケイション
～する	**mit|teilen, benachrichtigen** ミットタイレン, ベナーハリヒティゲン	inform, notify インフォーム, ノウティファイ
つうちょう **通帳** tsuuchou	*das* **Sparbuch** シュパールブーフ	passbook パスブク
つうやく **通訳** tsuuyaku	*der*(*die*) **Dolmetscher(in)** ドルメッチャー(-チェリン)	interpreter インタープリタ
～する	**dolmetschen** ドルメッチェン	interpret インタープリト
つうようする **通用する** tsuuyousuru	**gelten, gültig sein** ゲルテン, ギュルティヒ ザイン	pass for, (be) valid パス フォ, (ビ) ヴァリド
つうれつな **痛烈な** tsuuretsuna	**hart, bitter** ハルト, ビッター	severe, bitter スィヴィア, ビタ
つうろ **通路** tsuuro	*der* **Gang,** *der* **Durchgang** ガング, ドゥルヒガング	passage, path パスィヂ, パス
つえ **杖** tsue	*der* **Stock** シュトック	stick, cane スティク, ケイン

日	独	英
つかい **使い** (使者) tsukai	*der* (*die*) **Bote(-*in*)** ボーテ(-ティン)	messenger メスィンヂャ
つかいかた **使い方** tsukaikata	*die* **Gebrauchsanweisung** ゲブラオホスアンヴァイズング	how to use ハウ トゥ ユーズ
つかいこなす **使いこなす** tsukaikonasu	**beherrschen, gut hand- haben** ベヘルシェン, グート ハントハーベン	have a good com- mand of ハヴ ア グド コマンド オヴ
つかう **使う** (使用する) tsukau	**gebrauchen, benutzen** ゲブラオヘン, ベヌッツェン	use, employ ユーズ, インプロイ
(費やす)	**aus|geben, verwenden** アオスゲーベン, フェアヴェンデン	spend スペンド
つかえる **仕える** tsukaeru	**bedienen, dienen** ベディーネン, ディーネン	serve サーヴ
つかのまの **束の間の** tsukanomano	**kurz, vorübergehend** クルツ, フォリューバーゲーエント	momentary モウメンテリ
つかまえる **捕まえる** (つかむ) tsukamaeru	**fangen, fassen** ファンゲン, ファッセン	catch キャチ
(逮捕する)	**fest|nehmen** フェストネーメン	arrest アレスト
(捕獲する)	**fangen** ファンゲン	capture キャプチャ
つかまる **掴まる** tsukamaru	*sich⁴ an et³* **fest|halten** ‥ アン ‥ フェストハルテン	grasp, hold on to グラスプ, ホウルド オン トゥ
つかむ **掴む** tsukamu	**greifen, packen** グライフェン, パッケン	seize, catch スィーズ, キャチ
つかれ **疲れ** tsukare	*die* **Ermüdung** エアミュードゥング	fatigue ファティーグ
つかれる **疲れる** tsukareru	**ermüden** エアミューデン	(be) tired (ビ) タイアド

つ

日	独	英
つき **月** tsuki	*der* **Mond** モーント	moon ムーン
（暦の）	*der* **Monat** モーナト	month マンス
つきあい **付き合い** tsukiai	*der* **Umgang**, *die* **Be-kanntschaft** ウムガング, ベカントシャフト	association アソウスィエイション
つきあう **付き合う** tsukiau	*mit j³* **verkehren** ミット‥フェアケーレン	keep company with キープ カンパニ ウィズ
つきあたり **突き当たり** tsukiatari	*das* **Ende** エンデ	end エンド
つきそう **付き添う** tsukisou	**begleiten** ベグ**ラ**イテン	attend on, accom-pany アテンド オン, アカンパニ
つぎたす **継ぎ足す** tsugitasu	**hinzu|fügen** ヒン**ツ**ーフューゲン	add to ア**ド** トゥ
つきづき **月々** tsukizuki	**Monat für Monat** モーナト フューア モーナト	every month エヴリ マンス
つぎつぎ **次々** tsugitsugi	**nacheinander, einer nach dem anderen** ナーハアイ**ナ**ンダー, **ア**イナー ナーハ デム **ア**ンデレン	one after another ワン アフタ アナザ
つきとめる **突き止める** tsukitomeru	**fest|stellen, heraus|fin-den** **フェ**ストシュテレン, ヘラオスフィンデン	find out, trace ファインド **ア**ウト, ト**レ**イス
つきなみな **月並みな** tsukinamina	**gewöhnlich** ゲ**ヴェ**ーンリヒ	common カモン
つぎに **次に** tsugini	**dann, als Nächstes** ダン, アルス **ネ**ーヒステス	next, secondly **ネ**クスト, **セ**カンドリ
つぎの **次の** tsugino	**folgend, nächst** **フォ**ルゲント, **ネ**ーヒスト	next, following **ネ**クスト, **ファ**ロウイング
つきひ **月日** tsukihi	*die* **Tage** *pl., die* **Zeit** **ター**ゲ, ツァイト	days, time **デ**イズ, **タ**イム

日	独	英
つきまとう **付きまとう** tsukimatou	*j³* **nach|laufen** ・・ ナーハラオフェン	follow about ファロウ アバウト
つぎめ **継ぎ目** tsugime	*die* **Fuge,** *die* **Verbin-dungsstelle** フーゲ, フェアビンドゥングスシュテレ	joint, juncture チョイント, チャンクチャ
つきよ **月夜** tsukiyo	*die* **Mondnacht** モーントナハト	moonlit night ムーンリト ナイト
つきる **尽きる** tsukiru	**aus|gehen,** *sich⁴* **erschöp-fen** アオスゲーエン, ・・ エアシェプフェン	(be) exhausted, run out (ビ) イグゾーステド, ラン アウト
つく **付く** tsuku	**kleben, haften** クレーベン, ハフテン	stick to, attach to スティク トゥ, アタチ トゥ
つく **突く** tsuku	**stoßen, stechen** シュトーセン, シュテッヒェン	thrust, pierce スラスト, ピアス
つく **着く** tsuku	**an|kommen, ein|treffen** アンコメン, アイントレッフェン	arrive at アライヴ アト
（席に）	**Platz nehmen,** *sich⁴* **set-zen** プラッツ ネーメン, ・・ ゼッツェン	take one's seat テイク スィート
つぐ **注ぐ** tsugu	**gießen, ein|schenken** ギーセン, アインシェンケン	pour ポー
つくえ **机** tsukue	*der* **Tisch,** *der* **Schreib-tisch** ティッシュ, シュライプティッシュ	desk, bureau デスク, ビュアロウ
つくす **尽くす** tsukusu	*sich⁴* **bemühen** ・・ ベミューエン	devote oneself ディヴォウト
つぐなう **償う** tsugunau	**entschädigen, ersetzen** エントシェーディゲン, エアゼッツェン	compensate for カンペンセイト フォ
つくりかた **作り方** tsukurikata	*die* **Herstellungsweise, Art und Weise** ヘーアシュテルングスヴァイゼ, アールト ウント ヴァイゼ	how to make ハウ トゥ メイク
つくりばなし **作り話** tsukuribanashi	*die* **Fiktion, erfundene Geschichte** フィクツィオーン, エアフンデネ ゲシヒテ	made-up story メイダプ ストーリ

日	独	英
つくる **作る** tsukuru	**machen** マッヘン	make メイク
（創作する） 	**schaffen** シャッフェン	create クリエイト
（形成する） 	**formen, bilden** フォルメン，ビルデン	form フォーム
つくろう **繕う** tsukurou	**reparieren, aus|bessern** レパリーレン，**ア**オスベッサーン	repair, mend リペア，メンド
（うわべを） 	**wahren** ヴァーレン	save セイヴ
つけあわせ **付け合わせ** tsukeawase	*die* **Garnierung** ガルニールング	garnish ガーニシュ
つけくわえる **付け加える** tsukekuwaeru	**hinzu|setzen, hinzu|fügen** ヒン**ツー**ゼッツェン，ヒン**ツー**フューゲン	add アド
つけもの **漬物** tsukemono	*das* **Eingelegte** **ア**インゲレークテ	pickles ピクルズ
つける **付ける** tsukeru	**befestigen, an|heften** ベフェスティゲン，**アン**ヘフテン	put, attach プト，ア**タ**チ
つける **着ける** tsukeru	**an|legen, tragen** **アン**レーゲン，ト**ラ**ーゲン	put on, wear プト オン，**ウェ**ア
つける **点ける** tsukeru	**an|machen, an|zünden** **アン**マッヘン，**アン**ツュンデン	light, set fire ライト，**セ**ト ファイア
つげる **告げる** tsugeru	**mit|teilen, benachrichtigen** **ミ**ットタイレン，ベナーハリヒティゲン	tell, inform **テ**ル，イン**フォ**ーム
つごう **都合** tsugou	*der* **Umstand,** *die* **Gele- genheit** **ウ**ムシュタント，グ**レ**ーゲンハイト	convenience カン**ヴィ**ーニェンス
〜のよい 	**günstig, recht** **ギュ**ンスティヒ，**レ**ヒト	convenient カン**ヴィ**ーニェント

485

日	独	英
つじつまがあう **辻褄が合う** tsujitsumagaau	**passen, überein|stimmen** パッセン, ユーバー**ア**インシュティメン	(be) consistent with (ビ) コンス**ィ**ステント ウィズ
つたえる **伝える** tsutaeru	**übermitteln, mit|teilen** ユーバー**ミ**ッテルン, **ミ**ットタイレン	tell, report **テ**ル, リ**ポ**ート
（伝授する）	**ein|weihen, ein|führen** **ア**インヴァイエン, **ア**インフューレン	teach, initiate **テ**ィーチ, イ**ニ**シエイト
（伝承する）	**überliefern** ユーバー**リ**ーファーン	hand down to **ハ**ンド **ダ**ウン トゥ
つたわる **伝わる** tsutawaru	**übermittelt werden** ユーバー**ミ**ッテルト **ヴェ**ーアデン	(be) conveyed (ビ) コン**ヴェ**イド
（噂などが）	*sich⁴* **verbreiten** ‥ フェア**ブ**ライテン	spread, pass ス**プ**レド, **パ**ス
（代々）	**überliefert werden** ユーバー**リ**ーファート **ヴェ**ーアデン	(be) handed down from (ビ) **ハ**ンデド **ダ**ウン フラム
つち **土** tsuchi	*die* **Erde**, *der* **Boden** **エ**ーアデ, **ボ**ーデン	earth, soil **ア**ース, **ソ**イル
つづき **続き** tsuzuki	*die* **Fortsetzung** **フォ**ルトゼッツング	sequel, continuation ス**ィ**ークウェル, コンティニュ**エ**イション
つつく **つつく** tsutsuku	**an|stoßen, picken** **ア**ンシュトーセン, **ピ**ッケン	poke at **ポ**ウク アト
つづく **続く** tsuzuku	**dauern**, *sich⁴* **fort|setzen** **ダ**オアーン, ‥ **フォ**ルトゼッツェン	continue, last コン**ティ**ニュー, **ラ**スト
（後に）	**folgen**, *sich⁴* **an|schließen** **フォ**ルゲン, ‥ **ア**ンシュリーセン	follow, succeed to **ファ**ロウ, サク**ス**ィード トゥ
つづける **続ける** tsuzukeru	**weiter|machen, fort|setzen** **ヴァ**イターマッヘン, **フォ**ルトゼッツェン	continue カン**ティ**ニュー
つっこむ **突っ込む** tsukkomu	**stecken** シュ**テ**ッケン	thrust into ス**ラ**スト **イ**ントゥ

日	独	英
つつしむ **慎む** tsutsushimu	*sich⁴* **enthalten**, *sich⁴* **zu-rück|halten** ‥ エントハルテン, ‥ ツリュックハルテン	refrain from リフレイン フラム
つつみ **包み** tsutsumi	*die* **Packung**, *das* **Paket** パックング, パケート	parcel, package パースル, パキヂ
つつむ **包む** tsutsumu	**ein|packen**, **ein|wickeln** アインパッケン, アインヴィッケルン	wrap, envelop in ラプ, インヴェロプ イン
つづり **綴り** tsuzuri	*die* **Schreibung**, *die* **Or-thografie** シュライブング, オルトグラフィー	spelling スペリング
つとめ **勤め** tsutome	*der* **Dienst**, *der* **Beruf** ディーンスト, ベルーフ	business, work ビズネス, ワーク
つとめ **務め** tsutome	*die* **Pflicht** プフリヒト	duty, service デューティ, サーヴィス
つとめる **勤める** tsutomeru	**arbeiten** アルバイテン	work ワーク
つとめる **努める** tsutomeru	*sich⁴* **bemühen**, **streben** ‥ ベミューエン, シュトレーベン	try to トライ トゥ
つとめる **務める** tsutomeru	**dienen** ディーネン	serve サーヴ
つながる **繋がる** tsunagaru	*mit j³/et³* **verbunden sein** ミット ‥ フェアブンデン ザイン	(be) connected with (ビ) コネクテド ウィズ
つなぐ **繋ぐ** tsunagu	*mit j³/et³* **verbinden**, *mit et³* **verknüpfen** ミット ‥ フェアビンデン, ミット ‥ フェアクニュップフェン	tie, connect タイ, コネクト
つなみ **津波** tsunami	*die* **Flutwelle**, *der* **Tsuna-mi** フルートヴェレ, ツナーミ	tsunami, tidal wave ツナーミ, タイドル ウェイヴ
つねに **常に** tsuneni	**immer** イマー	always オールウェイズ
つねる **つねる** tsuneru	**kneifen** クナイフェン	pinch, nip ピンチ, ニプ

日	独	英
つの **角** tsuno	*das* **Horn,** *das* **Geweih** ホルン, ゲ**ヴァ**イ	horn **ホ**ーン
つば **唾** tsuba	*der* **Speichel,** *die* **Spucke** シュ**パイ**ヒェル, シュ**プッ**ケ	spittle, saliva ス**ピ**トル, サ**ラ**イヴァ
つばき **椿** tsubaki	*die* **Kamelie** カ**メ**ーリエ	camellia カ**ミ**ーリア
つばさ **翼** tsubasa	*der* **Flügel** フ**リュ**ーゲル	wing **ウィ**ング
つばめ **燕** tsubame	*die* **Schwalbe** シュ**ヴァ**ルベ	swallow ス**ワ**ロウ
つぶ **粒** tsubu	*das* **Korn** **コ**ルン	grain, drop グ**レ**イン, ド**ラ**ップ
つぶす **潰す** tsubusu	**zerdrücken, quetschen** ツェア**ド**リュッケン, ク**ヴェッ**チェン	break, crush ブ**レ**イク, ク**ラ**シュ
（暇・時間を）	**tot|schlagen, verbringen** **ト**ートシュラーゲン, フェア**ブ**リンゲン	kill **キ**ル
つぶやく **つぶやく** tsubuyaku	**murmeln** **ム**ルメルン	murmur **マ**ーマ
つぶれる **潰れる** tsubureru	**zerdrückt werden** ツェア**ド**リュックト **ヴェ**ーアデン	break, (be) crushed ブ**レ**イク, (ビ) ク**ラ**シュト
（店などが）	**Bankrott gehen** バンク**ロッ**ト **ゲ**ーエン	go bankrupt **ゴ**ウ バンク**ラ**プト
つま **妻** tsuma	*die* **Ehefrau,** *die* **Gattin** **エ**ーエフラオ, **ガッ**ティン	wife **ワ**イフ
つまさき **爪先** tsumasaki	*die* **Zehenspitze** **ツェ**ーエンシュピッツェ	tiptoe **ティ**プトウ
つまずく **つまずく** tsumazuku	**stolpern** シュ**ト**ルパーン	stumble ス**タ**ンブル
つまみ **つまみ** tsumami	*der* **Griff,** *der* **Knopf** グ**リ**フ, ク**ノ**プフ	knob **ナ**ブ

日	独	英
（酒の）	*das* **Knabberzeug,** *das* **Häppchen** クナッパーツォイク，ヘップヒェン	finger food, snacks フィンガ フード，スナクス
つまむ **つまむ** tsumamu	**kneifen** クナイフェン	pick, pinch ピク，ピンチ
つまらない **つまらない** tsumaranai	**wertlos, uninteressant** ヴェーアトロース，ウンインテレサント	worthless, trivial ワースレス，トリヴィアル
つまり **つまり** tsumari	**nämlich, kurz gesagt** ネームリヒ，クルツ ゲザークト	in short, that is to say イン ショート，ザト イズ トゥ セイ
つまる **詰まる** tsumaru	**voll sein, überfüllt sein** フォル ザイン，ユーバーフュルト ザイン	(be) packed (ビ) パクト
つみ **罪** tsumi	*das* **Verbrechen** フェアブレッヒェン	criminal offense クリミナル オフェンス
つみかさねる **積み重ねる** tsumikasaneru	**stapeln, aufeinander|legen** シュターペルン，アオフアイナンダーレーゲン	pile up パイル アプ
つみき **積み木** tsumiki	*die* **Bauklötze** *pl.* バオクレッツェ	toy blocks トイ ブラクス
つみたてる **積み立てる** tsumitateru	**zurück|legen** ツリュックレーゲン	deposit ディパズィト
つむ **積む** tsumu	**an|häufen** アンホイフェン	pile, lay パイル，レイ
（積載する）	**laden, beladen** ラーデン，ベラーデン	load ロウド
つむ **摘む** tsumu	**pflücken** プフリュッケン	pick, pluck ピク，プラク
つめ **爪** tsume	*der* **Nagel** ナーゲル	nail ネイル
（動物の）	*die* **Klaue** クラオエ	claw クロー

日	独	英
〜切り	*die* **Nagelschere** ナーゲルシェーレ	nail clipper ネイル クリパ
つめあわせ **詰め合わせ** tsumeawase	*das* **Sortiment,** *die* **Ge-schenkpackung** ゾルティメント, ゲシェンクパックング	assortment アソートメント
つめこむ **詰め込む** tsumekomu	**stopfen, voll|stopfen** シュトプフェン, フォルシュトプフェン	pack with, stuff パク ウィズ, スタフ
（知識を）	**pauken, büffeln** パオケン, ビュッフェルン	cram クラム
つめたい **冷たい** tsumetai	**kalt, kühl** カルト, キュール	cold, chilly コウルド, チリ
つめもの **詰め物** tsumemono	*die* **Füllung** フュルング	stuffing スタフィング
つめる **詰める** tsumeru	**stopfen, füllen** シュトプフェン, フュレン	stuff, fill スタフ, フィル
（席を）	**zusammen|rücken** ツザメンリュッケン	move over, make room ムーヴ オウヴァ, メイク ルーム
つもる **積もる** tsumoru	*sich*[4] **an|sammeln,** *sich*[4] **an|häufen** ‥ アンザメルン, ‥ アンホイフェン	accumulate アキューミュレイト
つや **艶** tsuya	*der* **Glanz** グランツ	gloss, luster グロス, ラスタ
つゆ **梅雨** tsuyu	*die* **Regenzeit** レーゲンツァイト	rainy season レイニ スィーズン
つゆ **露** tsuyu	*der* **Tau** タオ	dew, dewdrop デュー, デュードラプ
つよい **強い** tsuyoi	**stark, kräftig** シュタルク, クレフティヒ	strong, powerful ストロング, パウアフル
つよきの **強気の** tsuyokino	**selbstsicher, angriffslustig** ゼルプストズィヒャー, アングリフスルスティヒ	strong, aggressive ストロング, アグレスィヴ

日	独	英
つよさ **強さ** tsuyosa	*die* **Stärke** シュテルケ	strength ストレングス
つよび **強火** tsuyobi	**starkes Feuer** シュタルケス フォイアー	high flame ハイ フレイム
つよみ **強み** tsuyomi	*die* **Stärke** シュテルケ	strong point ストローング ポイント
つらい **辛い** tsurai	**hart, schmerzlich** ハルト, シュメルツリヒ	hard, painful ハード, ペインフル
つらなる **連なる** tsuranaru	**aneinander|reihen** アンアイナンダーライエン	stretch, run ストレチ, ラン
つらぬく **貫く** tsuranuku	**durchbohren** ドゥルヒボーレン	pierce, penetrate ピアス, ペネトレイト
(一貫する)	**durch|setzen** ドゥルヒゼッツェン	accomplish, achieve アカンプリシュ, アチーヴ
つらら **氷柱** tsurara	*der* **Eiszapfen** アイスツァプフェン	icicle アイスィクル
つり **釣り** tsuri	*das* **Angeln** アンゲルン	fishing フィシング
つりあう **釣り合う** tsuriau	**im Gleichgewicht sein** イム グライヒゲヴィヒト ザイン	balance, match バランス, マチ
つる **釣る** tsuru	**angeln, fischen** アンゲルン, フィッシェン	fish フィシュ
つる **鶴** tsuru	*der* **Kranich** クラーニヒ	crane クレイン
つるす **吊るす** tsurusu	**auf|hängen** アオフヘンゲン	hang, suspend ハング, サスペンド
つれ **連れ** tsure	*der*(*die*) **Begleiter(*in*)** ベグライター(・テリン)	companion コンパニオン

日	独	英
つれていく **連れて行く** tsureteiku	**mit|nehmen, mit|bringen** ミットネーメン, ミットブリンゲン	take, bring along テイク, ブリング アロング
つわり **つわり** tsuwari	*die* **Schwangerschafts-beschwerden** *pl.* シュヴァンガーシャフツベシュヴェーアデン	morning sickness モーニング スィクネス

て, テ

て **手** te	*die* **Hand** ハント	hand, arm ハンド, アーム
（手段・方法）	**Art und Weise,** *das* **Mittel** アールト ウント ヴァイゼ, ミッテル	way, means ウェイ, ミーンズ
であう **出会う** deau	**treffen, begegnen** トレッフェン, ベゲーグネン	meet, come across ミート, カム アクロス
てあつい **手厚い** teatsui	**warmherzig, innig** ヴァルムヘルツィヒ, イニヒ	cordial, warm コーヂャル, ウォーム
てあて **手当て** teate	*die* **Behandlung** ベハンドルング	medical treatment メディカル トリートメント
ていあん **提案** teian	*der* **Vorschlag,** *der* **Antrag** フォーアシュラーク, アントラーク	proposal プロポウザル
～する	**vor|schlagen** フォーアシュラーゲン	propose, suggest プロポウズ, サグチェスト
でぃーヴいでぃー **DVD** diivuidii	*die* **DVD** デーファオデー	DVD ディーヴィーディー
てぃーしゃつ **ティーシャツ** tiishatsu	*das* **T-Shirt** ティーシャート	T-shirt ティーシャート
ていいん **定員** teiin	*die* **Sitzkapazität, zuge-lassene Personenzahl** ズィッツカパツィテート, ツーゲラッセネ ペルゾーネンツァール	capacity カパスィティ
ていか **定価** teika	**fester Preis** フェスター プライス	fixed price フィクスト プライス

日	独	英
ていかん **定款** teikan	*die* **Satzung** ザッツング	articles of association アーティクルズ オヴ アソウスィエイション
ていかんし **定冠詞** teikanshi	**bestimmter Artikel** ベシュティムター アルティーケル	definite article デフィニト アーティクル
ていぎ **定義** teigi	*die* **Definition**, *die* **Bestimmung** デフィニツィオーン, ベシュティムング	definition デフィニション
ていきあつ **低気圧** teikiatsu	*der* **Tiefdruck**, *das* **Tief** ティーフドルック, ティーフ	low pressure, depression ロウ プレシャ, ディプレション
ていきけん **定期券** teikiken	*die* **Dauerkarte**, *die* **Monatskarte** ダオアーカルテ, モーナツカルテ	commutation ticket カミュテイション ティケト
ていきてきな **定期的な** teikitekina	**regelmäßig, periodisch** レーゲルメースィヒ, ペリオーディシュ	regular, periodic レギュラ, ピアリアディク
ていきゅうな **低級な** teikyuuna	**niedrig, gemein** ニードリヒ, ゲマイン	inferior, low インフィアリア, ロウ
ていきゅうび **定休日** teikyuubi	*der* **Ruhetag** ルーエターク	regular holiday レギュラ ハリデイ
ていきょうする **提供する** teikyousuru	**an|bieten** アンビーテン	offer, supply オファ, サプライ
ていきよきん **定期預金** teikiyokin	*das* **Festgeld** フェストゲルト	deposit account ディパズィト アカウント
ていけいする **提携する** teikeisuru	*mit et³/j³* **zusammen|arbeiten** ミット ‥ツザメンアルバイテン	cooperate with コウアペレイト ウィズ
ていけつあつ **低血圧** teiketsuatsu	**niedriger Blutdruck** ニードリガー ブルートドルック	low blood pressure ロウ ブラド プレシャ
ていこう **抵抗** teikou	*der* **Widerstand** ヴィーダーシュタント	resistance レズィスタンス
～する	**Widerstand leisten** ヴィーダーシュタント ライステン	resist, oppose リズィスト, オポウズ

日	独	英
ていさい **体裁** teisai	*das* **Aussehen,** *der* **An-schein** アオスゼーエン，アンシャイン	appearance アピアランス
ていさつする **偵察する** teisatsusuru	**aus|kundschaften** アオスクントシャフテン	reconnoiter リーコノイタ
ていし **停止** teishi	*der* **Stopp,** *die* **Stilllegung** シュトップ，シュティルレーグング	stop, suspension スタプ，サスペンション
～**する**	**ein|stellen, halten** アインシュテレン，ハルテン	stop, suspend スタプ，サスペンド
ていしゃする **停車する** teishasuru	**halten** ハルテン	stop スタプ
ていしゅ **亭主** teishu	*der* **Wirt** ヴィルト	master, host マスタ，ホウスト
（夫）	*der* **Mann** マン	husband ハズバンド
ていしゅつする **提出する** teishutsusuru	**vor|legen, ab|geben** フォーアレーゲン，アップゲーベン	present, submit プリゼント，サブミト
ていしょうする **提唱する** teishousuru	**vor|schlagen** フォーアシュラーゲン	advocate, propose アドヴォケイト，プロポウズ
ていしょく **定食** teishoku	*das* **Menü,** *das* **Tagesge-richt** メニュー，ターゲスゲリヒト	set meal, table d'hote セトミール，テイブルドウト
ていすう **定数** teisuu	**bestimmte Zahl** ベシュティムテツァール	fixed number フィクストナンバ
でぃすかうんと **ディスカウント** disukaunto	*das* **Sonderangebot** ゾンダーアンゲボート	discount ディスカウント
でぃすく **ディスク** disuku	*die* **Diskette** ディスケッテ	disk ディスク
でぃすぷれい **ディスプレイ** disupurei	*der* **Bildschirm,** *der* **Moni-tor** ビルトシルム，モーニトーア	display ディスプレイ

て

日	独	英
ていせいする **訂正する** teiseisuru	**korrigieren, verbessern** コリギーレン, フェアベッサーン	correct, revise コレクト, リヴァイズ
ていせつ **定説** teisetsu	**etablierte Theorie** エタブリーアテ テオリー	established theory イスタブリシュト スィオリ
ていせん **停戦** teisen	*der* **Waffenstillstand** ヴァッフェンシュティルシュタント	cease-fire, truce スィースファイア, トルース
ていぞくな **低俗な** teizokuna	**vulgär** ヴルゲーア	vulgar, lowbrow ヴァルガ, ロウブラウ
ていそする **提訴する** teisosuru	**einen Prozess an|strengen** アイネン プロツェス アンシュトレンゲン	file a suit ファイル ア スート
ていたいする **停滞する** teitaisuru	**stocken** シュトッケン	stagnate スタグネイト
ていちゃくする **定着する** teichakusuru	**fixieren** フィクスィーレン	fix フィクス
ていちょうな **低調な** teichouna	**träge, flau** トレーゲ, フラオ	inactive, dull イナクティヴ, ダル
ていっしゅ **ティッシュ** tisshu	*das* **Papiertaschentuch** パピーアタッシェントゥーフ	tissue ティシュー
ていでん **停電** teiden	*der* **Stromausfall** シュトロームアオスファル	power failure パウア フェイリュア
ていど **程度** teido	*der* **Grad,** *das* **Maß** グラート, マース	degree, grade ディグリー, グレイド
ていとう **抵当** teitou	*das* **Pfand,** *die* **Hypothek** プファント, ヒュポテーク	mortgage モーギチ
ていねいな **丁寧な** teineina	**höflich** ヘーフリヒ	polite, courteous ポライト, カーティアス
ていねいに **丁寧に** teineini	**höflich** ヘーフリヒ	politely, courteously ポライトリ, カーティアスリ

日	独	英
ていねん **定年** teinen	*die* **Altersgrenze,** *das* **Pensionsalter** アルタースグレンツェ, パンズィオーンスアルター	retirement age リタイアメント エイヂ
ていはくする **停泊する** teihakusuru	**ankern** アンカーン	anchor アンカ
ていぼう **堤防** teibou	*der* **Deich,** *der* **Damm** ダイヒ, ダム	bank, embankment バンク, インバンクメント
ていめいする **低迷する** teimeisuru	**flau sein** フラオ ザイン	(be) sluggish (ビ) スラギシュ
ていり **定理** teiri	*der* **Lehrsatz,** *das* **Theorem** レーアザッツ, テオレーメ	theorem スィオレム
ていれする **手入れする** teiresuru	**pflegen** プフレーゲン	take care of テイク ケア オヴ
てぃんぱにー **ティンパニー** tinpanii	*die* **Timpani** *pl.,* *die* **Pauke** ティンパニ, パオケ	timpani ティンパニ
でーた **データ** deeta	*die* **Daten** *pl.* ダーテン	data デイタ
〜ベース	*die* **Datenbank** ダーテンバンク	database デイタベイス
でーと **デート** deeto	*die* **Verabredung,** *das* **Date** フェアアップレードゥング, デート	date デイト
てーぷ **テープ** teepu	*das* **Band,** *der* **Streifen** バント, シュトライフェン	tape テイプ
てーぶる **テーブル** teeburu	*der* **Tisch** ティッシュ	table テイブル
てーま **テーマ** teema	*das* **Thema** テーマ	theme, subject スィーム, サブヂクト
てがかり **手掛かり** tegakari	*der* **Anhaltspunkt** アンハルツプンクト	clue, key クルー, キー

日	独	英
てがきの **手書きの** tegakino	**handgeschrieben** ハントゲシュリーベン	handwritten ハンドリトン
でかける **出かける** dekakeru	**aus|gehen, fort|gehen** アオスゲーエン, フォルトゲーエン	go out ゴウ アウト
てがみ **手紙** tegami	*der* **Brief** ブリーフ	letter レタ
てがら **手柄** tegara	*das* **Verdienst** フェアディーンスト	exploit, achieve-ment イクスプロイト, アチーヴメント
てがるな **手軽な** tegaruna	**leicht, einfach** ライヒト, アインファッハ	easy, light イーズィ, ライト
てき **敵** teki	*der*(*die*) **Feind(in)**, *der* (*die*) **Gegner(in)** ファイント(-ディン), ゲーグナー(-ネリン)	enemy, opponent エネミ, オポウネント
できあいする **溺愛する** dekiaisuru	**abgöttisch lieben** アップゲッティシュ リーベン	dote ドウト
できあがる **出来上がる** dekiagaru	**fertig sein, vollendet sein** フェルティヒ ザイン, フォルエンデット ザイン	(be) completed (ビ) コンプリーテド
てきい **敵意** tekii	*die* **Feindschaft**, *die* **Feindseligkeit** ファイントシャフト, ファイントゼーリヒカイト	hostility ハスティリティ
てきおうする **適応する** tekiousuru	*sich*[4] **an|passen** ‥ アンパッセン	adjust oneself to アヂャスト トゥ
てきかくな **的確な** tekikakuna	**passend, treffend** パッセント, トレッフェント	precise, exact プリサイス, イグザクト
できごと **出来事** dekigoto	*das* **Ereignis**, *der* **Vorfall** エアアイグニス, フォーアファル	event, incident イヴェント, インスィデント
てきしする **敵視する** tekishisuru	**feindlich gesinnt sein** ファイントリヒ ゲズィント ザイン	(be) hostile to (ビ) ハストル トゥ
てきしゅつする **摘出する** tekishutsusuru	**heraus|nehmen** ヘラオスネーメン	remove, extract リムーヴ, イクストラクト

日	独	英
てきすと **テキスト** tekisuto	*der* **Text** テクスト	text テクスト
てきする **適する** tekisuru	*zu et³/j³* **passen**, *sich⁴ für et⁴* **eignen** ツー‥パッセン, ‥フューア‥アイグネン	fit, suit フィト, スート
てきせい **適性** tekisei	*die* **Eignung** アイグヌング	aptitude アプティテュード
てきせつな **適切な** tekisetsuna	**richtig, passend** リヒティヒ, パッセント	proper, adequate プラパ, アディクワト
できだか **出来高** dekidaka	*die* **Produktion** プロドゥクツィオーン	output, yield アウトプト, イールド
てきとうな **適当な** tekitouna	**passend, geeignet** パッセント, ゲアイグネット	fit for, suitable for フィト フォ, スータブル フォ
てきどの **適度の** tekidono	**mäßig** メースィヒ	moderate, temperate マダレト, テンパレト
てきぱきと **てきぱきと** tekipakito	**schnell, flott** シュネル, フロット	promptly プランプトリ
てきようする **適用する** tekiyousuru	**an|wenden** アンヴェンデン	apply アプライ
できる **出来る** （することができる） dekiru	**können** ケネン	can キャン
（可能である）	**möglich sein** メークリヒ ザイン	(be) possible (ビ) パスィブル
（能力がある）	**fähig, begabt** フェーイヒ, ベガープト	(be) able, (be) good (ビ) エイブル, (ビ) グド
（形成される）	**gemacht werden, gebildet werden** ゲマハト ヴェーアデン, ゲビルデット ヴェーアデン	(be) made, (be) formed (ビ) メイド, (ビ) フォームド
（生じる）	**entstehen** エントシュテーエン	(be) born, form (ビ) ボーン, フォーム

日	独	英
（生産する・産出する）	**hergestellt werden** ヘーアゲシュテルト ヴェーアデン	(be) produced (ビ) プロデュースト
てぎわのよい **手際のよい** tegiwanoyoi	**geschickt, gewandt** ゲシックト, ゲヴァント	skillful, deft スキルフル, デフト
でぐち **出口** deguchi	*der* **Ausgang,** *die* **Ausfahrt** アオスガング, アオスファールト	exit エグズィト
てくび **手首** tekubi	*das* **Handgelenk** ハントゲレンク	wrist リスト
てこ **てこ** teko	*der* **Hebel** ヘーベル	lever レヴァ
てごたえがある **手応えがある** tegotaegaaru	**Wirkung haben, effektiv sein** ヴィルクング ハーベン, エフェクティーフ ザイン	have effect ハヴ イフェクト
でこぼこな **凸凹な** dekobokona	**uneben, holprig** ウンエーベン, ホルプリヒ	uneven, bumpy アニーヴン, バンピ
てごろな **手頃な** tegorona	**handlich, angemessen** ハントリヒ, アンゲメッセン	handy, reasonable ハンディ, リーズナブル
てごわい **手強い** tegowai	**stark, hartnäckig** シュタルク, ハルトネッキヒ	tough, formidable タフ, フォーミダブル
でざーと **デザート** dezaato	*der* **Nachtisch,** *das* **Dessert** ナーハティッシュ, デセーア	dessert ディザート
でざいなー **デザイナー** dezainaa	*der*(*die*) **Designer(in)** デザイナー(-ネリン)	designer ディザイナ
でざいん **デザイン** dezain	*das* **Design,** *das* **Muster** ディザイン, ムスター	design ディザイン
てさぐりする **手探りする** tesagurisuru	**tasten** タステン	grope グロウプ
てざわり **手触り** tezawari	*das* **Anfühlen, haptische Empfindung** アンフューレン, ハプティシェ エンプフィンドゥング	touch, feel タチ, フィール

日	独	英
でし **弟子** deshi	*der*(*die*) **Schüler(*in*)** シューラー(-レリン)	pupil, disciple ピューピル, ディサイプル
てしごと **手仕事** teshigoto	*die* **Handarbeit** ハントアルバイト	manual work マニュアル ワーク
でじたるの **デジタルの** dejitaruno	**digital** ディギタール	digital ディヂタル
てじな **手品** tejina	*die* **Zauberei**, *das* **Zauber-kunststück** ツァオベライ, ツァオバークンストシュテュック	magic tricks マヂク トリクス
でしゃばる **出しゃばる** deshabaru	*sich⁴* **vor|drängen**, *sich⁴* **ein|mischen** ‥ フォーアドレンゲン, ‥ アインミッシェン	butt in バト イン
てじゅん **手順** tejun	*die* **Ordnung** オルドヌング	order, process オーダ, プラセス
てすう **手数** tesuu	*die* **Mühe** ミューエ	trouble トラブル
～料	*die* **Gebühr** ゲビューア	commission コミション
ですく **デスク** desuku	*der* **Schreibtisch** シュライプティッシュ	desk デスク
～トップ	*der* **Tischcomputer** ティッシュコンピューター	desktop デスクタプ
～ワーク	*die* **Büroarbeit** ビュローアルバイト	desk work デスク ワーク
てすと **テスト** tesuto	*der* **Test**, *die* **Probe** テスト, プローベ	test テスト
てすり **手摺り** tesuri	*das* **Geländer**, *der* **Hand-lauf** ゲレンダー, ハントラオフ	handrail ハンドレイル
でたらめな **でたらめな** detaramena	**verantwortungslos** フェアアントヴォルトゥングスロース	irresponsible イリスパンスィブル

日	独	英
てちがい **手違い** techigai	*das* **Versehen**, *der* **Fehler** フェアゼーエン, フェーラー	mistake ミステイク
てつ **鉄** tetsu	*das* **Eisen** アイゼン	iron アイアン
てっかいする **撤回する** tekkaisuru	**widerrufen, zurück|neh-men** ヴィーダールーフェン, ツリュックネーメン	withdraw ウィズドロー
てつがく **哲学** tetsugaku	*die* **Philosophie** フィロゾフィー	philosophy フィラソフィ
てづくりの **手作りの** tezukurino	**handgemacht** ハントゲマハト	handmade ハンドメイド
てっこつ **鉄骨** tekkotsu	*das* **Eisengerüst** アイゼンゲリュスト	iron frame アイアン フレイム
でっさん **デッサン** dessan	*die* **Skizze**, *die* **Zeichnung** スキッツェ, ツァイヒヌング	sketch スケチ
てつだい **手伝い** tetsudai	*die* **Hilfe** ヒルフェ	help ヘルプ
(人)	*der* (*die*) **Helfer**(*in*) ヘルファー(- フェリン)	helper, assistant ヘルパ, アスィスタント
てったいする **撤退する** tettaisuru	*sich*[4] **zurück|ziehen** . . ツリュックツィーエン	withdraw, pull out ウィズドロー, プル アウト
てつだう **手伝う** tetsudau	*j*[3] *bei et*[3] **helfen** . . バイ . . ヘルフェン	help, assist ヘルプ, アスィスト
てつづき **手続き** tetsuzuki	*die* **Prozedur**, *das* **Verfah-ren** プロツェドゥーア, フェアファーレン	procedure プロスィーチャ
ててっていてきな **徹底的な** tetteitekina	**gründlich, genau** グリュントリヒ, ゲナオ	thorough, complete サロ, コンプリート
てつどう **鉄道** tetsudou	*die* **Eisenbahn**, *die* **Bahn** アイゼンバーン, バーン	railroad, Ⓑrailway レイルロウド, レイルウェイ

日	独	英
てっぱん **鉄板** teppan	*die* **Eisenplatte** アイゼンプラッテ	iron plate アイアン プレイト
てつぼう **鉄棒** tetsubou	*der* **Eisenstab** アイゼンシュタープ	iron bar アイアン バー
（体操の）	*das* **Reck** レック	horizontal bar ホリザントル バー
てつや **徹夜** tetsuya	*das* **Durchmachen,** *das* **Aufbleiben** ドゥルヒマッヘン, アオフブライベン	staying up all night ステイング アプ オール ナイト
～する	**die Nacht durch|machen** ディー ナハト ドゥルヒマッヘン	stay up all night ステイ アプ オール ナイト
てなんと **テナント** tenanto	*der*(*die*) **Mieter(*in*)** ミーター(-テリン)	tenant テナント
てにす **テニス** tenisu	*das* **Tennis** テニス	tennis テニス
てにもつ **手荷物** tenimotsu	*das* **Handgepäck** ハントゲペック	baggage, hand luggage バギヂ, ハンド ラギヂ
てのーる **テノール** tenooru	*der* **Tenor** テノーア	tenor テナ
てのひら **掌・手の平** tenohira	*die* **Handfläche** ハントフレッヒェ	palm of the hand パーム オヴ ザ ハンド
でのみねーしょん **デノミネーション** denomineeshon	*die* **Denomination** デノミナツィオーン	redenomination リーディナミネイション
でぱーと **デパート** depaato	*das* **Kaufhaus,** *das* **Warenhaus** カオフハオス, ヴァーレンハオス	department store ディパートメント ストー
てはいする **手配する** tehaisuru	**bereit|stellen, vor|bereiten** ベライトシュテレン, フォーアベライテン	arrange アレインヂ
てばなす **手放す** tebanasu	**auf|geben, weg|geben** アオフゲーベン, ヴェックゲーベン	dispose of ディスポウズ オヴ

日	独	英
でびゅー **デビュー** debyuu	*das* **Debüt** デビュー	debut デイビュー
てぶくろ **手袋** tebukuro	*die* **Handschuhe** *pl.* ハントシューエ	gloves グラヴズ
でふれ **デフレ** defure	*die* **Deflation** デフラツィオーン	deflation ディフレイション
てほん **手本** tehon	*das* **Muster,** *das* **Vorbild** ムスター, フォーアビルト	example, model イグザンプル, マドル
てま **手間** tema	**Zeit und Mühe** ツァイト ウント ミューエ	time and labor タイム アンド レイバ
でま **デマ** dema	**falsches Gerücht,** *das* **Gemunkel** ファルシェス ゲリュヒト, ゲムンケル	false rumor フォルス ルーマ
でまえ **出前** demae	*das* **Catering,** *der* **Heim-service** ケイタリング, ハイムゼーアヴィス	delivery service ディリヴァリ サーヴィス
でむかえる **出迎える** demukaeru	**ab|holen, empfangen** アップホーレン, エンプファンゲン	go and welcome ゴウ アンド ウェルカム
でも **デモ** demo	*die* **Demonstration** デモンストラツィオーン	demonstration デモンストレイション
でもくらしー **デモクラシー** demokurashii	*die* **Demokratie** デモクラティー	democracy ディマクラスィ
てもとに **手元に** temotoni	**zur Hand** ツーア ハント	at hand アト ハンド
でゅえっと **デュエット** dyuetto	*das* **Duett** ドゥエット	duet デュエト
てら **寺** tera	*der* **Tempel** テンペル	temple テンプル
てらす **照らす** terasu	**beleuchten** ベロイヒテン	light, illuminate ライト, イリューミネイト

日	独	英
でらっくすな **デラックスな** derakkusuna	**luxuriös** ルクスリエース	deluxe デルクス
でりけーとな **デリケートな** derikeetona	**fein, heikel** ファイン，ハイケル	delicate デリケト
てりとりー **テリトリー** teritorii	*das* **Territorium** テリトーリウム	territory テリトーリ
でる **出る** （現れる） deru	**erscheinen** エアシャイネン	come out, appear カム アウト，アピア
（出て行く）	**aus|gehen, weg|gehen** アオスゲーエン，ヴェックゲーエン	go out ゴウ アウト
（出席する・参加する）	**anwesend sein** アンヴェーゼント ザイン	attend, join アテンド，チョイン
てれび **テレビ** terebi	*das* **Fernsehen,** *der* **Fern-** **seher** フェルンゼーエン，フェルンゼーアー	television テレヴィジョン
〜ゲーム	*das* **Videospiel** ヴィーデオシュピール	video game ヴィディオウ ゲイム
てれる **照れる** tereru	*sich*[4] **schämen** ‥シェーメン	(be) shy, (be) em- barrassed (ビ) シャイ, (ビ) インバラスト
てろ **テロ** tero	*der* **Terror** テローア	terrorism テラリズム
てろりすと **テロリスト** terorisuto	*der*(*die*) **Terrorist**(*in*) テロリスト(-テイン)	terrorist テラリスト
てわたす **手渡す** tewatasu	**übergeben, überreichen** ユーバーゲーベン，ユーバーライヒェン	hand ハンド
てん **天** （空） ten	*der* **Himmel** ヒメル	sky スカイ
（天国・神）	*der* **Himmel,** *der* **Gott** ヒメル，ゴット	Heaven, God ヘヴン，ガド

日	独	英
てん **点** ten	*der* **Punkt** プンクト	dot, point ダト, ポイント
（点数）	*der* **Punkt,** *die* **Note** プンクト, ノーテ	score, point スコー, ポイント
（品物の数）	*das* **Stück** シュテュック	piece, item ピース, アイテム
でんあつ **電圧** den-atsu	**elektrische Spannung** エレクトリシェ シュパヌング	voltage ヴォウルティヂ
てんい **転移** （医学） ten-i	*die* **Metastase** メタスターゼ	metastasis メタスタスィス
〜する	**metastasieren** メタスタズィーレン	metastasize メタスタサイズ
てんいん **店員** ten-in	*der（die）* **Verkäufer(*in*)** フェアコイファー(-フェリン)	clerk, salesclerk クラーク, セイルズクラーク
でんか **電化** denka	*die* **Elektrifizierung** エレクトリフィツィールング	electrification イレクトリフィケイション
てんかい **展開** tenkai	*die* **Entwicklung** エントヴィックルング	development ディヴェロプメント
〜する	**entwickeln, entfalten** エントヴィッケルン, エントファルテン	develop ディヴェロプ
てんかぶつ **添加物** tenkabutsu	*der* **Zusatz** ツーザッツ	additive アディティヴ
てんき **天気** tenki	*das* **Wetter** ヴェッター	weather ウェザ
〜予報	*der* **Wetterbericht,** *die* **Wettervorhersage** ヴェッターベリヒト, ヴェッターフォーアヘーアザーゲ	weather forecast ウェザ フォーキャスト
（晴天）	**schönes Wetter** シェーネス ヴェッター	fine weather ファイン ウェザ

日	独	英
でんき **伝記** denki	*die* **Biografie** ビオグラフィー	biography バイアグラフィ
でんき **電気** denki	*die* **Elektrizität,** *der* **Strom** エレクトリツィテート, シュトローム	electricity イレクトリスィティ
（電灯）	**elektrisches Licht** エレクトリシェス リヒト	electric light イレクトリク ライト
でんきゅう **電球** denkyuu	*die* **Glühbirne** グリュービルネ	lightbulb ライトバルブ
てんきん **転勤** tenkin	*die* **Versetzung** フェアゼッツング	(job) transfer (ヂァブ) トランスファ
てんけいてきな **典型的な** tenkeitekina	**typisch, musterhaft** テューピシュ, ムスターハフト	typical, ideal ティピカル, アイディーアル
でんげん **電源** dengen	*die* **Stromquelle** シュトロームクヴェレ	power supply パウア サプライ
てんけんする **点検する** tenkensuru	**überprüfen, inspizieren** ユーバープリューフェン, インスピツィーレン	inspect, check インスペクト, チェク
てんこう **天候** tenkou	*das* **Wetter** ヴェッター	weather ウェザ
てんこう **転向** tenkou	*die* **Bekehrung,** *die* **Konversion** ベケールング, コンヴェルズィオーン	conversion コンヴァーション
～する	*sich*[4] *zu et*[3] **bekehren, konvertieren** ‥ ツー ‥ ベケーレン, コンヴェルティーレン	(be) converted to (ビ) コンヴァーテド トゥ
でんこう **電光** denkou	*der* **Blitz** ブリッツ	flash of lightning フラシュ オヴ ライトニング
てんこうする **転校する** tenkousuru	**die Schule wechseln** ディー シューレ ヴェクセルン	change one's school チェインヂ スクール
てんごく **天国** tengoku	*der* **Himmel,** *das* **Paradies** ヒメル, パラディース	heaven, paradise ヘヴン, パラダイス

日	独	英
でんごん **伝言** dengon	*die* **Nachricht,** *die* **Mitteilung** ナーハリヒト，ミットタイルング	message メスィヂ
てんさい **天才** tensai	*das* **Genie** ジェニー	genius チーニアス
てんさい **天災** tensai	*die* **Naturkatastrophe** ナトゥーアカタストローフェ	calamity, disaster カラミティ，ディザスタ
てんさくする **添削する** tensakusuru	**korrigieren** コリギーレン	correct コレクト
てんし **天使** tenshi	*der* **Engel** エンゲル	angel エインヂェル
てんじ **展示** tenji	*die* **Ausstellung** アオスシュテルング	exhibition エクスィビション
てんじ **点字** tenji	*die* **Blindenschrift,** *die* **Brailleschrift** ブリンデンシュリフト，ブラーイェシュリフト	Braille ブレイル
でんし **電子** denshi	*das* **Elektron** エーレクトロン	electron イレクトラン
～工学	*die* **Elektronik** エレクトローニク	electronics イレクトラニクス
～レンジ	*der* **Mikrowellenherd** ミークロヴェレンヘーアト	microwave oven マイクロウェイヴ アヴン
でんじしゃく **電磁石** denjishaku	*der* **Elektromagnet** エレクトロマグネート	electromagnet イレクトロウマグネト
でんじは **電磁波** denjiha	**elektromagnetische Welle** エレクトロマグネーティシェ ヴェレ	electromagnetic wave イレクトロウマグネティク ウェイヴ
でんしゃ **電車** densha	**(elektrische) Bahn** （エレクトリシェ）バーン	electric train イレクトリク トレイン
てんじょう **天井** tenjou	*die* **Decke** デッケ	ceiling スィーリング

日	独	英
でんしょう **伝承** denshou	*die* **Überlieferung** ユーバーリーフェルング	tradition トラディション
てんじょういん **添乗員** tenjouin	*der*(*die*) **Reiseleiter**(*in*) ライゼライター(-テリン)	tour conductor トゥア コンダクタ
てんしょくする **転職する** tenshokusuru	**den Beruf wechseln** デン ベルーフ ヴェクセルン	change one's occupation チェインヂ アキュペイション
てんすう **点数** tensuu	*die* **Note**, *die* **Punkte** *pl.* ノーテ, プンクテ	marks, score マークス, スコー
てんせいの **天性の** tenseino	**natürlich** ナテューアリヒ	natural ナチュラル
でんせつ **伝説** densetsu	*die* **Legende**, *die* **Sage** レゲンデ, ザーゲ	legend レヂェンド
てんせん **点線** tensen	**gepunktete Linie** ゲプンクテテ リーニエ	dotted line ダテド ライン
でんせん **伝染** densen	*die* **Ansteckung** アンシュテックング	contagion, infection コンテイヂョン, インフェクション
～する	*sich⁴* **infizieren**, *sich⁴* **an|stecken** ‥インフィツィーレン, ‥アンシュテッケン	infect インフェクト
～病	**ansteckende Krankheit** アンシュテッケンデ クランクハイト	infectious disease インフェクシャス ディズィーズ
でんせん **電線** densen	*der* **Draht**, *die* **Leitung** ドラート, ライトゥング	electric wire イレクトリク ワイア
てんそうする **転送する** tensousuru	**nach|senden** ナーハゼンデン	forward フォーワド
てんたい **天体** tentai	*der* **Himmelskörper**, *das* **Gestirn** ヒメルスケルパー, ゲシュティルン	heavenly body ヘヴンリ バディ
でんたく **電卓** dentaku	*der* **Taschenrechner** タッシェンレヒナー	calculator キャルキュレイタ

日	独	英
でんたつする **伝達する** dentatsusuru	**mit|teilen, übermitteln** ミットタイレン, ユーバーミッテルン	communicate コミューニケイト
でんち **電池** denchi	*die* **Batterie,** *die* **Zelle** バッテリー, ツェレ	battery, cell バタリ, セル
でんちゅう **電柱** denchuu	*der* **Telegrafenmast** テレグラーフェンマスト	utility pole ユーティリティ ポウル
てんてき **点滴** tenteki	*die* **Tropfeninfusion** トロプフェンインフズィオーン	intravenous drip イントラヴィーナス ドリプ
てんと **テント** tento	*das* **Zelt** ツェルト	tent テント
でんとう **伝統** dentou	*die* **Tradition,** *die* **Überlie-ferung** トラディツィオーン, ユーバーリーフェルング	tradition トラディション
～の	**traditionell** トラディツィオネル	traditional トラディショナル
でんどう **伝導** dendou	*die* **Leitung** ライトゥング	conduction コンダクション
でんどう **伝道** dendou	*die* **Mission** ミスィオーン	missionary work ミショネリ ワーク
てんねんの **天然の** tennenno	**natürlich** ナテューアリヒ	natural ナチュラル
てんのう **天皇** tennou	*der* **Kaiser,** *der* **Tenno** カイザー, テンノ	Emperor of Japan エンペラ オヴ ヂャパン
てんのうせい **天王星** tennousei	**der Uranus** デア ウーラヌス	Uranus ユアラナス
でんぱ **電波** denpa	**elektrische Welle** エレクトリシェ ヴェレ	electric wave イレクトリク ウェイヴ
でんぴょう **伝票** denpyou	*der* **Zettel,** *der* **Schein** ツェッテル, シャイン	(sales) slip (セイルズ) スリプ

日	独	英
てんびんざ **天秤座** tenbinza	**die Waage** ディー **ヴァ**ーゲ	Scales, Libra スケイルズ, **ラ**イブラ
てんぷくする **転覆する** tenpukusuru	**um|stürzen, kentern** **ウ**ムシュテュルツェン, **ケ**ンターン	turn over **タ**ーン **オ**ウヴァ
てんぷする **添付する** tenpusuru	**bei|legen, an|hängen** **バ**イレーゲン, **ア**ンヘンゲン	attach ア**タ**チ
てんぷふぁいる **添付ファイル** tenpufairu	**angehängte Datei** **ア**ンヘングテ **ダ**ータイ	attachment ア**タ**チメント
てんぼう **展望** tenbou	*der* **Ausblick,** *die* **Aussicht** **ア**オスブリック, **ア**オスズィヒト	view, prospect **ヴュ**ー, プ**ラ**スペクト
でんぽう **電報** denpou	*das* **Telegramm** テレグ**ラ**ム	telegram **テ**レグラム
でんまーく **デンマーク** denmaaku	(*das*) **Dänemark** **デ**ーネマルク	Denmark **デ**ンマーク
てんまつ **顛末** tenmatsu	**ganze Geschichte** **ガ**ンツェ ゲ**シ**ヒテ	whole story **ホ**ウル ス**ト**ーリ
てんめつする **点滅する** tenmetsusuru	**blinken** ブ**リ**ンケン	blink, flash ブ**リ**ンク, フ**ラ**シュ
てんもんがく **天文学** tenmongaku	**die Astronomie** アストロノ**ミ**ー	astronomy アスト**ラ**ノミ
てんもんだい **天文台** tenmondai	**die Sternwarte** シュ**テ**ルンヴァルテ	astronomical observatory アストロ**ナ**ミカル オブ**ザ**ーヴァトリ
てんらくする **転落する** tenrakusuru	**fallen, stürzen** **ファ**レン, シュ**テュ**ルツェン	fall **フォ**ール
てんらんかい **展覧会** tenrankai	**die Ausstellung** **ア**オスシュテルング	exhibition エクスィ**ビ**ション
でんりゅう **電流** denryuu	**elektrischer Strom** エ**レ**クトリシャー シュト**ロ**ーム	electric current イ**レ**クトリク **カ**ーレント

て

日	独	英
でんりょく **電力** denryoku	*die* **Elektrizität** エレクトリツィテート	electric power イレクトリク パウア
でんわ **電話** denwa	*das* **Telefon** テレフォーン	telephone テレフォウン
～する	**an|rufen, telefonieren** アンルーフェン，テレフォニーレン	call コール
～番号	*die* **Telefonnummer** テレフォーンヌマー	telephone number テレフォウン ナンバ

と, ト

と **戸** to	*die* **Tür** テューア	door ドー
とい **問い** toi	*die* **Frage** フラーゲ	question クウェスチョン
といあわせる **問い合わせる** toiawaseru	**an|fragen,** *sich*[4] **erkundigen** アンフラーゲン，‥エアクンディゲン	inquire インクワイア
どいつ **ドイツ** doitsu	(*das*) **Deutschland** ドイチュラント	Germany チャーマニ
～語	*das* **Deutsch** ドイチュ	German チャーマン
といれ **トイレ** toire	*die* **Toilette,** *das* **WC** トアレッテ，ヴェーツェー	toilet トイレト
といれっとぺーぱー **トイレットペーパー** toirettopeepaa	*das* **Toilettenpapier** トアレッテンパピーア	toilet paper トイレト ペイパ
とう **党** tou	*die* **Partei** パルタイ	(political) party (ポリティカル) パーティ
とう **塔** tou	*der* **Turm** トゥルム	tower タウア

日	独	英
とう 等 (賞) tou	*der* **Preis** プライス	prize プライズ
(等級) 	*die* **Klasse**, *der* **Grad** クラッセ, グラート	grade, rank グレイド, ランク
どう 銅 dou	*das* **Kupfer** クプファー	copper カパ
～メダル	*die* **Bronzemedaille** ブローンセメダリェ	bronze medal ブランズ メドル
とうあんようし 答案用紙 touan-youshi	*die* **Prüfungsarbeit** プリューフングスアルバイト	(examination) pa- per (イグザミネイション) ペイパ
どうい 同意 doui	*die* **Zustimmung**, *das* **Ein-** **verständnis** ツーシュティムング, アインフェアシュテントニ ス	agreement アグリーメント
～する	*mit et*[3] **einverstanden** **sein, zu|stimmen** ミット ‥ アインフェアシュタンデン ザイン, ツーシュティメン	agree with, con- sent アグリー ウィズ, コンセント
とういつ 統一 touitsu	*die* **Einheit**, *die* **Vereini-** **gung** アインハイト, フェアアイニグング	unity, unification ユーニティ, ユーニフィケイショ ン
～する	**vereinigen, vereinheitli-** **chen** フェアアイニゲン, フェアアインハイトリヒェン	unite, unify ユーナイト, ユーニファイ
どういつの 同一の douitsuno	**derselbe/dieselbe/das-** **selbe, gleich** デアゼルベ / ディーゼルベ / ダスゼルベ, グラ イヒ	identical アイデンティカル
どういんする 動員する douinsuru	**mobilisieren** モビリズィーレン	mobilize モウビライズ
とうおう 東欧 touou	(*das*) **Osteuropa** オストオイローパ	East Europe イースト ユアロプ
どうかく 同格 doukaku	**gleicher Rang** グライヒャー ラング	(the) same rank (ザ) セイム ランク

日	独	英
どうかする **同化する** doukasuru	**assimilieren, an|passen** アスィミリーレン, アンパッセン	assimilate アスィミレイト
とうがらし **唐辛子** tougarashi	**rote Pfefferschote** ローテ プフェッファーショーテ	red pepper レド ペパ
どうかんである **同感である** doukandearu	**überein|stimmen, derselben Meinung sein** ユーバーアインシュティメン, デアゼルベン マイヌング ザイン	agree with アグリー ウィズ
とうき **冬期** touki	*die* **Winterzeit** ヴィンターツァイト	wintertime ウィンタタイム
とうき **投機** touki	*die* **Spekulation** シュペクラツィオーン	speculation スペキュレイション
とうき **陶器** touki	*die* **Keramik,** *die* **Töpferware** ケラーミク, テップファーヴァーレ	earthenware, ceramics アースンウェア, スィラミクス
とうぎ **討議** tougi	*die* **Diskussion,** *die* **Debatte** ディスクスィオーン, デバッテ	discussion ディスカション
〜する	**diskutieren, debattieren** ディスクティーレン, デバティーレン	discuss ディスカス
どうき **動機** douki	*der* **Anlass,** *das* **Motiv** アンラス, モティーフ	motive モウティヴ
どうぎ **動議** dougi	*der* **Antrag** アントラーク	motion モウション
どうぎご **同義語** dougigo	*das* **Synonym** ズィノニューム	synonym スィノニム
とうきゅう **等級** toukyuu	*die* **Klasse,** *der* **Rang** クラッセ, ラング	class, rank クラス, ランク
とうぎゅう **闘牛** tougyuu	*der* **Stierkampf** シュティーアカンプフ	bullfight ブルファイト
〜士	*der* **Stierkämpfer** シュティーアケンプファー	bullfighter, matador ブルファイタ, マタドー

日	独	英
どうきゅうせい **同級生** doukyuusei	*der* (*die*) **Klassenkame-rad**(*in*), *der* (*die*) **Mitschü-ler**(*in*) クラッセンカメラート(・ディン), ミットシューラー(・レリン)	classmate クラスメイト
どうきょする **同居する** doukyosuru	*mit j³* **zusammen wohnen** ミット‥ツザメン **ヴォ**ーネン	live with リヴ ウィズ
どうぐ **道具** dougu	*das* **Werkzeug** **ヴェ**ルクツォイク	tool トゥール
とうけい **統計** toukei	*die* **Statistik** シュタ**ティ**スティク	statistics スタ**ティ**スティクス
～学	*die* **Statistik** シュタ**ティ**スティク	statistics スタ**ティ**スティクス
とうげい **陶芸** tougei	*die* **Keramik** ケラーミク	ceramics セラミクス
とうけつする **凍結する** touketsusuru	**zu|frieren** ツーフリーレン	freeze フリーズ
(賃金・物価を)	**ein|frieren** **ア**インフリーレン	freeze フリーズ
とうごう **統合** tougou	*die* **Vereinigung**, *die* **Inte-gration** フェア**ア**イニグング, インテグラツィ**オ**ーン	unity, unification **ユ**ーニティ, ユーニフィ**ケ**イション
～する	**vereinigen, integrieren** フェア**ア**イニゲン, インテグ**リ**ーレン	unite, unify ユー**ナ**イト, **ユ**ーニファイ
どうこう **動向** doukou	*die* **Tendenz**, *der* **Trend** テン**デ**ンツ, ト**レ**ント	trend, tendency ト**レ**ンド, **テ**ンデンスィ
とうこうする **登校する** toukousuru	**in die Schule gehen** イン ディー **シュ**ーレ **ゲ**ーエン	go to school **ゴ**ウ トゥ ス**ク**ール
どうこうする **同行する** doukousuru	**begleiten, mit|gehen** ベグ**ラ**イテン, ミット**ゲ**ーエン	go together **ゴ**ウ ト**ゲ**ザ
どうさ **動作** dousa	*die* **Bewegung** ベ**ヴェ**ーグング	action **ア**クション

日	独	英
どうさつりょく **洞察力** dousatsuryoku	*die* **Einsicht** アインズィヒト	insight インサイト
とうざよきん **当座預金** touzayokin	*das* **Girokonto** ジーロコント	current deposit カーレント ディパズィト
どうさん **動産** dousan	**bewegliche Habe,** *die* **Mobilien** *pl.* ベヴェークリヒェ ハーベ, モビーリエン	movables ムーヴァブルズ
とうさんする **倒産する** tousansuru	**Bankrott gehen** バンクロット ゲーエン	go bankrupt ゴウ バンクラプト
とうし **投資** toushi	*die* **Anlage,** *die* **Investiti-** **on** アンラーゲ, インヴェスティツィオーン	investment インヴェストメント
～家	*der* (*die*) **Investor(*in*)** インヴェストーア(·ヴェストーリン)	investor インヴェスタ
～する	**an‖legen, investieren** アンレーゲン, インヴェスティーレン	invest インヴェスト
とうし **闘志** toushi	*der* **Kampfgeist** カンプフガイスト	fighting spirit ファイティング スピリト
とうじ **冬至** touji	*die* **Wintersonnenwende** ヴィンターゾネンヴェンデ	winter solstice ウィンタ サルスティス
とうじ **当時** touji	**damals, zu jener Zeit** ダーマルス, ツー イェーナー ツァイト	at that time アト ザト タイム
どうし **動詞** doushi	*das* **Verb** ヴェルプ	verb ヴァーブ
どうし **同志** doushi	*der* (*die*) **Genosse(-*in*)** *der* (*die*) **Kamerad(*in*)** ゲノッセ(·スィン), カメラート(·ディン)	comrades カムラヅ
とうしする **凍死する** toushisuru	**erfrieren** エアフリーレン	(be) frozen to death (ビ) フロウズン トゥ デス
どうじだいの **同時代の** doujidaino	**zeitgenössisch** ツァイトゲネスィシュ	contemporary コンテンポレリ

日	独	英
とうじつ **当日** toujitsu	**jener Tag** イェーナー ターク	that day ザト デイ
どうしつの **同質の** doushitsuno	**homogen** ホモゲーン	homogeneous ホウモヂーニアス
どうして **どうして** （なぜ） doushite	**warum, wieso** ヴァルム, ヴィゾー	why ホワイ
（どのように）	**wie, auf welche Weise** ヴィー, アオフ ヴェルヒェ ヴァイゼ	how ハウ
どうしても **どうしても** doushitemo	**auf jeden Fall, unbedingt** アオフ イェーデン ファル, ウンベディングト	by all means バイ オール ミーンズ
どうじに **同時に** doujini	**gleichzeitig, zugleich** グライヒツァイティヒ, ツグライヒ	at the same time アト ザ セイム タイム
とうじの **当時の** toujino	**damalig** ダーマーリヒ	of those days オヴ ゾウズ デイズ
とうじょう **搭乗** toujou	*das* **Einsteigen** アインシュタイゲン	boarding ボーディング
～する	**an Bord gehen** アン ボルト ゲーエン	board ボード
どうじょう **同情** doujou	*das* **Mitleid** ミットライト	sympathy スィンパスィ
～する	*mit j³* **mit|fühlen** ミット ‥ ミットフューレン	sympathize with スィンパサイズ ウィズ
とうじょうする **登場する** toujousuru	**auf|treten** アオフトレーテン	enter, appear エンタ, アピア
とうしょする **投書する** toushosuru	**einen Leserbrief schrei-ben** アイネン レーザーブリーフ シュライベン	write a letter to ライト ア レタ トゥ
とうすいする **陶酔する** tousuisuru	**berauscht sein, trunken sein** ベラオシュト ザイン, トルンケン ザイン	(be) intoxicated with (ビ) インタクスィケイテド ウィズ

日	独	英
どうせ **どうせ** （どのみち） douse	**sowieso, jedenfalls** ゾヴィゾー，イェーデンファルス	anyway エニウェイ
（結局）	**schließlich** シュリースリヒ	after all アフタ オール
とうせい **統制** tousei	*die* **Kontrolle** コントロレ	control, regulation コントロウル，レギュレイション
～する	**kontrollieren** コントロリーレン	control, regulate コントロウル，レギュレイト
どうせい **同性** dousei	**gleiches Geschlecht** グライヒェス ゲシュレヒト	same sex セイム セクス
どうせいする **同棲する** douseisuru	*mit j³* **zusammen|leben** ミット ‥ ツザメンレーベン	cohabit with コウハビト ウィズ
とうぜん **当然** touzen	**selbstverständlich, mit Recht** ゼルプストフェアシュテントリヒ，ミット レヒト	naturally ナチュラリ
～の	**selbstverständlich, natürlich** ゼルプストフェアシュテントリヒ，ナテューアリヒ	natural, right ナチュラル，ライト
とうせんする **当選する** （賞に） tousensuru	**den Preis bekommen** デン プライス ベコメン	win the prize ウィン ザ プライズ
（選挙で）	**gewählt werden** ゲヴェールト ヴェーアデン	(be) elected (ビ) イレクテド
どうぞ **どうぞ** douzo	**bitte** ビッテ	please プリーズ
とうそう **闘争** tousou	*der* **Kampf,** *der* **Streit** カンプフ，シュトライト	fight, struggle ファイト，ストラグル
どうぞう **銅像** douzou	*die* **Bronzestatue** ブローンセシュタートゥエ	bronze statue ブランズ スタチュー
どうそうかい **同窓会** dousoukai	*der* **Kommilitonenverein,** *das* **Klassentreffen** コミリトーネンフェライン，クラッセントレッフェン	class reunion クラス リーユーニャン

日	独	英
どうそうせい **同窓生** dousousei	*der*(*die*) **Mitschüler**(*in*), *der*(*die*) **Kommilitone**(*-in*) ミットシューラー(-レリン), コミリトーネ(-ニン)	alumni アラムナイ
とうだい **灯台** toudai	*der* **Leuchtturm** ロイヒトトゥルム	lighthouse ライトハウス
どうたい **胴体** doutai	*der* **Körper**, *der* **Rumpf** ケルパー, ルンプフ	body, trunk バディ, トランク
とうち **統治** touchi	*die* **Regierung**, *die* **Herr-schaft** レギールング, ヘルシャフト	rule, reign ルール, レイン
〜する	**regieren, herrschen** レギーレン, ヘルシェン	govern ガヴァン
とうちゃく **到着** touchaku	*die* **Ankunft** アンクンフト	arrival アライヴァル
〜する	**an|kommen, ein|treffen** アンコメン, アイントレッフェン	arrive at アライヴ アト
とうちょうする **盗聴する** touchousuru	**ab|hören, belauschen** アップヘーレン, ベラオシェン	wiretap, bug ワイアタプ, バグ
とうてい **到底** toutei	**überhaupt nicht** ユーバーハオプト ニヒト	not at all ナト アト オール
どうてん **同点** douten	*der* **Gleichstand**, *der* **Aus-gleich** グライヒシュタント, アオスグライヒ	tie, draw タイ, ドロー
とうとい **尊い** toutoi	**kostbar** コストバール	precious プレシャス
（身分の高い）	**edel, vornehm** エーデル, フォーアネーム	noble ノウブル
とうとう **とうとう** toutou	**endlich** エントリヒ	at last アト ラスト
どうどうと **堂々と** doudouto	**würdevoll** ヴュルデフォル	with great dignity ウィズ グレイト ディグニティ

日	独	英
どうとうの **同等の** doutouno	**gleich** グライヒ	equal イークワル
どうとく **道徳** doutoku	*die* **Moral,** *die* **Sitte** モラール, ズィッテ	morality モラリティ
〜的な	**moralisch, sittlich** モラーリシュ, ズィットリヒ	moral モーラル
とうなん **東南** tounan	(*der*) **Südosten** ズュートオステン	southeast サウスウェスト
とうなん **盗難** tounan	*der* **Diebstahl** ディープシュタール	robbery ラバリ
とうなんあじあ **東南アジア** tounan-ajia	(*das*) **Südostasien** ズュートオストアーズィエン	Southeast Asia サウスイースト エイジャ
どうにゅうする **導入する** dounyuusuru	**ein|führen** アインフューレン	introduce イントロデュース
とうにょうびょう **糖尿病** tounyoubyou	*der* **Diabetes,** *die* **Zucker- krankheit** ディアベーテス, ツッカークランクハイト	diabetes ダイアビーティーズ
どうねんぱいの **同年輩の** dounenpaino	**gleichaltrig** グライヒアルトリヒ	of the same age オヴ ザ セイム エイヂ
とうばん **当番** touban	*der* **Dienst,** *die* **Schicht** ディーンスト, シヒト	turn ターン
どうはんする **同伴する** douhansuru	**begleiten** ベグライテン	accompany アカンパニ
とうひ **逃避** touhi	*die* **Flucht** フルフト	escape イスケイプ
とうひょう **投票** touhyou	*die* **Abstimmung,** *die* **Wahl** アップシュティムング, ヴァール	voting ヴォウティング
〜する	**ab|stimmen, wählen** アップシュティメン, ヴェーレン	vote for ヴォウト フォ

日	独	英
とうぶ **東部** toubu	*der* **Osten** オステン	eastern part イースタン パート
どうふうする **同封する** doufuusuru	bei|**legen,** bei|**fügen** バイレーゲン, バイフューゲン	enclose インクロウズ
どうぶつ **動物** doubutsu	*das* **Tier** ティーア	animal アニマル
～園	*der* **Zoo,** *der* **Tiergarten** ツォー, ティーアガルテン	zoo ズー
とうぶん **当分** toubun	**vorläufig** フォーアロイフィヒ	for the time being フォ ザ タイム ビーイング
とうぶん **糖分** toubun	*der* **Zucker,** *der* **Zucker-gehalt** ツッカー, ツッカーゲハルト	sugar content シュガ コンテント
どうほう **同胞** douhou	*die* **Geschwister** *pl.*, *die* **Brüder** *pl.* ゲシュヴィスター, ブリューダー	countryman, com-patriot カントリマン, コンペイトリオト
とうぼうする **逃亡する** toubousuru	**flüchten, fliehen** フリュヒテン, フリーエン	escape from イスケイプ フラム
とうほく **東北** touhoku	(*der*) **Nordosten** ノルトオステン	northeast ノースイースト
どうみゃく **動脈** doumyaku	*die* **Arterie,** *die* **Schlag-ader** アルテーリエ, シュラークアーダー	artery アータリ
とうみん **冬眠** toumin	*der* **Winterschlaf** ヴィンターシュラーフ	hibernation ハイバネイション
どうめい **同盟** doumei	*der* **Bund,** *das* **Bündnis** ブント, ビュントニス	alliance アライアンス
とうめいな **透明な** toumeina	**durchsichtig, transpa-rent** ドゥルヒズィヒティヒ, トランスパレント	transparent トランスペアレント
とうめん **当面** toumen	**vorläufig** フォーアロイフィヒ	for the present フォ ザ プレズント

日	独	英
とうもろこし **玉蜀黍** toumorokoshi	*der* **Mais** マイス	corn, maize コーン, メイズ
とうゆ **灯油** touyu	*das* **Paraffin,** *das* **Kerosin** パラフィーン, ケロズィーン	kerosene, Ⓑparaf- fin ケロスィーン, パラフィン
とうよう **東洋** touyou	**Ferner Osten,** *der* **Orient** フェルナー オステン, オーリエント	(the) East, (the) Orient (ズィ) イースト, (ズィ) オーリ エント
どうようする **動揺する** douyousuru	**schwanken,** *sich⁴* **auf|re- gen** シュヴァンケン, ‥ アオフレーゲン	(be) agitated (ビ) アヂテイテド
どうように **同様に** douyouni	**ebenso, gleichermaßen** エーベンゾー, グライヒャーマーセン	in the same way イン ザ セイム ウェイ
どうようの **同様の** douyouno	**gleich** グライヒ	similar, like スィミラ, ライク
どうらく **道楽** douraku	*das* **Hobby** ホビ	hobby, pastime ハビ, パスタイム
どうり **道理** douri	*die* **Vernunft** フェアヌンフト	reason リーズン
どうりょう **同僚** douryou	*der* (*die*) **Kollege(-*in*)** コレーゲ(-ギン)	colleague カリーグ
どうりょく **動力** douryoku	*die* **Triebkraft** トリープクラフト	power, motive power パウア, モウティヴ パウア
どうろ **道路** douro	*die* **Straße,** *der* **Weg** シュトラーセ, ヴェーク	road ロウド
とうろくする **登録する** tourokusuru	**ein|tragen, an|melden** アイントラーゲン, アンメルデン	register, enter in レヂスタ, エンタ イン
とうろん **討論** touron	*die* **Debatte,** *die* **Diskussi- on** デバッテ, ディスクスィオーン	discussion ディスカション
〜する	**diskutieren** ディスクティーレン	discuss ディスカス

日	独	英
どうわ **童話** douwa	*das* **Märchen** メーアヒェン	fairy tale フェアリ テイル
とうわくする **当惑する** touwakusuru	**verlegen sein** フェアレーゲン ザイン	(be) embarrassed (ビ) インバラスト
とおい **遠い** tooi	**fern, entfernt** フェルン, エントフェルント	far, distant ファー, ディスタント
とおくに **遠くに** tookuni	**in der Ferne, weit** イン デア フェルネ, ヴァイト	far away ファー アウェイ
とおざかる **遠ざかる** toozakaru	*sich⁴* **entfernen** ‥ エントフェルネン	go away ゴウ アウェイ
とおざける **遠ざける** toozakeru	*sich⁴ von j³/et³* **fern|halten** ‥フォン ‥ フェルンハルテン	keep away キープ アウェイ
とおす **通す** （人・乗り物などを） toosu	**durch|lassen** ドゥルヒラッセン	let (pass) through レト (パス) スルー
（部屋に）	**ein|lassen, eintreten las- sen** アインラッセン, アイントレーテン ラッセン	show in ショウ イン
とーすと **トースト** toosuto	*der* **Toast** トースト	toast トウスト
とーなめんと **トーナメント** toonamento	*das* **Turnier** トゥルニーア	tournament トゥアナメント
どーぴんぐ **ドーピング** doopingu	*das* **Doping** ドーピング	doping ドウピング
とおまわしに **遠回しに** toomawashini	**indirekt, andeutungswei- se** インディレクト, アンドイトゥングスヴァイゼ	indirectly インディレクトリ
とおまわり **遠回り** toomawari	*der* **Umweg** ウムヴェーク	detour ディートゥア
～する	**einen Umweg machen** アイネン ウムヴェーク マッヘン	make a detour メイク ア ディートゥア

日	独	英
どーむ **ドーム** doomu	*der* **Dom,** *die* **Kuppel** ドーム，クッペル	dome ドウム
とおり **通り** toori	*die* **Straße,** *der* **Weg** シュトラーセ，ヴェーク	road, street ロウド，ストリート
とおりかかる **通り掛かる** toorikakaru	**vorbei|kommen, vorbei|- gehen** フォーアバイコメン，フォーアバイゲーエン	happen to pass ハプン トゥ パス
とおりすぎる **通り過ぎる** toorisugiru	**passieren, hindurch|ge- hen** パスィーレン，ヒンドゥルヒゲーエン	pass by パス バイ
とおりぬける **通り抜ける** toorinukeru	**hindurch|gehen** ヒンドゥルヒゲーエン	go through, cut through ゴウ スルー，カト スルー
とおりみち **通り道** toorimichi	*die* **Passage,** *der* **Durch- gang** パサージェ，ドゥルヒガング	way to ウェイ トゥ
とおる **通る** tooru	**passieren, hindurch|ge- hen** パスィーレン，ヒンドゥルヒゲーエン	pass パス
とかい **都会** tokai	*die* **Stadt** シュタット	city, town スィティ，タウン
とかげ **蜥蜴** tokage	*die* **Eidechse** アイデクセ	lizard リザド
とかす **梳かす** tokasu	**kämmen** ケメン	comb コウム
とかす **溶かす** tokasu	**schmelzen, auf|lösen** シュメルツェン，アオフレーゼン	melt, dissolve メルト，ディザルヴ
とがった **尖った** togatta	**spitz, scharf** シュピッツ，シャルフ	pointed ポインテド
とがめる **とがめる** togameru	**vor|werfen** フォーアヴェルフェン	blame ブレイム
とき **時** toki	*die* **Zeit,** *die* **Stunde** ツァイト，シュトゥンデ	time, hour タイム，アウア

日	独	英
どぎつい **どぎつい** dogitsui	**kreischend, grell** クライシェント, グレル	loud, gaudy ラウド, ゴーディ
どきっとする **どきっとする** dokittosuru	**geschockt sein** ゲショックト ザイン	(be) shocked (ビ) シャクト
ときどき **時々** tokidoki	**manchmal, ab und zu** マンヒマール, アップ ウント ツー	sometimes サムタイムズ
どきどきする **どきどきする** dokidokisuru	**klopfen, pochen** クロプフェン, ポッヘン	beat, throb ビート, スラブ
どきゅめんたりー **ドキュメンタリー** dokyumentarii	*die* **Dokumentation**, *der* **Dokumentarfilm** ドクメンタツィオーン, ドクメンタールフィルム	documentary ダキュメンタリ
どきょう **度胸** dokyou	*der* **Mut** ムート	courage, bravery カーリヂ, ブレイヴァリ
とぎれる **途切れる** togireru	**stocken, unterbrochen** **werden** シュトッケン, ウンターブロッヘン ヴェーアデン	break, stop ブレイク, スタプ
とく **解く** (ほどく) toku	**lösen** レーゼン	untie, undo アンタイ, アンドゥー
(解除する)	**auf|heben, lösen** アオフヘーベン, レーゼン	cancel, release キャンセル, リリース
(解答する)	**beantworten, lösen** ベアントヴォルテン, レーゼン	solve, answer サルヴ, アンサ
とく **得** (儲け) toku	*der* **Gewinn** ゲヴィン	profit, gains プラフィト, ゲインズ
(有利)	*der* **Vorteil** フォルタイル	advantage, benefit アドヴァンティヂ, ベニフィト
とぐ **研ぐ** togu	**schleifen, schärfen** シュライフェン, シェルフェン	grind, whet グラインド, (ホ)ウェト
どく **退く** doku	**aus dem Weg gehen** アオス デム ヴェーク ゲーエン	get out of the way ゲト アウト オヴ ザ ウェイ

日	独	英
どく **毒** doku	*das* **Gift** ギフト	poison ポイズン
とくい **得意**　（得手） tokui	*die* **Stärke, starke Seite** シュテルケ, シュタルケ ザイテ	forte, specialty フォート, スペシャルティ
～先	*der*(*die*) **Kunde(-*in*)** クンデ(-ディン)	customer, patron カスタマ, ペイトロン
～である	*in et³* **gut sein** イン .. グート ザイン	(be) good at (ビ) グド アト
とくいな **特異な** tokuina	**eigentümlich, sonderbar** アイゲンテュームリヒ, ゾンダーバール	peculiar ピキューリア
どくがす **毒ガス** dokugasu	*das* **Giftgas** ギフトガス	poison gas ポイズン ギャス
とくぎ **特技** tokugi	**besondere Fähigkeit** ベゾンデレ フェーイヒカイト	specialty スペシャルティ
どくさい **独裁** dokusai	*die* **Diktatur** ディクタトゥーア	dictatorship ディクテイタシプ
～者	*der*(*die*) **Diktator(*in*)** ディクタートア(-タトーリン)	dictator ディクテイタ
とくさつ **特撮** tokusatsu	*die* **Spezialeffekte** *pl.* シュペツィアールエフェクテ	special effects スペシャル イフェクツ
とくさんひん **特産品** tokusanhin	*die* **Spezialität** シュペツィアリテート	special product スペシャル プラダクト
どくじの **独自の** dokujino	**eigen** アイゲン	original, unique オリヂナル, ユーニーク
どくしゃ **読者** dokusha	*der*(*die*) **Leser(*in*)** レーザー(-ゼリン)	reader リーダ
とくしゅう **特集** tokushuu	*der* **Sonderartikel** ゾンダーアルティーケル	feature articles フィーチャ アーティクルズ
とくしゅな **特殊な** tokushuna	**speziell** シュペツィエル	special, unique スペシャル, ユーニーク

日	独	英
どくしょ **読書** dokusho	*das* **Lesen,** *die* **Lektüre** レーゼン, レクテューレ	reading リーディング
とくしょく **特色** tokushoku	*die* **Eigenart,** *der* **Charak-terzug** アイゲンアールト, カラクターツーク	characteristic キャラクタリスティク
どくしんの **独身の** dokushinno	**unverheiratet, ledig** ウンフェアハイラーテット, レーディッヒ	unmarried, single アンマリド, スイングル
どくぜつ **毒舌** dokuzetsu	**böse Zunge, boshafte Zunge** ベーゼ ツンゲ, ボースハフテ ツンゲ	spiteful tongue スパイトフル タング
どくせんする **独占する** dokusensuru	**monopolisieren** モノポリズィーレン	monopolize モナポライズ
どくそうてきな **独創的な** dokusoutekina	**original, originell** オリギナール, オリギネル	original オリヂナル
とくそくする **督促する** tokusokusuru	**auf|fordern, mahnen** アオフフォルダーン, マーネン	press, urge プレス, アーヂ
どくだんで **独断で** dokudande	**eigenmächtig** アイゲンメヒティヒ	on one's own judg-ment オン オウン ヂャヂメント
とくちょう **特徴** tokuchou	*das* **Merkmal** メルクマール	characteristic キャラクタリスティク
とくちょう **特長** (長所) tokuchou	*die* **Stärke** シュテルケ	merit, strong point メリト, ストローング ポイント
とくていの **特定の** tokuteino	**bestimmt** ベシュティムト	specific, specified スピスィフィク, スペスィファイド
とくてん **得点** tokuten	*die* **Punktzahl,** *die* **Punkte** *pl.* プンクトツァール, プンクテ	score, points スコー, ポインツ
どくとくの **独特の** dokutokuno	**eigen, eigentümlich** アイゲン, アイゲンテュームリヒ	unique, peculiar ユーニーク, ピキューリア
とくに **特に** tokuni	**besonders, vor allem** ベゾンダース, フォーア アレム	especially イスペシャリ

日	独	英
とくはいん **特派員** tokuhain	*der*(*die*) **Sonderberichter-statter**(*in*) ゾンダーベリヒトエアシュタッター(-テリン)	(special) corre-spondent (スペシャル) コレスパンデント
とくべつの **特別の** tokubetsuno	**speziell, außergewöhn-lich** シュペツィエル, アオサーゲヴェーンリヒ	special, exception-al スペシャル, イクセプショナル
とくめい **匿名** tokumei	*die* **Anonymität** アノニュミテート	anonymity アノニミティ
とくゆうの **特有の** tokuyuuno	**eigentümlich, eigen** アイゲンテュームリヒ, アイゲン	peculiar to ピキューリア トゥ
どくりつ **独立** dokuritsu	*die* **Unabhängigkeit,** *die* **Selbstständigkeit** ウンアプヘンギヒカイト, ゼルプストシュテンディヒカイト	independence インディペンデンス
～の	**unabhängig, selbststän-dig** ウンアプヘンギヒ, ゼルプストシュテンディヒ	independent インディペンデント
どくりょくで **独力で** dokuryokude	**allein, ohne Hilfe** アライン, オーネ ヒルフェ	by oneself バイ
とげ **棘** toge	*der* **Stachel,** *der* **Dorn** シュタッヘル, ドルン	thorn, prickle ソーン, プリクル
とけい **時計** tokei	*die* **Uhr** ウーア	watch, clock ワチ, クラク
とける **溶ける** tokeru	*sich*[4] **auf|lösen, schmel-zen** ‥ アオフレーゼン, シュメルツェン	melt, dissolve メルト, ディザルヴ
とける **解ける** （紐などが） tokeru	**locker werden** ロッカー ヴェーアデン	(get) loose (ゲト) ルース
（問題が）	*sich*[4] **lösen, auf|gehen** ‥ レーゼン, アオフゲーエン	(be) solved (ビ) ソルヴド
とげる **遂げる** togeru	**erreichen, vollbringen** エアライヒェン, フォルブリンゲン	accomplish, com-plete アカンプリシュ, コンプリート
どける **退ける** dokeru	**weg|schaffen** ヴェックシャッフェン	remove リムーヴ

日	独	英
どこ **どこ** doko	**wo** ヴォー	where (ホ)**ウェ**ア
どこか **どこか** dokoka	**irgendwo** イルゲント**ヴォ**ー	somewhere **サ**ム(ホ)ウェア
とこや **床屋** tokoya	*der* **Friseur** フリ**ゼ**ーア	barbershop **バ**ーバシャプ
ところ **所**　　（場所） tokoro	*der* **Ort** **オ**ルト	place, spot **プレ**イス, ス**パ**ト
（部分）	*der* **Teil** **タ**イル	part **パ**ート
ところどころ **所々** tokorodokoro	**hier und da** **ヒ**ーア ウント **ダ**ー	here and there **ヒ**ア アンド **ゼ**ア
とざす **閉ざす** tozasu	**schließen, ab|sperren** シュ**リ**ーセン, **ア**ップシュペレン	shut, close **シャ**ト, ク**ロ**ウズ
とざん **登山** tozan	*das* **Bergsteigen** **ベ**ルクシュタイゲン	mountain climbing **マ**ウンテン ク**ラ**イミング
〜家	*der*(*die*) **Bergsteiger(*in*)** **ベ**ルクシュタイガー(-ゲリン)	mountaineer マウティ**ニ**ア
とし **都市** toshi	*die* **Stadt** シュ**タ**ット	city **スィ**ティ
とし **年** toshi	*das* **Jahr** **ヤ**ール	year **イ**ア
（歳・年齢）	*das* **Alter** **ア**ルター	age, years **エ**イヂ, **イ**アズ
〜を取る	**alt werden, altern** **ア**ルト **ヴェ**ーアデン, **ア**ルターン	grow old グ**ロ**ウ **オ**ウルド
としうえの **年上の** toshiueno	**älter** **エ**ルター	older **オ**ウルダ

日	独	英
とじこめる **閉じ込める** tojikomeru	**ein|sperren, ein|schlie-ßen** アインシュペレン, アインシュリーセン	shut, confine シャト, コンファイン
とじこもる **閉じこもる** tojikomoru	*sich⁴ in et⁴* **ein|schließen** .. イン .. アインシュリーセン	shut oneself up シャト アプ
としたの **年下の** toshishitano	**jünger** ユンガー	younger ヤンガ
としつき **年月** toshitsuki	*die* **Jahre** *pl.* ヤーレ	years イアズ
どしゃ **土砂** dosha	**Erde und Sand** エーアデ ウント ザント	earth and sand アース アンド サンド
～崩れ	*der* **Erdrutsch** エーアトルッチュ	landslide ランドスライド
としょ **図書** tosho	*die* **Bücher** *pl.* ビューヒャー	books ブクス
～館	*die* **Bibliothek,** *die* **Büche-rei** ビブリオテーク, ビューヒェライ	library ライブレリ
どじょう **土壌** dojou	*der* **Boden** ボーデン	soil ソイル
としより **年寄り** toshiyori	**alter Mensch** アルター メンシュ	elderly (people) エルダリ (ピープル)
とじる **綴じる** tojiru	**ein|heften, binden** アインヘフテン, ビンデン	bind, file バインド, ファイル
とじる **閉じる** tojiru	**schließen, zu|machen** シュリーセン, ツーマッヘン	shut, close シャト, クロウズ
としん **都心** toshin	*die* **Innenstadt,** *das* **Stadt-zentrum** イネンシュタット, シュタットツェントルム	city center, down-town スィティ センタ, ダウンタウン
どせい **土星** dosei	**der Saturn** デア ザトゥルン	Saturn サタン

日	独	英
とそう **塗装** tosou	*das* **Anstreichen,** *der* **Anstrich** アンシュトライヒェン，アンシュトリヒ	painting, coating ペインティング，コウティング
どだい **土台** dodai	*der* **Grund,** *das* **Fundament** グルント，フンダメント	foundation, base ファウンデイション，ベイス
とだえる **途絶える** todaeru	**enden** エンデン	stop, cease スタプ，スィース
とだな **戸棚** todana	*der* **Schrank** シュランク	cabinet, cupboard キャビネト，カバド
どたんば **土壇場** dotanba	**letzter Augenblick** レッツター **ア**オゲンブリック	(the) last moment (ザ) ラスト モウメント
とち **土地** tochi	*der* **Land,** *das* **Grundstück** ラント，グルントシュテュック	land ランド
とちゅうで **途中で** tochuude	**unterwegs, auf dem Weg** ウンターヴェークス，アオフ デム **ヴェ**ーク	on one's way オン **ウェ**イ
どちら **どちら** (どこ) dochira	**wo** ヴォー	where (ホ)**ウェ**ア
(どれ)	**welch** ヴェルヒ	which (ホ)**ウィ**チ
とっか **特価** tokka	*der* **Sonderpreis** ゾンダープライス	special price スペシャル プライス
どっかいりょく **読解力** dokkairyoku	*die* **Lesefertigkeit** レーゼフェルティヒカイト	reading ability リーディング アビリティ
とっきゅう **特急** tokkyuu	*der* **Schnellzug** シュネルツーク	special express (train) スペシャル イクスプレス (トレイン)
とっきょ **特許** tokkyo	*das* **Patent** パテント	patent パテント
とっくん **特訓** tokkun	*das* **Spezialtraining** シュペツィア**ー**ルトレーニング	special training スペシャル トレイニング

日	独	英
とっけん **特権** tokken	*das* **Vorrecht**, *das* **Privileg** フォーアレヒト, プリヴィレーク	privilege プリヴィリヂ
どっしりした **どっしりした** dosshirishita	**wuchtig, würdevoll** ヴフティヒ, ヴュルデフォル	heavy, dignified ヘヴィ, ディグニファイド
とっしんする **突進する** tosshinsuru	**an|stürmen, los|stürzen** アンシュテュルメン, ロースシュテュルツェン	rush at, dash at ラシュ アト, ダシュ アト
とつぜん **突然** totsuzen	**plötzlich** プレッツリヒ	suddenly サドンリ
とって **取っ手** totte	*der* **Griff**, *der* **Henkel** グリフ, ヘンケル	handle, knob ハンドル, ナブ
どっと **ドット** dotto	*der* **Punkt** プンクト	dot ダト
とつにゅうする **突入する** totsunyuusuru	**herein|brechen, ein|drin-gen** ヘラインブレッヒェン, アインドリンゲン	rush into ラシュ イントゥ
とっぱする **突破する** toppasuru	**durch|brechen** ドゥルヒブレッヒェン	break through ブレイク スルー
とっぷ **トップ** toppu	*die* **Spitze** シュピッツェ	top タプ
とても **とても** totemo	**sehr, ganz** ゼーア, ガンツ	very ヴェリ
とどく **届く**　　（達する） todoku	**erreichen** エアライヒェン	reach リーチ
（到着する） 	**an|kommen** アンコメン	arrive at アライヴ アト
とどけ **届け** todoke	*die* **Anmeldung**, *die* **Mel-dung** アンメルドゥング, メルドゥング	report, notice リポート, ノウティス
とどける **届ける**　　（送る） todokeru	**schicken, liefern** シッケン, リーファーン	send, deliver センド, ディリヴァ

日	独	英
（届け出る）	**melden, benachrichtigen** メルデン，ベナーハリヒティゲン	report to, notify リポート トゥ，ノウティファイ
とどこおる **滞る** todokooru	**stagnieren, in Verzug geraten** シュタグニーレン，イン フェアツーク グラーテン	(be) delayed (ビ) ディレイド
ととのう **整う**　（準備される） totonou	**vorbereitet sein** フォーアベライテット ザイン	(be) ready (ビ) レディ
（整理される）	**in Ordnung sein** イン オルドヌング ザイン	(be) in good order (ビ) イング グド オーダ
ととのえる **整える**　（準備する） totonoeru	**vor|bereiten** フォーアベライテン	prepare プリペア
（整理する）	**ordnen, in Ordnung bringen** オルドネン，イン オルドヌング ブリンゲン	put in order プト イン オーダ
（調整する）	**ein|richten** アインリヒテン	adjust, fix アヂャスト，フィクス
とどまる **止[留]まる** todomaru	**bleiben** ブライベン	stay, remain ステイ，リメイン
とどめる **止[留]める** todomeru	**behalten** ベハルテン	retain リテイン
どなー **ドナー** donaa	*der*(*die*) **Organspender**(*in*) オルガンシュペンダー(・デリン)	donor ドウナ
となえる **唱える** tonaeru	**skandieren** スカンディーレン	recite, chant リサイト，チャント
となり **隣** tonari	*das* **Nachbarhaus**, *die* **Nachbarwohnung** ナッハバールハオス，ナッハバールヴォーヌング	next door ネクスト ドー
どなる **怒鳴る** donaru	**brüllen, schreien** ブリュレン，シュライエン	shout, yell シャウト，イェル
とにかく **とにかく** tonikaku	**jedenfalls, auf jeden Fall** イェーデンファルス，アオフ イェーデン ファル	anyway エニウェイ

と

日	独	英
どの **どの** dono	**welch** ヴェルヒ	which (ホ)**ウィ**チ
とばく **賭博** tobaku	*das* **Glücksspiel** グ**リュ**ックスシュピール	gambling **ギャ**ンブリング
とばす **飛ばす** tobasu	**fliegen lassen** フ**リ**ーゲン **ラ**ッセン	fly フ**ラ**イ
（抜かす）	**überspringen** ユーバーシュプ**リ**ンゲン	skip ス**キ**プ
とびあがる **跳び上がる** tobiagaru	**auf|springen** **ア**オフシュプリンゲン	jump up, leap **チャ**ンプ **ア**プ, **リ**ープ
とびおりる **飛び降りる** tobioriru	**ab|springen, hinunter|- springen** **ア**ップシュプリンゲン, ヒ**ヌ**ンターシュプリンゲ ン	jump down **チャ**ンプ **ダ**ウン
とびこえる **飛び越える** tobikoeru	**hinüber|springen** ヒ**ニ**ューバーシュプリンゲン	jump over **チャ**ンプ **オ**ウヴァ
とびこむ **飛び込む** tobikomu	*in et⁴* **springen** イン .. シュプ**リ**ンゲン	jump into, dive in- to **チャ**ンプ **イ**ントゥ, **ダ**イヴ **イ**ン トゥ
とびだす **飛び出す** tobidasu	**hinaus|fliegen, hinaus|- springen** ヒ**ナ**オスフリーゲン, ヒ**ナ**オスシュプリンゲン	fly out, jump out of フ**ラ**イ **ア**ウト, **チャ**ンプ **ア**ウト オヴ
とびちる **飛び散る** tobichiru	**sprühen, spritzen** シュプ**リュ**ーエン, シュプ**リ**ッツェン	scatter ス**キャ**タ
とびつく **飛びつく** tobitsuku	**an|springen** **ア**ンシュプリンゲン	jump at, fly at **チャ**ンプ **ア**ト, フ**ラ**イ **ア**ト
とぴっく **トピック** topikku	*der* **Gesprächsgegen- stand,** *das* **Thema** ゲシュプ**レ**ーヒスゲーゲンシュタント, **テ**ーマ	topic **タ**ピク
とびのる **飛び乗る** tobinoru	**auf|springen** **ア**オフシュプリンゲン	jump onto, hop **チャ**ンプ **オ**ントゥ, **ハ**プ
とびはねる **跳び跳ねる** tobihaneru	**hüpfen, hoppeln** **ヒュ**プフェン, **ホ**ッペルン	hop, jump **ハ**プ, **チャ**ンプ

日	独	英
とびら **扉** tobira	*die* **Tür** テューア	door ドー
とぶ **跳ぶ** tobu	**springen, hüpfen** シュプリンゲン, ヒュプフェン	jump, leap チャンプ, リープ
とぶ **飛ぶ** tobu	**fliegen** フリーゲン	fly, soar フライ, ソー
どぶ **どぶ** dobu	*die* **Gosse,** *der* **Graben** ゴッセ, グラーベン	ditch ディチ
どぼく **土木** doboku	**öffentliche Bauarbeit** エッフェントリヒェ バオアルバイト	public works パブリク ワークス
とぼける **とぼける** tobokeru	**Unwissenheit vorschüt- zen, den Dummen spie- len** ウンヴィッセンハイト フォーアシュッツェン, デ ン ドゥメン シュピーレン	feign ignorance フェイン イグノランス
とほで **徒歩で** tohode	**zu Fuß** ツー フース	on foot オン フト
とまと **トマト** tomato	*die* **Tomate** トマーテ	tomato トメイトウ
とまどう **戸惑う** tomadou	**in Verlegenheit geraten** イン フェアレーゲンハイト ゲラーテン	(be) at a loss (ビ) アト ア ロース
とまる **止まる** tomaru	**halten, stehen bleiben** ハルテン, シュテーエン ブライベン	stop, halt スタプ, ホールト
とまる **泊まる** tomaru	**übernachten** ユーバーナハテン	stay at ステイ アト
とみ **富** tomi	*der* **Reichtum** ライヒトゥーム	wealth ウェルス
とむ **富む** tomu	**reich werden** ライヒ ヴェーアデン	(become) rich (ビカム) リチ
とめがね **留め金** tomegane	*die* **Schnalle,** *der* **Ver- schluss** シュナレ, フェアシュルス	clasp, hook クラスプ, フク

日	独	英
とめる **止める**（停止させる） tomeru	**stoppen, an|halten** シュトッペン，アンハルテン	stop スタプ
（スイッチを切る）	**ab|stellen, aus|schalten** アップシュテレン，アオスシャルテン	turn off ターン オーフ
（禁止する）	**verbieten** フェアビーテン	forbid, prohibit フォビド，プロヒビト
（制止する）	**anhalten, kontrollieren** アンハルテン，コントロリーレン	hold, check ホウルド，チェク
とめる **泊める** tomeru	**beherbergen,** *bei sich*[3] **auf|nehmen** ベヘルベルゲン，バイ‥ アオフネーメン	take in テイク イン
とめる **留める** tomeru	**befestigen** ベフェスティゲン	fasten, fix ファスン，フィクス
ともだち **友達** tomodachi	*der* (*die*) **Freund**(*in*) フロイント(・ディン)	friend フレンド
ともなう **伴う** tomonau	**begleiten, folgen** ベグライテン，フォルゲン	accompany, follow アカンパニ，ファロウ
ともに **共に**（どちらも） tomoni	**beide** バイデ	both ボウス
（一緒に）	**zusammen, mit** ツザメン，ミット	with ウィズ
どようび **土曜日** doyoubi	*der* **Samstag,** *der* **Sonn-** **abend** ザムスターク，ゾンアーベント	Saturday サタデイ
とら **虎** tora	*der* **Tiger** ティーガー	tiger タイガ
とらいあんぐる **トライアングル** toraianguru	*die* **Triangel,** *das* **Dreieck** トリーアンゲル，ドライエック	triangle トライアングル
どらいくりーにんぐ **ドライクリーニング** doraikuriiningu	**chemische Reinigung** ヒェーミシェ ライニグング	dry cleaning ドライ クリーニング

日	独	英
どらいばー **ドライバー** （ねじ回し） doraibaa	*der* **Schraubenzieher** シュラオベンツィーアー	screwdriver スクルードライヴァ
（運転手）	*der*（*die*）**Autofahrer(*in*)** アオトファーラー（·レリン）	driver ドライヴァ
どらいぶ **ドライブ** doraibu	*die* **Fahrt,** *die* **Spazierfahrt** ファールト，シュパツィーアファールト	drive ドライヴ
〜イン	*das* **Drive-in-Restaurant,** *die* **Raststätte** ドライヴインレストラーン，**ラ**ストシュテッテ	drive-in ドライヴイン
どらいやー **ドライヤー** doraiyaa	*der* **Föhn** フェーン	dryer ドライア
とらっく **トラック** torakku	*der* **Lastkraftwagen,** *der* **LKW** **ラ**ストクラフトヴァーゲン，エルカーヴェー	truck, ⒝lorry トラク，**ロ**ーリ
（競走路の）	*die* **Bahn,** *die* **Piste** バーン，ピステ	track トラク
とらぶる **トラブル** toraburu	*die* **Schwierigkeit** シュ**ヴィ**ーリヒカイト	trouble トラブル
とらべらーずちぇっく **トラベラーズチェック** **ク** toraberaazuchekku	*der* **Reisescheck** ライゼシェック	traveler's check ト**ラ**ヴラズ **チェ**ク
どらま **ドラマ** dorama	*das* **Drama** ド**ラ**ーマ	drama ド**ラ**ーマ
どらむ **ドラム** doramu	*die* **Trommel** ト**ロ**メル	drum ドラム
とらんく **トランク** toranku	*der* **Koffer** コッファー	trunk, suitcase トランク，**ス**ートケイス
（車の）	*der* **Kofferraum** コッファーラオム	trunk トランク
とらんくす **トランクス** torankusu	*die* **Boxershorts** *pl.* ボクサーショルツ	trunks トランクス

日	独	英
とらんぷ **トランプ** toranpu	*die* **Spielkarte** シュピールカルテ	cards カーヅ
とらんぺっと **トランペット** toranpetto	*die* **Trompete** トロンペーテ	trumpet トランペト
とり **鳥** tori	*der* **Vogel** フォーゲル	bird バード
とりあえず **取りあえず** toriaezu	**vorläufig** フォーアロイフィヒ	for the time being フォ ザ タイム ビーイング
とりあげる **取り上げる** （奪い取る） toriageru	**weg|nehmen, ab|nehmen** ヴェックネーメン, **ア**ップネーメン	take away テイク アウェイ
（採用する）	**auf|nehmen** **ア**オフネーメン	adopt ア**ダ**プト
とりあつかう **取り扱う** toriatsukau	**behandeln,** *mit j³/et³* **um|- gehen** ベハンデルン, ミット‥**ウ**ムゲーエン	handle, treat ハンドル, トリート
とりーとめんと **トリートメント** toriitomento	*die* **Behandlung** ベハンドルング	treatment トリートメント
とりえ **取り柄** torie	*die* **Stärke,** *der* **Vorzug** シュ**テ**ルケ, **フォ**ーアツーク	merit メリト
とりおこなう **執り行う** toriokonau	**aus|führen, durch|führen** **ア**オスフューレン, **ドゥ**ルヒフューレン	perform パフォーム
とりかえす **取り返す** torikaesu	**zurück|nehmen, nach|- holen** ツ**リュ**ックネーメン, **ナ**ーハホーレン	take back, recover テイク バク, リ**カ**ヴァ
とりかえる **取り替える** torikaeru	**aus|tauschen, wechseln** **ア**オスタオシェン, **ヴェ**クセルン	exchange, replace イクス**チェ**インヂ, リプレイス
とりかわす **取り交わす** torikawasu	**aus|tauschen** **ア**オスタオシェン	exchange イクス**チェ**インヂ
とりきめ **取り決め** torikime	*die* **Übereinkunft,** *der* **Be- schluss** ユーバー**ア**インクンフト, ベ**シュ**ルス	agreement ア**グ**リーメント

日	独	英
とりくむ **取り組む** torikumu	**ringen,** *sich⁴ mit et³* **auseinander|setzen** リンゲン, ‥ミット‥アオスアイナンダーゼッツェン	tackle, take on タクル, テイク オン
とりけす **取り消す** torikesu	**widerrufen, zurück|nehmen** ヴィーダールーフェン, ツ**リュ**ックネーメン	cancel キャンセル
とりこ **虜** toriko	*der/die* **Gefangene** ゲ**ファ**ンゲネ	captive キャプティヴ
とりしまりやく **取締役** torishimariyaku	*der*(*die*) **Direktor(*in*),** *der/die* **Vorsitzende** ディレク**トー**ア(ディレク**トー**リン), **フォー**アズィッツェンデ	director ディレクタ
とりしまる **取り締まる** torishimaru	**kontrollieren** コント**ロ**リーレン	control, regulate コント**ロ**ウル, レギュレイト
とりしらべる **取り調べる** torishiraberu	**untersuchen** ウンター**ズー**ヘン	investigate, inquire イン**ヴェ**スティゲイト, インク**ワ**イア
とりだす **取り出す** toridasu	**heraus|nehmen, aus|packen** ヘ**ラ**オスネーメン, **ア**オスパッケン	take out テイク **ア**ウト
とりたてる **取り立てる** toritateru	**ein|treiben, ein|ziehen** **ア**イントライベン, **ア**インツィーエン	collect コレクト
とりっく **トリック** torikku	*der* **Trick** トリック	trick トリク
とりつける **取り付ける** toritsukeru	**ein|richten, an|bringen** **ア**インリヒテン, **ア**ンブリンゲン	install インス**トー**ル
とりとめのない **取り留めのない** toritomenonai	**zusammenhanglos** ツ**ザ**ンメンハングロース	incoherent インコウ**ヒ**アレント
とりにく **鶏肉** toriniku	*das* **Hühnchen** **ヒュー**ンヒェン	chicken チキン
とりのぞく **取り除く** torinozoku	**beseitigen, entfernen** ベ**ザ**イティゲン, エント**フェ**ルネン	remove リ**ムー**ヴ
とりひき **取り引き** torihiki	*das* **Geschäft,** *der* **Geschäftsverkehr** ゲ**シェ**フト, ゲ**シェ**フツフェアケーア	transactions トランサクションズ

日	独	英
とりぶん **取り分** toribun	**(eigener) Anteil,** *die* **Portion** (アイゲナー) **ア**ンタイル，ポルツィ**オ**ーン	share シェア
とりまく **取り巻く** torimaku	**umgeben, ein|schließen** ウム**ゲ**ーベン，**ア**インシュリーセン	surround サラウンド
とりみだす **取り乱す** torimidasu	**verwirrt sein, verstört sein** フェア**ヴ**ィルト ザイン，フェアシュ**テ**ーアト ザイン	(be) confused (ビ) コン**フ**ューズド
とりみんぐ **トリミング** torimingu	*das* **Beschneiden** ベシュ**ナ**イデン	trimming トリミング
とりもどす **取り戻す** torimodosu	**zurück|gewinnen, zurück|nehmen** ツリュックゲ**ヴ**ィネン，ツリュック**ネ**ーメン	take back, recover テイク バク，リ**カ**ヴァ
とりやめる **取り止める** toriyameru	**ab|sagen** **ア**ップザーゲン	cancel, call off **キャ**ンセル，**コ**ール **オ**ーフ
とりゅふ **トリュフ** toryufu	*die* **Trüffel** ト**リュ**ッフェル	truffle ト**ラ**フル
とりょう **塗料** toryou	*die* **Farbe** **ファ**ルベ	paint **ペ**イント
どりょく **努力** doryoku	*die* **Anstrengung,** *die* **Bemühung** **ア**ンシュトレングング，ベ**ミュ**ーウング	effort **エ**フォト
〜する	*sich⁴* **an|strengen,** *sich⁴* **bemühen** ∴ **ア**ンシュトレンゲン，∴ ベ**ミュ**ーエン	make an effort メイク アン **エ**フォト
とりよせる **取り寄せる** toriyoseru	**bestellen** ベシュ**テ**レン	order **オ**ーダ
どりる **ドリル** （工具の） doriru	*der* **Drillbohrer** ド**リ**ルボーラー	drill ド**リ**ル
とりわける **取り分ける** toriwakeru	**verteilen, aus|teilen** フェア**タ**イレン，**ア**オスタイレン	distribute, serve ディスト**リ**ビュト，**サ**ーヴ
とる **取る** （手にする） toru	**nehmen** **ネ**ーメン	take, hold **テ**イク，**ホ**ウルド

日	独	英
(受け取る)	**erhalten, empfangen** エアハルテン, エンプ**ファ**ンゲン	get, receive **ゲ**ト, リ**スィ**ーヴ
(除去する)	**ab|nehmen, weg|nehmen** **ア**ップネーメン, **ヴェ**ックネーメン	take off, remove **テ**イク **オ**ーフ, リ**ムー**ヴ
(盗む)	**stehlen** シュ**テ**ーレン	steal, rob ス**ティ**ール, **ラ**ブ
とる **採る** toru (採集する)	**sammeln** **ザ**メルン	gather, pick **ギャ**ザ, **ピ**ク
(採用する)	**ein|nehmen** **ア**インネーメン	adopt, take ア**ダ**プト, **テ**イク
とる **捕る** toru	**fangen** **ファ**ンゲン	catch, capture **キャ**チ, **キャ**プチャ
どる **ドル** doru	*der* **Dollar** **ド**ラー	dollar **ダ**ラ
とるこ **トルコ** toruko	**die Türkei** ディー テュル**カ**イ	Turkey **タ**ーキ
どれ **どれ** dore	**welch** **ヴェ**ルヒ	which (ホ)**ウィ**チ
どれい **奴隷** dorei	*der* (*die*) **Sklave(-*in*)** スク**ラ**ーヴェ(-**ヴィ**ン)	slave ス**レ**イヴ
とれーど **トレード** toreedo	*der* **Handel,** *der* **Tausch** **ハ**ンデル, **タ**オシュ	trading ト**レ**イディング
とれーなー **トレーナー** (服) toreenaa	*der* **Trainingsanzug,** *das* **Sweatshirt** ト**レ**ーニングスアンツーク, ス**ヴェ**ットシャート	sweat shirt ス**ウェ**ト **シャ**ート
(運動の指導者)	*der* (*die*) **Trainer(*in*)** ト**レ**ーナー(-**ネ**リン)	trainer ト**レ**イナ
とれーにんぐ **トレーニング** toreeningu	*das* **Training** ト**レ**ーニング	training ト**レ**イニング

日	独	英
とれーらー **トレーラー** toreeraa	*der* **Anhänger** アンヘンガー	trailer トレイラ
どれす **ドレス** doresu	*das* **Kleid** クライト	dress ドレス
どれっしんぐ **ドレッシング** doresshingu	*das* **Dressing** ドレスィング	dressing ドレスィング
とれる **取れる** toreru	*sich⁴* **lösen, ab|gehen** ‥レーゼン, **アップ**ゲーエン	come off カム オフ
どろ **泥** doro	*der* **Schlamm**, *der* **Dreck** シュラム, ド**レック**	mud マド
どろどろの **どろどろの** dorodorono	**matschig, breiartig** マッチヒ, ブライアールティヒ	pulpy パルピ
とろふぃー **トロフィー** torofii	*die* **Trophäe** トロフェーエ	trophy トロウフィ
どろぼう **泥棒** dorobou	*der(die)* **Dieb(in)**, *der(die)* **Einbrecher(in)** ディープ(·ビン), **ア**インブレッヒャー(·ヒェリン)	thief, burglar スィーフ, バーグラ
とろりーばす **トロリーバス** tororiibasu	*der* **Oberleitungsbus** オーバーライトゥングスブス	trolley bus トラリ バス
とろんぼーん **トロンボーン** toronboon	*die* **Posaune** ポザオネ	trombone トランボウン
どわすれする **度忘れする** dowasuresuru	*j³* **entfallen** ‥エント**ファ**レン	slip from one's memory スリプ フラム メモリ
とん **トン** ton	*die* **Tonne** トネ	ton タン
どんかんな **鈍感な** donkanna	**stumpf, unempfindlich** シュ**トゥ**ンプフ, **ウ**ンエンプフィントリヒ	dull, thickheaded, stupid ダル, ス**ィ**クヘッド, ステューピド
どんこう **鈍行** donkou	*der* **Nahverkehrszug**, *der* **Bummelzug** ナーフェアケーアスツーク, **ブ**メルツーク	local train ロウカル トレイン

日	独	英
どんつう **鈍痛** dontsuu	**dumpfer Schmerz** ドゥンプファー シュメルツ	dull pain ダル ペイン
とんでもない **とんでもない** tondemonai	**furchtbar** フルヒトバール	awful, terrible オーフル，テリブル
（思いがけない）	**unerwartet, unvermutet** ウンエアヴァルテット，ウンフェアムーテット	surprising, shocking サプライズィング，シャキング
どんな **どんな** donna	**was für, welch** ヴァス フューア，ヴェルヒ	what (ホ)ワト
どんなに **どんなに** donnani	**wie auch immer** ヴィー アオホ イマー	however ハウエヴァ
とんねる **トンネル** tonneru	*der* **Tunnel** トゥネル	tunnel タネル
とんぼ **蜻蛉** tonbo	*die* **Libelle** リベレ	dragonfly ドラゴンフライ
とんや **問屋** ton-ya	*der* **Großhandel** グロースハンデル	wholesale store ホウルセイル ストー
どんよくな **貪欲な** don-yokuna	**geizig, habgierig** ガイツィヒ，ハープギーリヒ	greedy グリーディ

な，ナ

日	独	英
な **名** na	*der* **Name** ナーメ	name ネイム
ない （持っていない） **無い** nai	**nicht haben** ニヒト ハーベン	have no ハヴ ノウ
（存在しない）	**nicht geben, nicht sein** ニヒト ゲーベン，ニヒト ザイン	There is no ゼア イズ ノウ
ないか **内科** naika	**innere Medizin** イネレ メディツィーン	internal medicine インターナル メディスィン

日	独	英
〜医	*der* (*die*) **Internist**(*in*) インテルニスト(-ティン)	physician フィズィシャン
ないかく **内閣** naikaku	*das* **Kabinett** カビネット	Cabinet, Ministry キャビネット, ミニストリ
ないこうてきな **内向的な** naikoutekina	**introvertiert** イントロヴェルティーアト	introverted イントロヴァーテド
ないじぇりあ **ナイジェリア** naijeria	(*das*) **Nigeria** ニゲーリア	Nigeria ナイヂアリア
ないじゅ **内需** naiju	*die* **Inlandsnachfrage** インランツナーハフラーゲ	domestic demand ドメスティク ディマンド
ないしょ **内緒** naisho	*das* **Geheimnis** ゲハイムニス	secret スィークレト
ないしん **内心** naishin	*das* **Innerste, wahre Gedanken** *pl.* インナーステ, ヴァーレ ゲダンケン	one's mind, one's heart マインド, ハート
ないせい **内政** naisei	*die* **Innenpolitik** イネンポリティーク	domestic affairs ドメスティク アフェアズ
ないせん **内戦** naisen	*der* **Bürgerkrieg** ビュルガークリーク	civil war スィヴィル ウォー
ないぞう **内臓** naizou	**innere Organe** *pl.* イネレ オルガーネ	internal organs インターナル オーガンズ
ないたー **ナイター** naitaa	*das* **Flutlichtspiel**, *das* **Nachtspiel** フルートリヒトシュピール, ナハトシュピール	night game ナイト ゲイム
ないてい **内定** naitei	**informeller Beschluss** インフォルメラー ベシュルス	unofficial decision アナフィシャル ディスィジョン
ないてきな **内的な** naitekina	**innerlich** イナーリヒ	inner, internal イナ, インターナル
ないふ **ナイフ** naifu	*das* **Messer** メッサー	knife ナイフ

日	独	英
ないぶ **内部** naibu	*die* **Innenseite** イネンザイテ	inside, interior インサイド, インティアリア
ないふん **内紛** naifun	**interne Querelen** *pl.* インテルネ クヴェレーレン	internal trouble インターナル トラブル
ないめん **内面** naimen	*die* **Innenseite, innen** イネンザイテ, イネン	inside インサイド
ないよう **内容** naiyou	*der* **Inhalt** インハルト	contents, sub-stance カンテンツ, サブスタンス
ないらん **内乱** nairan	*der* **Bürgerkrieg** ビュルガークリーク	civil war スィヴィル ウォー
ないろん **ナイロン** nairon	*das* **Nylon** ナイロン	nylon ナイラン
なえ **苗** nae	*der* **Sämling,** *der* **Keim-ling** ゼームリング, カイムリング	seedling スィードリング
なおさら **なおさら** naosara	**umso mehr** ウムゾ メーア	still more スティル モー
なおざりにする **なおざりにする** naozarinisuru	**vernachlässigen** フェアナーハレスィゲン	neglect ニグレクト
なおす **治す** naosu	**heilen** ハイレン	cure キュア
なおす **直す** （修正する） naosu	**korrigieren, verbessern** コリギーレン, フェアベッサーン	correct, amend コレクト, アメンド
（修理する）	**reparieren** レパリーレン	mend, repair メンド, リペア
なおる **治る** naoru	**heilen, genesen** ハイレン, ゲネーゼン	get well ゲト ウェル
なおる **直る** （修正される） naoru	**korrigiert werden** コリギーアト ヴェーアデン	(be) corrected (ビ) コレクテド

日	独	英
（修理される）	**repariert werden** レパリーアト ヴェーアデン	(be) repaired (ビ) リペアド
なか **中** naka	*das* **Innere** イネレ	inside インサイド
なか **仲** naka	*die* **Freundschaft, per-** **sönliche Beziehung** フロイントシャフト, ペルゼーンリヒェ ベツィーウング	relations, relation- ship リレイションズ, リレイションシプ
ながい **長い** nagai	**lang** ラング	long ローング
ながいきする **長生きする** nagaikisuru	**lange leben** ランゲ レーベン	live long リヴ ローング
なかがいにん **仲買人** nakagainin	*der*(*die*) **Makler**(*in*), *der* **Mittelsmann** マークラー(-レリン), ミッテルスマン	broker ブロウカ
ながぐつ **長靴** nagagutsu	*der* **Stiefel** シュティーフェル	boots ブーツ
ながさ **長さ** nagasa	*die* **Länge** レンゲ	length レングス
ながす **流す** （液体などを） nagasu	**vergießen** フェアギーセン	pour, drain ポー, ドレイン
（物を）	**weg|spülen** ヴェックシュピューレン	float フロウト
ながそで **長袖** nagasode	**langer Ärmel** ランガー エルメル	long sleeves ローング スリーヴズ
なかなおりする **仲直りする** nakanaorisuru	*sich*[4] *mit j*[3] **versöhnen** ..ミット .. フェアゼーネン	reconcile with レコンサイル ウィズ
なかなか **中々** nakanaka	**sehr, ziemlich** ゼーア, ツィームリヒ	very, quite ヴェリ, クワイト
なかに **中に** nakani	**in, innerhalb** イン, イナーハルプ	in, within イン, ウィズィン

545

日	独	英
なかにわ **中庭** nakaniwa	*der* **Hof** ホーフ	courtyard コートヤード
ながねん **長年** naganen	**jahrelang** ヤーレラング	for years フォ イアズ
なかば **半ば** nakaba	**halb** ハルプ	halfway ハフウェイ
ながびく **長引く** nagabiku	*sich⁴* **hin|ziehen** ‥ ヒンツィーエン	(be) prolonged (ビ) プロローングド
なかま **仲間** nakama	*der*(*die*) **Kollege(-in)**, *der*(*die*) **Kamerad(in)** コレーゲ(-ギン), カメラート(-ディン)	comrade, companion カムラド, コンパニョン
なかみ **中身** nakami	*der* **Inhalt** インハルト	contents, substance カンテンツ, **サ**ブスタンス
ながめ **眺め** nagame	*der* **Ausblick**, *die* **Ansicht** アオスブリック, **アン**ズィヒト	view, scene **ヴ**ュー, ス**ィ**ーン
ながめる **眺める** nagameru	**an|schauen, überblicken** アンシャオエン, ユーバーブリッケン	see, look at ス**ィ**ー, ル**ク**アト
ながもちする **長持ちする** nagamochisuru	*sich⁴* **gut halten** ‥ グート ハルテン	(be) durable (ビ) **デ**ュアラブル
なかゆび **中指** nakayubi	*der* **Mittelfinger** ミッテルフィンガー	middle finger **ミ**ドル **フィ**ンガ
なかよし **仲良し** nakayoshi	*der*(*die*) **gute Freund(in)** グーテ フロイント(-ディン)	close friend, chum クロウス フレンド, **チャ**ム
ながれ **流れ** nagare	*die* **Strömung** シュトレーmovング	stream, current ストリーム, **カ**ーレント
ながれぼし **流れ星** nagareboshi	*die* **Sternschnuppe**, *der* **Meteor** シュテルンシュヌッペ, メテ**オ**ーア	shooting star シューティング ス**タ**ー
ながれる **流れる** nagareru	**fließen, strömen** フリーセン, シュトレーメン	flow, run フ**ロ**ウ, **ラ**ン

な

日	独	英
(時が)	**vergehen** フェアゲーエン	pass パス
なきごえ **泣き声** nakigoe	*der* **Schrei** シュライ	cry クライ
なきむし **泣き虫** nakimushi	*die* **Heulsuse** ホイルズーゼ	crybaby クライベイビ
なきわめく **泣きわめく** nakiwameku	**heulen** ホイレン	bawl, scream ボール，スクリーム
なく **泣く** naku	**weinen** ヴァイネン	cry, weep クライ，ウィープ
なく **鳴く** (犬が) naku	**bellen** ベレン	bark バーク
(猫が)	**miauen** ミアオエン	mew, meow, mi- aow ミュー，ミアウ，ミアウ
(小鳥が)	**singen, zwitschern** ズィンゲン，ツヴィッチャーン	sing スィング
なぐさめる **慰める** nagusameru	**trösten** トレーステン	console, comfort コンソウル，カムファト
なくす **無くす** nakusu	**verlieren** フェアリーレン	lose ルーズ
なくなる **無くなる** nakunaru	**verloren gehen** フェアローレン ゲーエン	(get) lost (ゲト) ロースト
(消失する)	**verschwinden** フェアシュヴィンデン	disappear ディサピア
(尽きる)	**aus|gehen, zur Neige ge- hen** アオスゲーエン，ツーア ナイゲ ゲーエン	run short ラン ショート
なぐりあい **殴り合い** naguriai	*die* **Rauferei** ラオフェライ	fight ファイト

日	独	英
なぐる **殴る** naguru	**schlagen, prügeln** シュラーゲン, プリューゲルン	strike, beat ストライク, ビート
なげかわしい **嘆かわしい** nagekawashii	**beklagenswert** ベクラーゲンスヴェーアト	deplorable ディプローラブル
なげく **嘆く** nageku	**klagen** クラーゲン	lament, grieve ラメント, グリーヴ
なげすてる **投げ捨てる** nagesuteru	**weg|werfen** ヴェックヴェルフェン	throw away スロウ アウェイ
なげる **投げる** （飛ばす） nageru	**werfen** ヴェルフェン	throw, cast スロウ, キャスト
（放棄する）	**auf|geben** アオフゲーベン	give up ギヴ アプ
なごやかな **和やかな** nagoyakana	**friedlich** フリートリヒ	peaceful, friendly ピースフル, フレンドリ
なごり **名残** nagori	*der* **Rest**, *die* **Spur** レスト, シュプーア	trace, vestige トレイス, ヴェスティヂ
なさけ **情け** （あわれみ） nasake	*das* **Mitleid** ミットライト	pity ピティ
（思いやり）	*die* **Sympathie** ズュンパティー	sympathy スィンパスィ
（慈悲）	*die* **Barmherzigkeit** バルムヘルツィヒカイト	mercy マースィ
なさけない **情けない** nasakenai	**bedauernswert** ベダオアーンスヴェーアト	miserable, lamentable ミザラブル, ラメンタブル
なし **梨** nashi	*die* **Birne** ビルネ	pear ペア
なしとげる **成し遂げる** nashitogeru	**vollenden** フォルエンデン	accomplish アカンプリシュ

547

な

日	独	英
なじむ **馴染む** najimu	**vertraut werden** フェアトラオト ヴェーアデン	(become) attached to (ビカム) アタチト トゥ
なしょなりずむ **ナショナリズム** nashonarizumu	*der* **Nationalismus** ナツィオナリスムス	nationalism ナショナリズム
なじる **なじる** najiru	**vor|werfen** フォーアヴェルフェン	rebuke, blame リビューク, ブレイム
なす **茄子** nasu	*die* **Aubergine** オベルジーネ	eggplant, Ⓑauber-gine エグプラント, オウバジーン
なぜ **何故** naze	**warum, wieso** ヴァルム, ヴィゾー	why (ホ)ワイ
なぜなら **何故なら** nazenara	**weil** ヴァイル	because, for ビコズ, フォー
なぞ **謎** nazo	*das* **Rätsel** レーツェル	riddle, mystery リドル, ミスタリ
なぞなぞ **謎々** nazonazo	*das* **Rätselraten** レーツェルラーテン	riddle リドル
なだめる **なだめる** nadameru	**beruhigen** ベルーイゲン	calm, soothe カーム, スーズ
なだらかな **なだらかな** nadarakana	**sanft** ザンフト	easy, gentle イーズィ, ヂェントル
なだれ **雪崩** nadare	*die* **Lawine** ラヴィーネ	avalanche アヴァランチ
なつ **夏** natsu	*der* **Sommer** ゾマー	summer サマ
なついんする **捺印する** natsuinsuru	**stempeln** シュテンペルン	seal スィール
なつかしい **懐かしい** natsukashii	**lieb, nostalgisch** リープ, ノスタルギシュ	longed for, nostal-gic ローングド フォ, ノスタルヂク

日	独	英
なつかしむ **懐かしむ** natsukashimu	*sich⁴ nach j³/et³* **sehnen** .. ナーハ .. ゼーネン	long for ローング フォ
なづけおや **名付け親** nazukeoya	*der*(*die*) **Pate(-*in*)** パーテ(-ティン)	godfather, god- mother ガドファーザ, ガドマザ
なづける **名付ける** nazukeru	**nennen** ネネン	name, call ネイム, コール
なっつ **ナッツ** nattsu	*die* **Nuss** ヌス	nut ナト
なっとくする **納得する** nattokusuru	**zu|stimmen, ein|willigen** ツーシュティメン, アインヴィリゲン	consent to コンセント トゥ
なつめぐ **ナツメグ** natsumegu	*die* **Muskatnuss** ムスカートヌス	nutmeg ナトメグ
なでる **撫でる** naderu	**streichen, streicheln** シュトライヒェン, シュトライヒェルン	stroke, pat ストロウク, パト
など **など** nado	**und so weiter** ウント ゾー ヴァイター	and so on アンド ソウ オン
なとりうむ **ナトリウム** natoriumu	*das* **Natrium** ナートリウム	sodium ソウディアム
なな **七** nana	**sieben** ズィーベン	seven セヴン
ななじゅう **七十** nanajuu	**siebzig** ズィープツィヒ	seventy セヴンティ
ななめの **斜めの** nanameno	**schief, schräg** シーフ, シュレーク	slant, oblique スラント, オブリーク
なにか **何か** nanika	**etwas** エトヴァス	something サムスィング
なにげない **何気ない** nanigenai	**unabsichtlich, arglos** ウンアプズィヒトリヒ, アルクロース	casual キャジュアル

な

日	独	英
なのる **名乗る** nanoru	*sich⁴* **vor|stellen** ‥ **フォーア**シュテレン	introduce oneself as イントロ**デュ**ース アズ
なびく **なびく** (傾く) nabiku	**flattern** フラッターン	flutter フ**ラ**タ
(屈する) 	*sich⁴* **hin|geben** ‥ **ヒン**ゲーベン	yield to **イ**ールド トゥ
なびげーたー **ナビゲーター** nabigeetaa	*der*(*die*) **Navigator(*in*)** ナヴィ**ガー**トーア(・ガ**トー**リン)	navigator **ナ**ヴィゲイタ
なぷきん **ナプキン** napukin	*die* **Serviette** ゼルヴィ**エ**ッテ	napkin, Ⓑserviette **ナ**プキン, サー**ヴィ**エト
なふだ **名札** nafuda	*das* **Namenschild** **ナー**メンシルト	name tag **ネ**イム **タ**グ
なべ **鍋** nabe	*der* **Topf**, *die* **Pfanne** ト**プ**フ, プ**ファ**ネ	pan **パ**ン
なまあたたかい **生暖かい** namaatatakai	**lauwarm** **ラ**オヴァルム	lukewarm, tepid **ルー**クウォーム, **テ**ピド
なまいきな **生意気な** namaikina	**frech** フ**レ**ヒ	insolent, saucy **イ**ンソレント, **ソー**スィ
なまえ **名前** namae	*der* **Name** **ナー**メ	name **ネ**イム
なまぐさい **生臭い** namagusai	**nach Fisch riechen** ナーハ **フィ**ッシュ **リー**ヒェン	fishy **フィ**シ
なまけもの **怠け者** namakemono	*der* **Faulpelz** **ファ**オルペルツ	lazy person **レ**イズィ **パー**スン
なまける **怠ける** namakeru	**faulenzen** **ファ**オレンツェン	(be) idle (ビ) **ア**イドル
なまず **鯰** namazu	*der* **Wels** **ヴェ**ルス	catfish **キャ**トフィシュ

日	独	英
なまなましい **生々しい** namanamashii	**frisch, lebhaft** フリッシュ, レープハフト	fresh, vivid フレシュ, **ヴィ**ヴィド
なまぬるい **生ぬるい** namanurui	**lauwarm** ラオヴァルム	lukewarm ルーク**ウォー**ム
なまの **生の** namano	**roh** ロー	raw ロー
なまびーる **生ビール** namabiiru	*das* **Fassbier** ファスビーア	draft beer ドラフト ビア
なまほうそう **生放送** namahousou	*die* **Livesendung** ライフゼンドゥング	live broadcast ライヴ ブロードキャスト
なまもの **生物** namamono	*die* **Rohkost** ローコスト	uncooked food アンクックト フード
なまり **鉛** namari	*das* **Blei** ブライ	lead リード
なみ **波** nami	*die* **Welle** ヴェレ	wave **ウェ**イヴ
なみき **並木** namiki	*der* **Alleebaum** アレーバオム	roadside trees **ロ**ウドサイド トリーズ
なみだ **涙** namida	*die* **Träne** トレーネ	tears **ティ**アズ
なみの **並の** namino	**durchschnittlich** ドゥルヒシュニットリヒ	ordinary, common **オー**ディネリ, **カ**モン
なみはずれた **並外れた** namihazureta	**außergewöhnlich** アオサーゲヴェーンリヒ	extraordinary イクスト**ロー**ディネリ
なめす **なめす** namesu	**gerben** ゲルベン	tan **タ**ン
なめらかな **滑らかな** namerakana	**glatt** グラット	smooth ス**ムー**ズ
なめる **舐める** nameru	**lecken** レッケン	lick, lap **リ**ク, **ラ**プ

日	独	英
（あなどる）	**herab|setzen, gering schätzen** ヘラップゼッツェン, ゲリング シェッツェン	belittle ビリトル
なやます **悩ます** nayamasu	**quälen, plagen** クヴェーレン, プラーゲン	torment, worry トーメント, ワーリ
なやみ **悩み** nayami	*die* **Sorge** ゾルゲ	anxiety, worry アングザイエティ, ワーリ
なやむ **悩む** nayamu	**leiden,** *sich*⁴ **quälen** ライデン, ‥ クヴェーレン	suffer, (be) troubled サファ, (ビ) トラブルド
ならう **習う** narau	**lernen** レルネン	learn ラーン
ならす **慣らす** narasu	**gewöhnen** ゲヴェーネン	accustom アカスタム
ならす **鳴らす** narasu	**läuten, läuten lassen** ロイテン, ロイテン ラッセン	make ring, sound メイク リング, サウンド
ならぶ **並ぶ** narabu	*sich*⁴ **an|stellen** ‥ アンシュテレン	line up ライン アプ
ならべる **並べる** （配列する） naraberu	**an|ordnen** アンオルドネン	arrange アレインジ
（列挙する）	**auf|listen, auf|zählen** アオフリステン, アオフツェーレン	enumerate イニューメレイト
ならわし **習わし** narawashi	*die* **Sitte** ズィッテ	custom カスタム
なりきん **成金** narikin	*der/die* **Neureiche** ノイライヒェ	nouveau riche ヌーヴォウ リーシュ
なりたち **成り立ち** （起源） naritachi	*die* **Herkunft** ヘーアクンフト	origin オーリヂン
（構造）	*die* **Entstehung** エントシュテーウング	formation フォーメイション

日	独	英
なりゆき **成り行き** nariyuki	*der* **Verlauf** フェアラオフ	course of コース オヴ
なる **成る** （結果として） naru	**werden** ヴェーアデン	become ビカム
（変わる）	*sich⁴* **entwickeln,** *sich⁴* **verwandeln** ‥ エント**ヴィ**ッケルン，‥ フェア**ヴァ**ンデルン	turn into ターン イントゥ
なる **生る** （実が） naru	**tragen** ト**ラ**ーゲン	grow, bear グロウ，ベア
なる **鳴る** naru	**läuten, klingeln** ロイテン，ク**リ**ンゲルン	sound, ring サウンド，リング
なるしすと **ナルシスト** narushisuto	*der*(*die*) **Narzisst(*in*)** ナル**ツィ**スト(-ティン)	narcissist ナースィスィスト
なるべく **なるべく** narubeku	**möglichst, wenn mög- lich** メークリヒスト，**ヴェ**ン メークリヒ	if possible イフ パスィブル
なるほど **なるほど** naruhodo	**tatsächlich** タートゼヒリヒ	indeed インディード
なれーしょん **ナレーション** nareeshon	*die* **Erzählung** エア**ツェ**ールング	narration ナレイション
なれーたー **ナレーター** nareetaa	*der*(*die*) **Sprecher(*in*)** シュプ**レ**ッヒャー(-ヒェリン)	narrator ナレイタ
なれなれしい **馴れ馴れしい** narenareshii	**aufdringlich** **ア**オフドリングリヒ	overly familiar オウヴァリ ファミリア
なれる **慣れる** nareru	*sich⁴ an et⁴/j⁴* **gewöhnen** ‥ アン ‥ ゲ**ヴェ**ーネン	get used to ゲト ユーストトゥ
なわ **縄** nawa	*das* **Seil** **ザ**イル	rope ロウプ
～跳び	*das* **Seilspringen** **ザ**イルシュプリンゲン	jump rope チャンプ ロウプ

日	独	英
なわばり **縄張** nawabari	*das* **Territorium**, *der* **Einflussbereich** テリトーリウム, アインフルスベライヒ	territory, (one's) turf, Ⓑdomain テリトーリ, ターフ, ドウメイン
なんかいな **難解な** nankaina	**schwierig, schwer verständlich** シュヴィーリヒ, シュヴェーア フェアシュテントリヒ	very difficult ヴェリ ディフィカルト
なんきょく **南極** nankyoku	*der* **Südpol** ズュートポール	South Pole サウス ポウル
なんこう **軟膏** nankou	*die* **Salbe** ザルベ	ointment オイントメント
なんじ **何時** nanji	**wann, zu welcher Zeit** ヴァン, ツー ヴェルヒャー ツァイト	what time, when (ホ)ワト タイム, (ホ)ウェン
なんせい **南西** nansei	(*der*) **Südwesten** ズュートヴェステン	southwest サウスウェスト
なんせんす **ナンセンス** nansensu	*der* **Unsinn** ウンズィン	nonsense ナンセンス
なんちょう **難聴** nanchou	*die* **Schwerhörigkeit** シュヴェーアヘーリヒカイト	hearing impairment ヒアリング インペアメント
なんとう **南東** nantou	(*der*) **Südosten** ズュートオステン	southeast サウスイースト
なんばー **ナンバー** nanbaa	*die* **Nummer** ヌマー	number ナンバ
なんぱする **難破する** nanpasuru	**Schiffbruch erleiden, scheitern** シッフブルフ エアライデン, シャイターン	(be) wrecked (ビ) レクト
なんびょう **難病** nanbyou	**schwere Krankheit** シュヴェーレ クランクハイト	serious disease, incurable disease スィアリアス ディズィーズ, インキュアラブル ディズィーズ
なんぴょうよう **南氷洋** nanpyouyou	*das* **Südpolarmeer** ズュートポラールメーア	Antarctic Ocean アンタクティク オーシャン
なんぶ **南部** nanbu	*der* **Süden** ズューデン	southern part サザン パート

日	独	英
なんぼく **南北** nanboku	**Norden und Süden** ノルデン ウント ズーデン	north and south ノース アンド サウス
なんみん **難民** nanmin	*die* **Flüchtlinge** *pl.* フリュヒトリンゲ	refugees レフュヂーズ

に, ニ

日	独	英
に **二** ni	**zwei** ツヴァイ	two トゥー
に **荷** ni	*die* **Fracht** フラハト	load ロウド
にあう **似合う** niau	**passen, gut stehen** パッセン, グート シュテーエン	look good with, suit ルク グド ウィズ, スート
にあげ **荷揚げ** niage	*die* **Landung,** *das* **Ausladen** ランドゥング, アオスラーデン	unload アンロウド
にあみす **ニアミス** niamisu	*der* **Beinahezusammenstoß** バイナーエツザメンシュトース	near miss ニア ミス
にーず **ニーズ** niizu	*der* **Bedarf** ベダルフ	necessity, needs ネセスィティ, ニーヅ
にえきらない **煮えきらない** （はっきりしない） niekiranai	**vage** ヴァーゲ	vague ヴェイグ
（決断しない）	**unentschlossen** ウンエントシュロッセン	irresolute イレゾルート
にえる **煮える** nieru	**kochen** コッヘン	boil ボイル
におい **匂[臭]い** nioi	*der* **Duft,** *der* **Geruch** ドゥフト, ゲルフ	smell, odor スメル, オウダ
におう **臭う** niou	**übel riechen, stinken** ユーベル リーヒェン, シュティンケン	stink スティンク

日	独	英
におう **匂う** niou	**duften, riechen** ドゥフテン, リーヒェン	smell スメル
にかい **二階** nikai	**erster Stock** エーアスター シュトック	second floor, Ⓑfirst floor セカンド フロー, ファースト フ ロー
にがい **苦い** nigai	**bitter** ビッター	bitter ビタ
にがす **逃がす** nigasu	**befreien** ベフライエン	let go, set free レト ゴウ, セト フリー
（取り逃がす）	**entkommen lassen** エントコメン ラッセン	let escape, miss レト エスケイプ, ミス
にがつ **二月** nigatsu	*der* **Februar** フェーブルアール	February フェブルエリ
にがてである **苦手である** nigatedearu	*in et*³ **schwach sein** イン .. シュヴァッハ ザイン	(be) weak in (ビ) ウィーク イン
にがにがしい **苦々しい** niganigashii	**bitter, abstoßend** ビッター, アップシュトーセント	unpleasant アンプレザント
にがわらい **苦笑い** nigawarai	**bitteres Lächeln** ビッテレス レッヒェルン	bitter smile ビタ スマイル
にきび **にきび** nikibi	*der* **Pickel,** *die* **Akne** ピッケル, アクネ	pimple ピンプル
にぎやかな **賑やかな** nigiyakana	**lebendig** レベンディヒ	lively ライヴリ
（込み合った）	**belebt, lebhaft** ベレープト, レープハフト	crowded クラウデド
にぎる **握る** nigiru	**greifen, fassen** グライフェン, ファッセン	grasp グラスプ
にぎわう **賑わう** nigiwau	**belebt sein** ベレープト ザイン	(be) crowded, (be) lively (ビ) クラウデド, (ビ) ライヴリ

日	独	英
にく **肉** niku	*das* **Fleisch** フライシュ	flesh, meat フレシュ, ミート
〜屋	*die* **Metzgerei** メッツゲライ	butcher's ブチャズ
にくい **憎い** nikui	**abscheulich, verab-** **scheuenswert** アプ**ショ**イリヒ, フェア**アップ**ショイエンス ヴェーアト	hateful, detestable ヘイトフル, ディ**テ**スタブル
にくがん **肉眼** nikugan	**bloßes Auge** プローセス **ア**オゲ	naked eye **ネ**イキド **ア**イ
にくしみ **憎しみ** nikushimi	*der* **Hass** ハス	hatred **ヘ**イトレド
にくしん **肉親** nikushin	*der/die* **Blutsverwandte** ブルーツフェアヴァンテ	blood relatives ブラド レ**ラ**ティヴズ
にくたい **肉体** nikutai	*der* **Leib**, *der* **Körper** ライプ, ケルパー	body, (the) flesh **バ**ディ, (ザ) フレシュ
〜労働	**körperliche Arbeit** ケルパーリヒェ **ア**ルバイト	physical labor **フィ**ズィカル レイバ
にくむ **憎む** nikumu	**hassen** ハッセン	hate ヘイト
にげる **逃げる** nigeru	**fliehen** フリーエン	run away, escape ラン ア**ウェ**イ, イス**ケ**イプ
にごす **濁す** nigosu	**trüben, trüb machen** トリューベン, トリュープ マッヘン	make unclear, make murky メイク アン**ク**リア, メイク **マ**ー キー
にこやかな **にこやかな** nikoyakana	**lächelnd** レッヒェルント	cheerful, smiling **チ**アフル, ス**マ**イリング
にごる **濁る** nigoru	*sich*[4] **trüben** .. トリューベン	(become) muddy (ビカム) **マ**ディ
にさんかたんそ **二酸化炭素** nisankatanso	*das* **Kohlendioxid** コーレン**ディ**ーオクスィート	carbon dioxide **カ**ーボン ダイ**ア**クサイド

日	独	英
にし **西** nishi	(*der*) **Westen** ヴェステン	west ウェスト
にじ **虹** niji	*der* **Regenbogen** レーゲンボーゲン	rainbow レインボウ
にしがわ **西側** nishigawa	*die* **Westseite** ヴェストザイテ	west side ウェスト サイド
にしはんきゅう **西半球** nishihankyuu	**westliche Hemisphäre** ヴェストリヒェ ヘミスフェーレ	Western Hemi-sphere ウェスタン ヘミスフィア
にじます **虹鱒** nijimasu	*die* **Regenbogenforelle** レーゲンボーゲンフォレレ	rainbow trout レインボウ トラウト
にじむ **にじむ** nijimu	**sickern** ズィッカーン	blot, ooze ブラト, ウーズ
にじゅう **二十** nijuu	**zwanzig** ツヴァンツィヒ	twenty トウェンティ
にじゅうの **二重の** nijuuno	**doppelt, zweifach** ドッペルト, ツヴァイファッハ	double, dual ダブル, デュアル
にしん **鰊** nishin	*der* **Hering** ヘーリング	herring ヘリング
にす **ニス** nisu	*der* **Firnis** フィルニス	varnish ヴァーニシュ
にせい **二世** nisei	**zweite Generation** ツヴァイテ ゲネラツィオーン	second generation セカンド ヂェネレイション
にせの **偽の** niseno	**falsch, unecht** ファルシュ, ウンエヒト	imitation イミテイション
にせもの **偽物** nisemono	*die* **Fälschung** フェルシュング	imitation, counter-feit イミテイション, カウンタフィト
にそう **尼僧** nisou	*die* **Nonne** ノネ	nun, sister ナン, スィスタ

日	独	英
にちじ **日時** nichiji	**Datum und Uhrzeit** ダートゥム ウント ウーアツァイト	time and date タイム アンド デイト
にちじょうの **日常の** nichijouno	**alltäglich** アルテークリヒ	daily デイリ
にちぼつ **日没** nichibotsu	*der* **Sonnenuntergang** ゾネンウンターガング	sunset サンセト
にちや **日夜** nichiya	**Tag und Nacht** タークウント ナハト	night and day ナイト アンド デイ
にちようだいく **日曜大工** nichiyoudaiku	*das* **Heimwerken** ハイムヴェルケン	do-it-yourself, DIY ドゥーイトユアセルフ, ディー アイワイ
にちようび **日曜日** nichiyoubi	*der* **Sonntag** ゾンターク	Sunday サンデイ
にちようひん **日用品** nichiyouhin	*die* **Artikel für den tägli-chen Bedarf** *pl.* アルティーケル フーア デン テークリヒェン ベ ダルフ	daily necessities デイリ ネセスィティズ
にっか **日課** nikka	*das* **Tagespensum** ターゲスペンズム	daily work デイリ ワーク
にっかん **日刊** nikkan	*die* **Tageszeitung** ターゲスツァイトゥング	daily デイリ
にっき **日記** nikki	*das* **Tagebuch** ターゲブーフ	diary ダイアリ
にっきゅう **日給** nikkyuu	*der* **Tagelohn** ターゲローン	day's wage デイズ ウェイヂ
にづくりする **荷造りする** nizukurisuru	**ein|packen** アインパッケン	pack パク
にっける **ニッケル** nikkeru	*das* **Nickel** ニッケル	nickel ニクル
にっこう **日光** nikkou	*der* **Sonnenschein** ゾネンシャイン	sunlight, sunshine サンライト, サンシャイン

に

日	独	英
にっしゃびょう **日射病** nisshabyou	*der* **Sonnenstich** ゾネンシュティヒ	sunstroke サンストロウク
にっしょく **日食** nisshoku	*die* **Sonnenfinsternis** ゾネンフィンスターニス	solar eclipse ソウラ イクリプス
にっすう **日数** nissuu	*die* **Zahl der Tage** ツァール デア ターゲ	number of days ナンバ オヴ デイズ
にってい **日程** nittei	*das* **Tagesprogramm** ターゲスプログラム	schedule, itinerary スケデュル, アイティナレリ
にっとう **日当** nittou	*der* **Tagelohn** ターゲローン	daily allowance デイリ アラウアンス
にっとうえあ **ニットウエア** nittouea	*die* **Strickwaren** *pl.* シュトリックヴァーレン	knitwear ニトウェア
につめる **煮詰める** nitsumeru	**ein|kochen** アインコッヘン	boil down ボイル ダウン
にとろぐりせりん **ニトログリセリン** nitoroguriserin	*das* **Nitroglyzerin** ニトログリュツェリーン	nitroglycerine ナイトロウグリセリン
になう **担う** ninau	**tragen** トラーゲン	carry, bear キャリ, ベア
にばい **二倍** nibai	**doppelt, zweifach** ドッペルト, ツヴァイファッハ	double ダブル
にばん **二番** niban	**Nummer zwei** ヌマー ツヴァイ	second セカンド
にひるな **ニヒルな** nihiruna	**nihilistisch** ニヒリスティシュ	nihilistic ナイイリスティク
にぶい **鈍い** nibui	**dumpf, träge** ドゥンプフ, トレーゲ	slow, thick スロウ, スィク
にぶんのいち **二分の一** nibunnoichi	*die* **Hälfte, halb** ヘルフテ, ハルプ	(a) half (ア) ハフ
にほん **日本** nihon	(*das*) **Japan** ヤーパン	Japan ヂャパン

日	独	英
～海	**das Japanische Meer** ダス ヤパーニシェ メーア	Sea of Japan スィー オヴ ヂャパン
～語	*das* **Japanisch** ヤパーニシュ	Japanese ヂャパニーズ
～酒	*der* **Reiswein** ライスヴァイン	sake, rice wine サーキ, ライス ワイン
～人	*der* (*die*) **Japaner**(*in*) ヤパーナー(-ネリン)	Japanese ヂャパニーズ
～料理	**japanische Küche** ヤパーニシェ キュッヒェ	Japanese cooking ヂャパニーズ クキング
にもつ **荷物** nimotsu	**das Gepäck** ゲペック	baggage, luggage バギヂ, ラギヂ
にやにやする **にやにやする** niyaniyasuru	**grinsen** グリンゼン	grin グリン
にゅういんする **入院する** nyuuinsuru	**ins Krankenhaus kommen** インス クランケンハオス コメン	(be) admitted to hospital (ビ) アドミテド トゥ ハスピタル
にゅうえき **乳液** nyuueki	**milchige Hautcreme,** *die* **Emulsion** ミルヒゲ ハオトクレーム, エムルズィオーン	emulsion イマルション
にゅうか **入荷** nyuuka	*die* **Ankunft von Gütern** アンクンフト フォン ギューターン	arrival of goods アライヴァル オヴ グヅ
にゅうかい **入会** nyuukai	*der* **Eintritt** アイントリット	admission アドミション
～する	**ein|treten** アイントレーテン	join ヂョイン
にゅうがく **入学** nyuugaku	*der* **Eintritt in die Schule** アイントリット イン ディー シューレ	entrance, enrollment エントランス, インロウルメント
～金	*die* **Aufnahmegebühr** アオフナーメゲビューア	entrance fee エントランス フィー

日	独	英
～する	in die **Schule kommen**, *sich⁴* **immatrikulieren** インディー シューレ コメン, ‥ イマトリクリーレン	get into a school ゲト イントゥア スクール
にゅうがん **乳癌** nyuugan	*der* **Brustkrebs** ブルストクレープス	breast cancer ブレスト **キャン**サ
にゅうきん **入金** nyuukin	*die* **Einnahme** アインナーメ	money received マニ リ**スィー**ヴド
にゅうこく **入国** nyuukoku	*die* **Einreise** アインライゼ	entry into a country **エン**トリ イントゥ ア **カン**トリ
～管理	*die* **Immigration** イミグラツィ**オー**ン	immigration イミグ**レイ**ション
にゅうさつ **入札** nyuusatsu	*das* **Gebot**, *die* **Offerte** ゲ**ボー**ト, オフェルテ	bid, tender ビド, **テン**ダ
にゅうさんきん **乳酸菌** nyuusankin	*die* **Milchsäurebakterien** *pl.* ミルヒゾイレバクテーリエン	lactic acid bacteria **ラ**クティク **ア**スィド バク**ティア**リア
にゅうし **入試** nyuushi	*die* **Aufnahmeprüfung** アオフナーメプリューフング	entrance examination **エン**トランス イグザミ**ネ**イション
にゅーじーらんど **ニュージーランド** nyuujiirando	(*das*) **Neuseeland** ノイゼーラント	New Zealand ニュー**ズィー**ランド
にゅうしゃする **入社する** nyuushasuru	in eine **Firma ein|treten** イン アイネ **フィ**ルマ **ア**イントレーテン	join a company **チョ**イン ア **カン**パニ
にゅうしゅする **入手する** nyuushusuru	**erhalten, erwerben** エア**ハ**ルテン, エア**ヴェ**ルベン	get, acquire **ゲ**ト, アク**ワ**イア
にゅうじょう **入場** nyuujou	*der* **Eintritt** **ア**イントリット	entrance **エン**トランス
～券	*die* **Eintrittskarte** **ア**イントリッツカルテ	admission ticket アド**ミ**ション **ティ**ケト
～する	**ein|treten** **ア**イントレーテン	enter, get in **エン**タ, **ゲ**ト イン

日	独	英
～料	*das* **Eintrittsgeld** アイントリッツゲルト	admission fee アドミション フィー
ニュース にゅーす nyuusu	*die* **Nachrichten** *pl.* ナーハリヒテン	news ニューズ
～キャスター	*der* (*die*) **Nachrichten-sprecher(*in*)** ナーハリヒテンシュプレッヒャー(-・ヒェリン)	newscaster ニューズキャスタ
乳製品 にゅうせいひん nyuuseihin	*die* **Milchprodukte** *pl.* ミルヒプロドゥクテ	dairy products デアリ プラダクツ
入門する にゅうもんする nyuumonsuru	**Schüler werden** シューラー ヴェーアデン	become a pupil of ビカム ア ピューピル オヴ
入浴する にゅうよくする nyuuyokusuru	**baden** バーデン	take a bath テイク ア バス
入力 にゅうりょく nyuuryoku	*die* **Eingabe** アインガーベ	input インプト
～する	**ein|geben** アインゲーベン	input インプト
尿 にょう nyou	*der* **Urin** ウリーン	urine ユアリン
睨む にらむ niramu	**starren** シュタレン	glare at グレア アト
二流の にりゅうの niryuuno	**zweite Klasse** ツヴァイテ クラッセ	second-class セカンドクラス
似る にる niru	**ähnlich sein** エーンリヒ ザイン	resemble リゼンブル
煮る にる niru	**kochen** コッヘン	boil, cook ボイル, クク
庭 にわ niwa	*der* **Garten** ガルテン	garden, yard ガードン, ヤード

に

日	独	英
にわかあめ **にわか雨** niwakaame	*der* **Regenschauer** レーゲンシャオアー	rain shower レイン シャウア
にわとり **鶏** niwatori	*das* **Huhn**, *der* **Hahn**, *das* **Hähnchen** フーン，ハーン，ヘーンヒェン	fowl, chicken ファウル，チキン
にんかする **認可する** ninkasuru	**genehmigen** ゲネーミゲン	authorize オーソライズ
にんき **人気** ninki	*die* **Beliebtheit** ベリープトハイト	popularity パピュラリティ
〜のある	**beliebt** ベリープト	popular パピュラ
にんぎょう **人形** ningyou	*die* **Puppe** プッペ	doll ダル
にんげん **人間** ningen	*der* **Mensch** メンシュ	human being ヒューマン ビーイング
にんしき **認識** ninshiki	*die* **Erkenntnis** エアケントニス	recognition レコグニション
〜する	**erkennen** エアケネン	recognize レコグナイズ
にんじょう **人情** ninjou	**menschliche Natur** メンシュリヒェ ナトゥーア	human nature ヒューマン ネイチャ
にんじん **人参** ninjin	*die* **Karotte** カロッテ	carrot キャロト
にんしんする **妊娠する** ninshinsuru	**empfangen, schwanger werden** エンプファンゲン，シュヴァンガー ヴェーアデン	conceive コンスィーヴ
にんずう **人数** ninzuu	*die* **Zahl der Personen** ツァール デア ペルゾーネン	(the) number (ザ) ナンバ
にんそう **人相** ninsou	*die* **Gesichtszüge** *pl.*, *die* **Physiognomie** ゲズィヒツツューゲ，フュズィオグノミー	physiognomy フィズィアグノミ

日	独	英
にんたい **忍耐** nintai	*die* **Geduld** ゲドゥルト	patience ペイシェンス
にんちしょう **認知症** ninchishou	*die* **Demenz** デメンツ	dementia ディメンシャ
にんていする **認定する** ninteisuru	**bestätigen** ベシュテーティゲン	certify, recognize サーティファイ, レコグナイズ
にんにく **にんにく** ninniku	*der* **Knoblauch** クノープラオホ	garlic ガーリク
にんぷ **妊婦** ninpu	*die* **Schwangere** シュヴァンゲレ	pregnant woman プレグナント ウマン
にんむ **任務** ninmu	*die* **Aufgabe,** *das* **Amt** アオフガーベ, アムト	duty, office デューティ, オフィス
にんめい **任命** ninmei	*die* **Ernennung** エアネヌング	appointment アポイントメント
～**する**	**ernennen** エアネネン	appoint アポイント

ぬ, ヌ

ぬいぐるみ **縫いぐるみ** nuigurumi	*das* **Stofftier** シュトフティーア	stuffed toy スタフト トイ
ぬう **縫う** nuu	**nähen** ネーエン	sew, stitch ソウ, スティチ
ぬーど **ヌード** nuudo	*der* **Akt** アクト	nude ヌード
ぬかるみ **ぬかるみ** nukarumi	*der* **Schlamm** シュラム	mud マド
ぬきんでる **抜きんでる** nukinderu	*sich*[4] **aus|zeichnen** ‥ アオスツァイヒネン	surpass, excel サーパス, イクセル
ぬく **抜く**　(引き抜く) nuku	**aus|ziehen** アオスツィーエン	pull out プル アウト

日	独	英
（取り除く）	**beseitigen** ベザイティゲン	remove リムーヴ
（省く）	**kürzen** キュルツェン	omit, skip オウミト, スキプ
（追い抜く）	**überholen** ユーバーホーレン	outrun アウトラン
ぬ ぐ **脱ぐ** nugu	*sich*[4] **aus|ziehen** ‥ アオスツィーエン	take off テイク オーフ
ぬ ぐ う **拭う** nuguu	**wischen, ab|wischen** ヴィッシェン, アップヴィッシェン	wipe ワイプ
ぬ け る **抜ける** nukeru	**aus|fallen** アオスファレン	fall out フォール アウト
（組織などから）	**aus|treten** アオストレーテン	leave, withdraw リーヴ, ウィズドロー
ぬ し **主** nushi	*der* **Herr** ヘル	master, owner マスタ, オウナ
ぬ す む **盗む** （物などを） nusumu	**stehlen** シュテーレン	steal, rob スティール, ラブ
（文章などを）	**plagiieren** プラギイーレン	plagiarize プレイヂアライズ
ぬ の **布** nuno	*das* **Tuch** トゥーフ	cloth クロス
ぬ ま **沼** numa	*das* **Moor**, *der* **Sumpf** モーア, ズンプフ	marsh, bog マーシュ, バグ
ぬ ら す **濡らす** nurasu	**nass machen** ナス マッヘン	wet, moisten ウェト, モイスン
ぬ る **塗る** （色を） nuru	**malen** マーレン	paint ペイント
（薬などを）	**streichen, auf|tragen** シュトライヒェン, アオフトラーゲン	apply アプライ

日	独	英
ぬるい **ぬるい** nurui	**lauwarm** ラオヴァルム	tepid, lukewarm テピド, ルークウォーム
ぬれる **濡れる** nureru	**nass werden** ナス ヴェーアデン	(get) wet (ゲト) ウェト

ね, ネ

日	独	英
ね **根** ne	*die* **Wurzel** ヴルツェル	root ルート
ねあげする **値上げする** neagesuru	**den Preis erhöhen** デン プライス エアヘーエン	raise prices レイズ プライセズ
ねうち **値打ち** neuchi	*der* **Wert** ヴェーアト	value, merit ヴァリュ, メリト
ねーむばりゅー **ネームバリュー** neemubaryuu	*die* **Berühmtheit** ベリュームトハイト	brand value ブランド ヴァリュー
ねおん **ネオン** neon	*das* **Neon** ネーオン	neon ニーアン
ねがい **願い** negai	*der* **Wunsch,** *die* **Bitte** ヴンシュ, ビッテ	wish, desire ウィシュ, ディザイア
ねがう **願う** negau	**wünschen** ヴュンシェン	wish ウィシュ
ねかす **寝かす**　(横にする) nekasu	**legen** レーゲン	lay down レイ ダウン
(寝かしつける)	**ins Bett bringen** インス ベット ブリンゲン	put to bed プト トゥ ベド
(熟成させる)	**reifen lassen** ライフェン ラッセン	mature, age マチュア, エイヂ
ねぎ **葱** negi	*der* **Lauch** ラオホ	leek リーク
ねぎる **値切る** negiru	**feilschen** ファイルシェン	bargain バーゲン

日	独	英
ねくたい **ネクタイ** nekutai	*die* **Krawatte** クラヴァッテ	necktie, tie **ネ**クタイ, **タ**イ
ねこ **猫** neko	*die* **Katze** カッツェ	cat **キャ**ト
ねごとをいう **寝言を言う** negotowoiu	**im Schlaf sprechen** イム シュ**ラー**フ シュプ**レッ**ヒェン	talk in one's sleep **トー**ク イン ス**リー**プ
ねこむ　（寝入る） **寝込む** nekomu	**ein|schlafen** **ア**インシュ**ラー**フェン	fall into a deep sleep **フォー**ル **イン**トゥ ア **ディー**プ ス**リー**プ
（病気で）	**das Bett hüten** ダス **ベッ**ト **ヒュー**テン	(be) bedridden (ビ) **ベ**ドリドン
ねころぶ **寝転ぶ** nekorobu	*sich*[4] **hin|legen** ‥ **ヒン**レーゲン	lie down **ラ**イ **ダ**ウン
ねさがり **値下がり** nesagari	*die* **Preissenkung** プ**ラ**イスゼンクング	fall in price **フォー**ル イン プ**ラ**イス
ねさげ **値下げ** nesage	*die* **Preisermäßigung** プ**ラ**イスエアメースィグング	(price) reduction (プ**ラ**イス) リ**ダ**クション
～**する**	**den Preis senken** デン プ**ラ**イス **ゼ**ンケン	reduce prices リ**デュー**ス プ**ラ**イセズ
ねじ **ねじ** neji	*die* **Schraube** シュ**ラ**オベ	screw スク**ルー**
ねじる **捻じる** nejiru	**drehen** ド**レー**エン	twist, turn ト**ウィ**スト, **ター**ン
ねすごす **寝過ごす** nesugosu	**verschlafen** フェアシュ**ラー**フェン	oversleep **オ**ウヴァス**リー**プ
ねずみ **鼠** nezumi	*die* **Ratte**, *die* **Maus** **ラッ**テ, **マ**オス	rat, mouse **ラ**ト, **マ**ウス
ねたむ **妬む** netamu	*um et*[4] **beneiden** ウム ‥ ベ**ナ**イデン	(be) jealous of, envy (ビ) **チェ**ラス オヴ, **エ**ンヴィ

日	独	英
値段 nedan	*der* **Preis** プライス	price プライス
熱 netsu	*die* **Hitze**, *das* **Fieber** ヒッツェ, フィーバー	heat, fever ヒート, フィーヴァ
熱意 netsui	*der* **Eifer** アイファー	zeal, eagerness ズィール, イーガネス
熱気球 netsukikyuu	*der* **Heißluftballon** ハイスルフトバローン	hot-air balloon ハテア バルーン
熱狂的な nekkyoutekina	**fanatisch** ファナーティシュ	fanatical, enthusi-astic ファナティカル, インスーズィアスティク
ネックレス nekkuresu	*die* **Halskette** ハルスケッテ	necklace ネクリス
熱心な nesshinna	**fleißig**, **eifrig** フライスィヒ, アイフリヒ	eager, ardent イーガ, アーデント
熱する nessuru	**erhitzen** エアヒッツェン	heat ヒート
熱帯 nettai	*die* **Tropen** *pl.* トローペン	tropics, Torrid Zone トラピクス, トーリド ゾウン
～の	**tropisch** トローピシュ	tropical トラピカル
熱中症 necchuushou	*der* **Hitzschlag** ヒッツシュラーク	heat stroke ヒート ストロウク
熱中する necchuusuru	*sich*⁴ **begeistern** ‥ ベガイスターン	(be) absorbed in (ビ) アブソーブド イン
ネット (網) netto	*das* **Netz** ネッツ	net ネト
(インターネット)	*das* **Internet** インターネット	Internet インタネト

日	独	英
ねっとう **熱湯** nettou	**kochendes Wasser** コッヘンデス **ヴァ**ッサー	boiling water **ボ**イリング **ウォ**ータ
ねっとわーく **ネットワーク** nettowaaku	*das* **Netzwerk** **ネッ**ツヴェルク	network **ネ**トワーク
ねつびょう **熱病** netsubyou	*das* **Fieber** **フィ**ーバー	fever **フィ**ーヴァ
ねづよい **根強い** nezuyoi	**tief verwurzelt** **ティ**ーフ フェア**ヴ**ルツェルト	deep-rooted **ディ**ープ**ル**ーテド
ねつれつな **熱烈な** netsuretsuna	**leidenschaftlich, begeis- tert** **ラ**イデンシャフトリヒ，ベガ**イ**スタート	passionate, ardent **パ**ショネト，**ア**ーデント
ねぱーる **ネパール** nepaaru	(*das*) **Nepal** **ネ**ーパル	Nepal ネ**パ**ール
ねばねばの **ねばねばの** nebanebano	**klebrig** ク**レ**ープリヒ	sticky ス**ティ**キ
ねばり **粘り** nebari	*die* **Klebrigkeit** ク**レ**ープリヒカイト	stickiness ス**ティ**キネス
ねばりづよい **粘り強い** nebarizuyoi	**beharrlich** ベ**ハ**ルリヒ	tenacious, per- sistent ティ**ネ**イシャス，パ**ス**イステン ト
ねばる **粘る**　（べとつく） nebaru	**kleben** ク**レ**ーベン	(be) sticky （ビ）ス**ティ**キ
（根気よく続ける）	**ausdauernd sein** **ア**オスダオアーント ザイン	persevere パース**ィ**ヴィア
ねびき **値引き** nebiki	*die* **Ermäßigung** エア**メ**ースィグング	discount **ディ**スカウント
〜する	**einen Rabatt geben** **ア**イネン ラ**バ**ット **ゲ**ーベン	discount **ディ**スカウント
ねぶそく **寝不足** nebusoku	*der* **Schlafmangel** シュ**ラ**ーフマンゲル	want of sleep **ワ**ント オヴ ス**リ**ープ

日	独	英
ねふだ **値札** nefuda	*der* **Preiszettel** プライスツェッテル	price tag プライス **タ**グ
ねぼうする **寝坊する** nebousuru	**verschlafen, spät auf|- stehen** フェアシュ**ラ**ーフェン, シュ**ペ**ート **ア**オフシュ **テ**ーエン	get up late **ゲ**ト アプ **レ**イト
ねぼける **寝ぼける** nebokeru	**noch nicht ganz wach sein** ノホ **ニ**ヒト **ガ**ンツ **ヴァ**ッハ ザイン	(be) half asleep (ビ) **ハ**フ ア**スリ**ープ
ねまわしする **根回しする** nemawashisuru	**die Grundlagen schaffen** ディー **グ**ルントラーゲン **シャ**ッフェン	lay the ground- work **レ**イ ザ **グ**ラウンドワーク
ねむい **眠い** nemui	**müde sein** **ミュ**ーデ ザイン	(be) sleepy (ビ) ス**リ**ーピ
ねむけ **眠気** nemuke	*die* **Müdigkeit,** *die* **Schläf- rigkeit** **ミュ**ーディヒカイト, シュ**レ**ーフリヒカイト	drowsiness ド**ラ**ウズィネス
ねむる **眠る** nemuru	**schlafen** シュ**ラ**ーフェン	sleep ス**リ**ープ
ねらい **狙い** nerai	*das* **Ziel** **ツィ**ール	aim **エ**イム
ねらう **狙う** nerau	*auf et⁴/j⁴* **zielen** アオフ ‥ **ツィ**ーレン	aim at **エ**イム アト
ねる **寝る**　（横になる） neru	*sich⁴* **hin|legen** ‥ **ヒ**ンレーゲン	lie down **ラ**イ **ダ**ウン
（寝床に入る）	**ins Bett gehen** インス **ベ**ット **ゲ**ーエン	go to bed **ゴ**ウ トゥ **ベ**ド
（就寝する）	**schlafen** シュ**ラ**ーフェン	sleep ス**リ**ープ
ねる **練る**　（こねる） neru	**kneten** ク**ネ**ーテン	knead **ニ**ード
（構想などを）	**polieren, überarbeiten** ポ**リ**ーレン, ユー**バ**ー**ア**ルバイテン	polish **パ**リシュ

ね

日	独	英
ねん **年** nen	*das* **Jahr** ヤール	year イア
ねんいりな **念入りな** nen-irina	**sorgfältig, gründlich** ゾルクフェルティヒ, グリュントリヒ	careful, deliberate ケアフル, ディリバレト
ねんがじょう **年賀状** nengajou	*die* **Neujahrskarte** ノイヤールスカルテ	New Year's card ニュー イアズ カード
ねんがっぴ **年月日** nengappi	*das* **Datum** ダートゥム	date デイト
ねんかん **年鑑** nenkan	*das* **Jahrbuch,** *der* **Almanach** ヤールブーフ, アルマナハ	almanac, annual オールマナク, アニュアル
ねんかんの **年間の** nenkanno	**jährlich** イェーアリヒ	annual, yearly アニュアル, イアリ
ねんきん **年金** nenkin	*die* **Rente** レンテ	pension, annuity ペンション, アニュイティ
ねんげつ **年月** nengetsu	*die* **Jahre** *pl.* ヤーレ	time, years タイム, イアズ
ねんこうじょれつ **年功序列** nenkoujoretsu	*die* **Seniorität,** *das* **Dienstalter** ゼニオリテート, ディーンストアルター	seniority スィーニョーリティ
ねんざ **捻挫** nenza	*die* **Verstauchung** フェアシュタオフング	sprain スプレイン
ねんしゅう **年収** nenshuu	*das* **Jahreseinkommen** ヤーレスアインコメン	annual income アニュアル インカム
ねんじゅう **年中** nenjuu	**das ganze Jahr (über)** ダス ガンツェ ヤール (ユーバー)	all year オール イア
ねんしゅつする **捻出する** nenshutsusuru	**zusammen|kratzen** ツザメンクラッツェン	manage to raise マニデ トゥ レイズ
ねんしょう **燃焼** nenshou	*die* **Verbrennung** フェアブレヌング	combustion コンバスチョン

日	独	英
ねんすう **年数** nensuu	*die* **Jahre** *pl.* ヤーレ	years イアズ
ねんだい **年代** nendai	*die* **Epoche**, *das* **Zeitalter** エポッヘ, ツァイトアルター	age, era エイヂ, イアラ
ねんちゅうぎょうじ **年中行事** nenchuugyouji	**jährliches Ereignis** イェーアリヒェス エアアイグニス	annual event アニュアル イヴェント
ねんちょうの **年長の** nenchouno	**älter** エルター	senior スィーニア
ねんど **粘土** nendo	*der* **Ton** トーン	clay クレイ
ねんぱいの **年配の** nenpaino	**älter** エルター	elderly, middle-aged エルダリ, ミドルエイヂド
ねんぴょう **年表** nenpyou	*die* **Zeittafel** ツァイトターフェル	chronological table クラノラヂカル テイブル
ねんぽう **年俸** nenpou	*das* **Jahresgehalt** ヤーレスゲハルト	annual salary アニュアル サラリ
ねんまつ **年末** nenmatsu	*das* **Jahresende** ヤーレスエンデ	end of the year エンド オヴ ザ イア
ねんりょう **燃料** nenryou	*der* **Brennstoff** ブレンシュトフ	fuel フュエル
ねんりん **年輪** nenrin	*der* **Jahresring** ヤーレスリング	annual growth ring アニュアル グロウス リング
ねんれい **年齢** nenrei	*das* **Alter** アルター	age エイヂ

の, ノ

のう **脳** nou	*das* **Gehirn** ゲヒルン	brain ブレイン

日	独	英
のうえん **農園** nouen	*der* **Bauernhof** バオアーンホーフ	farm, plantation ファーム，プランテイション
のうか **農家** nouka	*das* **Bauernhaus** バオアーンハオス	farmhouse ファームハウス
のうがく **農学** nougaku	*die* **Agrarwissenschaft,** *die* **Agronomie** アグラールヴィッセンシャフト，アグロノミー	(science of) agri- culture (サイエンス オヴ) アグリカル チャ
のうき **納期** （支払いの） nouki	*der* **Zahlungstermin** ツァールングステルミーン	date of payment デイト オヴ ペイメント
（品物の）	*die* **Lieferzeit** リーファーツァイト	delivery date デリヴァリ デイト
のうぎょう **農業** nougyou	*die* **Landwirtschaft** ラントヴィルトシャフト	agriculture アグリカルチャ
のうぐ **農具** nougu	*das* **Ackergerät** アッカーゲレート	farming tool ファーミング トゥール
のうこうそく **脳梗塞** noukousoku	*der* **Hirninfarkt** ヒルンインファルクト	cerebral infarction セレブラル インファークション
のうさんぶつ **農産物** nousanbutsu	*das* **Agrarprodukt** アグラールプロドゥクト	farm products, farm produce ファーム プラダクツ，ファーム プロデュース
のうしゅくする **濃縮する** noushukusuru	**konzentrieren** コンツェントリーレン	concentrate カンセントレイト
のうしゅっけつ **脳出血** noushukketsu	*die* **Gehirnblutung** ゲヒルンブルートゥング	cerebral hemor- rhage セレブラル ヘモリヂ
のうじょう **農場** noujou	*der* **Bauernhof** バオアーンホーフ	farm ファーム
のうしんとう **脳震盪** noushintou	*die* **Gehirnerschütterung** ゲヒルンエアシュッテルング	concussion of brain コンカション オヴ ブレイン
のうぜい **納税** nouzei	*die* **Steuerzahlung** シュトイアーツァールング	payment of taxes ペイメント オヴ タクセズ

日	独	英
のうそっちゅう **脳卒中** nousocchuu	*die* **Apoplexie,** *der* **Gehirnschlag** アポプレクスィー, ゲヒルンシュラーク	stroke, apoplexy ストロウク, **ア**ポプレクスィ
のうそん **農村** nouson	*das* **Bauerndorf** バオアーンドルフ	farm village **ファ**ーム ヴィリヂ
のうたん **濃淡** noutan	*die* **Schattierung** シャティールング	shading **シェ**イディング
のうち **農地** nouchi	*das* **Ackerland** アッカーラント	farmland, agricultural land **ファ**ームランド, アグリ**カ**ルチュ**ラル** **ラ**ンド
のうど **濃度** noudo	*die* **Dichte** ディヒテ	density **デ**ンスィティ
のうどうたい **能動態** noudoutai	*das* **Aktiv** アク**ティ**ーフ	active voice **ア**クティヴ **ヴォ**イス
のうどうてきな **能動的な** noudoutekina	**aktiv** アク**ティ**ーフ	active **ア**クティヴ
のうにゅうする **納入する** nounyuusuru	**liefern** リーファーン	pay, supply **ペ**イ, サプ**ラ**イ
のうはう **ノウハウ** nouhau	*das* **Know-how** ノウハウ	know-how ノウハウ
のうひんする **納品する** nouhinsuru	**liefern** リーファーン	deliver goods ディリヴァー **グ**ツ
のうみん **農民** noumin	*der* **Bauer,** *die* **Bäuerin** バオアー, **ボ**イアリン	farmer, peasant **ファ**ーマ, **ペ**ザント
のうむ **濃霧** noumu	**dichter Nebel** ディヒター ネーベル	dense fog **デ**ンス **フォ**ーグ
のうやく **農薬** nouyaku	*die* **Agrochemikalie,** **künstlicher Dünger** アーグロヒェミカーリエ, **キュ**ンストリヒャーデュンガー	agricultural chemicals アグリ**カ**ルチュラル **ケ**ミカルズ
のうりつ **能率** nouritsu	*die* **Effizienz** エフィツィ**エ**ンツ	efficiency イ**フィ**シェンスィ

日	独	英
～的な	**effizient** エフィツィエント	efficient イフィシェント
のうりょく **能力** nouryoku	*die* **Fähigkeit** フェーイヒカイト	ability, capacity アビリティ, カパスィティ
のーすりーぶの **ノースリーブの** noosuriibuno	**ärmellos** エルメルロース	sleeveless スリーヴレス
のーと **ノート** nooto	*das* **Heft** ヘフト	notebook ノウトブク
～パソコン	*das* **Notebook** ノートブック	laptop, notebook computer ラプタプ, ノウトブク コン ピュータ
のがす **逃す**　（逃がす） nogasu	**frei‖lassen** フライラッセン	let go, set free レト ゴウ, セト フリー
（捕らえ損なう）	**verpassen, entkommen lassen** フェアパッセン, エントコメン ラッセン	fail to catch フェイル トゥ キャチ
のがれる **逃れる** （脱出する・離れる） nogareru	**entfliehen** エントフリーエン	escape イスケイプ
（避ける）	**vermeiden** フェアマイデン	avoid アヴォイド
のき **軒** noki	*die* **Traufe** トラオフェ	eaves イーヴズ
のこぎり **鋸** nokogiri	*die* **Säge** ゼーゲ	saw ソー
のこす **残す**　（置いてゆく） nokosu	**übrig lassen, hinterlassen** ユーブリヒ ラッセン, ヒンターラッセン	leave behind, save リーヴ ビハインド, セイヴ
（遺産を）	**hinterlassen** ヒンターラッセン	bequeath ビクウィーズ
のこり **残り** nokori	*der* **Rest** レスト	rest, remnants レスト, レムナンツ

日	独	英
のこる **残る** nokoru	**bleiben, übrig bleiben** ブライベン，ユーブリヒ ブライベン	stay, remain ステイ，リメイン
のずる **ノズル** nozuru	*die* **Düse** デューゼ	nozzle ナズル
のせる **乗せる** noseru	**fahren, tragen** ファーレン，トラーゲン	give a lift, pick up ギヴ ア リフト，ピク アプ
のせる **載せる** （置く） noseru	**legen, setzen** レーゲン，ゼッツェン	put, set プト，セト
（積む）	**laden, beladen** ラーデン，ベラーデン	load on ロウド オン
（記載する）	**ein|tragen** アイントラーゲン	record, publish リコード，パブリシュ
のぞく **除く** （取り去る） nozoku	**beseitigen** ベザイティゲン	remove リムーヴ
（除外する）	**aus|schließen** アオスシュリーセン	exclude, omit イクスクルード，オウミト
のぞく **覗く** nozoku	**verstohlen gucken** フェアシュトーレン グッケン	peep ピープ
のぞみ **望み** （願望） nozomi	*der* **Wunsch** ヴンシュ	wish, desire ウィシュ，ディザイア
（期待）	*die* **Hoffnung** ホフヌング	hope, expectation ホウプ，エクスペクテイション
（見込み）	*die* **Erwartung** エアヴァルトゥング	prospect, chance プラスペクト，チャンス
のぞむ **望む** （願う） nozomu	**wünschen, wollen** ヴュンシェン，ヴォレン	want, wish ワント，ウィシュ
（期待する）	**hoffen** ホッフェン	hope, expect ホウプ，イクスペクト
のちに **後に** nochini	**später, nachher** シュペーター，ナーハヘーア	afterward, later アフタワド，レイタ

日	独	英
のちほど **後ほど** nochihodo	**später, nachher** シュペーター, ナーハヘーア	later レイタ
のっくあうと **ノックアウト** nokkuauto	*der* **Knockout,** *der* **K.o.** ノック**ア**ウト, カー**オ**ー	knockout **ナ**クアウト
のっとる **乗っ取る**（会社を） nottoru	**übernehmen** ユーバー**ネ**ーメン	take over **テ**イク **オ**ウヴァ
（飛行機を）	**entführen** エント**フュ**ーレン	hijack **ハ**イヂャク
のど **喉** nodo	*der* **Hals,** *die* **Kehle** **ハ**ルス, **ケ**ーレ	throat ス**ロ**ウト
のどかな **のどかな** nodokana	**friedlich** フ**リ**ートリヒ	peaceful, quiet **ピ**ースフル, ク**ワ**イエト
ののしる **罵る** nonoshiru	**schimpfen** **シ**ンプフェン	insult, curse イン**サ**ルト, **カ**ース
のばす **伸ばす**（長くする） nobasu	**aus|dehnen** **ア**オスデーネン	lengthen, stretch **レ**ングスン, スト**レ**チ
（まっすぐにする）	**aus|strecken, gerade machen** **ア**オスシュトレッケン, ゲ**ラ**ーデ **マ**ッヘン	straighten スト**レ**イトン
（成長させる）	**entfalten** エント**ファ**ルテン	develop ディ**ヴェ**ロプ
のばす **延ばす**（延長する） nobasu	**verlängern** フェア**レ**ンガーン	lengthen, extend **レ**ングスン, イクス**テ**ンド
（延期する）	**verschieben** フェア**シ**ーベン	put off, delay プト **オ**ーフ, ディ**レ**イ
のはら **野原** nohara	*die* **Felder** *pl.* **フェ**ルダー	fields **フィ**ールヅ
のびのびと **伸び伸びと** nobinobito	**frei und unbefangen** フ**ラ**イ ウント **ウ**ンベファンゲン	free and easy フ**リ**ー アンド **イ**ーズィ

日	独	英
のびる **伸びる** （延長する） nobiru	$sich^4$ **dehnen** .. デーネン	extend, stretch イクステンド, ストレチ
（成長する）	**wachsen** ヴァクセン	develop, grow ディヴェロプ, グロウ
のびる **延びる** （延期される） nobiru	$sich^4$ **verzögern, verscho-** **ben werden** .. フェアツェーガーン, フェア**ショー**ベン **ヴェー**アデン	(be) put off, (be) postponed (ヒ) **プ**ト オフ, (ヒ) **ポ**ウストポ ウンド
（延長させる）	**aus|dehnen** **ア**オスデーネン	(be) prolonged (ヒ) プロ**ロ**ーングド
のべ **延べ** nobe	**insgesamt** インスゲ**ザ**ムト	total **ト**ウタル
のべる **述べる** noberu	**sagen, dar|stellen** **ザ**ーゲン, **ダ**ールシュテレン	tell, state **テ**ル, ス**テ**イト
のぼせる **のぼせる** noboseru	**benommen sein** ベ**ノ**メン ザイン	have a head rush ハヴァ ヘド ラシュ
（夢中になる）	**für j^4/et^4 schwärmen** フューア .. シュ**ヴェ**ルメン	(be) crazy about (ヒ) ク**レ**イズィ ア**バ**ウト
のぼり **上り** nobori	der **Aufstieg** **ア**オフシュティーク	rise, ascent **ラ**イズ, ア**セ**ント
のぼる **上る** （人・物が） noboru	**auf|steigen** **ア**オフシュタイゲン	go up **ゴ**ウ **ア**プ
（ある数量に）	**betragen** ベト**ラ**ーゲン	amount to, reach ア**マ**ウント トゥ, **リ**ーチ
のぼる **昇る** （太陽が） noboru	**auf|steigen, auf|gehen** **ア**オフシュタイゲン, **ア**オフゲーエン	rise **ラ**イズ
（ある地位に）	**avancieren** アヴァン**スィ**ーレン	(be) promoted (ヒ) プロ**モ**ウテド
のぼる **登る** noboru	**steigen** シュ**タ**イゲン	climb ク**ラ**イム

日	独	英
のみ **蚤** nomi	*der* **Floh** フロー	flea フリー
のみぐすり **飲み薬** nomigusuri	**oral einzunehmendes Medikament** オラール アインツーネーメンデス メディカメント	oral medication オーラル メディケイション
のみこむ **飲み込む** nomikomu	**schlucken** シュルッケン	swallow スワロウ
のみねーとする **ノミネートする** nomineetosuru	**ernennen** エアネネン	nominate ナミネイト
のみほす **飲み干す** nomihosu	**aus|trinken** アオストリンケン	gulp down ガルプ ダウン
のみもの **飲み物** nomimono	*das* **Getränk** ゲトレンク	drink, beverage ドリンク, ベヴァリヂ
のみや **飲み屋** nomiya	*die* **Kneipe** クナイペ	tavern, bar タヴァン, バー
のむ **飲む** nomu	**trinken, ein|nehmen** トリンケン, アインネーメン	drink, take ドリンク, テイク
のり **糊** nori	*der* **Klebstoff** クレープシュトフ	paste, starch ペイスト, スターチ
のりおくれる **乗り遅れる** noriokureru	**verpassen** フェアパッセン	miss ミス
（時代に）	**(hinter der Zeit) zurück|-bleiben** (ヒンター デア ツァイト) ツリュックブライベン	(be) behind the times (ビ) ビハインド ザ タイムズ
のりかえ **乗り換え** norikae	*das* **Umsteigen** ウムシュタイゲン	change, transfer チェインヂ, トランスファー
のりかえる **乗り換える** norikaeru	**um|steigen** ウムシュタイゲン	change チェインヂ
のりくみいん **乗組員** norikumiin	*die* **Besatzung** ベザッツング	crew クルー

日	独	英
のりこす **乗り越す** norikosu	**zu weit fahren, vorbei- fahren** ツー ヴァイト ファーレン, フォアバイファーレ ン	pass パス
のりば **乗り場** noriba	*der* **Bahnsteig**, *die* **Halte- stelle** バーンシュタイク, ハルテシュテレ	stop, platform スタプ, プラトフォーム
のりもの **乗り物** norimono	*das* **Fahrzeug** ファールツォイク	vehicle ヴィーイクル
のる **乗る**　　(上に) noru	*auf et⁴* **auf|steigen** アオフ‥ アオフシュタイゲン	get on ゲト オン
(乗り物に)	**ein|steigen** アインシュタイゲン	ride, take ライド, テイク
のる **載る** noru	**berichtet werden, er- scheinen** ベリヒテット ヴェーアデン, エアシャイネン	appear アピア
のるうぇー **ノルウェー** noruwee	(*das*) **Norwegen** ノルヴェーゲン	Norway ノーウェイ
のるま **ノルマ** noruma	*das* **Pensum** ペンズム	quota クウォウタ
のろまな **のろまな** noromana	**bummelig, beschränkt** ブメリヒ, ベシュレンクト	stupid, dull ステューピド, ダル
のんあるこーるの **ノンアルコールの** non-arukooruno	**alkoholfrei** アルコホールフライ	non-alcoholic ナンアルコホーリク
のんきな **のんきな** nonkina	**sorglos, unbekümmert** ゾルクロース, ウンベキュマート	easy, carefree イーズィ, ケアフリー
のんびりと **のんびりと** nonbirito	**sorgenfrei** ゾルゲンフライ	free from care, lei- surely フリー フラム ケア, レチャリ
のんふぃくしょん **ノンフィクション** nonfikushon	*die* **Nonfiction**, *das* **Sach- buch** ノンフィクション, ザッハブーフ	nonfiction ナンフィクション

の

日	独	英

は, ハ

は **歯** ha	*der* **Zahn** ツァーン	tooth トゥース
は **刃** ha	*die* **Klinge,** *die* **Schneide** クリンゲ, シュナイデ	edge, blade エヂ, ブレイド
は **葉** ha	*das* **Blatt,** *das* **Laub** ブラット, ラオブ	leaf, blade リーフ, ブレイド
ばー **バー** （酒場） baa	*die* **Bar** バール	bar, tavern バー, **タ**ヴァン
ばあい **場合** baai	*der* **Fall,** *die* **Umstände** *pl.* ファル, ウムシュテンデ	case, occasion ケイス, オ**ケ**イジョン
はあくする **把握する** haakusuru	**begreifen, fassen** ベグ**ラ**イフェン, **ファ**ッセン	grasp, comprehend グラスプ, カンプリ**ヘ**ンド
ばーげん **バーゲン** baagen	*der* **Ausverkauf,** *der* **Schlussverkauf** **ア**オスフェアカオフ, シュ**ル**スフェアカオフ	sale, bargain セイル, **バ**ーゲン
ばーじょん **バージョン** baajon	*die* **Version,** *die* **Fassung** ヴェル**ズィ**オーン, **ファ**ッスング	version **ヴァ**ージョン
ばーたーとりひき **バーター取り引き** baataatorihiki	*der* **Tauschhandel** **タ**オシュハンデル	barter **バ**ータ
ばーちゃるな **バーチャルな** baacharuna	**virtuell** ヴィル**トゥ**エル	virtual **ヴァ**ーチュアル
はーと **ハート** haato	*das* **Herz** ヘルツ	heart **ハ**ート
ぱーと **パート** paato	*die* **Teilzeitarbeit** **タ**イルツァイトアルバイト	part-time パート**タ**イム
～タイマー	*der/die* **Teilzeitbeschäftigte** **タ**イルツァイトベシェフティヒテ	part-timer パート**タ**イマ

日	独	英
はーどうぇあ **ハードウェア** haadowea	*die* **Hardware** ハードウェア	hardware ハードウェア
はーどでぃすく **ハードディスク** haadodisuku	*die* **Festplatte** フェストプラッテ	hard disk ハード ディスク
ぱーとなー **パートナー** paatonaa	*der* (*die*) **Partner(*in*)** パルトナー(-ネリン)	partner パートナ
はーどる **ハードル** haadoru	*die* **Hürde** ヒュルデ	hurdle ハードル
〜競走	*der* **Hürdenlauf** ヒュルデンラオフ	hurdle race ハードル レイス
はーふ **ハーフ** haafu	*der* **Mischling** ミッシュリング	mixed race ミクスト レイス
はーぶ **ハーブ** haabu	*das* **Kraut** クラオト	herb アーブ
ばーべきゅー **バーベキュー** baabekyuu	*das* **Grillen** グリレン	barbecue バービキュー
ばーぼん **バーボン** baabon	*der* **Bourbon** バーバン	bourbon バーボン
ぱーま **パーマ** paama	*die* **Dauerwelle** ダオアーヴェレ	permanent パーマネント
はーもにか **ハーモニカ** haamonika	*die* **Mundharmonika** ムントハルモーニカ	harmonica ハーマニカ
はい **灰** hai	*die* **Asche** アッシェ	ash アシュ
はい **肺** hai	*die* **Lunge** ルンゲ	lung ラング
はい **胚** hai	*der* **Embryo** エンブリョ	embryo エンブリオウ
ばい **倍** bai	**doppelt, zweifach** ドッペルト, ツヴァイファッハ	twice, double トワイス, ダブル

583

は

日	独	英
ぱい **パイ** pai	*die* **Pastete**, *der* **Kuchen** パステーテ, クーヘン	pie, tart パイ, **タ**ート
ばいあすろん **バイアスロン** baiasuron	*der* **Biathlon** ビーアトロン	biathlon バイアスロン
はいいろ **灰色** haiiro	*das* **Grau** グラオ	gray, Ⓑgrey グレイ, グレイ
～の	**grau** グラオ	gray, Ⓑgrey グレイ, グレイ
はいえい **背泳** haiei	*das* **Rückenschwimmen** リュッケンシュヴィメン	backstroke バクストロウク
はいえん **肺炎** haien	*die* **Lungenentzündung** ルンゲンエントツュンドゥング	pneumonia ニュモウニア
ばいおてくのろじー **バイオテクノロジー** baiotekunorojii	*die* **Biotechnik**, *die* **Bio-technologie** ビーオテヒニク, ビーオテヒノロギー	biotechnology バイオウテク**ナ**ロヂィ
ばいおにあ **パイオニア** paionia	*der*(*die*) **Pionier(in)**, *der*(*die*) **Bahnbrecher(in)** ピオニーア(-リン), バーンブレッヒャー(-ヒェリン)	pioneer パイオ**ニ**ア
ばいおりん **バイオリン** baiorin	*die* **Geige**, *die* **Violine** ガイゲ, ヴィオリーネ	violin ヴァイオ**リ**ン
ばいかいする **媒介する** baikaisuru	**vermitteln, übertragen** フェアミッテルン, ユーバートラーゲン	transmit, carry トランス**ミ**ト, **キャ**リ
はいかつりょう **肺活量** haikatsuryou	*die* **Lungenkapazität** ルンゲンカパツィテート	lung capacity ラング カパ**スィ**ティ
はいがん **肺癌** haigan	*der* **Lungenkrebs** ルンゲンクレープス	lung cancer ラング **キャ**ンサ
はいきがす **排気ガス** haikigasu	*die* **Abgase** *pl.* アップガーゼ	exhaust gas イグ**ゾ**ースト **ギャ**ス
はいきぶつ **廃棄物** haikibutsu	*der* **Abfall**, *der* **Müll** アップファル, ミュル	waste **ウェ**イスト

は

日	独	英
はいきょ **廃虚** haikyo	*die* **Ruine**, *die* **Trümmer** *pl.* ルイーネ, トリュマー	ruins ルーインズ
ばいきん **ばい菌** baikin	*die* **Bakterien** *pl.*, *der* **Bazillus** バクテーリエン, バツィルス	bacteria, germ バクティアリア, チャーム
ばいく **バイク** baiku	*das* **Motorrad** モートアラート	motorbike モウタバイク
はいぐうしゃ **配偶者** haiguusha	*der*(*die*) **Ehepartner**(*in*) エーエパルトナー(- ネリン)	spouse スパウズ
はいけい **背景**　（出来事の） haikei	*der* **Hintergrund** ヒンターグルント	background バクグラウンド
（物語の）	*der* **Hintergrund** ヒンターグルント	setting セティング
はいけっかく **肺結核** haikekkaku	*die* **Lungentuberkulose** ルンゲントゥベルクローゼ	tuberculosis テュバーキュロウスィス
はいけつしょう **敗血症** haiketsushou	*die* **Blutvergiftung**, *die* **Septikämie** ブルートフェアギフトゥング, ゼプティケミー	septicemia セプティスィーミア
はいご **背後** haigo	*der* **Rücken** リュッケン	back, rear バク, リア
はいざら **灰皿** haizara	*der* **Aschenbecher** アッシェンベッヒャー	ashtray アシュトレイ
はいしする **廃止する** haishisuru	**ab|schaffen, auf|heben** アップシャッフェン, アオフヘーベン	abolish, repeal アバリシュ, リピール
はいしゃ **歯医者** haisha	*der*(*die*) **Zahnarzt(-ärztin)** ツァーンアールツト(- エーアツティン)	dentist デンティスト
はいじゃっく **ハイジャック** haijakku	*die* **Flugzeugentführung** フルークツォイクエントフュールング	hijack ハイヂャク
〜する	**ein Flugzeug entführen** アイン フルークツォイク エントフューレン	hijack ハイヂャク

585

は

日	独	英
ばいしゅうする **買収する** baishuusuru	**kaufen, bestechen** カオフェン, ベシュテッヒェン	purchase, bribe パーチェス, ブライブ
ばいしゅん **売春** baishun	*die* **Prostitution** プロスティトゥツィオーン	prostitution プラスティ**テュ**ーション
ばいしょう **賠償** baishou	*die* **Entschädigung** エント**シェ**ーディグング	reparation, com- pensation レパ**レ**イション, カンペン**セ**イ ション
～する	**entschädigen** エント**シェ**ーディゲン	compensate **カ**ンペンセイト
はいしょく **配色** haishoku	*die* **Farbgebung** ファルプゲーブング	color scheme **カ**ラ ス**キ**ーム
はいすい **排水** haisui	*die* **Entwässerung** エント**ヴェ**ッセルング	drainage ド**レ**イニヂ
はいせきする **排斥する** haisekisuru	**aus|schließen** **ア**オスシュリーセン	exclude イクスク**ル**ード
はいせつ **排泄** haisetsu	*die* **Ausscheidung** **ア**オスシャイドゥング	excretion イクスク**リ**ーション
はいせん **敗戦** haisen	*die* **Niederlage** ニーダーラーゲ	defeat ディ**フィ**ート
はいた **歯痛** haita	*der* **Zahnschmerz** ツァーンシュメルツ	toothache **トゥ**ーセイク
ばいたい **媒体** baitai	*das* **Medium** メーディウム	medium **ミ**ーディアム
はいたつ **配達** haitatsu	*die* **Lieferung**, *die* **Zustel- lung** リーフェルング, **ツ**ーシュテルング	delivery ディ**リ**ヴァリ
～する	**liefern, zu|stellen** **リ**ーファーン, **ツ**ーシュテレン	deliver ディ**リ**ヴァ
はいたてきな **排他的な** haitatekina	**ausschließlich, exklusiv** **ア**オスシュリースリヒ, エクスクル**ズ**ィーフ	exclusive イクスク**ル**ースィヴ

日	独	英
ばいたりてぃー **バイタリティー** baitaritii	*die* **Vitalität** ヴィタリテート	vitality ヴァイタリティ
はいち **配置** haichi	*die* **Anordnung**, *das* **Ar-rangement** アンオルドヌング, アランジェマーン	arrangement アレインヂメント
～する	**an|ordnen, auf|stellen** アンオルドネン, アオフシュテレン	arrange, dispose アレインヂ, ディスポウズ
はいてく **ハイテク** haiteku	*das*(*die*) **Hightech** ハイテック	high tech ハイ テク
ばいてん **売店** baiten	*der* **Stand**, *der* **Kiosk** シュタント, キーオスク	stall, stand ストール, スタンド
はいとう **配当** haitou	*der* **Anteil**, *die* **Dividende** アンタイル, ディヴィデンデ	dividend ディヴィデンド
ぱいなっぷる **パイナップル** painappuru	*die* **Ananas** アナナス	pineapple パイナプル
ばいばい **売買** baibai	*der* **Handel**, *das* **Geschäft** ハンデル, ゲシェフト	dealing ディーリング
～する	**handeln, Handel treiben** ハンデルン, ハンデル トライベン	deal in ディール イン
ばいぱす **バイパス** baipasu	*die* **Umgehungsstraße** ウムゲーウングスシュトラーセ	bypass バイパス
はいひーる **ハイヒール** haihiiru	*der* **Stöckelschuh** シュテッケルシュー	high heels ハイ ヒールズ
はいふ **配布** haifu	*die* **Verteilung**, *die* **Zutei-lung** フェアタイルング, ツータイルング	distribution ディストリビューション
～する	**verteilen, aus|teilen** フェアタイレン, アオスタイレン	distribute ディストリビュト
ぱいぷ **パイプ** (管) paipu	*die* **Röhre** レーレ	pipe パイプ

は

日	独	英
（煙草の）	*die* **Pfeife** プ**ファ**イフェ	pipe **パ**イプ
ぱいぷおるがん **パイプオルガン** paipuorugan	*die* **Orgel** **オ**ルゲル	pipe organ **パ**イプ **オ**ーガン
はいぶつ **廃物** haibutsu	*der* **Müll** ミュル	waste materials **ウェ**イスト マ**ティ**アリアルズ
はいふん **ハイフン** haifun	*der* **Bindestrich** **ビ**ンデシュトリヒ	hyphen **ハ**イフン
はいぼく **敗北** haiboku	*die* **Niederlage** **ニ**ーダーラーゲ	defeat ディ**フィ**ート
はいやく **配役** haiyaku	*die* **Rollenbesetzung** **ロ**レンベゼッツング	cast **キャ**スト
はいゆう **俳優** haiyuu	*der*(*die*) **Schauspieler(in)** **シャ**オシュピーラー(- レリン)	actor, actress **アク**タ，**アク**トレス
はいりょ **配慮** hairyo	*die* **Rücksicht** **リュ**ックズィヒト	consideration コンス**ィダ**レイション
～する	**berücksichtigen** ベ**リュ**ックズィヒティゲン	take into consideration **テ**イク **イ**ントゥ コンス**ィダ**レイション
はいる **入る**　（中へ行く） hairu	**hinein|gehen, ein|treten** ヒ**ナ**インゲーエン，**ア**イントレーテン	enter, go in **エ**ンタ，**ゴ**ウ **イ**ン
（加入する）	**bei|treten** **バ**イトレーテン	join **チョ**イン
（収容できる）	**fassen, auf|nehmen** **ファ**ッセン，**ア**オフネーメン	accommodate, hold ア**カ**モデイト，**ホ**ウルド
はいれつ **配列** hairetsu	*die* **Anordnung,** *die* **Ordnung** **ア**ンオルドヌング，**オ**ルドヌング	arrangement ア**レ**インジメント
ぱいろっと **パイロット** pairotto	*der*(*die*) **Pilot(in)** ピ**ロ**ート(- ティン)	pilot **パ**イロト

日	独	英
はう **這う** hau	**kriechen** クリーヒェン	crawl, creep クロール，クリープ
はえ **蝿** hae	*die* **Fliege** フリーゲ	fly フライ
はえる **生える** haeru	**wachsen** ヴァクセン	grow, come out グロウ，カム アウト
はか **墓** haka	*das* **Grab** グラープ	grave, tomb グレイヴ，トゥーム
ばか **馬鹿** baka	*der* **Dummkopf** ドゥムコプフ	idiot イディオト
～な	**dumm, töricht** ドゥム，テーリヒト	foolish フーリシュ
～馬鹿しい	**lächerlich, unsinnig** レッヒャーリヒ，ウンズィニヒ	ridiculous, absurd リディキュラス，アブサード
はかいする **破壊する** hakaisuru	**zerstören, vernichten** ツェアシュテーレン，フェアニヒテン	destroy ディストロイ
はがき **葉書** hagaki	*die* **Postkarte** ポストカルテ	postcard ポウストカード
はがす **剥がす** hagasu	**ab|reißen, ab|lösen** アップライセン，アップレーゼン	tear, peel テア，ピール
はかせ **博士** hakase	*der*(*die*) **Doktor(in)** ドクトーア(ドクトーリン)	doctor ダクタ
はかどる **捗る** hakadoru	**voran|kommen, Fort-schritte machen** フォランコメン，フォルトシュリッテ マッヘン	make progress メイク プラグレス
はかない **はかない** hakanai	**flüchtig, vergänglich** フリュヒティヒ，フェアゲングリヒ	transient, vain トランシェント，ヴェイン
はがゆい **歯痒い** hagayui	**ärgerlich sein, ungedul-dig sein** エルガーリヒ ザイン，ウンゲドゥルディヒ ザイン	(be) impatient (ビ) インペイシェント

は

日	独	英
はからう **計らう** hakarau	**sorgen, ein|richten** ゾルゲン，**ア**インリヒテン	manage, arrange マ**ニ**ヂ，ア**レ**インヂ
はかり **秤** hakari	*die* **Waage** **ヴァ**ーゲ	balance, scales **バ**ランス，ス**ケ**イルズ
はかりうり **量り売り** hakariuri	*der* **Verkauf nach Gewicht** フェア**カ**オフ ナーハ ゲ**ヴィ**ヒト	sale by measure **セ**イル バイ **メ**ジャ
はかる **計る** hakaru	**messen, wiegen** **メ**ッセン，**ヴィ**ーゲン	measure, weigh **メ**ジャ，**ウェ**イ
はかる **図る** hakaru	**planen, beabsichtigen** プ**ラ**ーネン，ベ**ア**ップズィヒティゲン	plan, attempt プ**ラ**ン，ア**テ**ンプト
はき **破棄**　（判決の） haki	*die* **Aufhebung** **ア**オフヘーブング	reversal リ**ヴァ**ーサル
（約束の）	*der* **Widerruf** **ヴィ**ーダールーフ	cancellation, an- nulment キャン**セ**レイション，ア**ナ**ルメ ント
～する	**ab|sagen** **ア**ップザーゲン	cancel **キャ**ンセル
はきけ **吐き気** hakike	*der* **Brechreiz** ブ**レ**ヒライツ	nausea **ノ**ーズィア
ぱきすたん **パキスタン** pakisutan	(*das*) **Pakistan** **パ**ーキスタン	Pakistan **パ**キスタン
はきゅうする **波及する** hakyuusuru	*sich⁴* **aus|breiten,** *sich⁴* **aus|dehnen** ‥ **ア**オスブライテン，‥ **ア**オスデーネン	spread, influence スプ**レ**ド，**イ**ンフルエンス
はきょく **破局** hakyoku	*die* **Katastrophe** カタスト**ロ**ーフェ	catastrophe カ**タ**ストロフィ
はく **吐く** haku	**erbrechen** エアブ**レ**ッヒェン	vomit **ヴァ**ミト
（唾を）	**aus|spucken** **ア**オスシュプッケン	spit ス**ピ**ト

日	独	英
はく **掃く** haku	**fegen, kehren** フェーゲン, ケーレン	sweep, clean スウィープ, クリーン
はく **履く** haku	**an|ziehen, tragen** アンツィーエン, トラーゲン	put on, wear プト オン, ウェア
はぐ **剥ぐ** hagu	**ab|ziehen, häuten** アップツィーエン, ホイテン	peel, skin ピール, スキン
ばぐ **バグ** bagu	*der* **Bug,** *der* **Program-mierfehler** ブーク, プログラミーアフェーラー	bug バグ
ばくが **麦芽** bakuga	*das* **Malz** マルツ	malt モルト
はくがいする **迫害する** hakugaisuru	**verfolgen** フェアフォルゲン	persecute パースィキュート
はぐき **歯茎** haguki	*das* **Zahnfleisch** ツァーンフライシュ	gums ガムズ
ばくげき **爆撃** bakugeki	*die* **Bombardierung** ボンバルディールング	bombing バミング
～機	*der* **Bomber** ボンバー	bomber バマ
～する	**bombardieren** ボンバルディーレン	bomb バム
はくし **白紙** hakushi	**weißes Blatt** ヴァイセス ブラット	blank paper ブランク ペイパ
はくしかてい **博士課程** hakushikatei	*der* **Doktorkurs,** *der* **Dok-torstudiengang** ドクトーアクルス, ドクトーアシュトゥーディエンガング	doctor's course ダクタズ コース
はくしごう **博士号** hakushigou	*das* **Doktorat,** *der* **Doktor-titel** ドクトラート, ドクトーアティーテル	doctorate, Ph.D. ダクタレト, ピーエイチディー
はくしゃく **伯爵** hakushaku	*der* **Graf** グラーフ	count カウント

日	独	英
はくしゅする **拍手する** hakushusuru	**in die Hände klatschen, applaudieren** イン ディー ヘンデ クラッチェン, アプラォ ディーレン	clap one's hands クラプ ハンヅ
はくしょ **白書** hakusho	*das* **Weißbuch** ヴァイスブーフ	white book ホワイト ブク
はくじょうする **白状する** hakujousuru	**gestehen, ein|gestehen** ゲシュテーエン, アインゲシュテーエン	confess コンフェス
はくじょうな **薄情な** hakujouna	**herzlos, unfreundlich** ヘルツロース, ウンフロイントリヒ	coldhearted コウルドハーテド
ばくぜんと **漠然と** bakuzento	**vage** ヴァーゲ	vaguely ヴェイグリ
～した	**vage** ヴァーゲ	vague, obscure ヴェイグ, オブスキュア
ばくだいな **莫大な** bakudaina	**enorm, immens** エノルム, イメンス	vast, immense ヴァスト, イメンス
ばくだん **爆弾** bakudan	*die* **Bombe** ボンベ	bomb バム
ばくてりあ **バクテリア** bakuteria	*die* **Bakterie** バクテーリエ	bacterium バクティアリアム
ばくはする **爆破する** bakuhasuru	**sprengen, zersprengen** シュプレンゲン, ツェアシュプレンゲン	blow up, blast ブロウ アプ, ブラスト
ばくはつ **爆発** bakuhatsu	*die* **Explosion** エクスプロズィオーン	explosion イクスプロウジョン
～する	**explodieren, platzen** エクスプロディーレン, プラッツェン	explode イクスプロウド
はくぶつかん **博物館** hakubutsukan	*das* **Museum** ムゼーウム	museum ミューズィアム
はくらんかい **博覧会** hakurankai	*die* **Ausstellung** アオスシュテルング	exposition エクスポズィション

日	独	英
はけ **刷毛** hake	*die* **Bürste**, *der* **Pinsel** ビュルステ, ピンゼル	brush ブラシュ
はげしい **激しい** hageshii	**heftig, intensiv** ヘフティヒ, インテンズィーフ	violent, intense **ヴァ**イオレント, イン**テ**ンス
ばけつ **バケツ** baketsu	*der* **Eimer** アイマー	pail, bucket ペイル, バケト
はげます **励ます** hagemasu	**ermuntern, ermutigen** エアムンターン, エアムーティゲン	encourage インカーリヂ
はげむ **励む** hagemu	*sich*[4] **bemühen**, *an et*[3] **eifrig arbeiten** .. ベミューエン, アン .. **ア**イフリヒ **ア**ルバイテン	strive, work hard スト**ラ**イヴ, **ワ**ーク **ハ**ード
はげる **禿げる** hageru	**kahl werden, Glatze bekommen** カール **ヴェ**ーアデン, グ**ラ**ッツェ ベコメン	(become) bald (ビカム) **ボ**ールド
はげる **剥げる** hageru	**ab|gehen** アップ**ゲ**ーエン	come off **カ**ム オフ
はけんする **派遣する** hakensuru	**ab|senden, entsenden** アップ**ゼ**ンデン, エント**ゼ**ンデン	send, dispatch **セ**ンド, ディス**パ**チ
はこ **箱** hako	*der* **Kasten**, *die* **Kiste** **カ**ステン, **キ**ステ	box, case **バ**クス, **ケ**イス
はこぶ **運ぶ** hakobu	**tragen, bringen** ト**ラ**ーゲン, ブ**リ**ンゲン	carry **キャ**リ
ばざー **バザー** bazaa	*der* **Basar** バ**ザ**ール	charity bazaar **チャ**リティ バ**ザ**ー
はさまる **挟まる** hasamaru	**eingeklemmt werden** **ア**インゲクレムト **ヴェ**ーアデン	(get) put between (ゲト) **プ**ト ビト**ウィ**ーン
はさみ **鋏** hasami	*die* **Schere** シェーレ	scissors ス**ィ**ザズ
はさむ **挟む** hasamu	**ein|klemmen, stecken** **ア**インクレメン, シュ**テ**ッケン	put between **プ**ト ビト**ウィ**ーン

は

日	独	英
はさん **破産** hasan	*der* **Bankrott** バンク**ロ**ット	bankruptcy バンク**ラ**プツィ
はし **橋** hashi	*die* **Brücke** ブ**リュ**ッケ	bridge ブ**リ**ヂ
はし **端** hashi	*der* **Rand**, *die* **Kante** **ラ**ント，**カ**ンテ	edge, corner **エ**ヂ，**コ**ーナ
（先端・末端）	*das* **Ende** **エ**ンデ	end, tip **エ**ンド，**ティ**プ
はし **箸** hashi	*die* **Essstäbchen** *pl.* **エ**スシュ**テ**ープヒェン	chopsticks **チャ**プスティクス
はじ **恥** haji	*die* **Schande** **シャ**ンデ	shame, humilia- tion **シェ**イム，ヒュー**ミ**リ**エ**イショ ン
〜をかく	**Schande auf** *sich⁴* **laden** **シャ**ンデ アオフ ‥ **ラ**ーデン	(be) put to shame (ビ) プト トゥ **シェ**イム
はしか **はしか** hashika	*die* **Masern** *pl.* **マ**ーザーン	measles **ミ**ーズルズ
はしご **梯子** hashigo	*die* **Leiter** **ラ**イター	ladder **ラ**ダ
はじまる **始まる** hajimaru	**an|fangen, starten** **ア**ンファンゲン，シュ**タ**ルテン	begin, start ビ**ギ**ン，ス**タ**ート
はじめ **初め** hajime	*der* **Anfang** **ア**ンファング	beginning, start ビ**ギ**ニング，ス**タ**ート
はじめて **初めて** hajimete	**zum ersten Mal** ツム **エ**ーアステン **マ**ール	for the first time フォ ザ **ファ**ースト **タ**イム
はじめての **初めての** hajimeteno	**erst** **エ**ーアスト	first **ファ**ースト
はじめる **始める** hajimeru	**an|fangen, eröffnen** **ア**ンファンゲン，エア**エ**フネン	begin, start, open ビ**ギ**ン，ス**タ**ート，**オ**ウプン

日	独	英
ぱじゃま **パジャマ** pajama	*der* **Schlafanzug,** *der* **Py-** **jama** シュラーフアンツーク，ピュジャーマ	pajamas，Ⓑpyja- mas パ**チャ**ーマズ，パ**チャ**ーマズ
ばしょ **場所** basho	*der* **Platz,** *der* **Ort** プラッツ，オルト	place, site プレイス，**サ**イト
はしょうふう **破傷風** hashoufuu	*der* **Starrkrampf,** *der* **Te-** **tanus** シュ**タ**ルクラムプフ，**テ**ーターヌス	tetanus **テ**タナス
はしら **柱** hashira	*die* **Säule,** *der* **Pfosten** ゾイレ，プ**フォ**ステン	pillar, post **ピ**ラ，**ポ**ウスト
はしりたかとび **走り高跳び** hashiritakatobi	*der* **Hochsprung** ホーホシュプルング	high jump ハイ **チャ**ンプ
はしりはばとび **走り幅跳び** hashirihabatobi	*der* **Weitsprung** ヴァイトシュプルング	long jump, broad jump ローング **チャ**ンプ，ブロード **チャ**ンプ
はしる **走る** hashiru	**laufen, rennen** **ラ**オフェン，**レ**ネン	run, dash ラン，**ダ**シュ
はじる **恥じる** hajiru	*sich⁴* **schämen** ‥**シェ**ーメン	(be) ashamed (ビ) ア**シェ**イムド
はす **蓮** hasu	*der* **Lotos** **ロ**ートス	lotus **ロ**ウタス
ばす **バス** basu	*der* **Bus** **ブ**ス	bus, coach バス，**コ**ウチ
〜停	*die* **Bushaltestelle** **ブ**スハルテシュテレ	bus stop バス スタプ
(低い音域)	*der* **Bass** **バ**ス	bass **ベ**イス
ぱす **パス** pasu	*der* **Pass,** *das* **Zuspiel** パス，**ツ**ーシュピール	pass パス
〜する	**zu|spielen** **ツ**ーシュピーレン	pass パス

日	独	英
はずかしい **恥ずかしい** hazukashii	*sich⁴* **schämen** ‥シェーメン	(be) ashamed (ビ) アシェイムド
（不道徳な）	**beschämend** ベシェーメント	shameful シェイムフル
はすきーな **ハスキーな** hasukiina	**heiser, rauchig** ハイザー, ラオヒヒ	husky ハスキ
ばすけっとぼーる **バスケットボール** basukettobooru	*der* **Basketball** バスケットバル	basketball バスケトボール
はずす **外す** hazusu	**ab|nehmen, los|machen** アップネーメン, ロースマッヘン	take off, remove テイク オーフ, リムーヴ
（席を）	**verlassen** フェアラッセン	leave one's seat, be away リーヴ スィート, ビ アウェイ
ぱすた **パスタ** pasuta	*die* **Nudeln** *pl.* ヌーデルン	pasta パースタ
ばすと **バスト** basuto	*die* **Büste** ビュステ	bust バスト
ぱすぽーと **パスポート** pasupooto	*der* **Reisepass** ライゼパス	passport パスポート
はずみ **弾み** hazumi	*der* **Satz**, *der* **Sprung** ザッツ, シュプルング	bound, momentum バウンド, モウメンタム
はずむ **弾む** hazumu	**springen** シュプリンゲン	bounce, bound バウンス, バウンド
（話などが）	**lebhaft werden** レープハフト ヴェーアデン	(become) lively (ビカム) ライヴリ
ぱずる **パズル** pazuru	*das* **Puzzle** パズル	puzzle パズル
はずれ　（くじなどの） **外れ** hazure	*die* **Niete** ニーテ	losing ticket, los- ing number ルーズィング ティケト, ルー ズィング ナンバ

日	独	英
（町の）	der **Vorort**, das **Randgebiet** フォーアオルト，ラントゲビート	suburbs サバーブズ
はずれる **外れる** （取れる）	**ab|gehen**, sich⁴ **lösen** アップゲーエン，‥レーゼン	come off カム オフ
（当たらない）	**verfehlen** フェアフェーレン	miss, fail ミス，フェイル
ぱすわーど **パスワード** pasuwaado	das **Passwort** パスヴォルト	password パスワード
はせい **派生** hasei	die **Ableitung** アップライトゥング	derivation デリヴェイション
～する	von et³ **ab|stammen**, sich⁴ **ab|leiten** フォン‥ アップシュタメン，‥ アップライテン	derive from ディライヴ フラム
ぱせり **パセリ** paseri	die **Petersilie** ペターズィーリエ	parsley パースリ
ぱそこん **パソコン** pasokon	der **PC** ペーツェー	personal computer, PC パーソナル コンピュータ，ピースィー
はそんする **破損する** hasonsuru	**beschädigt werden** ベシェーディヒト ヴェーアデン	(be) damaged (ビ) ダミヂド
はた **旗** hata	die **Fahne**, die **Flagge** ファーネ，フラッゲ	flag, banner フラグ，バナ
はだ **肌** hada	die **Haut** ハオト	skin スキン
ばたー **バター** bataa	die **Butter** ブッター	butter バタ
ぱたーん **パターン** pataan	das **Muster** ムスター	pattern パタン
はだか **裸** hadaka	die **Nacktheit** ナクトハイト	nakedness ネイキドネス

は

日	独	英
〜の	**nackt, bloß** ナクト, ブロース	naked ネイキド
はたけ **畑** hatake	*der* **Acker,** *das* **Feld** アッカー, フェルト	field, farm フィールド, ファーム
はだしで **裸足で** hadashide	**barfuß** バールフース	barefoot ベアフト
はたす **果たす** (実行する) hatasu	**erfüllen, aus|führen** エアフュレン, アオスフューレン	realize, carry out リーアライズ, キャリ アウト
(達成する)	**vollbringen, erreichen** フォルブリンゲン, エアライヒェン	achieve アチーヴ
はためく **はためく** hatameku	**flattern** フラッターン	flutter フラタ
はたらき **働き** hataraki	*die* **Tätigkeit,** *die* **Arbeit** テーティヒカイト, アルバイト	work, labor, ⒷＬａbour ワーク, レイバ, レイバ
(活動)	*die* **Tätigkeit** テーティヒカイト	action, activity アクション, アクティヴィティ
(機能)	*die* **Funktion** フンクツィオーン	function ファンクション
(功績)	*das* **Verdienst** フェアディーンスト	achievement アチーヴメント
はたらく **働く** hataraku	**arbeiten** アルバイテン	work ワーク
(作用する)	*auf j⁴/et⁴* **wirken** アオフ ‥ ヴィルケン	act on アクト オン
はち **八** hachi	**acht** アハト	eight エイト
はち **鉢** hachi	*die* **Schüssel,** *der* **Topf** シュッセル, トプフ	bowl, pot ボウル, パト

日	独	英
はち **蜂** （蜜蜂） hachi	*die* **Biene** ビーネ	bee ビー
～の巣	*der* **Bienenstock** ビーネンシュトック	beehive, honeycomb ビーハイヴ, ハニコウム
～蜜	*der* **Honig** ホーニヒ	honey ハニ
ばち **罰** bachi	*die* **Bestrafung,** *die* **Strafe** ベシュトラーフング, シュトラーフェ	divine punishment ディヴァイン パニシュメント
はちがつ **八月** hachigatsu	*der* **August** アオグスト	August オーガスト
ばちかん **バチカン** bachikan	*die* **Vatikanstadt** ヴァティカーンシュタット	Vatican ヴァティカン
はちじゅう **八十** hachijuu	**achtzig** アハツィヒ	eighty エイティ
はちゅうるい **爬虫類** hachuurui	*die* **Reptilien** *pl.* レプティーリエン	reptiles レプティルズ
はちょう **波長** hachou	*die* **Wellenlänge** ヴェレンレンゲ	wavelength ウェイヴレングス
ばつ **罰** batsu	*die* **Strafe** シュトラーフェ	punishment, penalty パニシュメント, ペナルティ
はついく **発育** hatsuiku	*die* **Entwicklung** エントヴィックルング	growth グロウス
～する	**wachsen,** *sich*[4] **entwickeln** ヴァクセン, .. エントヴィッケルン	grow グロウ
はつおん **発音** hatsuon	*die* **Aussprache** アオスシュプラーヘ	pronunciation プロナンスィエイション
はつが **発芽** hatsuga	*das* **Keimen** カイメン	germination ヂャーミネイション

日	独	英
はっかー **ハッカー** hakkaa	*der* (*die*) **Hacker**(*in*) ハッカー(‐ケリン)	hacker ハカ
はっきする **発揮する** hakkisuru	**zeigen, offenbaren** ツァイゲン，オッフェンバーレン	display, show ディスプレイ，**ショウ**
はっきり **はっきり** hakkiri	**deutlich, klar** ドイトリヒ，**ク**ラール	clearly クリアリ
〜する	**klar werden** ク**ラ**ール ヴェーアデン	(become) clear (ビカム) クリア
ばっきん **罰金** bakkin	*das* **Strafgeld** シュト**ラ**ーフゲルト	fine **ファ**イン
ばっく **バック** （後部） bakku	*die* **Rückseite, hinten** リュックザイテ，ヒンテン	back, rear バク，リア
（背景）	*der* **Hintergrund** ヒンターグルント	background バクグラウンド
（後援）	*die* **Unterstützung,** *die* **Hilfe** ウンターシュ**テュ**ッツング，ヒルフェ	backing, support バキング，サ**ポ**ート
〜アップ	*die* **Unterstützung** ウンターシュ**テュ**ッツング	backup バカプ
ばっぐ **バッグ** baggu	*die* **Tasche** **タ**ッシェ	bag バグ
ばっく **パック** （包み） pakku	*die* **Verpackung** フェア**パ**ックング	packaging パ**ケ**ヂング
（美容法の）	*die* **Packung** **パ**ックング	pack パク
（アイスホッケーの）	*der* **Puck** プック	puck パク
はっくつ **発掘** hakkutsu	*die* **Ausgrabung** **ア**オスグラーブング	excavation エクスカ**ヴェ**イション

は

日	独	英
〜する	**aus|graben** アオスグラーベン	excavate エクスカヴェイト
ばつぐんの **抜群の** batsugunno	**außerordentlich, heraus-ragend** アオサーオルデントリヒ, ヘラオスラーゲント	outstanding アウトスタンディング
ぱっけーじ **パッケージ** pakkeeji	*die* **Packung** パックング	package パケヂ
はっけっきゅう **白血球** hakkekkyuu	**weißes Blutkörperchen** ヴァイセス ブルートケルパーヒェン	white blood cell ホワイト ブラド セル
はっけつびょう **白血病** hakketsubyou	*die* **Leukämie,** *der* **Blut-krebs** ロイケミー, ブルートクレープス	leukemia ルーキーミア
はっけん **発見** hakken	*die* **Entdeckung** エントデックング	discovery ディスカヴァリ
〜する	**entdecken** エントデッケン	discover, find out ディスカヴァ, ファインド アウト
はつげんする **発言する** hatsugensuru	**sprechen, äußern** シュプレッヒェン, オイサーン	speak スピーク
はつこい **初恋** hatsukoi	**erste Liebe** エーアステ リーベ	first love ファースト ラヴ
はっこうする **発行する** hakkousuru	**heraus|geben, veröffent-lichen** ヘラオスゲーベン, フェアエッフェントリヒェン	publish, issue パブリシュ, イシュー
はっさんする **発散する** hassansuru	**aus|strömen, aus|strah-len** アオスシュトレーメン, アオスシュトラーレン	emit イミト
ばっじ **バッジ** bajji	*das* **Abzeichen** アップツァイヒェン	badge バヂ
はっしゃ **発射** hassha	*der* **Schuss** シュス	firing ファイアリング
〜する	**schießen** シーセン	fire, shoot ファイア, シュート

日	独	英
はっしゃ **発車** hassha	*die* **Abfahrt** アップファールト	departure ディパーチャ
～する	**ab|fahren** アップファーレン	depart ディパート
ばっしんぐ **バッシング** basshingu	*das* **Prügeln** プリューゲルン	bashing バシング
はっしんする **発信する** hasshinsuru	**übersenden** ユーバーゼンデン	transmit トランスミト
ばっすい **抜粋** bassui	*der* **Auszug** アオスツーク	extract, excerpt エクストラクト，エクサープト
～する	**aus|ziehen** アオスツィーエン	extract イクストラクト
はっする **発する**（光・熱を） hassuru	**aus|strahlen** アオスシュトラーレン	give off, emit ギヴ オーフ，イミト
（声を）	**aus|stoßen** アオスシュトーセン	utter アタ
ばっする **罰する** bassuru	**bestrafen, strafen** ベシュトラーフェン，シュトラーフェン	punish パニシュ
はっせい **発生** hassei	*die* **Entstehung** エントシュテーウング	outbreak, birth アウトブレイク，バース
～する	**geschehen,** *sich*⁴ **ereignen** ゲシェーエン，‥エアアイグネン	occur オカー
はっそう **発送** hassou	*die* **Absendung** アップゼンドゥング	sending out センディング アウト
～する	**ab|senden, ab|schicken** アップゼンデン，アップシッケン	send out センド アウト
ばった **バッタ** batta	*die* **Heuschrecke** ホイシュレッケ	grasshopper グラスハパ

日	独	英
はったつ **発達** hattatsu	*die* **Entwicklung**, *die* **Entfaltung** エント**ヴィ**ックルング，エント**ファ**ルトゥング	development ディ**ヴェ**ロプメント
～する	*sich⁴* **entwickeln** ‥エント**ヴィ**ッケルン	develop, advance ディ**ヴェ**ロプ，アド**ヴァ**ンス
はっちゅう **発注** hacchuu	*die* **Bestellung** ベシュ**テ**ルング	order **オ**ーダ
～する	**bestellen** ベシュ**テ**レン	order **オ**ーダ
はってん **発展** hatten	*die* **Entwicklung** エント**ヴィ**ックルング	development ディ**ヴェ**ロプメント
～する	*sich⁴* **entwickeln** ‥エント**ヴィ**ッケルン	develop, expand ディ**ヴェ**ロプ，イクス**パ**ンド
はつでんしょ **発電所** hatsudensho	*das* **Kraftwerk** ク**ラ**フトヴェルク	power plant **パ**ウア プ**ラ**ント
はつでんする **発電する** hatsudensuru	**Elektrizität erzeugen** エレクトリツィ**テ**ート エア**ツォ**イゲン	generate electricity **チェ**ナレイト イレクト**リ**スィティ
はっぱ **発破** happa	*die* **Sprengung** シュプ**レ**ングング	explosive blast イクスプ**ロ**ウスィヴ ブ**ラ**スト
はつばい **発売** hatsubai	*der* **Verkauf** フェア**カ**オフ	sale **セ**イル
～する	**zum Verkauf an|bieten** ツム フェア**カ**オフ **ア**ンビーテン	put on sale プト オン **セ**イル
はっぴょう **発表** happyou	*die* **Bekanntmachung** ベ**カ**ントマッフング	announcement ア**ナ**ウンスメント
～する	**bekannt machen** ベ**カ**ント **マ**ッヘン	announce ア**ナ**ウンス
（説明）	*das* **Referat**, *der* **Vortrag** レフェ**ラ**ート，**フォ**ーアトラーク	presentation プリーゼン**テ**イション

日	独	英
〜する	**präsentieren** プレゼンティーレン	present プリゼント
はつびょうする **発病する** hatsubyousuru	**krank werden** クランク ヴェーアデン	fall ill フォール イル
はっぽうせいの **発泡性の** happouseino	**spritzig, mit Kohlensäure** シュプリッツィヒ, ミット コーレンゾイレ	sparkling スパークリング
はつめい **発明** hatsumei	*die* **Erfindung** エアフィンドゥング	invention インヴェンション
〜する	**erfinden** エアフィンデン	invent, devise インヴェント, ディヴァイズ
はてしない **果てしない** hateshinai	**endlos** エントロース	endless エンドレス
はでな **派手な** hadena	**auffallend, grell** アオファレント, グレル	showy, garish ショウイ, ゲアリシュ
はと **鳩** hato	*die* **Taube** タオベ	pigeon, dove ピヂョン, ダヴ
ばとうする **罵倒する** batousuru	**beschimpfen** ベシンプフェン	denounce, vilify ディナウンス, ヴィリファイ
ぱとかー **パトカー** patokaa	*der* **Polizeiwagen,** *der* **Streifenwagen** ポリツァイヴァーゲン, シュトライフェンヴァーゲン	squad car, patrol car スクワド カー, パトロウル カー
ばどみんとん **バドミントン** badominton	*das* **Badminton,** *das* **Federballspiel** ベトミンテン, フェーダーバルシュピール	badminton バドミントン
ぱとろーる **パトロール** patorooru	*die* **Patrouille,** *die* **Streife** パトルリェ, シュトライフェ	patrol パトロウル
はな **花** hana	*die* **Blume,** *die* **Blüte** ブルーメ, ブリューテ	flower フラウア
はな **鼻** hana	*die* **Nase** ナーゼ	nose ノウズ

日	独	英
〜血	*das* **Nasenbluten** ナーゼンブルーテン	nosebleed ノウズブリード
〜水	*der* **Nasenschleim,** *der* **Rotz** ナーゼンシュライム, ロッツ	snot, mucus スナト, ミューカス
はなし **話** hanashi	*die* **Rede,** *das* **Gespräch** レーデ, ゲシュプレーヒ	talk, conversation トーク, カンヴァセイション
（物語）	*die* **Erzählung,** *die* **Geschichte** エアツェールング, ゲシヒテ	story ストーリ
はなしあい **話し合い** hanashiai	*die* **Besprechung** ベシュプレッヒュング	talk, discussion トーク, ディスカション
はなしあう **話し合う** hanashiau	*sich*[4] **besprechen, sprechen** ..ベシュプレッヒェン, シュプレッヒェン	talk with, discuss with トーク ウィズ, ディスカス ウィズ
はなす **放す** hanasu	**los|lassen** ロースラッセン	free, release フリー, リリース
はなす **離す** hanasu	**trennen, los|lassen** トレネン, ロースラッセン	separate, detach セパレイト, ディタチ
はなす **話す** hanasu	**sprechen, reden** シュプレッヒェン, レーデン	speak, talk スピーク, トーク
ばなな **バナナ** banana	*die* **Banane** バナーネ	banana バナナ
はなばなしい **華々しい** hanabanashii	**glänzend, prachtvoll** グレンツェント, プラハトフォル	brilliant ブリリアント
はなび **花火** hanabi	*das* **Feuerwerk** フォイアーヴェルク	fireworks ファイアワークス
はなむこ **花婿** hanamuko	*der* **Bräutigam** ブロイティガム	bridegroom ブライドグルーム
はなやかな **華やかな** hanayakana	**prächtig, feierlich** プレヒティヒ, ファイアーリヒ	gorgeous, bright ゴーヂャス, ブライト

は

日	独	英
はなよめ **花嫁** hanayome	*die* **Braut** ブラオト	bride ブライド
はなれる **離れる** hanareru	*sich⁴* **entfernen, verlassen** ‥ エント**フェ**ルネン, フェア**ラ**ッセン	leave, go away from リーヴ, **ゴ**ウ ア**ウェ**イ フラム
はにかむ **はにかむ** hanikamu	**schüchtern sein, ver-schämt sein** シュ**ヒ**ターン ザイン, フェア**シェ**ームト ザイン	(be) shy, (be) bash-ful (ビ) **シャ**イ, (ビ) **バ**シュフル
ぱにっく **パニック** panikku	*die* **Panik** パーニク	panic パニク
はね **羽** (羽毛) hane	*die* **Feder** フェーダー	feather, plume **フェ**ザ, プルーム
(翼)	*der* **Flügel** フリューゲル	wing **ウィ**ング
ばね **ばね** bane	*die* **Feder** フェーダー	spring ス**プ**リング
はねむーん **ハネムーン** hanemuun	*die* **Flitterwochen** *pl.* フリッターヴォッヘン	honeymoon **ハ**ニムーン
はねる **跳ねる** (飛び散る) haneru	**spritzen** シュプ**リ**ッツェン	splash ス**プ**ラシュ
(飛び上がる)	**hüpfen, springen** **ヒュ**プフェン, シュプ**リ**ンゲン	leap, jump リープ, **チャ**ンプ
はは **母** haha	*die* **Mutter** ムッター	mother **マ**ザ
～方	**mütterlicherseits, von mütterlicher Seite** **ミュ**ッターリヒャー**ザ**イツ, フォン ミュッターリ ヒャー **ザ**イテ	mother's side **マ**ザズ **サ**イド
はば **幅** haba	*die* **Breite** ブ**ラ**イテ	width, breadth **ウィ**ドス, ブ**レ**ドス
はばたく **羽ばたく** habataku	**flattern** フ**ラ**ッターン	flutter, flap フ**ラ**タ, フ**ラ**プ

日	独	英
はばつ **派閥** habatsu	*die* **Fraktion** フラクツィオーン	faction **ファ**クション
はばとび **幅跳び** habatobi	*der* **Weitsprung** **ヴァ**イトシュプルング	broad jump, long jump **ブロ**ード **チャ**ンプ, **ロ**ーング **チャ**ンプ
はばひろい **幅広い** habahiroi	**breit, weit** ブ**ラ**イト, **ヴァ**イト	wide, broad **ワ**イド, ブ**ロ**ード
はばむ **阻む** habamu	**verhindern, hindern** フェア**ヒ**ンダーン, **ヒ**ンダーン	prevent from, block プリ**ヴェ**ント フラム, ブ**ラ**ク
ぱぷあにゅーぎにあ **パプアニューギニア** papuanyuuginia	(*das*) **Papua-Neuguinea** **パ**ープアノイギ**ネ**ーア	Papua New Guinea **パ**ピュア **ニュー ギ**ニア
ぱふぉーまんす **パフォーマンス** pafoomansu	*die* **Aufführung,** *die* **Darstellung** **ア**オフフールング, **ダ**ールシュテルング	performance パ**フォ**ーマンス
はぶく **省く** (省略する) habuku	**aus|lassen, weg|lassen** **ア**オスラッセン, **ヴェ**ックラッセン	omit, exclude オ**ミ**ト, イクス**クル**ード
(削減する)	**kürzen, beschneiden** **キュ**ルツェン, ベシュ**ナ**イデン	save, reduce **セ**イヴ, リ**デュ**ース
はぷにんぐ **ハプニング** hapuningu	*der* **Zwischenfall** ツ**ヴィ**ッシェンファル	happening, unexpected event **ハ**プニング, アニクス**ペ**クテド イ**ヴェ**ント
はぶらし **歯ブラシ** haburashi	*die* **Zahnbürste** **ツァ**ーンビュルステ	toothbrush **トゥ**ースブラシュ
はまき **葉巻** hamaki	*die* **Zigarre** ツィ**ガ**レ	cigar **ス**ィガー
はまぐり **蛤** hamaguri	*die* **Venusmuschel** **ヴェ**ーヌスムッシェル	clam ク**ラ**ム
はまべ **浜辺** hamabe	*der* **Strand** シュト**ラ**ント	beach, seashore **ビ**ーチ, **ス**ィーショー
はまる **はまる** hamaru	*in et⁴* **hinein|passen** イン‥ ヒ**ナ**インパッセン	fit into **フィ**ト イントゥ

は

日	独	英
はみがき **歯磨き** hamigaki	*die* **Zahnpasta,** *die* **Zahn-paste** ツァーンパスタ, ツァーンパステ	toothpaste トゥースペイスト
はめつする **破滅する** hametsusuru	**ruiniert werden** ルイニールト ヴェーアデン	(be) ruined (ビ) ルーインド
はめる **はめる** （内側に入れる） hameru	**stecken, ein|legen** シュテッケン, アインレーゲン	put in, set プト イン, セト
（着用する）	**tragen, an|ziehen** トラーゲン, アンツィーエン	wear, put on ウェア, プト オン
ばめん **場面** bamen	*die* **Szene** スツェーネ	scene スィーン
はもの **刃物** hamono	*das* **Schneidewerkzeug** シュナイデヴェルクツォイク	edged tool エヂド トゥール
はもん **波紋** hamon	**kleine Welle** クライネ ヴェレ	ripple リプル
はもんする **破門する** hamonsuru	**verbannen, aus|stoßen** フェアバネン, アオスシュトーセン	expel イクスペル
はやい **早い** hayai	**rasch, früh** ラッシュ, フリュー	early アーリ
はやい **速い** hayai	**schnell, rasch** シュネル, ラッシュ	quick, fast クウィク, ファスト
はやく **早く** hayaku	**früh** フリュー	early, soon アーリ, スーン
はやく **速く** hayaku	**schnell** シュネル	quickly, fast クウィクリ, ファスト
はやし **林** hayashi	*der* **Wald,** *das* **Gehölz** ヴァルト, ゲヘルツ	forest, woods フォリスト, ウヅ
はやす **生やす** hayasu	**wachsen lassen** ヴァクセン ラッセン	grow, cultivate グロウ, カルティヴェイト

日	独	英
はやめに **早めに** hayameni	**etwas früher, rechtzeitig** エトヴァス フリューアー, レヒトツァイティヒ	early, in advance アーリ, イン アドヴァンス
はやめる **早める** hayameru	**beschleunigen** ベシュロイニゲン	quicken, hasten クウィクン, ヘイスン
はやる **流行る** hayaru	**in Mode sein** イン モーデ ザイン	(be) in fashion, (be) popular (ビ) イン **ファ**ション, (ビ) **パ**ピュラ
（繁盛する）	**viel besucht sein** フィール ベズーフト ザイン	(be) prosperous (ビ) **プラ**スペラス
（病気などが）	**weit verbreitet sein** ヴァイト フェアブライテット ザイン	(be) prevalent (ビ) プレ**ヴァ**レント
はら **腹** （胃） hara	*der* **Magen** マーゲン	stomach ス**タ**マク
（腸）	*der* **Darm** ダルム	bowels **バ**ウエルズ
（腹部）	*der* **Bauch** バオホ	belly **ベ**リ
ばら **バラ** bara	*die* **Rose** ローゼ	rose **ロ**ウズ
はらいもどし **払い戻し** haraimodoshi	*die* **Rückzahlung** リュックツァールング	repayment, refund リ**ペ**イメント, リ**ファ**ンド
はらう **払う** harau	**zahlen, bezahlen** ツァーレン, ベツァーレン	pay **ペ**イ
ぱらぐあい **パラグアイ** paraguai	(*das*) **Paraguay** パラグヴァイ	Paraguay **パ**ラグワイ
はらぐろい **腹黒い** haraguroi	**boshaft, hinterhältig** ボースハフト, **ヒ**ンターヘルティヒ	wicked, malicious **ウィ**キド, マ**リ**シャス
はらす **晴らす** （疑いを） harasu	**vertreiben** フェアト**ラ**イベン	dispel ディ**ス**ペル

日	独	英
（恨みを）	*sich⁴* **rächen** ‥レッヒェン	avenge oneself アヴェンヂ
（憂さを）	*sich⁴* **zerstreuen,** *sich⁴* **auf|heitern** ‥ツェアシュトロイエン，‥アオフハイターン	forget one's trou- bles フォゲト トラブルズ
ばらす **ばらす** （分解する） barasu	**zerlegen** ツェアレーゲン	take to pieces テイク トゥ ピーセズ
（暴露する）	**auf|decken, enthüllen** アオフデッケン，エントヒュレン	disclose, expose ディスクロウズ，イクスポウズ
ばらばらの **ばらばらの** barabarano	**getrennt, separat** ゲトレント，ゼパラート	separate, scattered セパレイト，スキャタド
ばらふぃん **パラフィン** parafin	*das* **Paraffin** パラフィーン	paraffin パラフィン
ばらまく **ばら撒く** baramaku	**verstreuen, aus|streuen** フェアシュトロイエン，アオスシュトロイエン	scatter スキャタ
ばらんす **バランス** baransu	*das* **Gleichgewicht** グライヒゲヴィヒト	balance バランス
はり **針** hari	*die* **Nadel** ナーデル	needle ニードル
ばりえーしょん **バリエーション** barieeshon	*die* **Variation** ヴァリアツィオーン	variation ヴェアリエイション
はりがね **針金** harigane	*der* **Draht** ドラート	wire ワイア
はりがみ **貼り紙** harigami	*das* **Plakat** プラカート	bill, poster ビル，ポウスタ
ばりき **馬力** bariki	*die* **Pferdestärke** プフェーアデシュテルケ	horsepower ホースパウア
はりきる **張り切る** harikiru	**auf Draht sein, gut in** **Form sein** アオフ ドラート ザイン，グート イン フォルム ザイン	(be) vigorous (ビ) ヴィゴラス

日	独	英
ばりとん **バリトン** bariton	*der* **Bariton** バーリトン	baritone バリトゥン
はる **春** haru	*der* **Frühling** フリューリング	spring スプリング
はる **張る** （伸ばす） haru	**strecken, spannen** シュトレッケン, シュパネン	stretch, extend ストレチ, イクステンド
はる **貼る** haru	**kleben** クレーベン	stick, put on スティク, プト オン
はるかな **遥かな** harukana	**fern, weit** フェルン, ヴァイト	distant, far-off ディスタント, ファーロフ
はるかに **遥かに** （遠くに） harukani	**weit, in weiter Ferne** ヴァイト, イン ヴァイター フェルネ	far, far away ファー, ファー アウェイ
はるばる **遥々** harubaru	**von weit her** フォン ヴァイト ヘーア	all the way from オール ザ ウェイ フラム
ばるぶ **バルブ** barubu	*das* **Ventil** ヴェンティール	valve ヴァルヴ
ばるぷ **パルプ** parupu	*der* **Zellstoff** ツェルシュトフ	pulp パルプ
はれ **晴れ** hare	**schönes Wetter** シェーネス ヴェッター	fine weather ファイン ウェザ
ばれえ **バレエ** baree	*das* **Ballett** バレット	ballet バレイ
ばれーど **パレード** pareedo	*die* **Parade** パラーデ	parade パレイド
ばれーぼーる **バレーボール** bareebooru	*der* **Volleyball** ヴォリバル	volleyball ヴァリボール
はれつする **破裂する** haretsusuru	**explodieren, bersten** エクスプロディーレン, ベルステン	explode, burst イクスプロウド, バースト
ばれっと **パレット** paretto	*die* **Palette** パレッテ	palette パレト

は

日	独	英
ばれりーな **バレリーナ** bareriina	*die* **Ballerina** バレリーナ	ballerina バレリーナ
はれる **晴れる** (空が) hareru	**heiter werden**, *sich*[4] **auf|-klären** ハイター ヴェーアデン， ‥ アオフクレーレン	clear up クリア アプ
(疑いが)	**beseitigt werden** ベザイティヒト ヴェーアデン	(be) cleared (ビ) クリアド
はれる **腫れる** hareru	**an|schwellen** アンシュヴェレン	(become) swollen (ビカム) スウォウルン
ばれる **ばれる** bareru	**heraus|kommen** ヘラオスコメン	(be) exposed, come to light (ビ) イクスポウズド， カム トゥ ライト
ばろっく **バロック** barokku	*das* (*der*) **Barock** バロック	Baroque バロウク
ぱろでぃー **パロディー** parodii	*die* **Parodie** パロディー	parody パロディ
ばろめーたー **バロメーター** baromeetaa	*das* **Barometer** バロメーター	barometer バラミタ
はわい **ハワイ** hawai	(*das*) **Hawaii** ハヴァイイ	Hawaii ハワイイー
はん **判** han	*der* **Stempel** シュテンペル	(personal) seal, seal, stamp (パーソナル) スィール， スィー ル， スタンプ
ばん **晩** ban	*der* **Abend**, *die* **Nacht** アーベント， ナハト	evening, night イーヴニング， ナイト
ぱん **パン** pan	*das* **Brot** ブロート	bread ブレド
〜屋	*die* **Bäckerei** ベッケライ	bakery ベイカリ
はんい **範囲** han-i	*der* **Bereich**, *der* **Umfang** ベライヒ， ウムファング	limit, sphere リミト， スフィア

日	独	英
はんいご **反意語** han-igo	*das* **Antonym,** *der* **Gegen-satz** アント**ニュ**ーム，**ゲ**ーゲンザッツ	antonym **ア**ントニム
はんえい **繁栄** han-ei	*das* **Gedeihen,** *der* **Wohl-stand** ゲ**ダ**イエン，**ヴォ**ールシュタント	prosperity プラス**ペ**リティ
〜する	**florieren, gedeihen** フロ**リ**ーレン，ゲ**ダ**イエン	(be) prosperous (ビ) プラス**ペ**ラス
はんが **版画** hanga	*der* **Druck,** *der* **Holzschnitt** **ド**ルック，**ホ**ルツシュニット	print, woodcut プリント，**ウ**ドカト
はんがー **ハンガー** hangaa	*der* **Kleiderbügel** ク**ラ**イダービューゲル	(coat) hanger (コウト) **ハ**ンガ
はんかがい **繁華街** hankagai	**belebtes Stadtviertel, belebte Geschäftsstraße** ベ**レ**ープテス　シュ**タ**ットフィルテル，ベ**レ**ープテ ゲ**シェ**フツシュトラーセ	busy street **ビ**ズィ スト**リ**ート
はんがく **半額** hangaku	**halber Preis** **ハ**ルバー プ**ラ**イス	half price **ハ**ーフ プ**ラ**イス
はんかち **ハンカチ** hankachi	*das* **Taschentuch** **タ**ッシェントゥーフ	handkerchief **ハ**ンカチフ
はんがりー **ハンガリー** hangarii	*(das)* **Ungarn** **ウ**ンガルン	Hungary **ハ**ンガリ
はんかん **反感** hankan	*die* **Antipathie,** *die* **Abnei-gung** アンティパ**ティ**ー，**ア**ップナイグング	antipathy アン**ティ**パスィ
はんぎゃくする **反逆する** hangyakusuru	**rebellieren,** *sich*[4] **empören** レベ**リ**ーレン，‥ エン**ペ**ーレン	rebel リ**ベ**ル
はんきょう **反響** hankyou	*das* **Echo,** *der* **Widerhall** **エ**ヒョ，**ヴィ**ーダーハル	echo **エ**コウ
ぱんく **パンク** panku	*die* **Reifenpanne** **ラ**イフェンパネ	puncture, flat tire **パ**ンクチャ，フ**ラ**ト **タ**イア
ばんぐみ **番組** bangumi	*das* **Programm** プログ**ラ**ム	program,　Ⓑpro-gramme プ**ロ**ウグラム，プ**ロ**ウグラム

日	独	英
ばんぐらでしゅ **バングラデシュ** banguradeshu	(*das*) **Bangladesch** バングラデシュ	Bangladesh バングラデシュ
はんぐりーな **ハングリーな** hanguriina	**hungrig** フングリヒ	hungry ハングリ
はんけい **半径** hankei	*der* **Radius**, *der* **Halbmes-** **ser** ラーディウス，ハルプメッサー	radius レイディアス
はんげき **反撃** hangeki	*der* **Gegenangriff** ゲーゲンアングリフ	counterattack カウンタラタク
～する	**zurück|schlagen** ツリュックシュラーゲン	strike back ストライク バク
はんけつ **判決** hanketsu	*das* **Urteil** ウルタイル	judgment チャヂメント
はんげつ **半月** hangetsu	*der* **Halbmond** ハルプモーント	half-moon ハフムーン
はんご **反語** hango	**rhetorische Frage** レトーリシェ フラーゲ	rhetorical question リトリカル クウェスチョン
ばんごう **番号** bangou	*die* **Nummer** ヌマー	number ナンバ
はんこうする **反抗する** hankousuru	**widerstehen, trotzen** ヴィーダーシュテーエン，トロッツェン	resist, oppose リズィスト，オポウズ
はんざい **犯罪** hanzai	*das* **Verbrechen** フェアブレッヒェン	crime クライム
～者	*der*(*die*) **Verbrecher(*in*)**, *der/die* **Kriminelle** フェアブレッヒャー(-ヒェリン)，クリミネレ	criminal クリミナル
はんさむな **ハンサムな** hansamuna	**hübsch, gut aussehend** ヒュプシュ，グート アオスゼーエント	handsome ハンサム
はんさよう **反作用** hansayou	*die* **Reaktion**, *die* **Gegen-** **wirkung** レアクツィオーン，ゲーゲンヴィルクング	reaction リアクション

日	独	英
はんじ **判事** hanji	*der*(*die*) **Richter**(*in*) リヒター(-テリン)	judge チャヂ
はんしゃ **反射** hansha	*die* **Reflexion**, *die* **Spiege-lung** レフレクスィオーン, シュピーゲルング	reflection, reflex リフレクション, リーフレクス
〜する	**reflektieren** レフレクティーレン	reflect リフレクト
はんじゅくたまご **半熟卵** hanjukutamago	**weich gekochtes Ei** ヴァイヒ ゲコッホテス アイ	soft-boiled egg ソフトボイルド エグ
はんしょく **繁殖** hanshoku	*die* **Fortpflanzung**, *die* **Vermehrung** フォルトプフランツング, フェアメールング	propagation プラパゲイション
〜する	*sich*⁴ **fort|pflanzen**, *sich*⁴ **vermehren** ‥ フォルトプフランツェン, ‥ フェアメーレン	propagate プラパゲイト
はんすと **ハンスト** hansuto	*der* **Hungerstreik** フンガーシュトライク	hunger strike ハンガ ストライク
はんする **反する** hansuru	**entgegen|stehen**, *sich*⁴ **widersetzen** エントゲーゲンシュテーエン, ‥ ヴィーダーゼッツェン	(be) contrary to (ビ) カントレリ トゥ
はんせいする **反省する** hanseisuru	*über et*⁴ **reflektieren**, *über et*⁴ **nach|denken** ユーバー ‥ レフレクティーレン, ユーバー ‥ ナーハデンケン	reflect on one's actions リフレクト オン アクションズ
ばんそう **伴奏** bansou	*die* **Begleitung** ベグライトゥング	accompaniment アカンパニメント
〜する	**begleiten** ベグライテン	accompany アカンパニ
ばんそうこう **絆創膏** bansoukou	*das* **Pflaster**, *das* **Heft-pflaster** プフラスター, ヘフトプフラスター	adhesive bandage アドヒースィヴ バンディヂ
はんそく **反則** (スポーツなどの) hansoku	*das* **Foul**, *die* **Regelwid-rigkeit** ファオル, レーゲルヴィードリヒカイト	foul ファウル

は

日	独	英
はんそで **半袖** hansode	**kurzer Ärmel** クルツァー エルメル	short sleeves ショート スリーヴズ
はんたー **ハンター** hantaa	*der*(*die*) **Jäger**(*in*) イェーガー(-ゲリン)	hunter ハンタ
はんたい **反対** (逆の関係) hantai	*das* **Gegenteil** ゲーゲンタイル	(the) opposite, (the) contrary (ズィ) **ア**ポズィト, (ザ) **カント** レリ
〜側	*die* **Gegenseite** ゲーゲンザイテ	opposite side, oth- er side **ア**ポズィト サイド, **ア**ザ サイド
(抵抗・異議)	*die* **Opposition**, *der* **Wi- derstand** オポズィツィオーン, **ヴ**ィーダーシュタント	opposition, objec- tion アポ**ズ**ィション, オブ**チェ**クショ ン
〜する	*sich*[4] **widersetzen**, **wider- sprechen** ‥ ヴィーダー**ゼ**ッツェン, ヴィーダーシュプ レッヒェン	oppose, object to オ**ポ**ウズ, オブ**チェ**クト トゥ
はんだん **判断** handan	*das* **Urteil**, *die* **Beurteilung** **ウ**ルタイル, ベ**ウ**ルタイルング	judgment **チャ**ヂメント
〜する	**beurteilen**, *über j*[4]/*et*[4] **ur- teilen** ベ**ウ**ルタイレン, ユーバー ‥ **ウ**ルタイレン	judge **チャ**ヂ
ばんち **番地** banchi	*die* **Hausnummer** ハオスヌマー	street number ストリート ナンバ
はんちゅう **範疇** hanchuu	*die* **Kategorie** カテゴリー	category **キャ**ティゴーリ
ぱんつ **パンツ** (下着の) pantsu	*die* **Unterhose** **ウ**ンターホーゼ	briefs, underwear ブリーフス, **ア**ンダウェア
(洋服の)	*die* **Hose** ホーゼ	pants, trousers パンツ, ト**ラ**ウザズ
はんてい **判定** hantei	*das* **Urteil** **ウ**ルタイル	judgment, decision **チャ**ヂメント, ディ**ス**ィジョン
ぱんてぃー **パンティー** pantii	*der* **Schlüpfer**, *der* **Slip** シュ**リュ**プファー, ス**リ**ップ	panties **パ**ンティズ

日	独	英
〜ストッキング	*die* **Strumpfhose** シュトルンプフホーゼ	pantyhose, tights パンティホウズ, **タイツ**
はんでぃきゃっぷ **ハンディキャップ** handikyappu	*das* **Handikap** ヘンディケプ	handicap ハンディキャプ
はんていする **判定する** hanteisuru	*über j⁴/et⁴* **urteilen** ユーバー .. **ウ**ルタイレン	judge **チャ**ヂ
はんてん **斑点** hanten	*der* **Fleck**, *der* **Punkt** フレック, **プ**ンクト	spot, speck スパト, スペク
ばんど **バンド** bando	*die* **Kapelle**, *die* **Band** カペレ, **バ**ント	band バンド
はんとう **半島** hantou	*die* **Halbinsel** ハルプインゼル	peninsula ペニンシュラ
はんどうたい **半導体** handoutai	*der* **Halbleiter** ハルプライター	semiconductor セミコン**ダ**クタ
はんどばっぐ **ハンドバッグ** handobaggu	*die* **Handtasche** ハントタッシェ	handbag, purse ハンドバグ, **パ**ース
はんどぶっく **ハンドブック** handobukku	*das* **Handbuch** ハントブーフ	handbook ハンドブク
はんどる **ハンドル** （自転車の） handoru	*die* **Lenkstange** レンクシュタンゲ	handlebars ハンドルバーズ
（自動車の）	*das* **Lenkrad**, *das* **Steuer** レンクラート, シュトイアー	steering wheel ス**ティ**アリング (ホ)**ウィ**ール
はんにち **半日** hannichi	**ein halber Tag** アイン ハル**バー ター**ク	half a day ハフア デイ
はんにん **犯人** hannin	*der*(*die*) **Täter**(*in*), *der*(*die*) **Verbrecher**(*in*) テーター(- テリン), フェアプレッヒャー(- ヒェ リン)	offender, criminal オ**フェ**ンダ, ク**リ**ミナル
ばんねん **晩年** bannen	*der* **Lebensabend**, **späte** **Lebensjahre** *pl.* レーベンスアーベント, シュペーテ　レーベンス ヤーレ	last years ラスト **イ**アズ

日	独	英
はんのう **反応** hannou	*die* **Reaktion**, *die* **Wirkung** レアクツィオーン, ヴィルクング	reaction, response リアクション, リスパンス
〜する	*auf et⁴* **reagieren** アオフ‥レアギーレン	react to, respond to リアクト トゥ, リスパンド トゥ
ばんのうの **万能の** bannouno	**allmächtig** アルメヒティヒ	all-around, univer- sally talented オールアラウンド, ユーニヴァー サリ タレンテド
ばんぱー **バンパー** banpaa	*die* **Stoßstange** シュトースシュタンゲ	bumper バンパ
はんばーがー **ハンバーガー** hanbaagaa	*der* **Hamburger** ハンブルガー	hamburger ハンバーガ
はんばい **販売** hanbai	*der* **Verkauf** フェアカオフ	sale セイル
〜する	**verkaufen** フェアカオフェン	sell, deal in セル, ディール イン
ばんぱく **万博** banpaku	*die* **Weltausstellung** ヴェルトアオスシュテルング	Expo エクスポウ
はんぱつする **反発する** hanpatsusuru	**zurück|weisen** ツリュックヴァイゼン	repulse, repel リパルス, リペル
はんぱな **半端な** hanpana	**unvollständig, unvoll- kommen** ウンフォルシュテンディヒ, ウンフォルコメン	odd, incomplete アド, インコンプリート
はんぷくする **反復する** hanpukusuru	**wiederholen** ヴィーダーホーレン	repeat リピート
ぱんぷす **パンプス** panpusu	*der* **Pumps** ペンプス	pumps パンプス
ぱんふれっと **パンフレット** panfuretto	*die* **Broschüre**, *der* **Pros- pekt** ブロシューレ, プロスペクト	pamphlet, bro- chure パンフレト, ブロウシュア
はんぶん **半分** hanbun	*die* **Hälfte**, **halb** ヘルフテ, ハルプ	half ハフ

日	独	英
はんまー **ハンマー** hanmaa	*der* **Hammer** ハマー	hammer ハマ
～投げ	*das* **Hammerwerfen** ハマーヴェルフェン	hammer throw ハマ スロウ
はんもく **反目** hanmoku	*der* **Antagonismus** アンタゴニスムス	antagonism アンタゴニズム
はんらん **反乱** hanran	*der* **Aufstand,** *der* **Aufruhr** アオフシュタント, アオフルーア	revolt リヴォウルト
はんらんする **氾濫する** hanransuru	**überschwemmen** ユーバーシュヴェメン	flood, overflow フラド, オウヴァフロウ
はんれい **凡例** hanrei	*die* **Vorbemerkungen** *pl.,* *die* **Anmerkungen** *pl.* フォーアベメルクンゲン, アンメルクンゲン	explanatory notes イクスプラナトーリ ノウツ
はんろん **反論** hanron	*der* **Widerspruch,** *die* **Widerlegung** ヴィーダーシュプルフ, ヴィーダーレーグング	refutation レフュテイション
～する	**widersprechen, widerlegen** ヴィーダーシュプレッヒェン, ヴィーダーレーゲン	argue against アーギュー アゲンスト

ひ, ヒ

日	独	英
ひ **火** hi	*das* **Feuer** フォイアー	fire ファイア
ひ **日** (太陽・日光) hi	*die* **Sonne** ゾネ	sun, sunlight サン, サンライト
(日にち)	*der* **Tag** ターク	day, date デイ, デイト
び **美** bi	*die* **Schönheit** シェーンハイト	beauty ビューティ
ひあい **悲哀** hiai	*die* **Traurigkeit,** *die* **Trübsal** トラオリヒカイト, トリューブザール	sadness サドネス

日	独	英
ぴあす **ピアス** piasu	*der* **Ohrring**, *das* **Piercing** オーアリング，ピーアスィング	(pierced) earrings (ピアスト) **イ**アリングズ
ひあたりのよい **日当たりのよい** hiatarinoyoi	**sonnig** ゾニヒ	sunny **サ**ニ
ぴあにすと **ピアニスト** pianisuto	*der*(*die*) **Pianist**(*in*) ピアニスト(-ティン)	pianist **ピ**アニスト
ぴあの **ピアノ** piano	*das* **Klavier** クラヴィーア	piano ピ**ア**ーノウ
ひありんぐ **ヒアリング** hiaringu	*das* **Hörverständnis** ヘーアフェアシュテントニス	listening comprehension **リ**スニング カンプリ**ヘ**ンション
（公聴会）	*die* **Anhörung** アンヘールング	public hearing パブリク **ヒ**アリング
ひいきする **ひいきする** hiikisuru	**begünstigen** ベ**ギュ**ンスティゲン	favor, patronage **フェ**イヴァ，**パ**トラニヂ
ぴーく **ピーク** piiku	*der* **Gipfel** **ギ**プフェル	peak **ピ**ーク
びいしき **美意識** biishiki	*der* **Schönheitssinn** シェーンハイツズィン	sense of beauty, esthetic sense **セ**ンス オヴ **ビュ**ーティ，エス**セ**ティク **セ**ンス
びーず **ビーズ** biizu	*die* **Glasperle** グ**ラ**ースペルレ	beads **ビ**ーヂ
ひーたー **ヒーター** hiitaa	*die* **Heizung**, *das* **Heizgerät** **ハ**イツング，**ハ**イツゲレート	heater **ヒ**ータ
ぴーなつ **ピーナツ** piinatsu	*die* **Erdnuss** **エ**ーアトヌス	peanut **ピ**ーナト
びーふ **ビーフ** biifu	*das* **Rindfleisch** **リ**ントフライシュ	beef **ビ**ーフ
ぴーまん **ピーマン** piiman	*der* **Paprika**, *die* **Paprikaschote** **パ**プリカ，**パ**プリカショーテ	green pepper, bell pepper グ**リ**ーン **ペ**パ，**ベ**ル **ペ**パ

日	独	英
びーる **ビール** biiru	*das* **Bier** ビーア	beer ビア
ひーろー **ヒーロー** hiiroo	*der* **Held** ヘルト	hero ヒアロウ
ひえこむ **冷え込む** hiekomu	**bitterkalt werden, stark frieren** ビッターカルト　ヴェーアデン, シュタルク　フリーレン	(get) very cold (ゲト) **ヴェ**リ **コ**ウルド
ひえる **冷える** hieru	**kalt werden,** *sich⁴* **ab|kühlen** カルト ヴェーアデン, ‥ **ア**ップキューレン	(get) cold (ゲト) **コ**ウルド
びえん **鼻炎** bien	*die* **Nasenentzündung** ナーゼンエントツュンドゥング	nasal inflammation **ネ**イザル インフラメイション
びおら **ビオラ** biora	*die* **Viola,** *die* **Bratsche** ヴィオーラ, ブラーチェ	viola **ヴァ**イオラ
ひがい **被害** higai	*der* **Schaden,** *die* **Beschädigung** シャーデン, ベシェーディグング	damage **ダ**ミヂ
～者	*das* **Opfer** オプファー	sufferer, victim **サ**ファラ, **ヴィ**クティム
ひかえ **控え**　　（覚書） hikae	*die* **Notiz** ノティーツ	note ノウト
（写し）	*die* **Kopie,** *das* **Duplikat** コピー, ドゥプリカート	copy, duplicate **カ**ピ, **デュー**プリケト
（予備）	*die* **Reserve,** *der* **Vorrat** レゼルヴェ, **フォー**アラート	reserve リ**ザ**ーヴ
ひかえめな **控えめな** hikaemena	**bescheiden, zurückhaltend** ベ**シャ**イデン, ツリュックハルテント	moderate, unassuming **マ**ダレト, アナ**スュー**ミング
ひかえる **控える**　（自制する） hikaeru	*sich⁴* **enthalten, zurück|halten** ‥ エントハルテン, ツリュックハルテン	refrain from リフ**レ**イン フラム
（書き留める）	**notieren** ノティーレン	write down ライト **ダ**ウン

日	独	英
（待機する）	**warten** ヴァルテン	wait ウェイト
ひかく **比較** hikaku	*der* **Vergleich** フェアグライヒ	comparison コンパリスン
〜する	**vergleichen** フェアグライヒェン	compare コンペア
びがく **美学** bigaku	*die* **Ästhetik** エステーティク	aesthetics エスセティクス
ひかげ **日陰** hikage	*der* **Schatten** シャッテン	shade シェイド
ひがさ **日傘** higasa	*der* **Sonnenschirm** ゾネンシルム	sunshade, parasol サンシェイド, パラソル
ひがし **東** higashi	(*der*) **Osten** オステン	east イースト
ひがしがわ **東側** higashigawa	*die* **Ostseite** オストザイテ	east side イースト サイド
ひがしはんきゅう **東半球** higashihankyuu	**östliche Hemisphäre** エストリヒェ ヘミスフェーレ	Eastern Hemisphere イースタン ヘミスフィア
ぴかぴかする **ぴかぴかする** pikapikasuru	**glänzend, glitzernd** グレンツェント, グリッツァーント	sparkly, glittering スパークリ, グリタリング
ひかり **光** hikari	*das* **Licht**, *der* **Schein** リヒト, シャイン	light, ray ライト, レイ
ひかる **光る** hikaru	**leuchten, scheinen** ロイヒテン, シャイネン	shine, flash シャイン, フラシュ
ひかれる **引かれる** hikareru	**verzaubert sein, fasziniert sein** フェアツァオバート ザイン, ファスツィニールト ザイン	(be) charmed with (ビ) チャームド ウィズ
ひかんする **悲観する** hikansuru	**schwarz sehen, pessimistisch denken** シュヴァルツ ゼーエン, ペスィミスティシュ デンケン	(be) pessimistic about (ビ) ペスィミスティク アバウト

日	独	英
ひかんてきな **悲観的な** hikantekina	**pessimistisch** ペスィミスティシュ	pessimistic ペスィミスティク
ひきあげる **引き上げる** （高くする） hikiageru	**erhöhen** エアヘーエン	raise レイズ
（上げる）	**herauf|ziehen, heben** ヘラオフツィーエン, ヘーベン	pull up プル アプ
ひきあげる **引き揚げる** hikiageru	**um|kehren, zurück|ziehen** ウムケーレン, ツリュックツィーエン	return, pull out リターン, プル アウト
ひきいる **率いる** hikiiru	**führen** フューレン	lead, conduct リード, カンダクト
ひきうける **引き受ける** （受け入れる） hikiukeru	**an|nehmen** アンネーメン	accept アクセプト
（担当する）	**übernehmen,** *auf sich*[4] **nehmen** ユーバーネーメン, アオフ‥ネーメン	undertake アンダテイク
ひきおこす **引き起こす** hikiokosu	**verursachen** フェアウーアザッヘン	cause コーズ
ひきかえ **引き換え** hikikae	*der* **Umtausch,** *der* **Wechsel** ウムタオシュ, ヴェクセル	exchange イクスチェインヂ
ひきかえす **引き返す** hikikaesu	**zurück|kehren** ツリュックケーレン	return, turn back リターン, ターン バク
ひきがね **引き金** hikigane	*der* **Abzug** アップツーク	trigger トリガ
ひきさく **引き裂く** hikisaku	**zerreißen** ツェアライセン	tear up テア アプ
ひきさげる **引き下げる** （下げる） hikisageru	**senken, hinab|ziehen** ゼンケン, ヒナップツィーエン	pull down プル ダウン
（減らす）	**herab|setzen** ヘラップゼッツェン	reduce リデュース

日	独	英
ひきざん **引き算** hikizan	*das* **Abziehen,** *die* **Sub-traktion** アップツィーエン，ズプトラクツィオーン	subtraction サブトラクション
ひきしお **引き潮** hikishio	*die* **Ebbe** エッベ	ebb tide エブ **タ**イド
ひきしめる **引き締める** hikishimeru	**zusammen|schnüren, festigen** ツザメンシュニューレン，**フェ**スティゲン	tighten **タ**イトン
ひきずる **引きずる** hikizuru	**schleifen, schleppen** シュ**ラ**イフェン，シュ**レ**ッペン	trail, drag ト**レ**イル，ド**ラ**グ
ひきだし **引き出し** （家具の） hikidashi	*die* **Schublade** シュー**プ**ラーデ	drawer ド**ロ**ーア
（預金の）	*das* **Abheben** アップ**ヘ**ーベン	withdrawal ウィズド**ロ**ーアル
ひきだす **引き出す** （中にある物を） hikidasu	**ab|leiten** アップ**ラ**イテン	draw out ド**ロ**ー **ア**ウト
（預金を）	**ab|heben** アップ**ヘ**ーベン	withdraw ウィズド**ロ**ー
ひきつぐ **引き継ぐ** （人から） hikitsugu	**nach|folgen** ナーハ**フォ**ルゲン	succeed, take over サク**ス**ィード，**テ**イク **オ**ウヴァ
（人に）	**übergeben, übernehmen** ユーバー**ゲ**ーベン，ユーバー**ネ**ーメン	hand over **ハ**ンド **オ**ウヴァ
ひきとめる **引き止める** hikitomeru	**auf|halten, zurück|halten** **ア**オフハルテン，ツ**リュ**ックハルテン	keep, stop **キ**ープ，ス**タ**プ
ひきとる **引き取る** hikitoru	**zurück|nehmen** ツ**リュ**ックネーメン	receive, claim リス**ィ**ーヴ，ク**レ**イム
ひきにく **挽き肉** hikiniku	*das* **Hackfleisch** **ハ**ックフライシュ	ground meat, minced meat グ**ラ**ウンド **ミ**ート，**ミ**ンスト **ミ**ート
ひきにげ **轢き逃げ** hikinige	*die* **Fahrerflucht** **ファ**ーラーフルフト	hit and run **ヒ**ト アンド **ラ**ン

日	独	英
ひきぬく **引き抜く** hikinuku	**heraus|ziehen** ヘラオスツィーエン	pull out プル アウト
ひきのばす **引き伸ばす** （拡大する） hikinobasu	**vergrößern** フェアグレーサーン	enlarge インラーヂ
（長くする）	**aus|strecken, strecken** アオスシュトレッケン，シュト**レ**ッケン	stretch ストレチ
ひきはらう **引き払う** hikiharau	**aus|ziehen** アオスツィーエン	vacate, move out **ヴェ**イケイト，ムーヴ **ア**ウト
ひきょうな **卑怯な** hikyouna	**feige, gemein** ファイゲ，ゲマイン	foul, underhanded ファウル，アンダハンデド
ひきわけ **引き分け** hikiwake	*das* **Unentschieden** ウンエントシーデン	draw, tie ドロー，タイ
ひきわたす **引き渡す** hikiwatasu	**übergeben, ab|geben** ユーバー**ゲ**ーベン，**ア**ップゲーベン	hand over, deliver ハンド **オ**ウヴァ，ディリヴァ
ひく **引く**　（引っ張る） hiku	**ziehen, schleppen** ツィーエン，シュ**レ**ッペン	pull, draw プル，ドロー
（差し引く）	**ab|ziehen, subtrahieren** **ア**ップツィーエン，ズプトラ**ヒ**ーレン	deduct ディ**ダ**クト
（参照する）	**nach|schlagen** ナーハシュ**ラ**ーゲン	consult コン**サ**ルト
（設置する）	**installieren** インスタ**リ**ーレン	install インス**ト**ール
ひく **轢く** hiku	**überfahren** ユーバー**ファ**ーレン	run over, hit ラン **オ**ウヴァ，ヒト
ひく **弾く** hiku	**spielen** シュ**ピ**ーレン	play プレイ
ひくい **低い**　（位置が） hikui	**nieder, niedrig** **ニ**ーダー，**ニ**ードリヒ	low ロウ

日	独	英
(背が)	**klein** クライン	short ショート
ひくつな **卑屈な** hikutsuna	**kriecherisch, unterwürfig** クリーヒェリシュ，ウンターヴュルフィヒ	servile サーヴァル
びくびくする **びくびくする** bikubikusuru	*vor et³/j³* **Angst haben** フォーア‥ **ア**ングスト **ハ**ーベン	(be) scared of (ビ) スケアド オヴ
ぴくるす **ピクルス** pikurusu	*die* **Pickles** *pl.* ピックレス	pickles ピクルズ
ひぐれ **日暮れ** higure	*die* **Abenddämmerung** アーベントデメルング	evening, dusk イーヴニング，ダスク
ひげ **ひげ** hige	(口の)	*der* **Schnurrbart** シュ**ヌ**ルバールト	mustache マスタシュ
	(頬の)	*die* **Koteletten** *pl.* コテレッテン	side whiskers サイド (ホ)**ウィ**スカズ
	(顎の)	*der* **Kinnbart** キンバールト	beard ビアド
	(動物の)	*das* **Schnurrhaar** シュ**ヌ**ルハール	whiskers (ホ)**ウィ**スカズ
ひげき **悲劇** higeki	*die* **Tragödie,** *das* **Trauer-spiel** トラ**ゲ**ーディエ，トラオ**ア**ーシュピール	tragedy トラ**ヂェ**ディ
ひげする **卑下する** higesuru	*sich⁴* **demütigen** ‥ デ**ミュ**ーティゲン	humble oneself ハンブル
ひけつ **秘訣** hiketsu	*das* **Geheimnis** ゲ**ハ**イムニス	secret ス**ィ**ークレト
ひけつする **否決する** hiketsusuru	**ab|lehnen, über|stimmen** **ア**ップレーネン，**ユ**ーバーシュティメン	reject リ**ヂェ**クト
ひご **庇護** higo	*der* **Schutz** **シュ**ッツ	protection プロ**テ**クション

日	独	英
〜する	**schützen** シュッツェン	protect プロテクト
ひこう **飛行** hikou	*der* **Flug** フルーク	flight フライト
〜機	*das* **Flugzeug** フルークツォイク	airplane, plane エアプレイン, プレイン
ひこうしきの **非公式の** hikoushikino	**inoffiziell, außerdienstlich** インオフィツィエル, アオサーディーンストリヒ	unofficial, informal アナフィシャル, インフォーマル
びこうする **尾行する** bikousuru	**beschatten** ベシャッテン	follow ファロウ
ひごうほうの **非合法の** higouhouno	**illegal, ungesetzlich** イレガール, ウンゲゼッツリヒ	illegal イリーガル
ひこく **被告** hikoku	*der/die* **Beklagte,** *der/die* **Angeklagte** ベクラークテ, アンゲクラークテ	defendant, (the) accused ディフェンダント,(ズィ) アキューズド
ひこようしゃ **被雇用者** hikoyousha	*der*(*die*) **Arbeitnehmer(in)** アルバイトネーマー(・メリン)	employee インプロイイー
ひごろ **日頃** higoro	**gewöhnlich** ゲヴェーンリヒ	usually, always ユージュアリ, オールウェイズ
ひざ **膝** hiza	*das* **Knie** クニー	knee, lap ニー, ラプ
びざ **ビザ** biza	*das* **Visum** ヴィーズム	visa ヴィーザ
ひさいしゃ **被災者** hisaisha	*das* **Opfer** オプファー	victim, sufferer ヴィクティム, サファラ
ひさいする **被災する** hisaisuru	*von et*³ **betroffen sein** フォン‥ベトロッフェン ザイン	suffer from サファー フラム

ひ

日	独	英
ひさいち **被災地** hisaichi	*das* **Katastrophengebiet** カタストローフェンゲビート	disaster-stricken area ディザスターストリクン エアリア
ひさし **庇** （建物の） hisashi	*das* **Vordach** フォーアダッハ	eaves イーヴズ
（帽子の）	*der* **Mützenschirm** ミュッツェンシルム	visor ヴァイザ
ひざし **日差し** hizashi	*der* **Sonnenschein** ゾネンシャイン	sunlight サンライト
ひさしぶりに **久し振りに** hisashiburini	**nach langer Zeit** ナーハ ランガー ツァイト	after a long time アフタ ア ローング タイム
ひざまずく **ひざまずく** hizamazuku	*sich*[4] **knien, auf das Knie fallen** ‥ クニーン, アオフ ダス クニー ファレン	kneel down ニール ダウン
ひさんな **悲惨な** hisanna	**elend, miserabel** エーレント, ミゼラーベル	miserable, wretched ミゼラブル, レチド
ひじ **肘** hiji	*der* **Ellbogen** エルボーゲン	elbow エルボウ
ひしがた **菱形** hishigata	*der* **Rhombus,** *die* **Raute** ロンブス, ラオテ	rhombus, diamond shape, lozenge ランバス, ダイアモンド シェイプ, ラズィンヂ
びじねす **ビジネス** bijinesu	*das* **Geschäft** ゲシェフト	business ビズネス
〜マン	*der* **Geschäftsmann,** *die* **Geschäftsfrau** ゲシェフツマン, ゲシェフツフラオ	businessman ビズネスマン
ひじゅう **比重** hijuu	**spezifisches Gewicht** シュペツィーフィシェス ゲヴィヒト	specific gravity スペスィフィク グラヴィティ
びじゅつ **美術** bijutsu	*die* **Kunst, bildende Kunst** クンスト, ビルデンデ クンスト	art, fine arts アート, ファイン アーツ
〜館	*die* **Kunsthalle,** *das* **Kunstmuseum** クンストハレ, クンストムゼーウム	art museum アート ミューズィアム

日	独	英
ひじゅんする **批准する** hijunsuru	**ratifizieren** ラティフィ**ツィ**ーレン	ratify **ラ**ティファイ
ひしょ **秘書** hisho	*der*(*die*) **Sekretär**(*in*) ゼクレ**テ**ーア(・**リ**ン)	secretary **セ**クレテリ
ひじょう **非常** hijou	*der* **Notfall** **ノ**ートファル	emergency イ**マ**ーヂェンスィ
ひじょうかいだん **非常階段** hijoukaidan	*die* **Treppe zum Notaus-gang** ト**レ**ッペ ツム **ノ**ートアオスガング	emergency stair-case イ**マ**ーヂェンスィ ス**テ**アケイス
ひじょうきんの **非常勤の** hijoukinno	**befristet, Teilzeit-** ベフ**リ**ステット, **タ**イルツァイト..	part-time パートタイム
ひじょうぐち **非常口** hijouguchi	*der* **Notausgang** **ノ**ートアオスガング	emergency exit イ**マ**ーヂェンスィ **エ**グズィト
ひじょうしきな **非常識な** hijoushikina	**absurd, unvernünftig** アプ**ズ**ルト, **ウ**ンフェアニュンフティヒ	absurd, unreason-able アブ**サ**ード, アンリーズナブル
ひじょうな **非常な** hijouna	**ungewöhnlich** **ウ**ンゲヴェーンリヒ	unusual ア**ニュ**ージュアル
ひじょうな **非情な** hijouna	**herzlos** **ヘ**ルツロース	heartless **ハ**ートレス
ひじょうに **非常に** hijouni	**sehr** **ゼ**ーア	very, unusually **ヴェ**リ, ア**ニュ**ージュアリ
ひしょち **避暑地** hishochi	*der* **Sommerkurort** **ゾ**マークーアオルト	summer resort **サ**マ リ**ゾ**ート
びじん **美人** bijin	*die* **Schöne** **シェ**ーネ	beauty **ビュ**ーティ
ひすてりっくな **ヒステリックな** hisuterikkuna	**hysterisch** ヒュス**テ**ーリシュ	hysterical ヒス**テ**リカル
ぴすとる **ピストル** pisutoru	*die* **Pistole** ピス**ト**ーレ	pistol **ピ**ストル

日	独	英
びすとん **ピストン** pisuton	*der* **Kolben** コルベン	piston ピストン
ひずむ **歪む** hizumu	*sich⁴* **verbiegen** ‥ フェアビーゲン	(be) warped (ビ) **ウォープ**ト
びせいぶつ **微生物** biseibutsu	*der* **Mikroorganismus,** *die* **Mikrobe** ミクロオルガニスムス, ミクローベ	microbe, microor- ganism **マイク**ロウブ, マイクロウ**オ**ー ガニズム
ひそ **砒素** hiso	*das* **Arsen** アルゼーン	arsenic **アー**スニク
ひぞう **脾臓** hizou	*die* **Milz** ミルツ	spleen スプリーン
ひそかな **密かな** hisokana	**heimlich, leise** ハイムリヒ, **ラ**イゼ	secret, private **スィーク**レト, **プラ**イヴェト
ひだ **ひだ** hida	*die* **Falte** **ファ**ルテ	fold **フォ**ウルド
ひたい **額** hitai	*die* **Stirn** シュ**ティ**ルン	forehead **フォ**ーレド
ひたす **浸す** hitasu	**ein|tauchen** **ア**インタオヘン	soak in, dip in **ソ**ウク イン, **ディ**プ イン
びたみん **ビタミン** bitamin	*das* **Vitamin** ヴィタ**ミ**ーン	vitamin **ヴァ**イタミン
ひだり **左** hidari	**links** **リ**ンクス	left **レ**フト
ひだりがわ **左側** hidarigawa	**linke Seite** **リ**ンケ **ザ**イテ	left side **レ**フト **サ**イド
ひつうな **悲痛な** hitsuuna	**schmerzlich** シュ**メ**ルツリヒ	grievous, sorrow- ful **グリ**ーヴァス, **サ**ロウフル
ひっかかる **引っ掛かる** hikkakaru	*an et³* **hängen** アン ‥ **ヘ**ンゲン	get caught in **ゲ**ト **コー**ト イン

日	独	英
ひっかく **引っ掻く** hikkaku	**kratzen, schaben** クラッツェン, シャーベン	scratch スクラチ
ひっかける **引っ掛ける** hikkakeru	**hängen** ヘンゲン	hang ハング
ひっきしけん **筆記試験** hikkishiken	**schriftliche Prüfung** シュリフトリヒェ プリューフング	written examina- tion リトン イグザミネイション
ひっくりかえす **ひっくり返す** hikkurikaesu	**um|kehren, um|stürzen** ウムケーレン, ウムシュテュルツェン	knock over, over- turn ナク オウヴァ, オウヴァターン
ひっくりかえる **ひっくり返る** （倒れる） hikkurikaeru	**um|fallen** ウムファレン	fall over フォール オウヴァ
（さかさまになる）	*sich⁴* **um|kehren** ‥ ウムケーレン	flip over, overturn フリプ オウヴァ, オウヴァター ン
びっくりする **びっくりする** bikkurisuru	**erstaunt sein, überrascht sein** エアシュタオント ザイン, ユーバーラッシュト ザイン	(be) surprised (ビ) サプライズド
ひづけ **日付** hizuke	*das* **Datum** ダートゥム	date デイト
ひっこす **引っ越す** hikkosu	**um|ziehen** ウムツィーエン	move, remove ムーヴ, リムーヴ
ひっこむ **引っ込む** hikkomu	*sich⁴* **zurück|ziehen, zu- rück|treten** ‥ ツリュックツィーエン, ツリュックトレーテ ン	retire リタイア
ひっこめる **引っ込める** hikkomeru	**zurück|ziehen** ツリュックツィーエン	take back テイク バク
ぴっころ **ピッコロ** pikkoro	*die* **Pikkoloflöte** ピッコロフレーテ	piccolo ピコロウ
ひつじ **羊** hitsuji	*das* **Schaf** シャーフ	sheep シープ
ひっしの **必死の** hisshino	**verzweifelt** フェアツヴァイフェルト	desperate デスパレト

日	独	英
ひっしゅうの **必修の** hisshuuno	**obligatorisch** オブリガトーリシュ	compulsory コンパルソリ
ひつじゅひん **必需品** hitsujuhin	**notwendige Artikel** *pl.* ノートヴェンディゲ アルティーケル	necessities ネセスィティズ
ひっすの **必須の** hissuno	**unentbehrlich** ウンエントベーアリヒ	indispensable インディスペンサブル
ひったくる **ひったくる** hittakuru	**entreißen** エントライセン	snatch スナチ
ひっちはいく **ヒッチハイク** hicchihaiku	*das* **Trampen** トランペン	hitchhike ヒチハイク
ぴっちゃー **ピッチャー** （水差し） picchaa	*der* **Krug,** *die* **Kanne** クルーク, カネ	pitcher, ⑧jug ピチャ, チャグ
（投手）	*der*（*die*）**Werfer**(*in*) ヴェルファー(-フェリン)	pitcher ピチャ
ひってきする **匹敵する** hittekisuru	j^3/et^3 **gewachsen sein** ‥ゲヴァクセン ザイン	(be) equal to （ビ）イークワル トゥ
ひっと **ヒット** hitto	*der* **Hit,** *der* **Erfolg** ヒット, エアフォルク	hit, success ヒト, サクセス
ひっぱくする **逼迫する** hippakusuru	**in der Klemme stecken** イン デア クレメ シュテッケン	(be) under finan- cial difficulties （ビ）アンダ フィナンシャル ディフィカルティズ
ひっぱる **引っ張る** hipparu	**ziehen, spannen** ツィーエン, シュパネン	stretch ストレチ
ひつよう **必要** hitsuyou	*der* **Bedarf** ベダルフ	necessity, need ネセスィティ, ニード
〜な	**notwendig, erforderlich** ノートヴェンディヒ, エアフォルダーリヒ	necessary ネセセリ
ひていする **否定する** hiteisuru	**verneinen** フェアナイネン	deny ディナイ

日	独	英
びでお **ビデオ** bideo	*das* **Video** ヴィーデオ	video **ヴィ**ディオウ
びてきな **美的な** bitekina	**ästhetisch** エステーティシュ	esthetic エス**セ**ティク
ひでり **日照り** hideri	*die* **Dürre** デュレ	drought ド**ラ**ウト
ひでん **秘伝** hiden	*das* **Geheimnis** ゲ**ハ**イムニス	secret **スィー**クレト
ひと **人** (1人の人間) hito	*die* **Person** ペル**ゾー**ン	person, one **パー**スン, **ワ**ン
(人類)	*der* **Mensch,** *die* **Mensch-** **heit** メンシュ, メンシュハイト	mankind マン**カ**インド
(他人)	**andere Leute** *pl.* **アン**デレ **ロ**イテ	others, other peo- ple **ア**ザズ, **ア**ザ **ピー**プル
ひどい **ひどい** hidoi	**furchtbar, schrecklich** **フ**ルヒトバール, シュ**レ**ックリヒ	cruel, terrible ク**ル**エル, **テ**リブル
ひといきで **一息で** hitoikide	**in einem Atemzug** イン **ア**イネム **ア**ーテムツーク	in one breath イン **ワ**ン ブレス
ひとがら **人柄** hitogara	*der* **Charakter,** *die* **Per-** **sönlichkeit** カ**ラ**クター, ペル**ゼー**ンリヒカイト	character **キャ**ラクタ
ひときれ **一切れ** hitokire	**(ein) Stück** (アイン) シュ**テュ**ック	(a) piece (of) (ア) **ピー**ス (オヴ)
びとく **美徳** bitoku	*die* **Tugend** **トゥー**ゲント	virtue **ヴァー**チュー
ひとくち **一口** hitokuchi	**(ein) Bissen** (アイン) **ビ**ッセン	(a) mouthful (ア) **マ**ウスフル
ひとごみ **人混み** hitogomi	*das* **Gedränge** ゲド**レ**ンゲ	crowd ク**ラ**ウド

日	独	英
ひとさしゆび **人さし指** hitosashiyubi	*der* **Zeigefinger** ツァイゲフィンガー	index finger, ®forefinger インデクス フィンガ, フォー フィンガ
ひとしい **等しい** hitoshii	**gleich** グライヒ	(be) equal to (ビ) イークワル トゥ
ひとじち **人質** hitojichi	*die* **Geisel** ガイゼル	hostage ハスティヂ
ひとそろい **一揃い** hitosoroi	**(ein) Satz** (アイン) ザッツ	(a) set (ア) セト
ひとだかり **人だかり** hitodakari	*das* **Gedränge,** *der* **Haufen** ゲドレンゲ, ハオフェン	crowd クラウド
ひとで **人手** (他人の力) hitode	*die* **Hand,** *die* **Hilfe** ハント, ヒルフェ	help, aid ヘルプ, エイド
(働き手)	*die* **Hand,** *die* **Hilfe** ハント, ヒルフェ	hand ハンド
ひとどおりのおおい **人通りの多い** hitodoorinoooi	**belebt** ベレープト	busy, crowded ビズィ, クラウデド
ひとなつこい **人なつこい** hitonatsukoi	**liebenswürdig, freundlich** リーベンスヴュルディヒ, フロイントリヒ	friendly, amiable フレンドリ, エイミアブル
ひとなみの **人並みの** hitonamino	**durchschnittlich, normal** ドゥルヒシュニットリヒ, ノルマール	ordinary, average オーディネリ, アヴァリヂ
ひとびと **人々** hitobito	*die* **Menschen** *pl.,* *die* **Leute** *pl.* メンシェン, ロイテ	people, men ピープル, メン
ひとまえで **人前で** hitomaede	**vor anderen Leuten, in** **der Öffentlichkeit** フォーア アンデレン ロイテン, イン デア エッ フェントリヒカイト	in public イン パブリク
ひとみ **瞳** hitomi	*die* **Pupille** プピレ	pupil ピューピル
ひとみしりする **人見知りする** hitomishirisuru	**schüchtern sein, scheu** **sein** シュヒターン ザイン, ショイ ザイン	(be) shy, (be) wary of strangers (ビ) シャイ, (ビ) ウェアリ オヴ ストレインヂャズ

日	独	英
ひとめで **一目で** hitomede	**auf den ersten Blick** アオフ デン エーアステン ブリック	at a glance アト ア グランス
ひとやすみ **一休み** hitoyasumi	*die* **Pause** パオゼ	rest, break レスト，ブレイク
ひとりごとをいう **独り言を言う** hitorigotowoiu	*mit sich³* **selbst sprechen** ミット ‥ ゼルプスト シュプレッヒェン	talk to oneself トーク トゥ
ひとりっこ **一人っ子** hitorikko	*das* **Einzelkind** アインツェルキント	only child オウンリ チャイルド
ひとりで **一人で** hitoride	**allein** アライン	alone, by oneself アロウン，バイ
ひとりぼっちで **独りぼっちで** hitoribocchide	**allein, einsam** アライン，アインザーム	alone アロウン
ひとりよがり **独り善がり** hitoriyogari	*die* **Selbstgerechtigkeit** ゼルプストゲレヒティヒカイト	self-satisfaction セルフサティス**ファ**クション
ひな **雛** hina	*das* **Küken,** *das* **Junge** キューケン，ユンゲ	chick チク
ひなたで **日向で** hinatade	**in der Sonne** イン デア ゾネ	in the sun イン ザ サン
ひなんけいろ **避難経路** hinankeiro	*der* **Rettungsweg** レットゥングスヴェーク	evacuation route イヴァキュエイション ルート
ひなんじょ **避難所** hinanjo	*das* **Asyl,** *der* **Zufluchtsort** ア**ズ**ール，ツーフルフツオルト	shelter シェルタ
ひなんする **避難する** hinansuru	**flüchten,** *sich⁴* **retten** フリュヒテン，‥ レッテン	take refuge テイク レフューデ
ひなんする **非難する** hinansuru	**vor|werfen, tadeln** **フォ**ーアヴェルフェン，**タ**ーデルン	blame, accuse ブレイム，アキューズ
ひなんをあびる **非難を浴びる** hinanwoabiru	**mit Vorwürfen über-schüttet werden** ミット フォーアヴュルフェン ユーバーシュットテット ヴェーアデン	(be) accused of (ビ) アキューズド オヴ

ひ

日	独	英
びにーる **ビニール** biniiru	*das* **Vinyl**, *der* **Kunststoff** ヴィニュール, クンストシュトフ	vinyl **ヴァ**イニル
〜ハウス	*das* **Foliengewächshaus** フォーリエンゲヴェクスハオス	(PVC) greenhouse (ピーヴィー**スィ**ー) グリーンハ ウス
〜袋	*die* **Plastiktüte** プラスティクテューテ	plastic bag プ**ラ**スティク バグ
ひにく **皮肉** hiniku	*die* **Ironie** イロニー	sarcasm, irony **サ**ーキャズム, **ア**イアロニ
〜な	**ironisch** イローニシュ	sarcastic, ironic サー**キャ**スティク, アイ**ラ**ニク
ひにょうき **泌尿器** hinyouki	*das* **Harnorgan** ハルンオルガーン	urinary organs **ユ**アリネリ **オ**ーガンズ
ひにん **避妊** hinin	*die* **Empfängnisverhütung** エンプ**フェ**ングニスフェアヒュートゥング	contraception カントラ**セ**プション
ひにんする **否認する** hininsuru	**verneinen** フェア**ナ**イネン	deny ディ**ナ**イ
びねつ **微熱** binetsu	**leichtes Fieber** **ラ**イヒテス **フィ**ーバー	slight fever ス**ラ**イト **フィ**ーヴァ
ひねる **捻る** hineru	**drehen** ド**レ**ーエン	twist, twirl ト**ゥィ**スト, ト**ワ**ール
ひのいり **日の入り** hinoiri	*der* **Sonnenuntergang** **ゾ**ネンウンターガング	sunset **サ**ンセト
ひので **日の出** hinode	*der* **Sonnenaufgang** **ゾ**ネンアオフガング	sunrise **サ**ンライズ
ひばな **火花** hibana	*der* **Funke** **フ**ンケ	spark ス**パ**ーク
ひばり **雲雀** hibari	*die* **Lerche** **レ**ルヒェ	lark **ラ**ーク
ひはん **批判** hihan	*die* **Kritik** クリ**ティ**ーク	criticism ク**リ**ティスィズム

日	独	英
〜する	**kritisieren** クリティズィーレン	criticize クリティサイズ
ひばん **非番** hiban	**dienstfrei, außer Dienst** ディーンストフライ, アオサー ディーンスト	off duty オーフ デューティ
ひび **ひび** (割れ目) hibi	*der* **Riss**, *der* **Sprung** リス, シュプルング	crack クラク
(皮膚のひび割れ)	*die* **Schrunde** シュルンデ	chap, crack チャプ, クラク
ひびき **響き** hibiki	*der* **Klang** クラング	sound サウンド
ひびく **響く** hibiku	**klingen, schallen** クリンゲン, シャレン	sound, resound サウンド, リザウンド
ひひょう **批評** hihyou	*die* **Kritik**, *die* **Rezension** クリティーク, レツェンスィオーン	criticism, review クリティスィズム, リヴュー
〜する	**kritisieren, rezensieren** クリティズィーレン, レツェンズィーレン	criticise, review クリティサイズ, リヴュー
ひふ **皮膚** hifu	*die* **Haut** ハオト	skin スキン
〜科	*die* **Dermatologie** デルマトロギー	dermatology ダーマタロディ
びぶん **微分** bibun	*die* **Differenzialrechnung**, *das* **Differenzial** ディフェレンツィアールレヒヌング, ディフェレンツィアール	differential (calculus) ディファレンシャル (キャルキュラス)
ひぼうする **誹謗する** hibousuru	**verleumden** フェアロイムデン	slander スランダ
ひぼんな **非凡な** hibonna	**außergewöhnlich** アオサーゲヴェーンリヒ	exceptional イクセプショナル
ひま **暇** hima	*die* **Freizeit**, *die* **Zeit** フライツァイト, ツァイト	leisure, spare time リージャ, スペア タイム

ひ

日	独	英
～な	*frei* フライ	free, not busy フリー, ナト ビズィ
ひまご 曽孫 himago	*der (die)* Urenkel(*in*) ウーアエンケル(・リン)	great-grandchild グレイトグランチャイルド
ひまん 肥満 himan	*die* Fettleibigkeit フェットライビヒカイト	obesity オウビースィティ
ひみつ 秘密 himitsu	*das* Geheimnis ゲハイムニス	secret スィークレト
～の	geheim, heimlich ゲハイム, ハイムリヒ	secret スィークレト
びみょうな 微妙な bimyouna	delikat, heikel デリカート, ハイケル	subtle, delicate サトル, デリケト
ひめい 悲鳴 himei	*der* Schrei シュライ	scream, shriek スクリーム, シュリーク
～を上げる	schreien シュライエン	scream, shriek スクリーム, シュリーク
ひめんする 罷免する himensuru	ab|setzen アップゼッツェン	dismiss ディスミス
ひも 紐 himo	*die* Schnur, *das* Band シュヌーア, バント	string, cord ストリング, コード
ひもと 火元 himoto	*der* Brandherd ブラントヘーアト	origin of a fire オリヂン オヴア ファイア
ひやかす 冷やかす hiyakasu	*sich*[4] lustig machen ‥ルスティヒ マッヘン	banter, tease バンタ, ティーズ
ひゃく 百 hyaku	hundert フンダート	hundred ハンドレド
ひやくする 飛躍する hiyakusuru	springen, einen Satz machen シュプリンゲン, アイネン ザッツ マッヘン	leap, jump リープ, チャンプ

日	独	英
ひゃくまん **百万** hyakuman	**eine Million** アイネ ミリオーン	million ミリオン
びゃくや **白夜** byakuya	*die* **Mitternachtssonne** ミッターナハツゾネ	midnight sun ミドナイト **サ**ン
ひやけ **日焼け** hiyake	*die* **Sonnenbräune** ゾネンブロイネ	suntan **サ**ンタン
〜する	*sich*[4] **bräunen** ‥ ブロイネン	(get) suntanned, get a suntan (ゲト) **サ**ンタンド, ゲト ア **サ** ンタン
〜止め	*die* **Sonnencreme** ゾネンクレーム	sunscreen **サ**ンスクリーン
ひやす **冷やす** hiyasu	**ab|kühlen** **ア**ップキューレン	cool, ice **ク**ール, **ア**イス
ひゃっかじてん **百科事典** hyakkajiten	*die* **Enzyklopädie** エンツュクロペ**ディ**ー	encyclopedia インサイクロウピーディア
ひややかな **冷ややかな** hiyayakana	**kalt, kühl** **カ**ルト, **キュ**ール	cold, indifferent **コ**ウルド, イン**ディ**ファレント
ひゆ **比喩** hiyu	*das* **Gleichnis** グ**ラ**イヒニス	figure of speech **フィ**ギャ オヴ ス**ピ**ーチ
〜的な	**bildlich, übertragen** **ビ**ルトリヒ, ユーバート**ラ**ーゲン	figurative **フィ**ギュラティヴ
（暗喩）	*die* **Metapher** メ**タ**ファー	metaphor **メ**タフォー
ひゅーず **ヒューズ** hyuuzu	*die* **Sicherung** **ズィ**ヒェルング	fuse **フュ**ーズ
ひゅーまにずむ **ヒューマニズム** hyuumanizumu	*der* **Humanismus** フマ**ニ**スムス	humanism **ヒュ**ーマニズム
びゅっふぇ **ビュッフェ** byuffe	*das* **Büfett** ビュ**フェ**ット	buffet ブ**フェ**イ

日	独	英
票 ひょう hyou	*die* **Stimme** シュティメ	vote **ヴォ**ウト
表 ひょう hyou	*die* **Tabelle,** *das* **Diagramm** タベレ，ディアグラム	table, diagram **テ**イブル，**ダ**イアグラム
雹 ひょう hyou	*der* **Hagel** ハーゲル	hail **ヘ**イル
費用 ひよう hiyou	*die* **Kosten** *pl., die* **Ausgaben** *pl.* コステン，**ア**オスガーベン	cost **コ**スト
秒 びょう byou	*die* **Sekunde** ゼ**ク**ンデ	second **セ**コンド
美容 びよう biyou	*die* **Kosmetik,** *die* **Schönheitspflege** コス**メ**ーティク，**シェ**ーンハイツプフレーゲ	beauty treatment **ビュ**ーティ ト**リ**ートメント
〜院	*der* **Friseursalon,** *der* **Schönheitssalon** フリ**ゼ**ーアザローン，**シェ**ーンハイツザローン	beauty salon, hair salon **ビュ**ーティ サ**ロ**ン，**ヘ**ア サ**ラ**ン
〜師	*der*(*die*) **Kosmetiker(in)** コス**メ**ーティカー(-ケリン)	beautician ビュー**ティ**シャン
病院 びょういん byouin	*das* **Krankenhaus,** *die* **Klinik** ク**ラ**ンケンハオス，ク**リ**ーニク	hospital **ハ**スピタル
評価 ひょうか hyouka	*die* **Schätzung** **シェ**ッツング	assessment, estimation ア**セ**スメント，エス**ティ**メイション
〜する	**ein|schätzen, bewerten** **ア**インシェッツェン，ベ**ヴェ**ーアテン	estimate, evaluate **エ**スティメイト，イ**ヴァ**リュエイト
氷河 ひょうが hyouga	*der* **Gletscher** グ**レ**ッチャー	glacier グ**レ**イシャ
病気 びょうき byouki	*die* **Krankheit** ク**ラ**ンクハイト	illness, disease **イ**ルネス，ディ**ズィ**ーズ
〜になる	**krank werden, erkranken** ク**ラ**ンク **ヴェ**ーアデン，エアク**ラ**ンケン	get ill, get sick **ゲ**ト イル，**ゲ**ト ス**イ**ク

日	独	英
ひょうきんな **ひょうきんな** hyoukinna	**witzig, scherzhaft** ヴィッツィヒ, シェルツハフト	jocular **チャ**キュラ
ひょうけつ **表決** hyouketsu	*die* **Abstimmung** アップシュティムング	vote **ヴォ**ウト
ひょうげん **表現** hyougen	*der* **Ausdruck,** *die* **Darstellung** アオスドルック, ダールシュテルング	expression イクス**プレ**ション
～する	**aus|drücken, dar|stellen** アオスドリュッケン, ダールシュテレン	express イクス**プレ**ス
びょうげんきん **病原菌** byougenkin	*der* **Krankheitserreger** クランクハイツエアレーガー	disease germ ディズィーズ **チャ**ーム
ひょうご **標語** hyougo	*das* **Schlagwort,** *das* **Motto** シュラークヴォルト, モット	slogan ス**ロ**ウガン
ひょうさつ **表札** hyousatsu	*das* **Namensschild,** *das* **Türschild** ナーメンスシルト, テューアシルト	nameplate, Ⓑ doorplate **ネ**イムプレイト, **ド**ーアプレイト
ひょうざん **氷山** hyouzan	*der* **Eisberg** アイスベルク	iceberg **ア**イスバーグ
ひょうし **表紙** hyoushi	*der* **Buchdeckel,** *der* **Deckel** ブーフデッケル, デッケル	cover **カ**ヴァ
ひょうじ **表示** hyouji	*der* **Hinweis** ヒンヴァイス	indication インディ**ケ**イション
ひょうしき **標識** hyoushiki	*das* **Schild** シルト	sign, mark **サ**イン, **マ**ーク
びょうしつ **病室** byoushitsu	*das* **Krankenzimmer** クランケンツィマー	hospital room **ハ**スピトル **ル**ーム
びょうしゃ **描写** byousha	*die* **Beschreibung,** *die* **Schilderung** ベシュライブング, シルデルング	description ディスク**リ**プション
～する	**beschreiben, schildern** ベシュ**ラ**イベン, シルダーン	describe ディスク**ラ**イブ

日	独	英
びょうじゃくな **病弱な** byoujakuna	**kränklich, gebrechlich** クレンクリヒ，ゲブレヒリヒ	sickly スィクリ
ひょうじゅん **標準** hyoujun	*der* **Standard,** *der* **Maß-stab** シュタンダルト，マースシュタープ	standard スタンダド
～語	*die* **Standardsprache** シュタンダルトシュプラーヘ	standard language スタンダド ラングウィヂ
～的な	**durchschnittlich, Stan-dard-** ドゥルヒシュニットリヒ，シュタンダルト‥	standard, normal スタンダド，ノーマル
ひょうじょう **表情** hyoujou	*die* **Miene,** *der* **Gesichts-ausdruck** ミーネ，ゲズィヒツアオスドルック	(facial) expression (フェイシャル) イクスプレション
びょうじょう **病状** byoujou	*der* **Krankheitszustand** クランクハイツツーシュタント	condition コンディション
ひょうしょうする **表彰する** hyoushousuru	**aus|zeichnen, ehren** アオスツァイヒネン，エーレン	commend, honor コメンド，アナ
ひょうてき **標的** hyouteki	*die* **Schießscheibe** シースシャイベ	target ターゲト
びょうてきな **病的な** byoutekina	**krankhaft, morbid** クランクハフト，モルビート	morbid, sick モービド，スィク
ひょうてん **氷点** hyouten	*der* **Gefrierpunkt** ゲフリーアプンクト	freezing point フリーズィング ポイント
びょうどう **平等** byoudou	*die* **Gleichheit** グライヒハイト	equality イクワリティ
～の	**gleich** グライヒ	equal イークワル
びょうにん **病人** byounin	*der/die* **Kranke** クランケ	sick person, pa-tient スィク パースン，ペイシェント
ひょうはく **漂白** hyouhaku	*das* **Bleichen** ブライヒェン	bleaching ブリーチング

日	独	英
〜剤	das **Bleichmittel** ブライヒミッテル	bleach, bleaching agent ブリーチ，ブリーチング **エイ**ジェント
〜する	**bleichen** ブ**ラ**イヒェン	bleach ブ**リ**ーチ
ひょうばん **評判** hyouban	der **Ruf**, das **Gerücht** ル－フ，ゲ**リュ**ヒト	reputation レピュ**テ**イション
ひょうほん **標本** hyouhon	das **Muster**, das **Präparat** **ム**スター，プレパ**ラ**ート	specimen, sample ス**ペ**スィメン，**サ**ンプル
ひょうめい **表明** hyoumei	die **Kundgebung**, die **Äußerung** ク**ン**トゲーブング，**オ**イセルング	manifestation マニフェス**テ**イション
〜する	**kund|geben**, **äußern** ク**ン**トゲーベン，**オ**イサーン	manifest **マ**ニフェスト
ひょうめん **表面** hyoumen	die **Oberfläche**, die **Außenseite** オーバーフ**レ**ッヒェ，**ア**オセンザイテ	surface **サ**ーフェス
〜張力	die **Oberflächenspannung** オーバーフ**レ**ッヒェンシュパヌング	surface tension **サ**ーフィス **テ**ンション
びょうりがく **病理学** byourigaku	die **Pathologie** パトロ**ギ**ー	pathology パ**サ**ロディ
ひょうりゅうする **漂流する** hyouryuusuru	**dahin|treiben**, sich¹ **treiben lassen** ダ**ヒ**ントライベン，‥ト**ラ**イベン **ラ**ッセン	drift ド**リ**フト
ひょうろん **評論** hyouron	die **Kritik**, die **Rezension** クリ**ティ**ーク，レツェンズィ**オ**ーン	critique, review クリ**ティ**ーク，リ**ヴュ**ー
〜家	der (die) **Kritiker(in)** ク**リ**ーティカー (- ケリン)	critic, reviewer ク**リ**ティク，リ**ヴュ**ーア
ひよくな **肥沃な** hiyokuna	**fruchtbar** フ**ル**フトバール	fertile **ファ**ートル
ひよけ **日除け** hiyoke	der **Sonnenschutz** **ゾ**ネンシュッツ	sunshade **サ**ンシェイド

日		独	英
ひよこ **ひよこ** hiyoko		*das* **Küken** キューケン	chick チク
ひらおよぎ **平泳ぎ** hiraoyogi		*das* **Brustschwimmen** ブルストシュヴィメン	breaststroke ブレストストロウク
ひらく **開く** hiraku	（開ける）	**öffnen** エフネン	open オウプン
	（開始する）	**öffnen, an|fangen** エフネン, **ア**ンファンゲン	open, start オウプン, スタート
ひらける **開ける** hirakeru	（開化した）	**zivilisiert sein** ツィヴィリズィーアト ザイン	(be) civilized (ビ) ス**ィ**ヴィライズド
	（広がる）	*sich*[4] **aus|dehnen,** *sich*[4] **aus|breiten** ‥ **ア**オスデーネン, ‥ **ア**オスブライテン	spread, open スプレド, **オ**ウプン
	（発展する）	*sich*[4] **entwickeln** ‥ エント**ヴィ**ッケルン	develop ディ**ヴェ**ロプ
ひらめ **平目** hirame		*der* **Butt** ブット	flounder, flatfish フ**ラ**ウンダ, フ**ラ**トフィッシュ
ひらめく **閃く** hirameku		**auf|blitzen, auf|leuchten** **ア**オフブリッツェン, **ア**オフロイヒテン	flash, gleam フ**ラ**シュ, グリーム
ひりつ **比率** hiritsu		*das* **Verhältnis** フェア**ヘ**ルトニス	ratio **レ**イショウ
びりやーど **ビリヤード** biriyaado		*das* **Billard** **ビ**リヤルト	billiards **ビ**リアヅ
ひりょう **肥料** hiryou		*der* **Dünger** **デュ**ンガー	fertilizer, manure **ファ**ーティライザ, マ**ニュ**ア
ひる **昼** hiru		*der* **Mittag** **ミ**ッターク	noon **ヌ**ーン
ぴる **ピル** piru		*die* **Pille** **ピ**レ	pill, oral contra- ceptive **ピ**ル, **オ**ーラル カントラ**セ**プ ティヴ

日	独	英
ひるがえる **翻る** hirugaeru	**flattern, wehen** フラッターン, ヴェーエン	flutter フラタ
ひるごはん **昼御飯** hirugohan	*das* **Mittagessen** ミッタークエッセン	lunch ランチ
びるでぃんぐ **ビルディング** birudingu	*das* **Hochhaus** ホーホハオス	building ビルディング
ひるね **昼寝** hirune	*der* **Mittagsschlaf** ミッタークスシュラーフ	afternoon nap アフタ**ヌ**ーン **ナ**プ
ひるま **昼間** hiruma	*der* **Tag** ターク	daytime デイタイム
ひるやすみ **昼休み** hiruyasumi	*die* **Mittagspause** ミッタークスパオゼ	lunch break, noon recess ランチ ブレイク, **ヌ**ーン リセス
ひれいする **比例する** hireisuru	*zu et³* **im Verhältnis ste-** **hen** ツー .. イム フェア**ヘ**ルトニス シュ**テ**ーエン	(be) in proportion to (ビ) イン プロ**ポ**ーション トゥ
ひれつな **卑劣な** hiretsuna	**niederträchtig, gemein** ニーダートレヒティヒ, ゲマイン	despicable, sneaky デス**ピ**カブル, ス**ニ**ーキ
ひれにく **ヒレ肉** hireniku	*das* **Filet** フィ**レ**ー	fillet フィレイ
ひろい **広い** hiroi	**weit, breit** **ヴァ**イト, ブライト	wide, broad **ワ**イド, ブロード
ひろいん **ヒロイン** hiroin	*die* **Heldin** **ヘ**ルディン	heroine **ヘ**ロウイン
ひろう **拾う** hirou	**auf|lesen, auf|heben** **ア**オフレーゼン, **ア**オフヘーベン	pick up ピク **ア**プ
ひろうえん **披露宴** hirouen	*die* **Hochzeitsparty** **ホ**ッホツァイツパーティ	wedding banquet **ウェ**ディング **バ**ンクウェト
ひろがる **広がる** hirogaru	*sich⁴* **aus|dehnen** .. **ア**オスデーネン	extend, expand イクス**テ**ンド, イクス**パ**ンド

日	独	英
ひろげる **広げる** hirogeru	**erweitern, entfalten** エアヴァイターン, エントファルテン	extend, enlarge イクステンド, インラーヂ
ひろさ **広さ** hirosa	*die* **Größe**, *die* **Weite** グレーセ, ヴァイテ	width ウィドス
ひろば **広場** hiroba	*der* **Platz**, *der* **Marktplatz** プラッツ, マルクトプラッツ	open space, plaza オウプン スペイス, プラーザ
ひろま **広間** hiroma	*der* **Saal** ザール	hall, saloon ホール, サルーン
ひろまる **広まる** hiromaru	*sich*⁴ **verbreiten** ‥ フェアブライテン	spread, (be) propa- gated スプレド, (ビ) プラパゲイテド
ひろめる **広める** hiromeru	**verbreiten** フェアブライテン	spread, propagate スプレド, プラパゲイト
びわ **枇杷** biwa	*die* **Japanmispel**, *die* **Wollmispel** ヤーパンミスペル, ヴォルミスペル	loquat ロウクワト
ひん **品** hin	*die* **Eleganz** エレガンツ	elegance エリガンス
びん **便** (飛行機の) bin	*der* **Flug** フルーク	flight フライト
びん **瓶** bin	*die* **Flasche** フラッシェ	bottle バトル
ぴん **ピン** pin	*die* **Nadel** ナーデル	pin ピン
ひんい **品位** hin-i	*die* **Eleganz**, *die* **Würde** エレガンツ, ヴュルデ	dignity ディグニティ
びんかんな **敏感な** binkanna	**empfindlich, feinfühlig** エンプフィントリヒ, ファインフューリヒ	sensitive, suscepti- ble センスィティヴ, サセプティブ ル
ぴんく **ピンク** pinku	*das* **Rosa** ローザ	pink ピンク

日	独	英
〜の	**rosa** ローザ	pink ピンク
ひんけつ **貧血** hinketsu	*die* **Blutarmut,** *die* **Anämie** ブルートアルムート, アネミー	anemia アニーミア
ひんこん **貧困** hinkon	*die* **Armut,** *die* **Not** アルムート, ノート	poverty パヴァティ
ひんし **品詞** hinshi	*die* **Wortart** ヴォルトアールト	part of speech パート オヴ スピーチ
ひんしつ **品質** hinshitsu	*die* **Qualität** クヴァリテート	quality クワリティ
ひんしの **瀕死の** hinshino	**sterbend, tödlich** シュテルベント, テートリヒ	dying ダイイング
ひんじゃくな **貧弱な** hinjakuna	**schäbig, arm** シェービヒ, アルム	poor, meager, feeble プア, ミーガ, フィーブル
ひんしゅ **品種** hinshu	*die* **Sorte** ゾルテ	variety, breed ヴァライエティ, ブリード
びんしょうな **敏捷な** binshouna	**flink** フリンク	agile アヂル
ぴんち **ピンチ** pinchi	*die* **Klemme,** *die* **Not** クレメ, ノート	pinch, dire situation ピンチ, ダイア スィチュエイション
びんてーじ **ビンテージ** binteeji	*der* **Jahrgang, altmodisch** ヤールガング, アルトモーディシュ	vintage ヴィンティヂ
ひんと **ヒント** hinto	*der* **Hinweis,** *die* **Andeutung** ヒンヴァイス, アンドイトゥング	hint ヒント
ひんど **頻度** hindo	*die* **Häufigkeit** ホイフィヒカイト	frequency フリークウェンスィ
ぴんと **ピント** pinto	*der* **Fokus,** *der* **Brennpunkt** フォークス, ブレンプンクト	focus フォウカス

日	独	英
ぴんはね **ピンはね** pinhane	*der* **Anteil,** *die* **Abzüge** *pl.* アンタイル, アップツューゲ	kickback, cut キクバク, カト
ひんぱんな **頻繁な** hinpanna	**häufig** ホイフィヒ	frequent フリークウェント
ひんぱんに **頻繁に** hinpanni	**häufig, öfter** ホイフィヒ, エフター	frequently フリークウェントリ
びんぼう **貧乏** binbou	*die* **Armut** アルムート	poverty パヴァティ
～な	**arm** アルム	poor プア

ふ, フ

日	独	英
ぶ **部** （部数） bu	*das* **Exemplar** エクゼンプラール	copy カピ
（部署）	*die* **Abteilung** アプタイルング	section セクション
ぶあい **歩合** buai	*das* **Verhältnis,** *der* **Prozentsatz** フェアヘルトニス, プロツェントザッツ	rate, percentage レイト, パセンティヂ
ぶあいそうな **無愛想な** buaisouna	**ungesellig, ungastlich** ウンゲゼリヒ, ウンガストリヒ	unsociable アンソウシャブル
ふぁいる **ファイル** fairu	*die* **Mappe,** *der* **Aktenordner** マッペ, アクテンオルドナー	file ファイル
ふぁいんだー **ファインダー** faindaa	*der* **Sucher** ズーハー	viewfinder ヴューファインダ
ふぁいんぷれー **ファインプレー** fainpuree	**meisterhaftes Spiel** マイスターハフテス シュピール	fine play ファイン プレイ
ふぁうる **ファウル** fauru	*das* **Foul** ファオル	foul ファウル

日	独	英
ふぁしずむ **ファシズム** fashizumu	*der* **Faschismus** ファシスムス	fascism ファシズム
ふぁすとふーど **ファストフード** fasutofuudo	*der* **Imbiss**, *das* **Fastfood** インビス，ファーストフート	fast food ファスト フード
ふぁすなー **ファスナー** fasunaa	*der* **Reißverschluss** ライスフェアシュルス	fastener, zipper ファスナ，ズィパ
ぶあつい **分厚い** buatsui	**dick** ディック	thick スィク
ふぁっくす **ファックス** fakkusu	*das* **Fax** ファクス	fax ファクス
ふぁっしょん **ファッション** fasshon	*die* **Mode** モーデ	fashion ファション
ふぁん **ファン** fan	*der* (*die*) **Anhänger**(*in*), *der* **Fan** アンヘンガー(-ゲリン)，フェン	fan ファン
ふあん **不安** fuan	*die* **Angst**, *die* **Unruhe** アングスト，ウンルーエ	uneasiness アニーズィネス
～な	**ängstlich, unruhig** エングストリヒ，ウンルーイヒ	uneasy, anxious アニーズィ，アンクシャス
ふぁんていな **不安定な** fuanteina	**unsicher** ウンズィヒャー	unstable アンステイブル
ふぁんでーしょん **ファンデーション** fandeeshon	*die* **Grundierung** グルンディールング	foundation ファウンデイション
ふぃーと **フィート** fiito	*der* **Fuß** フース	feet フィート
ふぃーりんぐ **フィーリング** fiiringu	*das* **Gefühl** ゲフュール	feeling フィーリング
ふぃーるど **フィールド** fiirudo	*das* **Sportfeld**, *der* **Sport-platz** シュポルトフェルト，シュポルトプラッツ	field フィールド

日	独	英
〜ワーク	*die* **Feldforschung** フェルトフォルシュング	fieldwork フィールドワーク
ふぃぎゅあすけーと **フィギュアスケート** figyuasukeeto	*der* **Eiskunstlauf** アイスクンストラオフ	figure skating フィギャ スケイティング
ふぃくしょん **フィクション** fikushon	*die* **Fiktion** フィクツィオーン	fiction フィクション
ふぃちょうする **吹聴する** fuichousuru	an|kündigen, aus|posau-nen アンクュンディゲン, アオスポザオネン	announce, trumpet アナウンス, トランペト
ふいっち **不一致** fuicchi	*die* **Uneinigkeit** ウンアイニヒカイト	disagreement ディサグリーメント
ふぃっとねすくらぶ **フィットネスクラブ** fittonesukurabu	*das* **Fitnesscenter** フィトネスセンター	fitness center フィトネス センタ
ふいの **不意の** fuino	plötzlich, unerwartet プレッツリヒ, ウンエアヴァルテット	sudden, unexpected サドン, アニクスペクテド
ふぃりぴん **フィリピン** firipin	die Philippinen *pl.* ディー フィリピーネン	Philippines フィリピーンズ
ふぃるたー **フィルター** firutaa	*der* **Filter** フィルター	filter フィルタ
ふぃるむ **フィルム** firumu	*der* **Film** フィルム	film フィルム
ふぃんらんど **フィンランド** finrando	(*das*) **Finnland** フィンラント	Finland フィンランド
ふうあつ **風圧** fuuatsu	*der* **Winddruck** ヴィントドルック	wind pressure ウィンド プレシャ
ふうかする **風化する** fuukasuru	verwittern フェアヴィッターン	weather, fade with time ウェザ, フェイド ウィズ タイム
ふうき **風紀** fuuki	*die* **Sitte**, *die* **Moral** ズィッテ, モラール	discipline ディスィプリン

日	独	英
ぶーけ **ブーケ** buuke	*das* **Bukett** ブケット	bouquet ブーケイ
ふうけい **風景** fuukei	*die* **Landschaft** ラントシャフト	scenery スィーナリ
〜画	*das* **Landschaftsbild**, *die* **Landschaftsmalerei** ラントシャフツビルト，ラントシャフツマーレライ	landscape ランドスケイプ
ふうさする **封鎖する** fuusasuru	**sperren, blockieren** シュペレン，ブロキーレン	blockade ブラケイド
ふうし **風刺** fuushi	*die* **Satire** ザティーレ	satire サタイア
ふうしゃ **風車** fuusha	*die* **Windmühle** ヴィントミューレ	windmill ウィンドミル
ふうしゅう **風習** fuushuu	*der* **Brauch**, *die* **Sitte** ブラオホ，ズィッテ	customs カスタムズ
ふうしん **風疹** fuushin	*die* **Röteln** *pl.* レーテルン	rubella ルーベラ
ふうせん **風船** fuusen	*der* **Luftballon** ルフトバロン	balloon バルーン
ふうそく **風速** fuusoku	*die* **Windgeschwindigkeit** ヴィントゲシュヴィンディヒカイト	wind velocity ウィンド ヴェラスィティ
ふうぞく **風俗** fuuzoku	*die* **Sitte** ズィッテ	manners, customs マナズ，カスタムズ
ふうちょう **風潮** fuuchou	*der* **Trend** トレント	trend トレンド
ぶーつ **ブーツ** buutsu	*der* **Stiefel** シュティーフェル	boots ブーツ
ふうど **風土** fuudo	*das* **Klima** クリーマ	climate クライメト

日	独	英
ふうとう **封筒** fuutou	*der* **Umschlag,** *das* **Kuvert** ウムシュラーク, クヴェーア	envelope エンヴェロウプ
ふうふ **夫婦** fuufu	*das* **Ehepaar** エーエパール	married couple, spouses マリド カプル, スパウセズ
ふうみ **風味** fuumi	*der* **Geschmack** ゲシュマック	flavor, taste, ⑧flavour フレイヴァ, テイスト, フレイヴァ
ぶーむ **ブーム** buumu	*der* **Boom** ブーム	boom, fad ブーム, ファド
ふうりょく **風力** fuuryoku	*die* **Windstärke** ヴィントシュテルケ	wind power ウィンド パウア
ぷーる **プール** puuru	*das* **Schwimmbad** シュヴィムバート	swimming pool スウィミング プール
ふうんな **不運な** fuunna	**unglücklich** ウングリュックリヒ	unlucky アンラキ
ふえ **笛** fue	*die* **Pfeife** プファイフェ	whistle (ホ)ウィスル
ふぇいんと **フェイント** feinto	*die* **Finte** フィンテ	feint フェイント
ふぇーんげんしょう **フェーン現象** feengenshou	*der* **Föhn** フェーン	foehn phenomenon フェイン フィナメノン
ふぇすてぃばる **フェスティバル** fesutibaru	*das* **Festival** フェスティヴァル	festival フェスティヴァル
ふぇみにすと **フェミニスト** feminisuto	*der* (*die*) **Feminist(in)** フェミニスト(・ティン)	feminist フェミニスト
ふぇみにずむ **フェミニズム** feminizumu	*der* **Feminismus** フェミニスムス	feminism フェミニズム
ふぇりー **フェリー** ferii	*die* **Fähre** フェーレ	ferry フェリ

日	独	英
ふえる **増える** fueru	**zu|nehmen, an|wachsen** ツーネーメン、**ア**ンヴァクセン	increase in インクリース イン
ふぇんしんぐ **フェンシング** fenshingu	*das* **Fechten** フェヒテン	fencing **フェ**ンスィング
ふぇんす **フェンス** fensu	*der* **Zaun** ツァオン	fence **フェ**ンス
ぶえんりょな **無遠慮な** buenryona	**rücksichtslos, dreist** リュックズィヒツロース、ド**ラ**イスト	blunt, impudent ブラント、イン**ピュ**デント
ふぉあぐら **フォアグラ** foagura	*die* **Stopfleber** シュ**ト**ップフレーバー	foie gras フ**ワー** グ**ラー**
ふぉーく **フォーク** fooku	*die* **Gabel** **ガ**ーベル	fork **フォ**ーク
ふぉーまっと **フォーマット** foomatto	*das* **Format** フォル**マ**ート	format **フォ**ーマト
ふぉーむ **フォーム** foomu	*die* **Form** フォルム	form **フォ**ーム
ふぉーらむ **フォーラム** fooramu	*das* **Forum** **フォ**ールム	forum **フォ**ーラム
ふぉるだ **フォルダ** foruda	*der* **Ordner** **オ**ルドナー	folder, directory **フォ**ルダ、ディ**レ**クタリ
ふぉんな **不穏な** fuonna	**unruhig, bedrohlich** **ウ**ンルーイヒ、ベ**ド**ローリヒ	threatening ス**レ**トニング
ふか **孵化** fuka	*das* **Brüten,** *das* **Ausbrü- ten** ブ**リュ**ーテン、**ア**オスブリューテン	incubation インキュ**ペ**イション
ぶか **部下** buka	*der/die* **Untergeordnete** **ウ**ンターゲオルドネテ	subordinate サブ**オ**ーディネト
ふかい **深い** fukai	**tief** **ティ**ーフ	deep, profound **ディ**ープ、プロ**ファ**ウンド

日	独	英
ふかいな **不快な** fukaina	**unangenehm** ウンアンゲネーム	unpleasant アンプレザント
ふかかいな **不可解な** fukakaina	**unbegreiflich, unver-ständlich** ウンベグライフリヒ, ウンフェアシュテントリヒ	incomprehensible インカンプリヘンスィブル
ふかけつな **不可欠な** fukaketsuna	**unentbehrlich, unerläss-lich** ウンエントベーアリヒ, ウンエアレスリヒ	indispensable インディスペンサブル
ふかさ **深さ** fukasa	*die* **Tiefe** ティーフェ	depth デプス
ふかのうな **不可能な** fukanouna	**unmöglich** ウンメークリヒ	impossible インパスィブル
ふかんぜんな **不完全な** fukanzenna	**unvollkommen** ウンフォルコメン	imperfect インパーフィクト
ぶき **武器** buki	*die* **Waffe** ヴァッフェ	arms, weapon アームズ, ウェポン
ふきかえ **吹き替え** fukikae	*das* **Synchronisieren** ジュンクロニズィーレン	dubbing, dubbing audio ダビング, ダビング オーディオウ
ふきげんな **不機嫌な** fukigenna	**verdrießlich, schlecht gelaunt** フェアドリースリヒ, シュレヒト ゲラオント	bad-tempered バドテンパド
ふきそくな **不規則な** fukisokuna	**unregelmäßig** ウンレーゲルメースィヒ	irregular イレギュラ
ふきだす **噴き出す** fukidasu	**aus|strömen** アオスシュトレーメン	spout スパウト
（笑い出す）	**in Gelächter aus|brechen** イン ゲレヒター アオスブレッヒェン	burst out laughing バースト アウト ラフィング
ふきつな **不吉な** fukitsuna	**unglücksverheißend, verhängnisvoll** ウングリュックスフェアハイセント, フェアヘングニスフォル	ominous アミナス
ふきでもの **吹き出物** fukidemono	*der* **Pickel**, *die* **Akne** ピッケル, アクネ	pimple ピンプル

日	独	英
ぶきみな **不気味な** bukimina	**unheimlich** ウンハイムリヒ	weird, uncanny **ウィ**アド, ア**ンキャ**ニ
ふきゅうする **普及する** fukyuusuru	*sich⁴* **verbreiten** ‥ フェア**ブ**ライテン	spread, diffuse ス**プ**レド, ディ**フュー**ズ
ふきょう **不況** fukyou	*die* **Flaute**, *die* **Depressi-** **on** フ**ラ**オテ, デプレス**ィオー**ン	recession, slump リ**セ**ション, ス**ラ**ンプ
ぶきような **不器用な** bukiyouna	**ungeschickt** ウン**ゲ**シックト	clumsy, awkward ク**ラ**ムズィ, **オー**クワド
ふきん **付近** fukin	*die* **Nachbarschaft** **ナ**ッハバールシャフト	neighborhood **ネイ**バフド
ふきんこう **不均衡** fukinkou	*die* **Unausgeglichenheit** **ウ**ンアオスゲグリヒェンハイト	imbalance イン**バ**ランス
ふく **吹く**　　（風が） fuku	**wehen, blasen** **ヴェー**エン, ブ**ラー**ゼン	blow ブ**ロ**ウ
（ほらを）	**prahlen** プ**ラー**レン	talk big **トー**ク ビグ
ふく **拭く** fuku	**wischen, ab|wischen** **ヴィ**ッシェン, **ア**ップヴィッシェン	wipe **ワ**イプ
ふく **服** fuku	*das* **Kleid**, *die* **Kleidung** ク**ラ**イト, ク**ラ**イドゥング	clothes ク**ロ**ウズ
ふくえきする **服役する** fukuekisuru	**im Gefängnis sitzen** イム ゲ**フェ**ングニス **ズ**ィッツェン	serve one's term **サー**ヴ **タ**ーム
ふくげんする **復元する** fukugensuru	**wieder|her|stellen** **ヴィー**ダー**ヘー**アシュテレン	restore, recon- struct リス**トー**, リーコンスト**ラ**クト
ふくごう **複合** fukugou	*der* **Komplex** コンプ**レ**クス	complex **カ**ンプレクス
ふくざつな **複雑な** fukuzatsuna	**kompliziert** コンプリ**ツィー**アト	complicated **カ**ンプリケイテド

日	独	英
ふくさよう **副作用** fukusayou	*die* **Nebenwirkung** ネーベンヴィルクング	side effect サイド イフェクト
ふくさんぶつ **副産物** fukusanbutsu	*das* **Nebenprodukt** ネーベンプロドゥクト	by-product バイプロダクト
ふくし **副詞** fukushi	*das* **Adverb** アトヴェルプ	adverb アドヴァーブ
ふくし **福祉** fukushi	*das* **Wohl,** *die* **Wohlfahrt** ヴォール，ヴォールファールト	welfare ウェルフェア
ふくしゅう **復讐** fukushuu	*die* **Rache** ラッヘ	revenge リヴェンヂ
～する	*sich*[4] **rächen** ‥レッヒェン	revenge on リヴェンヂ オン
ふくしゅう **復習** fukushuu	*die* **Wiederholung** ヴィーダーホールング	review リヴュー
～する	**wiederholen** ヴィーダーホーレン	review リヴュー
ふくじゅうする **服従する** fukujuusuru	**gehorchen** ゲホルヒェン	obey, submit to オベイ，サブミト トゥ
ふくすう **複数** fukusuu	*die* **Mehrzahl** メーアツァール	plural プルアラル
ふくせい **複製** fukusei	*die* **Reproduktion** レプロドゥクツィオーン	reproduction リープロダクション
ふくそう **服装** fukusou	*die* **Kleidung** クライドゥング	dress, clothes ドレス，クロウズ
ふくだい **副題** fukudai	*der* **Untertitel** ウンターティーテル	subtitle サブタイトル
ふくつう **腹痛** fukutsuu	*das* **Bauchweh,** *der* **Bauch- schmerz** バオホヴェー，バオホシュメルツ	stomachache スタマケイク

日	独	英
ふくまく **腹膜** fukumaku	*das* **Bauchfell** バオホフェル	peritoneum ペリトニーアム
〜炎	*die* **Bauchfellentzündung** バオホフェルエントツュンドゥング	peritonitis ペリトナイティス
ふくむ **含む** fukumu	**enthalten** エントハルテン	contain, include コンテイン, インクルード
ふくめる **含める** fukumeru	**ein|schließen** アインシュリーセン	include インクルード
ふくらはぎ **ふくらはぎ** fukurahagi	*die* **Wade** ヴァーデ	calf キャフ
ふくらます **膨らます** fukuramasu	**auf|blasen** アオフブラーゼン	swell, expand スウェル, イクスパンド
ふくらむ **膨らむ** fukuramu	**schwellen** シュヴェレン	swell, (get) big スウェル, (ゲト) ビグ
ふくれる **膨れる** fukureru	*sich*[4] **auf|blähen, schwellen** .. アオフブレーエン, シュヴェレン	swell スウェル
ふくろ **袋** fukuro	*der* **Beutel**, *der* **Sack** ボイテル, ザック	bag, sack バグ, サク
ふくろう **梟** fukurou	*die* **Eule** オイレ	owl アウル
ふけいき **不景気** fukeiki	*die* **Flaute** フラオテ	depression ディプレション
ふけいざいな **不経済な** fukeizaina	**unwirtschaftlich** ウンヴィルトシャフトリヒ	uneconomical アニーコナミカル
ふけつな **不潔な** fuketsuna	**schmutzig, unsauber** シュムッツィヒ, ウンザオバー	unclean, dirty アンクリーン, ダーティ
ふける **老ける** fukeru	**alt werden, altern** アルト ヴェーアデン, アルターン	grow old グロウ オウルド

日	独	英
ふこう **不幸** fukou	*das* **Unglück**, *das* **Pech** ウングリュック，ペヒ	unhappiness, mis-fortune アンハピネス，ミスフォーチュン
〜な	**unglücklich** ウングリュックリヒ	unhappy アンハピ
ふごう **符号** fugou	*das* **Zeichen** ツァイヒェン	sign サイン
ふごうかく **不合格** fugoukaku	*das* **Nichtbestehen**, *das* **Durchfallen** ニヒトベシュテーエン，ドゥルヒファレン	failure フェイリャ
ふこうへいな **不公平な** fukouheina	**ungerecht** ウンゲレヒト	unfair, partial アンフェア，パーシャル
ふごうりな **不合理な** fugourina	**unvernünftig, irrational** ウンフェアニュンフティヒ，イラツィオナール	unreasonable アンリーズナブル
ぶざー **ブザー** buzaa	*der* **Summer** ズマー	buzzer バザ
ふざい **不在** fuzai	*die* **Abwesenheit** アップヴェーゼンハイト	absence アブセンス
ふさがる **塞がる** fusagaru	**besetzt sein** ベゼッット ザイン	(be) occupied (ビ) アキュパイド
ふさく **不作** fusaku	**schlechte Ernte**, *die* **Miss-ernte** シュレヒテ エルンテ，ミスエルンテ	bad harvest バド ハーヴェスト
ふさぐ　　（占める） **塞ぐ** fusagu	**besetzen** ベゼッツェン	occupy アキュパイ
（閉める・遮断する）	**zu|machen, verschließen** ツーマッヘン，フェアシュリーセン	close, block クロウス，ブラク
ふざける **ふざける** fuzakeru	**Spaß machen** シュパース マッヘン	joke, jest チョウク，チェスト
ぶさほうな **不作法な** busahouna	**ungehobelt, unhöflich** ウンゲホーベルト，ウンヘーフリヒ	ill mannered, rude イル マナド，ルード

日	独	英
ふさわしい **ふさわしい** fusawashii	**passend, entsprechend** パッセント, エントシュプレッヒェント	suitable, becoming スータブル, ビカミング
ふし **節** （太いところ） fushi	*der* **Knoten**, *der* **Knorren** クノーテン, クノレン	knot, gnarl ナト, ナール
（関節）	*das* **Gelenk** ゲレンク	joint, knuckle ヂョイント, ナクル
ふじ **藤** fuji	*die* **Glyzinie** グリュツィーニエ	wisteria ウィスティアリア
ふしぎな **不思議な** fushigina	**mysteriös, verwunderlich** ミュステリエース, フェアヴンダーリヒ	mysterious, strange ミスティアリアス, ストレインヂ
ふしぜんな **不自然な** fushizenna	**unnatürlich** ウンナテューアリヒ	unnatural アンナチュラル
ふしちょう **不死鳥** fushichou	*der* **Phönix** フェーニクス	phoenix フィーニクス
ぶじに **無事に** bujini	**heil, ohne Zwischenfall** ハイル, オーネ ツヴィッシェンファル	safely, without in- cident セイフリ, ウィザウト インスィデント
ふじみの **不死身の** fujimino	**unsterblich** ウンシュテルプリヒ	immortal イモータル
ふじゆうな **不自由な** fujiyuuna	**unbequem** ウンベクヴェーム	inconvenient インコンヴィーニェント
ふじゅうぶんな **不十分な** fujuubunna	**ungenügend** ウンゲニューゲント	insufficient インサフィシェント
ぶしょ **部署** busho	*der* **Posten** ポステン	post ポウスト
ふしょう **負傷** fushou	*die* **Wunde**, *die* **Verlet- zung** ヴンデ, フェアレッツング	wound ウーンド
～者	*der/die* **Verletzte** フェアレッツテ	injured person インヂャド パースン

日	独	英
〜する	*sich⁴* **verletzen,** *sich⁴* **verwunden** ‥ フェアレッツェン, ‥ フェアヴンデン	(be) injured (ビ) イン**ヂ**ャド
ぶしょうな **不精な** bushouna	**faul, träge** **ファ**オル, ト**レー**ゲ	lazy **レ**イズィ
ふしょく **腐食** fushoku	*die* **Korrosion,** *die* **Zersetzung** コロズィ**オー**ン, ツェア**ゼッ**ツング	corrosion カ**ロ**ウジョン
ぶじょく **侮辱** bujoku	*die* **Beleidigung** ベ**ラ**イディグング	insult **イ**ンサルト
〜する	**beleidigen, beschimpfen** ベ**ラ**イディゲン, ベ**シ**ンプフェン	insult イン**サ**ルト
ふしん **不信** fushin	*das* **Misstrauen** **ミ**ストラオエン	distrust ディスト**ラ**スト
ふしんせつな **不親切な** fushinsetsuna	**unfreundlich** ウン**フロ**イントリヒ	unkind アン**カ**インド
ふしんにん **不信任** fushinnin	*das* **Misstrauen** **ミ**ストラオエン	no-confidence **ノ**ウカンフィデンス
ふせい **不正** fusei	*das* **Unrecht** **ウ**ンレヒト	injustice イン**ヂ**ャスティス
〜な	**unrecht** **ウ**ンレヒト	unjust, foul アン**ヂ**ャスト, **ファ**ウル
ふせいかくな **不正確な** fuseikakuna	**ungenau** ウン**ゲ**ナオ	inaccurate イ**ナ**キュレト
ふせぐ **防ぐ** (食い止める) fusegu	**ab|wehren, verteidigen** **アッ**プヴェーレン, フェア**タ**イディゲン	defend, protect ディ**フェ**ンド, プロ**テ**クト
(防止する)	**verhindern** フェア**ヒ**ンダーン	prevent プリ**ヴェ**ント
ふせる **伏せる** (下向きにする) fuseru	*sich⁴* **legen, senken** ‥ **レー**ゲン, **ゼ**ンケン	turn something over, turn something down **ター**ン **オ**ウヴァ, **ター**ン **ダ**ウン

ふ

日	独	英
（隠す）	**verheimlichen** フェアハイムリヒェン	conceal コンスィール
ぶそう **武装** busou	*die* **Rüstung** リュストゥング	armaments アーマメンツ
〜する	*sich⁴* **aus|rüsten** ‥ **ア**オスリュステン	arm アーム
ふそく **不足** fusoku	*der* **Mangel** マンゲル	want, lack ワント，ラク
〜する	**fehlen, an *et³* mangeln** フェーレン，アン ‥ **マ**ンゲルン	(be) short of, lack (ビ) ショート オヴ，ラク
ふそくの **不測の** fusokuno	**unvorhergesehen** ウンフォーアヘーアゲゼーエン	unforeseen アンフォー**スィ**ーン
ふぞくの **付属の** fuzokuno	**zugehörig** ツーゲヘーリヒ	attached ア**タ**チト
ふた **蓋** futa	*der* **Deckel** デッケル	lid リド
ふだ **札** fuda	*der* **Zettel,** *das* **Etikett** ツェッテル，エティケット	label, tag レイベル，**タ**グ
ぶた **豚** buta	*das* **Schwein** シュ**ヴァ**イン	pig ピグ
ぶたい **舞台** butai	*die* **Bühne** ビューネ	stage ステイヂ
ふたご **双子** futago	*der* **Zwilling** ツ**ヴィ**リング	twins ト**ウィ**ンズ
〜座	*die* **Zwillinge** *pl.* ディー ツ**ヴィ**リンゲ	Twins, Gemini ト**ウィ**ンズ，**チェ**ミナイ
ふたしかな **不確かな** futashikana	**unsicher** **ウ**ンズィヒャー	uncertain アン**サ**ートン
ふたたび **再び** futatabi	**wieder, erneut** **ヴィ**ーダー，エア**ノ**イト	again, once more ア**ゲ**イン，**ワ**ンス モー

日	独	英
ぶたにく **豚肉** butaniku	*das* **Schweinefleisch** シュ**ヴァ**イネフライシュ	pork **ポ**ーク
ふたん **負担** futan	*die* **Belastung**, *die* **Last** ベ**ラ**ストゥング, **ラ**スト	burden **バ**ードン
〜する	**tragen**, *auf sich*[4] **nehmen** ト**ラ**ーゲン, アオフ‥**ネ**ーメン	bear, share **ペ**ア, **シェ**ア
ふだんぎ **普段着** fudangi	*die* **Alltagskleidung** **ア**ルタークスクライドゥング	casual wear **キャ**ジュアル **ウェ**ア
ふだんの **普段の** fudanno	**gewöhnlich** ゲ**ヴェ**ーンリヒ	usual **ユ**ージュアル
ふだんは **普段は** fudanwa	**gewöhnlich** ゲ**ヴェ**ーンリヒ	usually **ユ**ージュアリ
ふち **縁** fuchi	*der* **Rand** **ラ**ント	edge, brink **エ**ヂ, ブ**リ**ンク
ふちゅういな **不注意な** fuchuuina	**achtlos, unaufmerksam** **ア**ハトロース, **ウ**ンアオフメルクザーム	careless **ケ**アレス
ぶちょう **部長** buchou	*der*(*die*) **Abteilungsleiter** (*in*) アプ**タ**イルングスライター(-**テ**リン)	director ディ**レ**クタ
ふつうの **普通の** futsuuno	**gewöhnlich, normal** ゲ**ヴェ**ーンリヒ, ノル**マ**ール	usual, general **ユ**ージュアル, **チェ**ネラル
ふつうは **普通は** futsuuwa	**gewöhnlich, normaler-** **weise** ゲ**ヴェ**ーンリヒ, ノル**マ**ーラーヴァイゼ	usually **ユ**ージュアリ
ふつうよきん **普通預金** futsuuyokin	*das* **Sparkonto** シュ**パ**ールコント	ordinary deposit **オ**ーディネリ ディ**パ**ズィト
ぶっか **物価** bukka	*der* **Preis** プ**ラ**イス	prices プ**ラ**イセズ
ふっかつ **復活** fukkatsu	*die* **Auferstehung**, *die* **Wiederbelebung** **ア**オフエアシュテーウング, **ヴィ**ーダーベレープ ング	revival, comeback リ**ヴァ**イヴァル, **カ**ムバク

日	独	英
～祭	(*das*) **Ostern** オースターン	Easter イースタ
～する	**auf|erstehen, wieder auf|-leben** アオフエアシュテーエン, ヴィーダー アオフレーベン	revive リヴァイヴ
ぶつかる **ぶつかる** butsukaru	**an|stoßen, zusammen|-stoßen** アンシュトーセン, ツザメンシュトーセン	hit, collide ヒト, コライド
ふっきゅうする **復旧する** fukkyuusuru	**wieder|her|stellen, restau-rieren** ヴィーダーヘーアシュテレン, レスタオリーレン	(be) restored (ビ) リストード
ぶっきょう **仏教** bukkyou	*der* **Buddhismus** ブディスムス	Buddhism ブディズム
～徒	*der*(*die*) **Buddhist(*in*)** ブディスト(·ティン)	Buddhist ブディスト
ぶつける **ぶつける** （衝突する） butsukeru	**stoßen** シュトーセン	bump against バンプ アゲンスト
（投げて当てる）	**werfen** ヴェルフェン	throw at スロウ アト
ふっこう **復興** fukkou	*der* **Wiederaufbau,** *die* **Rekonstruktion** ヴィーダーアオフバオ, レコンストルクツィオーン	reconstruction, revival リーコンストラクション, リヴァイヴァル
～する	**wieder|auf|bauen** ヴィーダーアオフバオエン	reconstruct リーコンストラクト
ふつごう **不都合** futsugou	*die* **Unbequemlichkeit** ウンベクヴェームリヒカイト	inconvenience インコンヴィーニェンス
ふっこく **復刻** fukkoku	*der* **Neudruck** ノイドルック	reproduction リープロダクション
ぶっしつ **物質** busshitsu	*die* **Materie** マテーリエ	matter, substance マタ, サブスタンス
ふっそ **弗素** fusso	*das* **Fluor** フルーオーア	fluorine フルオリーン

日	独	英
ぶつぞう **仏像** butsuzou	*die* **Buddhastatue,** *das* **Buddhabildnis** ブッダシュタートゥエ，ブッダビルトニス	Buddhist image ブディスト イミヂ
ぶったい **物体** buttai	*das* **Objekt,** *der* **Gegen-stand** オブイェクト，ゲーゲンシュタント	object, thing アブヂェクト，スィング
ふっとうする **沸騰する** futtousuru	**sieden, kochen** ズィーデン，コッヘン	boil ボイル
ふっとわーく **フットワーク** futtowaaku	*die* **Beinarbeit** バインアルバイト	footwork フトワーク
ぶつり **物理** butsuri	*die* **Physik** フュズィーク	physics フィズィクス
〜学者	*der*(*die*) **Physiker(*in*)** フューズィカー(-ケリン)	physicist フィズィスィスト
ふで **筆** fude	*der* **Pinsel,** *die* **Feder** ピンゼル，フェーダー	writing brush ライティング ブラシュ
ふていかんし **不定冠詞** futeikanshi	**unbestimmter Artikel** ウンベシュティムター アルティーケル	indefinite article インデフィニト アーティクル
ふていし **不定詞** futeishi	*der* **Infinitiv** インフィニティーフ	infinitive インフィニティヴ
ふていの **不定の** futeino	**unbestimmt** ウンベシュティムト	indefinite インデフィニト
ふてきとうな **不適当な** futekitouna	**ungeeignet, unangemes-sen** ウンゲアイグネット，ウンアンゲメッセン	unsuitable アンスータブル
ふと **ふと** futo	**plötzlich, zufällig** プレッツリヒ，ツーフェリヒ	suddenly, by chance サドンリ，バイ チャンス
ふとい **太い** (幅が) futoi	**dick, stark** ディック，シュタルク	big, thick ビグ，スィク
(声が)	**tief** ティーフ	deep ディープ

日	独	英
ぶどう **葡萄** budou	*die* **Weintraube,** *die* **Rebe** ヴァイントラオベ, レーベ	grapes グレイプス
ふどうさん **不動産** fudousan	*die* **Immobilien** *pl.* イモビーリエン	real estate, real property, immov- ables リーアル イステイト, リーアル プラパティ, イムーヴァブルズ
ふとうな **不当な** futouna	**ungerecht** ウンゲレヒト	unjust アンヂャスト
ふところ **懐** (懐中・財布) futokoro	*die* **Tasche** タッシェ	pocket, purse パケト, パース
(胸)	*die* **Brust,** *der* **Busen** ブルスト, ブーゼン	bosom, breast ブザム, ブレスト
ふとさ **太さ** futosa	*die* **Dicke** ディッケ	thickness スィクネス
ふとじ **太字** futoji	**fette Schrift,** *der* **Fett-** **druck** フェッテ シュリフト, フェットドルック	bold type ボウルド タイプ
ふともも **太腿** futomomo	*der* **Schenkel,** *der* **Ober-** **schenkel** シェンケル, オーバーシェンケル	thigh サイ
ふとる **太る** futoru	**zu|nehmen, dick werden** ツーネーメン, ディック ヴェーアデン	grow fat グロウ ファト
ふとん **布団** futon	*das* **Bettzeug** ベットツォイク	bedding, futon ベディング, フートーン
ふなよい **船酔い** funayoi	*die* **Seekrankheit** ゼークランクハイト	seasickness スィースィクネス
ぶなんな **無難な** bunanna	**sicher** ズィヒャー	safe, acceptable セイフ, アクセプタブル
ふにんしょう **不妊症** funinshou	*die* **Sterilität** シュテリリテート	sterility ステリリティ
ふね **船[舟]** fune	*das* **Schiff** シフ	boat, ship ボウト, シプ

ふ

日	独	英
ふねんせいの **不燃性の** funenseino	**nicht entflammbar, feu-erfest** ニヒト エントフラムバール, **フォ**イアーフェスト	nonflammable, fireproof ナンフ**ラ**マブル, **ファ**イアプルーフ
ふはい **腐敗** fuhai	*die* **Fäulnis** **フォ**イルニス	putrefaction ピュートレ**ファ**クション
ぶひん **部品** buhin	*das* **Zubehör,** *das* **Teil** ツーベヘーア, **タ**イル	part, component パート, コンポウネント
ふぶき **吹雪** fubuki	*der* **Schneesturm** シュネーシュトゥルム	snowstorm スノウストーム
ぶぶん **部分** bubun	*der* **Teil** **タ**イル	part, portion パート, **ポ**ーション
ふへい **不平** fuhei	*die* **Unzufriedenheit** ウンツフリーデンハイト	dissatisfaction ディスサティス**ファ**クション
ぶべつ **侮蔑** bubetsu	*der* **Hohn** ホーン	contempt コン**テ**ンプト
ふへんてきな **普遍的な** fuhentekina	**allgemein, universal** アルゲ**マ**イン, ウニヴェル**ザ**ール	universal ユー二**ヴァ**ーサル
ふべんな **不便な** fubenna	**unbequem, unpraktisch** ウンベク**ヴェ**ーム, **ウ**ンプラクティシュ	inconvenient インコン**ヴィ**ーニェント
ふほうな **不法な** fuhouna	**rechtswidrig, gesetzwid-rig** レヒツ**ヴィ**ードリヒ, ゲ**ゼ**ッツ**ヴィ**ードリヒ	unlawful アン**ロ**ーフル
ふまん **不満** fuman	*die* **Unzufriedenheit** ウンツフリーデンハイト	discontent ディスコン**テ**ント
〜な	**unzufrieden** ウンツフリーデン	discontented ディスコン**テ**ンテド
ふみきり **踏切** fumikiri	*der* **Bahnübergang** バーンユーバーガング	railroad crossing (レイルロウド) ク**ロ**ースィング
ふみだい **踏み台** fumidai	*die* **Fußbank** フースバンク	footstool **フ**トストゥール

日	独	英
ふみんしょう **不眠症** fuminshou	*die* **Schlaflosigkeit** シュラーフローズィヒカイト	insomnia インサムニア
ふむ **踏む** fumu	**treten, betreten** トレーテン，ベトレーテン	step, tread ステプ，トレド
（手続きなどを）	**erledigen, aus|führen** エアレーディゲン，**ア**オスフューレン	go through ゴウ スルー
ふめいな **不明な** fumeina	**unklar, unbekannt** **ウ**ンクラール，**ウ**ンベカント	unknown アンノウン
ふめいよ **不名誉** fumeiyo	*die* **Schande** **シャ**ンデ	dishonor ディス**ア**ナ
～な	**schändlich** **シェ**ントリヒ	dishonorable ディス**サ**ナラブル
ふめいりょうな **不明瞭な** fumeiryouna	**undeutlich** **ウ**ンドイトリヒ	obscure, unclear オブス**キュ**ア，アン**ク**リア
ふもうな **不毛な** fumouna	**unfruchtbar** **ウ**ンフルフトバール	sterile ステリル
ふもと **麓** fumoto	*der* **Fuß** フース	foot フト
ぶもん **部門** bumon	*die* **Abteilung,** *die* **Sektion** アプ**タ**イルング，ゼクツィ**オ**ーン	section **セ**クション
ふやす **増やす** fuyasu	**vermehren, vergrößern** フェア**メ**ーレン，フェアグ**レ**ーサーン	increase イン**ク**リース
ふゆ **冬** fuyu	*der* **Winter** **ヴィ**ンター	winter **ウィ**ンタ
ふゆかいな **不愉快な** fuyukaina	**unangenehm** **ウ**ンアンゲネーム	disagreeable ディサグ**リ**ーアブル
ぶよう **舞踊** buyou	*der* **Tanz** **タ**ンツ	dance **ダ**ンス

日	独	英
ふようかぞく **扶養家族** fuyoukazoku	*der/die* **Unterhaltsberechtigte** ウンターハルツベレヒティヒテ	dependent ディペンデント
ふようする **扶養する** fuyousuru	**unterhalten** ウンターハルテン	support サポート
ふような **不用な** fuyouna	**unnötig** ウンネーティヒ	unnecessary アンネセセリ
ふらい **フライ** furai	*das* **Frittierte** フリティールテ	fry, fried フライ，フライド
ふらいと **フライト** furaito	*der* **Flug** フルーク	flight フライト
ぷらいど **プライド** puraido	*der* **Stolz** シュトルツ	pride プライド
ふらいどぽてと **フライドポテト** furaidopoteto	*die* **Pommes frites** *pl.* ポムフリット	French fries, ®chips フレンチ フライズ，チプス
ぷらいばしー **プライバシー** puraibashii	*die* **Privatsphäre** プリヴァートスフェーレ	privacy プライヴァスィ
ふらいぱん **フライパン** furaipan	*die* **Pfanne**, *die* **Bratpfanne** プファネ，ブラートプファネ	frying pan, skillet フライイング パン，スキレト
ぷらいべーとな **プライベートな** puraibeetona	**privat** プリヴァート	private プライヴェト
ふらいんぐ **フライング** furaingu	*der* **Fehlstart** フェールシュタルト	false start フォールス スタート
ぶらいんど **ブラインド** buraindo	*die* **Jalousie** ジャルズィー	blind ブラインド
ぶらうす **ブラウス** burausu	*die* **Bluse** ブルーゼ	blouse ブラウス
ぷらぐ **プラグ** puragu	*der* **Stecker** シュテッカー	plug プラグ

日	独	英
ぶらさがる **ぶら下がる** burasagaru	**hängen** ヘンゲン	hang, dangle ハング，ダングル
ぶらさげる **ぶら下げる** burasageru	**hängen** ヘンゲン	hang, suspend ハング，サスペンド
ぶらし **ブラシ** burashi	*die* **Bürste** ビュルステ	brush ブラシュ
ぶらじゃー **ブラジャー** burajaa	*der* **Büstenhalter,** *der* **BH** ビュステンハルター，ベーハー	brassiere, bra ブラズィア，ブラー
ぶらじる **ブラジル** burajiru	(*das*) **Brasilien** ブラズィーリエン	Brazil ブラズィル
ぷらす **プラス** purasu	**plus** プルス	plus プラス
ぷらすちっく **プラスチック** purasuchikku	*der* **Kunststoff,** *das* **Plastik** クンストシュトフ，プラスティク	plastic プラスティク
〜モデル	*der* **Modellbaukasten** モデルバオカステン	plastic model kit プラスティク マドル キト
ふらすとれーしょん **フラストレーション** furasutoreeshon	*die* **Frustration** フルストラツィオーン	frustration フラストレイション
ぷらずま **プラズマ** purazuma	*das* **Plasma** プラスマ	plasma プラズマ
ぷらちな **プラチナ** purachina	*das* **Platin** プラーティーン	platinum プラティナム
ぶらっくりすと **ブラックリスト** burakkurisuto	**schwarze Liste** シュヴァルツェ リステ	blacklist ブラクリスト
ふらっしゅ **フラッシュ** furasshu	*das* **Blitzlicht** ブリッツリヒト	(camera) flash (キャメラ) フラシュ
ぷらねたりうむ **プラネタリウム** puranetariumu	*das* **Planetarium** プラネターリウム	planetarium プラニテアリアム

ふ

日	独	英
ぶらぶらする **ぶらぶらする** （さまよう） buraburasuru	**wandern, umher|wandern** ヴァンダーン，ウムヘーアヴァンダーン	wander ワンダ
（怠ける）	**faulenzen** ファオレンツェン	(be) lazy (ビ) レイズィ
（揺れ動く）	**baumeln, schwingen** バオメルン，シュヴィンゲン	swing, dangle スウィング，ダングル
ふらめんこ **フラメンコ** furamenko	*der* **Flamenco** フラメンコ	flamenco フラメンコウ
ぷらん **プラン** puran	*der* **Plan** プラーン	plan プラン
ぷらんく **ブランク** buranku	*die* **Lücke** リュッケ	blank ブランク
ぷらんこ **ぶらんこ** buranko	*die* **Schaukel** シャオケル	swing, trapeze スウィング，トラピーズ
ふらんす **フランス** furansu	(*das*) **Frankreich** フランクライヒ	France フランス
～語	*das* **Französisch** フランツェーズィシュ	French フレンチ
～の	**französisch** フランツェーズィシュ	French フレンチ
～料理	**französische Küche** フランツェーズィシェ **キュッヒェ**	French food フレンチ フード
ぷらんたー **プランター** purantaa	*das* **Pflanzgefäß** プフランツゲフェース	planter プランタ
ふらんちゃいず **フランチャイズ** furanchaizu	*die* **Franchise,** *die* **Kon- zession** フレンチャイス，コンツェスィオーン	franchise フランチャイズ
ぷらんでー **ブランデー** burandee	*der* **Brandy,** *der* **Brannt- wein** ブレンディ，ブラントヴァイン	brandy ブランディ

日	独	英
ぶらんど **ブランド** burando	*das* **Markenzeichen** マルケンツァイヒェン	brand ブランド
ぷらんと **プラント** （生産設備） puranto	*die* **Anlage** アンラーゲ	plant プラント
ふり **不利** furi	*der* **Nachteil** ナーハタイル	disadvantage ディサドヴァンティヂ
ぷりーつ **プリーツ** puriitsu	*das* **Plissee** プリセー	pleat プリート
ふりーの **フリーの** furiino	**frei** フライ	free フリー
ぷりーふ **ブリーフ** buriifu	*der* **Herrenslip** ヘレンスリップ	briefs ブリーフス
ふりえき **不利益** furieki	*der* **Nachteil** ナーハタイル	disadvantage ディサドヴァンティヂ
ふりかえ **振替** furikae	*die* **Überweisung** ユーバーヴァイズング	transfer トランスファ
ふりかえる **振り返る** furikaeru	*sich*⁴ **um|drehen** ‥ウムドレーエン	look back ルク バク
ふりこ **振り子** furiko	*das* **Pendel** ペンデル	pendulum ペンデュラム
ふりこむ **振り込む** furikomu	**transferieren, überweisen** トランスフェリーレン，ユーバーヴァイゼン	transfer money トランスファー マニ
ぷりずむ **プリズム** purizumu	*das* **Prisma** プリスマ	prism プリズム
ふりな **不利な** furina	**nachteilig, ungünstig** ナーハタイリヒ，ウンギュンスティヒ	disadvantageous ディサドヴァンテイヂャス
ぷりぺいど **プリペイド** puripeido	**im Voraus bezahlen** イム フォラオス ベツァーレン	prepaid プリーペイド

日	独	英
ふりむく **振り向く** furimuku	*sich⁴* **um|drehen** …ウムドレーエン	turn to, look back **タ**ーン トゥ, **ル**ク **バ**ク
ふりょう **不良** furyou	*der*(*die*) **Randalierer**(*in*), *der* **Rowdy** ランダリーラー(-レリン), **ラ**ウディ	juvenile delin- quent **チュー**ヴェナイル ディ**リ**ンク ウェント
ぶりょく **武力** buryoku	*die* **Waffengewalt** **ヴァ**ッフェンゲヴァルト	military power **ミ**リテリ **パ**ウア
ふりる **フリル** furiru	*die* **Rüsche** **リュー**シェ	frill フリル
ふりん **不倫** furin	*der* **Ehebruch** **エ**ーエブルフ	adultery ア**ダ**ルタリ
ぷりん **プリン** purin	*der* **Pudding** **プ**ディング	(custard) pudding, Ⓑmilk pudding (**カ**スタド) **プ**ディング, **ミ**ルク **プ**ディング
ぷりんす **プリンス** purinsu	*der* **Prinz** **プ**リンツ	prince プ**リ**ンス
ぷりんせす **プリンセス** purinsesu	*die* **Prinzessin** プリン**ツェ**ッスィン	princess プ**リ**ンセス
ぷりんたー **プリンター** purintaa	*der* **Drucker** ド**ル**ッカー	printer プ**リ**ンタ
ぷりんと **プリント** purinto	*der* **Druck** ド**ル**ック	copy, print **カ**ピ, プ**リ**ント
ふる **降る** furu	**fallen** **ファ**レン	fall **フォ**ール
ふる **振る** furu	**schütteln** **シュ**ッテルン	shake, wave **シェ**イク, **ウェ**イヴ
ふるい **古い** furui	**alt** **ア**ルト	old, ancient **オ**ウルド, **エ**インシェント
ぶるー **ブルー** buruu	*das* **Blau** ブ**ラ**オ	blue ブ**ル**ー

日	独	英
〜の	**blau** ブラオ	blue ブルー
ぶるーす **ブルース** buruusu	*der* **Blues** ブルース	blues ブルーズ
ふるーつ **フルーツ** furuutsu	*das* **Obst**, *die* **Frucht** オープスト，フルフト	fruit フルート
ふるーと **フルート** furuuto	*die* **Flöte** フレーテ	flute フルート
ぶるーべりー **ブルーベリー** buruuberii	*die* **Blaubeere**, *die* **Heidel-beere** ブラオベーレ，ハイデルベーレ	blueberry ブルーベリ
ふるえる **震える** furueru	**schaudern, zittern** シャオダーン，ツィッターン	tremble, shiver トレンブル，シヴァ
ぶるがりあ **ブルガリア** burugaria	(*das*) **Bulgarien** ブルガーリエン	Bulgaria バルゲアリア
ふるくさい **古臭い** furukusai	**veraltet, altmodisch** フェアアルテット，アルトモーディシュ	old-fashioned, obsolete オウルドファションド，アプソリート
ふるこーす **フルコース** furukoosu	**ein vollständiges Menü** アイン フォルシュテンディゲス メニュー	full-course meal フルコース ミール
ふるさと **故郷** furusato	*die* **Heimat** ハイマート	home town, home ホウム タウン，ホウム
ぶるどーざー **ブルドーザー** burudoozaa	*der* **Bulldozer** ブルドーザー	bulldozer ブルドウザ
ぷるとにうむ **プルトニウム** purutoniumu	*das* **Plutonium** プルトーニウム	plutonium プルートウニアム
ふるほん **古本** furuhon	**antiquarisches Buch, altes Buch** アンティクヴァーリシェス ブーフ，アルテス ブーフ	used book ユーズド ブク
ふるまう **振る舞う** furumau	*sich*[4] **verhalten**, *sich*[4] **benehmen** ‥ フェアハルテン，‥ ベネーメン	behave ビヘイヴ

日	独	英
ふるわせる **震わせる** furuwaseru	**schütteln** シュッテルン	shake, make trem- ble シェイク，メイク トレンブル
ぶれいな **無礼な** bureina	**unhöflich, grob** ウンヘーフリヒ，グローブ	impolite, rude インポライト，ルード
ぷれー **プレー** puree	*das* **Spiel** シュピール	play プレイ
～オフ	*das* **Play-off** プレイオフ	play-off プレイオフ
ぶれーき **ブレーキ** bureeki	*die* **Bremse** ブレムゼ	brake ブレイク
～をかける	**bremsen** ブレムゼン	put on the brake, hit the brakes プト オン ザ ブレイク，ヒト ザ ブレイクス
ぷれーぼーい **プレーボーイ** pureebooi	*der* **Playboy** プレーボイ	playboy プレイボイ
ふれーむ **フレーム** fureemu	*der* **Rahmen** ラーメン	frame フレイム
ぷれーやー **プレーヤー** pureeyaa	*der*(*die*) **Spieler(*in*)** シュピーラー(-レリン)	player プレイア
ぶれーん **ブレーン** bureen	*das* **Gehirn** ゲヒルン	brains ブレインズ
ぷれす **プレス**　（押すこと） puresu	*der* **Druck** ドルック	press プレス
（報道機関）	*die* **Presse** プレッセ	(the) press (ザ) プレス
ぶれすれっと **ブレスレット** buresuretto	*das* **Armband** アルムバント	bracelet ブレイスレト
ぷれぜんてーしょん **プレゼンテーション** purezenteeshon	*die* **Vorstellung** フォーアシュテルング	presentation プリーゼンテイション

日	独	英
ぷれぜんと **プレゼント** purezento	*das* **Geschenk** ゲシェンク	present プレズント
〜する	**schenken** シェンケン	present プリゼント
ふれっくすたいむ **フレックスタイム** furekkusutaimu	*die* **Gleitzeit** グライトツァイト	flextime, flexitime フレクスタイム，フレクスィタ イム
ぷれっしゃー **プレッシャー** puresshaa	*der* **Druck** ドルック	pressure プレシャ
ぷれはぶじゅうたく **プレハブ住宅** purehabujuutaku	*das* **Fertighaus** フェルティヒハオス	prefabricated house, prefab home プリーファブリケイテド ハウス， プリーファブ ホウム
ぷれみあむ **プレミアム** puremiamu	*die* **Prämie** プレーミエ	premium プリーミアム
ふれる **触れる** （言及する） fureru	**erwähnen** エアヴェーネン	mention メンション
（触る）	**berühren** ベリューレン	touch タチ
ふれんぞく **不連続** furenzoku	*die* **Diskontinuität** ディスコンティヌイテート	discontinuity ディスコンティニューイティ
ぶれんど **ブレンド** burendo	*die* **Vermischung** フェアミッシュング	blending ブレンディング
ふろ **風呂** furo	*das* **Bad** バート	bath バス
ふろあ **フロア** （床） furoa	*der* **Fußboden** フースボーデン	floor フロー
（階）	*der* **Stock**, *die* **Etage** シュトック，エタージェ	story ストーリ
ぶろーかー **ブローカー** burookaa	*der*(*die*) **Makler**(*in*), *der* (*die*) **Broker**(*in*) マークラー(·リン)，ブローカー(·ケリン)	broker ブロウカ

675

ふ

日	独	英
ぶろーち **ブローチ** buroochi	*die* **Brosche** ブロッシェ	brooch ブロウチ
ぶろーどばんど **ブロードバンド** buroodobando	*das* **Breitband** ブライトバント	broadband ブロードバンド
ふろく **付録** furoku	*der* **Anhang,** *der* **Zusatz** アンハング，ツーザッツ	supplement, appendix サプリメント，アペンディクス
ぷろぐらまー **プログラマー** puroguramaa	*der(die)* **Programmierer (in)** プログラミーラー(-レリン)	programmer プロウグラマ
ぷろぐらみんぐ **プログラミング** puroguramingu	*das* **Programmieren** プログラミーレン	programming プロウグラミング
ぷろぐらむ **プログラム** puroguramu	*das* **Programm** プログラム	program, ⒷProgramme プロウグラム，プロウグラム
ぷろじぇくと **プロジェクト** purojekuto	*das* **Projekt** プロイェクト	project プラヂェクト
ぷろせす **プロセス** purosesu	*der* **Prozess** プロツェス	process プラセス
ぷろだくしょん **プロダクション** purodakushon	*die* **Produktion** プロドゥクツィオーン	production プロダクション
ぶろっこりー **ブロッコリー** burokkorii	*die* **Brokkoli** *pl.* ブロッコリ	broccoli ブラコリ
ぷろてくたー **プロテクター** purotekutaa	*der* **Schutz,** *der* **Schützer** シュッツ，シュッツァー	shield, protector シールド，プロテクタ
ぷろてすたんと **プロテスタント** purotesutanto	*der(die)* **Protestant(in)** プロテスタント(-ティン)	Protestant プラテスタント
ぷろでゅーさー **プロデューサー** purodyuusaa	*der(die)* **Produzent(in)** プロドゥツェント(-ティン)	producer プロデューサ
ぷろの **プロの** purono	**professionell** プロフェスィオネル	professional プロフェショナル

日	独	英
ぷろばいだー **プロバイダー** purobaidaa	*der* **Provider** プロヴァイダー	provider プロヴァイダ
ぷろふぃーる **プロフィール** purofiiru	*das* **Profil** プロフィール	profile プロウファイル
ぷろぽーしょん **プロポーション** puropooshon	*das* **Verhältnis** フェアヘルトニス	proportion プロポーション
ぷろぽーずする **プロポーズする** puropoozusuru	**einen Heiratsantrag machen** アイネン ハイラーツアントラーク マッヘン	propose marriage to プロポウズ マリヂ トゥ
ぷろもーしょん **プロモーション** puromooshon	*die* **Förderung** フェルデルング	promotion プロモウション
ぷろもーたー **プロモーター** puromootaa	*der*(*die*) **Promoter(***in***)** プロモーター(-テリン)	promoter プロモウタ
ぷろれす **プロレス** puroresu	**professioneller Ringkampf** プロフェスィオネラー リングカンプフ	professional wrestling プロフェショナル レスリング
ぷろろーぐ **プロローグ** puroroogu	*der* **Prolog** プロローク	prologue プロウログ
ぶろんず **ブロンズ** buronzu	*die* **Bronze** ブローンセ	bronze ブランズ
ふろんと **フロント** furonto	*die* **Rezeption,** *der* **Empfang** レツェプツィオーン, エンプファング	front desk, Ⓑreception desk フラント デスク, リセプション デスク
ぶろんど **ブロンド** burondo	*der/die* **Blonde** ブロンデ	blonde ブランド
ふろんとがらす **フロントガラス** furontogarasu	*die* **Windschutzscheibe** ヴィントシュッツシャイベ	windshield, Ⓑwindscreen ウィンドシールド, ウィンドスクリーン
ふわ **不和** fuwa	*der* **Zwist,** *der* **Misston** ツヴィスト, ミストーン	discord ディスコード
ふわたり **不渡り** fuwatari	*die* **Nichtbezahlung,** *die* **Nichthonorierung** ニヒトベツァールング, ニヒトホノリールング	dishonour, nonpayment ディサナ, ナンペイメント

日	独	英
ふん **分** fun	*die* **Minute** ミ**ヌ**ーテ	minute ミヌト
ふん **糞** fun	*der* **Kot** コート	feces, excrement **フィ**ースィーズ，**エ**クスクレメ ント
ぶん **文** bun	*der* **Satz** ザッツ	sentence **セ**ンテンス
ふんいき **雰囲気** fun-iki	*die* **Atmosphäre** アトモス**フェ**ーレ	atmosphere **ア**トモスフィア
ふんか **噴火** funka	*der* **Ausbruch,** *die* **Erupti-** **on** **ア**オスプルフ，エル**ウ**ツィ**オ**ーン	eruption イ**ラ**プション
～する	**aus|brechen** **ア**オスブレッヒェン	erupt イ**ラ**プト
ぶんか **文化** bunka	*die* **Kultur** クル**トゥ**ーア	culture **カ**ルチャ
～的な	**kulturell** クルトゥ**レ**ル	cultural **カ**ルチャラル
ぶんかい **分解** bunkai	*die* **Zerlegung,** *die* **Zerset-** **zung** ツェア**レ**ーグング，ツェア**ゼ**ッツング	decomposition ディーカンポ**ズ**ィション
～する	**zerlegen, demontieren** ツェア**レ**ーゲン，デモン**ティ**ーレン	resolve into, de- compose リ**ザ**ルヴ イントゥ，ディーコン **ポ**ウズ
ふんがいする **憤慨する** fungaisuru	*sich*[4] **empören** ．．エン**ペ**ーレン	(be) indignant at (ビ) イン**ディ**グナント アト
ぶんがく **文学** bungaku	*die* **Literatur** リテラ**トゥ**ーア	literature **リ**テラチャ
～の	**literarisch** リテ**ラ**ーリシュ	literary **リ**タレリ
ぶんかつ **分割** bunkatsu	*die* **Einteilung** **ア**インタイルング	division ディ**ヴィ**ジョン

日	独	英
〜**する**	**ein|teilen** アインタイレン	divide ディヴァイド
〜**払い**	*die* **Abzahlung** アップツァールング	installment plan インストールメント プラン
ふんきゅうする **紛糾する** funkyuusuru	*sich*[4] **verwickeln** ‥ フェアヴィッケルン	(become) compli- cated (ビカム) カンプリケイテド
ぶんぎょう **分業** bungyou	*die* **Arbeitsteilung** アルバイツタイルング	division of labor ディヴィジョン オヴ レイバ
ぶんげい **文芸** bungei	**Kunst und Literatur** クンスト ウント リテラトゥーア	arts and literature アーツ アンド リテラチャ
ぶんけん **文献** bunken	*die* **Literatur,** *die* **Doku-** **mente** *pl.* リテラトゥーア, ドクメント	literature, docu- ments リテラチャ, ダキュメンツ
ぶんご **文語** bungo	*die* **Schriftsprache** シュリフトシュプラーへ	literary language リタレアリ ラングウィヂ
ぶんこぼん **文庫本** bunkobon	*das* **Taschenbuch** タッシェンブーフ	pocket book パケト ブク
ふんさいする **粉砕する** funsaisuru	**zerschlagen** ツェアシュラーゲン	smash, crush スマシュ, クラシュ
ぶんし **分子** （物質の） bunshi	*das* **Molekül** モレキュール	molecule マレキュール
（分数の）	*der* **Zähler** ツェーラー	numerator ニューマレイタ
ふんしつする **紛失する** funshitsusuru	**verlieren, verloren gehen** フェアリーレン, フェアローレン ゲーエン	lose ルーズ
ぶんしょ **文書** bunsho	*die* **Akten** *pl.*, *die* **Urkunde** アクテン, ウーアクンデ	document ダキュメント
ぶんしょう **文章** bunshou	*der* **Satz** ザッツ	sentence センテンス

日	独	英
噴水 ふんすい funsui	*der* **Brunnen** ブルネン	fountain **ファ**ウンテン
分数 ぶんすう bunsuu	*der* **Bruch** ブルフ	fraction フ**ラ**クション
分析 ぶんせき bunseki	*die* **Analyse** アナ**リュ**ーゼ	analysis ア**ナ**リスィス
～する	**analysieren** アナリュ**ズィ**ーレン	analyze **ア**ナライズ
紛争 ふんそう funsou	*der* **Konflikt,** *der* **Streit** コンフ**リ**クト，シュト**ラ**イト	conflict, dispute **カ**ンフリクト，ディス**ピュ**ート
文体 ぶんたい buntai	*der* **Stil** シュ**ティ**ール	(literary) style (**リ**タレリ) ス**タ**イル
分担する ぶんたんする buntansuru	*sich*[4] **teilen** ‥ **タ**イレン	share **シェ**ア
分度器 ぶんどき bundoki	*der* **Winkelmesser** **ヴィ**ンケルメッサー	protractor プロト**ラ**クタ
分配 ぶんぱい bunpai	*die* **Verteilung,** *die* **Teilung** フェア**タ**イルング，**タ**イルング	distribution ディストリ**ビュ**ーション
～する	**verteilen** フェア**タ**イレン	distribute ディスト**リ**ビュト
分泌 ぶんぴつ bunpitsu	*die* **Absonderung** **ア**ップゾンデルング	secretion スィク**リ**ーション
分布する ぶんぶする bunpusuru	*sich*[4] **verbreiten** ‥ フェアブ**ラ**イテン	(be) distributed (ビ) ディスト**リ**ビューテド
分別 ふんべつ funbetsu	*der* **Verstand** フェアシュ**タ**ント	discretion, good sense ディスク**レ**ション，**グ**ド **セ**ンス
分娩 ぶんべん bunben	*die* **Entbindung** エント**ビ**ンドゥング	childbirth **チャ**イルドバース

日	独	英
〜する	**entbinden** エントビンデン	(be) delivered of (ビ) ディリヴァド オヴ
ぶんぼ **分母** bunbo	*der* **Nenner** ネナー	denominator ディナミネイタ
ぶんぽう **文法** bunpou	*die* **Grammatik** グラマティク	grammar グラマ
ぶんぼうぐ **文房具** bunbougu	*die* **Schreibwaren** *pl.* シュライプヴァーレン	stationery ステイショネリ
ふんまつ **粉末** funmatsu	*das* **Pulver** プルファー	powder パウダ
ぶんみゃく **文脈** bunmyaku	*der* **Kontext** コンテクスト	context カンテクスト
ぶんめい **文明** bunmei	*die* **Zivilisation** ツィヴィリザツィオーン	civilization スィヴィリゼイション
ぶんや **分野** bun-ya	*das* **Gebiet**, *der* **Bereich** ゲビート, ベライヒ	field, line フィールド, ライン
ぶんり **分離** bunri	*die* **Trennung** トレヌング	separation セパレイション
〜する	**trennen** トレネン	separate セパレイト
ぶんりょう **分量** bunryou	*die* **Menge** メンゲ	quantity クワンティティ
ぶんるい **分類** bunrui	*die* **Einteilung**, *die* **Klassifizierung** アインタイルング, クラスィフィツィールング	classification クラスィフィケイション
〜する	**klassifizieren, ein|teilen** クラスィフィツィーレン, アインタイレン	classify into クラスィファイ イントゥ
ぶんれつ **分裂** bunretsu	*die* **Spaltung** シュパルトゥング	split, division スプリト, ディヴィジョン

日	独	英

～する	*sich*[4] **spalten** ‥ シュパルテン	split into スプリト イントゥ

へ, ヘ

へ **屁** he	*der* **Darmwind**, *der* **Furz** ダルムヴィント, フルツ	fart ファート
へあ **ヘア** hea	*das* **Haar** ハール	hair ヘア
～スタイル	*die* **Frisur** フリズーア	hairstyle ヘアスタイル
～ブラシ	*die* **Haarbürste** ハールビュルステ	hairbrush ヘアブラシュ
ぺあ **ペア** pea	*das* **Paar** パール	pair ペア
へい **塀** hei	*die* **Mauer** マオアー	wall, fence ウォール, フェンス
へいえき **兵役** heieki	*der* **Wehrdienst** ヴェーアディーンスト	military service ミリテリ サーヴィス
へいおんな **平穏な** heionna	**ruhig** ルーイヒ	calm カーム
へいかい **閉会** heikai	*der* **Schluss** シュルス	closure クロウジャ
～する	**schließen** シュリーセン	close クロウズ
へいがい **弊害** heigai	*das* **Übel** ユーベル	bad effect, nega- tive effect バド イフェクト, ネガティヴイ フェクト
へいき **兵器** heiki	*die* **Waffe** ヴァッフェ	arms, weapons アームズ, ウェポンズ

日	独	英

へいきな
平気な
heikina

gelassen, gleichgültig
ゲラッセン，グライヒギュルティヒ

calm, indifferent
カーム，インディファレント

へいきん
平均
heikin

der **Durchschnitt**
ドゥルヒシュニット

average
アヴァリヂ

〜する

den Durchschnitt nehmen, den Durchschnitt berechnen
デン ドゥルヒシュニット ネーメン，デン ドゥルヒシュニット ベレヒネン

average
アヴァリヂ

〜台

der **Schwebebalken**
シュヴェーベバルケン

balance beam
バランス ビーム

へいげん
平原
heigen

die **Ebene**
エーベネ

plain
プレイン

へいこう
平衡
heikou

das **Gleichgewicht**
グライヒゲヴィヒト

equilibrium
イークウィリブリアム

へいこうしている
平行している
heikoushiteiru

parallel *zu et³*
パラレール ツー ..

parallel to
パラレル トゥ

へいこうしへんけい
平行四辺形
heikoushihenkei

das **Parallelogramm**
パラレログラム

parallelogram
パラレラグラム

へいこうする
閉口する
heikousuru

verlegen sein, sprachlos sein
フェアレーゲン ザイン，シュプラーハロース ザイン

(be) embarrassed at
(ビ) インバラスト アト

へいごうする
併合する
heigousuru

annektieren, fusionieren
アネクティーレン，フズィオニーレン

absorb
アプソープ

へいこうせん
平行線
heikousen

die **Parallele**
パラレーレ

parallel lines
パラレル ラインズ

へいこうぼう
平行棒
heikoubou

der **Barren**
バレン

parallel bars
パラレル バーズ

へいこうゆにゅう
並行輸入
heikouyunyuu

der **Parallelimport**
パラレルインポルト

parallel import
パラレル インポート

日	独	英
へいさ **閉鎖** heisa	*die* **Sperrung,** *die* **Schlie-ßung** シュペルング，シュリースング	shutdown, closure シャトダウン，クロウジャ
〜**する**	**sperren, schließen** シュペレン，シュリーセン	shut down, close シャト ダウン，クロウズ
へいし **兵士** heishi	*der*(*die*) **Soldat**(*in*) ゾルダート(-ティン)	soldier ソウルデャ
へいじつ **平日** heijitsu	*der* **Werktag,** *der* **Wochentag** ヴェルクターク，ヴォッヘンターク	weekday ウィークデイ
へいじょうの **平常の** heijouno	**gewöhnlich** ゲヴェーンリヒ	normal ノーマル
へいぜんと **平然と** heizento	**ruhig, gelassen** ルーイヒ，グラッセン	calmly カームリ
〜**した**	**ruhig, gelassen** ルーイヒ，グラッセン	calm, cool カーム，クール
へいち **平地** heichi	*die* **Ebene,** *die* **Fläche** エーベネ，フレッヒェ	flat ground フラト グラウンド
へいてん **閉店** heiten	*der* **Geschäftsschluss** ゲシェフツシュルス	closing クロウズィング
〜**する**	**schließen** シュリーセン	close クロウズ
へいねつ **平熱** heinetsu	*die* **Normaltemperatur** ノルマールテンペラトゥーア	normal temperature ノーマル テンパラチャ
へいねん **平年** heinen	**normales Jahr,** *das* **Durchschnittsjahr** ノルマーレス ヤール，ドゥルヒシュニッツヤール	ordinary year オーディネリ イア
へいふく **平服** heifuku	*die* **Alltagskleidung** アルタークスクライドゥング	plain clothes プレイン クロウズ
へいほう **平方** heihou	*das* **Quadrat** クヴァドラート	square スクウェア

日	独	英
～キロメートル	*der* **Quadratkilometer** クヴァドラートキロメーター	square kilometer スクウェア キロミタ
～メートル	*der* **Quadratmeter** クヴァドラートメーター	square meter スクウェア ミータ
へいぼんな **平凡な** heibonna	**mittelmäßig, durchschnitt-** **lich** ミッテルメースィヒ，ドゥルヒシュニットリヒ	common, ordinary カモン，オーディネリ
へいめん **平面** heimen	*die* **Ebene,** *die* **Fläche** エーベネ，フレッヒェ	plane プレイン
へいや **平野** heiya	*die* **Ebene** エーベネ	plain プレイン
へいわ **平和** heiwa	*der* **Friede,** *der* **Frieden** フリーデ，フリーデン	peace ピース
～な	**friedlich** フリートリヒ	peaceful ピースフル
べーこん **ベーコン** beekon	*der* **Speck** シュペック	bacon ベイコン
べーじゅ **ベージュ** beeju	*das* **Beige** ベーシュ	beige ベイジュ
～の	**beige** ベーシュ	beige ベイジュ
べーす **ベース** (基礎) beesu	*die* **Basis** バーズィス	base ベイス
～アップ	*die* **Erhöhung der Lohn-** **basis,** *die* **Lohnerhöhung** エアヘーウング デア ローンバーズィス，ローン エアヘーウング	raise in wages レイズ イン ウェイチェズ
(低音)	*der* **Bass** バス	bass バス
べーす **ペース** peesu	*der* **Schritt,** *das* **Tempo** シュリット，テンポ	pace ペイス

日	独	英
〜メーカー	*der* **Herzschrittmacher** ヘルツシュリットマッハー	pacemaker ペイスメイカ
ぺーすとする **ペーストする** peesutosuru	**ein|fügen** アインフューゲン	paste ペイスト
へきが **壁画** hekiga	*die* **Wandmalerei** ヴァントマーレライ	mural ミュアラル
へきち **僻地** hekichi	**abgelegene Gegend** アップゲレーゲネ ゲーゲント	remote place リモウト プレイス
へくたーる **ヘクタール** hekutaaru	*das* **Hektar** ヘクタール	hectare ヘクテア
へこむ **へこむ** hekomu	**ein|sinken,** *sich⁴* **ein|drücken** アインズィンケン, ‥ アインドリュッケン	(be) dented, sink (ビ) デンテド, スィンク
へこんだ **へこんだ** hekonda	**verbeult, eingedrückt** フェアボイルト, アインゲドリュックト	dented デンテド
べすと **ベスト** (チョッキ) besuto	*die* **Weste** ヴェステ	vest, ⑱waistcoat ヴェスト, ウェイストコウト
(最上)	*der/die/das* **Beste** ベステ	best ベスト
〜セラー	*der* **Bestseller** ベストセラー	best seller ベスト セラ
へそ **へそ** heso	*der* **Nabel** ナーベル	navel ネイヴェル
へだたり **隔たり** (距離) hedatari	*der* **Abstand,** *die* **Entfernung** アップシュタント, エントフェルヌング	distance ディスタンス
(差異)	*der* **Unterschied** ウンターシート	difference ディファレンス
へだたる **隔たる** hedataru	*von et³* **entfernt sein** フォン ‥ エントフェルント ザイン	(be) away from (ビ) アウェイ フラム

日	独	英
へだてる **隔てる** hedateru	**ab|trennen, distanzieren** アップトレネン, ディスタンツィーレン	partition パーティション
へたな **下手な** hetana	**ungeschickt** ウンゲシックト	clumsy, poor クラムズィ, プア
ぺだる **ペダル** pedaru	*das* **Pedal** ペダール	pedal ペドル
べっきょする **別居する** bekkyosuru	**getrennt leben** ゲトレント レーベン	live separately リヴ セパレトリ
べっそう **別荘** bessou	*die* **Villa**, *das* **Landhaus** ヴィラ, ラントハオス	villa ヴィラ
べっど **ベッド** beddo	*das* **Bett** ベット	bed ベド
ぺっと **ペット** petto	*das* **Haustier** ハオスティーア	pet ペト
へっどほん **ヘッドホン** heddohon	*der* **Kopfhörer** コプフヘーラー	headphone ヘドフォウン
へっどらいと **ヘッドライト** heddoraito	*der* **Scheinwerfer** シャインヴェルファー	headlight ヘドライト
べつに　(取り立てて) **別に** betsuni	**insbesondere** インスベゾンデレ	in particular イン パティキュラ
（別々に）	**getrennt, extra** ゲトレント, エクストラ	apart アパート
べつの **別の** betsuno	**ander** アンダー	different, another ディファレント, アナザ
べつべつの **別々の** betsubetsuno	**getrennt, verschieden** ゲトレント, フェアシーデン	separate, respective セパレイト, リスペクティヴ
へつらう **へつらう** hetsurau	**schmeicheln** シュマイヒェルン	flatter フラタ

日	独	英
べてらん **ベテラン** beteran	*der*(*die*) **Veteran(*in*)**, *der* (*die*) **Experte(-*in*)** ヴェテラーン(-ニン), エクスペルテ(-ティン)	veteran, expert ヴェテラン, エクスパート
べとなむ **ベトナム** betonamu	(*das*) **Vietnam** ヴィエトナム	Vietnam ヴィエトナーム
へどろ **へどろ** hedoro	*der* **Schlamm**, *der* **Matsch** シュラム, マッチュ	sludge, colloidal sediment スラヂ, カロイドル セディメン ト
ぺなるてぃー **ペナルティー** penarutii	*die* **Strafe** シュトラーフェ	penalty ペナルティ
～キック	*der* **Strafstoß**, *der* **Elfme-** **ter** シュトラーフシュトース, エルフメーター	penalty kick ペナルティ キク
ぺにす **ペニス** penisu	*der* **Penis** ペーニス	penis ピーニス
ぺぱーみんと **ペパーミント** pepaaminto	*das* **Pfefferminz** プフェッファーミンツ	peppermint ペパミント
へび **蛇** hebi	*die* **Schlange** シュランゲ	snake, serpent スネイク, サーペント
べびーかー **ベビーカー** （箱形の） bebiikaa	*der* **Kinderwagen** キンダーヴァーゲン	baby carriage, Ⓑpram ベイビ キャリヂ, プラム
（椅子形の）	*der* **Buggy** バッギ	stroller, Ⓑpush- chair ストロウラ, プシュチェア
へや **部屋** heya	*das* **Zimmer** ツィマー	room ルーム
へらす **減らす** herasu	**vermindern, reduzieren** フェアミンダーン, レドゥツィーレン	decrease, reduce ディクリース, リデュース
べらんだ **ベランダ** beranda	*die* **Veranda** ヴェランダ	veranda ヴェランダ
へり **へり** heri	*der* **Rand** ラント	edge, border エヂ, ボーダ

日	独	英
へりうむ **ヘリウム** heriumu	*das* **Helium** ヘーリウム	helium ヒーリアム
へりくだる **へりくだる** herikudaru	*sich⁴* **erniedrigen,** *sich⁴* **demütigen** ..エアニードリゲン, ..デミューティゲン	abase oneself, put oneself down アベイス, プト ダウン
へりこぷたー **ヘリコプター** herikoputaa	*der* **Hubschrauber** フープシュラオバー	helicopter ヘリカプタ
へりぽーと **ヘリポート** heripooto	*der* **Heliport** ヘリポルト	heliport ヘリポート
へる **経る** heru	**vorüber|gehen, verstreichen** フォリューバーゲーエン, フェアシュトライヒェン	pass, go by パス, ゴウ バイ
へる **減る** heru	**ab|nehmen,** *sich⁴* **verringern** アップネーメン, ..フェアリンガーン	decrease, diminish ディクリース, ディミニシュ
べる **ベル** beru	*die* **Glocke** グロッケ	bell ベル
ぺるー **ペルー** peruu	(*das*) **Peru** ペルー	Peru ペルー
べるぎー **ベルギー** berugii	(*das*) **Belgien** ベルギエン	Belgium ベルヂャム
へるつ **ヘルツ** herutsu	*das* **Hertz** ヘルツ	hertz ハーツ
べると **ベルト** beruto	*der* **Gürtel** ギュルテル	belt ベルト
～コンベアー	*das* **Fließband** フリースバント	belt conveyor ベルト カンヴェイア
へるにあ **ヘルニア** herunia	*die* **Hernie** ヘルニエ	hernia ハーニア
へるめっと **ヘルメット** herumetto	*der* **Schutzhelm,** *der* **Sturzhelm** シュッツヘルム, シュトゥルツヘルム	helmet ヘルメト

日		独	英
ヘロイン heroin		*das* **Heroin** ヘロイーン	heroin ヘロウイン
辺 hen	(図形の)	*die* **Seite** ザイテ	side サイド
	(辺り)	*die* **Nachbarschaft**, *die* **Umgebung** ナッハバールシャフト，ウムゲーブング	neighborhood ネイバフド
便 ben	(大便)	*der* **Stuhl** シュトゥール	excrement, feces エクスクレメント，フィースィーズ
	(便利)	*die* **Bequemlichkeit** ベクヴェームリヒカイト	convenience コンヴィーニェンス
弁 ben		*das* **Ventil** ヴェンティール	valve ヴァルヴ
ペン pen		*die* **Feder** フェーダー	pen ペン
変圧器 hen-atsuki		*der* **Transformator** トランスフォルマートーア	transformer トランスフォーマ
変化 henka		*die* **Änderung**, *der* **Wechsel** エンデルング，ヴェクセル	change チェインヂ
弁解 benkai		*die* **Rechtfertigung**, *die* **Ausrede** レヒトフェルティグング，アオスレーデ	excuse イクスキュース
～する		*sich⁴* **rechtfertigen**, *sich⁴* **heraus|reden** ‥レヒトフェルティゲン，‥ヘラオスレーデン	make an excuse, excuse oneself メイク アン イクスキュース，イクスキューズ
変革 henkaku		*die* **Reform** レフォルム	reform, change リフォーム，チェインヂ
～する		**reformieren** レフォルミーレン	reform, change リフォーム，チェインヂ
変化する henkasuru		*sich⁴* **ändern, wechseln** ‥エンダーン，ヴェクセルン	change チェインヂ

日	独	英
へんかんする **返還する** henkansuru	**zurück|geben, wieder|-geben** ツリュックゲーベン, **ヴィ**ーダーゲーベン	return リ**タ**ーン
へんき **ペンキ** penki	*die* **Ölfarbe** エールファルベ	paint **ペ**イント
へんきゃく **返却** henkyaku	*die* **Rückgabe** リュックガーベ	return リ**タ**ーン
～する	**zurück|geben** ツリュックゲーベン	return リ**タ**ーン
べんきょう **勉強** benkyou	*das* **Studium,** *das* **Lernen** シュ**トゥ**ーディウム, **レ**ルネン	study, work ス**タ**ディ, **ワ**ーク
～する	**studieren, lernen** シュトゥ**ディ**ーレン, **レ**ルネン	study, work ス**タ**ディ, **ワ**ーク
へんきょく **編曲** henkyoku	*die* **Bearbeitung** ベ**ア**ルバイトゥング	arrangement ア**レ**インヂメント
～する	**bearbeiten** ベ**ア**ルバイテン	arrange ア**レ**インヂ
べんぎん **ペンギン** pengin	*der* **Pinguin** ピング**イ**ーン	penguin **ペ**ングウィン
へんけん **偏見** henken	*das* **Vorurteil** **フォ**ーアウルタイル	prejudice, bias プレ**ヂュ**ディス, **バ**イアス
べんご **弁護** bengo	*die* **Verteidigung** フェア**タ**イディグング	defense, advocacy ディ**フェ**ンス, **ア**ドヴォカスィ
～士	*der* (*die*) **Rechtsan*walt* (*-wältin*)** レヒツアンヴァルト(-ヴェルティン)	lawyer, counsel **ロ**ーヤ, **カ**ウンセル
～する	**verteidigen** フェア**タ**イディゲン	plead, defend プ**リ**ード, ディ**フェ**ンド
へんこう **変更** henkou	*die* **Veränderung,** *die* **Änderung** フェア**エ**ンデルング, **エ**ンデルング	change, alteration **チェ**インヂ, オールタ**レ**イション

日	独	英
〜する	**ändern, verändern** エンダーン，フェアエンダーン	change, alter チェインヂ，オルタ
へんさい **返済** (返金) hensai	*die* **Rückzahlung,** *die* **Rückerstattung** リュックツァールング，リュックエアシュタットゥング	repayment リペイメント
へんさん **編纂** hensan	*die* **Zusammenstellung** ツザメンシュテルング	compilation カンピレイション
〜する	**heraus|geben** ヘラオスゲーベン	compile, edit コンパイル，エディト
へんじ **返事** henji	*die* **Antwort** アントヴォルト	reply, answer リプライ，アンサ
〜をする	**antworten** アントヴォルテン	answer, reply アンサ，リプライ
へんしゅう **編集** henshuu	*die* **Herausgabe,** *die* **Redaktion** ヘラオスガーベ，レダクツィオーン	editing エディティング
〜者	*der*(*die*) **Redakteur(*in*),** *der*(*die*) **Herausgeber(*in*)** レダクテーア(-リン)，ヘラオスゲーバー(-ペリン)	editor エディタ
〜する	**heraus|geben, redigieren** ヘラオスゲーベン，レディギーレン	edit エディト
へんしゅうきょう **偏執狂** henshuukyou	*der*(*die*) **Monomane(-*in*)** モノマーネ(-ニン)	monomaniac, obsessive person マノメイニアク，オブセッシヴパースン
べんしょうする **弁償する** benshousuru	**entschädigen** エントシェーディゲン	compensate, reimburse カンペンセイト，リーインバース
へんしょくする **変色する** henshokusuru	*sich*⁴ **verfärben** ‥フェアフェルベン	discolor ディスカラ
へんじん **変人** henjin	*der* **Sonderling,** *der*(*die*) **Exzentriker(*in*)** ゾンダーリング，エクスツェントリカー(-ケリン)	eccentric person イクセントリクパースン

日	独	英
へんずつう **偏頭痛** henzutsuu	*die* **Migräne** ミグレーネ	migraine マイグレイン
へんせい **編成** hensei	*die* **Formierung,** *die* **For-mation** フォルミールング，フォルマツィオーン	formation フォーメイション
～する	**zusammen|stellen, auf|-stellen** ツザメンシュテレン，**ア**オフシュテレン	form, organize, Ⓑorganise フォーム，オーガナイズ，オーガナイズ
へんそうする **変装する** hensousuru	*sich*[4] **verkleiden, maskie-ren** ‥ フェア**ク**ライデン，マス**キー**レン	disguise oneself as ディスガイズ アズ
ぺんだんと **ペンダント** pendanto	*der* **Anhänger** **ア**ンヘンガー	pendant ペンダント
べんち **ベンチ** benchi	*die* **Bank** バンク	bench ベンチ
ぺんち **ペンチ** penchi	*die* **Zange** ツァンゲ	pliers プライアズ
へんどう **変動**　（物価などの） hendou	*das* **Schwankung,** *die* **Fluktuation** シュ**ヴァ**ンクング，フルクトゥア**ツィ**オーン	fluctuations フラクチュエイションズ
（物事の）	*die* **Veränderung,** *die* **Än-derung** フェア**エ**ンデルング，**エ**ンデルング	change チェインヂ
べんとう **弁当** bentou	*der* **Imbiss,** *der* **Proviant** **イ**ンビス，プロ**ヴィア**ント	lunch, box lunch ランチ，バクス ランチ
へんとうせん **扁桃腺** hentousen	*die* **Mandeln** *pl.* **マ**ンデルン	tonsils **タ**ンスィルズ
へんな **変な** henna	**merkwürdig, seltsam** **メ**ルクヴュルディヒ，**ゼ**ルトザーム	strange, peculiar スト**レ**インヂ，ピ**キュー**リア
ぺんねーむ **ペンネーム** penneemu	*der* **Künstlername** **キュ**ンストラーナーメ	pen name ペン ネイム
べんぴ **便秘** benpi	*die* **Verstopfung** フェア**シュ**トプフング	constipation カンスティ**ペ**イション

日	独	英
へんぴな **辺鄙な** henpina	**abgelegen** アップゲレーゲン	remote リモウト
へんぴん **返品** henpin	**zurückgekommene Wa-ren** *pl.* ツリュックゲコメネ **ヴァ**ーレン	returned goods リターンド **グ**ヅ
～する	**zurück|geben** ツリュックゲーベン	return リターン
へんぼう **変貌** henbou	*die* **Umgestaltung** ウムゲシュタルトゥング	transfiguration トランスフィギュレイション
～する	*sich*[4] **um|gestalten** ‥ **ウ**ムゲシュタルテン	undergo a com-plete change アンダ**ゴ**ウ ア コンプ**リ**ート **チェ**インヂ
べんりな **便利な** benrina	**praktisch, günstig** プ**ラ**クティシュ, **ギュ**ンスティヒ	convenient コン**ヴィ**ーニェント
べんろん **弁論** benron	*die* **Diskussion** ディスクス**ィ**オーン	discussion, debate ディス**カ**ション, ディ**ベ**イト

ほ, ホ

日	独	英
ほ **帆** ho	*das* **Segel** ゼーゲル	sail **セ**イル
ほ **穂** ho	*die* **Ähre** エーレ	ear **イ**ア
ほあん **保安** hoan	*die* **Sicherheit** ズィヒャーハイト	security スィ**キュ**アリティ
ほいくし **保育士** hoikushi	*der* (*die*) **Kindergärt-ner**(*in*) **キ**ンダーゲルトナー(-ネリン)	child care worker **チャ**イルド **ケ**ア **ワ**ーカ
ほいくしょ **保育所** hoikusho	*der* **Kinderhort** **キ**ンダーホルト	daycare center, day nursery **デ**イケア **セ**ンタ, **デ**イ **ナ**ーサリ
ぼいこっと **ボイコット** boikotto	*der* **Boykott** **ボ**イコット	boycott **ボ**イカト

日	独	英
〜**する**	**boykottieren** ボイコッティーレン	boycott ボイカト
ほいっする **ホイッスル** hoissuru	*die* **Pfeife** プ**ファ**イフェ	whistle (ホ)**ウィ**スル
ぼいらー **ボイラー** boiraa	*der* **Kessel**, *der* **Boiler** **ケッ**セル, **ボ**イラー	boiler **ボ**イラ
ぼいん **母音** boin	*der* **Vokal** ヴォ**カ**ール	vowel **ヴァ**ウエル
ぼいん **拇印** boin	*der* **Daumenabdruck** **ダ**オメンアプドルック	thumbprint **サ**ムプリント
ぽいんと **ポイント** pointo	*der* **Punkt** **プ**ンクト	point **ポ**イント
ほう **法**　　（方法） hou	*die* **Methode**, *die* **Art** メ**トー**デ, **アー**ルト	method, way **メ**ソド, **ウェ**イ
（法律・規則）	*das* **Gesetz**, *das* **Recht** ゲ**ゼッ**ツ, **レ**ヒト	law, regulation **ロ**ー, レギュ**レ**イション
ぼう **棒** bou	*der* **Stock**, *die* **Stange** シュ**トッ**ク, シュ**タ**ンゲ	stick, rod ス**ティ**ク, **ラ**ド
ほうあん **法案** houan	*der* **Gesetzentwurf** ゲ**ゼッ**ツエントヴルフ	bill **ビ**ル
ほうい **方位** houi	*die* **Richtung**, *die* **Him-melsrichtung** **リ**ヒトゥング, **ヒ**ンメルスリヒトゥング	direction ディ**レ**クション
ぼうえい **防衛** bouei	*die* **Verteidigung** フェア**タ**イディグング	defense, Ⓑdefence ディ**フェ**ンス, ディ**フェ**ンス
〜**する**	**verteidigen** フェア**タ**イディゲン	defend ディ**フェ**ンド
ほうえいする **放映する** houeisuru	**aus|strahlen**, **senden** **ア**オスシュトラーレン, **ゼ**ンデン	telecast **テ**レキャスト

日	独	英
ぼうえき **貿易** boueki	*der* **Handel,** *der* **Außenhandel** ハンデル, **ア**オセンハンデル	trade, commerce トレイド, **カ**マス
ぼうえんきょう **望遠鏡** bouenkyou	*das* **Teleskop,** *das* **Fernrohr** テレス**コ**ープ, **フェ**ルンローア	telescope **テ**レスコウプ
ぼうえんれんず **望遠レンズ** bouenrenzu	*das* **Teleobjektiv** テーレオブイェク**ティ**ーフ	telephoto lens **テ**レフォウトウ レンズ
ほうおう **法王** houou	*der* **Papst** パープスト	Pope **ポ**ウプ
ぼうおんの **防音の** bouonno	**schalldicht** **シャ**ルディヒト	soundproof **サ**ウンドプルーフ
ほうか **放火** houka	*die* **Brandstiftung** ブラントシュ**ティ**フトゥング	incendiary fire イン**セ**ンディエリ **ファ**イア
ぼうか **防火** bouka	*der* **Feuerschutz,** *die* **Brandverhütung** **フォ**イアーシュッツ, ブラントフェア**ヒュ**ートゥング	fire prevention **ファ**イア プリ**ヴェ**ンション
ぼうがい **妨害** bougai	*die* **Behinderung,** *das* **Hindernis** ベ**ヒ**ンデルング, **ヒ**ンダーニス	obstruction オブスト**ラ**クション
〜する	**stören, hindern** シュ**テ**ーレン, **ヒ**ンダーン	disturb, hinder ディス**タ**ーブ, **ハ**インダ
ほうかいする **崩壊する** houkaisuru	**zusammen|brechen, zerfallen** ツ**ザ**メンブレッヒェン, ツェア**ファ**レン	collapse カ**ラ**プス
ほうがく **方角** hougaku	*die* **Richtung** **リ**ヒトゥング	direction ディ**レ**クション
ほうかご **放課後** houkago	**nach der Schule** ナーハ デア **シュ**ーレ	after school **ア**フタ ス**ク**ール
ぼうかんしゃ **傍観者** boukansha	*der*(*die*) **Zuschauer(in)** **ツ**ーシャオアー(-エリン)	onlooker **ア**ンルカ
ぼうかんする **傍観する** boukansuru	**zu|schauen, zu|sehen** **ツ**ーシャオエン, **ツ**ーゼーエン	look on **ル**ク オン

日	独	英
ほうがんなげ **砲丸投げ** hougannage	*das* **Kugelstoßen** クーゲルシュトーセン	shot put シャトプト
ほうき **箒** houki	*der* **Besen** ベーゼン	broom ブルム
ぼうぎょ **防御** bougyo	*die* **Verteidigung,** *die* **Abwehr** フェアタイディグング, アップヴェーア	defense, ®defence ディフェンス, ディフェンス
〜する	**verteidigen, ab|wehren** フェアタイディゲン, アップヴェーレン	defend, protect ディフェンド, プロテクト
ぼうくうごう **防空壕** boukuugou	*der* **Bunker,** *der* **Luftschutzbunker** ブンカー, ルフトシュッツブンカー	air-raid shelter エアレイド シェルタ
ぼうくん **暴君** boukun	*der* **Tyrann,** *der* **Despot** テュラン, デスポート	tyrant タイアラント
ほうげん **放言** hougen	**taktlose Bemerkung** タクトローゼ ベメルクング	unreserved talk, wild remark アンリザーヴド トーク, ワイルド リマーク
ほうげん **方言** hougen	*der* **Dialekt,** *die* **Mundart** ディアレクト, ムントアールト	dialect ダイアレクト
ぼうけん **冒険** bouken	*das* **Abenteuer** アーベントイアー	adventure アドヴェンチャ
〜する	**ein Risiko ein|gehen** アイン リーズィコ アインゲーエン	take a risk, run a risk テイク ア リスク, ラン ア リスク
ぼうげん **暴言** bougen	**verletzende Äußerung** フェアレッツェンデ オイセルング	abusive words アビュースィヴ ワーツ
ほうけんせい **封建制** houkensei	*der* **Feudalismus** フォイダリスムス	feudalism フューダリズム
ほうけんてきな **封建的な** houkentekina	**feudal, feudalistisch** フォイダール, フォイダリスティシュ	feudal フューダル
ほうこう **方向** houkou	*die* **Richtung** リヒトゥング	direction ディレクション

ほ

日	独	英
ぼうこう **暴行** boukou	*die* **Gewalttat** ゲヴァルトタート	violence, outrage **ヴァ**イオレンス, **ア**ウトレイヂ
ほうこく **報告** houkoku	*der* **Bericht** ベリヒト	report リポート
～する	**berichten** ベリヒテン	report, inform リポート, イン**フォ**ーム
ぼうさい **防災** bousai	*der* **Katastrophenschutz** カタスト**ロ**ーフェンシュッツ	prevention of disasters プリ**ヴェ**ンション オヴ ディ**ザ**スタズ
ほうさく **豊作** housaku	**gute Ernte** グーテ **エ**ルンテ	good harvest **グ**ド ハーヴェスト
ぼうし **帽子** boushi	*der* **Hut** フート	hat, cap ハト, **キャ**プ
ほうしき **方式** houshiki	*das* **System**, *die* **Methode** ジュス**テ**ーム, メ**ト**ーデ	form, method **フォ**ーム, **メ**ソド
ほうしする **奉仕する** houshisuru	**dienen** **ディ**ーネン	serve **サ**ーヴ
ほうしゃせん **放射線** houshasen	**radioaktive Strahlen** *pl.* ラディオアク**ティ**ーヴェ シュト**ラ**ーレン	radiation レイディ**エ**イション
ほうしゃのう **放射能** houshanou	*die* **Radioaktivität** ラディオアクティヴィ**テ**ート	radioactivity レイディオウアク**ティ**ヴィティ
ほうしゅう **報酬** houshuu	*die* **Belohnung**, *der* **Lohn** ベ**ロ**ーヌング, **ロ**ーン	remuneration リミューナ**レ**イション
ほうしん **方針** houshin	*das* **Prinzip**, *der* **Grundsatz** プリン**ツィ**ープ, グ**ル**ントザッツ	course, policy **コ**ース, **パ**リスィ
ほうじん **法人** houjin	**juristische Person** ユリスティシェ ペル**ゾ**ーン	juridical person ヂュア**リ**ディカル **パ**ースン
ぼうすいの **防水の** bousuino	**wasserdicht** **ヴァ**ッサーディヒト	waterproof **ウォ**ータプルーフ

日	独	英
ほうせき **宝石** houseki	*der* **Edelstein,** *das* **Juwel** エーデルシュタイン, ユヴェール	jewel **ヂ**ューエル
ぼうぜんと **呆然と** bouzento	**bestürzt, fassungslos** ベシュ**テ**ュルツト, **ファ**ッスングスロース	blankly, in a daze ブランクリ, イン ア **デ**イズ
ほうそう **包装** housou	*die* **Verpackung** フェア**パ**ックング	wrapping **ラ**ピング
ほうそう **放送** housou	*die* **Sendung** **ゼ**ンドゥング	broadcast ブロードキャスト
～局	*der* **Rundfunk,** *der* **Fern- sehsender** **ル**ントフンク, **フェ**ルンゼーゼンダー	broadcasting sta- tion ブロードキャスティング ステイ ション
ぼうそうぞく **暴走族** bousouzoku	*der* **Rocker** **ロ**ッカー	motorcycle gang モウタサイクル **ギャ**ング
ほうそく **法則** housoku	*das* **Gesetz** ゲ**ゼ**ッツ	law, rule **ロ**ー, **ル**ール
ほうたい **包帯** houtai	*der* **Verband** フェア**バ**ント	bandage **バ**ンディヂ
ぼうだいな **膨大な** boudaina	**ungeheuer, gewaltig** **ウ**ンゲホイアー, ゲ**ヴァ**ルティヒ	enormous, huge イ**ノ**ーマス, **ヒュ**ーヂ
ぼうたかとび **棒高跳び** boutakatobi	*der* **Stabhochsprung** シュ**タ**ープホーホシュプルング	pole vault **ポ**ウル **ヴォ**ールト
ほうちする **放置する** houchisuru	**lassen, in Ruhe lassen** **ラ**ッセン, イン **ル**ーエ **ラ**ッセン	leave alone, ne- glect **リ**ーヴ ア**ラ**ウン, ニグ**レ**クト
ぼうちゅうざい **防虫剤** bouchuuzai	*die* **Mottenkugel** **モ**ッテンクーゲル	mothball **モ**ースボール
ほうちょう **包丁** houchou	*das* **Küchenmesser** **キュ**ッヒェンメッサー	kitchen knife **キ**チン **ナ**イフ
ぼうちょうする **膨張する** bouchousuru	**expandieren,** *sich⁴* **aus|- dehnen** エクスパン**ディ**ーレン, ‥ **ア**オスデーネン	expand, swell イクス**パ**ンド, ス**ウェ**ル

ほ

日	独	英
ぼうちょうてい **防潮堤** bouchoutei	*der* **Deich** ダイヒ	seawall スィーウォール
ほうっておく **ほうっておく** houtteoku	**lassen, in Ruhe lassen** ラッセン, イン ルーエ ラッセン	leave alone, neglect リーヴ アロウン, ニグレクト
ほうてい **法廷** houtei	*das* **Gericht** ゲリヒト	court コート
ほうていしき **方程式** houteishiki	*die* **Gleichung** グライヒュング	equation イクウェイション
ほうてきな **法的な** houtekina	**gesetzlich, rechtlich** ゲゼッツリヒ, レヒトリヒ	legal リーガル
ほうどう **報道** houdou	*die* **Meldung,** *der* **Bericht** メルドゥング, ベリヒト	news, report ニューズ, リポート
〜する	**melden** メルデン	report, inform リポート, インフォーム
ぼうどう **暴動** boudou	*der* **Aufruhr,** *der* **Aufstand** アオフルーア, アオフシュタント	riot ライオト
ほうにんする **放任する** houninsuru	**freien Lauf lassen** フライエン ラオフ ラッセン	leave リーヴ
ぼうはん **防犯** bouhan	*die* **Verbrechensverhütung** フェアブレッヒェンスフェアヒュートゥング	crime prevention クライム プリヴェンション
ほうび **褒美** houbi	*die* **Belohnung,** *der* **Preis** ベローヌング, プライス	reward リウォード
ほうふ **抱負** houfu	*das* **Vorhaben,** *der* **Ehrgeiz** フォーアハーベン, エーアガイツ	ambition アンビション
ぼうふう **暴風** boufuu	*der* **Sturm** シュトゥルム	storm, gale ストーム, ゲイル
〜雨	*das* **Unwetter** ウンヴェッター	storm, rainstorm ストーム, レインストーム

日	独	英
ほうふくする **報復する** houfukusuru	**vergelten** フェアゲルテン	retaliate リタリエイト
ぼうふざい **防腐剤** boufuzai	*das* **Konservierungsmit-tel** コンゼルヴィールングスミッテル	preservative プリザーヴァティヴ
ほうふな **豊富な** houfuna	**reichlich, in Hülle und Fülle** ライヒリヒ, イン ヒュレ ウント フュレ	rich in, abundant in リチ イン, アバンダント イン
ほうほう **方法** houhou	*die* **Methode, Art und Weise** メトーデ, アールト ウント ヴァイゼ	way, method ウェイ, メソド
ほうまんな **豊満な** houmanna	**üppig, mollig** ユッピヒ, モリヒ	plump プランプ
ぼうめい **亡命** boumei	*die* **Emigration,** *das* **Exil** エミグラツィオーン, エクスィール	political asylum ポリティカル アサイラム
ほうめん **方面** (方向) houmen	*die* **Richtung** リヒトゥング	direction ディレクション
(局面・側面)	*der* **Aspekt,** *die* **Seite** アスペクト, ザイテ	aspect アスペクト
ほうもん **訪問** houmon	*der* **Besuch** ベズーフ	visit, call ヴィズィト, コール
～する	**besuchen** ベズーヘン	visit ヴィズィト
ぼうらく **暴落** bouraku	*der* **Preissturz** プライスシュトゥルツ	heavy fall, nose-dive ヘヴィ フォール, ノウズダイヴ
～する	**fallen, ein|brechen** ファレン, アインブレッヒェン	fall heavily, nose-dive フォール ヘヴィリ, ノウズダイヴ
ぼうり **暴利** bouri	*der* **Wucher** ヴーハー	excessive profits イクセスィヴ プラフィツ
ほうりつ **法律** houritsu	*das* **Gesetz,** *das* **Recht** ゲゼッツ, レヒト	law ロー

日	独	英
ほうりなげる **放り投げる** hourinageru	**werfen** ヴェルフェン	throw, toss スロウ, トス
ぼうりゃく **謀略** bouryaku	die **List**, die **Intrige** リスト, イントリーゲ	plot プラト
ぼうりょく **暴力** bouryoku	die **Gewalt** ゲヴァルト	violence ヴァイオレンス
～団	die **Gangsterbande**, die **Yakuza** ギャングスターバンデ, ヤクーザ	gang, crime syndicate ギャング, クライム スィンディカト
ぼうりんぐ **ボウリング** bouringu	das **Bowling** ボーリング	bowling ボウリング
ほうる **放る** houru	**werfen** ヴェルフェン	throw, toss スロウ, トス
ぼうる **ボウル** bouru	die **Schüssel** シュッセル	bowl ボウル
ほうれい **法令** hourei	das **Gesetz**, die **Verordnung** ゲゼッツ, フェアオルドヌング	law, ordinance ロー, オーディナンス
ほうれんそう **ホウレンソウ** hourensou	der **Spinat** シュピナート	spinach スピニチ
ほうろう **放浪** hourou	die **Wanderlust**, das **Vagabundieren** ヴァンダールスト, ヴァガブンディーレン	wandering ワンダリング
ほえる **吠える** hoeru	**bellen** ベレン	bark バーク
ほお **頬** hoo	die **Backe**, die **Wange** バッケ, ヴァンゲ	cheek チーク
ぼーいふれんど **ボーイフレンド** booifurendo	der **Freund** フロイント	boyfriend ボイフレンド
ぽーかー **ポーカー** pookaa	das **Poker** ポーカー	poker ポウカ

日	独	英
ほーす **ホース** hoosu	*der* **Schlauch** シュラオホ	hose ホウズ
ぽーず **ポーズ** poozu	*die* **Haltung,** *die* **Pose** ハルトゥング, ポーゼ	pose ポウズ
～をとる	**eine Pose ein|nehmen** アイネ ポーゼ アインネーメン	pose ポウズ
ぼーと **ボート** booto	*das* **Boot** ボート	boat ボウト
ぼーなす **ボーナス** boonasu	*der* **Bonus** ボーヌス	bonus ボウナス
ほおべに **頬紅** hoobeni	*das* **Rouge** ルージュ	rouge ルージュ
ほおぼね **頬骨** hoobone	*der* **Backenknochen** バッケンクノッヘン	cheekbones チークボウンズ
ほーむ **ホーム**　　（家） hoomu	*das* **Heim** ハイム	home ホウム
（プラットホーム）	*der* **Bahnsteig** バーンシュタイク	platform プラトフォーム
～シック	*das* **Heimweh** ハイムヴェー	homesickness ホウムスィクネス
～ステイ	*der* **Homestay,** *der* **Auf-enthalt bei einer Gastfa-milie** ホウムステイ, アオフエントハルト バイ アイナー ガストファミーリエ	homestay ホウムステイ
～ページ	*die* **Homepage** ホウムペイジ	home page ホウム ペイヂ
～レス	*der/die* **Obdachlose** オプダッハローゼ	homeless ホウムレス
ぽーらんど **ポーランド** poorando	(*das*) **Polen** ポーレン	Poland ポウランド

日	独	英
ぼーりんぐ **ボーリング** （掘削） booringu	*die* **Bohrung** ボールングブ	boring ボーリング
ほーる **ホール** （広間） hooru	*die* **Halle,** *der* **Saal** ハレ，**ザ**ール	hall ホール
ぼーる **ボール** booru	*der* **Ball** バル	ball ボール
ぼーるがみ **ボール紙** boorugami	*die* **Pappe** パッペ	cardboard カードボード
ほかくする **捕獲する** hokakusuru	**fangen** ファンゲン	capture キャプチャ
ぼかす **ぼかす** bokasu	**schattieren, ab|stufen** シャ**ティ**ーレン，**ア**ップシュトゥーフェン	shade off, obscure シェイド **オ**ーフ，オブス**キュ**ア
ほかの **他の** hokano	**ander** **ア**ンダー	another, other ア**ナ**ザ，**ア**ザ
ほがらかな **朗らかな** hogarakana	**heiter, fröhlich** **ハ**イター，フ**レ**ーリヒ	cheerful **チ**アフル
ほかんする **保管する** hokansuru	**auf|bewahren** **ア**オフベヴァーレン	keep, store **キ**ープ，ス**ト**ー
ぼき **簿記** boki	*die* **Buchführung,** *die* **Buchhaltung** **ブ**ーフフュールング，**ブ**ーフハルトゥング	bookkeeping ブ**ク**ーピング
ほきゅうする **補給する** hokyuusuru	**versorgen, zu|führen** フェア**ゾ**ルゲン，**ツ**ーフューレン	supply, replenish サプ**ラ**イ，リプ**レ**ニシュ
ぼきん **募金** bokin	*die* **Spende** シュ**ペ**ンデ	fund-raising **ファ**ンドレイズィング
ほくおう **北欧** hokuou	*(das)* **Nordeuropa** **ノ**ルトオイローパ	Northern Europe **ノ**ーザン **ユ**アロプ
ぼくさー **ボクサー** bokusaa	*der(die)* **Boxer(*in*)** **ボ**クサー(-セリン)	boxer **バ**クサ

ほ

日	独	英
ぼくし **牧師** bokushi	*der* **Pfarrer** プファラー	pastor, parson パスタ, パーソン
ぼくじょう **牧場** bokujou	*die* **Weide** ヴァイデ	pasture, ranch パスチャ, ランチ
ぼくしんぐ **ボクシング** bokushingu	*das* **Boxen**, *der* **Box-kampf** ボクセン, ボクスカンプフ	boxing バクスィング
ほくせい **北西** hokusei	(*der*) **Nordwesten** ノルトヴェステン	northwest ノースウェスト
ぼくそう **牧草** bokusou	*die* **Weide**, *das* **Weidegras** ヴァイデ, ヴァイデグラース	grass グラス
ぼくちく **牧畜** bokuchiku	*die* **Viehzucht** フィーツフト	stock farming スタク ファーミング
ほくとう **北東** hokutou	(*der*) **Nordosten** ノルトオステン	northeast ノースイースト
ほくとしちせい **北斗七星** hokutoshichisei	**der Große Bär, der Große Wagen** デア グローセ ベーア, デア グローセ ヴァーゲン	Big Dipper, Ⓑ Plough ビグ ディパ, プラウ
ほくぶ **北部** hokubu	*der* **Norden** ノルデン	northern part ノーザン パート
ぼくめつする **撲滅する** bokumetsusuru	**vertilgen, aus|rotten** フェアティルゲン, アオスロッテン	exterminate イクスターミネイト
ほくろ **ほくろ** hokuro	*das* **Muttermal** ムッターマール	mole モウル
ぼけい **母系** bokei	**mütterliche Linie** ミュッターリヒェ リーニエ	maternal line マターナル ライン
ほけつ **補欠** hoketsu	*der* **Ersatz** エアザッツ	substitute サブスティテュート
ぽけっと **ポケット** poketto	*die* **Tasche** タッシェ	pocket パケト

ほ

日	独	英
ぼける **ぼける** bokeru	**senil werden** ゼニール ヴェーアデン	grow senile グロウ **スィ**ーナイル
ほけん **保険** hoken	*die* **Versicherung** フェア**ズィ**ヒェルング	insurance イン**シュ**アランス
～会社	*die* **Versicherungsgesell-schaft** フェア**ズィ**ヒェルングスゲゼルシャフト	insurance company イン**シュ**アランス **カン**パニ
～金	*die* **Versicherungssumme** フェア**ズィ**ヒェルングスズメ	insurance money イン**シュ**アランス **マ**ニ
ほけん **保健** hoken	*die* **Gesundheitspflege** ゲ**ズ**ントハイツプフレーゲ	health, hygiene ヘルス，**ハ**イヂーン
ぼこう **母校** bokou	*die* **Alma Mater** アルマ **マ**ーター	alma mater, one's old school アルマ **マ**ータ，**オ**ウルド ス**ク**ール
ほこうしゃ **歩行者** hokousha	*der*(*die*) **Fußgänger(*in*)** フースゲンガー(-ゲリン)	pedestrian, walker ペ**デ**ストリアン，**ウォ**ーカ
ぼこく **母国** bokoku	*das* **Vaterland** **ファ**ーターラント	mother country **マ**ザ **カ**ントリ
ほごする **保護する** hogosuru	**schützen** **シュ**ッツェン	protect プロ**テ**クト
ほこり **誇り** hokori	*der* **Stolz** シュ**ト**ルツ	pride プ**ラ**イド
ほこる **誇る** hokoru	*auf j*⁴/*et*⁴ **stolz sein** アオフ‥シュ**ト**ルツ ザイン	(be) proud of (ビ) プ**ラ**ウド オヴ
ほころびる **ほころびる** hokorobiru	**auf|gehen** **ア**オフゲーエン	come apart **カ**ム ア**パ**ート
ほし **星** hoshi	*der* **Stern** シュ**テ**ルン	star ス**タ**ー
～占い	*das* **Horoskop,** *die* **Astrologie** ホロス**コ**ープ，アスト**ロ**ロ**ギ**ー	horoscope **ホ**ロスコウプ

707

日	独	英
ほしい **欲しい** hoshii	**wünschen, wollen** ヴュンシェン, ヴォレン	want, wish for ワント, ウィシュ フォ
ほしがる **欲しがる** hoshigaru	**wünschen, wollen** ヴュンシェン, ヴォレン	want, wish for ワント, ウィシュ フォ
ほじくる **ほじくる** hojikuru	**bohren, stochern** ボーレン, シュトッハーン	pick ピク
ぽじしょん **ポジション** pojishon	_die_ **Position** ポズィツィオーン	position ポズィション
ほしゃく **保釈** hoshaku	_die_ **Freilassung gegen Kaution** フライラスング ゲーゲン カオツィオーン	bail ベイル
〜金	_die_ **Kaution** カオツィオーン	bail ベイル
ほしゅ **保守** hoshu	_der_ **Konservatismus** コンゼルヴァティスムス	conservatism コンサーヴァティズム
〜的な	**konservativ** コンゼルヴァティーフ	conservative コンサーヴァティヴ
ほしゅう **補習** hoshuu	_die_ **Nachhilfestunde** ナーハヒルフェシュトゥンデ	extra lessons エクストラ レスンズ
ぼしゅう **募集** boshuu	_die_ **Anwerbung** アンヴェルブング	recruitment リクルートメント
〜する	**werben** ヴェルベン	recruit リクルート
（寄付などの）	_die_ **Sammlung** ザムルング	collection コレクション
〜する	**sammeln** ザメルン	collect コレクト
ほじゅうする **補充する** hojuusuru	**ergänzen** エアゲンツェン	supplement, replenish サプリメント, リプレニシュ

ほ

日	独	英
ほじょ **補助** hojo	*die* **Unterstützung** ウンターシュテュッツング	assistance アスィスタンス
〜する	**unterstützen** ウンターシュテュッツェン	assist アスィスト
ほしょう **保証** hoshou	*die* **Garantie**, *die* **Versicherung** ガランティー, フェアズィヒェルング	guarantee ギャランティー
〜書	*der* **Garantieschein** ガランティーシャイン	written guarantee リトン ギャランティー
〜する	**versichern, garantieren** フェアズィヒャーン, ガランティーレン	guarantee, assure ギャランティー, アシュア
〜人	*der*(*die*) **Bürge(-in)** ビュルゲ(-ギン)	guarantor, surety ギャラントー, シュアティ
ほす **干す** hosu	**trocknen** トロックネン	dry, air ドライ, エア
ぽすたー **ポスター** posutaa	*das* **Plakat** プラカート	poster ポウスタ
ほすてす **ホステス** hosutesu	*die* **Hostess**, *die* **Gastgeberin** ホステス, ガストゲーベリン	hostess ホウステス
ほすと **ホスト** hosuto	*der* **Gastgeber** ガストゲーバー	host ホウスト
ぽすと **ポスト** posuto	*der* **Briefkasten** ブリーフカステン	mailbox, letter box メイルバクス, レタ バクス
ほすぴす **ホスピス** hosupisu	*das* **Hospiz**, *die* **Sterbeklinik** ホスピーツ, シュテルベクリーニク	hospice ハスピス
ぼせい **母性** bosei	*die* **Mutterschaft** ムッターシャフト	motherhood マザフド
ほそい **細い** hosoi	**schmal, schlank** シュマール, シュランク	thin, slim スィン, スリム

日	独	英
ほそう **舗装** hosou	*das* **Pflaster** プフラスター	pavement ペイヴメント
〜する	**pflastern** プフラスターン	pave ペイヴ
ほそく **補足** hosoku	*die* **Ergänzung** エアゲンツング	supplement サプリメント
〜する	**ergänzen** エアゲンツェン	supplement サプリメント
ほそながい **細長い** hosonagai	**schmal, länglich** シュマール, レングリヒ	long and slender ローング アンド スレンダ
ほぞん **保存** hozon	*die* **Konservierung** コンゼルヴィールング	preservation プレザヴェイション
〜する	**konservieren** コンゼルヴィーレン	preserve, keep プリザーヴ, キープ
（データなどの）	*das* **Speichern** シュパイヒャーン	saving セイヴィング
〜する	**speichern** シュパイヒャーン	save セイヴ
ぼたい **母胎** botai	*der* **Mutterleib** ムッターライプ	mother's womb, uterus マザズ ウーム, ユーテラス
ほたてがい **帆立貝** hotategai	*die* **Kammmuschel,** *die* **Jakobsmuschel** カムムッシェル, ヤーコプスムッシェル	scallop スカロプ
ほたる **蛍** hotaru	*der* **Leuchtkäfer,** *das* **Glüh-** **würmchen** ロイヒトケーファー, グリューヴュルムヒェン	firefly ファイアフライ
ぼたん **ボタン** botan	*der* **Knopf** クノプフ	button バトン
ぼち **墓地** bochi	*der* **Friedhof** フリートホーフ	graveyard グレイヴァード

ほ

日	独	英
ほちょう **歩調** hochou	*der* **Schritt** シュリット	pace, step ペイス, ステプ
ぼっきする **勃起する** bokkisuru	**erigieren,** *sich⁴* **auf|rich- ten** エリギーレン, ‥ **ア**オフリヒテン	(be) erect, erect (ビ) イレクト, イレクト
ほっきにん **発起人** hokkinin	*der(die)* **Promoter(*in*),** *der(die)* **Förderer(-*in*)** プロモーター(-·テリン), **フェ**ルデラー(-·デリン)	promoter, propos- er プロモウタ, プロポウザ
ほっきょく **北極** hokkyoku	*der* **Nordpol** ノルトポール	North Pole ノース ポウル
〜圏	**die Arktis, nördlicher Po- larkreis** ディー **ア**ルクティス, **ネ**ルトリヒャー ポ**ラ**ール クライス	Arctic Circle アークティク **サ**ークル
〜星	*der* **Polarstern** デア ポ**ラ**ールシュテルン	Pole Star ポウル スター
ほっく **ホック** hokku	*der* **Haken** ハーケン	hook フク
ほっけー **ホッケー** hokkee	*das* **Hockey** ホッキ	hockey ハキ
ほっさ **発作** hossa	*der* **Anfall** **ア**ンファル	fit, attack フィト, ア**タ**ク
〜的な	**anfallartig, krampfartig** **ア**ンファルアールティヒ, ク**ラ**ンプフアールティ ヒ	fitful, spasmodic フィトフル, スパズ**マ**ディク
ぼっしゅうする **没収する** bosshuusuru	**beschlagnahmen** ベシュラークナーメン	confiscate **カ**ンフィスケイト
ほっそく **発足** hossoku	*die* **Gründung,** *die* **Eröff- nung** グ**リュ**ンドゥング, エア**エ**フヌング	inauguration イノーギュ**レ**イション
ぽっと **ポット** potto	*die* **Kanne** カネ	pot, teapot パト, **ティ**ーパト
ぼっとうする **没頭する** bottousuru	*sich⁴ in et⁴* **vertiefen** ‥ イン ‥ フェア**ティ**ーフェン	(be) absorbed in (ビ) アブ**ソ**ーブド イン

日	独	英
ほっとする **ほっとする** hottosuru	**auf|atmen,** *sich⁴* **erleichtert fühlen** アオフアートメン, .. エアライヒタート **フューレン**	feel relieved フィール リリーヴド
ほっとどっぐ **ホットドッグ** hottodoggu	*das* (*der*) **Hotdog** ホットドック	hot dog ハト ドグ
ほっとらいん **ホットライン** hottorain	*die* **Hotline, heißer Draht** ホットライン, ハイサー ドラート	hotline ハトライン
ぽっぷす **ポップス** poppusu	*die* **Popmusik** ポップムズィーク	pop music パプ ミューズィク
ぼつらくする **没落する** botsurakusuru	**unter|gehen** ウンターゲーエン	(be) ruined (ビ) ルーインド
ぼでぃーがーど **ボディーガード** bodiigaado	*der* (*die*) **Leibwächter(in)** ライプヴェヒター(-テリン)	bodyguard バディガード
ぼでぃーちぇっく **ボディーチェック** bodiichekku	*die* **Leibesvisitation** ライベスヴィズィタツィオーン	body search, frisking バディ サーチ, フリスキング
ぽてとちっぷ **ポテトチップ** potetochippu	*die* **Kartoffelchips** *pl.*, *die* **Chips** *pl.* カルトッフェルチップス, **チ**ップス	chips, Ⓑcrisps チプス, クリスプス
ほてる **ホテル** hoteru	*das* **Hotel** ホテル	hotel ホウテル
ほてる **火照る** hoteru	**glühen,** *sich⁴* **heiß an|fühlen** グリューエン, .. ハイス アンフューレン	feel hot, flush フィール ハト, フラシュ
ほどう **舗道** hodou	**gepflasterte Straße** ゲプフラスターテ シュトラーセ	paved road ペイヴド ロウド
ほどう **歩道** hodou	*der* **Bürgersteig,** *der* **Gehweg** ビュルガーシュタイク, **ゲ**ーヴェーク	sidewalk, Ⓑpavement サイドウォーク, ペイヴメント
〜橋	*die* **Fußgängerbrücke** フースゲンガーブリュッケ	footbridge フトブリヂ
ほどく **解く** hodoku	**lösen, auf|machen** レーゼン, **ア**オフマッヘン	untie, unfasten アンタイ, アンファスン

ほ

日	独	英
ほとけ **仏** hotoke	*(der)* **Buddha** ブッダ	Buddha ブダ
ぼとる **ボトル** botoru	*die* **Flasche** フラッシェ	bottle バトル
ほとんど **ほとんど** hotondo	**beinahe, fast** バイナーエ, **ファスト**	almost, nearly **オー**ルモウスト, **ニ**アリ
（ほとんどない）	**kaum** カオム	hardly **ハー**ドリ
ぼにゅう **母乳** bonyuu	*die* **Muttermilch** ムッターミルヒ	mother's milk **マ**ザズ ミルク
ほにゅうどうぶつ **哺乳動物** honyuudoubutsu	*das* **Säugetier** ゾイゲティーア	mammal **マ**マル
ほね **骨** hone	*der* **Knochen** クノッヘン	bone **ボ**ウン
〜折り	*die* **Mühe,** *die* **Bemühung** ミューエ, ベミューウング	pains, efforts **ペ**インズ, **エ**ファツ
〜組み	*das* **Gerüst,** *der* **Umriss** ゲ**リュ**スト, **ウ**ムリス	frame, structure フレイム, ストラクチャ
ほのお **炎** honoo	*die* **Flamme** フラメ	flame フレイム
ほのめかす **ほのめかす** honomekasu	**an|deuten** **ア**ンドイテン	hint, suggest **ヒ**ント, サグ**チェ**スト
ぽぴゅらーな **ポピュラーな** popyuraana	**beliebt, populär** ベリープト, ポプレーア	popular **パ**ピュラ
ぼぶすれー **ボブスレー** bobusuree	*der* **Bob** ボップ	bobsleigh **バ**ブスレイ
ほほえましい **微笑ましい** hohoemashii	**erfreulich** エアフロイリヒ	pleasing プ**リー**ズィング
ほほえむ **微笑む** hohoemu	**lächeln** **レ**ッヒェルン	smile at ス**マ**イル アト

日	独	英
ほめる **褒める** homeru	**loben, rühmen** ローベン, リューメン	praise プレイズ
ぼやく **ぼやく** boyaku	*sich⁴* **beschweren** ‥ ベシュヴェーレン	complain コンプレイン
ぼやける **ぼやける** boyakeru	**verschwimmen, unscharf werden** フェアシュヴィメン, ウンシャルフ ヴェーアデン	blur, grow fuzzy ブラ, グロウ ファズィ
ほよう **保養** hoyou	*die* **Erholung,** *die* **Kur** エアホールング, クーア	rest レスト
～地	*der* **Kurort** クーアオルト	health resort ヘルス リゾート
ほら **法螺** hora	*die* **Prahlerei** プラーレライ	brag, boast ブラグ, ボウスト
～を吹く	**prahlen, auf|schneiden** プラーレン, アオフシュナイデン	talk big トーク ビグ
ほらあな **洞穴** horaana	*die* **Höhle** ヘーレ	cave ケイヴ
ぼらんてぃあ **ボランティア** borantia	*der*(*die*) **freiwillige Helfer(*in*)** フライヴィリゲ ヘルファー(- フェリン)	volunteer ヴァランティア
ぽりーぷ **ポリープ** poriipu	*der* **Polyp** ポリュープ	polyp パリプ
ぽりえすてる **ポリエステル** poriesuteru	*der* **Polyester** ポリュエスター	polyester パリエスタ
ぽりえちれん **ポリエチレン** poriechiren	*das* **Polyäthylen** ポリュエテュレーン	polythene, polyethylene パリスィーン, パリエスィリーン
ぽりお **ポリオ** porio	*die* **Polio** ポーリオ	polio ポウリオウ
ぽりしー **ポリシー** porishii	*die* **Politik,** *das* **Prinzip** ポリティーク, プリンツィープ	policy パリスィ

日	独	英
ほりだしもの **掘り出し物** horidashimono	*der* **Fund** フント	good find, rare find グド ファインド, レア ファインド
ぽりぶくろ **ポリ袋** poribukuro	*die* **Plastiktüte** プラスティクテューテ	plastic bag プラスティク バグ
ほりゅうする **保留する** horyuusuru	**vor|behalten** フォーアベハルテン	reserve, put on hold リザーヴ, プト オン ホウルド
ぼりゅーむ **ボリューム** boryuumu	*die* **Lautstärke** ラオトシュテルケ	volume ヴァリュム
ほりょ **捕虜** horyo	*der/die* **Gefangene** ゲファンゲネ	prisoner プリズナ
ほる **掘る** horu	**graben, bohren** グラーベン, ボーレン	dig, excavate ディグ, エクスカヴェイト
ほる **彫る** horu	**schnitzen** シュニッツェン	carve, engrave カーヴ, イングレイヴ
ぼると **ボルト** (ねじ) boruto	*der* **Bolzen** ボルツェン	bolt ボウルト
(電圧の単位)	*das* **Volt** ヴォルト	volt ヴォウルト
ぽるとがる **ポルトガル** porutogaru	(*das*) **Portugal** ポルトゥガル	Portugal ポーチュガル
～語	*das* **Portugiesisch** ポルトゥギーズィシュ	Portuguese ポーチュギーズ
ぽるの **ポルノ** poruno	*der* **Porno,** *die* **Pornografie** ポルノ, ポルノグラフィー	pornography ポーナグラフィ
ほるもん **ホルモン** horumon	*das* **Hormon** ホルモーン	hormone ホーモウン
ほるん **ホルン** horun	*das* **Horn** ホルン	horn ホーン

日	独	英
ほれる **惚れる** horeru	*sich⁴ in j⁴/et⁴* **verlieben** ‥ イン ‥ フェアリーベン	fall in love with フォール イン ラヴ ウィズ
ぽろしゃつ **ポロシャツ** poroshatsu	*das* **Polohemd** ポロヘムト	polo shirt ポウロウ シャート
ほろにがい **ほろ苦い** horonigai	**leicht bitter, etwas bitter** ライヒト ビッター, エトヴァス ビッター	slightly bitter スライトリ ビタ
ほろびる **滅びる** horobiru	**zu Grunde gehen, unter|- gehen** ツー グルンデ ゲーエン, ウンターゲーエン	fall, perish フォール, ペリシュ
ほろぼす **滅ぼす** horobosu	**vernichten, zu Grunde richten** フェアニヒテン, ツー グルンデ リヒテン	ruin, destroy ルーイン, ディストロイ
ぼろぼろの **ぼろぼろの** boroborono	**zerfetzt, zerlumpt** ツェアフェッツト, ツェアルンプト	ragged ラギド
ほん **本** hon	*das* **Buch** ブーフ	book ブク
 〜屋	*die* **Buchhandlung,** *der* **Buchladen** ブーフハンドルング, ブーフラーデン	bookstore ブクストー
ぼん **盆** bon	*das* **Tablett** タブレット	tray トレイ
ほんかくてきな **本格的な** honkakutekina	**echt, authentisch** エヒト, アオテンティシュ	genuine, authentic チェニュイン, オーセンティク
ほんかん **本館** honkan	*das* **Hauptgebäude** ハオプトゲボイデ	main building メイン ビルディング
ほんきで **本気で** honkide	**im Ernst, ernst** イム エルンスト, エルンスト	seriously, earnest- ly スィアリアスリ, アーネストリ
ほんきの **本気の** honkino	**ernst, ernsthaft** エルンスト, エルンストハフト	serious スィアリアス
ほんきょち **本拠地** honkyochi	*die* **Basis,** *der* **Stützpunkt** バーズィス, シュテュッツプンクト	base ベイス

ほ

日	独	英
ほんこん **香港** honkon	*(das)* **Hongkong** ホンクコング	Hong Kong ハンク カング
ほんしつ **本質** honshitsu	*das* **Wesen**, *der* **Kern** ヴェーゼン, ケルン	essence エセンス
〜的な	**wesentlich** ヴェーゼントリヒ	essential イセンシャル
ほんしゃ **本社** honsha	*die* **Zentrale**, *der* **Haupt-sitz** ツェントラーレ, ハオプトズィッツ	head office ヘド オーフィス
ほんしょう **本性** honshou	**wahrer Charakter**, *die* **Natur** ヴァーラー カラクター, ナトゥーア	nature, true char-acter ネイチャ, トルー キャラクタ
ほんしん **本心** honshin	**wahre Absicht** ヴァーレ アプズィヒト	real intention リーアル インテンション
ぼんじん **凡人** bonjin	*der* **Durchschnittsmensch** ドゥルヒシュニッツメンシュ	mediocre person ミーディオウカ パースン
ほんせき **本籍** honseki	*der* **Hauptwohnsitz** ハオプトヴォーンズィッツ	registered domi-cile レヂスタド ダミサイル
ほんそうする **奔走する** honsousuru	*sich⁴* **bemühen** .. ベミューエン	make efforts メイク エファツ
ほんたい **本体** hontai	*der* **Hauptteil** ハオプトタイル	main body メイン バディ
ほんだな **本棚** hondana	*das* **Regal**, *das* **Bücherre-gal** レガール, ビューヒャーレガール	bookshelf ブクシェルフ
ほんてん **本店** honten	*das* **Hauptgeschäft** ハオプトゲシェフト	main branch メイン ブランチ
ほんど **本土** hondo	*das* **Festland** フェストラント	mainland メインランド
ぽんど **ポンド** pondo	*das* **Pfund** プフント	pound パウンド

日	独	英
ほんとう **本当** hontou	*die* **Wahrheit,** *die* **Wirklichkeit** ヴァールハイト, ヴィルクリヒカイト	truth トルース
ほんとうに **本当に** hontouni	**wirklich, tatsächlich** ヴィルクリヒ, **タ**ートゼヒリヒ	truly, really トルーリ, リーアリ
ほんとうの **本当の** hontouno	**wahr, echt** ヴァール, エヒト	true, real トルー, リーアル
ほんにん **本人** honnin	*der/die* **Betreffende** ベト**レッ**フェンデ	person in question パースン イン ク**ウェ**スチョン
ほんね **本音** honne	**wahre Absicht, eigentliches Motiv** ヴァーレ **アッ**プズィヒト, **アイ**ゲントリヒェス モ**ティ**ーフ	true mind トルー マインド
ぼんねっと **ボンネット** bonnetto	*die* **Kühlerhaube,** *die* **Motorhaube** **キュ**ーラーハオベ, **モ**ートアハオベ	hood, Ⓑbonnet フド, ボネット
ほんの **ほんの** honno	**nur, bloß** ヌーア, ブロース	just, only **チャ**スト, **オ**ウンリ
ほんのう **本能** honnou	*der* **Instinkt,** *der* **Trieb** インス**ティ**ンクト, ト**リ**ープ	instinct **イ**ンスティンクト
～的な	**instinktiv** インスティンク**ティ**ーフ	instinctive インス**ティ**ンクティヴ
ほんぶ **本部** honbu	*die* **Hauptverwaltung,** *die* **Zentrale** ハオプトフェアヴァルトゥング, ツェント**ラ**ーレ	head office, headquarters ヘド **オ**ーフィス, ヘドク**ウォ**ータズ
ぽんぷ **ポンプ** ponpu	*die* **Pumpe** **プ**ンペ	pump パンプ
ほんぶん **本文** honbun	*der* **Text** **テ**クスト	text **テ**クスト
ぼんべ **ボンベ** bonbe	*die* **Gasflasche** **ガ**ースフラッシェ	cylinder ス**ィ**リンダ

日	独	英
ほんみょう **本名** honmyou	**richtiger Name, bürgerlicher Name** リヒティガー ナーメ, ビュルガーリヒャー ナーメ	real name リーアル ネイム
ほんめい **本命** honmei	*der* **Favorit** ファヴォリート	favorite フェイヴァリト
ほんものの **本物の** honmonono	**echt** エヒト	genuine チェニュイン
ほんやく **翻訳** hon-yaku	*die* **Übersetzung** ユーバーゼッツング	translation トランスレイション
〜家	*der*(*die*) **Übersetzer(*in*)** ユーバーゼッツァー(- ツェリン)	translator トランスレイタ
〜する	**übersetzen** ユーバーゼッツェン	translate トランスレイト
ぼんやりした **ぼんやりした** （ぼう然とした） bon-yarishita	**zerstreut** ツェアシュトロイト	absent-minded アブセントマインデド
（ぼやけた）	**undeutlich** ウンドイトリヒ	dim, vague ディム, ヴェイグ
ぼんやりと **ぼんやりと** （ぼう然と） bon-yarito	**zerstreut** ツェアシュトロイト	absent-mindedly アブセントマインデドリ
（ぼやけて）	**undeutlich** ウンドイトリヒ	dimly, vaguely ディムリ, ヴェイグリ

日	独	英

ま, マ

ま **間** (空間) ma	*der* **Zwischenraum** ツヴィッシェンラオム	space スペイス
(時間)	*die* **Pause** パオゼ	time, interval タイム, インタヴァル
まーがりん **マーガリン** maagarin	*die* **Margarine** マルガリーネ	margarine マーヂャリン
まーく **マーク** maaku	*die* **Marke** マルケ	mark マーク
まーけっと **マーケット** maaketto	*der* **Markt** マルクト	market マーケト
まーじん **マージン** maajin	*die* **Marge** マルジェ	margin マーヂン
まーまれーど **マーマレード** maamareedo	*die* **Marmelade** マルメラーデ	marmalade マーマレイド
まい **枚** mai	*das* **Blatt** ブラット	sheet, piece シート, ピース
まい **毎** mai	**jeder(-e/-es)** イェーダー(-デ/-デス)	every, each エヴリ, イーチ
まいあさ **毎朝** maiasa	**jeden Morgen** イェーデン モルゲン	every morning エヴリ モーニング
まいく **マイク** maiku	*das* **Mikrofon** ミクロフォーン	microphone マイクロフォウン
まいくろばす **マイクロバス** maikurobasu	*der* **Kleinbus** クラインブス	minibus ミニバス
まいご **迷子** maigo	**verirrtes Kind, vermiss-tes Kind** フェアイルテス キント, フェアミステス キント	stray child ストレイ チャイルド

ま

日	独	英
まいこむ **舞い込む** maikomu	**unerwartet kommen** ウンエアヴァルテット コメン	come unexpectedly カム アニクスペクテドリ
まいしゅう **毎週** maishuu	**jede Woche, wöchentlich** イェーデ ヴォッヘ，ヴェッヒェントリヒ	every week エヴリ ウィーク
まいそうする **埋葬する** maisousuru	**beerdigen, begraben** ベエーアディゲン，ベグラーベン	bury ベリ
まいつき **毎月** maitsuki	**jeden Monat, monatlich** イェーデン モーナト，モーナトリヒ	every month エヴリ マンス
まいなーな **マイナーな** mainaana	**klein, Neben-** クライン，ネーベン..	minor マイナ
まいなす **マイナス** mainasu	**minus** ミーヌス	minus マイナス
まいにち **毎日** mainichi	**jeden Tag, täglich** イェーデン ターク，テークリヒ	every day エヴリ デイ
まいねん **毎年** mainen	**jedes Jahr, jährlich** イェーデス ヤール，イェーアリヒ	every year エヴリ イア
まいばん **毎晩** maiban	**jeden Abend** イェーデン アーベント	every evening エヴリ イーヴニング
まいぺーすで **マイペースで** maipeesude	**im eigenen Tempo** イム アイゲネン テンポ	at one's own pace アト オウン ペイス
まいる **マイル** mairu	*die* **Meile** マイレ	mile マイル
まう **舞う** mau	**tanzen** タンツェン	dance ダンス
まうえに **真上に** maueni	**direkt über, direkt oberhalb** ディレクト ユーバー，ディレクト オーバーハルプ	directly above ディレクトリ アバヴ
まうす **マウス** mausu	*die* **Maus** マオス	mouse マウス

日	独	英

〜パッド

das **Mauspad**
マオスペド

mouse pad
マウス パド

まうんてんばいく
マウンテンバイク
mauntenbaiku

das **Mountainbike,** *das*
Geländefahrrad
マオンテンバイク, ゲレンデファールラート

mountain bike
マウンテン バイク

まえ
前
mae

die **Vorderseite**
フォルダーザイテ

front
フラント

まえあし
前足
maeashi

das **Vorderbein,** *die* **Pfote**
フォルダーバイン, プフォーテ

forefoot
フォーフト

まえうりけん
前売券
maeuriken

die **Vorverkaufskarte**
フォーアフェアカオフスカルテ

advance ticket
アドヴァンス ティケト

まえがき
前書き
maegaki

das **Vorwort**
フォーアヴォルト

preface
プレフェス

まえがみ
前髪
maegami

das **Stirnhaar,** *der* **Pony**
シュティルンハール, ポニ

bangs, forelock,
Ⓑfringe
バングズ, フォーラク, フリン
ヂ

まえきん
前金
maekin

die **Anzahlung**
アンツァールング

advance
アドヴァンス

まえに
前に (かつて)
maeni

früher, vorher
フリューアー, フォーアヘーア

before, ago
ビフォー, アゴウ

まえの
前の
maeno

vorder
フォルダー

front, former
フラント, フォーマ

まえば
前歯
maeba

der **Schneidezahn**
シュナイデツァーン

front teeth
フラント ティース

まえばらい
前払い
maebarai

die **Vorauszahlung**
フォラオスツァールング

advance payment
アドヴァンス ペイメント

まえむきの
前向きの
maemukino

positiv
ポーズィティーフ

positive
パズィティヴ

まえもって
前もって
maemotte

vorher, im Voraus
フォーアヘーア, イム フォラオス

beforehand
ビフォーハンド

ま

日	独	英
まかせる **任せる** makaseru	**überlassen, an|vertrauen** ユーバーラッセン, アンフェアトラオエン	leave, entrust リーヴ, イントラスト
まがりかど **曲がり角** magarikado	*die* **Ecke** エッケ	corner コーナ
まがる **曲がる** magaru	**biegen** ビーゲン	bend, curve ベンド, カーヴ
（道を）	**ab|biegen** アップビーゲン	turn ターン
まかろに **マカロニ** makaroni	*die* **Makkaroni** *pl.* マカローニ	macaroni マカロウニ
まき **薪** maki	*das* **Brennholz** ブレンホルツ	firewood ファイアウド
まきじゃく **巻き尺** makijaku	*das* **Maßband** マースバント	tape measure テイプ メジャ
まぎらわしい **紛らわしい** magirawashii	**irreführend** イレフューレント	misleading, con- fusing ミスリーディング, コンフュー ズィング
まぎれる **紛れる** magireru	*mit et³/j³* **verwechselt werden** ミット ‥ フェアヴェクセルト ヴェーアデン	(be) confused with (ヒ) コンフューズド ウィズ
（気が）	*sich⁴* **zerstreuen, abge- lenkt werden** ‥ ツェアシュトロイエン, アップゲレンクト ヴェーアデン	(be) diverted by (ヒ) ディヴァーテド バイ
まく **幕** maku	*der* **Vorhang** フォーアハング	curtain カートン
（芝居の一段落）	*der* **Akt** アクト	act アクト
まく **蒔く**　（種を） maku	**säen** ゼーエン	sow ソウ
まく **巻く** maku	**rollen, wickeln** ロレン, ヴィッケルン	roll, wrap ロウル, ラプ

日	独	英
まく **撒く** maku	**streuen, spritzen** シュトロイエン, シュプリッツェン	sprinkle, scatter スプリンクル, スキャタ
まぐにちゅーど **マグニチュード** magunichuudo	*die* **Magnitude** マグニトゥーデ	magnitude マグニテュード
まぐねしうむ **マグネシウム** maguneshiumu	*das* **Magnesium** マグネーズィウム	magnesium マグニーズィアム
まぐま **マグマ** maguma	*das* **Magma** マグマ	magma マグマ
まくら **枕** makura	*das* **Kopfkissen** コプフキッセン	pillow ピロウ
まくる **まくる** makuru	**auf|krempeln** アオフクレンペルン	roll up ロウル アプ
まぐれ **まぐれ** magure	*der* **Zufall** ツーファル	fluke フルーク
まぐろ **鮪** maguro	*der* **Thunfisch** トゥーンフィッシュ	tuna テューナ
まけ **負け** make	*die* **Niederlage,** *der* **Verlust** ニーダーラーゲ, フェアルスト	defeat ディフィート
まけどにあ **マケドニア** makedonia	(*das*) **Mazedonien** マツェドーニエン	Macedonia マセドウニア
まける **負ける** makeru	**unterliegen, verlieren** ウンターリーゲン, フェアリーレン	(be) defeated, lose (ビ) ディフィーテド, ルーズ
(値段を)	**reduzieren** レドゥツィーレン	reduce リデュース
まげる **曲げる** mageru	**biegen, beugen** ビーゲン, ボイゲン	bend ベンド
まご **孫** mago	*der* (*die*) **Enkel**(*in*) エンケル(-リン)	grandchild グランドチャイルド
まごころ **真心** magokoro	*die* **Aufrichtigkeit** アオフリヒティヒカイト	sincerity スィンセリティ

ま

日	独	英
まごつく **まごつく** magotsuku	**verwirrt sein** フェア**ヴィ**ルト ザイン	(be) embarrassed (ヒ) イン**バ**ラスト
まこと **誠** (真実) makoto	_die_ **Wahrheit** **ヴァ**ールハイト	truth ト**ル**ース
(真心) 	_die_ **Aufrichtigkeit** **ア**オフリヒティヒカイト	sincerity スィン**セ**リティ
まざこん **マザコン** mazakon	_der_ **Mutterkomplex** **ム**ッターコンプレクス	mother complex **マ**ザ **カ**ンプレクス
まさつ **摩擦** masatsu	_die_ **Reibung** **ラ**イブング	friction フ**リ**クション
まさに **正に** masani	**eben, genau** **エ**ーベン, ゲ**ナ**オ	just, exactly **チャ**スト, イグ**ザ**クトリ
まさる **勝る** masaru	**übertreffen** ユーバート**レ**ッフェン	(be) superior to (ヒ) ス**ピ**アリア トゥ
まじっく **マジック** majikku	_die_ **Zauberei,** _die_ **Magie** ツァオベ**ラ**イ, マ**ギ**ー	magic **マ**ヂク
まじない **まじない** majinai	_der_ **Zauber,** _die_ **Zauber-** **formel** **ツァ**オバー, **ツァ**オバーフォルメル	charm, spell **チャ**ーム, ス**ペ**ル
まじめな **真面目な** majimena	**ernst, anständig** **エ**ルンスト, **ア**ンシュテンディヒ	serious ス**ィ**アリアス
まじょ **魔女** majo	_die_ **Hexe** **ヘ**クセ	witch **ウィ**チ
まじる **混[交]じる** majiru	**vermischt sein** フェア**ミ**ッシュト ザイン	(be) mixed with (ヒ) **ミ**クスト ウィズ
まじわる **交わる** majiwaru	_sich⁴_ **kreuzen** ‥ ク**ロ**イツェン	cross, intersect ク**ロ**ース, インタ**セ**クト
ます **増す** masu	_an et³_ **zu|nehmen, wach-** **sen** アン ‥ **ツ**ーネーメン, **ヴァ**クセン	increase イン**ク**リース

日	独	英
ます **鱒** masu	*die* **Forelle** フォレレ	trout トラウト
ますい **麻酔** masui	*die* **Betäubung,** *die* **Narkose** ベトイブング, ナルコーゼ	anesthesia アニススィージャ
まずい （おいしくない） mazui	**geschmacklos** ゲシュマックロース	not good ナト グド
（よくない）	**ungut, schlecht** ウングート, シュレヒト	not good ナト グド
（出来が悪い）	**schlecht, miserabel** シュレヒト, ミゼラーベル	poor プァ
（得策でない）	**unklug** ウンクルーク	unwise アンワイズ
ますかっと **マスカット** masukatto	*die* **Muskattraube** ムスカートトラオベ	muscat マスカト
ますから **マスカラ** masukara	*die* **Mascara** マスカーラ	mascara マスキャラ
ますく **マスク** masuku	*die* **Maske** マスケ	mask マスク
ますこみ **マスコミ** masukomi	*die* **Massenmedien** *pl.* マッセンメーディエン	mass media マス ミーディア
まずしい **貧しい** mazushii	**arm** アルム	poor プァ
ますたーど **マスタード** masutaado	*der* **Senf** ゼンフ	mustard マスタド
ますます **ますます** masumasu	**mehr und mehr, immer mehr** メーア ウント メーア, イマー メーア	more and more モー アンド モー
ますめでぃあ **マスメディア** masumedia	*die* **Massenmedien** *pl.* マッセンメーディエン	mass media マス ミーディア

日	独	英
ませた **ませた** maseta	**altklug, frühreif** アルトクルーク, フリューライフ	precocious プリコウシャス
まぜる **混[交]ぜる** mazeru	**mischen** ミッシェン	mix, blend ミクス, ブレンド
また **股** mata	*die* **Leistengegend,** *der* **Schritt** ライステンゲーゲント, シュリット	crotch クラチ
また **又** mata	**wieder** ヴィーダー	again アゲイン
（その上）	**außerdem** アオサーデーム	moreover, besides モーロウヴァ, ビサイヅ
まだ **未だ** mada	**noch** ノッホ	yet, still イェト, スティル
またがる **跨がる** matagaru	*auf et*⁴ **steigen** アオフ .. シュタイゲン	straddle, mount ストラドル, マウント
またぐ **跨ぐ** matagu	**überschreiten** ユーバーシュライテン	step over ステプ オウヴァ
またせる **待たせる** mataseru	**warten lassen** ヴァルテン ラッセン	keep waiting キープ ウェイティング
またたく **瞬く** matataku	**zwinkern** ツヴィンカーン	wink, blink ウィンク, ブリンク
または **又は** matawa	**oder** オーダー	or オー
まだら **斑** madara	*der* **Fleck** フレック	spots スパッツ
まち **町[街]** machi	*die* **Stadt** シュタット	town, city タウン, スィティ
まちあいしつ **待合室** machiaishitsu	*das* **Wartezimmer,** *der* **Warteraum** ヴァルテツィマー, ヴァルテラオム	waiting room ウェイティング ルーム

日	独	英
まちあわせる **待ち合わせる** machiawaseru	*sich⁴* **verabreden,** *sich⁴* **treffen** ‥ フェアアップレーデン，‥ トレッフェン	arrange to meet, rendezvous with アレインヂ トゥ ミート，ラーンデイヴ ウィズ
まちがい **間違い** machigai	*der* **Fehler,** *der* **Irrtum** フェーラー，イルトゥーム	mistake, error ミステイク，エラ
（過失）	*der* **Fehler,** *das* **Versehen** フェーラー，フェアゼーエン	fault, slip フォルト，スリプ
まちがえる　（誤る） **間違える** machigaeru	*sich⁴* **irren, einen Fehler machen** ‥ イレン，アイネン フェーラー マッヘン	make a mistake メイク ア ミステイク
（取り違える）	*j⁴/et⁴* **irrtümlich** *für j⁴/et⁴* **halten** ‥ イルテュームリヒ フューア ‥ ハルテン	mistake for ミステイク フォ
まちどおしい **待ち遠しい** machidooshii	**kaum erwarten können,** *sich⁴* **auf et⁴ freuen** カオム エアヴァルテン ケネン，‥ アオフ ‥ フロイエン	(be) looking forward to (ビ) ルキング フォーワド トゥ
まつ **待つ** matsu	*auf et⁴* **warten** アオフ ‥ ヴァルテン	wait ウェイト
まっかな **真っ赤な** makkana	**tiefrot, feuerrot** ティーフロート，フォイアーロート	bright red ブライト レド
まっき **末期** makki	*das* **Ende, letzte Periode** エンデ，レッツテ ペリオーデ	end, last stage エンド，ラスト ステイヂ
まっくらな **真っ暗な** makkurana	**stockdunkel, stockfinster** シュトックドゥンケル，シュトックフィンスター	pitch-dark ピチダーク
まっくろな **真っ黒な** makkurona	**tiefschwarz** ティーフシュヴァルツ	deep-black ディープブラク
まつげ **まつげ** matsuge	*die* **Wimpern** *pl.* ヴィンパーン	eyelashes アイラシェズ
まっさーじ **マッサージ** massaaji	*die* **Massage** マサージェ	massage マサージュ
～する	**massieren** マスィーレン	massage マサージュ

日	独	英
まっさおな **真っ青な** massaona	**tiefblau** ティーフブラオ	deep blue ディープ ブルー
（顔色が）	**blass** ブラス	pale ペイル
まっさきに **真っ先に** massakini	**zuerst** ツエーアスト	first of all ファースト オヴ オール
まっしゅるーむ **マッシュルーム** masshuruumu	*der* **Pilz** ピルツ	mushroom マシュルーム
まっしろな **真っ白な** masshirona	**schneeweiß, unbefleckt** シュネーヴァイス, ウンベフレックト	pure white ピュア (ホ)ワイト
まっすぐな **まっすぐな** massuguna	**gerade, aufrecht** ゲラーデ, アオフレヒト	straight ストレイト
まっすぐに **まっすぐに** massuguni	**geradeaus** ゲラーデアオス	straight ストレイト
まったく **全く**　（完全に） mattaku	**ganz, völlig** ガンツ, フェリヒ	completely, entirely コンプリートリ, インタイアリ
（全然）	**gar nicht, überhaupt nicht** ガール ニヒト, ユーバーハオプト ニヒト	at all アト オール
（本当に）	**wirklich, tatsächlich** ヴィルクリヒ, タートゼヒリヒ	really, truly リーアリ, トルーリ
まったん **末端** mattan	*das* **Ende,** *die* **Spitze** エンデ, シュピッツェ	end, tip エンド, ティプ
まっち **マッチ** macchi	*das* **Streichholz** シュトライヒホルツ	match マチ
（試合）	*das* **Spiel** シュピール	match, bout マチ, バウト
まっと **マット** matto	*die* **Matte** マッテ	mat マト
まつばづえ **松葉杖** matsubazue	*die* **Krücke** クリュッケ	crutches クラチズ

日	独	英
まつり **祭り** matsuri	*das* **Fest**, *die* **Feier** フェスト, ファイアー	festival フェスティヴァル
まと **的** mato	*die* **Zielscheibe**, *das* **Ziel** ツィールシャイベ, ツィール	mark, target マーク, ターゲト
まど **窓** mado	*das* **Fenster** フェンスター	window ウィンドウ
〜口	*der* **Schalter** シャルター	window ウィンドウ
まとまる **まとまる** matomaru	**gesammelt werden, zu-** **sammen|kommen** ゲザメルト ヴェーアデン, ツザメンコメン	(be) collected (ビ) コレクテド
まとめ **まとめ** matome	*die* **Zusammenfassung** ツザンメンファッスング	summary サマリ
まとめる **まとめる** matomeru	**zusammen|stellen, verei-** **nigen** ツザメンシュテレン, フェアアイニゲン	collect, get togeth- er コレクト, ゲト トゲザ
(整える)	**ordnen, ein|richten** オルドネン, アインリヒテン	adjust, arrange アヂャスト, アレインヂ
(解決する)	**zum Erfolg bringen, lö-** **sen** ツム エアフォルク ブリンゲン, レーゼン	settle セトル
まどり **間取り** madori	*die* **Anordnung der Zim-** **mer** アンオルドヌング デア ツィマー	layout of a house レイアウト オヴ ア ハウス
まなー **マナー** manaa	*die* **Manieren** *pl.*, *das* **Be-** **nehmen** マニーレン, ベネーメン	manners マナズ
まないた **まな板** manaita	*das* **Schneidebrett**, *das* **Küchenbrett** シュナイデブレット, キュッヒェンブレット	cutting board カティング ボード
まなざし **眼差し** manazashi	*der* **Blick** ブリック	look ルク
まなつ **真夏** manatsu	*der* **Hochsommer** ホーホゾマー	midsummer ミドサマ

日	独	英
まなぶ **学ぶ** manabu	**lernen, studieren** レルネン, シュトゥディーレン	learn, study ラーン, スタディ
まにあ **マニア** mania	*der/die* **Besessene** ベゼッセネ	maniac メイニアク
まにあう **間に合う** maniau	**rechtzeitig kommen** レヒトツァイティヒ コメン	(be) in time for (ビ) イン タイム フォ
（必要を満たす）	**erfüllen, genügen** エアフュレン, ゲニューゲン	answer, (be) enough アンサ, (ビ) イナフ
まにあわせ **間に合わせ** maniawase	*der* **Notbehelf** ノートベヘルフ	makeshift メイクシフト
まにあわせる **間に合わせる** maniawaseru	*sich⁴ mit et³* **behelfen** .. ミット .. ベヘルフェン	make do メイク ドゥー
まにきゅあ **マニキュア** manikyua	*die* **Maniküre** マニキューレ	manicure マニキュア
まにゅある **マニュアル** manyuaru	*die* **Bedienungsanleitung** ベディーヌングスアンライトゥング	manual マニュアル
まぬがれる **免れる** manugareru	**vermeiden** フェアマイデン	avoid, evade アヴォイド, イヴェイド
まぬけな **間抜けな** manukena	**doof** ドーフ	stupid, silly ステューピド, スィリ
まねーじゃー **マネージャー** maneejaa	*der (die)* **Manager(in)** メニジャー(-リン)	manager マニヂャ
まねく **招く** maneku	**ein|laden** アインラーデン	invite インヴァイト
（引き起こす）	**verursachen** フェアウーアザッヘン	cause コーズ
まねする **真似する** manesuru	**nach|ahmen** ナーハアーメン	imitate, mimic イミテイト, ミミク
まばらな **まばらな** mabarana	**spärlich** シュペーアリヒ	sparse スパース

日	独	英
まひ **麻痺** mahi	*die* **Lähmung** レームング	paralysis パラリスィス
〜する	**gelähmt sein** ゲレームト ザイン	(be) paralyzed (ビ) パラライズド
まひる **真昼** mahiru	*der* **Mittag** ミッターク	midday, noon ミドデイ, ヌーン
まふぃあ **マフィア** mafia	*die* **Mafia** マフィア	Mafia マーフィア
まぶしい **眩しい** mabushii	**blendend, grell** ブレンデント, グレル	glaring, dazzling グレアリング, ダズリング
まぶた **瞼** mabuta	*das* **Lid**, *das* **Augenlid** リート, アオゲンリート	eyelid アイリド
まふゆ **真冬** mafuyu	**tiefer Winter** ティーファー ヴィンター	midwinter ミドウィンタ
まふらー **マフラー** mafuraa	*das* **Halstuch**, *der* **Schal** ハルストゥーフ, シャール	muffler マフラ
まほう **魔法** mahou	*die* **Magie**, *der* **Zauber** マギー, ツァオバー	magic マヂク
まぼろし **幻** maboroshi	*das* **Phantom**, *die* **Vision** ファントーム, ヴィズィオーン	phantom ファントム
まみず **真水** mamizu	*das* **Frischwasser**, *das* **Süßwasser** フリッシュヴァッサー, ズュースヴァッサー	fresh water フレシュ ウォータ
まめ **豆** mame	*die* **Bohne** ボーネ	bean ビーン
まめつする **摩滅する** mametsusuru	*sich*[4] **ab|nutzen, verschlei-ßen** .. アップヌッツェン, フェアシュラ**イ**セン	(be) worn down (ビ) ウォーン ダウン
まもなく **間もなく** mamonaku	**bald** バルト	soon スーン

日	独	英
まもり **守り** mamori	*der* **Schutz**, *die* **Abwehr** シュッツ, アップヴェーア	defense, Ⓑdefence ディフェンス, ディフェンス
まもる **守る** mamoru	**verteidigen, schützen** フェア**タ**イディゲン, **シュ**ッツェン	defend, protect ディ**フェ**ンド, プロ**テ**クト
まやく **麻薬** mayaku	*das* **Rauschgift**, *die* **Droge** ラオシュギフト, ド**ロー**ゲ	narcotic, drug ナー**カ**ティク, ド**ラ**グ
まゆ **眉** mayu	*die* **Augenbraue** アオゲンブラオエ	eyebrow **ア**イブラウ
～墨	**Augenbrauenstift** アオゲンブラオエンシュティフト	eyebrow pencil **ア**イブラウ **ペ**ンスル
まよう **迷う** （気持ちが） mayou	**zögern, schwanken** **ツェ**ーガーン, シュ**ヴァ**ンケン	hesitate, dither ヘ**ズ**ィテイト, **ディ**ザ
（道に）	*sich*⁴ **verirren** ‥ フェア**イ**レン	(be) lost, lose one's way (ビ) **ロ**ースト, **ル**ーズ **ウェ**イ
まよなか **真夜中** mayonaka	*die* **Mitternacht** ミッター**ナ**ハト	midnight **ミ**ドナイト
まよねーず **マヨネーズ** mayoneezu	*die* **Mayonnaise** マヨ**ネ**ーゼ	mayonnaise メイア**ネ**イズ
まらそん **マラソン** marason	*der* **Marathonlauf** マラトンラオフ	marathon **マ**ラソン
まらりあ **マラリア** mararia	*die* **Malaria** マ**ラ**ーリア	malaria マ**レ**アリア
まりね **マリネ** marine	*die* **Marinade** マリ**ナ**ーデ	marinade マリ**ネ**イド
まりふぁな **マリファナ** marifana	*das* **Marihuana** マリフ**ア**ーナ	marijuana マリ**ワ**ーナ
まる **丸** maru	*der* **Kreis** ク**ラ**イス	circle **サ**ークル

日	独	英
まるい **円[丸]い** marui	**rund** ルント	round, circular ラウンド, サーキュラ
まるっきり **まるっきり** marukkiri	**ganz und gar, vollständig** ガンツ ウント ガール, フォルシュテンディヒ	completely, quite コンプリートリ, クワイト
まるまるとした **丸々とした** marumarutoshita	**mollig, rundlich** モリヒ, ルントリヒ	plump プランプ
まれーしあ **マレーシア** mareeshia	(*das*) **Malaysia** マライズィア	Malaysia マレイジャ
まれな **稀な** marena	**selten, ungewöhnlich** ゼルテン, ウンゲヴェーンリヒ	rare レア
まれに **稀に** mareni	**selten, fast nie** ゼルテン, ファスト ニー	rarely, seldom レアリ, セルドム
まろにえ **マロニエ** maronie	*die* **Rosskastanie** ロスカスターニエ	horse chestnut ホース チェスナト
まわす **回す** mawasu	**um|drehen, drehen** ウムドレーエン, ドレーエン	turn, spin ターン, スピン
（順に渡す）	**weiter|geben** ヴァイターゲーベン	pass (around) パス (アラウンド)
まわり **周り**　　（周囲） mawari	*der* **Umkreis,** *die* **Periphe-rie** ウムクライス, ペリフェリー	circumference, pe-rimeter サカムファレンス, ペリマタ
（付近）	*die* **Nachbarschaft** ナッハバールシャフト	neighborhood ネイバフド
まわりみち **回り道** mawarimichi	*der* **Umweg** ウムヴェーク	detour ディートゥア
まわる **回る** mawaru	**kreisen,** *sich⁴* **drehen** クライゼン, ‥ドレーエン	turn around, spin ターン アラウンド, スピン
（循環）	**zirkulieren** ツィルクリーレン	circulate サーキュレイト

ま

日	独	英
まん **万** man	**zehntausend** ツェーンタオゼント	ten thousand テン サウザンド
まんいち **万一** man-ichi	**falls (es der Fall sein sollte)** ファルス (エス デア ファル ザイン ゾルテ)	by any chance バイ エニ チャンス
まんいんである **満員である** man-indearu	**voll sein** フォル ザイン	(be) full (ビ) フル
まんえんする **蔓延する** man-ensuru	*sich⁴* **aus|breiten,** *um sich⁴* **greifen** ‥ アオスブライテン，ウム ‥ グライフェン	spread スプレド
まんが **漫画** manga	*der* **Comic,** *der (das)* **Manga** コミク，マンガ	cartoon, comic カートゥーン，カミク
まんかいの **満開の** mankaino	**in voller Blüte** イン フォラー ブリューテ	in full bloom イン フル ブルーム
まんき **満期** manki	*das* **Erlöschen,** *die* **Fälligkeit** エアレッシェン，フェリヒカイト	expiration エクスピレイション
〜になる	**ab|laufen** アップラオフェン	expire イクスパイア
まんきつする **満喫する** mankitsusuru	**in vollen Zügen genießen** イン フォレン ツューゲン ゲニーセン	enjoy fully インチョイ フリ
まんげきょう **万華鏡** mangekyou	*das* **Kaleidoskop** カライドスコープ	kaleidoscope カライドスコウプ
まんげつ **満月** mangetsu	*der* **Vollmond** フォルモーント	full moon フル ムーン
まんごー **マンゴー** mangoo	*die* **Mango** マンゴ	mango マンゴウ
まんじょういっちで **満場一致で** manjouicchide	**einstimmig** アインシュティミヒ	unanimously ユーナニマスリ
まんしょん **マンション** manshon	*das* **Apartment,** *das* **Apartmenthaus** アパルトメント，アパルトメントハオス	condominium カンドミニアム

日	独	英
まんせいの **慢性の** manseino	**chronisch** クローニシュ	chronic クラニク
まんぞく **満足** manzoku	*die* **Zufriedenheit** ツフリーデンハイト	satisfaction サティス**ファク**ション
～する	*mit et³* **zufrieden sein** ミット .. ツフリーデン ザイン	(be) satisfied with (ビ) **サ**ティスファイド ウィズ
～な	**befriedigend** ベフリーディゲント	satisfactory サティス**ファク**トリ
まんちょう **満潮** manchou	*die* **Flut** フルート	high tide ハイ **タ**イド
まんてん **満点** manten	**beste Zensur, volle Punktzahl** ベステ ツェンズーア, **フォ**レ プンクトツァール	perfect mark パーフェクト **マ**ーク
まんどりん **マンドリン** mandorin	*die* **Mandoline** マンドリーネ	mandolin マン**ド**リン
まんなか **真ん中** mannaka	*das* **Zentrum**, *die* **Mitte** ツェントルム, ミッテ	center of **セ**ンタ オヴ
まんねり **マンネリ** manneri	*die* **Routine** ル**ティ**ーネ	rut **ラ**ト
まんねんひつ **万年筆** mannenhitsu	*der* **Füller**, *der* **Füllfederhalter** フュラー, フュルフェダーハルター	fountain pen **ファ**ウンティン ペン
まんびきする **万引きする** manbikisuru	**Ladendiebstahl begehen, klauen** ラーデンディープシュタール ベゲーエン, クラオエン	shoplift **シャ**プリフト
まんぷくする **満腹する** manpukusuru	*sich⁴* **satt essen**, *sich⁴* **sättigen** .. **ザ**ット エッセン, .. **ゼ**ッティゲン	have eaten enough ハヴ **イ**ートン イ**ナ**フ
まんべんなく **まんべんなく** （むらなく） manbennaku	**gleichmäßig** グ**ラ**イヒメースィヒ	evenly **イ**ーヴンリ
（漏れなく）	**ohne Ausnahme** オーネ **ア**オスナーメ	without exception ウィザウト イク**セ**プション

ま

日	独	英
まんほーる **マンホール** manhooru	*das* **Einsteigloch**, *der* **Kanalschacht** アインシュタイクロッホ, カナールシャハト	manhole マンホウル
まんもす **マンモス** manmosu	*das* **Mammut** マムット	mammoth マモス

み，ミ

日	独	英
み **実** mi	*die* **Frucht** フルフト	fruit, nut フルート, ナト
み **身** mi	*der* **Körper**, *der* **Leib** ケルパー, ライプ	body バディ
みあきる **見飽きる** miakiru	*sich⁴ an et³* **satt sehen** ‥ アン ‥ ザット ゼーエン	(be) sick of seeing (ビ) スィク オヴ スィーイング
みあげる **見上げる** miageru	**hinauf|blicken** ヒナオフブリッケン	look up at ルク アプ アト
みあわせる **見合わせる** （延期する） miawaseru	**verschieben** フェアシーベン	postpone ポウストポウン
（互いに見合う）	*sich⁴* **einander an|sehen** ‥ アイナンダー アンゼーエン	look at each other ルク アト イーチ アザ
みーてぃんぐ **ミーティング** miitingu	*das* **Treffen**, *die* **Besprechung** トレッフェン, ベシュプレッヒュング	meeting ミーティング
みいら **ミイラ** miira	*die* **Mumie** ムーミエ	mummy マミ
みうしなう **見失う** miushinau	**aus den Augen verlieren** アオス デン アオゲン フェアリーレン	miss, lose sight of ミス, ルーズ サイト オヴ
みうち **身内** miuchi	*der/die* **Verwandte** フェアヴァンテ	relatives レラティヴズ
みえ **見栄** mie	*die* **Eitelkeit** アイテルカイト	show, vanity ショウ, ヴァニティ

日	独	英
みえる **見える** mieru	**sehen, sichtbar werden** ゼーエン, ズィヒトバール ヴェーアデン	see, (be) seen スィー, (ビ) スィーン
（見受けられる）	**aus|sehen, scheinen** アオスゼーエン, シャイネン	look, seem ルク, スィーム
みおくる **見送る** miokuru	*j³/et³* **nach|blicken, verab-** **schieden** ‥ ナーハブリッケン, フェア**アップ**シーデン	see off, see スィー オーフ, スィー
みおとす **見落とす** miotosu	**übersehen, nicht merken** ユーバーゼーエン, ニヒト メルケン	overlook, miss オウ**ヴァ**ルク, ミス
みおろす **見下ろす** miorosu	**hinab|sehen, herab|bli-** **cken** ヒナップゼーエン, ヘ**ラ**ップブリッケン	look down ルク ダウン
みかいけつの **未解決の** mikaiketsuno	**offen, ungelöst** オッフェン, **ウ**ンゲレースト	unsolved アン**サ**ルヴド
みかいの **未開の** mikaino	**wild, primitiv** **ヴィ**ルト, プリミ**ティ**ーフ	primitive, uncivi- lized プ**リ**ミティヴ, アン**ス**ィヴィライズド
みかえり **見返り** mikaeri	*der* **Lohn** ローン	rewards リ**ウォ**ーヅ
みかく **味覚** mikaku	*der* **Geschmack,** *der* **Ge-** **schmackssinn** ゲシュ**マ**ック, ゲシュ**マ**ックスズィン	palate, sense of taste **パ**レト, センス オヴ **テ**イスト
みがく **磨く** migaku	**polieren, bürsten** ポ**リ**ーレン, **ビュ**ルステン	polish, brush **パ**リシュ, ブ**ラ**シュ
（技能を）	**verbessern, perfektio-** **nieren** フェア**ベ**ッサーン, ペルフェクツィオ**ニ**ーレン	improve, train インプ**ル**ーヴ, ト**レ**イン
みかけ **見かけ** mikake	*das* **Aussehen,** *der* **An-** **schein** **ア**オスゼーエン, **ア**ンシャイン	appearance ア**ピ**アランス
みかた **味方** mikata	*der(die)* **Freund(in),** *der/* *die* **Verbündete** フ**ロ**イント(-ディン), フェア**ビュ**ンデテ	friend, ally フレンド, **ア**ライ
みかづき **三日月** mikazuki	*die* **Mondsichel** **モ**ーントズィヒェル	crescent moon ク**レ**セント ムーン

日	独	英
みかん **蜜柑** mikan	*die* **Mandarine** マンダリーネ	mandarin マンダリン
みかんせいの **未完成の** mikanseino	**unvollendet** ウンフォルエンデット	unfinished, incomplete アンフィニシュト，インコンプリート
みき **幹** miki	*der* **Stamm** シュタム	tree trunk, trunk トリー トランク，トランク
みぎ **右** migi	**rechts** レヒツ	right ライト
みぎうで **右腕** migiude	**rechter Arm** レヒター アルム	right arm ライト アーム
みきさー **ミキサー** mikisaa	*der* **Mixer** ミクサー	mixer, blender ミクサ，ブレンダ
みぐるしい **見苦しい**（下品な） migurushii	**schändlich** シェントリヒ	indecent インディーセント
（目障りな）	**unanständig, unfein** ウンアンシュテンディヒ，ウンファイン	unsightly, indecent アンサイトリ，インディーセント
みごとな **見事な** migotona	**schön, herrlich** シェーン，ヘルリヒ	beautiful, fine ビューティフル，ファイン
みこみ **見込み**（可能性） mikomi	*die* **Möglichkeit** メークリヒカイト	possibility パスィビリティ
（期待）	*die* **Aussicht** アオスズィヒト	prospect プラスペクト
（有望）	*die* **Hoffnung** ホフヌング	promise, hope プラミス，ホウプ
みこんの **未婚の** mikonno	**ledig, unverheiratet** レーディッヒ，ウンフェアハイラーテット	unmarried, single アンマリド，スィングル
みさ **ミサ** misa	*die* **Messe** メッセ	mass マス

日	独	英
みさいる **ミサイル** misairu	*die* **Rakete** ラケーテ	missile ミスィル
みさき **岬** misaki	*das* **Kap** カップ	cape ケイプ
みじかい **短い** mijikai	**kurz** クルツ	short, brief ショート, ブリーフ
みじめな **惨めな** mijimena	**elend, miserabel** エーレント, ミゼラーベル	miserable, wretch- ed ミゼラブル, レチド
みじゅくな **未熟な** 　　　（熟していない） mijukuna	**unreif** ウンライフ	unripe アンライプ
（発達していない）	**unerfahren** ウンエアファーレン	immature イマテュア
みしらぬ **見知らぬ** mishiranu	**fremd, unbekannt** フレムト, **ウン**ベカント	strange, unfamiliar ストレインヂ, アンファミリア
みしん **ミシン** mishin	*die* **Nähmaschine** ネーマシーネ	sewing machine ソウイング マシーン
みす **ミス**　　　（誤り） misu	*der* **Fehler** フェーラー	mistake ミステイク
みず **水** mizu	*das* **Wasser** ヴァッサー	water ウォータ
（水道の）	*das* **Leitungswasser** ライトゥングスヴァッサー	tap water タプ ウォータ
（発泡性でない）	**stilles Wasser** シュティレス ヴァッサー	still water スティル ウォータ
（発泡性の）	*der* **Sprudel**, *das* **Mineral-** **wasser mit Kohlensäure** シュプルーデル, ミネラールヴァッサー　ミット コーレンゾイレ	sparkling water, carbonated water スパークリング ウォータ, カー ボネイテド ウォータ
みすいの **未遂の** misuino	**versucht** フェアズーフト	attempted アテンプテド

日	独	英
みずいろ **水色** mizuiro	*das* **Hellblau** ヘルブラオ	light blue ライト ブルー
みずうみ **湖** mizuumi	*der* **See** ゼー	lake レイク
みずがめざ **水瓶座** mizugameza	*der* **Wassermann** デア **ヴァ**ッサーマン	Water Bearer, Aquarius **ウォ**ータ ベアラ, アク**ウェ**アリ アス
みずから **自ら** mizukara	**selbst, persönlich** ゼルプスト, ペルゼーンリヒ	personally, in per- son パーソナリ, イン パースン
みずぎ **水着** mizugi	*der* **Badeanzug** バーデアンツーク	swimsuit ス**ウィ**ムスート
みずくさい **水臭い** mizukusai	**zurückhaltend, fremd** ツ**リュ**ックハルテント, フ**レ**ムト	reserved, cold リザーヴド, **コ**ウルド
みずさし **水差し** mizusashi	*der* **Krug**, *die* **Kanne** ク**ルー**ク, **カ**ネ	pitcher, water jug, Ⓑjug ピチャ, **ウォ**ータ **チャ**グ, **チャ** グ
みずしらずの **見ず知らずの** mizushirazuno	**fremd** フ**レ**ムト	strange ストレインヂ
みずたまもよう **水玉模様** mizutamamoyou	*der* **Tupfen** **トゥ**プフェン	polka dots **ポ**ウルカ **ダ**ッツ
みすてりー **ミステリー** misuterii	*das* **Mysterium**, *das* **Rät- sel** ミス**テ**ーリウム, **レ**ーツェル	mystery **ミ**スタリ
みすてる **見捨てる** misuteru	**verlassen** フェア**ラ**ッセン	abandon ア**バ**ンドン
みずぶくれ **水膨れ** mizubukure	*die* **Blase** ブ**ラ**ーゼ	blister ブ**リ**スタ
みずべ **水辺** mizube	*das* **Ufer** **ウ**ーファー	waterside **ウォ**ータサイド
みずぼうそう **水ぼうそう** mizubousou	*die* **Windpocken** *pl.* **ヴィ**ントポッケン	chicken pox **チ**キン **パ**クス

日	独	英
みすぼらしい **みすぼらしい** misuborashii	**schäbig** シェービヒ	shabby シャビ
みずみずしい **瑞々しい** mizumizushii	**jung und frisch, taufrisch** ユング ウント フリッシュ, **タ**オフリッシュ	fresh フレシュ
みずむし **水虫** mizumushi	*der* **Fußpilz** フースピルツ	athlete's foot **ア**スリーツ **フ**ト
みせ **店** mise	*das* **Geschäft,** *der* **Laden** ゲ**シェ**フト, **ラ**ーデン	store, shop スト—, **シャ**プ
みせいねん **未成年** miseinen	*der/die* **Minderjährige** ミンダーイェーリゲ	minor, person un- der age **マ**イナ, **パ**ースン アンダ **エ**イ ヂ
みせかけの **見せかけの** misekakeno	**scheinbar, angeblich** **シャ**インバール, **ア**ンゲーブリヒ	feigned, pretend **フェ**インド, プリ**テ**ンド
みせびらかす **見せびらかす** misebirakasu	**stolz vor|zeigen, zur Schau stellen** シュトルツ **フォ**ーアツァイゲン, ツーア **シャ**オ シュ**テ**レン	show off ショウ **オ**ーフ
みせびらき **店開き** misebiraki	*die* **Eröffnung** エア**エ**フヌング	opening **オ**ウプニング
みせもの **見せ物** misemono	*die* **Schau** シャオ	show ショウ
みせる **見せる** miseru	**zeigen** **ツァ**イゲン	show, display ショウ, ディス**プ**レイ
みぞ **溝** mizo	*der* **Straßengraben,** *die* **Rinne** シュト**ラ**ーセングラーベン, **リ**ネ	ditch, gutter **ディ**チ, **ガ**タ
(隔たり)	*die* **Kluft,** *die* **Lücke** ク**ル**フト, **リュ**ッケ	gap **ギャ**プ
みぞおち **みぞおち** mizoochi	*die* **Magengrube** **マ**ーゲングルーベ	pit of the stomach **ピ**ト オヴ ザ ス**タ**マク
みそこなう **見損なう** (見逃す) misokonau	*sich⁴* **versehen, überse- hen** ‥ フェア**ゼ**ーエン, ユーバー**ゼ**ーエン	fail to see **フェ**イル トゥ ス**イ**ー

み

日	独	英
（評価を誤る）	*sich⁴* **verschätzen** ‥ フェア**シェッ**ツェン	misjudge ミス**チャ**ヂ
みぞれ **霙** mizore	*der* **Schneeregen** シュネー**レー**ゲン	sleet スリート
みだし **見出し** midashi	*die* **Schlagzeile,** *der* **Titel** シュ**ラーク**ツァイレ, **ティー**テル	headline, heading **ヘ**ドライン, **ヘ**ディング
みたす **満たす** mitasu	**erfüllen, füllen** エア**フュ**レン, **フュ**レン	fill フィル
みだす **乱す** midasu	**in Unordnung bringen, verwirren** イン **ウ**ンオルドヌング プ**リ**ンゲン, フェア**ヴィ**レン	throw into disorder スロウ イントゥ ディス**オー**ダ
みだれる **乱れる** midareru	**in Unordnung geraten, durcheinander geraten** イン **ウ**ンオルドヌング ゲ**ラー**テン, ドゥルヒア**イ**ナンダー ゲ**ラー**テン	(be) out of order (ビ) アウト オヴ **オー**ダ
みち **道** michi	*der* **Weg** **ヴェー**ク	way, road **ウェ**イ, **ロ**ウド
みちがえる **見違える** michigaeru	**verwechseln** フェア**ヴェ**クセルン	take for **テ**イク フォ
みちじゅん **道順** michijun	*die* **Route,** *der* **Weg** **ルー**テ, **ヴェー**ク	route, course **ルー**ト, **コー**ス
みちすう **未知数** michisuu	*die* **Unbekannte, unbekannte Größe** **ウ**ンベカンテ, **ウ**ンベカンテ グ**レー**セ	unknown quantity アン**ノ**ウン ク**ワ**ンティティ
みちのり **道のり** michinori	*die* **Strecke,** *der* **Weg** シュト**レッ**ケ, **ヴェー**ク	distance **ディ**スタンス
みちびく **導く** michibiku	**führen, lenken** **フュー**レン, **レ**ンケン	lead, guide **リー**ド, **ガ**イド
みちる **満ちる** michiru	（潮が） **steigen** シュ**タ**イゲン	rise, flow **ラ**イズ, フ**ロ**ウ
	（物が） **voll werden, erfüllt sein** **フォ**ル **ヴェー**アデン, エア**フュ**ルト ザイン	(be) filled with (ビ) **フィ**ルド ウィズ

日	独	英
みつかる **見つかる** mitsukaru	**gefunden werden** ゲフンデン ヴェーアデン	(be) found (ビ) **ファ**ウンド
みつける **見つける** mitsukeru	**finden, entdecken** **フィ**ンデン, エント**デッ**ケン	find, discover **ファ**インド, ディス**カ**ヴァ
みっこう **密航** mikkou	**heimliche Reise** **ハ**イムリヒェ **ラ**イゼ	smuggling ス**マ**グリング
みっこくする **密告する** mikkokusuru	**denunzieren, verpfeifen** デヌン**ツィ**ーレン, フェアプ**ファ**イフェン	inform, tip off イン**フォ**ーム, **ティ**プ **オ**ーフ
みっしつ **密室** misshitsu	*das* **Geheimzimmer** ゲ**ハ**イムツィマー	secret room ス**ィ**ークレト **ルー**ム
みっせつな **密接な** missetsuna	**eng, nahe** **エ**ング, **ナ**ーエ	close, intimate ク**ロ**ウス, **イ**ンティメト
みつど **密度** mitsudo	*die* **Dichte** **ディ**ヒテ	density **デ**ンスィティ
みつにゅうこく **密入国** mitsunyuukoku	**illegale Einreise** イレ**ガ**ーレ **ア**インライゼ	illegal entry into a country イ**リ**ーガル **エ**ントリ **イ**ントゥ ア **カ**ントリ
みつばい **密売** mitsubai	*der* **Schwarzhandel** シュ**ヴァ**ルツハンデル	illicit sale イ**リ**スィト **セ**イル
みつばち **蜜蜂** mitsubachi	*die* **Biene** **ビ**ーネ	bee **ビ**ー
みっぺいする **密閉する** mippeisuru	**ab|schließen** **ア**ップシュリーセン	close up ク**ロ**ウズ **ア**プ
みつめる **見つめる** mitsumeru	**an|starren** **ア**ンシュタレン	gaze at **ゲ**イズ **ア**ト
みつもり **見積もり** mitsumori	*die* **Schätzung** **シェッ**ツング	estimate **エ**スティメト
みつもる **見積もる** mitsumoru	**schätzen** **シェッ**ツェン	estimate **エ**スティメト

日	独	英
みつやく **密約** mitsuyaku	**geheime Vereinbarung, geheimer Vertrag** ゲハイメ フェアアインバールング, ゲハイマー フェアトラーク	secret understand- ing スィークレト アンダスタンディ ング
みつゆ **密輸** mitsuyu	*der* **Schmuggel,** *die* **Schmuggelei** シュムッゲル, シュムッゲライ	smuggling スマグリング
みつりょう **密[漁・猟]** mitsuryou	*die* **Wilderei** ヴィルデライ	poaching ポウチング
みていの **未定の** miteino	**unbestimmt, unentschie- den** ウンベシュティムト, ウンエントシーデン	undecided アンディサイデド
みとうの **未踏の** mitouno	**unerforscht** ウンエアフォルシュト	unexplored アニクスプロード
みとおし **見通し** mitooshi	*die* **Aussicht,** *die* **Sicht** アオスズィヒト, ズィヒト	prospect プラスペクト
みとめる **認める** (受け入れる) mitomeru	**an|erkennen, zu|geben** アンエアケネン, ツーゲーベン	accept, acknowl- edge アクセプト, アクナリヂ
(認識する)	**erkennen, wahr|nehmen** エアケネン, ヴァールネーメン	recognize レコグナイズ
みどりいろ **緑色** midoriiro	*das* **Grün** グリューン	green グリーン
みとりず **見取り図** mitorizu	*die* **Skizze,** *der* **Plan** スキッツェ, プラーン	sketch スケチ
みとれる **見とれる** mitoreru	**bewundern,** *von* et^3/j^3 **fasziniert sein** ベヴンダーン, フォン ‥ ファスツィニールト ザ イン	look admiringly at ルク アドマイアリングリ アト
みな **皆** mina	**alle** アレ	all オール
みなおす **見直す** minaosu	**neu bewerten** ノイ ベヴェーアテン	reexamine リーイグザミン
みなす **見なす** minasu	j^4/et^4 **für** j^4/et^4 **halten** ‥ フューア ‥ ハルテン	think of as スィンク オヴ アズ

日	独	英
みなと **港** minato	*der* **Hafen** ハーフェン	harbor, port ハーバ, ポート
みなみ **南** minami	(*der*) **Süden** ズューデン	south サウス
みなみあふりか **南アフリカ** minamiafurika	(*das*) **Südafrika** ズュートアーフリカ	South Africa サウス アフリカ
みなみあめりか **南アメリカ** minamiamerika	(*das*) **Südamerika** ズュートアメーリカ	South America サウス アメリカ
みなみがわ **南側** minamigawa	*die* **Südseite** ズュートザイテ	south side サウス サイド
みなみじゅうじせい **南十字星** minamijuujisei	das **Kreuz des Südens** ダス クロイツ デス ズューデンス	Southern Cross サザン クロース
みなみはんきゅう **南半球** minamihankyuu	**südliche Halbkugel** ズュートリヒェ ハルプクーゲル	Southern Hemisphere サザン ヘミスフィア
みなもと **源** minamoto	*die* **Quelle**, *der* **Ursprung** クヴェレ, ウーアシュプルング	source ソース
みならい **見習い** minarai	*die* **Lehre**, *die* **Lehrzeit** レーレ, レーアツァイト	apprenticeship アプレンティスシプ
(の人)	*der* **Lehrling** レーアリング	apprentice アプレンティス
～期間	*die* **Lehrzeit**, *die* **Probezeit** レーアツァイト, プローベツァイト	probationary period プロウベイショナリ ピアリオド
みならう **見習う** minarau	**nach|ahmen, nach|eifern** ナーハアーメン, ナーハアイファーン	learn, imitate ラーン, イミテイト
みなり **身なり** minari	*die* **Kleidung, äußere Erscheinung** クライドゥング, オイセレ エアシャイヌング	dress, appearance ドレス, アピアランス
みなれた **見慣れた** minareta	**bekannt, vertraut** ベカント, フェアトラオト	familiar, accustomed ファミリア, アカスタムド

み

日	独	英
みにくい **見にくい** minikui	**schwer zu sehen** シュヴェーア ツー ゼーエン	hard to see ハード トゥ スィー
みにくい **醜い** minikui	**hässlich** ヘスリヒ	ugly アグリ
みにちゅあ **ミニチュア** minichua	*die* **Miniatur** ミニアトゥーア	miniature ミニアチャ
みぬく **見抜く** minuku	**durchschauen, ein|se- hen** ドゥルヒシャオエン，**ア**インゼーエン	see through スィー スルー
みねらる **ミネラル** mineraru	*das* **Mineral** ミネラール	mineral ミナラル
～ウォーター	*das* **Mineralwasser** ミネラールヴァッサー	mineral water ミナラル **ウォ**ータ
みのうの **未納の** minouno	**unbezahlt** ウンベツァールト	unpaid アンペイド
みのがす **見逃す** （見落とす） minogasu	**nach|sehen, übersehen** **ナ**ーハゼーエン，ユーバーゼーエン	overlook オウヴァルク
（黙認する）	**stillschweigend über- sehen, ein Auge zu|drü- cken** シュ**ティ**ルシュヴァイゲント ユーバーゼーエン， アイン **ア**オゲ ツードリュッケン	connive at, quietly condone カナイヴ アト，ク**ワ**イエトリ コ ンド**ウ**ン
みのしろきん **身代金** minoshirokin	*das* **Lösegeld** レーゼゲルト	ransom **ラ**ンソム
みのる **実る** （実がなる） minoru	**reifen** **ラ**イフェン	ripen **ラ**イプン
（成果が上がる）	**Früchte tragen** フリュヒテ ト**ラ**ーゲン	bear fruit ベア フルート
みはらし **見晴らし** miharashi	*die* **Aussicht,** *das* **Panora- ma** **ア**オスズィヒト，パノ**ラ**ーマ	unbroken view, panoramic view アン**ブ**ロウクン **ヴ**ュー，パノ**ラ** ミク **ヴ**ュー

日	独	英
みはる **見張る** miharu	**bewachen, überwachen** ベヴァッヘン，ユーバーヴァッヘン	keep under observation キープ アンダ アブザヴェイション
みぶり **身振り** miburi	*die* **Gebärde,** *die* **Geste** ゲベーアデ，ゲステ	gesture チェスチャ
みぶん **身分** mibun	**soziale Stellung,** *der* **Stand** ゾツィアーレ シュテルング，シュタント	social status ソウシャル ステイタス
～証明書	*der* **Personalausweis** ペルゾナールアオスヴァイス	identity card アイデンティティ カード
みぼうじん **未亡人** miboujin	*die* **Witwe** ヴィトヴェ	widow ウィドウ
みほん **見本** mihon	*das* **Muster,** *die* **Probe** ムスター，プローベ	sample, specimen サンプル，スペスィメン
みまう **見舞う** mimau	**besuchen** ベズーヘン	visit, inquire after ヴィズィト，インクワイア アフタ
みまもる **見守る** mimamoru	*über j⁴/et⁴* **wachen** ユーバー‥ヴァッヘン	keep one's eyes on キープ アイズ オン
みまわす **見回す** mimawasu	*sich⁴* **um|sehen,** *um sich⁴* **sehen** ‥ウムゼーエン，ウム‥ゼーエン	look about ルク アバウト
みまん **未満** miman	**unter, weniger als** ウンター，ヴェーニガー アルス	under, less than アンダ，レス ザン
みみ **耳** mimi	*das* **Ohr** オーア	ear イア
みみかき **耳掻き** mimikaki	*der* **Ohrlöffel** オーアレッフェル	earpick イアピク
みみず **蚯蚓** mimizu	*der* **Regenwurm** レーゲンヴルム	earthworm アースワーム
みめい **未明** mimei	**vor Tagesanbruch** フォーア ターゲスアンブルフ	before daybreak ビフォ デイブレイク

日	独	英
みもと **身元** mimoto	*die* **Identität** イデンティテート	identity アイデンティティ
みゃく **脈** myaku	*der* **Puls** プルス	pulse パルス
（見込み・望み）	*die* **Hoffnung** ホフヌング	promise, hope プラミス，ホウプ
みやげ **土産** miyage	*das* **Souvenir,** *das* **Reise-andenken** ズヴェニーア，ライゼアンデンケン	souvenir スーヴニア
みやこ **都** miyako	*die* **Hauptstadt** ハオプトシュタット	capital (city) キャピタル（スィティ）
みゃんまー **ミャンマー** myanmaa	(*das*) **Myanmar** ミャーンマール	Myanmar ミャンマ
みゅーじかる **ミュージカル** myuujikaru	*das* **Musical** ミューズィケル	musical ミューズィカル
みゅーじしゃん **ミュージシャン** myuujishan	*der*(*die*) **Musiker(***in***)** ムーズィカー(-ケリン)	musician ミューズィシャン
みょうじ **名字** myouji	*der* **Familienname,** *der* **Nachname** ファミーリエンナーメ，ナーハナーメ	family name, sur-name ファミリネイム，サーネイム
みょうな **妙な** myouna	**merkwürdig, komisch** メルクヴュルディヒ，コーミシュ	strange ストレインヂ
みょうれいの **妙齢の** myoureino	**jung, blühend** ユング，ブリューエント	young, blooming ヤング，ブルーミング
みらい **未来** mirai	*die* **Zukunft** ツークンフト	future フューチャ
みりぐらむ **ミリグラム** miriguramu	*das* **Milligramm** ミリグラム	milligram, ⓑmilli-gramme ミリグラム，ミリグラム
みりめーとる **ミリメートル** mirimeetoru	*der* **Millimeter** ミリメーター	millimeter, ⓑmilli-metre ミリミータ，ミリミータ

日	独	英
みりょうする **魅了する** miryousuru	**bezaubern, faszinieren** ベツァオベァン, ファスツィニーレン	fascinate **ファ**スィネイト
みりょく **魅力** miryoku	*der* **Charme,** *der* **Reiz** シャルム, ライツ	charm **チャ**ーム
〜的な	**charmant, reizvoll** シャル**マ**ント, **ラ**イツフォル	charming **チャ**ーミング
みる **見る** miru	**sehen, schauen** ゼーエン, **シャ**オエン	see, look at **スィ**ー, **ル**ク アト
みるく **ミルク** miruku	*die* **Milch** ミルヒ	milk **ミ**ルク
みれにあむ **ミレニアム** mireniamu	*das* **Millennium,** *das* **Jahr-tausend** ミ**レ**ニウム, **ヤ**ールタオゼント	millennium ミ**レ**ニアム
みれん **未練** miren	*die* **Anhänglichkeit** **ア**ンヘングリヒカイト	attachment, regret ア**タ**チメント, リ**グ**レト
みわける **見分ける** miwakeru	**unterscheiden, differen-zieren** ウンター**シャ**イデン, ディフェレン**ツィ**ーレン	distinguish from ディス**ティ**ングウィシュ フラム
みわたす **見渡す** miwatasu	**überblicken** ユーバー**ブ**リッケン	look out over **ル**ク **ア**ウト **オ**ウヴァ
みんえい **民営** min-ei	*das* **Privatunternehmen** プリ**ヴァ**ートウンターネーメン	private manage-ment プ**ラ**イヴェト **マ**ニヂメント
みんかんの **民間の** minkanno	**privat, zivil** プリ**ヴァ**ート, ツィ**ヴィ**ール	private, civil プ**ラ**イヴェト, **ス**ィヴィル
みんく **ミンク** minku	*der* **Nerz** ネルツ	mink **ミ**ンク
みんげいひん **民芸品** mingeihin	**volkstümliche Handar-beit** **フォ**ルクステュームリヒェ ハント**ア**ルバイト	folk craft article **フォ**ウク ク**ラ**フト **ア**ーティクル
みんじそしょう **民事訴訟** minjisoshou	*der* **Zivilprozess** ツィ**ヴィ**ールプロツェス	civil action (law-suit) **ス**ィヴィル **ア**クション (**ロ**ースート)

日	独	英
みんしゅう **民衆** minshuu	*das* **Volk** フォルク	people, populace ピープル, パピュラス
みんしゅか **民主化** minshuka	*die* **Demokratisierung** デモクラティズィールング	democratization ディマクラティゼイション
みんしゅしゅぎ **民主主義** minshushugi	*die* **Demokratie** デモクラティー	democracy ディマクラスィ
みんぞく **民俗** minzoku	*der* **Volksbrauch** フォルクスブラオホ	folk customs フォウク カスタムズ
みんぞく **民族** minzoku	*das* **Volk**, *die* **Nation** フォルク, ナツィオーン	race, nation レイス, ネイション
〜性	*die* **Volksmentalität**, *das* **Volkstum** フォルクスメンタリテート, フォルクストゥーム	racial characteristics レイシャル キャラクタリスティクス
みんと **ミント** minto	*die* **Minze** ミンツェ	mint ミント
みんぽう **民法** minpou	**bürgerliches Recht**, *das* **Zivilrecht** ビュルガーリヒェス レヒト, ツィヴィールレヒト	civil law スィヴィル ロー
みんよう **民謡** min-you	*das* **Volkslied** フォルクスリート	folk song フォウク ソーング
みんわ **民話** minwa	*das* **Volksmärchen**, *die* **Volkssage** フォルクスメーアヒェン, フォルクスザーゲ	folk tale フォウク テイル

む, ム

む **無** mu	*das* **Nichts** ニヒツ	nothing ナスィング
むいしきに **無意識に** muishikini	**unbewusst** ウンベヴスト	unconsciously アンカンシャスリ
むいちもんの **無一文の** muichimonno	**mittellos** ミッテルロース	penniless ペニレス

日	独	英
むいみな **無意味な** muimina	**sinnlos, bedeutungslos** ズィンロース、ベドイトゥングスロース	meaningless ミーニングレス
むーるがい **ムール貝** muurugai	*die* **Miesmuschel** ミースムッシェル	mussel マサル
むえきな **無益な** muekina	**nutzlos, vergeblich** ヌッツロース、フェアゲープリヒ	futile フュートル
むかいあう **向かい合う** mukaiau	*j³* **gegenüber|stehen** ・・ ゲーゲンユーバーシュテーエン	face フェイス
むかいがわ **向かい側** mukaigawa	**gegenüberliegende Seite** ゲーゲンユーバーリーゲンデ ザイテ	opposite side アポズィト サイド
むがいな **無害な** mugaina	**harmlos, unschädlich** ハルムロース、ウンシェートリヒ	harmless ハームレス
むかう **向かう**　（進む） mukau	**gehen, fahren** ゲーエン、ファーレン	go to, leave for ゴウトゥ、リーヴ フォ
（面する）	*j³* **gegenüber|stehen** ・・ ゲーゲンユーバーシュテーエン	face, look on フェイス、ルク オン
むかえる **迎える** mukaeru	**empfangen, begrüßen** エンプファンゲン、ベグリューセン	meet, welcome ミート、ウェルカム
むかし **昔**　（ずっと前） mukashi	**einst** アインスト	long ago ローング アゴウ
（古い時代）	**alte Zeiten** *pl.* アルテ ツァイテン	old times オウルド タイムズ
むかつく **むかつく**　（胃が） mukatsuku	*j³* **übel sein,** *sich⁴* **überge- ben müssen** ・・ ユーベル ザイン、・・ ユーバーゲーベン ミュッセン	feel sick, feel nau- seous フィール スィク、フィール ノー シャス
（腹が立つ）	**angewidert sein** アンゲヴィーダート ザイン	(get) disgusted (ゲト) ディスガステド
むかで **百足** mukade	*der* **Tausendfüßler** タオゼントフュースラー	centipede センティピード

日	独	英
むかんけいな **無関係な** mukankeina	**unabhängig** ウンアプヘンギヒ	irrelevant イレレヴァント
むかんしん **無関心** mukanshin	*die* **Gleichgültigkeit** グライヒギュルティヒカイト	indifference インディファレンス
むき **向き** muki	*die* **Richtung** リヒトゥング	direction ディレクション
むぎ **麦** (小麦) mugi	*der* **Weizen** ヴァイツェン	wheat (ホ)**ウィ**ート
(大麦)	*die* **Gerste** ゲルステ	barley バーリ
むきげんの **無期限の** mukigenno	**unbefristet** ウンベフリステット	indefinite インデフィニト
むきだしの **剥き出しの** mukidashino	**bloß, nackt** ブロース, **ナ**クト	bare, naked ベア, **ネ**イキド
むきちょうえき **無期懲役** mukichoueki	**lebenslängliche Gefäng-nisstrafe** レーベンスレングリヒェ ゲ**フェ**ングニスシュトラーフェ	life imprisonment ライフ インプリズンメント
むきりょくな **無気力な** mukiryokuna	**schlapp, mutlos** シュ**ラ**ップ, **ムー**トロース	inactive, lazy イ**ナ**クティヴ, **レ**イズィ
むきんの **無菌の** mukinno	**keimfrei, aseptisch** カイムフライ, ア**ゼ**プティシュ	germ-free **チャ**ームフリー
むく **向く** (適する) muku	**geeignet sein** ゲ**ア**イグネト ザイン	suit **ス**ート
(面する)	*sich*[4] **richten,** *sich*[4] **zu|wen-den** ‥ **リ**ヒテン, ‥ **ツ**ーヴェンデン	turn to face **タ**ーン トゥ **フェ**イス
むく **剥く** muku	**pellen, schälen** **ペ**レン, **シェ**ーレン	peel, pare **ピ**ール, **ペ**ア
むくいる **報いる** mukuiru	**belohnen, vergelten** ベ**ロ**ーネン, フェア**ゲ**ルテン	repay, reward リ**ペ**イ, リ**ウォ**ード

日	独	英
むくちな **無口な** mukuchina	**schweigsam, wortkarg** シュ**ヴァ**イクザーム，**ヴォ**ルトカルク	taciturn, silent **タ**スィターン，**サ**イレント
むくむ **むくむ** mukumu	**an|schwellen** **ア**ンシュヴェレン	swell ス**ウェ**ル
むけいの **無形の** mukeino	**immateriell, nicht greif- bar** インマテリ**エ**ル，**ニ**ヒト グ**ラ**イフバール	intangible イン**タ**ンヂブル
むける **向ける** mukeru	**richten, zu|wenden** **リ**ヒテン，**ツ**ーヴェンデン	turn to, direct to **タ**ーン トゥ，ディ**レ**クト トゥ
むげんの **無限の** mugenno	**unendlich, unbegrenzt** ウン**エ**ントリヒ，**ウ**ンベグレンツト	infinite **イ**ンフィニト
むこう **向こう** （先方） mukou	*die* **Gegenseite** **ゲ**ーゲンザイテ	other party **ア**ザ パーティ
（反対側）	**gegenüberliegende Seite, gegenüber** ゲーゲン**ユ**ーバーリーゲンデ **ザ**イテ，ゲーゲン**ユ**ーバー	opposite side **ア**ポズィト サイド
むこう **無効** mukou	*die* **Ungültigkeit** ウン**ギュ**ルティヒカイト	invalidity インヴァ**リ**ディティ
〜の	**ungültig** ウン**ギュ**ルティヒ	invalid イン**ヴァ**リド
むこうみずな **向こう見ずな** mukoumizuna	**tollkühn, verwegen** **ト**ルキューン，フェア**ヴェ**ーゲン	reckless **レ**クレス
むこくせきの **無国籍の** mukokusekino	**staatenlos** シュ**タ**ーテンロース	stateless ス**テ**イトレス
むごん **無言** mugon	*das* **Schweigen** シュ**ヴァ**イゲン	silence, mum **サ**イレンス，マム
むざい **無罪** muzai	*die* **Unschuld** **ウ**ンシュルト	innocence **イ**ノセンス
むざんな **無残な** muzanna	**schauderhaft, grausam** **シャ**オダーハフト，グ**ラ**オザーム	miserable, cruel **ミ**ゼラブル，ク**ル**エル

む

日	独	英
むし **虫** mushi	*das* **Insekt** インゼクト	insect **イ**ンセクト
（みみずの類）	*der* **Wurm** ヴルム	worm ワーム
むしあつい **蒸し暑い** mushiatsui	**schwül, feuchtwarm** シュヴュール, **フォ**イヒトヴァルム	hot and humid ハト アンド **ヒュ**ーミド
むしする **無視する** mushisuru	**ignorieren, vernachlässi-gen** イグノリーレン, フェア**ナ**ーハレスィゲン	ignore イグ**ノ**ー
むした **蒸した** mushita	**gedämpft** ゲ**デ**ンプフト	steamed ス**ティ**ームド
むじつ **無実** mujitsu	*die* **Unschuld** **ウ**ンシュルト	innocence **イ**ノセンス
〜の	**unschuldig** **ウ**ンシュルディヒ	innocent **イ**ノセント
むじの **無地の** mujino	**einfarbig, ohne Muster** **ア**インファルビヒ, **オ**ーネ **ム**スター	plain, unpatterned **プ**レイン, アン**パ**タンド
むしば **虫歯** mushiba	*die* **Karies, fauler Zahn** **カ**ーリエス, **ファ**オラー **ツァ**ーン	cavity, tooth decay **キャ**ヴィティ, **トゥ**ース ディ**ケ**イ
むしばむ **蝕む** mushibamu	**zerfressen, an|greifen** ツェア**フ**レッセン, **ア**ングライフェン	spoil, affect ス**ポ**イル, ア**フェ**クト
むしめがね **虫眼鏡** mushimegane	*das* **Vergrößerungsglas,** *die* **Lupe** フェア**グ**レーセルングスグラース, **ル**ーペ	magnifying glass **マ**グニファイング グ**ラ**ス
むじゃきな **無邪気な** mujakina	**unschuldig, naiv** **ウ**ンシュルディヒ, ナ**イ**ーフ	innocent **イ**ノセント
むじゅん **矛盾** mujun	*der* **Widerspruch** **ヴィ**ーダーシュプルフ	contradiction カントラ**ディ**クション
〜する	*sich*³ **widersprechen** ‥ **ヴィ**ーダーシュプレッヒェン	(be) inconsistent with (ビ) インコン**スィ**ステント ウィズ

日	独	英
むじょう **無常** mujou	*die* **Vergänglichkeit** フェアゲングリヒカイト	mutability ミュータビリティ
むじょうけんの **無条件の** mujoukenno	**bedingungslos, vorbehaltlos** ベディングングスロース, フォーアベハルトロース	unconditional アンコンディショナル
むじょうな **無情な** mujouna	**herzlos, gefühllos** ヘルツロース, ゲフュールロース	heartless, cold ハートレス, コウルド
むしょうの **無償の** mushouno	**umsonst, gratis** ウムゾンスト, グラーティス	gratis, voluntary グラティス, ヴァランテリ
むしょくの **無職の** mushokuno	**arbeitslos** アルバイツロース	without occupation ウィザウト アキュペイション
むしょくの **無色の** mushokuno	**farblos** ファルプロース	colorless, Ⓑcolourless カラレス, カラレス
むしる **むしる** mushiru	**rupfen, ab|reißen** ルプフェン, アップライセン	pluck, pick プラク, ピク
むしろ **むしろ** mushiro	**vielmehr, eher** フィールメーア, エーアー	rather than ラザ ザン
むしんけいな **無神経な** mushinkeina	**unempfindlich** ウンエンプフィントリヒ	insensitive インセンスィティヴ
むじんぞうの **無尽蔵の** mujinzouno	**unerschöpflich** ウンエアシェプフリヒ	inexhaustible イニグゾースティブル
むじんとう **無人島** mujintou	**unbewohnte Insel, einsame Insel** ウンベヴォーンテ インゼル, アインザーメ インゼル	uninhabited island, desert island アニンハビテド アイランド, デザト アイランド
むしんに **無心に** mushinni	**unschuldig** ウンシュルディヒ	innocently イノセントリ
むしんろん **無神論** mushinron	*der* **Atheismus** アテイスムス	atheism エイスィイズム
むす **蒸す** musu	**dämpfen, dünsten** デンプフェン, デュンステン	steam スティーム

日	独	英
むすうの **無数の** musuuno	**zahllos, unzählbar** ツァールロース, ウンツェールバール	innumerable イニューメラブル
むずかしい **難しい** muzukashii	**schwer, schwierig** シュヴェーア, シュヴィーリヒ	difficult, hard ディフィカルト, ハード
むすこ **息子** musuko	*der* **Sohn** ゾーン	son サン
むすびつく **結び付く** musubitsuku	*sich⁴* **verbinden**, *sich⁴ an et⁴/j⁴* **knüpfen** ‥ フェアビンデン, ‥ アン ‥ クニュプフェン	(be) tied up with, bond together (ビ) タイド アプ ウィズ, バンド トゲザ
むすびめ **結び目** musubime	*der* **Knoten** クノーテン	knot ナト
むすぶ **結ぶ** musubu	**verbinden, an|knüpfen** フェアビンデン, アンクニュプフェン	tie, bind タイ, バインド
（つなぐ）	*mit et³/j³* **verbinden** ミット ‥ フェアビンデン	link with リンク ウィズ
（締結する）	**ab|schließen** アップシュリーセン	make, conclude メイク, コンクルード
むすめ **娘** musume	*die* **Tochter** トホター	daughter ドータ
むせいげんの **無制限の** museigenno	**uneingeschränkt** ウンアインゲシュレンクト	free, unrestricted フリー, アンリストリクテド
むせきにんな **無責任な** musekininna	**unverantwortlich** ウンフェアアントヴォルトリヒ	irresponsible イリスパンスィブル
むせる **むせる** museru	*sich⁴ an et³* **verschlucken** ‥ アン ‥ フェアシュルッケン	(be) choked with (ビ) チョウクト ウィズ
むせん **無線** musen	*der* **Funk**, *das* **Funkgerät** フンク, フンクゲレート	wireless ワイアレス
むだ **無駄** muda	*die* **Verschwendung** フェアシュヴェンドゥング	waste ウェイスト

日	独	英
〜な	**sinnlos, vergeblich** ズィンロース，フェアゲープリヒ	useless, futile ユースレス，フュートル
むだんで **無断で** mudande	**unerlaubt, unentschuldigt** ウンエアラオプト，ウンエントシュルディヒト	without notice ウィザウト ノウティス
むたんぽで **無担保で** mutanpode	**ohne Sicherheit, ohne Pfand** オーネ ズィヒャーハイト，オーネ プファント	without security ウィザウト スィキュアリティ
むちな **無知な** muchina	**unwissend, dumm** ウンヴィッセント，ドゥム	ignorant イグノラント
むちゃな **無茶な** muchana	**unvernünftig, albern** ウンフェアニュンフティヒ，アルバーン	unreasonable アンリーズナブル
むちゅうである **夢中である** muchuudearu	**verrückt sein, begeistert sein** フェアリュックト ザイン，ベガイスタート ザイン	(be) absorbed in (ビ) アブソーブド イン
むてんかの **無添加の** mutenkano	**frei von Zusatzstoffen** フライ フォン ツーザッツシュトッフェン	additive-free アディティヴフリー
むとんちゃくな **無頓着な** mutonchakuna	**unbekümmert, gleichgültig** ウンベキュマート，グライヒギュルティヒ	indifferent インディファレント
むなしい **空しい** munashii	**leer, vergeblich** レーア，フェアゲープリヒ	empty, vain エンプティ，ヴェイン
むね **胸** mune	*die* **Brust** ブルスト	breast, chest ブレスト，チェスト
むねやけ **胸焼け** muneyake	*das* **Sodbrennen** ゾートブレネン	heartburn ハートバーン
むのうな **無能な** munouna	**unfähig, machtlos** ウンフェーイヒ，マハトロース	incompetent インカンピテント
むのうやくの **無農薬の** munouyakuno	**pestizidfrei** ペスティツィートフライ	pesticide-free ペスティサイドフリー
むふんべつな **無分別な** mufunbetsuna	**unvernünftig** ウンフェアニュンフティヒ	imprudent インプルーデント

日	独	英
むほうな **無法な** muhouna	**rechtswidrig** レヒツヴィードリヒ	unjust, unlawful アンジャスト, アンローフル
むぼうな **無謀な** mubouna	**tollkühn, unbesonnen** トルキューン, ウンベゾネン	reckless レクレス
むほん **謀反** muhon	*die* **Rebellion,** *die* **Ver- schwörung** レベリオーン, フェアシュヴェールング	rebellion リベリオン
むめいの **無名の** mumeino	**unbekannt, anonym** ウンベカント, アノニューム	nameless, unknown ネイムレス, アンノウン
むら **村** mura	*das* **Dorf** ドルフ	village ヴィリヂ
むらがる **群がる** muragaru	*sich⁴* **zusammen|scharen, schwärmen** ..ツザメンシャーレン, シュヴェルメン	gather, flock ギャザ, フラク
むらさきいろ **紫色** murasakiiro	*das* **Lila,** *das* **Violett** リーラ, ヴィオレット	purple, violet パープル, **ヴァイオレト**
むりな **無理な** murina	**unmöglich** ウンメークリヒ	impossible インパスィブル
むりょうの **無料の** muryouno	**gratis, kostenlos** グラーティス, **コ**ステンロース	free フリー
むりょくな **無力な** muryokuna	**hilflos, machtlos** ヒルフロース, **マ**ハトロース	powerless パウアレス
むれ **群れ** mure	*die* **Gruppe,** *die* **Schar** グルッペ, **シャ**ール	group, crowd グループ, クラウド

め, メ

日	独	英
め **目** me	*das* **Auge** アオゲ	eye アイ
め **芽** me	*die* **Knospe,** *der* **Spross** クノスペ, シュプロス	sprout, bud スプラウト, バド

日	独	英
めあて **目当て** meate	*das* **Ziel** ツィール	aim, objective **エ**イム, オブ**チェ**クティヴ
めい **姪** mei	*die* **Nichte** ニヒテ	niece ニース
めいあん **名案** meian	**gute Idee** グーテ イデー	good idea グド アイ**ディー**ア
めいおうせい **冥王星** meiousei	**der Pluto** デア プルート	Pluto プ**ルー**トウ
めいかいな **明快な** meikaina	**klar, deutlich** ク**ラー**ル, **ド**イトリヒ	clear, lucid ク**リ**ア, **ルー**スィド
めいかくな **明確な** meikakuna	**bestimmt, eindeutig** ベシュ**ティ**ムト, **ア**インドイティヒ	clear, accurate ク**リ**ア, **ア**キュレト
めいがら **銘柄** meigara	*die* **Marke,** *das* **Muster** マルケ, ムスター	brand, description ブランド, ディスク**リ**プション
めいぎ **名義** meigi	*der* **Name** ナーメ	name ネイム
めいさい **明細** meisai	*die* **Details** *pl.*, *die* **Einzel-** **heiten** *pl.* デ**タ**イス, **ア**インツェルハイテン	details **ディー**テイルズ
めいさく **名作** meisaku	*das* **Meisterstück** マイスターシュテュック	masterpiece **マ**スタピース
めいし **名刺** meishi	*die* **Visitenkarte** ヴィ**ズィ**ーテンカルテ	business card **ビ**ズネス **カ**ード
めいし **名詞** meishi	*das* **Substantiv,** *das* **No-** **men** ズプスタン**ティ**ーフ, **ノー**メン	noun **ナ**ウン
めいしょ **名所** meisho	*die* **Sehenswürdigkeit** ゼーエンスヴュルディヒカイト	noted place, nota- ble sights **ノ**ウテド プ**レ**イス, **ノ**ウタブル **サ**イツ
めいしん **迷信** meishin	*der* **Aberglaube** **アー**バーグラオベ	superstition スーパス**ティ**ション

日	独	英
めいじん **名人** meijin	*der(die)* **Meister(*in*)**, *der* *(die)* **Experte(-*in*)** マイスター(-テリン), エクスペルテ(-ティン)	master, expert マスタ, エクスパート
めいせい **名声** meisei	*der* **Ruhm**, *das* **Ansehen** ルーム, アンゼーエン	fame, reputation フェイム, レピュテイション
めいそう **瞑想** meisou	*die* **Meditation**, *die* **Besin-nung** メディタツィオーン, ベズィンヌング	meditation メディテイション
めいちゅうする **命中する** meichuusuru	**treffen** トレッフェン	hit ヒト
めいはくな **明白な** meihakuna	**offensichtlich**, **augen-scheinlich** オッフェンズィヒトリヒ, アオゲンシャインリヒ	clear, evident クリア, エヴィデント
めいぶつ **名物** meibutsu	*die* **Spezialität** シュペツィアリテート	special product スペシャル プラダクト
めいぼ **名簿** meibo	*die* **Namenliste** ナーメンリステ	list of names リスト オヴ ネイムズ
めいめい **銘々** meimei	**jeder(-e)** イェーダー(-デ)	each, everyone イーチ, エヴリワン
めいよ **名誉** meiyo	*die* **Ehre** エーレ	honor, Ⓑhonour アナ, アナ
〜棄損	*die* **Verunglimpfung**, *die* **Rufschädigung** フェアウングリンプフング, ルーフシェーディグング	libel, slander ライベル, スランダ
めいりょうな **明瞭な** meiryouna	**klar**, **deutlich** クラール, ドイトリヒ	clear, plain クリア, プレイン
めいる **滅入る** meiru	**deprimiert sein** デプリミーアト ザイン	feel depressed フィール ディプレスト
めいれい **命令** meirei	*der* **Befehl** ベフェール	order, command オーダ, コマンド
〜する	**befehlen**, **einen Befehl geben** ベフェーレン, アイネン ベフェール ゲーベン	order オーダ

日	独	英
めいろ **迷路** meiro	*das* **Labyrinth** ラビュリント	maze, labyrinth メイズ, **ラ**ビリンス
めいろうな **明朗な** meirouna	**heiter, froh** ハイター, フロー	cheerful, bright **チ**アフル, ブライト
めいわく **迷惑** meiwaku	*die* **Unannehmlichkeit,** *die* **Belästigung** ウンアンネームリヒカイト, ベレスティグング	trouble, nuisance ト**ラ**ブル, **ニュー**スンス
～する	**belästigt werden, ge-** **stört werden** ベ**レ**スティヒト **ヴェー**アデン, ゲシュ**テー**アト **ヴェー**アデン	(be) troubled by, (be) inconven- ienced by (ビ) ト**ラ**ブルド バイ, (ビ) イン コンヴィー**ニ**エンスト バイ
めうえ **目上** meue	*der/die* **Vorgesetzte** フェーアゲ**ゼッ**ツテ	superiors ス**ピ**アリアズ
めーかー **メーカー** meekaa	*der* **Hersteller,** *der* **Produ-** **zent** ヘーアシュテラー, プロドゥ**ツェ**ント	maker, manufac- turer **メ**イカ, マニュ**ファ**クチャラ
めーたー **メーター** meetaa	*der* **Zähler** **ツェ**ーラー	meter **ミ**ータ
めーとる **メートル** meetoru	*der* **Meter** **メ**ーター	meter, Ⓑmetre **ミ**ータ, **ミ**ータ
めかくし **目隠し** mekakushi	*die* **Augenbinde** **ア**オゲンビンデ	blindfold ブ**ラ**インドフォウルド
めかた **目方** mekata	*das* **Gewicht** ゲ**ヴィ**ヒト	weight **ウェ**イト
めかにずむ **メカニズム** mekanizumu	*der* **Mechanismus** メヒャ**ニ**スムス	mechanism **メ**カニズム
めがね **眼鏡** megane	*die* **Brille** ブ**リ**レ	glasses グ**ラ**スィズ
めがへるつ **メガヘルツ** megaherutsu	*das* **Megahertz** **メ**ガヘルツ	megahertz **メ**ガハーツ
めがみ **女神** megami	*die* **Göttin** **ゲッ**ティン	goddess **ガ**デス

日	独	英
めきしこ **メキシコ** mekishiko	(*das*) **Mexiko** メクスィコ	Mexico メクスィコウ
めきめき **めきめき** mekimeki	**merklich, zusehends** メルクリヒ, ツーゼーエンツ	rapidly, markedly ラピドリ, マーケッドリ
めぐすり **目薬** megusuri	*die* **Augentropfen** *pl.* アオゲントロプフェン	eye drops アイ ドラプス
めぐまれる **恵まれる** megumareru	*mit et³* **gesegnet sein** ミット .. ゲゼーグネット ザイン	(be) blessed with (ビ) ブレスト ウィズ
めぐみ **恵み** (恩恵) megumi	*der* **Gefallen,** *die* **Gnade** ゲファレン, グナーデ	favor, ®favour フェイヴァ, フェイヴァ
(天恵)	*der* **Segen,** *die* **Gnade** ゼーゲン, グナーデ	blessing ブレスィング
めぐらす **巡らす** megurasu	**umgeben** ウムゲーベン	surround サラウンド
めくる **めくる** mekuru	**um|blättern** ウムブレッターン	turn over, flip ターン オウヴァ, フリプ
めぐる **巡る** meguru	*sich⁴* **drehen, herum|reisen** .. ドレーエン, ヘルムライゼン	travel around トラヴル アラウンド
めざす **目指す** mezasu	*auf et⁴/j⁴* **zielen** アオフ .. ツィーレン	aim at エイム アト
めざましい **目覚ましい** mezamashii	**auffällig, bemerkenswert** アオフフェリヒ, ベメルケンスヴェーアト	remarkable リマーカブル
めざましどけい **目覚まし時計** mezamashidokei	*der* **Wecker** ヴェッカー	alarm clock アラーム クラク
めざめる **目覚める** mezameru	**auf|wachen, wach werden** アオフヴァッヘン, ヴァッハ ヴェーアデン	awake アウェイク
めした **目下** meshita	*der/die* **Untergebene** ウンターゲーベネ	inferiors インフィアリアズ

日	独	英
めしべ **雌しべ** meshibe	*der* **Stempel** シュテンペル	pistil ピスティル
めじるし **目印** mejirushi	*das* **Kennzeichen,** *das* **Zeichen** ケンツァイヒェン，ツァイヒェン	sign, mark サイン，マーク
めす **雌** mesu	*das* **Weibchen** ヴァイプヒェン	female フィーメイル
めずらしい **珍しい** mezurashii	**rar, selten** ラール，ゼルテン	unusual, rare アニュージュアル，レア
めだつ **目立つ** medatsu	**auf|fallen** アオフファレン	(be) conspicuous (ビ) コンスピキュアス
めだま **目玉** medama	*der* **Augapfel** アオクアプフェル	eyeball アイボール
〜焼き	*das* **Spiegelei** シュピーゲルアイ	sunny-side-up, fried egg サニーサイドアプ，フライド エグ
めだる **メダル** medaru	*die* **Medaille** メダリェ	medal メドル
めちゃくちゃな **めちゃくちゃな** mechakuchana	**absurd** アプズルト	absurd アプサード
めっか **メッカ** mekka	(*das*) **Mekka** メッカ	Mecca メカ
めっき **鍍金** mekki	*der* **Metallüberzug** メタルユーバーツーク	plating プレイティング
めつき **目付き** metsuki	*der* **Blick** ブリック	eyes, look アイズ，ルク
めっせーじ **メッセージ** messeeji	*die* **Botschaft,** *die* **Nach-richt** ボートシャフト，ナーハリヒト	message メスィヂ
めったに **滅多に** mettani	**selten** ゼルテン	seldom, rarely セルドム，レアリ

め

日	独	英
めつぼうする **滅亡する** metsubousuru	**unter|gehen, verfallen** ウンターゲーエン，フェアファレン	go to ruin ゴウ トゥ ルーイン
めでぃあ **メディア** media	*die* **Medien** *pl.* メーディエン	media ミーディア
めでたい **めでたい** medetai	**glücklich, feierlich** グリュックリヒ，ファイアーリヒ	happy, celebratory ハピ，セレブレイトリ
めど **目処** medo	*die* **Aussicht** アオスズィヒト	prospect プラスペクト
めにゅー **メニュー** menyuu	*die* **Speisekarte** シュパイゼカルテ	menu メニュー
めのう **瑪瑙** menou	*der* **Achat** アハート	agate アガト
めばえる **芽生える** mebaeru	**keimen** カイメン	sprout スプラウト
めまい **目まい** memai	*der* **Schwindel** シュヴィンデル	dizziness, vertigo ディズィネス，ヴァーティゴウ
めまぐるしい **目まぐるしい** memagurushii	**schwindelerregend, hektisch** シュヴィンデルエアレーゲント，ヘクティシュ	bewildering, rapid ビウィルダリング，ラピド
めも **メモ** memo	*die* **Notiz,** *der* **Vermerk** ノティーツ，フェアメルク	memo メモウ
めもり **目盛り** memori	*die* **Skala,** *die* **Gradeinteilung** スカーラ，グラートアインタイルング	graduation グラデュエイション
めもりー **メモリー** memorii	*der* **Speicher** シュパイヒャー	memory メモリ
めやす **目安** meyasu	*der* **Maßstab,** *die* **Norm** マースシュターブ，ノルム	yardstick, standard ヤードスティク，スタンダド
めりーごーらうんど **メリーゴーラウンド** meriigooraundo	*das* **Karussell** カルセル	merry-go-round, carousel, ⑧roundabout メリゴウラウンド，キャルセル，ラウンダバウト

め

日	独	英
めりこむ **めり込む** merikomu	**ein|sinken, versinken** アインズィンケン，フェアズィンケン	sink into スィンク イントゥ
めりっと **メリット** meritto	*der* **Vorteil** フォルタイル	merit メリト
めろでぃー **メロディー** merodii	*die* **Melodie,** *die* **Weise** メロディー，**ヴァ**イゼ	melody メロディ
めろん **メロン** meron	*die* **Melone** メローネ	melon メロン
めん **綿** men	*die* **Baumwolle** バオムヴォレ	cotton カトン
めん **面**　（マスク・仮面） men	*die* **Maske** マスケ	mask マスク
（側面）	*die* **Seite** ザイテ	aspect, side **ア**スペクト，**サ**イド
（表面）	*die* **Fläche** フレッヒェ	face, surface **フェ**イス，**サ**ーフェス
めんえき **免疫** men-eki	*die* **Immunität** イムニテート	immunity イ**ミュ**ーニティ
めんかい **面会** menkai	*das* **Gespräch,** *der* **Be-** **such** ゲシュプレーヒ，ベ**ズ**ーフ	interview **イ**ンタヴュー
めんきょ **免許** menkyo	*die* **Lizenz** リ**ツ**ェンツ	license **ラ**イセンス
〜証	*der* **Führerschein** **フュ**ーラーシャイン	license **ラ**イセンス
めんしき **面識** menshiki	*die* **Bekanntschaft** ベ**カ**ントシャフト	acquaintance ア**クウェ**インタンス
めんじょう **免状** menjou	*das* **Diplom,** *das* **Zeugnis** ディプローム，**ツォ**イクニス	diploma, license ディプ**ロ**ウマ，**ラ**イセンス

日	独	英
めんしょくする **免職する** menshokusuru	**entlassen** エントラッセン	dismiss ディスミス
めんじょする **免除する** menjosuru	**befreien** ベフライエン	exempt イグゼンプト
めんする **面する** mensuru	**gegenüber|liegen, gegenüber|stehen** ゲーゲンユーバーリーゲン, ゲーゲンユーバーシュテーエン	face on, look out on to フェイス オン, ルク アウト オントゥ
めんぜい **免税** menzei	*die* **Zollfreiheit,** *die* **Steuerbefreiung** ツォルフライハイト, シュトイアーベフライウング	tax exemption タクス イグゼンプション
〜店	*der* **Duty-free-Shop** デューティフリーショップ	duty-free shop デューティフリー シャプ
〜品	**zollfreie Waren** *pl.* ツォルフライエ ヴァーレン	tax-free articles タクスフリー アーティクルズ
めんせき **面積** menseki	*die* **Fläche,** *der* **Flächeninhalt** フレッヒェ, フレッヒェンインハルト	area エアリア
めんせつ **面接** mensetsu	*das* **Interview** インターヴュー	interview インタヴュー
〜試験	**mündliche Prüfung,** *das* **Vorstellungsgespräch** ミュントリヒェ プリューフング, フォーアシュテルングスゲシュプレーヒ	personal interview パーソナル インタヴュー
めんてなんす **メンテナンス** mentenansu	*die* **Instandhaltung,** *die* **Wartung** インシュタントハルトゥング, ヴァルトゥング	maintenance メインテナンス
めんどうな **面倒な** mendouna	**kompliziert, lästig** コンプリツィーアト, レスティヒ	troublesome, difficult トラブルサム, ディフィカルト
めんどり **雌鶏** mendori	*die* **Henne** ヘネ	hen ヘン
めんばー **メンバー** menbaa	*das* **Mitglied** ミットグリート	member メンバ

日	独	英
めんぼう **綿棒** menbou	*das* **Wattestäbchen** ヴァッテシュテープヒェン	cotton swab カトン スワブ
めんみつな **綿密な** menmitsuna	**sorgfältig, genau** ゾルクフェルティヒ, ゲナオ	meticulous メティキュラス
めんもく **面目** menmoku	*die* **Ehre,** *der* **Ruhm** エーレ, ルーム	honor, credit アナ, クレディト
めんるい **麺類** menrui	*die* **Nudeln** *pl.* ヌーデルン	noodles ヌードルズ

も, モ

日	独	英
もう　　(すでに) mou	**schon, bereits** ショーン, ベライツ	already オールレディ
（間もなく）	**nun, bald** ヌン, バルト	soon スーン
もうかる **儲かる** moukaru	**einträglich, rentabel** アイントレークリヒ, レンターベル	(be) profitable (ビ) プラフィタブル
もうけ **儲け** mouke	*der* **Gewinn,** *der* **Profit** ゲヴィン, プロフィート	profit, gains プラフィト, ゲインズ
もうける **儲ける** moukeru	**verdienen, Gewinn machen** フェアディーネン, ゲヴィン マッヘン	make a profit, gain メイク ア プラフィト, ゲイン
もうしあわせ **申し合わせ** moushiawase	*die* **Verabredung,** *die* **Übereinkunft** フェアアップレードゥング, ユーバーアインクンフト	agreement アグリーメント
もうしいれ **申し入れ** moushiire	*das* **Angebot** アンゲボート	proposition プラポズィション
もうしこみ **申し込み** （加入などの手続き） moushikomi	*die* **Anmeldung,** *das* **Abonnement** アンメルドゥング, アボネマーン	subscription サブスクリプション
（要請・依頼）	*die* **Forderung** フォルデルング	request for リクウェスト フォ

767

も

日	独	英
もうしこむ **申し込む** （加入する・応募する） moushikomu	*sich⁴ zu et³* **an|melden** .. ツー .. **ア**ンメルデン	apply for, sub-scribe アプ**ライ** フォ, サブスク**ラ**イブ
（依頼する）	*um et⁴* **bitten** ウム .. **ビ**ッテン	request, ask for リク**ウェ**スト, **ア**スク フォ
もうしでる **申し出る** moushideru	*sich⁴* **melden** .. **メ**ルデン	offer, propose **オ**ファ, プロ**ポ**ウズ
もうすぐ **もうすぐ** mousugu	**bald, demnächst** バルト, デーム**ネ**ーヒスト	soon **ス**ーン
もうすこし **もう少し** mousukoshi	**noch ein bisschen** ノッホ アイン **ビ**スヒェン	some more, a little more サム **モ**ー, ア リトル **モ**ー
もうぜんと **猛然と** mouzento	**heftig, wütend** **ヘ**フティヒ, **ヴュ**ーテント	fiercely **フィ**アスリ
もうそう **妄想** mousou	*der* **Wahn** **ヴァ**ーン	delusion ディ**ルー**ジョン
もうちょう **盲腸** mouchou	*der* **Blinddarm** ブ**リ**ントダルム	appendix ア**ペ**ンディクス
もうどうけん **盲導犬** moudouken	*der* **Blindenhund** ブ**リ**ンデンフント	seeing-eye dog, guide dog **ス**ィーイング**ア**イ ド**ー**グ, **ガ**イド ド**ー**グ
もうどく **猛毒** moudoku	**tödliches Gift** **テ**ートリヒェス **ギ**フト	deadly poison **デ**ドリ **ポ**イズン
もうふ **毛布** moufu	*die* **Decke**, *die* **Wolldecke** **デ**ッケ, **ヴォ**ルデッケ	blanket ブ**ラ**ンケト
もうもくの **盲目の** moumokuno	**blind** ブ**リ**ント	blind ブ**ラ**インド
もうれつな **猛烈な** mouretsuna	**heftig, wild** **ヘ**フティヒ, **ヴィ**ルト	violent, furious **ヴァ**イオレント, **フュ**アリアス
もうろうとした **もうろうとした** mouroutoshita	**trüb, verschwommen** ト**リュ**ープ, フェアシュ**ヴォ**メン	dim, indistinct **ディ**ム, インディス**ティ**ンクト

日	独	英
もえつきる **燃え尽きる** moetsukiru	**aus|brennen** アオスブレネン	burn out バーン アウト
もえる **燃える** moeru	**brennen** ブレネン	burn, blaze バーン，ブレイズ
もーたー **モーター** mootaa	*der* **Motor** モートア	motor モウタ
〜ボート	*das* **Motorboot** モートアボート	motorboat モウタボウト
もがく **もがく** mogaku	**zappeln, strampeln** ツァッペルン，シュトランペルン	struggle, writhe ストラグル，ライズ
もくげきする **目撃する** mokugekisuru	**Zeuge sein** ツォイゲ ザイン	see, witness スィー，ウィトネス
もくざい **木材** mokuzai	*das* **Holz** ホルツ	wood, lumber ウド，ランバ
もくじ **目次** mokuji	*das* **Inhaltsverzeichnis** インハルツフェアツァイヒニス	(table of) contents (テイブル オヴ) カンテンツ
もくせい **木星** mokusei	*der* **Jupiter** デア ユーピター	Jupiter チュピタ
もくぞうの **木造の** mokuzouno	**hölzern, aus Holz** ヘルツァーン，アオス ホルツ	wooden ウドン
もくちょう **木彫** mokuchou	*die* **Schnitzerei** シュニッツェライ	wood carving ウド カーヴィング
もくてき **目的** mokuteki	*der* **Zweck,** *das* **Ziel** ツヴェック，ツィール	purpose パーパス
〜地	*das* **Ziel** ツィール	destination デスティネイション
もくにんする **黙認する** mokuninsuru	**stillschweigend dulden** シュティルシュヴァイゲント ドゥルデン	give a tacit consent ギヴ ア タスィト コンセント
もくはんが **木版画** mokuhanga	*der* **Holzschnitt** ホルツシュニット	woodcut ウドカト

日	独	英
もくひけん **黙秘権** mokuhiken	*das* **Aussageverweige-rungsrecht**, *das* **Recht zu schweigen** アオスザーゲフェアヴァイゲルングスレヒト, レヒト ツー シュヴァイゲン	(the) right to remain silent (ザ) ライト トゥ リメイン サイレント
もくひょう **目標** mokuhyou	*das* **Ziel** ツィール	mark, target マーク, ターゲト
もくもくと **黙々と** mokumokuto	**stumm, schweigend** シュトゥム, シュヴァイゲント	silently サイレントリ
もくようび **木曜日** mokuyoubi	*der* **Donnerstag** ドナースターク	Thursday サーズデイ
もぐる **潜る** moguru	**tauchen, unter|tauchen** タオヘン, ウンタータオヘン	dive into ダイヴ イントゥ
もくろく **目録** mokuroku	*das* **Verzeichnis**, *der* **Katalog** フェアツァイヒニス, カタローク	list, catalog, ⑧catalogue リスト, キャタローグ, キャタローグ
もけい **模型** mokei	*das* **Modell**, *das* **Muster** モデル, ムスター	model マドル
もざいく **モザイク** mozaiku	*das* **Mosaik** モザイーク	mosaic モウゼイイク
もし **もし** moshi	**wenn, falls** ヴェン, ファルス	if イフ
もじ **文字** moji	*die* **Schrift**, *der* **Buchstabe** シュリフト, ブーフシュターベ	letter, character レタ, キャラクタ
もしゃ **模写** mosha	*die* **Kopie** コピー	copy カピ
もぞう **模造** mozou	*die* **Nachahmung**, *die* **Imitation** ナーハアームング, イミタツィオーン	imitation イミテイション
もたらす **もたらす** motarasu	**bringen, ein|bringen** ブリンゲン, アインブリンゲン	bring ブリング

日	独	英
もたれる **もたれる** motareru	*sich⁴ an et⁴/j⁴* **an|lehnen** ‥アン‥**ア**ンレーネン	lean on, lean against リーン オン, リーン アゲンスト
もだんな **モダンな** modanna	**modern** モデルン	modern **マ**ダン
もちあげる **持ち上げる** mochiageru	**an|heben, heben** **ア**ンヘーベン, **ヘ**ーベン	lift, raise **リ**フト, **レ**イズ
もちあじ **持ち味** （特色） mochiaji	*der* **Charakterzug,** *die* **Eigentümlichkeit** カラ**ク**ターツーク, **ア**イゲンテュームリヒカイト	characteristic キャラクタ**リ**スティク
（特有の味）	*der* **Eigengeschmack** **ア**イゲンゲシュマック	peculiar flavor ピ**キュ**ーリア フレイヴァ
もちいる **用いる** mochiiru	**gebrauchen, benutzen** ゲブ**ラ**オヘン, ベ**ヌ**ッツェン	use **ユ**ーズ
もちかえる **持ち帰る** mochikaeru	**mit nach Hause nehmen** ミット ナーハ **ハ**オゼ **ネ**ーメン	bring home ブリング **ホ**ウム
もちこたえる **持ちこたえる** mochikotaeru	*sich⁴* **halten, überstehen** **ハ**ルテン, ユーバーシュ**テ**ーエン	hold on, endure **ホ**ウルド オン, イン**デュ**ア
もちこむ **持ち込む** mochikomu	**hinein|bringen, hinein|-tragen** ヒ**ナ**インブリンゲン, ヒ**ナ**イントラーゲン	carry in **キャ**リ イン
もちにげする **持ち逃げする** mochinigesuru	*mit et³* **durch|gehen** ミット‥ **ド**ゥルヒゲーエン	go away with **ゴ**ウ ア**ウェ**イ ウィズ
もちぬし **持ち主** mochinushi	*der*(*die*) **Besitzer(in),** *der*(*die*) **Inhaber(in)** ベ**ズ**イッツァー(-ツェリン), **イ**ンハーバー(-ベリン)	owner, proprietor **オ**ウナ, プラプ**ラ**イアタ
もちはこぶ **持ち運ぶ** mochihakobu	**tragen** ト**ラ**ーゲン	carry **キャ**リ
もちもの **持ち物** （所持品） mochimono	**Hab und Gut,** *die* **Habseligkeiten** *pl.* ハープ ウント **グ**ート, ハープ**ゼ**ーリヒカイテン	belongings ビ**ロ**ーンギングズ
（所有物）	*der* **Besitz,** *das* **Eigentum** ベ**ズ**イッツ, **ア**イゲントゥーム	property プ**ラ**パティ

日	独	英
もちろん **もちろん** mochiron	**natürlich, selbstverständ-lich** ナテューアリヒ, ゼルプストフェアシュテントリヒ	of course オフ コース
もつ **持つ** （携帯する） motsu	*bei sich³* **haben, dabei|haben** バイ ‥ ハーベン, ダバイハーベン	have ハヴ
（所有している）	**haben, besitzen** ハーベン, ベズィッツェン	have, possess ハヴ, ポゼス
（保持する）	**halten, behalten** ハルテン, ベハルテン	hold ホウルド
もっかんがっき **木管楽器** mokkangakki	*das* **Holzblasinstrument** ホルツブラースインストルメント	woodwind instrument ウドウィンド インストルメント
もっきん **木琴** mokkin	*das* **Xylofon** クスュロフォーン	xylophone ザイロフォウン
もったいぶる **もったいぶる** mottaiburu	**wichtig tun**, *sich⁴* **auf|-spielen** ヴィヒティヒ トゥーン, ‥ アオフシュピーレン	put on airs プト オン エアズ
もっていく **持って行く** motteiku	**mit|bringen, mit|nehmen** ミットブリンゲン, ミットネーメン	take, carry テイク, キャリ
もってくる **持って来る** mottekuru	**bringen, ab|holen** ブリンゲン, アップホーレン	bring, fetch ブリング, フェチ
もっと **もっと** motto	**mehr** メーア	more モー
もっとー **モットー** mottoo	*das* **Motto**, *das* **Schlag-wort** モット, シュラークヴォルト	motto マトウ
もっとも **最も** mottomo	**meist, am meisten** マイスト, アム マイステン	most モウスト
もっともな **もっともな** mottomona	**vernünftig, begreiflich** フェアニュンフティヒ, ベグライフリヒ	reasonable, natural リーズナブル, ナチュラル
もっぱら **専ら** moppara	**ausschließlich** アオスシュリースリヒ	chiefly, mainly チーフリ, メインリ

日	独	英
もつれる **もつれる** motsureru	*sich[4]* **verwickeln,** *sich[4]* **verwirren** ‥ フェアヴィッケルン，‥ フェアヴィレン	(be) tangled (ビ) **タ**ングルド
もてなす **もてなす** motenasu	**bewirten, unterhalten** ベ**ヴィ**ルテン，ウンター**ハ**ルテン	entertain エンタ**テ**イン
もてはやす **もてはやす** motehayasu	**rühmen, lobhudeln** リューメン，**ロ**ープフーデルン	praise a lot, make a hero of プレイズ ア **ラ**ト，メイク ア **ヒ**ーロウ オヴ
もでむ **モデム** modemu	*der*(*das*) **Modem** モーデム	modem **モ**ウデム
もてる **もてる** moteru	*bei j[3]* **beliebt sein** バイ ‥ ベ**リ**ープト ザイン	(be) popular with, (be) popular among (ビ) **パ**ピュラ ウィズ,(ビ) パ**ピュ**ラ ア**マ**ング
もでる **モデル** moderu	*das* **Modell** モデル	model **マ**ドル
〜チェンジ	*der* **Modellwechsel** モデルヴェクセル	model changeover **マ**ドル **チェ**インヂョウヴァ
もと **本[基・元]** (基礎) moto	*die* **Grundlage,** *der* **Grund** グ**ル**ントラーゲ，グ**ル**ント	foundation ファウン**デ**イション
(起源)	*der* **Ursprung,** *die* **Wurzel** **ウ**ーアシュプルング，**ヴ**ルツェル	origin **オ**ーリヂン
もどす **戻す** (元へ返す) modosu	**zurück|geben, zurück|legen** ツリュックゲーベン，ツ**リュ**ックレーゲン	return リ**タ**ーン
もとせん **元栓** motosen	*der* **Haupthahn** ハオプトハーン	main tap メイン **タ**プ
もとづく **基づく** (起因する) motozuku	**her|kommen** **ヘ**ーアコメン	come from **カ**ム フ**ラ**ム
(根拠とする)	*auf et[3]* **beruhen,** *sich[4] auf et[4]* **gründen** アオフ ‥ ベ**ル**ーエン，‥ アオフ ‥ グ**リュ**ンデン	(be) based on (ビ) **ベ**イスト オン

日	独	英
もとめる **求める** （捜す） motomeru	*nach et³/j³* **suchen** ナーハ ‥ ズーヘン	look for ルク フォ
（要求する）	**fordern, verlangen** フォルダーン，フェアランゲン	ask, demand アスク，ディマンド
（欲する）	**wollen** ヴォレン	want ワント
もともと **元々** （元来） motomoto	**ursprünglich, eigentlich** ウーアシュプリュングリヒ，アイゲントリヒ	originally オリヂナリ
（生来）	**von Natur aus** フォン ナトゥーア アオス	by nature バイ ネイチャ
もどる **戻る** （引き返す） modoru	**um|kehren** ウムケーレン	turn back ターン バク
（元に返る）	**zurück|kommen, zurück|- kehren** ツリュックコメン，ツリュックケーレン	return, come back リターン，カム バク
もなこ **モナコ** monako	*(das)* **Monaco** モーナコ	Monaco マナコウ
もにたー **モニター** monitaa	*der* **Monitor** モーニトア	monitor マニタ
もの **物** mono	*das* **Ding,** *die* **Sache** ディング，ザッヘ	thing, object スィング，アブヂェクト
ものおき **物置** monooki	*der* **Abstellraum,** *der* **Schuppen** アップシュテルラオム，シュッペン	storeroom ストールーム
ものおと **物音** monooto	*das* **Geräusch** ゲロイシュ	noise, sound ノイズ，サウンド
ものがたり **物語** monogatari	*die* **Erzählung,** *die* **Ge- schichte** エアツェールング，ゲシヒテ	story ストーリ
ものくろの **モノクロの** monokurono	**monochrom, einfarbig** モノクローム，アインファルビヒ	monochrome, black-and-white マノクロウム，ブラク アンド (ホ)ワイト

日	独	英
ものごと **物事** monogoto	*das* **Ding**, *die* **Sache** ディング, ザッヘ	things スィングズ
ものしり **物知り** monoshiri	*der/die* **Gelehrte**, *der/die* **Wissende** ゲレーアテ, ヴィッセンデ	learned man ラーネド マン
ものずきな **物好きな** monozukina	**neugierig, begierig** ノイギーリヒ, ベギーリヒ	curious キュアリアス
ものすごい **物凄い** monosugoi	**wunderbar, herrlich** ヴンダーバール, ヘルリヒ	wonderful, great ワンダフル, グレイト
（恐ろしい）	**schrecklich, furchtbar** シュレックリヒ, フルヒトバール	terrible, horrible テリブル, ホリブル
ものたりない **物足りない** monotarinai	**unbefriedigend** ウンベフリーディゲント	unsatisfactory アンサティスファクトリ
ものほし **物干し** monohoshi	*die* **Wäscheleine** ヴェッシェライネ	clothesline クロウズライン
ものまね **物真似** monomane	*die* **Nachahmung** ナーハアームング	impersonation インパーソネイション
ものれーる **モノレール** monoreeru	*die* **Einschienenbahn** アインシーネンバーン	monorail マノレイル
ものろーぐ **モノローグ** monoroogu	*der* **Monolog** モノローク	monologue マノローグ
ものわかりのよい **物分かりのよい** monowakarinoyoi	**verständnisvoll, einsichtig** フェアシュテントニスフォル, アインズィヒティヒ	sensible, understanding センスィブル, アンダスタンディング
もばいるの **モバイルの** mobairuno	**mobil** モビール	mobile モウビル
もはん **模範** mohan	*das* **Vorbild** フォーアビルト	example, model イグザンプル, マドル
もふく **喪服** mofuku	*die* **Trauerkleidung** トラオアークライドゥング	mourning dress モーニング ドレス

も

日	独	英
もほう **模倣** mohou	*die* **Nachahmung** ナーハアームング	imitation イミテイション
〜する	**nach|ahmen** ナーハアーメン	imitate イミテイト
もみのき **樅の木** mominoki	*die* **Tanne** タネ	fir tree ファートリー
もむ **揉む** momu	**massieren** マスィーレン	rub, massage ラブ，マサージ
もめごと **揉め事** momegoto	*der* **Streit,** *die* **Querele** シュトライト，クヴェレーレ	quarrel, dispute クウォレル，ディスピュート
もめる **揉める** momeru	*sich*[4] **streiten** ‥シュトライテン	get into trouble, get into a dispute ゲト イントゥ トラブル，ゲト イントゥア ディスピュート
もも **腿** momo	*der* **Oberschenkel** オーバーシェンケル	thigh サイ
もも **桃** momo	*der* **Pfirsich** プフィルズィヒ	peach ピーチ
もや **もや** moya	*der* **Dunst** ドゥンスト	haze, mist ヘイズ，ミスト
もやし **もやし** moyashi	*der* **Sojaspross** ゾーヤシュプロス	bean sprout ビーン スプラウト
もやす **燃やす** moyasu	**brennen, verbrennen** ブレネン，フェアブレネン	burn バーン
もよう **模様** moyou	*das* **Muster** ムスター	pattern, design パタン，デザイン
もよおす **催す** moyoosu	**veranstalten, geben** フェアアンシュタルテン，ゲーベン	hold, give ホウルド，ギヴ
もよりの **最寄りの** moyorino	**nächst, in der Nähe** ネーヒスト，イン デア ネーエ	nearby ニアバイ

日	独	英
もらう **貰う** morau	**bekommen, erhalten** ベコメン, エアハルテン	get, receive ゲト, リスィーヴ
もらす **漏らす** morasu	**lecken, durch|sickern** レッケン, ドゥルヒズィッカーン	leak リーク
(秘密を)	**verraten** フェアラーテン	let out, leak レト アウト, リーク
もらる **モラル** moraru	*die* **Moral** モラール	morals モラルズ
もり **森** mori	*der* **Wald** ヴァルト	woods, forest ウヅ, フォレスト
もる **盛る** moru	**auf|häufen, stapeln** アオフホイフェン, シュターペルン	pile up パイル アプ
(料理を)	**auf|tischen** アオフティッシェン	dish up ディシュ アプ
もるひね **モルヒネ** moruhine	*das* **Morphium** モルフィウム	morphine モーフィーン
もれる **漏れる** moreru	**lecken** レッケン	leak, come through リーク, カム スルー
(秘密が)	**durch|sickern, sickern** ドゥルヒズィッカーン, ズィッカーン	leak out リーク アウト
もろい **もろい** moroi	**zerbrechlich, brüchig** ツェアブレヒリヒ, ブリュッヒヒ	fragile, brittle フラヂル, ブリトル
もろっこ **モロッコ** morokko	(*das*) **Marokko** マロコ	Morocco モラコウ
もん **門** mon	*das* **Tor,** *die* **Pforte** トーア, プフォルテ	gate ゲイト
もんく **文句** monku	*die* **Beschwerde,** *die* **Kla-** **ge** ベシュヴェーアデ, クラーゲ	complaint コンプレイント

日	独	英
〜を言う	*sich⁴* **beschweren** ‥ベシュヴェーレン	complain コンプレイン
もんげん **門限** mongen	*der* **Torschluss**, *die* **Sperr-stunde** トーアシュルス，シュペルシュトゥンデ	curfew カーフュー
もんごる **モンゴル** mongoru	**die Mongolei** ディー モンゴライ	Mongolia マンゴウリア
もんだい **問題** mondai	*das* **Problem**, *die* **Frage** プロブレーム，フラーゲ	question, problem クウェスチョン，プラブレム

日	独	英

や，ヤ

や
矢
yaa
der **Pfeil**
プファイル
arrow
アロウ

やード
ヤード
yaado
das **Yard**
ヤールト
yard
ヤード

やおちょうをする
八百長をする
yaochouwosuru
sich[4] **vorher ab|sprechen**
‥フォーアヘーア アップシュプレッヒェン
fix a game
フィクス ア ゲイム

やおや
八百屋
yaoya
der **Gemüseladen**
ゲミューゼラーデン
vegetable store,
Ⓑgreengrocer's
(shop)
ヴェヂタブル ストー，グリーン
グロウサズ (シャプ)

やがいで
野外で
yagaide
im Freien
イム フライエン
outdoor, open-air
アウトドー，オウプンエア

やがて
やがて
yagate
bald
バルト
soon
スーン

(そのうち)
irgendwann, einmal
イルゲントヴァン，アインマール
one day, in due
course
ワン デイ，イン デュー コース

やかましい
やかましい
yakamashii
laut, lärmend
ラオト，レルメント
noisy, clamorous
ノイズィ，クラモラス

やかん
夜間
yakan
die **Nacht**
ナハト
night (time)
ナイト (タイム)

やかん
薬缶
yakan
der **Kessel,** *der* **Wasser-
kessel**
ケッセル，ヴァッサーケッセル
kettle
ケトル

やぎ
山羊
yagi
die **Ziege**
ツィーゲ
goat
ゴウト

～座
der **Steinbock**
デア シュタインボック
Goat, Capricorn
ゴウト，キャプリコーン

やきにく
焼き肉
yakiniku
das **Bratfleisch**
ブラートフライシュ
roast meat
ロウスト ミート

日		独	英
やきもちをやく **焼き餅を焼く** yakimochiwoyaku		*auf j⁴* **eifersüchtig sein** アオフ‥ **ア**イファーズュヒティヒ ザイン	(be) jealous of (ヒ) **ヂェ**ラス オヴ
やきゅう **野球** yakyuu		*der* **Baseball** ベースボール	baseball ベイスボール
やきん **夜勤** yakin		*der* **Nachtdienst** ナハトディーンスト	night duty ナイト **デュ**ーティ
やく **焼く** yaku		**rösten, braten** レーステン，ブラーテン	burn, bake バーン，ベイク
やく **役** yaku	（地位）	*die* **Position** ポズィツィ**オ**ーン	post, position ポウスト，ポ**ズィ**ション
	（任務）	*die* **Aufgabe** **ア**オフガーベ	duty, service **デュ**ーティ，**サ**ーヴィス
	（配役）	*die* **Rolle** ロレ	part, role パート，ロウル
やく **約** yaku		**etwa** **エ**トヴァ	about アバウト
やく **訳** yaku		*die* **Übersetzung** ユーバー**ゼ**ッツング	translation トランス**レ**イション
やくいん **役員** yakuin		*das* **Vorstandsmitglied** **フォ**ーアシュタンツミットグリート	officer, official **オ**ーフィサ，オ**フィ**シャル
やくがく **薬学** yakugaku		*die* **Pharmazie,** *die* **Phar-** **makologie** ファルマ**ツィ**ー，ファルマコロギー	pharmacy **ファ**ーマスィ
やくご **訳語** yakugo		*die* **Übersetzung** ユーバー**ゼ**ッツング	translation トランス**レ**イション
やくざ **やくざ** yakuza		*der* **Gangster,** *die* **Yakuza** ギャングスター，ヤ**ク**ーザ	gangster **ギャ**ングスタ
やくざいし **薬剤師** yakuzaishi		*der* (*die*) **Apotheker**(*in*) アポ**テ**ーカー(-ケリン)	pharmacist, drug- gist, Ⓑchemist **ファ**ーマスィスト，ド**ラ**ギスト， ケミスト

日	独	英
やくしゃ **役者** yakusha	der (die) **Schauspieler(in)** シャオシュピーラー(-レリン)	actor, actress アクタ, アクトレス
やくしょ **役所** yakusho	das **Amt**, die **Behörde** アムト, ベヘーアデ	public office パブリク オーフィス
やくしんする **躍進する** yakushinsuru	**Fortschritte machen** フォルトシュリッテ マッヘン	make progress メイク プラグレス
やくす **訳す** yakusu	**übersetzen** ユーバーゼッツェン	translate トランスレイト
やくそう **薬草** yakusou	das **Heilkraut** ハイルクラオト	medicinal herb メディスィナル アーブ
やくそく **約束** yakusoku	das **Versprechen** フェアシュプレッヒェン	promise プラミス
～する	**versprechen** フェアシュプレッヒェン	promise プラミス
やくだつ **役立つ** yakudatsu	**nützlich sein, brauchbar sein** ニュッツリヒ ザイン, ブラオホバール ザイン	(be) useful (ビ) ユースフル
やくひん **薬品** yakuhin	das **Arzneimittel** アールツナイミッテル	medicine, drugs メディスィン, ドラグズ
やくめ **役目** yakume	die **Pflicht** プフリヒト	duty デューティ
やくわり **役割** yakuwari	die **Rolle** ロレ	part, role パート, ロウル
やけい **夜景** yakei	der **Anblick bei Nacht** アンブリック バイ ナハト	night view ナイト ヴュー
やけど **火傷** yakedo	die **Brandwunde** ブラントヴンデ	burn バーン
～する	sich[4] **verbrennen** ‥フェアブレネン	burn, (get) burned バーン,(ゲト) バーンド

や

日	独	英
やける **焼ける** yakeru	**brennen, ab|brennen** ブレネン, **アップ**ブレネン	burn バーン
（肉・魚などが）	**gebraten werden** ゲブ**ラ**ーテン **ヴェ**ーアデン	(be) roasted, (be) broiled (ビ) **ロ**ウステド, (ビ) ブ**ロ**イルド
やこうせいの **夜行性の** yakouseino	**nachtaktiv** **ナ**ハトアクティーフ	nocturnal ナク**ター**ナル
やこうとりょう **夜光塗料** yakoutoryou	*die* **Leuchtfarbe** **ロ**イヒトファルベ	luminous paint **ルー**ミナス **ペ**イント
やさい **野菜** yasai	*das* **Gemüse** ゲ**ミュ**ーゼ	vegetables **ヴェ**ヂタブルズ
やさしい **易しい** yasashii	**leicht, einfach** **ラ**イヒト, **ア**インファッハ	easy, plain **イー**ズィ, プ**レ**イン
やさしい **優しい** yasashii	**freundlich, nett** フ**ロ**イントリヒ, **ネ**ット	gentle, kind **チェ**ントル, **カ**インド
やしなう **養う** yashinau	**ernähren** エア**ネ**ーレン	support, keep サ**ポ**ート, **キ**ープ
（育てる）	**groß|ziehen, erziehen** グ**ロ**ースツィーエン, エア**ツィ**ーエン	raise, bring up **レ**イズ, ブリング **ア**プ
やじる **野次る** yajiru	**dazwischen|rufen** ダーツ**ヴィ**シェンルーフェン	hoot, jeer **フ**ート, **ヂ**ア
やじるし **矢印** yajirushi	*der* **Richtungspfeil** **リ**ヒトゥングスプファイル	arrow **ア**ロウ
やしん **野心** yashin	*der* **Ehrgeiz** **エ**ーアガイツ	ambition アン**ビ**ション
～的な	**ehrgeizig** **エ**ーアガイツィヒ	ambitious アン**ビ**シャス
やすい **安い** yasui	**billig, preiswert** **ビ**リヒ, プ**ラ**イスヴェルト	cheap, inexpensive **チ**ープ, イニクス**ペ**ンスィヴ

日	独	英
やすうり **安売り** yasuuri	*der* **Sonderverkauf** ゾンダーフェアカオフ	discount, bargain sale ディスカウント，バーゲン セイル
やすっぽい **安っぽい** yasuppoi	**billig, minderwertig** ビリヒ，ミンダーヴェーアティヒ	cheap, flashy チープ，フラシ
やすみ **休み** （休憩） yasumi	*die* **Pause** パオゼ	rest レスト
（休日）	*der* **Feiertag,** *der* **Urlaub** ファイアーターク，ウーアラオプ	holiday, vacation ハリデイ，ヴェイケイション
やすむ **休む** （休息する） yasumu	*sich*[4] **aus|ruhen** ‥ アオスルーエン	rest レスト
（欠席する）	**fehlen, abwesend sein** フェーレン，アップヴェーゼント ザイン	(be) absent from （ビ）アブセント フラム
やすらかな **安らかな** yasurakana	**friedlich** フリートリヒ	peaceful, quiet ピースフル，クワイエト
やすらぎ **安らぎ** yasuragi	*die* **Ruhe** ルーエ	peace, tranquility ピース，トランクウィリティ
やすり **やすり** yasuri	*die* **Feile** ファイレ	file ファイル
やせいの **野生の** yaseino	**wild** ヴィルト	wild ワイルド
やせた **痩せた** （体が） yaseta	**schlank, mager** シュランク，マーガー	thin, slim スィン，スリム
（土地が）	**karg, ausgedörrt** カルク，アオスゲデルト	poor, barren プア，バレン
やせる **痩せる** yaseru	**ab|nehmen, schlank werden** アップネーメン，シュランク ヴェーアデン	(become) thin, lose weight （ビカム）スィン，ルーズ ウェイト
やそう **野草** yasou	*das* **Kraut,** *das* **Gras** クラオト，グラース	wild grass ワイルド グラス

や

日	独	英
やたい **屋台** yatai	*die* **Bude** ブーデ	stall, stand ストール, スタンド
やちょう **野鳥** yachou	**wilder Vogel** ヴィルダー フォーゲル	wild bird ワイルド バード
やちん **家賃** yachin	*die* **Miete** ミーテ	rent レント
やっかいな **厄介な** yakkaina	**umständlich, lästig** ウムシュテントリヒ, レスティヒ	troublesome, annoying トラブルサム, アノイイング
やっきょく **薬局** yakkyoku	*die* **Apotheke**, *die* **Drogerie** アポテーケ, ドロゲリー	pharmacy, drugstore, ⒷChemist ファーマスィ, ドラグストー, ケミスト
やっつける 　　　（一気にやる） yattsukeru	**fertig machen** フェルティヒ マッヘン	finish (in one go) フィニシュ (イン ワン ゴウ)
（打ち倒す）	**besiegen** ベズィーゲン	beat, defeat ビート, ディフィート
やっと **やっと**　（ようやく） yatto	**endlich** エントリヒ	at last アト ラスト
（辛うじて）	**knapp** クナップ	barely ベアリ
やつれる **やつれる** yatsureru	**ab|magern** アップマーガーン	(be) worn out (ビ) ウォーン アウト
やといぬし **雇い主** yatoinushi	*der*(*die*) **Arbeitgeber**(*in*) アルバイトゲーバー(-ベリン)	employer インプロイア
やとう **雇う** yatou	**an|stellen, ein|stellen** アンシュテレン, アインシュテレン	employ インプロイ
やとう **野党** yatou	*die* **Opposition** オポズィツィオーン	opposition party アポズィション パーティ
やなぎ **柳** yanagi	*die* **Weide** ヴァイデ	willow ウィロウ

日	独	英
<ruby>家主<rt>やぬし</rt></ruby> yanushi	der (die) **Hausbesitzer(in)**, der (die) **Vermieter(in)** ハオスベズィッツァー(-ツェリン), フェアミーター(-テリン)	owner of a house オウナ オヴ ア ハウス
<ruby>屋根<rt>やね</rt></ruby> yane	das **Dach** ダッハ	roof ルーフ
〜裏	der **Dachboden** ダッハボーデン	garret, attic ギャレト, **ア**ティク
<ruby>やはり<rt>やはり</rt></ruby>　　（依然） yahari	**noch** ノッホ	still スティル
（結局）	**schließlich** シュリースリヒ	after all アフタ **オ**ール
（他と同様に）	**auch** アオホ	too, also トゥー, **オ**ールソウ
<ruby>野蛮な<rt>やばんな</rt></ruby> yabanna	**barbarisch** バルバーリシュ	barbarous, savage **バ**ーバラス, **サ**ヴィヂ
<ruby>破る<rt>やぶる</rt></ruby> yaburu	**zerreißen** ツェア**ラ**イセン	tear **テ**ア
<ruby>破れる<rt>やぶれる</rt></ruby> yabureru	**zerreißen, zerbrechen** ツェア**ラ**イセン, ツェアブレッヒェン	(be) torn (ビ) **ト**ーン
<ruby>敗れる<rt>やぶれる</rt></ruby> yabureru	**verlieren, besiegt werden** フェア**リ**ーレン, ベズィークト **ヴェ**ーアデン	(be) beaten, (be) defeated (ビ) **ビ**ートン, (ビ) ディ**フィ**ーテド
<ruby>野望<rt>やぼう</rt></ruby> yabou	der **Ehrgeiz** エーアガイツ	ambition アン**ビ**ション
<ruby>野暮な<rt>やぼな</rt></ruby> yabona	**geschmacklos, stumpf** ゲシュ**マ**ックロース, シュト**ゥ**ンプフ	unrefined, uncouth アンリ**ファ**インド, アン**ク**ース
<ruby>山<rt>やま</rt></ruby> yama	der **Berg** ベルク	mountain **マ**ウンテン
〜火事	der **Waldbrand** **ヴァ**ルトブラント	forest fire **フォ**レスト **ファ**イア

や

日	独	英
やましい **やましい** yamashii	**ein schlechtes Gewissen haben** アイン シュレヒテス ゲヴィッセン ハーベン	feel guilty フィール ギルティ
やみ **闇** yami	*die* **Finsternis** フィンスターニス	darkness ダークネス
やみくもに **闇雲に** yamikumoni	**blindlings** ブリントリングス	at random, rashly アト ランダム, ラシュリ
やむ **止む** yamu	**auf|hören** アオフヘーレン	stop, (be) over スタプ, (ビ) オウヴァ
やめる **止める** yameru	**auf|hören** アオフヘーレン	stop, end スタプ, エンド
やめる **辞める** (引退する) yameru	**zurück|treten, in Rente gehen** ツリュックトレーテン, イン レンテ ゲーエン	retire リタイア
(辞職する)	**auf|hören, zurück|treten** アオフヘーレン, ツリュックトレーテン	resign, quit リザイン, クウィト
やもり **ヤモリ** yamori	*der* **Gecko** ゲコ	gecko ゲコウ
やりがいのある **やりがいのある** yarigainoaru	**lohnend, der Mühe wert sein** ローネント, デア ミューエ ヴェーアト ザイン	worthwhile ワース(ホ)ワイル
やりとげる **やり遂げる** yaritogeru	**durch|führen** ドゥルヒフューレン	accomplish アカンプリシュ
やりなおす **やり直す** yarinaosu	**von Neuem an|fangen** フォン ノイエム アンファンゲン	try again トライ アゲイン
やる **やる** yaru	**machen** マッヘン	do ドゥー
(与える)	**geben** ゲーベン	give ギヴ
やるき **やる気** yaruki	*der* **Wille** ヴィレ	will, drive ウィル, ドライヴ

日	独	英
やわらかい **柔[軟]らかい** yawarakai	**weich** ヴァイヒ	soft, tender ソーフト, テンダ
やわらぐ　（弱まる） **和らぐ** yawaragu	**nach|lassen** ナーハラッセン	lessen レスン
（静まる）	**beschwichtigen,** *sich⁴* be- **ruhigen** ベシュ**ヴィ**ヒティゲン, ‥ベ**ルー**イゲン	calm down カーム **ダ**ウン
やわらげる（楽にする） **和らげる** yawarageru	**lindern** リンダーン	allay, ease ア**レ**イ, **イ**ーズ
（静める）	**beschwichtigen, beruhi-** **gen** ベシュ**ヴィ**ヒティゲン, ベ**ルー**イゲン	soothe, calm スーズ, カーム
やんちゃな **やんちゃな** yanchana	**unartig** **ウ**ンアールティヒ	naughty, mischie- vous **ノ**ーティ, **ミ**スチヴァス

ゆ, ユ

ゆ **湯** yu	**warmes Wasser, heißes** **Wasser** **ヴァ**ルメス **ヴァ**ッサー, **ハ**イセス **ヴァ**ッサー	hot water ハト **ウォ**ータ
ゆいいつの **唯一の** yuiitsuno	**einzig** **ア**インツィヒ	only, unique **オ**ウンリ, ユー**ニ**ーク
ゆいごん **遺言** yuigon	*das* **Testament,** *das* **Ver-** **mächtnis** テスタ**メ**ント, フェア**メ**ヒトニス	will, testament **ウィ**ル, **テ**スタメント
ゆうい **優位** yuui	*der* **Vorrang,** *die* **Überle-** **genheit** **フォ**ーラング, ユーバー**レ**ーゲンハイト	predominance, su- periority プリ**ダ**ミナンス, スピアリ**オ**ー リティ
ゆういぎな **有意義な** yuuigina	**sinnvoll** **ズィ**ンフォル	significant スィグ**ニ**フィカント
ゆううつな **憂鬱な** yuuutsuna	**melancholisch** メラン**コ**ーリシュ	melancholy, gloomy **メ**ランカリ, グ**ルー**ミ
ゆうえきな **有益な** yuuekina	**nützlich** **ニュ**ッツリヒ	useful, beneficial **ユ**ースフル, ベニ**フィ**シャル

日	独	英
ゆうえつかん **優越感** yuuetsukan	*das* **Überlegenheitsge-fühl** ユーバーレーゲンハイツゲフュール	sense of superiority センス オヴ スピアリオリティ
ゆうえんち **遊園地** yuuenchi	*der* **Vergnügungspark** フェアグニューグングスパルク	amusement park アミューズメント パーク
ゆうかい **誘拐** （子どもの） yuukai	*das* **Kidnapping,** *die* **Ent-führung** キットネッピング，エントフュールング	kidnapping キドナピング
（拉致）	*die* **Entführung** エントフュールング	abduction アブダクション
ゆうがいな **有害な** yuugaina	**schädlich** シェートリヒ	bad, harmful バド，ハームフル
ゆうかしょうけん **有価証券** yuukashouken	*das* **Wertpapier** ヴェーアトパピーア	valuable securities ヴァリュアブル スィキュアリティズ
ゆうがた **夕方** yuugata	*der* **Abend** アーベント	evening イーヴニング
ゆうがな **優雅な** yuugana	**anmutig** アンムーティヒ	graceful, elegant グレイスフル，エリガント
ゆうかん **夕刊** yuukan	*das* **Abendblatt** アーベントブラット	evening paper イーヴニング ペイパ
ゆうかんな **勇敢な** yuukanna	**tapfer, mutig** タプファー，ムーティヒ	brave, courageous ブレイヴ，カレイヂャス
ゆうき **勇気** yuuki	*der* **Mut** ムート	courage, bravery カーリヂ，ブレイヴァリ
ゆうき **有機** yuuki	**organisch, bio** オルガーニシュ，ビオ	organic オーガニク
ゆうきゅうきゅうか **有給休暇** yuukyuukyuuka	**bezahlter Urlaub** ベツァールター ウーアラオプ	paid vacation, Ⓑpaid holiday ペイド ヴェイケイション，ペイド ホリデイ
ゆうぐうする **優遇する** yuuguusuru	**bevorzugen** ベフォーアツーゲン	treat warmly トリート ウォームリ

日	独	英
ゆうけんしゃ **有権者** yuukensha	*der/die* **Wahlberechtigte** ヴァールベレヒティヒテ	electorate イレクトレト
ゆうこう **有効** yuukou	*die* **Gültigkeit** ギュルティヒカイト	validity ヴァリディティ
ゆうこうかんけい **友好関係** yuukoukankei	*die* **Freundschaft** フロイントシャフト	friendly relations with フレンドリ リレイションズ ウィズ
ゆうこうこく **友好国** yuukoukoku	**befreundete Nation** ベフロインデテ ナツィオーン	friendly nation フレンドリ ネイション
ゆうごうする **融合する** yuugousuru	**verschmelzen** フェアシュメルツェン	fuse フューズ
ゆうこうな **有効な** yuukouna	**gültig** ギュルティヒ	valid, effective ヴァリド，イフェクティヴ
ゆーざー **ユーザー** yuuzaa	*der (die)* **Benutzer(*in*)** ベヌッツアー(-ツェリン)	user ユーザ
〜名	*die* **Benutzerkennung** ベヌッツァーケヌング	user name ユーザ ネイム
ゆうざい **有罪** yuuzai	*die* **Schuld** シュルト	guilt ギルト
〜の	**schuldig** シュルディヒ	guilty ギルティ
ゆうし **有志** yuushi	*der/die* **Freiwillige** フライヴィリゲ	volunteer ヴァランティア
ゆうし **融資** yuushi	*die* **Finanzierung** フィナンツィールング	financing, loan フィナンスィング，ロウン
〜する	**finanzieren** フィナンツィーレン	finance フィナンス
ゆうしゅうな **優秀な** yuushuuna	**ausgezeichnet, hervorragend** アオスゲツァイヒネット，ヘアフォーアラーゲント	excellent エクセレント

日	独	英
ゆうしょう **優勝** yuushou	*der* **Sieg**, *die* **Meister-schaft** ズィーク, マイスターシャフト	championship チャンピオンシプ
〜する	**siegen, Meisterschaft er-ringen** ズィーゲン, マイスターシャフト エアリンゲン	win a champion-ship ウィン ア チャンピオンシプ
ゆうじょう **友情** yuujou	*die* **Freundschaft** フロイントシャフト	friendship フレンドシプ
ゆうしょく **夕食** yuushoku	*das* **Abendessen** アーベントエッセン	supper, dinner サパ, ディナ
ゆうじん **友人** yuujin	*der*(*die*) **Freund**(*in*) フロイント(-ディン)	friend フレンド
ゆうずう **融通** (柔軟) yuuzuu	*die* **Flexibilität** フレクスィビリテート	flexibility フレクスィビリティ
(金の貸し借り)	*die* **Finanzierung**, *das* **Darlehen** フィナンツィールング, ダールレーエン	finance, lending フィナンス, レンディング
〜する	**leihen** ライエン	lend レンド
ゆうせいな **優勢な** yuuseina	**überwiegend, dominant** ユーバーヴィーゲント, ドミナント	superior, predomi-nant スピアリア, プリダミナント
ゆうせん **優先** yuusen	*der* **Vorrang**, *der* **Vorzug** フォーアランク, フォーアツーク	priority プライオリティ
〜する (他に)	**Vorrang haben** フォーアランク ハーベン	have priority ハヴ プライオリティ
ゆうぜんと **悠然と** yuuzento	**gelassen** ゲラッセン	composedly コンポウズドリ
ゆうそうする **郵送する** yuusousuru	**per Post schicken** ペル ポスト シッケン	send by mail センド バイ メイル
ゆーたーんする **ユーターンする** yuutaansuru	**wenden** ヴェンデン	make a U-turn メイク ア ユーターン

日	独	英
ゆうたいけん **優待券** yuutaiken	*die* **Freikarte** フライカルテ	complimentary ticket カンプリメンタリ **ティ**ケット
ゆうだいな **雄大な** yuudaina	**herrlich** ヘルリヒ	grand, magnificent グランド, マグ**ニ**フィセント
ゆうだち **夕立** yuudachi	*der* **Platzregen** プラッツレーゲン	evening squall **イー**ヴニング スク**ウォ**ール
ゆうどうする **誘導する** yuudousuru	**leiten** ライテン	lead リード
ゆうどくな **有毒な** yuudokuna	**giftig** ギフティヒ	poisonous **ポ**イズナス
ゆーとぴあ **ユートピア** yuutopia	*die* **Utopie** ウト**ピ**ー	Utopia ユー**ト**ウピア
ゆうのうな **有能な** yuunouna	**begabt, fähig** ベガープト, **フェー**イヒ	able, capable **エ**イブル, **ケ**イパブル
ゆうはつする **誘発する** yuuhatsusuru	**veranlassen** フェア**ア**ンラッセン	cause コーズ
ゆうひ **夕日** yuuhi	*die* **Abendsonne** **アー**ベントゾネ	setting sun **セ**ティング **サ**ン
ゆうびん **郵便** yuubin	*die* **Post** ポスト	mail, Ⓑmail, post メイル, メイル, **ポ**ウスト
～為替	*die* **Postanweisung** ポストアンヴァイズング	money order **マ**ニ **オ**ーダ
～局	*das* **Postamt** ポストアムト	post office **ポ**ウスト **オ**ーフィス
～番号	*die* **Postleitzahl** ポストライトツァール	zip code, postal code, Ⓑpostcode **ズィ**プ **コ**ウド, **ポ**ウストル **コ**ウド, **ポ**ウストコウド
ゆうふくな **裕福な** yuufukuna	**reich, wohlhabend** ライヒ, **ヴォ**ールハーベント	rich, wealthy **リ**チ, **ウェ**ルスィ

日	独	英
ゆうべ **夕べ** yuube	**gestern Abend** ゲスターン アーベント	last night ラスト ナイト
ゆうべんな **雄弁な** yuubenna	**beredt, eloquent** ベレート, エロクヴェント	eloquent エロクウェント
ゆうぼうな **有望な** yuubouna	**hoffnungsvoll, vielver- sprechend** ホフヌングスフォル, フィールフェアシュプレッ ヒェント	promising, hopeful プラミスィング, ホウプフル
ゆうぼくみん **遊牧民** yuubokumin	*die* **Nomaden** *pl.* ノマーデン	nomad ノウマド
ゆうほどう **遊歩道** yuuhodou	*die* **Promenade** プロメナーデ	promenade プラメネイド
ゆうめいな **有名な** yuumeina	**berühmt** ベリュームト	famous, well- known フェイマス, ウェルノウン
ゆーもあ **ユーモア** yuumoa	*der* **Humor** フモーア	humor ヒューマ
ゆーもらすな **ユーモラスな** yuumorasuna	**humorvoll** フモーアフォル	humorous ヒューマラス
ゆうやけ **夕焼け** yuuyake	*das* **Abendrot** アーベントロート	sunset, Ⓑevening glow サンセト, イーヴニング グロウ
ゆうやみ **夕闇** yuuyami	*die* **Abenddämmerung** アーベントデメルング	dusk, twilight ダスク, トワイライト
ゆうよ **猶予** yuuyo	*der* **Aufschub** アオフシューブ	delay, grace ディレイ, グレイス
ゆうりな **有利な** yuurina	**vorteilhaft** フォルタイルハフト	advantageous アドヴァンテイデャス
ゆうりょうな **優良な** yuuryouna	**vorzüglich** フォーアツュークリヒ	superior, excellent スピアリア, エクセレント
ゆうりょうの **有料の** yuuryouno	**gebührenpflichtig** ゲビューレンプフリヒティヒ	fee-based フィーペイスト

ゆ

日	独	英
ゆうりょくな **有力な** yuuryokuna	**einflussreich** ア**イ**ンフルスライヒ	strong, powerful スト**ロ**ーング, **パ**ウアフル
ゆうれい **幽霊** yuurei	*das* **Gespenst,** *der* **Geist** ゲシュ**ペ**ンスト, **ガ**イスト	ghost **ゴ**ウスト
ゆーろ **ユーロ** yuuro	*der* **Euro** **オ**イロ	Euro **ユ**アロ
ゆうわく **誘惑** yuuwaku	*die* **Verführung,** *die* **Ver-** **suchung** フェア**フュ**ールング, フェア**ズ**ーフング	temptation テン**プ**テイション
〜する	**verführen** フェア**フュ**ーレン	tempt, seduce **テ**ンプト, スィ**デュ**ース
ゆか **床** yuka	*der* **Fußboden** **フ**ースボーデン	floor フ**ロ**ー
ゆかいな **愉快な** yukaina	**lustig** **ル**スティヒ	pleasant, cheerful プ**レ**ザント, **チ**アフル
ゆがむ **歪む** yugamu	*sich*[4] **verzerren** ‥フェア**ツェ**レン	(be) distorted (ビ) ディス**ト**ーテド
ゆき **雪** yuki	*der* **Schnee** シュ**ネ**ー	snow ス**ノ**ウ
ゆくえふめいの **行方不明の** yukuefumeino	**vermisst** フェア**ミ**スト	missing **ミ**スィング
ゆげ **湯気** yuge	*der* **Dampf** **ダ**ンプフ	steam, vapor ス**ティ**ーム, **ヴェ**イパ
ゆけつ **輸血** yuketsu	*die* **Bluttransfusion,** *die* **Blutübertragung** ブ**ル**ートトランスフズィオーン, ブ**ル**ートユー バートラーグング	blood transfusion ブ**ラ**ド トランス**フュ**ージョン
ゆさぶる **揺さぶる** yusaburu	**schütteln** シュッテルン	shake, move **シェ**イク, **ム**ーヴ
ゆしゅつ **輸出** yushutsu	*der* **Export,** *die* **Ausfuhr** エクス**ポ**ルト, **ア**オスフーア	export **エ**クスポート

ゆ

日	独	英
〜する	**exportieren, aus|führen** エクスポルティーレン, アオスフューレン	export エクスポート
ゆすぐ **ゆすぐ** yusugu	**spülen** シュピューレン	rinse リンス
ゆすり **強請** yusuri	*die* **Erpressung** エアプレッスング	blackmail ブラクメイル
ゆずりうける **譲り受ける** yuzuriukeru	**übernehmen** ユーバーネーメン	take over テイク オウヴァ
ゆする **強請る** yusuru	**erpressen** エアプレッセン	extort, blackmail イクストート, ブラクメイル
ゆずる **譲る** (引き渡す) yuzuru	**geben, überlassen** ゲーベン, ユーバーラッセン	hand over, give ハンド オウヴァ, ギヴ
(譲歩する)	**nach|geben** ナーハゲーベン	concede to コンスィード トゥ
(売る)	**verkaufen** フェアカオフェン	sell セル
ゆせいの **油性の** yuseino	**ölig** エーリヒ	oil-based, oily オイルベイスト, オイリ
ゆそうする **輸送する** yusousuru	**transportieren, befördern** トランスポルティーレン, ベフェルダーン	transport, carry トランスポート, キャリ
ゆたかな **豊かな** yutakana	**reich** ライヒ	abundant, rich アバンダント, リチ
ゆだねる **委ねる** yudaneru	*j⁴ mit et³* **betrauen, über- lassen** ‥ミット‥ベトラオエン, ユーバーラッセン	entrust with イントラスト ウィズ
ゆだやきょう **ユダヤ教** yudayakyou	*das* **Judentum** ユーデントゥーム	Judaism チューダイズム
ゆだやじん **ユダヤ人** yudayajin	*der* (*die*) **Jude(-in)**, *das* **Ju- dentum** ユーデ(-ディン), ユーデントゥーム	Jew チュー

日	独	英
油断 ゆだん yudan	*die* **Achtlosigkeit** アハトローズィヒカイト	carelessness ケアレスネス
〜する	**unaufmerksam sein** ウンアオフメルクザーム ザイン	(be) off one's guard (ビ) オフ ガード
癒着する ゆちゃくする yuchakusuru	*an j³/et³* **kleben** アン ‥ クレーベン	adhere アドヒア
ゆっくり ゆっくり yukkuri	**langsam** ラングザーム	slowly スロウリ
茹で卵 ゆでたまご yudetamago	**gekochtes Ei** ゲコッホテス アイ	boiled egg ボイルド エグ
茹でる ゆでる yuderu	**kochen** コッヘン	boil ボイル
油田 ゆでん yuden	*das* **Ölfeld** エールフェルト	oil field オイル フィールド
ゆとり （気持の） ゆとり yutori	*die* **Gelassenheit**, *die* **Ruhe** ゲラッセンハイト, ルーエ	peace of mind ピース オヴ マインド
（空間の）	*der* **Spielraum**, *der* **Raum** シュピールラオム, ラオム	elbow room, leeway エルボウ ルーム, リーウェイ
輸入 ゆにゅう yunyuu	*der* **Import**, *die* **Einfuhr** インポルト, アインフーア	import インポート
〜する	**importieren, ein|führen** インポルティーレン, アインフューレン	import, introduce インポート, イントロデュース
指 （手の） ゆび yubi	*der* **Finger** フィンガー	finger フィンガ
（足の）	*die* **Zehe** ツェーエ	toe トウ
指輪 ゆびわ yubiwa	*der* **Ring** リング	ring リング

ゆ

日	独	英
ゆみ **弓** yumi	*der* **Bogen** ボーゲン	bow バウ
ゆめ **夢** yume	*der* **Traum** トラオム	dream ドリーム
ゆらい **由来** yurai	*die* **Herkunft** ヘーアクンフト	origin オーリヂン
ゆり **百合** yuri	*die* **Lilie** リーリエ	lily リリ
ゆりかご **揺り籠** yurikago	*die* **Wiege** ヴィーゲ	cradle クレイドル
ゆるい **緩い** （厳しくない） yurui	**mild** ミルト	lenient リーニエント
（締まっていない）	**locker** ロッカー	loose ルース
ゆるがす **揺るがす** yurugasu	**erschüttern** エアシュッターン	shake, swing シェイク，スウィング
ゆるし **許し** （許可） yurushi	*die* **Erlaubnis** エアラオプニス	permission パミション
ゆるす **許す** （許可する） yurusu	**erlauben, genehmigen** エアラオベン，ゲネーミゲン	allow, permit アラウ，パミト
（容赦する）	**entschuldigen, verzeihen** エントシュルディゲン，フェアツァイエン	forgive, pardon フォギヴ，パードン
ゆるむ **緩む** （ほどける） yurumu	**locker werden** ロッカー ヴェーアデン	loosen ルースン
（緊張が解ける）	*sich*[4] **entspannen** ‥ エントシュパネン	relax リラクス
ゆるめる **緩める** （ほどく） yurumeru	**lockern** ロッカーン	loosen, unfasten ルースン，アンファスン
（速度を遅くする）	**vermindern** フェアミンダーン	slow down スロウ ダウン

日	独	英
ゆるやかな **緩やかな** (きつくない) yuruyakana	**locker** ロッカー	loose ルース
（度合いが少ない）	**mild** ミルト	gentle, lenient チェントル，リーニエント
ゆれ **揺れ** yure	*das* **Beben** ベーベン	vibration, tremor ヴァイブレイション，トレマ
ゆれる **揺れる** yureru	**beben, schwanken** ベーベン，シュヴァンケン	shake, sway シェイク，スウェイ

よ，ヨ

日	独	英
よ **世** yo	*die* **Welt** ヴェルト	(the) world, life (ザ) ワールド，ライフ
よあけ **夜明け** yoake	*die* **Morgendämmerung** モルゲンデメルング	dawn, daybreak ドーン，デイブレイク
よい **酔い** yoi	*die* **Betrunkenheit** ベトルンケンハイト	drunkenness ドランクンネス
（車の）	*die* **Reisekrankheit** ライゼクランクハイト	carsickness カースィクネス
（船の）	*die* **Seekrankheit** ゼークランクハイト	seasickness スィースィクネス
（飛行機の）	*die* **Luftkrankheit** ルフトクランクハイト	airsickness エアスィクネス
よい **良[善]い** yoi	**gut** グート	good グド
よいん **余韻** yoin	*der* **Nachklang** ナーハクラング	reverberations リヴァーバレイションズ
よう **用** you	*das* **Geschäft,** *die* **Angelegenheit** ゲシェフト，アンゲレーゲンハイト	business, task ビズネス，タスク

よ

日	独	英
ようい **用意** youi	*die* **Vorbereitung** フォーアベライトゥング	preparations プレパレイションズ
〜する	**vor|bereiten** フォーアベライテン	prepare プリペア
よういな **容易な** youina	**leicht** ライヒト	easy, simple イーズィ, スィンプル
よういん **要因** youin	*der* **Faktor** ファクトーア	factor ファクタ
ようえき **溶液** youeki	*die* **Lösung** レーズング	solution ソルーション
ようかいする **溶解する** youkaisuru	*sich⁴* **auf|lösen** ‥アオフレーゼン	melt メルト
ようがん **溶岩** yougan	*die* **Lava** ラーヴァ	lava ラーヴァ
ようき **容器** youki	*der* **Behälter** ベヘルター	receptacle リセプタクル
ようぎ **容疑** yougi	*der* **Verdacht** フェアダハト	suspicion サスピション
〜者	*der/die* **Verdächtige** フェアデヒティゲ	suspect サスペクト
ようきな **陽気な** youkina	**heiter, lustig** ハイター, ルスティヒ	cheerful, lively チアフル, ライヴリ
ようきゅう **要求** youkyuu	*die* **Forderung,** *das* **Ver-langen** フォルデルング, フェアランゲン	demand, request ディマンド, リクウェスト
〜する	**fordern, verlangen** フォルダーン, フェアランゲン	demand, require ディマンド, リクワイア
ようぐ **用具** yougu	*das* **Utensil** ウテンズィール	tools トゥールズ

日	独	英
ようけん **用件** youken	*das* **Geschäft,** *die* **Angelegenheit** ゲシェフト，アンゲレーゲンハイト	matter, business マタ，ビズネス
ようご **用語** （言葉遣い） yougo	*der* **Fachausdruck** ファッハアオスドルック	wording ワーディング
（語彙）	*der* **Wortschatz** ヴォルトシャッツ	vocabulary ヴォウキャビュレリ
（専門用語）	*der* **Fachausdruck,** *die* **Terminologie** ファッハアオスドルック，テルミノロギー	term, terminology ターム，ターミナロデ
ようさい **要塞** yousai	*die* **Festung** フェストゥング	fortress フォートレス
ようし **用紙** youshi	*das* **Formular** フォルムラール	form フォーム
ようし **養子** youshi	*das* **Adoptivkind** アドプティーフキント	adopted child アダプテド チャイルド
ようじ **幼児** youji	*das* **Kleinkind** クラインキント	baby, child ベイビ，チャイルド
ようじ **用事** youji	*das* **Geschäft,** *die* **Angelegenheit** ゲシェフト，アンゲレーゲンハイト	errand, task エランド，タスク
ようしき **様式** youshiki	*der* **Stil** シュティール	mode, style モウド，スタイル
ようじょ **養女** youjo	*die* **Adoptivtochter** アドプティーフトホター	adopted daughter アダプテド ドータ
ようしょく **養殖** youshoku	*die* **Zucht** ツフト	cultivation カルティヴェイション
～する	**züchten** ツュヒテン	cultivate, raise カルティヴェイト，レイズ
ようじん **用心** youjin	*die* **Vorsicht** フォーアズィヒト	attention アテンション

よ

日	独	英
〜する	**vorsichtig sein,** *sich*[4] **in Acht nehmen** フォーアズィヒティヒ ザイン、.. イン アハト ネーメン	(be) careful of, (be) careful about (ビ) ケアフル オヴ, (ビ) ケアフル アバウト
ようじん **要人** youjin	**wichtige Persönlichkeit,** *der/die* **VIP** ヴィヒティゲ ペルゼーンリヒカイト, **ヴィプ**	important person インポータント パースン
ようす **様子** (外見) yousu	*das* **Aussehen** アオスゼーエン	appearance アピアランス
(状態)	*der* **Zustand,** *die* **Situation** ツーシュタント, ズィトゥアツィオーン	state of affairs ステイト オヴ アフェアズ
(態度)	*das* **Verhalten** フェアハルテン	attitude アティテュード
ようする **要する** yousuru	**brauchen** ブラオヘン	require, need リクワイア, ニード
ようせい **要請** yousei	*die* **Forderung** フォルデルング	demand, request ディマンド, リクウェスト
〜する	**fordern** フォルダーン	demand ディマンド
ようせき **容積** youseki	*das* **Volumen** ヴォルーメン	capacity, volume カパスィティ, ヴァリュム
ようせつする **溶接する** yousetsusuru	**schweißen** シュヴァイセン	weld ウェルド
ようそ **要素** youso	*das* **Element** エレメント	element, factor エレメント, ファクタ
ようそう **様相** yousou	*das* **Aussehen** アオスゼーエン	aspect, phase アスペクト, フェイズ
ようだい **容体** youdai	*der* **Gesundheitszustand** ゲズントハイツツーシュタント	condition コンディション
ようちえん **幼稚園** youchien	*der* **Kindergarten** キンダーガルテン	kindergarten キンダガートン

よ

日	独	英
ようちな **幼稚な** youchina	**kindisch** キンディシュ	childish チャイルディシュ
ようちゅう **幼虫** youchuu	*die* **Larve** ラルフェ	larva ラーヴァ
ようつう **腰痛** youtsuu	*der* **Hexenschuss,** *die* **Rückenschmerzen** *pl.* ヘクセンシュス, リュッケンシュメルツェン	lumbago, lower back pain ランベイゴウ, ロウア バク ペイン
ようてん **要点** youten	*der* **Hauptpunkt,** *die* **Hauptsache** ハオプトプンクト, ハオプトザッヘ	main point, gist メイン ポイント, ヂスト
ようと **用途** youto	*der* **Gebrauch** ゲブラオホ	use, purpose ユーズ, パーパス
ようねん **幼年** younen	*die* **Kindheit** キントハイト	early childhood アーリ チャイルドフド
ようび **曜日** youbi	*der* **Wochentag** ヴォッヘンターク	day of the week デイ オヴ ザ ウィーク
ようふ **養父** youfu	*der* **Pflegevater** プフレーゲファーター	foster father フォスタ ファーザ
ようふく **洋服** youfuku	*die* **Kleidung** クライドゥング	clothes, dress クロウズ, ドレス
ようぶん **養分** youbun	*die* **Nahrung** ナールング	nourishment ナーリシュメント
ようぼ **養母** youbo	*die* **Pflegemutter** プフレーゲムッター	foster mother フォスタ マザ
ようぼう **容貌** youbou	*das* **Gesicht,** *das* **Aussehen** ゲズィヒト, アオスゼーエン	looks ルクス
ようもう **羊毛** youmou	*die* **Wolle** ヴォレ	wool ウル
ようやく **ようやく** youyaku	**endlich** エントリヒ	at last アト ラスト

日	独	英
ようやくする **要約する** youyakusuru	**zusammen|fassen** ツザンメンファッセン	summarize サマライズ
ようりょう **要領** youryou	*der* **Kernpunkt** ケルンプンクト	main point, knack メイン ポイント，ナク
ようりょくそ **葉緑素** youryokuso	*das* **Chlorophyll** クロロフュル	chlorophyll クローラフィル
ようれい **用例** yourei	*das* **Beispiel** バイシュピール	example イグザンプル
よーぐると **ヨーグルト** yooguruto	*der*(*das*) **Joghurt** ヨーグルト	yogurt ヨウガト
よーろっぱ **ヨーロッパ** yooroppa	(*das*) **Europa** オイローパ	Europe ユアロプ
よか **余暇** yoka	*die* **Freizeit** フライツァイト	leisure リージャ
よが **ヨガ** yoga	*das*(*der*) **Yoga** ヨーガ	yoga ヨウガ
よかん **予感** yokan	*die* **Ahnung,** *das* **Vorge- fühl** アーヌング，フォーアゲフュール	premonition, fore- sight プリーマニシャン，フォーサイ ト
〜する	**ahnen** アーネン	have a hunch ハヴ ア ハンチ
よきする **予期する** yokisuru	**erwarten** エアヴァルテン	anticipate アンティスィペイト
よきん **預金** yokin	*die* **Spareinlage** シュパールアインラーゲ	savings, deposit セイヴィングズ，ディパズィト
〜する	**Geld ein|zahlen** ゲルト アインツァーレン	deposit money in ディパズィト マニ イン
よく **欲** yoku	*die* **Begierde** ベギーアデ	desire ディザイア

日	独	英
よく **良く** （うまく） yoku	**gut** グート	well ウェル
（しばしば） 	**oft** オフト	often, frequently オーフン，フリークウェントリ
（十分に） 	**genug** ゲヌーク	fully, sufficiently フリ，サフィシェントリ
よくあさ **翌朝** yokuasa	**nächster Morgen** ネーヒスター モルゲン	next morning ネクスト モーニング
よくあつする **抑圧する** yokuatsusuru	**unterdrücken** ウンタードリュッケン	oppress オプレス
よくげつ **翌月** yokugetsu	**nächster Monat** ネーヒスター モーナト	next month ネクスト マンス
よくしつ **浴室** yokushitsu	*das* **Badezimmer,** *das* **Bad** バーデツィマー，バート	bathroom バスルム
よくじつ **翌日** yokujitsu	**nächster Tag** ネーヒスター ターク	next day ネクスト デイ
よくせいする **抑制する** yokuseisuru	**beherrschen, unterdrü-cken** ベヘルシェン，ウンタードリュッケン	control, restrain コントロウル，リストレイン
よくそう **浴槽** yokusou	*die* **Badewanne** バーデヴァネ	bathtub バスタブ
よくねん **翌年** yokunen	**nächstes Jahr** ネーヒステス ヤール	next year ネクスト イア
よくばりな **欲張りな** yokubarina	**gierig, geizig** ギーリヒ，ガイツィヒ	greedy グリーディ
よくぼう **欲望** yokubou	*die* **Begierde** ベギーアデ	desire, ambition ディザイア，アンビション
よくよう **抑揚** yokuyou	*die* **Intonation** イントナツィオーン	intonation イントネイション

よ

日	独	英
よけいな **余計な** (不要な) yokeina	**unnötig** ウンネーティヒ	unnecessary アンネセセリ
(余分な)	**überflüssig** ユーバーフリュスィヒ	excessive, surplus イクセスィヴ，サープラス
よける **避[除]ける** yokeru	**vermeiden, aus|weichen** フェアマイデン，アオスヴァイヒェン	avoid アヴォイド
よけんする **予見する** yokensuru	**voraus|sehen** フォラオスゼーエン	foresee フォースィー
よこ **横** (側面) yoko	*die* **Seite** ザイテ	side サイド
(幅)	*die* **Breite** ブライテ	width ウィドス
よこう **予行** yokou	*die* **Probe** プローベ	rehearsal リハーサル
よこぎる **横切る** yokogiru	**durchqueren** ドゥルヒクヴェーレン	cross, cut across クロース，カト アクロース
よこく **予告** yokoku	*die* **Ankündigung** アンキュンディグング	advance notice アドヴァンス ノウティス
～する	**an|kündigen** アンキュンディゲン	announce before- hand アナウンス ビフォーハンド
よごす **汚す** yogosu	**schmutzig machen, ver- schmutzen** シュムッツィヒ マッヘン，フェアシュムッツェン	soil, stain ソイル，ステイン
よこたえる **横たえる** yokotaeru	**legen, hin|legen** レーゲン，ヒンレーゲン	lay down レイ ダウン
(身を)	*sich*[4] **hin|legen, liegen** ‥ ヒンレーゲン，リーゲン	lay oneself down, lie down レイ ダウン，ライ ダウン
よこたわる **横たわる** yokotawaru	**liegen** リーゲン	lie down, stretch out ライ ダウン，ストレチ アウト

日	独	英
よこめでみる **横目で見る** yokomedemiru	**einen Seitenblick werfen** アイネン ザイテンブリック ヴェルフェン	cast a sideways glance キャスト ア サイドウェイズ グランス
よごれ **汚れ** yogore	*der* **Schmutz** シュムッツ	dirt, stain ダート, ステイン
よごれる **汚れる** yogoreru	**schmutzig werden** シュムッツィヒ ヴェーアデン	(become) dirty (ビカム) ダーティ
よさん **予算** yosan	*das* **Budget**, *der* **Etat** ビュジェー, エター	budget バデェット
よしゅうする **予習する** yoshuusuru	*sich⁴* **vor|bereiten** ‥ フォーアベライテン	prepare for a lesson プリペア フォ ア レスン
よしん **余震** yoshin	*das* **Nachbeben** ナーハベーベン	aftershock アフタショク
よせる **寄せる** (引き寄せる) yoseru	**heran|ziehen** ヘランツィーエン	pull toward, ⑧draw towards プル トゥウォード, ドロー トゥ ウォーヅ
(脇へ動かす)	**beiseite rücken** バイザイテ リュッケン	put aside プト アサイド
よせん **予選** yosen	*die* **Qualifikationsrunde** クヴァリフィカツィオーンスルンデ	preliminary contest プリリミネリ カンテスト
よそ **余所** yoso	**anderswo** アンダースヴォー	another place アナザ プレイス
よそう **予想** yosou	*die* **Erwartung** エアヴァルトゥング	expectation エクスペクテイション
～する	**erwarten** エアヴァルテン	expect, anticipate イクスペクト, アンティスィペイト
よそおう **装う** yosoou	**vor|täuschen** フォーアトイシェン	pretend プリテンド
よそく **予測** yosoku	*die* **Vermutung** フェアムートゥング	prediction プリディクション

日	独	英
〜する	**voraus|sehen, vorher|sa-gen** フォラオスゼーエン，フォーアヘーアザーゲン	forecast フォーキャスト
よそみする **余所見する** yosomisuru	**weg|sehen** ヴェックゼーエン	look away ルク アウェイ
よそもの **余所者** yosomono	*der/die* **Fremde** フレムデ	stranger ストレインヂャ
よそよそしい **よそよそしい** yosoyososhii	**distanziert, kalt** ディスタンツィールト，カルト	cold, distant コウルド，ディスタント
よだれ **よだれ** yodare	*der* **Geifer,** *der* **Speichel** ガイファー，シュパイヒェル	slaver, drool スラヴァ，ドルール
よち **余地** yochi	*der* **Raum** ラオム	room, space ルーム，スペイス
よつかど **四つ角** yotsukado	*die* **Kreuzung** クロイツング	crossroads, Ⓑcrossing クロースロウヅ，クロースィング
よっきゅう **欲求** yokkyuu	*das* **Bedürfnis,** *die* **Be-gierde** ベデュルフニス，ベギーアデ	desire ディザイア
よっぱらい **酔っ払い** yopparai	*der/die* **Betrunkene** ベトルンケネ	drunk ドランク
よっぱらう **酔っ払う** yopparau	*sich⁴* **betrinken** ‥ ベトリンケン	get drunk ゲト ドランク
よてい **予定** （個々の） yotei	*der* **Plan** プラーン	plan プラン
（全体的な）	*die* **Planung** プラーヌング	schedule スケヂュル
よとう **与党** yotou	*die* **Regierungspartei** レギールングスパルタイ	party in power パーティ イン パウア
よどむ **よどむ** yodomu	**stagnieren** シュタグニーレン	(be) stagnant (ビ) スタグナント

日	独	英
よなかに **夜中に** yonakani	**um Mitternacht** ウム ミッターナハト	at midnight アト ミドナイト
よのなか **世の中** yononaka	*die* **Welt** ヴェルト	world, society ワールド, ソサイエティ
よはく **余白** yohaku	*der* **Rand** ラント	page margins ペイヂ マーヂンズ
よび **予備** yobi	*die* **Reserve,** *der* **Ersatz** レゼルヴェ, エアザッツ	reserve, spare リザーヴ, スペア
〜の	**Reserve-, Ersatz-** レゼルヴェ.., エアザッツ..	reserve, spare リザーヴ, スペア
よびかける **呼び掛ける** yobikakeru	*j⁴* **an|sprechen** .. **ア**ンシュプレッヒェン	call out, address コール **ア**ウト, アド**レ**ス
よびりん **呼び鈴** yobirin	*die* **Klingel** ク**リ**ンゲル	ring, bell リング, ベル
よぶ **呼ぶ** （招く） yobu	*zu et³* **ein|laden** ツー .. **ア**インラーデン	invite to イン**ヴァ**イト トゥ
（称する）	**nennen** ネネン	call, name コール, **ネ**イム
（声で呼ぶ）	**rufen** ルーフェン	call コール
よぶんな **余分な** yobunna	**überflüssig, extra** ユーバーフリュスィヒ, **エ**クストラ	extra, surplus **エ**クストラ, **サ**ープラス
よほう **予報** yohou	*die* **Vorhersage** フォーア**ヘ**ーアザーゲ	forecast **フォ**ーキャスト
よぼう **予防** yobou	*die* **Vorbeugung,** *die* **Ver-hutung** フォーア**ボ**イグング, フェア**ヒュ**ートゥング	prevention プリ**ヴェ**ンション
〜する	**vor|beugen, verhüten** フォーア**ボ**イゲン, フェア**ヒュ**ーテン	prevent from プリ**ヴェ**ント フラム

よ

日	独	英
～注射	**(vorbeugende) Impfung** (フォーアボイゲンデ) **イ**ンプフング	preventive injection プリ**ヴェ**ンティヴ イン**チェ**クション
よみがえる **よみがえる** yomigaeru	**auf|erstehen, wieder auf|- leben** **ア**オフエアシュテーエン，**ヴィ**ーダー **ア**オフレーベン	revive リ**ヴァ**イヴ
よむ **読む** yomu	**lesen** **レ**ーゼン	read リード
よめ **嫁** yome	*die* **Frau,** *die* **Ehefrau** **フ**ラォ，**エ**ーエフラォ	wife **ワ**イフ
（新婦）	*die* **Braut** **ブ**ラォト	bride ブ**ラ**イド
（息子の妻）	*die* **Schwiegertochter** シュ**ヴィ**ーガートホター	daughter-in-law **ド**ータリンロー
よやく **予約** yoyaku	*die* **Reservierung** レゼル**ヴィ**ールング	reservation, Ⓑbooking レザ**ヴェ**イション，**ブ**キング
～する	**buchen, reservieren** **ブ**ーヘン，レゼル**ヴィ**ーレン	reserve, Ⓑbook リ**ザ**ーヴ，**ブ**ク
よゆう **余裕** yoyuu （金銭の）	**(verfügbares) Geld** (フェア**フュ**ークバーレス) **ゲ**ルト	money to spare **マ**ニ トゥ ス**ペ**ア
（空間の）	*der* **Raum** **ラ**オム	room, space **ル**ーム，ス**ペ**イス
（時間の）	**freie Zeit** フ**ラ**イエ **ツァ**イト	time to spare **タ**イム トゥ ス**ペ**ア
よりかかる **寄りかかる** yorikakaru	*sich⁴ an et⁴/j⁴* **lehnen** ‥アン ‥**レ**ーネン	lean against **リ**ーン ア**ゲ**ンスト
よりそう **寄り添う** yorisou	*sich⁴ an j⁴* **schmiegen** ‥アン ‥シュ**ミ**ーゲン	draw close **ド**ロー ク**ロ**ウス
よりみちする **寄り道する** yorimichisuru	**einen Abstecher machen** **ア**イネン **ア**ップシュテッヒャー **マ**ッヘン	stop on one's way ス**タ**プ オン **ウェ**イ

日	独	英
<ruby>因<rt>よる</rt></ruby>[依]る (原因となる) yoru	*von et³* **verursacht sein** フォン .. フェアウーアザハト ザイン	(be) due to (ヒ) デュー トゥ
(根拠となる)	**ab|hängen** アップヘンゲン	(be) based on (ヒ) ベイスト オン
<ruby>寄<rt>よる</rt></ruby>る (接近する) yoru	*sich⁴* **nähern** .. ネーアーン	approach アプロウチ
(立ち寄る)	*in et³* (*bei j³*) **vorbei|kom-men** イン .. (バイ ..) フォーアバイコメン	call at, call on コール アト, コール オン
(脇へ動く)	**beiseite treten** バイザイテ トレーテン	step aside ステプ アサイド
<ruby>夜<rt>よる</rt></ruby> yoru	*die* **Nacht** ナハト	night ナイト
<ruby>ヨルダン<rt>よるだん</rt></ruby> yorudan	(*das*) **Jordanien** ヨルダーニエン	Jordan チョーダン
<ruby>鎧<rt>よろい</rt></ruby> yoroi	*die* **Rüstung** リュストゥング	armor, Ⓑarmour アーマ, アーマ
<ruby>喜<rt>よろこ</rt></ruby>ばす yorokobasu	**erfreuen** エアフロイエン	please, delight プリーズ, ディライト
<ruby>喜<rt>よろこ</rt></ruby>び yorokobi	*die* **Freude** フロイデ	joy, delight チョイ, ディライト
<ruby>喜<rt>よろこ</rt></ruby>ぶ yorokobu	*sich⁴ über et⁴* **freuen** .. ユーバー .. フロイエン	(be) glad, (be) pleased (ヒ) グラド, (ヒ) プリーズド
<ruby>よろめく<rt>よろめく</rt></ruby> yoromeku	**taumeln** タオメルン	stagger スタガ
<ruby>世論<rt>よろん</rt></ruby> yoron	**öffentliche Meinung** エッフェントリヒェ マイヌング	public opinion パブリク オピニオン
<ruby>弱<rt>よわ</rt></ruby>い yowai	**schwach** シュヴァッハ	weak ウィーク

よ

日	独	英
（気が）	**scheu** ショイ	timid ティミド
（光などが）	**sanft, schwach** ザンフト, シュヴァッハ	feeble, faint フィーブル, フェイント
よわさ **弱さ** yowasa	*die* **Schwäche** シュヴェッヒェ	weakness ウィークネス
よわまる **弱まる** yowamaru	**nach|lassen** ナーハラッセン	weaken ウィークン
よわみ **弱み** yowami	*der* **Schwachpunkt** シュヴァッハプンクト	weak point ウィーク ポイント
よわむし **弱虫** yowamushi	*der* **Feigling** ファイクリング	coward カウアド
よわる **弱る** yowaru	**schwach werden** シュヴァッハ ヴェーアデン	grow weak グロウ ウィーク
（困る）	**in Verlegenheit kommen, Sorgen haben** イン フェアレーゲンハイト コメン, ゾルゲン ハーベン	(be) worried (ビ) ワーリド
よん **四** yon	**vier** フィーア	four フォー
よんじゅう **四十** yonjuu	**vierzig** フィルツィヒ	forty フォーティ

よ

日	独	英

ら, ラ

らいう
雷雨
raiu

das **Gewitter**
ゲヴィッター

thunderstorm
サンダストーム

らいおん
ライオン
raion

der **Löwe**
レーヴェ

lion
ライオン

らいげつ
来月
raigetsu

nächster Monat
ネーヒスター モーナト

next month
ネクスト マンス

らいしゅう
来週
raishuu

nächste Woche
ネーヒステ ヴォッヘ

next week
ネクスト ウィーク

らいせ
来世
raise

das **Jenseits**
イェンザイツ

afterlife, next life
アフタライフ，ネクスト ライフ

らいたー
ライター
raitaa

das **Feuerzeug**
フォイアーツォイク

lighter
ライタ

らいと
ライト
raito

das **Licht**
リヒト

light
ライト

らいにちする
来日する
rainichisuru

Japan besuchen
ヤーパン ベズーヘン

visit Japan
ヴィズィト チャパン

らいねん
来年
rainen

nächstes Jahr
ネーヒステス ヤール

next year
ネクスト イア

らいばる
ライバル
raibaru

der(*die*) **Rivale(-in)**
リヴァーレ(-リン)

rival
ライヴァル

らいひん
来賓
raihin

der **Gast,** *der* **Ehrengast**
ガスト，エーレンガスト

guest
ゲスト

らいぶ
ライブ
raibu

das **Livekonzert**
ライヴコンツェルト

live performance
ライヴ パフォーマンス

らいふすたいる
ライフスタイル
raifusutairu

der **Lebensstil**
レーベンスシュティール

lifestyle
ライフスタイル

らいふる
ライフル
raifuru

das **Gewehr**
ゲヴェーア

rifle
ライフル

ら

日	独	英
らいふわーく **ライフワーク** raifuwaaku	*das* **Lebenswerk** レーベンスヴェルク	lifework ライフワーク
らいめい **雷鳴** raimei	*der* **Donner** ドナー	thunder サンダ
らいらっく **ライラック** rairakku	*der* **Flieder** フリーダー	lilac ライラク
らおす **ラオス** raosu	(*das*) **Laos** ラーオス	Laos ラウス
らくえん **楽園** rakuen	*das* **Paradies** パラディース	paradise パラダイス
らくがき **落書き** rakugaki	*das* **Geschmiere**, *das* **Ge-kritzel** ゲシュミーレ，ゲクリッツェル	scribble, graffiti スクリブル，グラフィーティ
らくごする **落伍する** rakugosuru	**zurück|bleiben** ツリュックブライベン	drop out of ドラプ アウト オヴ
らくさ **落差** rakusa	*das* **Gefälle**, *der* **Unter-schied** ゲフェレ，ウンターシート	gap, difference ギャプ，ディファレンス
らくさつする **落札する** rakusatsusuru	**den Zuschlag erhalten** デン ツーシュラーク エアハルテン	make a successful bid メイク ア サクセスフル ビド
らくせんする **落選する** rakusensuru	**eine Wahl verlieren** アイネ ヴァール フェアリーレン	(be) defeated in (ビ) ディフィーテド イン
らくだ **駱駝** rakuda	*das* **Kamel** カメール	camel キャメル
らくだいする **落第する** rakudaisuru	**im Examen durch|fallen** イム エクサーメン ドゥルヒファレン	fail フェイル
らくてんてきな **楽天的な** rakutentekina	**optimistisch** オプティミスティシュ	optimistic アプティミスティク
らくな **楽な** rakuna	**bequem** ベクヴェーム	comfortable カンフォタブル

日	独	英
（容易な）	**leicht** ライヒト	easy イーズィ
らくのう **酪農** rakunou	*die* **Milchwirtschaft** ミルヒヴィルトシャフト	dairy (farm) デアリ（ファーム）
〜家	*der*（*die*）**Milch***bauer(-bäu-erin)* ミルヒバオアー(- ボイエリン)	dairy farmer デアリ ファーマ
らぐびー **ラグビー** ragubii	*das* **Rugby** ラクビ	rugby ラグビ
らくようじゅ **落葉樹** rakuyouju	*der* **Laubbaum** ラオプバオム	deciduous tree ディスィデュアス トリー
らくらい **落雷** rakurai	*der* **Blitzschlag** ブリッツシュラーク	thunderbolt サンダボウルト
らけっと **ラケット** raketto	*der* **Schläger** シュレーガー	racket ラケト
らじうむ **ラジウム** rajiumu	*das* **Radium** ラーディウム	radium レイディアム
らじえーたー **ラジエーター** rajieetaa	*der* **Heizkörper** ハイツケルパー	radiator レイディエイタ
らじお **ラジオ** rajio	*das* **Radio** ラーディオ	radio レイディオウ
らじこん **ラジコン** rajikon	*die* **Funksteuerung** フンクシュトイエルング	radio control レイディオウ コントロウル
らずべりー **ラズベリー** razuberii	*die* **Himbeere** ヒンベーレ	raspberry ラズベリ
らせん **螺旋** rasen	*die* **Spirale** シュピラーレ	spiral スパイアラル
らちする **拉致する** rachisuru	**verschleppen** フェアシュレッペン	kidnap, abduct キドナプ, アブダクト

ら

日	独	英
らっかー **ラッカー** rakkaa	*die* **Lackfarbe** ラックファルベ	lacquer ラカ
らっかする **落下する** rakkasuru	**fallen** ファレン	drop, fall ドラプ, **フォ**ール
らっかんする **楽観する** rakkansuru	**optimistisch sein** オプティ**ミ**スティシュ ザイン	(be) optimistic about (ビ) アプティ**ミ**スティク アパウ ト
らっかんてきな **楽観的な** rakkantekina	**optimistisch** オプティ**ミ**スティシュ	optimistic アプティ**ミ**スティク
らっきーな **ラッキーな** rakkiina	**glücklich** グ**リュ**ックリヒ	lucky **ラ**キ
らっこ **ラッコ** rakko	*der* **Seeotter** **ゼ**ーオッター	sea otter **スィ**ー **ア**タ
らっしゅあわー **ラッシュアワー** rasshuawaa	*die* **Hauptverkehrszeit,** *die* **Stoßzeit** **ハ**オプトフェアケーアスツァイト, シュ**ト**ースツァイト	rush hour **ラ**ッシュ **ア**ウア
らっぷ **ラップ**　　（音楽の） rappu	*die* **Rapmusik** **ラ**ップムズィーク	rap music **ラ**プ ミュー**ズィ**ク
（食品用の）	*die* **Frischhaltefolie** フ**リ**ッシュハルテフォーリエ	wrap, Ⓑclingfilm **ラ**プ, ク**リ**ングフィルム
らっぷたいむ **ラップタイム** rapputaimu	*die* **Rundenzeit** **ル**ンデンツァイト	lap time **ラ**プ **タ**イム
らつわんの **辣腕の** ratsuwanno	**gewitzt, geschickt** ゲ**ヴィ**ッツト, ゲ**シ**ックト	shrewd, able シュ**ル**ード, **エ**イブル
らでぃっしゅ **ラディッシュ** radisshu	*das* **Radieschen** ラ**ディ**ースヒェン	radish **ラ**ディシュ
らてんご **ラテン語** ratengo	*das* **Latein** ラ**タ**イン	Latin **ラ**ティン
らてんの **ラテンの** ratenno	**lateinisch** ラ**タ**イニシュ	Latin **ラ**ティン

日	独	英
らふな **ラフな** rafuna	**locker, grob** ロッカー, グローブ	rough ラフ
らぶれたー **ラブレター** raburetaa	*der* **Liebesbrief** リーベスブリーフ	love letter ラヴ レタ
らべる **ラベル** raberu	*das* **Etikett** エティケット	label レイベル
らべんだー **ラベンダー** rabendaa	*der* **Lavendel** ラヴェンデル	lavender ラヴェンダ
らむ **ラム**　（ラム酒） ramu	*der* **Rum** ルム	rum ラム
（子羊の肉）	*das* **Lamm** ラム	lamb ラム
らん **欄** ran	*die* **Spalte,** *die* **Rubrik** シュパルテ, ルブリーク	column カラム
らん **蘭** ran	*die* **Orchidee** オルヒデーエ	orchid オーキド
らんおう **卵黄** ran-ou	*das* **Eigelb** アイゲルプ	yolk ヨウク
らんがい **欄外** rangai	*der* **Rand** ラント	margin マーヂン
らんく **ランク** ranku	*der* **Rang** ラング	rank ランク
らんざつな **乱雑な** ranzatsuna	**ungeordnet** ウンゲオルドネット	disorderly ディスオーダリ
らんし **乱視** ranshi	*der* **Astigmatismus** アスティグマティスムス	astigmatism, distorted vision アスティグマティズム, ディストーテド ヴィジョン
らんそう **卵巣** ransou	*das* **Ovarium,** *der* **Eierstock** オヴァーリウム, アイアーシュトック	ovary オウヴァリ

日	独	英
らんとう **乱闘** rantou	*die* **Rauferei** ラオフェライ	fray, brawl フレイ，ブロール
らんなー **ランナー** rannaa	*der*(*die*) **Läufer(in)** ロイファー(-.フェリン)	runner ラナ
らんにんぐ **ランニング** ranningu	*das* **Rennen** レネン	running ラニング
らんぱく **卵白** ranpaku	*das* **Eiweiß** アイヴァイス	egg white, albu- men エグ (ホ)ワイト，アルビューメ ン
らんぷ **ランプ** ranpu	*die* **Lampe** ランペ	lamp ランプ
らんぼうする **乱暴する** ranbousuru	**Gewalt an|tun** ゲヴァルト アントゥーン	inflict violence インフリクト ヴァイオレンス
らんぼうな **乱暴な** ranbouna	**wild, gewalttätig** ヴィルト，ゲヴァルトテーティヒ	violent, rough ヴァイオレント，ラフ
らんようする **乱用する** ran-yousuru	**missbrauchen** ミスブラオヘン	misuse, abuse ミスユース，アビュース

り, リ

日	独	英
りあるたいむ **リアルタイム** riarutaimu	*die* **Echtzeit** エヒトツァイト	real time リーアル タイム
りあるな **リアルな** riaruna	**realistisch, echt** レアリスティシュ，エヒト	real リーアル
りーぐ **リーグ** riigu	*die* **Liga** リーガ	league リーグ
～戦	*das* **Ligaspiel** リーガシュピール	league series リーグ スィアリーズ
りーだー **リーダー** riidaa	*der*(*die*) **Leiter(in)** ライター(-.テリン)	leader リーダ

日	独	英
〜シップ	*die* **Führung** フューールング	leadership リーダシプ
りーどする **リードする** riidosuru	**Vorsprung haben, führen** フォーアシュプルング ハーベン, フューレン	lead リード
りえき **利益** rieki	*der* **Gewinn,** *der* **Profit** ゲヴィン, プロフィート	profit, return プラフィト, リターン
りか **理科** rika	*die* **Naturkunde** ナトゥーアクンデ	science サイエンス
りかい **理解** rikai	*das* **Verständnis** フェアシュテントニス	comprehension カンプリヘンション
〜する	**verstehen** フェアシュテーエン	understand アンダスタンド
りがい **利害** rigai	*das* **Interesse,** *der* **Belang** インテレッセ, ベラング	interests インタレスツ
りきせつする **力説する** rikisetsusuru	**nachdrücklich betonen,** **heraus|stellen** ナーハドリュックリヒ ベトーネン, ヘラオスシュ テレン	emphasize エンファサイズ
りきゅーる **リキュール** rikyuuru	*der* **Likör** リケーア	liqueur リカー
りきりょう **力量** rikiryou	*das* **Können** ケネン	ability アビリティ
りく **陸** riku	*das* **Land** ラント	land ランド
りくえすと **リクエスト** rikuesuto	*der* **Wunsch** ヴンシュ	request リクウェスト
りくぐん **陸軍** rikugun	*das* **Heer** ヘーア	army アーミ
りくじょうきょうぎ **陸上競技** rikujoukyougi	*die* **Leichtathletik** ライヒトアトレーティク	athletics アスレティクス

日	独	英
りくつ **理屈** rikutsu	*die* **Logik,** *die* **Theorie** ローギク，テオリー	reason, logic リーズン，ラヂク
りくらいにんぐしーと **リクライニング シート** rikurainingushiito	*der* **Liegesitz** リーゲズィッツ	reclining seat リクライニング スィート
りけん **利権** riken	*das* **Recht,** *die* **Konzessi- on** レヒト，コンツェスィオーン	rights, concessions ライツ，コンセションズ
りこうな **利口な** rikouna	**klug** クルーク	clever, bright クレヴァ，ブライト
りこーる **リコール** （欠陥商品の回収） rikooru	*der* **Rückruf** リュックルーフ	recall リコール
（公職者の解職）	*die* **Abberufung** アップベルーフング	recall リコール
りこしゅぎ **利己主義** rikoshugi	*der* **Egoismus** エゴイスムス	egoism イーゴウイズム
りこてきな **利己的な** rikotekina	**egoistisch** エゴイスティシュ	egoistic イーゴウイスティク
りこん **離婚** rikon	*die* **Ehescheidung** エーエシャイドゥング	divorce ディヴォース
りさいくる **リサイクル** risaikuru	*das* **Recycling** リサイクリング	recycling リーサイクリング
りさいたる **リサイタル** risaitaru	*das* **Solokonzert,** *das* **Konzert** ゾーロコンツェルト，コンツェルト	recital リサイトル
りざや **利鞘** rizaya	*die* **Gewinnspanne** ゲヴィンシュパネ	profit margin, margin プラフィト マーヂン，マーヂン
りさんする **離散する** risansuru	**getrennt werden, zer- streut werden** ゲトレント ヴェーアデン，ツェアシュトロイト ヴェーアデン	(be) scattered (ビ) スキャタド
りし **利子** rishi	*die* **Zinsen** *pl.* ツィンゼン	interest インタレスト

日	独	英
りじ **理事** riji	der (die) **Direktor(in)**, das **Vorstandsmitglied** ディレクトーア(ディレクトーリン), フォーアシュタンツミットグリート	director, manager ディレクタ, マニヂャ
りじゅん **利潤** rijun	der **Gewinn** ゲヴィン	profit, gain プラフィト, ゲイン
りしょく **利殖** rishoku	das **Geldmachen** ゲルトマッヘン	moneymaking マニメイキング
りす **栗鼠** risu	das **Eichhörnchen** アイヒヘルンヒェン	squirrel スクワーレル
りすく **リスク** risuku	das **Risiko** リーズィコ	risk リスク
りすと **リスト** risuto	die **Liste** リステ	list リスト
りすとら **リストラ** risutora	die **Umstrukturierung**, die **Entlassung** ウムシュトルクトゥリールング, エントラッスング	restructuring リーストラクチャリング
りずむ **リズム** rizumu	der **Rhythmus** リュトムス	rhythm リズム
りせい **理性** risei	die **Vernunft** フェアヌンフト	reason, sense リーズン, センス
〜的な	**vernünftig** フェアニュンフティヒ	rational ラショナル
りそう **理想** risou	das **Ideal** イデアール	ideal アイディーアル
〜主義	der **Idealismus** イデアリスムス	idealism アイディーアリズム
〜的な	**ideal** イデアール	ideal アイディーアル
りそく **利息** risoku	die **Zinsen** pl. ツィンゼン	interest インタレスト

日	独	英

りちうむ
リチウム
richiumu

das **Lithium**
リティウム

lithium
リスィアム

りちぎな
律儀な
richigina

ehrlich
エーアリヒ

honest
アネスト

りちてきな
理知的な
richitekina

intellektuell
インテレクトゥエル

intellectual
インテレクチュアル

りつ
率 (割合)
ritsu

die **Rate**
ラーテ

rate
レイト

(百分率)

der **Prozentsatz**
プロツェントザッツ

percentage
パセンティヂ

りっきょう
陸橋
rikkyou

der(*das*) **Viadukt**
ヴィアドゥクト

viaduct
ヴァイアダクト

りっこうほしゃ
立候補者
rikkouhosha

der(*die*) **Kandidat(*in*)**
カンディダート(-ティン)

candidate
キャンディデイト

りっこうほする
立候補する
rikkouhosuru

kandidieren
カンディディーレン

run for office
ラン フォ オーフィス

りっしょうする
立証する
risshousuru

beweisen
ベヴァイゼン

prove
プルーヴ

りったい
立体
rittai

fester Körper
フェスター ケルパー

solid
サリド

～交差

die **Überführung**
ユーバーフューールング

overpass
オウヴァパス

～的な

dreidimensional
ドライディメンズィオナール

three-dimensional
スリーディメンショナル

りっちじょうけん
立地条件
ricchijouken

die **Standortbedingungen**
pl.
シュタントオルトベディングンゲン

conditions of location
コンディションズ オヴ ロウケイション

りっとる
リットル
rittoru

der **Liter**
リーター

liter, Ⓑlitre
リータ, リータ

日	独	英
りっぱな **立派な** rippana	**großartig** グロースアールティヒ	excellent, splendid **エ**クセレント，スプ**レ**ンディド
りっぷくりーむ **リップクリーム** rippukuriimu	*das* **Lippenbalsam,** *die* **Lippencreme** リッペンバルザーム，リッペンクレーメ	lip cream リプ クリーム
りっぽう **立方** rippou	*die* **Kubikzahl** クビークツァール	cube **キュ**ーブ
〜センチ	*der (das)* **Kubikzentimeter** クビークツェンティメーター	cubic centimeter **キュ**ービク **セ**ンティミータ
〜体	*der* **Würfel** **ヴュ**ルフェル	cube **キュ**ーブ
〜メートル	*der (das)* **Kubikmeter** クビークメーター	cubic meter **キュ**ービク ミータ
りっぽう **立法** rippou	*die* **Gesetzgebung** ゲ**ゼ**ッツゲーブング	legislation レヂス**レ**イション
〜権	*die* **Legislative** レギスラ**ティ**ーヴェ	legislative power レヂスレイティヴ **パ**ウア
りてん **利点** riten	*der* **Vorteil** **フォ**ルタイル	advantage アド**ヴァ**ンティヂ
りとう **離島** ritou	**einsame Insel** **ア**インザーメ **イ**ンゼル	isolated island **ア**イソレイテド **ア**イランド
りとぐらふ **リトグラフ** ritogurafu	*die* **Lithographie** リトグラ**フィ**ー	lithograph **リ**ソグラフ
りにあもーたーかー **リニアモーターカー** riniamootaakaa	*die* **Magnetschwebebahn** マグ**ネ**ートシュヴェーベバーン	linear motorcar **リ**ニア **モ**ウタカー
りにゅうしょく **離乳食** rinyuushoku	*die* **Babynahrung,** *die* **Säuglingskost** **ベ**ービナールング，**ゾ**イクリングスコスト	baby food **ベ**イビ **フ**ード
りねん **理念** rinen	*die* **Idee,** *das* **Prinzip** イ**デ**ー，プリン**ツィ**ープ	philosophy, principles フィ**ラ**ソフィ，プ**リ**ンスィプルズ

日	独	英
りはーさる **リハーサル** rihaasaru	*die* **Probe** プローベ	rehearsal リハーサル
りはつ **理髪** rihatsu	*das* **Haarschneiden** ハールシュナイデン	haircut ヘアカト
〜店	*der* **Friseursalon** フリゼーアザローン	barbershop, Ⓑbar- ber バーバシャプ，バーバ
りはびり **リハビリ** rihabiri	*die* **Rehabilitation** レハビリタツィオーン	rehabilitation リハビリテイション
りはんする **離反する** rihansuru	*sich*[4] **entfremden** ‥エントフレムデン	(be) estranged from (ヒ) イストレインヂド フラム
りひてんしゅたいん **リヒテンシュタイン** rihitenshutain	(*das*) **Liechtenstein** リヒテンシュタイン	Liechtenstein リクテンスタイン
りふぉーむする **リフォームする** rifoomusuru	**um|gestalten, renovieren** ウムゲシュタルテン，レノヴィーレン	remodel リーマドル
りふじんな **理不尽な** rifujinna	**unvernünftig** ウンフェアニュンフティヒ	unreasonable アンリーズナブル
りふと **リフト** rifuto	*der* **Skilift,** *der* **Sessellift** シーリフト，ゼッセルリフト	chair lift チェア リフト
りべーと **リベート** ribeeto	*der* **Rabatt,** *die* **Rückver- gütung** ラバット，リュックフェアギュートゥング	rebate リーベイト
りべつする **離別する** ribetsusuru	*sich*[4] *von j*[3] **trennen, Ab- schied nehmen** ‥フォン‥トレネン，アップシート ネーメン	separate セパレイト
りべらるな **リベラルな** riberaruna	**liberal** リベラール	liberal リベラル
りぽーと **リポート** ripooto	*der* **Bericht** ベリヒト	report リポート
りぼん **リボン** ribon	*das* **Band,** *die* **Schleife** バント，シュライフェ	ribbon リボン

日	独	英
りまわり **利回り** rimawari	*der* **Zinssatz,** *die* **Rendite** ツィンスザッツ, レンディーテ	yield, rate of return **イー**ルド, レイト オヴ リ**ター**ン
りむじん **リムジン** rimujin	*die* **Limousine** リム**ズィー**ネ	limousine リム**ズィー**ン
りもこん **リモコン** rimokon	*die* **Fernbedienung** フェルンベ**ディー**ヌング	remote control リ**モウ**ト コント**ロウ**ル
りゃく **略** ryaku	*die* **Auslassung** **ア**オスラッスング	omission オウ**ミ**ション
りゃくご **略語** ryakugo	*die* **Abkürzung** **ア**ップキュルツング	abbreviation アブリヴィ**エイ**ション
りゃくしきの **略式の** ryakushikino	**formlos, in verkürzter Form** **フォ**ルムロース, イン フェア**キュ**ルツター **フォ**ルム	informal イン**フォー**マル
りゃくす （簡単にする） **略す** ryakusu	**ab|kürzen** **ア**ップキュルツェン	abridge, abbreviate アブ**リ**ヂ, アブ**リー**ヴィエイト
（省く）	**aus|lassen** **ア**オスラッセン	omit オウ**ミ**ト
りゃくだつする **略奪する** ryakudatsusuru	**rauben** **ラ**オベン	plunder, pillage プ**ラ**ンダ, **ピ**リヂ
りゆう **理由** riyuu	*der* **Grund** グ**ル**ント	reason, cause **リー**ズン, **コー**ズ
りゅういき **流域** ryuuiki	*das* **Flussgebiet** フ**ル**スゲビート	valley, basin **ヴァ**リ, **ベイ**スン
りゅういする **留意する** ryuuisuru	**berücksichtigen** ベ**リュ**ックズィヒティゲン	pay attention to **ペイ** ア**テ**ンション トゥ
りゅうがく **留学** ryuugaku	*das* **Studium im Ausland** シュ**トゥー**ディウム イム **ア**オスラント	studying abroad ス**タ**ディング ア**ブロー**ド
〜生	*der* (*die*) **ausländische Student(*in*)** **ア**オスレンディシェ シュトゥ**デ**ント(-ティン)	foreign student **フォ**リン ス**テュー**デント

り

日	独	英
りゅうこう **流行** ryuukou	*die* **Mode** モーデ	fashion, vogue **ファ**ション，**ヴォ**ウグ
（病気や思想などの）	*die* **Verbreitung** フェア**ブ**ライトゥング	prevalence プレ**ヴァ**レンス
〜する	**in Mode kommen, in Mode sein** イン モーデ **コ**メン，イン モーデ ザイン	(be) in fashion （ビ）イン **ファ**ション
りゅうざん **流産** ryuuzan	*die* **Fehlgeburt** **フェ**ールゲブーアト	miscarriage ミス**キャ**リヂ
りゅうし **粒子** ryuushi	*das* **Partikel,** *das* **Korn** パル**ティ**ーケル，**コ**ルン	particle **パ**ーティクル
りゅうしゅつする **流出する** ryuushutsusuru	**aus|fließen** **ア**オスフリーセン	flow out フ**ロ**ウ **ア**ウト
りゅうせい **隆盛** ryuusei	*das* **Gedeihen** ゲ**ダ**イエン	prosperity プラス**ペ**リティ
りゅうせんけいの **流線型の** ryuusenkeino	**stromlinienförmig** シュト**ロ**ームリーニエンフェルミヒ	streamlined スト**リ**ームラインド
りゅうちょうに **流暢に** ryuuchouni	**fließend** フ**リ**ーセント	fluently フル**エ**ントリ
りゅうつう **流通** ryuutsuu	*die* **Verteilung,** *die* **Distribution** フェア**タ**イルング，ディストリブツィ**オ**ーン	distribution ディストリ**ビュ**ーション
〜する	**um|laufen** **ウ**ムラオフェン	circulate **サ**ーキュレイト
りゅうどうする **流動する** ryuudousuru	**fließen** フ**リ**ーセン	flow フ**ロ**ウ
りゅうどうてきな **流動的な** ryuudoutekina	**flüssig, veränderlich** フ**リュ**ッスィヒ，フェア**エ**ンダーリヒ	fluid フ**ル**ーイド
りゅうにゅうする **流入する** ryuunyuusuru	**zu|fließen** **ツ**ーフリーセン	flow in フ**ロ**ウ **イ**ン

日	独	英
りゅうねんする **留年する** ryuunensuru	**sitzen bleiben** ズィッツェン ブライベン	repeat the same grade level リピート ザ セイム グレイド レヴェル
りゅうは **流派** ryuuha	*die* **Schule**, *der* **Stil** シューレ, シュティール	school スクール
りゅっくさっく **リュックサック** ryukkusakku	*der* **Rucksack** ルックザック	backpack, rucksack バクパク, ラクサク
りょう **漁** ryou	*der* **Fischfang** フィッシュファング	fishing フィシング
りょう **寮** ryou	*das* **Wohnheim**, *das* **Internat** ヴォーンハイム, インターナート	dormitory, ⑧hall of residence ドーミトリ, ホール オヴ レズィデンス
りょう **猟** ryou	*die* **Jagd** ヤークト	hunting, shooting ハンティング, シューティング
りょう **量** ryou	*die* **Menge** メンゲ	quantity クワンティティ
りよう **利用** riyou	*die* **Benutzung** ベヌッツング	usage ユースィヂ
りょういき **領域** ryouiki	*der* **Bereich** ベライヒ	domain ドウメイン
りょうかいする **了解する** （承認） ryoukaisuru	**verstehen, ein|willigen** フェアシュテーエン, アインヴィリゲン	understand, acknowledge アンダスタンド, アクナリヂ
りょうがえ **両替** ryougae	*der* **Geldwechsel** ゲルトヴェクセル	exchange イクスチェインヂ
～する	**wechseln, um|tauschen** ヴェクセルン, ウムタオシェン	change, exchange into チェインヂ, イクスチェインヂ イントゥ
りょうがわに **両側に** ryougawani	**auf beiden Seiten** アオフ バイデン ザイテン	on both sides オン ボウス サイヅ
りょうきん **料金** ryoukin	*die* **Gebühr** ゲビューア	charge, fee チャーヂ, フィー

日	独	英
りょうくう **領空** ryoukuu	*der* **Luftraum** ルフトラオム	(territorial) air-space (テリトーリアル) エアスペイス
りょうし **漁師** ryoushi	*der*(*die*) **Fischer**(*in*) フィッシャー(-シェリン)	fisherman フィシャマン
りょうし **猟師** ryoushi	*der*(*die*) **Jäger**(*in*) イェーガー(-ゲリン)	hunter ハンタ
りょうじ **領事** ryouji	*der*(*die*) **Konsul**(*in*) コンズル(-リン)	consul カンスル
～館	*das* **Konsulat** コンズラート	consulate カンスレト
りょうし **理容師** riyoushi	*der* **Friseur**, *die* **Friseuse** フリゼーア, フリゼーゼ	hairdresser ヘアドレサ
りょうしき **良識** ryoushiki	**gesunder Menschenver-stand** ゲズンダー メンシェンフェアシュタント	good sense グド センス
りょうじゅう **猟銃** ryoujuu	*das* **Jagdgewehr** ヤークトゲヴェーア	hunting gun ハンティング ガン
りょうしゅうしょう **領収証** ryoushuushou	*die* **Quittung** クヴィットゥング	receipt リスィート
りょうしょうする **了承する** ryoushousuru	*mit et*³ **einverstanden sein** ミット .. アインフェアシュタンデン ザイン	consent コンセント
りょうしん **両親** ryoushin	*die* **Eltern** *pl.* エルターン	parents ペアレンツ
りょうしん **良心** ryoushin	*das* **Gewissen** ゲヴィッセン	conscience カンシェンス
りようする **利用する** riyousuru	**benutzen** ベヌッツェン	use, utilize ユーズ, ユーティライズ
りょうせいの **良性の** ryouseino	**gutartig** グートアールティヒ	benign ビナイン

日	独	英
りょうせいるい **両生類** ryouseirui	*die* **Amphibie** アンフィービエ	amphibian アンフィビアン
りょうて **両手** ryoute	**beide Hände** *pl.* バイデ ヘンデ	both hands ボウス ハンヅ
りょうど **領土** ryoudo	*das* **Territorium,** *das* **Staatsgebiet** テリトーリウム，シュターツゲビート	territory テリトーリ
りょうはんてん **量販店** ryouhanten	*der* **Großhändler,** *der* **Discounter** グロースヘンドラー，ディスカウンター	volume retailer ヴァリュム リーテイラ
りょうほう **両方** ryouhou	**beide** バイデ	both ボウス
りょうめん **両面** ryoumen	**beide Seiten** *pl.* バイデ ザイテン	both sides, two sides ボウス サイヅ，トゥー サイヅ
りょうようする **療養する** ryouyousuru	*sich⁴* **behandeln lassen,** *sich⁴* **kurieren lassen** ‥ ベハンデルン ラッセン，‥ クリーレン ラッセン	recuperate リキューパレイト
りょうり **料理** ryouri	*das* **Kochen** コッヘン	cooking クキング
～する	**kochen, zu|bereiten** コッヘン，ツーベライテン	cook クク
りょうりつする **両立する** ryouritsusuru	**kompatibel sein, zusammen|passen** コンパティーベル ザイン，ツザメンパッセン	(be) compatible with (ビ) コンパティブル ウィズ
りょかく **旅客** ryokaku	*der(die)* **Passagier(in)** パサジーア(-リン)	passenger パセンヂャ
～機	*das* **Passagierflugzeug** パサジーアフルークツォイク	passenger plane パセンヂャ プレイン
りょくちゃ **緑茶** ryokucha	**grüner Tee** グリューナー テー	green tea グリーン ティー
りょけん **旅券** ryoken	*der* **Reisepass** ライゼパス	passport パスポート

日	独	英
りょこう **旅行** ryokou	*die* **Reise** ライゼ	travel, trip トラヴル, トリプ
〜する	**reisen** ライゼン	travel トラヴル
〜代理店	*die* **Reiseagentur,** *das* **Reisebüro** ライゼアゲントゥーア, ライゼビュロー	travel agency トラヴル **エ**イヂェンスィ
りょひ **旅費** ryohi	*die* **Reisekosten** *pl.* ライゼコステン	travel expenses トラヴル イクスペンセズ
りらっくすする **リラックスする** rirakkususuru	*sich*⁴ **entspannen** ‥ エントシュパネン	relax リラクス
りりくする **離陸する** ririkusuru	**ab|fliegen** アップフリーゲン	take off テイク **オ**ーフ
りりつ **利率** riritsu	*der* **Zinssatz,** *der* **Zinsfuß** ツィンスザッツ, ツィンスフース	interest rate **イ**ンタレスト レイト
りれー **リレー** riree	*der* **Staffellauf** シュ**タ**ッフェルラオフ	relay **リ**ーレイ
りれきしょ **履歴書** rirekisho	*der* **Lebenslauf** レーベンスラオフ	curriculum vitae, CV カ**リ**キュラム **ヴィ**ータイ, スィー**ヴィ**ー
りろん **理論** riron	*die* **Theorie** テオリー	theory **スィ**オリ
〜的な	**theoretisch** テオレーティシュ	theoretical スィオ**レ**ティカル
りんかく **輪郭** rinkaku	*der* **Umriss** **ウ**ムリス	outline **ア**ウトライン
りんぎょう **林業** ringyou	*die* **Forstwirtschaft** **フォ**ルストヴィルトシャフト	forestry **フォ**レストリ
りんく **リンク** rinku	*der* **Link,** *die* **Verbindung** リンク, フェア**ビ**ンドゥング	link リンク

日	独	英
りんご **林檎** ringo	*der* **Apfel** アップフェル	apple アプル
りんごく **隣国** ringoku	*das* **Nachbarland** ナッハバールラント	neighboring coun- try ネイバリング カントリ
りんじの **臨時の** rinjino	**temporär, provisorisch** テンポレーア，プロヴィゾーリシュ	temporary, special テンポレリ，スペシャル
りんじゅう **臨終** rinjuu	*die* **Todesstunde** トーデスシュトゥンデ	death, deathbed デス，デスベド
りんしょうの **臨床の** rinshouno	**klinisch** クリーニシュ	clinical クリニカル
りんじん **隣人** rinjin	*der*(*die*) **Nachbar**(*in*) ナッハバール(-リン)	neighbor ネイバ
りんす **リンス** rinsu	*die* **Spülung,** *die* **Haar- spülung** シュピュールング，ハールシュピュールング	rinse リンス
りんち **リンチ** rinchi	*die* **Lynchjustiz,** *die* **Selbstjustiz** リュンヒユスティーツ，ゼルプストユスティーツ	lynch リンチ
りんね **輪廻** rinne	*die* **Seelenwanderung,** *die* **Reinkarnation** ゼーレンヴァンデルング，ラインカルナツィオーン	cycle of rebirth, metempsychosis サイクル オヴ リバース，メ テンプスィコウスィス
りんぱ **リンパ** rinpa	*die* **Lymphe** リュンフェ	lymph リンフ
～腺	*der* **Lymphknoten** リュンフクノーテン	lymph gland リンフ グランド
りんり **倫理** rinri	*die* **Moral** モラール	ethics エスィクス
～的な	**ethisch** エーティシュ	ethical, moral エスィカル，モーラル

日	独	英

る, ル

るい
類
rui
die **Art**, *die* **Gattung**
アールト, ガットゥング
kind, sort
カインド, **ソ**ート

るいご
類語
ruigo
das **Synonym**
ズュノ**ニュ**ーム
synonym
ス**ィ**ノニム

るいじ
類似
ruiji
die **Ähnlichkeit**
エーンリヒカイト
resemblance
リ**ゼ**ンブランス

～する
ähnlich sein
エーンリヒ ザイン
resemble
リ**ゼ**ンブル

るいすいする
類推する
ruisuisuru
aus einer Analogie schlussfolgern, analo-gisch schließen
アオス アイナー アナ**ロ**ギー シュルスフォルゲルン, アナ**ロ**ーギシュ シュ**リ**ーセン
reason through analogy
リーズン ス**ル**ー ア**ナ**ロヂ

るいせきする
累積する
ruisekisuru
an|häufen
アンホイフェン
accumulate
ア**キュ**ーミュレイト

るーきー
ルーキー
ruukii
der **Neuling**
ノイリング
rookie
ルキ

るーずな
ルーズな
ruuzuna
nachlässig
ナーハレスィヒ
loose
ルース

るーつ
ルーツ
ruutsu
die **Wurzeln** *pl.*
ヴルツェルン
roots
ルーツ

るーと
ルート　　(道筋)
ruuto
die **Route**
ルーテ
route, channel
ルート, **チャ**ネル

(平方根)
die **Wurzel**
ヴルツェル
root
ルート

るーまにあ
ルーマニア
ruumania
(*das*) **Rumänien**
ル**メ**ーニエン
Romania
ロウ**メ**イニア

るーむめいと
ルームメイト
ruumumeito
der (*die*) **Mitbewohner**(*in*)
ミットベ**ヴォ**ーナー(- ネリン)
roommate
ルームメイト

日	独	英
るーる **ルール** ruuru	*die* **Regel** レーゲル	rule ルール
るーれっと **ルーレット** ruuretto	*das* **Roulett** ルレット	roulette ルーレト
るくせんぶるく **ルクセンブルク** rukusenburuku	(*das*) **Luxemburg** ルクセンブルク	Luxembourg ラクセンバーグ
るす **留守** rusu	*die* **Abwesenheit** アップヴェーゼンハイト	absence アプセンス
るすばん **留守番** rusuban	*das* **Haushüten** ハオスヒューテン	caretaking ケアテイキング
（人）	*der*(*die*) **Haushüter(*in*)** ハオスヒューター(-テリン)	caretaker, house sitter ケアテイカ，ハウス スィタ
〜電話	*der* **Anrufbeantworter** アンルーフベアントヴォルター	answering machine アンサリング マシーン
るねっさんす **ルネッサンス** runessansu	*die* **Renaissance** レネサーンス	Renaissance ルネサーンス
るびー **ルビー** rubii	*der* **Rubin** ルビーン	ruby ルービ

れ，レ

日	独	英
れい **例** rei	*das* **Beispiel** バイシュピール	example イグザンプル
れい **礼** （あいさつ） rei	*der* **Gruß**, *die* **Verbeugung** グルース，フェアボイグング	bow, salutation バウ，サリュテイション
（感謝）	*die* **Dankbarkeit** ダンクバールカイト	thanks サンクス
（礼儀）	*die* **Etikette**, *die* **Manieren** *pl.* エティケッテ，マニーレン	etiquette, manners エティケト，マナズ

日	独	英
れいあうと **レイアウト** reiauto	*die* **Gestaltung**, *das* **Lay-out** ゲシュ**タ**ルトゥング，**レ**イアウト	layout **レ**イアウト
れいえん **霊園** reien	*der* **Friedhof** フ**リ**ートホーフ	cemetery **セ**ミテリ
れいおふ **レイオフ** reiofu	**vorübergehende Entlassung**, *die* **Entlassung** フォ**リュ**ーバーゲーエンデ エント**ラ**ッスング，エント**ラ**ッスング	layoff **レ**イオーフ
れいか **零下** reika	**unter Null** **ウ**ンター **ヌ**ル	below zero ビ**ロ**ウ **ズィ**アロウ
れいがい **例外** reigai	*die* **Ausnahme** **ア**オスナーメ	exception イク**セ**プション
れいかん **霊感** reikan	*die* **Inspiration** インスピラ**ツィ**オーン	inspiration インスピ**レ**イション
れいき **冷気** reiki	*die* **Kälte**, *die* **Kühle** **ケ**ルテ，**キュ**ーレ	chill, cold **チ**ル，**コ**ウルド
れいぎ **礼儀** reigi	*die* **Etikette**, *die* **Manieren** *pl.* エティ**ケ**ッテ，マ**ニ**ーレン	etiquette, manners **エ**ティケト，**マ**ナズ
れいきゃくする **冷却する** reikyakusuru	**ab|kühlen** **ア**ップキューレン	cool **ク**ール
れいきゅうしゃ **霊柩車** reikyuusha	*der* **Leichenwagen** **ラ**イヒェンヴァーゲン	hearse **ハ**ース
れいぐうする **冷遇する** reiguusuru	**schlecht behandeln** シュ**レ**ヒト ベ**ハ**ンデルン	treat coldly ト**リ**ート **コ**ウルドリ
れいこくな **冷酷な** reikokuna	**kaltblütig, grausam** **カ**ルトブルーティヒ，グ**ラ**オザーム	cruel ク**ル**エル
れいじょう **令状** reijou	*der* **Befehl**, *der* **Haftbefehl** ベ**フェ**ール，**ハ**フトベフェール	warrant **ウォ**ラント
れいじょう **礼状** reijou	*das* **Dankschreiben** **ダ**ンクシュライベン	thank-you letter **サ**ンキュー **レ**タ

日	独	英
れいせいな **冷静な** reiseina	**nüchtern, kühl** ニュヒターン, キュール	calm, cool カーム, クール
れいせん **冷戦** reisen	**kalter Krieg** カルター クリーク	cold war コウルド ウォー
れいぞうこ **冷蔵庫** reizouko	*der* **Kühlschrank** キュールシュランク	refrigerator リフリヂャレイタ
れいたんな **冷淡な** reitanna	**kalt, gleichgültig** カルト, グライヒギュルティヒ	cold, indifferent コウルド, インディファレント
れいだんぼう **冷暖房** reidanbou	*die* **Klimaanlage** クリーマアンラーゲ	air conditioning エア コンディショニング
れいとう **冷凍** reitou	*das* **Gefrieren** ゲフリーレン	freezing フリーズィング
～庫	*das* **Gefrierfach** ゲフリーアファッハ	freezer フリーザ
～食品	*die* **Tiefkühlkost** ティーフキュールコスト	frozen foods フロウズン フーヅ
～する	**tief|kühlen** ティーフキューレン	freeze フリーズ
れいはい **礼拝** reihai	*der* **Gottesdienst** ゴッテスディーンスト	worship, service ワーシプ, サーヴィス
～堂	*die* **Kapelle** カペレ	chapel チャペル
れいふく **礼服** reifuku	*der* **Gesellschaftsanzug** ゲゼルシャフツアンツーク	full dress フル ドレス
れいぼう **冷房** reibou	*die* **Klimaanlage** クリーマアンラーゲ	air conditioning エア コンディショニング
れいんこーと **レインコート** reinkooto	*der* **Regenmantel** レーゲンマンテル	raincoat, ®mack- intosh レインコウト, マキントシュ

れ

日	独	英
れーざー **レーザー** reezaa	*der* **Laser** レーザー	laser レイザ
れーす **レース** （競走） reesu	*der* **Wettlauf** ヴェットラオフ	race レイス
（編物）	*die* **Spitze** シュピッツェ	lace レイス
れーずん **レーズン** reezun	*die* **Rosine** ロズィーネ	raisin レイズン
れーだー **レーダー** reedaa	*der* **Radar** ラダール	radar レイダー
れーと **レート** reeto	*der* **Kurs,** *der* **Wechsel- kurs** クルス, ヴェクセルクルス	rate レイト
れーる **レール** reeru	*die* **Schiene** シーネ	rail レイル
れきだいの **歴代の** rekidaino	**aufeinanderfolgend** アオフアイナンダーフォルゲント	successive サクセスィヴ
れぎゅらーの **レギュラーの** regyuraano	**regulär** レグレーア	regular レギュラ
れくりえーしょん **レクリエーション** rekurieeshon	*die* **Erholung** エアホールング	recreation レクリエイション
れこーでぃんぐ **レコーディング** rekoodingu	*die* **Aufnahme** アオフナーメ	recording リコーディング
れこーど **レコード** （音盤） rekoodo	*die* **Schallplatte** シャルプラッテ	record レコード
（記録）	*der* **Rekord** レコルト	record レコード
れじ **レジ** reji	*die* **Kasse** カッセ	cash register キャシュ レヂスタ

日	独	英
れしーと **レシート** reshiito	*die* **Quittung** クヴィットゥング	receipt リスィート
れじすたんす **レジスタンス** rejisutansu	*der* **Widerstand** ヴィーダーシュタント	resistance レズィスタンス
れしぴ **レシピ** reshipi	*das* **Rezept,** *das* **Kochre-zept** レツェプト, コッホレツェプト	recipe レスィピ
れじゃー **レジャー** rejaa	*die* **Freizeit** フライツァイト	leisure リージャ
れじゅめ **レジュメ** rejume	*das* **Resümee** レズュメー	résumé, summary レズュメイ, サマリ
れすとらん **レストラン** resutoran	*das* **Restaurant** レストラーン	restaurant レストラント
れすりんぐ **レスリング** resuringu	*der* **Ringkampf** リングカンプフ	wrestling レスリング
れせぷしょん **レセプション** resepushon	*der* **Empfang** エンプファング	reception リセプション
れたす **レタス** retasu	*der* **Kopfsalat,** *der* **Salat** コプフザラート, ザラート	lettuce レタス
れつ **列** retsu	*die* **Reihe,** *die* **Schlange** ライエ, シュランゲ	line, row, queue ライン, ロウ, キュー
れつあくな **劣悪な** retsuakuna	**minderwertig** ミンダーヴェーアティヒ	inferior, poor インフィアリア, プア
れっかーしゃ **レッカー車** rekkaasha	*der* **Abschleppwagen** アップシュレップヴァーゲン	wrecker, tow truck レカ, トウトラク
れっきょする **列挙する** rekkyosuru	**auf|listen, auf|zählen** アオフリステン, アオフツェーレン	enumerate イニューメイト
れっしゃ **列車** ressha	*der* **Zug** ツーク	train トレイン

れ

日	独	英
れっすん **レッスン** ressun	*der* **Unterricht**, *die* **Stunde** ウンターリヒト, シュトゥンデ	lesson レスン
れっせきする **列席する** ressekisuru	**bei|wohnen, anwesend sein** バイヴォーネン, アンヴェーゼント ザイン	attend アテンド
れっとう **列島** rettou	*die* **Inseln** *pl.*, *die* **Insel-kette** インゼルン, インゼルケッテ	islands アイランヅ
れとりっく **レトリック** retorikku	*die* **Rhetorik** レトーリク	rhetoric レトリク
れとろな **レトロな** retorona	**retrospektiv, Retro-** レトロスペクティーフ, レトロ‥	retro レトロウ
ればー （肝臓） **レバー** rebaa	*die* **Leber** レーバー	liver リヴァ
（取っ手）	*der* **Hebel** ヘーベル	lever レヴァ
れぱーとりー **レパートリー** repaatorii	*das* **Repertoire** レペルトアール	repertoire, reperto-ry レパトワー, レパトーリ
れふぇりー **レフェリー** referii	*der*(*die*) **Schiedsrich-ter(in)** シーツリヒター(-テリン)	referee レファリー
れべる **レベル** reberu	*die* **Ebene**, *das* **Niveau** エーベネ, ニヴォー	level レヴル
れぽーたー **レポーター** repootaa	*der*(*die*) **Reporter(in)** レポルター(-テリン)	reporter リポータ
れぽーと **レポート** repooto	*der* **Bericht** ベリヒト	report リポート
れもん **レモン** remon	*die* **Zitrone** ツィトローネ	lemon レモン
れんあい **恋愛** ren-ai	*die* **Liebe** リーベ	love ラヴ

れ

日	独	英
〜結婚	*die* **Liebesheirat** リーベスハイラート	love match ラヴ マチ
れんが **煉瓦** renga	*der* **Ziegel** ツィーゲル	brick ブリク
れんきゅう **連休** renkyuu	**langes Wochenende** ランゲス ヴォッヘンエンデ	consecutive holidays コンセキュティヴ ハリデイズ
れんけい **連携** renkei	*die* **Kooperation** コオペラツィオーン	cooperation, tie-up コウアパレイション, タイアプ
れんけつ **連結** renketsu	*die* **Verbindung,** *der* **Anschluss** フェアビンドゥング, アンシュルス	connection コネクション
〜する	**an|schließen, verbinden** アンシュリーセン, フェアビンデン	connect コネクト
れんごう **連合** rengou	*die* **Vereinigung** フェアアイニグング	union ユーニョン
れんさい **連載** rensai	*die* **Serie** ゼーリエ	serial publication スィアリアル パブリケイション
れんさはんのう **連鎖反応** rensahannou	*die* **Kettenreaktion** ケッテンレアクツィオーン	chain reaction チェイン リアクション
れんじ **レンジ**（ガスなどの） renji	*der* **Küchenherd** キュッヒェンヘーアト	cooking range, cooker クキング レインヂ, クカ
（電子レンジ）	*der* **Mikrowellenherd** ミークロヴェレンヘーアト	microwave oven マイクロウェイヴ アヴン
れんじつ **連日** renjitsu	**jeden Tag** イェーデン ターク	every day エヴリ デイ
れんしゅう **練習** renshuu	*die* **Übung,** *das* **Training** ユーブング, トレーニング	practice, exercise プラクティス, エクササイズ
〜する	**üben, trainieren** ユーベン, トレニーレン	practice, train プラクティス, トレイン

れ

日	独	英
れんず **レンズ** renzu	*die* **Linse** リンゼ	lens レンズ
れんそうする **連想する** rensousuru	*mit et³* **assoziieren** ミット ‥ アソツィイーレン	associate with アソウシエイト ウィズ
れんぞく **連続** renzoku	*die* **Fortsetzung** フォルトゼッツング	continuation コンティニュエイション
〜する	*sich⁴* **fort|setzen, fort|-dauern** ‥ フォルトゼッツェン，フォルトダオアーン	continue コンティニュー
れんたい **連帯** rentai	*die* **Solidarität** ゾリダリテート	solidarity サリダリティ
〜保証人	*der*(*die*) **Bürge(-*in*)** ビュルゲ(·ギン)	cosigner コウサイナ
れんたかー **レンタカー** rentakaa	*der* **Mietwagen,** *der* **Leih-wagen** ミートヴァーゲン，ライヴァーゲン	rental car, rent-a-car レンタル カー，レンタカー
れんたる **レンタル** rentaru	*die* **Vermietung** フェアミートゥング	rental レンタル
れんとげん **レントゲン** rentogen	*die* **Röntgenstrahlen** *pl.* レントゲンシュトラーレン	X-rays エクスレイズ
〜技師	*der*(*die*) **Röntgenassis-tent(*in*)** レントゲンアスィステント(·ティン)	radiographer レイディオウグラファ
れんぽう **連邦** renpou	*der* **Bund** ブント	federation フェデレイション
れんめい **連盟** renmei	*der* **Verband** フェアバント	league リーグ
れんらく **連絡** renraku	*die* **Verbindung** フェアビンドゥング	liaison, contact リエイゾーン，カンタクト
〜する	*sich⁴ mit j³* **in Verbindung setzen** ‥ ミット ‥ イン フェアビンドゥング ゼッツェン	connect with コネクト ウィズ

日	独	英
れんりつ **連立** renritsu	*die* **Koalition** コアリツィ**オー**ン	coalition コウア**リ**ション
〜政権	*die* **Koalitionsregierung** コアリツィ**オー**ンスレギールング	coalition government コウア**リ**ション **ガ**ヴァンメント

ろ, ロ

日	独	英
ろいやりてぃー **ロイヤリティー** roiyaritii	*die* **Lizenzgebühr**, *die* **Tantieme** リ**ツェ**ンツゲビューア, タンティ**エー**メ	royalty **ロ**イアルティ
ろう **蝋** rou	*das* **Wachs** **ヴァ**クス	wax **ワ**クス
ろうあしゃ **聾唖者** rouasha	*der/die* **Taubstumme** **タ**オプシュトゥメ	deaf and speech-impaired, Ⓑdeaf-mute デフ アンド スピーチインペアド, デフ**ミュー**ト
ろうか **廊下** rouka	*der* **Flur**, *der* **Korridor** フ**ルー**ア, **コ**リドーア	corridor, hallway **コ**リダ, **ホー**ルウェイ
ろうか **老化** rouka	*das* **Altern** **ア**ルターン	aging, growing old **エ**イヂング, グ**ロ**ウイング **オ**ウルド
ろうがん **老眼** rougan	*die* **Alterssichtigkeit** **ア**ルタースズィヒティヒカイト	presbyopia プレズビ**オ**ウピア
ろうきゅうかした **老朽化した** roukyuukashita	**veraltet** フェア**ア**ルテット	old, decrepit **オ**ウルド, ディク**レ**ピト
ろうご **老後** rougo	*der* **Lebensabend** **レー**ベンスアーベント	old age **オ**ウルド **エ**イヂ
ろうし **労使** roushi	**Arbeitgeber und Arbeitnehmer** **ア**ルバイトゲーバー ウント **ア**ルバイトネーマー	labor and management **レ**イバア アンド **マ**ニヂメント
ろうじん **老人** roujin	*der/die* **Alte** **ア**ルテ	older people **オ**ウルダ **ピー**プル
ろうすい **老衰** rousui	*die* **Altersschwäche** **ア**ルタースシュヴェッヒェ	senility スィ**ニ**リティ

日	独	英
ろうそく **蝋燭** rousoku	*die* **Kerze** ケルツェ	candle キャンドル
ろうどう **労働** roudou	*die* **Arbeit** アルバイト	labor, work, Ⓑla- bour レイバ，ワーク，レイバ
～組合	*die* **Gewerkschaft** ゲヴェルクシャフト	labor union レイバ ユーニオン
～災害	*der* **Arbeitsunfall** アルバイツウンファル	labor accident レイバ アクスィデント
～時間	*die* **Arbeitszeit** アルバイツツァイト	working hours ワーキング アウアズ
～者	*der*(*die*) **Arbeiter(*in*)** アルバイター(-テリン)	laborer, worker レイバラ，ワーカ
～力	*die* **Arbeitskräfte** *pl.* アルバイツクレフテ	manpower マンパウア
ろうどく **朗読** roudoku	*die* **Vorlesung** フォーアレーズング	reading リーディング
ろうねん **老年** rounen	*das* **Alter, hohes Alter** アルター，ホーエス アルター	old age オウルド エイヂ
ろうひする **浪費する** rouhisuru	**verschwenden** フェアシュヴェンデン	waste ウェイスト
ろうりょく **労力** rouryoku	*die* **Mühe** ミューエ	pains, effort ペインズ，エファト
ろうれい **老齢** rourei	**hohes Alter,** *das* **Greisen- alter** ホーエス アルター，グライゼンアルター	old age オウルド エイヂ
ろーしょん **ローション** rooshon	*die* **Lotion** ロツィオーン	lotion ロウション
ろーてーしょん **ローテーション** rooteeshon	*die* **Rotation** ロタツィオーン	rotation ロウテイション

日	独	英
ろーどしょー **ロードショー** roodoshoo	*die* **Roadshow**, *die* **Kampagne** ロウドショー, カンパニエ	road show ロウド ショウ
ろーぷ **ロープ** roopu	*das* **Seil** ザイル	rope ロウプ
ろーぷうえい **ロープウエイ** roopuuei	*die* **Seilbahn** ザイルバーン	ropeway ロウプウェイ
ろーらーすけーと **ローラースケート** rooraasukeeto	*das* **Rollschuhlaufen** ロルシューラオフェン	roller skating ロウラ スケイティング
ろーん **ローン** roon	*der* **Kredit** クレディート	loan ロウン
ろかする **濾過する** rokasuru	**filtern** フィルターン	filter フィルタ
ろく **六** roku	**sechs** ゼクス	six スィクス
ろくおんする **録音する** rokuonsuru	**auf|nehmen** アオフネーメン	record, tape リコード, テイプ
ろくがする **録画する** rokugasuru	**auf|zeichnen** アオフツァイヒネン	record on リコード オン
ろくがつ **六月** rokugatsu	*der* **Juni** ユーニ	June ヂューン
ろくじゅう **六十** rokujuu	**sechzig** ゼヒツィヒ	sixty スィクスティ
ろくまく **肋膜** rokumaku	*das* **Rippenfell** リッペンフェル	pleura プルーラ
ろくろ **轆轤** rokuro	*die* **Drechslerbank** ドレクスラーバンク	potter's wheel パタズ (ホ)ウィール
ろけーしょん **ロケーション** rokeeshon	*die* **Location**, *die* **Außenaufnahme** ロケイシェン, アオセンアオフナーメ	location ロウケイション

日	独	英
ろけっと **ロケット** roketto	*die* **Rakete** ラケーテ	rocket ラケト
ろこつな **露骨な** rokotsuna	**unverhüllt** ウンフェアヒュルト	plain, blunt プレイン, ブラント
ろじ **路地** roji	*die* **Gasse** ガッセ	alley, lane アリ, レイン
ろしあ **ロシア** roshia	(*das*) **Russland** ルスラント	Russia ラシャ
〜語	*das* **Russisch** ルッスィシュ	Russian ラシャン
ろしゅつ **露出** roshutsu	*die* **Belichtung**, *die* **Ent- blößung** ベリヒトゥング, エントブレースング	exposure イクスポウジャ
〜する	**belichten, entblößen** ベリヒテン, エントブレーセン	expose イクスポウズ
ろす **ロス** rosu	*der* **Verlust** フェアルスト	loss ロース
〜タイム	*die* **Nachspielzeit** ナーハシュピールツァイト	injury time, loss of time インデュリ **タイム**, ロース オヴ **タイム**
ろせん **路線** rosen	*die* **Route**, *die* **Linie** ルーテ, リーニエ	route, line ルート, ライン
〜図	*die* **Straßenkarte**, *der* **Li- niennetzplan** シュトラーセンカルテ, リーニエンネッツプラー ン	route map ルート マプ
ろっかー **ロッカー** rokkaa	*das* **Schließfach** シュリースファッハ	locker ラカ
ろっくくらいみんぐ **ロッククライミング** rokkukuraimingu	*das* **Felsklettern** フェルスクレッターン	rock-climbing ラククライミング
ろっくんろーる **ロックンロール** rokkunrooru	*der* **Rock and Roll**, *die* **Rockmusik** ロッケンロール, ロックムズィーク	rock 'n' roll ラクンロウル

日	独	英
ろっこつ **肋骨** rokkotsu	*die* **Rippe** リッペ	rib リブ
ろっじ **ロッジ** rojji	*die* **Berghütte** ベルクヒュッテ	lodge ラヂ
ろてん **露店** roten	*die* **Bude,** *der* **Stand** ブーデ, シュタント	stall, booth ストール, ブース
ろびー **ロビー** robii	*das* **Foyer** フォワイエー	lobby ラビ
ろぶすたー **ロブスター** robusutaa	*der* **Hummer** フマー	lobster ラブスタ
ろぼっと **ロボット** robotto	*der* **Roboter** ロボター	robot ロウボト
ろまんしゅぎ **ロマン主義** romanshugi	*der* **Romantizismus,** *die* **Romantik** ロマンティツィスムス, ロマンティク	romanticism ロウマンティスィズム
ろまんちすと **ロマンチスト** romanchisuto	*der*(*die*) **Romantiker(in)** ロマンティカー(-ケリン)	romanticist ロウマンティスィスト
ろめんでんしゃ **路面電車** romendensha	*die* **Straßenbahn,** *die* **Tram** シュトラーセンバーン, トラム	streetcar, trolley, Ⓑtram ストリートカー, トラリ, トラム
ろんぎ **論議** rongi	*die* **Diskussion** ディスクスィオーン	discussion, argument ディスカション, アーギュメント
〜する	**diskutieren** ディスクティーレン	discuss, argue about ディスカス, アーギュー アバウト
ろんきょ **論拠** ronkyo	*das* **Argument** アルグメント	basis of an argument ベイスィス オヴ アン アーギュメント
ろんぐせらー **ロングセラー** ronguseraa	*der* **Longseller** ロングセラ	longtime seller ローングタイム セラ

843

ろ

日	独	英
ろんじる **論じる** ronjiru	**diskutieren** ディスクティーレン	discuss, argue ディスカス, アーギュー
ろんそう **論争** ronsou	*die* **Debatte**, *der* **Streit** デバッテ, シュトライト	dispute, controversy ディスピュート, カントロヴァースィ
～**する**	**debattieren, disputieren** デバッティーレン, ディスプティーレン	argue, dispute アーギュー, ディスピュート
ろんてん **論点** ronten	*der* **Streitpunkt** シュトライトプンクト	point at issue ポイント アト イシュー
ろんぶん **論文** ronbun	*der* **Aufsatz**, *die* **Abhandlung** アオフザッツ, アップハンドルング	essay, thesis エセイ, スィースィス
ろんり **論理** ronri	*die* **Logik** ローギク	logic ラヂク
～**的な**	**logisch** ローギシュ	logical ラヂカル

わ, ワ

日	独	英
わ **輪** wa	*der* **Kreis**, *der* **Ring** クライス, リング	ring, loop リング, ループ
わ **和** (総和) wa	*die* **Summe** ズメ	sum サム
(調和)	*die* **Harmonie** ハルモニー	harmony ハーモニ
わーるどかっぷ **ワールドカップ** waarudokappu	*die* **Weltmeisterschaft**, *die* **WM** ヴェルトマイスターシャフト, ヴェーエム	World Cup ワールド カプ
わいしゃつ **ワイシャツ** waishatsu	*das* **Hemd**, *das* **Oberhemd** ヘムト, オーバーヘムト	(dress) shirt (ドレス) シャート
わいせつな **わいせつな** waisetsuna	**obszön** オプスツェーン	obscene, indecent オプスィーン, インディーセント

日	独	英
わいぱー **ワイパー** waipaa	*der* **Scheibenwischer** シャイベンヴィッシャー	wipers ワイパズ
わいやー **ワイヤー** waiyaa	*der* **Draht** ドラート	wire ワイア
わいろ **賄賂** wairo	*die* **Bestechungsgelder** *pl.* ベシュテッヒュングスゲルダー	bribery, bribe ブライバリ, ブライブ
わいん **ワイン** wain	*der* **Wein** ヴァイン	wine ワイン
〜グラス	*das* **Weinglas** ヴァイングラース	wineglass ワイン グラース
〜リスト	*die* **Weinkarte** ヴァインカルテ	wine list ワイン リスト
わおん **和音** waon	*der* **Akkord,** *der* **Einklang** アコルト, アインクラング	harmony ハーモニ
わかい **若い** wakai	**jung** ユング	young ヤング
わかいする **和解する** wakaisuru	*sich⁴ mit j³* **versöhnen** ‥ミット‥ フェアゼーネン	(be) reconciled with (ビ) レコンサイルド ウィズ
わかがえる **若返る** wakagaeru	*sich⁴* **verjüngen** ‥ フェアユンゲン	(be) rejuvenated (ビ) リチュヴァネイテド
わかさ **若さ** wakasa	*die* **Jugend,** *die* **Jugend- lichkeit** ユーゲント, ユーゲントリヒカイト	youth ユース
わかす **沸かす** wakasu	**kochen** コッヘン	boil ボイル
わがままな **わがままな** wagamamana	**eigensinnig** アイゲンズィニヒ	selfish, wilful セルフィシュ, ウィルフル
わかもの **若者** wakamono	*der/die* **Jugendliche** ユーゲントリヒェ	young man ヤング マン

わ

日	独	英
わからずや **分からず屋** wakarazuya	*der* **Starrkopf** シュタルコプフ	blockhead ブラクヘド
わかりにくい **分かりにくい** wakarinikui	**schwer verständlich** シュヴェーア フェアシュテントリヒ	hard to understand ハード トゥ アンダスタンド
わかりやすい **分かりやすい** wakariyasui	**leicht verständlich** ライヒト フェアシュテントリヒ	easy to under- stand, simple イーズィー トゥ アンダスタン ド, スィンプル
わかる **分かる** wakaru	**verstehen, begreifen** フェアシュテーエン, ベグライフェン	understand, see アンダスタンド, スィー
わかれ **別れ** wakare	*der* **Abschied** アップシート	parting, farewell パーティング, フェアウェル
わかれる **分かれる** （区分される） wakareru	**geteilt sein** ゲタイルト ザイン	(be) divided into (ビ) ディヴァイデド イントゥ
（分岐する）	**ab|zweigen** アップツヴァイゲン	branch off from ブランチ オーフ フラム
わかれる **別れる** wakareru	*sich*⁴ **verabschieden,** *sich*⁴ **trennen** ‥ フェアアップシーデン, ‥ トレネン	part from パート フラム
わかわかしい **若々しい** wakawakashii	**jung und frisch, blühend** ユング ウント フリッシュ, ブリューエント	youthful ユースフル
わき **脇** waki	*die* **Seite** ザイテ	side サイド
わきのした **脇の下** wakinoshita	*die* **Achselhöhle** アクセルヘーレ	armpit アームピト
わきばら **脇腹** wakibara	*die* **Seite** ザイテ	side サイド
わきみち **脇道** wakimichi	*die* **Nebenstraße** ネーベンシュトラーセ	side street サイド ストリート
わきやく **脇役** wakiyaku	*die* **Nebenrolle** ネーベンロレ	supporting role, minor role サポーティング ロウル, マイナ ロウル

日		独	英
わく **湧く**	（水などが）	**quellen** クヴェレン	gush, flow ガシュ, フロウ
わく **沸く**	（湯が）	**kochen** コッヘン	boil ボイル
わく **枠**	（囲み）	*der* **Rahmen** ラーメン	frame, rim フレイム, リム
	（範囲）	*der* **Umfang** ウムファング	range, extent レインヂ, イクステント
わくせい **惑星**		*der* **Planet** プラネート	planet プラネト
わくちん **ワクチン**		*der* **Impfstoff** インプフシュトッフ	vaccine ヴァクスィーン
わけ **訳**		*der* **Grund** グルント	reason, cause リーズン, コーズ
わけまえ **分け前**		*der* **Anteil** アンタイル	share, cut シェア, カト
わける **分ける**	（区別する）	**sortieren** ゾルティーレン	classify クラスィファイ
	（分割する）	**teilen** タイレン	divide, part ディヴァイド, パート
	（分配する）	**verteilen** フェアタイレン	distribute, share ディストリビュト, シェア
	（分離する）	*von et³* **trennen** フォン‥トレネン	separate, part セパレイト, パート
わごむ **輪ゴム**		*das* **Gummiband** グミバント	rubber band ラバ バンド
わごんしゃ **ワゴン車**		*der* **Kombiwagen** コンビヴァーゲン	station wagon ステイション ワゴン
わざ **技**		*die* **Kunstfertigkeit** クンストフェルティヒカイト	technique, art テクニーク, アート

わ

日	独	英
わざ 業 waza	*die* **Arbeit**, *die* **Tat** アルバイト, タート	act, work アクト, ワーク
わざと **わざと** wazato	**absichtlich** アップズィヒトリヒ	on purpose, intentionally オン パーパス, インテンショナリ
わさび 山葵 wasabi	**japanischer Meerrettich**, *der*(*das*) **Wasabi** ヤパーニシャー メーアレッティヒ, ワサビ	wasabi ワサビ
わざわい 災い wazawai	*das* **Unglück** ウングリュック	misfortune ミスフォーチュン
わし 鷲 washi	*der* **Adler** アードラー	eagle イーグル
わしょく 和食 washoku	**japanisches Essen** ヤパーニシェス エッセン	Japanese food チャパニーズ フード
わずかな 僅かな wazukana	**gering, wenig** ゲリング, ヴェーニヒ	a few, a little ア フュー, ア リトル
わずらわしい 煩わしい wazurawashii	**lästig, mühevoll** レスティヒ, ミューエフォル	troublesome トラブルサム
わすれっぽい 忘れっぽい wasureppoi	**vergesslich sein** フェアゲスリヒ ザイン	forgetful フォゲトフル
わすれもの 忘れ物 wasuremono	*die* **Fundsache, zurückgelassener Gegenstand** フントザッヘ, ツリュックゲラッセナー ゲーゲンシュタント	thing left behind スィング レフト ビハインド
わすれる 忘れる wasureru	**vergessen** フェアゲッセン	forget フォゲト
わた 綿 wata	*die* **Watte** ヴァッテ	cotton カトン
わだい 話題 wadai	*das* **Gesprächsthema** ゲシュプレーヒステーマ	topic タピク
わだかまり **わだかまり** wadakamari	*die* **Befangenheit** ベファンゲンハイト	bad feelings バド フィーリングズ

日	独	英
わたし **私** watashi	**ich** イヒ	I アイ
〜の	**mein** マイン	my マイ
わたしたち **私たち** watashitachi	**wir** ヴィーア	we ウィー
〜の	**unser** ウンザー	our アウア
わたす **渡す** watasu	**ab|geben, aus|händigen** アップゲーベン, **ア**オスヘンディゲン	hand ハンド
（引き渡す） 	**übergeben** ユーバー**ゲ**ーベン	hand over, surren- der ハンド **オ**ウヴァ, サレンダ
わたる **渡る** wataru	**hinüber|gehen** ヒニューバーゲーエン	cross, go over クロース, **ゴ**ウ **オ**ウヴァ
わっくす **ワックス** wakkusu	*das* **Wachs** ヴァクス	wax ワクス
わっと **ワット** watto	*das* **Watt** ヴァット	watt ワト
わな **罠** wana	*die* **Falle** ファレ	trap トラプ
わに **鰐** wani	*das* **Krokodil**, *der* **Alligator** クロコ**ディ**ール, アリ**ガ**ートア	crocodile, alligator ク**ラ**カダイル, **ア**リゲイタ
わびる **詫びる** wabiru	*sich⁴ bei j³* **entschuldigen** ‥バイ ‥ エント**シュ**ルディゲン	apologize to ア**パ**ロヂャイズ トゥ
わふうの **和風の** wafuuno	**japanisch** ヤパーニシュ	Japanese ヂャパ**ニ**ーズ
わへいこうしょう **和平交渉** waheikoushou	*die* **Friedensverhandlung** フリーデンスフェアハンドルング	peace negotiation ピース ニゴウシ**エ**イション

日	独	英
わめく wameku	**schreien** シュライエン	shout, cry out シャウト, クライ アウト
わやく 和訳 wayaku	*die* **Übersetzung ins Japanische** ユーバーゼッツング インス ヤパーニシェ	Japanese translation ヂャパニーズ トランスレイション
わらい 笑い warai	*das* **Lachen**, *das* **Gelächter** ラッヘン, ゲレヒター	laugh, laughter ラフ, ラフタ
～話	**witzige Geschichte** ヴィッツィゲ ゲシヒテ	funny story ファニ ストーリ
わらう 笑う warau	**lachen** ラッヘン	laugh ラフ
わらわせる 笑わせる warawaseru	**zum Lachen bringen** ツム ラッヘン ブリンゲン	make laugh メイク ラフ
(ばかげた)	**lächerlich, abwegig** レッヒャーリヒ, アップヴェーギヒ	ridiculous, absurd リディキュラス, アブサード
わりあい 割合 wariai	*die* **Rate**, *das* **Verhältnis** ラーテ, フェアヘルトニス	rate, ratio レイト, レイシオウ
わりあて 割り当て wariate	*der* **Anteil** アンタイル	assignment, allotment アサインメント, アラトメント
わりあてる 割り当てる wariateru	**zu|teilen** ツータイレン	assign, allot アサイン, アラト
わりかんにする 割り勘にする warikannisuru	**getrennt zahlen** ゲトレント ツァーレン	split the bill スプリト ザ ビル
わりこむ 割り込む warikomu	*sich⁴ in et⁴* **hinein|drängen** ‥ イン ‥ ヒナインドレンゲン	cut in カト イン
わりざん 割り算 warizan	*die* **Division** ディヴィズィオーン	division ディヴィジョン
わりびき 割り引き waribiki	*die* **Ermäßigung** エアメースィグング	discount ディスカウント

日	独	英
わりびく **割り引く** waribiku	**ermäßigen** エアメースィゲン	discount, reduce **ディ**スカウント, リ**デュ**ース
わりまし **割り増し** warimashi	*der* **Zuschlag** ツーシュラーク	extra charge, premium **エ**クストラ **チャ**ーヂ, プ**リ**ーミアム
～料金	*die* **Zuschlaggebühr** ツーシュラークゲビューア	extra charge **エ**クストラ **チャ**ーヂ
わる **割る** （壊す） waru	**zerbrechen, kaputt|machen** ツェアブ**レッ**ヒェン, カ**プ**ットマッヘン	break, crack ブ**レ**イク, ク**ラ**ク
（分割する）	**teilen, dividieren** **タ**イレン, ディヴィ**ディ**ーレン	divide into ディ**ヴァ**イド イントゥ
（裂く）	**spalten** シュ**パ**ルテン	split, chop スプ**リ**ト, **チャ**プ
わるい **悪い** warui	**schlecht** シュ**レ**ヒト	bad, wrong **バ**ド, **ロ**ング
わるくち **悪口** warukuchi	*die* **Verleumdung** フェア**ロ**イムドゥング	(verbal) abuse (**ヴァ**ーバル) ア**ビュ**ース
わるつ **ワルツ** warutsu	*der* **Walzer** **ヴァ**ルツァー	waltz **ウォ**ールツ
わるもの **悪者** warumono	**schlechter Mensch,** *der* **Schurke** シュ**レ**ヒター **メ**ンシュ, **シュ**ルケ	bad guy, villain **バ**ド **ガ**イ, **ヴィ**レン
われめ **割れ目** wareme	*der* **Riss** **リ**ス	crack, split ク**ラ**ク, スプ**リ**ト
われる **割れる** （壊れる） wareru	**zerbrechen** ツェアブ**レッ**ヒェン	break ブ**レ**イク
（裂ける）	**zerreißen** ツェア**ラ**イセン	crack, split ク**ラ**ク, スプ**リ**ト
われわれ **我々** wareware	**wir** **ヴィ**ーア	we, ourselves **ウィ**ー, ア**ウ**アセルヴズ

わ

日	独	英
わん **椀** wan	*die* **Schale** シャーレ	bowl ボウル
わん **湾** wan	*die* **Bucht** ブフト	bay, gulf ベイ, ガルフ
わんがん **湾岸** wangan	*die* **Küste** キュステ	coast コウスト
わんきょくする **湾曲する** wankyokusuru	**biegen** ビーゲン	curve, bend カーヴ, ベンド
わんぱくな **腕白な** wanpakuna	**ungezogen** ウンゲツォーゲン	naughty ノーティ
わんぴーす **ワンピース** wanpiisu	*das* **Kleid** クライト	dress ドレス
わんまん **ワンマン** wanman	*der*(*die*) **Autokrat**(*in*), *der* (*die*) **Alleinherrscher**(*in*) アウトクラート(-ティン), アラインヘルシャー (-シェリン)	dictator, autocrat ディクテイタ, オートクラト
わんりょく **腕力** wanryoku	*die* **Körperkraft,** *die* **Mus- kelkraft** ケルパークラフト, ムスケルクラフト	physical strength フィズィカル ストレングス

わ

付　録

● 日常会話

あいさつ ……………………………………………… 854
　　日々のあいさつ／近況・暮らしぶりをたずねる・答
　　える／初対面・再会のときのあいさつ／招待・訪問
　　のあいさつ／別れのあいさつ

食事 ………………………………………………………… 860
　　食事に誘う／レストランに入るときの表現／注文す
　　る／食事の途中で／レストランでの苦情／お酒を飲
　　む／デザートを注文する／支払いのときの表現／
　　ファストフードを注文するときの表現／食事の途中
　　の会話

買い物 ………………………………………………………… 872
　　売り場を探す／品物を見せてもらう・品物について
　　聞く／試着する／品物を買う

トラブル・緊急事態 ………………………………… 880
　　困ったときの表現／紛失・盗難のときの表現／子供
　　が迷子になったときの表現／助けを求める／事件に
　　巻き込まれて

● 分野別単語集

味 …………………… 886	職業 ………………… 895
衣服 ………………… 886	食器 ………………… 896
色 …………………… 887	数字 ………………… 897
海産物 ……………… 887	スポーツ …………… 898
家族 ………………… 888	動物 ………………… 900
体 …………………… 889	度量衡 ……………… 900
気象 ………………… 890	肉 …………………… 901
季節・月 …………… 890	日本料理 …………… 902
果物 ………………… 891	飲み物 ……………… 902
交通 ………………… 891	病院 ………………… 903
コンサートホール … 892	病気・けが ………… 904
サッカー …………… 893	野菜 ………………… 905
時間 ………………… 894	曜日 ………………… 906
情報 ………………… 894	レストラン ………… 906

日常会話

あいさつ

日々のあいさつ —こんにちは！—

● **おはよう.**
Guten Morgen!
グーテン　モルゲン
Good morning.

● **こんにちは.**
Guten Tag!
グーテン　ターク
Good afternoon.

● **こんばんは.**
Guten Abend!
グーテン　アーベント
Good evening.

● **(親しい人に)やあ.**
Tag! / Hallo!
ターク / ハロー
Hello! / Hi!

● **おやすみなさい.**
Gute Nacht!
グーテ　ナハト
Good night.

近況・暮らしぶりをたずねる・答える —お元気ですか？—

● **お元気ですか.**
Wie geht es Ihnen?
ヴィー　ゲート　エス　イーネン
How are you?

● **はい, 元気です. あなたは？**
Danke, gut. Und Ihnen?
ダンケ　グート　ウント　イーネン
I'm fine. And you?

855

● まあどうということもなくやってます.
Ich kann mich nicht beklagen.
イヒ カン ミヒ ニヒト ベクラーゲン
Nothing to complain about.

● まあまあです.
So lala.
ゾー ララ
So-so.

● お元気そうですね.
Sie sehen gut aus.
ズィー ゼーエン グート アオス
You're looking good.

● (親しい人に)元気?
Wie geht's?
ヴィー ゲーツ
How are you doing?

● 仕事はどうですか.
Was macht die Arbeit?
ヴァス マハト ディー アルバイト
How are you getting along with your business?

● 忙しいです.
Ich habe viel zu tun.
イヒ ハーベ フィール ツー トゥーン
I'm busy.

● 奥さんはお元気ですか.
Wie geht es Ihrer Frau?
ヴィー ゲート エス イーラー フラオ
How's your wife?

● ご主人はお元気ですか.
Wie geht es Ihrem Mann?
ヴィー ゲート エス イーレム マン
How's your husband?

● 息子さんはお元気ですか.
Wie geht es Ihrem Sohn?
ヴィー ゲート エス イーレム ゾーン
How's your son?

日常会話

●娘さんはお元気ですか.
Wie geht es Ihrer Tochter?
ヴィー ゲート エス イーラー トホター
How's your daughter?

●ご両親はお元気ですか.
Wie geht es Ihren Eltern?
ヴィー ゲート エス イーレン エルターン
How are your parents?

●マイヤーさんはお元気ですか.
Wie geht es Herrn Mayer?
ヴィー ゲート エス ヘルン マイヤー
How is Mr. Mayer?
Wie geht es Frau Mayer?
ヴィー ゲート エス フラオ マイヤー
How is Mrs. Mayer? / How is Ms. Mayer?

●彼は元気です.
Ihm geht es gut.
イーム ゲート エス グート
He is fine.

●彼女は元気です.
Ihr geht es gut.
イーア ゲート エス グート
She is fine.

●それは何よりです.
Das ist schön zu hören.
ダス イスト シェーン ツー ヘーレン
I'm glad to hear that.

初対面・再会のときのあいさつ —はじめまして—

●はじめまして.
Sehr angenehm! / Freut mich, Sie kennen zu lernen.
ゼーア アンゲネーム / フロイト ミヒ ズィー ケネン ツー レルネン
How do you do? / Nice to meet you.

●お目にかかれてうれしいです.
Freut mich, Sie kennen zu lernen.
フロイト ミヒ ズィー ケネン ツー レルネン
Nice to meet you.

857

● フィッシャーさんではありませんか.
Sind Sie nicht Herr Fischer?
ズィント ズィー ニヒト ヘル フィシャー
Are you Mr. Fischer? / Aren't you Mr. Fischer?

● 私を覚えていらっしゃいますか.
Erinnern Sie sich an mich?
エアイナーン ズィー ズィヒ アン ミヒ
Do you remember me?

● お久しぶりです.
Wir haben uns ja lange nicht gesehen.
ヴィーア ハーベン ウンス ヤー ランゲ ニヒト ゲゼーエン
It's been a long time.

● ようこそドイツへ.
Willkommen in Deutschland.
ヴィルコメン イン ドイチュラント
Welcome to Germany.

● 疲れていませんか.
Sind Sie noch fit?
ズィント ズィー ノッホ フィット
Are you tired? / Aren't you tired?

● ええ, 大丈夫です.
Nein, mir geht's gut.
ナイン ミーア ゲーツ グート
Yes, I'm fine.

● ちょっと疲れました.
Ja, ich bin ein bisschen kaputt. / Ja, ich bin ein bisschen erschöpft.
ヤー イヒ ビン アイン ビスヒェン カプット / ヤー イヒ ビン アイン ビスヒェン エ
アシェプフト
I'm a little tired.

● 時差ぼけかもしれません.
Vielleicht habe ich einen Jetlag.
フィライヒト ハーベ イヒ アイネン ジェットラグ
It might be jet lag.

●ぐっすり眠れましたか.
Haben Sie gut geschlafen?
ハーベン ズィー グート ゲシュラーフェン
Did you sleep well?

●熟睡しました.
Ich habe sehr gut geschlafen.
イヒ ハーベ ゼーア グート ゲシュラーフェン
I slept well. / I slept like a log.

招待・訪問のあいさつ —すてきなお家ですね—

●うちにいらしてください.
Kommen Sie bitte mal zu uns.
コメン ズィー ビッテ マール ツー ウンス
Come over to my place.

●ぜひうかがいます.
Ich komme sehr gern.
イヒ コメ ゼーア ゲルン
I'm definitely going.

●お招きいただきありがとうございます.
Vielen Dank für die Einladung.
フィーレン ダンク フューア ディー アインラードゥング
Thank you very much for inviting me.

●すてきなお家ですね.
Was für ein schönes Haus!
ヴァス フューア アイン シェーネス ハオス
What a wonderful house!

●これをどうぞ.
Das ist für Sie.
ダス イスト フューア ズィー
Please accept this gift.

●日本のおみやげです.
Das ist aus Japan.
ダス イスト アオス ヤーパン
It's a Japanese gift.

別れのあいさつ —さようなら—

● **もう行かなくては.**
Ich muss jetzt gehen.
イヒ ムス イェッツト ゲーエン
I should be going now.

● **さようなら.**
Auf Wiedersehen!
アオフ ヴィーダーゼーエン
Good-bye. / See you.

● **バイバイ.**
Tschüs!
チュース
Bye. / Bye-bye.

● **また近いうちに.**
Bis bald!
ビス バルト
See you soon.

● **じゃあまたあとで.**
Bis später!
ビス シュペーター
See you later.

● **また明日.**
Bis morgen!
ビス モルゲン
See you tomorrow.

● **よい休暇を.**
Schönen Urlaub!
シェーネン ウーアラオプ
Have a good vacation.

● **どうぞ, 楽しい旅を！**
Gute Reise!
グーテ ライゼ
Have a nice trip!

●気をつけてね！
Mach's gut! / Alles Gute!
マハス グート / アレス グーテ
Take care!

●あなたもね！
Danke gleichfalls!
ダンケ グライヒファルス
You too! / The same to you!

●またいつかお会いしたいですね.
Ich hoffe, dass wir uns irgendwann wiedersehen.
イヒ ホッフェ ダス ヴィーア ウンス イルゲントヴァン ヴィーダーゼーエン
I hope to see you again sometime.

●今後も連絡を取り合いましょう.
Bleiben wir in Kontakt.
ブライベン ヴィーア イン コンタクト
Let's keep in touch.

●ご主人によろしくお伝えください.
Schöne Grüße an Ihren Mann.
シェーネ グリューセ アン イーレン マン
My regards to your husband.

食事

食事に誘う —食事に行きませんか？—

●お腹がすきました.
Ich habe Hunger.
イヒ ハーベ フンガー
I'm hungry.

●のどが渇きました.
Ich habe Durst.
イヒ ハーベ ドゥルスト
I'm thirsty.

●喫茶店で休みましょう.
Wollen wir mal im Café Pause machen?
ヴォレン ヴィーア マール イム カフェー パオゼ マッヘン
Let's rest at a coffee shop.

861

●お昼は何を食べましょうか.
Was wollen wir zu Mittag essen?
ヴァス ヴォレン ヴィーア ツー ミッターク エッセン
What shall we eat for lunch?

●食事に行きませんか.
Gehen wir zusammen essen?
ゲーエン ヴィーア ツザメン エッセン
Shall we go and eat together?

●中華料理はどうですか.
Wie wäre es mit chinesischem Essen?
ヴィー ヴェーレ エス ミット ヒネーズィシェム エッセン
How about Chinese food?

●何か食べたいものはありますか.
Wollen Sie was Bestimmtes essen?
ヴォレン ズィー ヴァス ベシュティムテス エッセン
Is there anything you'd like to eat?

●嫌いなものはありますか.
Gibt es etwas, was Sie nicht essen?
ギープト エス エトヴァス ヴァス ズィー ニヒト エッセン
Is there anything you don't like to eat?

●なんでもだいじょうぶです.
Ich esse alles.
イヒ エッセ アレス
Anything's OK.

●あまり辛いものは苦手です.
Zu scharfes Essen mag ich nicht.
ツー シャルフェス エッセン マーク イヒ ニヒト
I can't eat anything too spicy.

●いいレストランを教えてくれませんか.
Können Sie mir bitte ein gutes Restaurant empfehlen?
ケネン ズィー ミーア ビッテ アイン グーテス レストラーン エンプフェーレン
Could you recommend a good restaurant?

日常会話

●この店はおいしくて値段も手ごろです.

Das Essen in diesem Restaurant ist gut und preisgünstig.

ダス エッセン イン ディーゼム レストラーン イスト グート ウント プライスギュンス
ティヒ

The food in this restaurant is good and the prices aren't bad.

●ごちそうしますよ.

Ich lade Sie ein.

イヒ ラーデ ズィー アイン

I'll treat you.

レストランに入るときの表現 —どのくらい待ちますか?—

●6時から3名で予約をお願いします.

Ich möchte einen Tisch für drei Personen um sechs Uhr reservieren lassen.

イヒ メヒテ アイネン ティッシュ フューア ドライ ペルゾーネン ウム ゼクス ウーア
レゼルヴィーレン ラッセン

I'd like to make a reservation for three people at six o'clock.

●どのくらい待ちますか.

Wie lange müssen wir warten?

ヴィー ランゲ ミュッセン ヴィーア ヴァルテン

How long will we have to wait?

●ここにお名前を書いてください.

Bitte schreiben Sie hier Ihren Namen hin.

ビッテ シュライベン ズィー ヒーア イーレン ナーメン ヒン

Please put your name down here.

●(ボーイが客に)テラス席でよろしいですか.

Ist Ihnen der Platz auf der Terrasse recht?

イスト イーネン デア プラッツ アオフ デア テラッセ レヒト

Will the terrace seat be all right for you?

●7時に予約をしました.

Ich habe für sieben Uhr reservieren lassen.

イヒ ハーベ フューア ズィーベン ウーア レゼルヴィーレン ラッセン

I have a reservation for seven o'clock.

●2人です.

Für zwei Personen.

フューア ツヴァイ ペルゾーネン

Do you have a table for two?

863

● 喫煙席がよろしいですか.
Möchten Sie einen Tisch für Raucher?
メヒテン ズィー アイネン **ティ**ッシュ フューア **ラ**オハー
Would you prefer a smoking table?

● たばこをお吸いになりますか.
Rauchen Sie?
ラオヘン ズィー
Would you like to smoke?

● 禁煙席をお願いします.
Für Nichtraucher, bitte.
フューア ニヒトラオハー **ビ**ッテ
Nonsmoking please.

● どこでたばこが吸えますか.
Wo darf ich rauchen?
ヴォー **ダ**ルフ イヒ **ラ**オヘン
Where can I smoke?

● こちらへどうぞ.
Bitte, hierher.
ビッテ **ヒ**ーアヘーア
Right this way please.

● この席はあいていますか.
Ist dieser Platz frei?
イスト **ディ**ーザー プラッツ フ**ラ**イ
Is this seat taken?

注文する ―本日のスープは何ですか?―

● メニューを見せてください.
Kann ich die Speisekarte haben?
カン イヒ ディー シュパイゼカルテ **ハ**ーベン
Could I have a menu, please?

● ご注文をどうぞ.
Was möchten Sie bestellen?
ヴァス メヒテン ズィー ベシュ**テ**レン
May I take your order?

日常会話

●お勧めはなんですか.
Was empfehlen Sie?
ヴァス　エンプフェーレン　ズィー
What do you recommend?

●この店の自慢料理は何ですか.
Was ist die Spezialität des Hauses?
ヴァス　イスト　ディー　シュペツィアリテート　デス　ハオゼス
What's your specialty?

●本日のスープは何ですか.
Was ist die Tagessuppe heute?
ヴァス　イスト　ディー　ターゲスズッペ　ホイテ
What's the soup of the day?

●ハム・ソーセージの盛り合わせをください.
Ich hätte gern eine Schinken-Wurst-Platte.
イヒ　ヘッテ　ゲルン　アイネ　シンケンヴルストプラッテ
I'd like a ham and sausage plate, please.

●魚にします.
Ich nehme den Fisch.
イヒ　ネーメ　デン　フィッシュ
I'd like the fish.

●ステーキの焼き具合はどのようにしましょうか.
Wie möchten Sie Ihr Steak?
ヴィー　メヒテン　ズィー　イーア　ステーク
How would you like your steak?

●ミディアムにしてください.
Medium, bitte.
ミーディエム　ビッテ
Medium, please.

●レアにしてください.
Englisch, bitte.
エングリシュ　ビッテ
Rare, please.

●ウェルダンにしてください.
Durchgebraten, bitte.
ドゥルヒゲブラーテン　ビッテ
Well-done, please.

●ミックスサラダもください.
Ich hätte gern auch einen gemischten Salat.
イヒ ヘッテ ゲルン アオホ アイネン ゲミッシュテン ザラート
I'd like a mixed salad too, please.

食事の途中で —小皿を持ってきてください—

●小皿を持ってきてください.
Bringen Sie mir bitte noch einen kleinen Teller.
ブリンゲン ズィー ミーア ビッテ ノッホ アイネン クライネン テラー
Please bring a small plate.

●お水をいただけますか.
Kann ich bitte ein Glas Wasser haben?
カン イヒ ビッテ アイン グラース ヴァッサー ハーベン
I'd like a glass of water.

●ナイフをいただけますか.
Kann ich bitte ein Messer haben?
カン イヒ ビッテ アイン メッサー ハーベン
Give me a knife.

レストランでの苦情 —頼んだものがまだ来ません—

●これは注文していません.
Ich glaube, das habe ich nicht bestellt.
イヒ グラオベ ダス ハーベ イヒ ニヒト ベシュテルト
I didn't order this.

●私が頼んだのは子牛のフィレです.
Ich habe Kalbsfilet bestellt.
イヒ ハーベ カルプスフィレー ベシュテルト
I ordered the veal fillet.

●頼んだものがまだ来ません.
Ich habe meine Bestellung noch nicht bekommen.
イヒ ハーベ マイネ ベシュテルング ノッホ ニヒト ベコメン
My order hasn't arrived yet.

●確認してまいります.
Ich möchte nochmals nachfragen.
イヒ メヒテ ノッホマールス ナーハフラーゲン
I'll go check.

●申し訳ございません.
Es tut mir Leid.
エス トゥート ミーア ライト
I'm very sorry.

●もうしばらくお待ちください.
Bitte warten Sie einen Augenblick.
ビッテ ヴァルテン ズィー アイネン アオゲンブリック
Please wait a moment.

お酒を飲む —ワインをグラスでください—

●飲み物は何がいいですか.
Was möchten Sie trinken?
ヴァス メヒテン ズィー トリンケン
What would you like to drink?

●ワインリストはありますか.
Haben Sie eine Weinkarte?
ハーベン ズィー アイネ ヴァインカルテ
Do you have a wine list?

●ワインをグラスでください.
Ich hätte gern ein Glas Wein.
イヒ ヘッテ ゲルン アイン グラース ヴァイン
A glass of wine, please.

●アルコールはだめなんです.
Ich trinke keinen Alkohol.
イヒ トリンケ カイネン アルコホール
I don't drink.

●一口ならいただきます.
Ich trinke heute mal ein Glas.
イヒ トリンケ ホイテ マール アイン グラース
I'll have a sip.

●乾杯！
Prost! / Zum Wohl!
プロースト / ツム ヴォール
Cheers!

867

デザートを注文する ―私はアイスクリームにします―

● デザートには何がありますか.
Was haben Sie als Nachtisch?
ヴァス ハーベン ズィー アルス ナーハティッシュ
What do you have for dessert?

● 私はアイスクリームにします.
Ich hätte gern ein Eis.
イヒ ヘッテ ゲルン アイン アイス
I'd like some ice cream.

● お腹が一杯でデザートは入りません.
Ich bin zu satt für einen Nachtisch.
イヒ ビン ツー ザット フューア アイネン ナーハティッシュ
I'm so full I don't need dessert.

● コーヒーはブラックがいいです.
Ich trinke den Kaffee schwarz.
イヒ トリンケ デン カフェー シュヴァルツ
I'd like my coffee black.

支払いのときの表現 ―お勘定をお願いします―

● 割り勘にしましょう.
Wir teilen die Rechnung.
ヴィーア タイレン ディー レヒヌング
Let's split the bill.

● お勘定をお願いします.
Zahlen, bitte.
ツァーレン ビッテ
Check, please.

● クレジットカードでお願いします.
Mit Kreditkarte, bitte.
ミット クレディートカルテ ビッテ
By credit card, please.

● カードはご使用になれません.
Keine Kreditkarte.
カイネ クレディートカルテ
You can't use a card.

●現金でお願いします.
Ich möchte bar zahlen.
イヒ メヒテ バール ツァーレン
Cash please.

●計算が間違っています.
Die Rechnung stimmt so nicht.
ディー レヒヌング シュティムト ゾー ニヒト
This was added up wrong.

●請求額が高すぎます.
Die Summe ist zu hoch.
ディー ズメ イスト ツー ホーホ
This bill is too much.

●おつりが足りません.
Das Wechselgeld stimmt so nicht.
ダス ヴェクセルゲルト シュティムト ゾー ニヒト
This is not the correct change.

● 100 ユーロ札を渡しました.
Ich habe Ihnen doch einen 100-Euro Schein gegeben.
イヒ ハーベ イーネン ドッホ アイネン フンダート オイロ シャイン ゲゲーベン
I gave you a 100 euro bill.

ファストフードを注文するときの表現 ─ここで食べます─

●テイクアウトでハンバーガー 2 個をお願いします.
Bitte zwei Hamburger zum Mitnehmen.
ビッテ ツヴァイ ハンブルガー ツム ミットネーメン
Two hamburgers to go, please.

●マスタード抜きにしてください.
Ohne Senf, bitte.
オーネ ゼンフ ビッテ
Hold the mustard, please.

●ホットドッグとオレンジジュースをください.
Ein Hotdog und einen Orangensaft, bitte.
アイン ホットドッグ ウント アイネン オランジェンザフト ビッテ
A hot dog and an orange juice, please.

●スモールをお願いします.
Klein, bitte.
クライン ビッテ
A small, please.

●ミディアムをお願いします.
Mittel, bitte.
ミッテル　ビッテ
A medium, please.

●ラージをお願いします.
Groß, bitte.
グロース　ビッテ
A large, please.

●氷は入れないでください.
Ohne Eiswürfel, bitte.
オーネ　アイスヴュルフェル　ビッテ
No ice, please.

●ここで食べます.
Ich esse hier.
イヒ　エッセ　ヒーア
I'll eat it here.

●持ち帰ります.
Zum Mitnehmen, bitte.
ツム　ミットネーメン　ビッテ
I'd like this to go.

食事の途中の会話 —どうやって食べるんですか？—

●冷めないうちに召し上がれ.
Essen Sie doch, bevor es kalt wird.
エッセン　ズィー　ドッホ　ベフォーア　エス　カルト　ヴィルト
Eat it before it gets cold.

●たくさん召し上がってください.
Greifen Sie doch zu!
グライフェン　ズィー　ドッホ　ツー
Please have as much as you'd like.

●お口に合えばいいのですが.
Ich hoffe, dass es Ihnen schmeckt.
イヒ　ホッフェ　ダス　エス　イーネン　シュメックト
I don't know whether you'll like it, but...

● すごいごちそうですね.
Oh, was für ein Festessen.
オー ヴァス フューア アイン フェストエッセン
Wow, what a treat!

● わあ. いい香り.
Oh, das riecht gut.
オー ダス リーヒト グート
Wow. Nice smell.

● おいしいです！
Lecker!
レッカー
Delicious!

● これ, 大好物なんです.
Das ist mein Lieblingsgericht.
ダス イスト マイン リープリングスゲリヒト
This is my favorite.

● サラダを自分でお取りください.
Nehmen Sie sich doch von dem Salat.
ネーメン ズィー ズィヒ ドッホ フォン デム ザラート
Help yourself to the salad.

● スープの味はいかがですか.
Wie schmeckt Ihnen die Suppe?
ヴィー シュメックト イーネン ディー ズッペ
What do you think of the soup?

● これは何ですか.
Was ist das?
ヴァス イスト ダス
What is this?

● どうやって食べるんですか.
Wie isst man das denn?
ヴィー イスト マン ダス デン
How do you eat this?

● 手で持ってもいいんですか.
Kann ich das mit der Hand essen?
カン イヒ ダス ミット デア ハント エッセン
Can I hold it in my hand?

871

●こうやって食べるんです.
Schauen Sie mal! Sie essen das so.
シャオエン ズィー マール ズィー **エ**ッセン ダス ゾー
You eat it like this.

●これも食べられますか.
Kann man das auch essen?
カン マン ダス ア**オ**ホ **エ**ッセン
Can you eat this too?

●それは飾りです.
Das ist nur Dekoration.
ダス イスト **ヌ**ーア デコラツィ**オ**ーン
That's a decoration.

●それは食べられません.
Das hier können Sie nicht essen.
ダス **ヒ**ーア **ケ**ネン ズィー **ニ**ヒト **エ**ッセン
We don't eat that.

●フォアグラを食べるのは初めてです.
Ich esse zum ersten Mal Gänseleber.
イヒ **エ**ッセ ツム **エ**ーアステン マール **ゲ**ンゼレーバー
This is my first time eating foie gras.

●ごめんなさい, これはちょっと食べられません.
Es tut mir Leid, aber das esse ich nicht.
エス **トゥ**ート ミーア **ラ**イト **ア**ーバー ダス **エ**ッセ イヒ **ニ**ヒト
I'm sorry, but I can't eat this.

●アレルギーが出るんです.
Ich habe eine Allergie.
イヒ **ハ**ーベ **ア**イネ アレル**ギ**ー
I'll have an allergic reaction.

●おかわりをどうぞ.
Wie wäre es mit einer zweiten Portion?
ヴィー **ヴェ**ーレ エス ミット **ア**イナー ツ**ヴァ**イテン ポルツィ**オ**ーン
How about another helping? / How about another refill?

●もう十分いただきました.
Ich habe genug gegessen, danke.
イヒ **ハ**ーベ ゲ**ヌ**ーク ゲ**ゲ**ッセン **ダ**ンケ
I've already had enough.

● お腹が一杯です.
Ich bin vollkommen satt.
イヒ　ビン　フォルコメン　ザット
I'm full.

● たいへんおいしかったです, ごちそうさま.
Es hat mir sehr gut geschmeckt, vielen Dank.
エス　ハット　ミーア　ゼーア　グート　ゲシュメックト　フィーレン　ダンク
The meal was delicious, thank you.

● 気に入ってもらえてうれしいです.
Ich freue mich sehr, dass es Ihnen so gut geschmeckt hat.
イヒ　フロイエ　ミヒ　ゼーア　ダス　エス　イーネン　ゾー　グート　ゲシュメックト　ハット
I'm glad you liked it.

買い物

売り場を探す　—安い靴を探しています—

● いらっしゃいませ.
Kann ich Ihnen helfen?
カン　イヒ　イーネン　ヘルフェン
May I help you?

● ちょっと見ているだけです.
Ich schaue nur, danke.
イヒ　シャオエ　ヌーア　ダンケ
I'm just looking, thank you.

● ネクタイはありますか.
Haben Sie Krawatten?
ハーベン　ズィー　クラヴァッテン
Do you have some ties?

● 文房具はどこで売っていますか.
Wo finde ich Schreibwaren?
ヴォー　フィンデ　イヒ　シュライプヴァーレン
Where do you sell stationery?

● ジーンズを探しています.
Ich suche Jeans.
イヒ　ズーヘ　ジーンズ
I am looking for jeans.

●安い靴を探しています.
Ich suche preisgünstige Schuhe.
イヒ ズーヘ プライスギュンスティゲ シューエ
I'm looking for some cheap shoes.

●婦人服売り場はどこですか.
Wo ist die Damenabteilung?
ヴォー イスト ディー ダーメンアプタイルング
Where can I find women's clothes?

●紳士服売場は何階ですか.
In welchem Stock ist die Herrenabteilung?
イン ヴェルヒェム シュトック イスト ディー ヘレンアプタイルング
What floor is men's clothes on?

●こちらにございます.
Hier, bitte.
ヒーア ビッテ
It's over here.

●子供服売場の奥にございます.
Hinter der Kinderabteilung.
ヒンター デア キンダーアプタイルング
It's in the back of the Children's section.

●３階にあります.
Im zweiten Stock.
イム ツヴァイテン シュトック
That's on the 3rd floor.

●地下２階にあります.
Im zweiten Untergeschoss.
イム ツヴァイテン ウンターゲショス
That's on the 2nd floor below.

●エレベーターで５階に行ってください.
Bitte fahren Sie mit dem Aufzug bis zum vierten Stock.
ビッテ ファーレン ズィー ミット デム アオフツーク ビス ツム フィーアテン シュトック
Please take the elevator to the 5th floor.

● あちらの階段で上がってください.
Nehmen Sie die Treppe dort nach oben.
ネーメン ズィー ディー トレッペ ドルト ナーハ **オーベン**
Please go up using the stairway over there.

● あちらの階段で下りてください.
Nehmen Sie die Treppe dort nach unten.
ネーメン ズィー ディー トレッペ ドルト ナーハ **ウンテン**
Please go down using the stairway over there.

● 申し訳ございません, こちらでは扱っておりません.
Tut mir Leid, aber das haben wir hier nicht.
トゥート ミーア ライト アーバー ダス ハーベン ヴィーア ヒーア **ニヒト**
I'm sorry, we don't have those here.

品物を見せてもらう・品物について聞く
—色違いのものはありますか？—

● 手に取ってもいいですか.
Darf ich das anfassen?
ダルフ イヒ ダス **アンファッセン**
May I touch this?

● あれを見せてくださいますか.
Darf ich das bitte sehen?
ダルフ イヒ ダス ビッテ **ゼーエン**
Could you show me that one, please?

● このイヤリングを見せてください.
Kann ich bitte diese Ohrringe sehen?
カン イヒ ビッテ ディーゼ **オーアリンゲ** ゼーエン
Please show me these earrings.

● 右端のものを見せてください.
Darf ich das da ganz rechts sehen?
ダルフ イヒ ダス ダー ガンツ レヒツ **ゼーエン**
Show me the one at the right end.

● 左から3つ目のものを見せてください.
Können Sie mir bitte das dritte von links zeigen?
ケネン ズィー ミーア ビッテ ダス ドリッテ フォン リンクス **ツァイゲン**
Please show me the third one from the left.

●その赤いのを見せてください
Können Sie mir bitte das rote zeigen?
ケネン ズィー ミーア ビッテ ダス ローテ ツァイゲン
Could you show me the red one, please?

●ほかのを見せてくださいますか.
Können Sie mir bitte etwas anderes zeigen?
ケネン ズィー ミーア ビッテ エトヴァス アンデレス ツァイゲン
Could you show me another one, please?

●素材はなんですか.
Was für ein Stoff ist das?
ヴァス フューア アイン シュトフ イスト ダス
What kind of fabric is this?

●サイズはいくつですか.
Welche Größe haben Sie?
ヴェルヒェ グレーセ ハーベン ズィー
What size do you take? / What size do you want?

●サイズは 38 です.
Ich habe Größe 38.
イヒ ハーベ グレーセ アハトウントドライスィヒ
I would like size 38.

●サイズがわかりません.
Ich weiß meine Größe nicht.
イヒ ヴァイス マイネ グレーセ ニヒト
I don't know my size.

●大きすぎます.
Das ist zu groß.
ダス イスト ツー グロース
This is too large.

●小さすぎます.
Das ist zu klein.
ダス イスト ツー クライン
This is too small.

●長すぎます.
Das ist zu lang.
ダス イスト ツー ラング
This is too long.

●短かすぎます.
Das ist zu kurz.
ダス イスト ツー クルツ
This is too short.

●ちょうどいいです.
Das ist genau meine Größe.
ダス イスト ゲナオ マイネ グレーセ
This is my size.

●違うデザインはありますか.
Haben Sie ein anderes Design?
ハーベン ズィー アイン アンデレス ディザイン
Do you have another style?

●これより上のサイズはありますか.
Haben Sie noch etwas Größeres?
ハーベン ズィー ノッホ エトヴァス グレーセレス
Do you have this in a larger size?

●これより下のサイズはありますか.
Haben Sie noch etwas Kleineres?
ハーベン ズィー ノッホ エトヴァス クライネレス
Do you have this in a smaller size?

●色違いのものはありますか.
Haben Sie eine andere Farbe?
ハーベン ズィー アイネ アンデレ ファルベ
Do you have another color?

●これで黒のものはありますか.
Haben Sie das in Schwarz?
ハーベン ズィー ダス イン シュヴァルツ
Do you have a black one like this?

試着する —試着してもいいですか？—

●試着してもいいですか.
Darf ich das anprobieren?
ダルフ イヒ ダス アンプロビーレン
Can I try this on?

877

● 鏡はありますか.
Haben Sie einen Spiegel?
ハーベン ズィー アイネン シュピーゲル
Is there a mirror?

● ぴったりです.
Das passt mir genau.
ダス パスト ミーア ゲナオ
It fits me perfectly!

● ちょっときついです.
Es ist ein bisschen eng.
エス イスト アイン ビスヒェン エング
It's a bit tight.

● ちょっとゆるいです.
Es ist ein bisschen locker.
エス イスト アイン ビスヒェン ロッカー
It's a bit loose.

● 似合うかしら.
Steht mir das gut?
シュテート ミーア ダス グート
I wonder if this will look good.

● 私には似合わないみたい.
Ich glaube, das steht mir nicht.
イヒ グラオベ ダス シュテート ミーア ニヒト
I don't think this looks good on me.

● お似合いですよ.
Das steht Ihnen sehr gut. / Sie sehen sehr gut aus.
ダス シュテート イーネン ゼーア グート / ズィー ゼーエン ゼーア グート アオス
It suits you. / It looks good on you.

● こちらのほうがお似合いです.
Das steht Ihnen besser.
ダス シュテート イーネン ベッサー
This one looks better on you.

品物を買う —全部でいくらですか？—

● これをください.
Das nehme ich.
ダス ネーメ イヒ
I'll take this, please.

● これを３つください.
Ich nehme drei davon.
イヒ ネーメ ドライ ダフォン
I'll take three of these.

● いくらですか.
Was kostet das?
ヴァス コステット ダス
How much?

● 全部でいくらですか.
Wie viel kostet das insgesamt?
ヴィー フィール コステット ダス インスゲザムト
How much is it all together?

● いくらから免税になりますか.
Ab welchem Betrag kann ich das steuerfrei bekommen?
アップ ヴェルヒェム ベトラーク カン イヒ ダス シュトイアーフライ ベコメン
How much should I purchase to get tax exempted?

● 気に入りましたが値段がちょっと高すぎます.
Das gefällt mir, aber es ist mir zu teuer.
ダス ゲフェルト ミーア アーバー エス イスト ミーア ツー トイアー
I like it, but the price is a bit too high.

● まけてもらえますか.
Können Sie mir Rabatt geben?
ケネン ズィー ミーア ラバット ゲーベン
Can you give me a discount?

● トラベラーズチェックは使えますか.
Kann ich mit Reisescheck bezahlen?
カン イヒ ミット ライゼシェック ベツァーレン
Can I use a traveler's check?

●現金でお支払いします.
Ich bezahle in bar.
イヒ ベツァーレ イン バール
I'll pay in cash.

●カードでお支払いします.
Ich bezahle mit Karte.
イヒ ベツァーレ ミット カルテ
I'll pay by card.

●別々に包んでいただけますか.
Könnten Sie das bitte separat einpacken?
ケンテン ズィー ダス ビッテ ゼパラート アインパッケン
Will you wrap them separately?

●日本に送ってもらえますか.
Können Sie mir das nach Japan schicken?
ケネン ズィー ミーア ダス ナーハ ヤーパン シッケン
Will you send this to Japan?

●どのくらい日数がかかりますか.
Wie viele Tage dauert das?
ヴィー フィーレ ターゲ ダオアート ダス
How many days will it take?

●計算が間違っています.
Die Rechnung stimmt so nicht.
ディー レヒヌング シュティムト ゾー ニヒト
This was added up wrong.

●おつりが足りません.
Das Wechselgeld stimmt so nicht.
ダス ヴェクセルゲルト シュティムト ゾー ニヒト
This is not the correct change.

● 100 ユーロ札を渡しました.
Ich habe Ihnen einen 100-Euro Schein gegeben.
イヒ ハーベ イーネン アイネン フンダート オイロ シャイン ゲゲーベン
I gave you a 100 euro bill.

●話が違います.

Das stimmt ja gar nicht, was Sie vorher gesagt haben.

ダス シュティムト ヤー ガール ニヒト **ヴァス** ズィー フォーアヘーア ゲザークト ハーベン

That's not what you said.

●これを別のと取り替えてほしいのですが.

Ich möchte das gegen etwas anderes umtauschen.

イヒ **メ**ヒテ ダス **ゲ**ーゲン **エ**トヴァス **ア**ンデレス **ウ**ムタオシェン

I would like to have it exchanged for another one.

●これがレシートです.

Hier ist die Quittung.

ヒーア イスト ディー ク**ヴィ**ットゥング

Here is the receipt.

トラブル・緊急事態

困ったときの表現 —警察はどこですか？—

●ちょっと困っています.

Ich habe ein Problem.

イヒ ハーベ アイン プロ**ブ**レーム

I've got a problem.

●警察はどこですか.

Wo ist die Polizei?

ヴォー イスト ディー ポリ**ツァ**イ

Where is the police station?

●道に迷いました.

Ich habe mich verlaufen.

イヒ ハーベ ミヒ フェア**ラ**オフェン

I think I got lost.

紛失・盗難のときの表現 —パスポートをなくしました—

●パスポートをなくしました.

Ich habe meinen Pass verloren.

イヒ ハーベ マイネン **パ**ス フェア**ロ**ーレン

I've lost my passport.

881

日常会話

● 電車の中にかばんを忘れました.
Ich habe meine Tasche im Zug vergessen.
イヒ ハーベ マイネ **タ**ッシェ イム **ツ**ーク フェア**ゲ**ッセン
I left my bag in the train.

● ここに上着を忘れたようです.
Ich glaube, ich habe meine Jacke hier liegen lassen.
イヒ グ**ラ**オベ イヒ ハーベ マイネ **ヤ**ッケ **ヒ**ーア **リ**ーゲン **ラ**ッセン
I might have left my jacket here.

● ここにはありませんでした.
Hier gab es so etwas nicht.
ヒーア ガープ エス ゾー **エ**トヴァス **ニ**ヒト
It's not here.

● 見つかったらホテルに電話をください.
Bitte rufen Sie das Hotel an, wenn Sie das finden.
ビッテ **ル**ーフェン **ズ**ィー ダス **ホ**テル **ア**ン **ヴェ**ン **ズ**ィー ダス **フィ**ンデン
Please call the hotel if you find it.

● 何を盗まれましたか.
Was wurde gestohlen?
ヴァス **ヴ**ルデ ゲシュ**ト**ーレン
What was stolen?

● 財布をすられました.
Mein Portemonnaie wurde gestohlen.
マイン ポルトモ**ネ**ー **ヴ**ルデ ゲシュ**ト**ーレン
My wallet has been stolen. / My wallet was stolen.

● 目撃者はいますか.
Gibt es Augenzeugen?
ギープト エス **ア**オゲンツォイゲン
Were there any witnesses?

● あの人が見ていました.
Dieser Mann hat es gesehen. / Diese Frau hat es gesehen.
ディーザー マン ハット エス ゲ**ゼ**ーエン / **ディ**ーゼ フ**ラ**オ ハット エス ゲ**ゼ**ーエン
That person saw it happen.

● 若い男でした.
Es war ein junger Mann.
エス **ヴ**ァール アイン **ユ**ンガー マン
It was a young man.

●あちらに走って行きました.
Er ist dahin gelaufen.
エア　イスト　ダヒン　ゲラオフェン
He ran that way.

●かばんを盗まれました.
Mir wurde die Tasche gestohlen.
ミーア　ヴルデ　ディー　タッシェ　ゲシュトーレン
Someone has stolen my bag.

●かばんの特徴を教えてください.
Wie sieht Ihre Tasche aus?
ヴィー　ズィート　イーレ　タッシェ　アオス
What does your bag look like?

●このくらいの大きさの黒い肩掛けかばんです.
Es ist eine schwarze Umhängetasche etwa so groß.
エス　イスト　アイネ　シュヴァルツェ　ウムヘンゲタッシェ　エトヴァ　ゾー　グロース
It's a black shoulder bag about this size.

●これを通りで拾いました.
Ich habe das auf der Straße gefunden.
イヒ　ハーベ　ダス　アオフ　デア　シュトラーセ　ゲフンデン
I found this on the street.

子供が迷子になったときの表現 —息子がいなくなりました—

●息子がいなくなりました.
Mein Sohn ist verschwunden.
マイン　ゾーン　イスト　フェアシュヴンデン
I can't find my son.

●彼を探してください.
Bitte suchen Sie ihn.
ビッテ　ズーヘン　ズィー　イーン
Please look for him.

●息子は 5 歳です.
Mein Sohn ist fünf Jahre alt.
マイン　ゾーン　イスト　フンフ　ヤーレ　アルト
My son is five years old.

●名前は太郎です．
Er heißt Taro.
エア　ハイスト　タロウ
His name is Taro.

●白いTシャツとジーンズを着ています．
Er trägt ein weißes T-Shirt und Jeans.
エア　トレークト　アイン　ヴァイセス　ティーシャート　ウント　ジーンズ
He's wearing a white T-shirt and jeans.

●Tシャツには飛行機の絵がついています．
Auf das T-Shirt ist ein Flugzeug gedruckt.
アオフ　ダス　ティーシャート　イスト　アイン　フルークツォイク　ゲドルックト
There's a picture of an airplane on his T-shirt.

●これが彼の写真です．
Das ist ein Foto von ihm.
ダス　イスト　アイン　フォト　フォン　イーム
This is his picture.

●これが彼女の写真です．
Das ist ein Foto von ihr.
ダス　イスト　アイン　フォト　フォン　イーア
This is her picture.

助けを求める　—助けて！—

●助けて！
Hilfe!
ヒルフェ
Help!

●火事だ！
Feuer!
フォイアー
Fire!

●どろぼう！
Diebstahl!
ディープシュタール
Thief!

● おまわりさん！
Polizei!
ポリ**ツァイ**
Police!

● お医者さんを呼んで！
Rufen Sie einen Arzt!
ルーフェン ズィー アイネン **アー**ルツト
Call a doctor!

● 救急車を！
Rufen Sie einen Krankenwagen!
ルーフェン ズィー アイネン クランケンヴァーゲン
Get an ambulance!

● 交通事故です！
Verkehrsunfall!
フェア**ケー**アスウンファル
There's been an accident!

● こっちに来てください.
Bitte kommen Sie hierher.
ビッテ **コ**メン ズィー **ヒー**アヘーア
Please come here.

● けが人がいます.
Es gibt einen Verletzten. / Es gibt eine Verletzte.
エス **ギー**プト アイネン フェア**レッ**ツテン / エス **ギー**プト アイネ フェア**レッ**ツテ
We have an injured person.
（複数）**Es gibt einige Verletzte.**
エス **ギー**プト アイニゲ フェア**レッ**ツテ
We have some injured people.

● 病人がいます.
Es gibt einen Kranken. / Es gibt eine Kranke.
エス **ギー**プト アイネン ク**ラン**ケン / エス **ギー**プト アイネ ク**ラン**ケ
We have a sick person.
（複数）**Es gibt einige Kranke.**
エス **ギー**プト アイニゲ ク**ラン**ケ
We have some sick people.

●彼は動けません.
Er kann sich nicht bewegen.
エア カン ズィヒ ニヒト ベヴェーゲン
He can't move.

事件に巻き込まれて ―大使館の人に話をしたいのです―

●私は被害者です.
Ich bin das Opfer.
イヒ ビン ダス オプファー
I'm the victim.

●私は無実です.
Ich bin unschuldig.
イヒ ビン ウンシュルディヒ
I'm innocent.

●何も知りません.
Ich weiß nichts davon.
イヒ ヴァイス ニヒツ ダフォン
I don't know anything.

●日本大使館の人に話をしたいのです.
**Ich möchte mit jemandem in der japanischen Botschaft
sprechen.**
イヒ メヒテ ミット イェーマンデム イン デア ヤパーニシェン ボートシャフト シュプ
レッヒェン
I'd like to talk to someone at the Japanese Embassy.

●日本語の通訳をお願いします.
Ich hätte gerne einen japanischen Dolmetscher.
イヒ ヘッテ ゲルネ アイネン ヤパーニシェン ドルメッチャー
I'd like a Japanese interpreter.

●日本語のできる弁護士をお願いします.
**Ich möchte mit einem Anwalt sprechen, der Japanisch
kann. / Ich möchte mit einer Anwältin sprechen, die
Japanisch kann.**
イヒ メヒテ ミット アイネム アンヴァルト シュプレッヒェン デア ヤパーニシュ カン
／イヒ メヒテ ミット アイナー アンヴェルティン シュプレッヒェン ディー ヤパー
ニシュ カン
I'd like to talk to a lawyer who can speak Japanese.

分野別単語集

味　*das* **Geschmack** / ゲシュマック /

美味しい　**gut** / グート / **lecker** / レッカー / 英 nice, delicious
不味い　**geschmacklos** / ゲシュマックロース / 英 not good
甘い　**süß** / ズュース / 英 sweet
辛い　**scharf** / シャルフ / 英 hot, spicy
苦い　**bitter** / ビッター / 英 bitter
酸っぱい　**sauer** / ザオアー / 英 sour, acid
塩辛い　**salzig** / ザルツィヒ / 英 salty
甘酸っぱい　**süßsauer** / ズュースザオアー / 英 sweet-and-sowr
濃い　**stark** / シュタルク / **dunkel** / ドゥンケル / 英 strong
薄い　**schwach** / シュヴァッハ / **dünn** / デュン / 英 weak
あっさりした　**leicht** / ライヒト / 英 plain, lightly seasoned
しつこい　**schwer** / シュヴェーア / 英 heavy
軽い　**leicht** / ライヒト / 英 light, slight
重い　**schwer** / シュヴェーア / 英 heavy

衣服　*die* **Kleidung** / クライドゥング /

スーツ　*der* **Anzug** / アンツーク / 英 suit
ズボン　*die* **Hose** / ホーゼ / 英 trousers
スカート　*der* **Rock** / ロック / 英 skirt
ワンピース　*das* **Kleid** / クライト / 英 dress, one-piece
シャツ　*das* **Hemd** / ヘムト / 英 shirt
ポロシャツ　*das* **Polohemd** / ポロヘムト / 英 polo shirt
ティーシャツ　*das* **T-Shirt** / ティーシャート / 英 T-shirt
セーター　*der* **Pullover** / プローヴァー / 英 sweater, pullover
タートルネック　*der* **Rollkragen** / ロルクラーゲン / 英 turtleneck
ベスト　*die* **Weste** / ヴェステ / 英 vest
ブラウス　*die* **Bluse** / ブルーゼ / 英 blouse
コート　*der* **Mantel** / マンテル / 英 coat
ジャケット　*die* **Jacke** / ヤッケ / 英 jacket
レインコート　*der* **Regenmantel** / レーゲンマンテル / 英 raincoat
長袖　**langer Ärmel** / ランガー エルメル / 英 long sleeves
半袖　**kurzer Ärmel** / クルツァー エルメル / 英 short sleeves

887

ノースリーブの ^{のーすりーぶの} **ärmellos** / エルメルロース / 英 sleeveless

ベルト ^{べると} der **Gürtel** / ギュルテル / 英 belt

ネクタイ ^{ねくたい} die **Krawatte** / クラヴァッテ / 英 necktie, tie

マフラー ^{まふらー} der **Schal** / シャール / 英 muffler

スカーフ ^{すかーふ} das **Halstuch** / ハルストゥーフ / 英 scarf

手袋 ^{てぶくろ} die **Handschuhe** pl. / ハントシューエ / 英 gloves

靴 ^{くつ} die **Schuhe** pl. / シューエ / 英 shoes

ブーツ ^{ぶーつ} die **Stiefel** pl. / シュティーフェル / 英 boots

靴下 ^{くつした} die **Socken** pl. / ゾッケン / 英 socks, stockings

ジーンズ ^{じーんず} die **Jeans** / ジーンズ / 英 jeans

色 die **Farbe** / ファルベ /

黒 ^{くろ} das **Schwarz** / シュヴァルツ / 英 black

グレー ^{ぐれー} das **Grau** / グラオ / 英 gray

白 ^{しろ} das **Weiß** / ヴァイス / 英 white

ピンク ^{ぴんく} das **Rosa** / ローザ / 英 pink

赤 ^{あか} das **Rot** / ロート / 英 red

オレンジ ^{おれんじ} das **Orange** / オランージェ / 英 orange

黄 ^き das **Gelb** / ゲルプ / 英 yellow

黄緑 ^{きみどり} das **Gelbgrün** / ゲルプグリューン / 英 pea green

緑 ^{みどり} das **Grün** / グリューン / 英 green

青 ^{あお} das **Blau** / ブラオ / 英 blue

紺 ^{こん} das **Dunkelblau** / ドゥンケルブラオ / 英 dark blue

紫 ^{むらさき} das **Lila** / リーラ / das **Violett** / ヴィオレット / 英 purple, violet

茶 ^{ちゃ} das **Braun** / ブラオン / 英 brown

ベージュ ^{べーじゅ} das **Beige** / ベーシュ / 英 beige

金 ^{きん} das **Gold** / ゴルト / 英 golden

銀 ^{ぎん} das **Silber** / ズィルバー / 英 silver

海産物 die **Meeresprodukte** pl. / メーレスプロドゥクテ /

鯛 ^{たい} die **Seebrasse** / ゼーブラッセ / 英 sea bream

鰯 ^{いわし} die **Sardine** / ザルディーネ / 英 sardine

鰺 ^{あじ} die **Stachelmakrele** / シュタッヘルマクレーレ / 英 sorrel

鯖 ^{さば} die **Makrele** / マクレーレ / 英 mackerel

秋刀魚 ^{さんま} der **Makrelenhecht** / マクレーレンヘヒト / 英 saury

鮭 ^{さけ} der **Lachs** / ラクス / 英 salmon

鱒 ^{ます} die **Forelle** / フォレレ / 英 trout

分野別単語集

鮪	*der* **Thunfisch** /トゥーンフィッシュ/	爾 tuna
鰹	*der* **Bonito** /ボニート/	爾 bonito
鰻	*der* **Aal** /アール/	爾 eel
鱸	*der* **Barsch** /バールシュ/	爾 perch
舌平目	*die* **Seezunge** /ゼーツンゲ/	爾 sole
鱈	*der* **Kabeljau** /カーベルヤオ/	爾 codfish
蛸	*der* **Krake** /クラーケ/	爾 octopus
烏賊	*der* **Tintenfisch** /ティンテンフィッシュ/	爾 squid, cuttlefish
海老	*die* **Garnele** /ガルネーレ/	爾 shrimp, prawn
蟹	*die* **Krabbe** /クラッペ/	爾 crab
鮑	*die* **Abalone** /アバローネ/	爾 abalone
牡蠣	*die* **Auster** /アオスター/	爾 oyster
ムール貝	*die* **Miesmuschel** /ミースムッシェル/	爾 moule
蛤	*die* **Venusmuschel** /ヴェーヌスムッシェル/	爾 clam
帆立貝	*die* **Kammmuschel** /カムムッシェル/	爾 scallop
海胆	*der* **Seeigel** /ゼーイーゲル/	爾 sea urchin

家族　*die* **Familie** /ファミーリエ/

父	*der* **Vater** /ファーター/	爾 father
母	*die* **Mutter** /ムッター/	爾 mother
兄・弟	*der* **Bruder** /ブルーダー/	爾 brother
姉・妹	*die* **Schwester** /シュヴェスター/	爾 sister
夫	*der* **Mann** /マン/ *der* **Ehemann** /エーエマン/	爾 husband
妻	*die* **Frau** /フラオ/ *die* **Ehefrau** /エーエフラオ/	爾 wife
夫婦	*das* **Ehepaar** /エーエパール/	爾 married couple
両親	*die* **Eltern** *pl.* /エルターン/	爾 parents
子供	*das* **Kind** /キント/	爾 child
息子	*der* **Sohn** /ゾーン/	爾 son
娘	*die* **Tochter** /トホター/	爾 daughter
祖父	*der* **Großvater** /グロースファーター/	爾 grandfather
祖母	*die* **Großmutter** /グロースムッター/	爾 grandmother
叔父・伯父	*der* **Onkel** /オンケル/	爾 uncle
叔母・伯母	*die* **Tante** /タンテ/	爾 aunt
従兄弟（従姉妹）	*der(die)* **Cousin(e)** /クゼーン(クズィーネ)/	爾 cousin
甥	*der* **Neffe** /ネッフェ/	爾 nephew
姪	*die* **Nichte** /ニヒテ/	爾 niece
孫	*der(die)* **Enkel(in)** /エンケル(-ケリン)/	爾 grandchild
舅	*der* **Schwiegervater** /シュヴィーガーファーター/	爾 father-in-law

889

しゅうとめ
姑 　*die* **Schwiegermutter** /シュヴィーガームッター/ 英 mother-in-law

からだ
体 　*der* **Körper** /ケルパー/ *der* **Leib** /ライプ/

あたま
頭 　*der* **Kopf** /コプフ/ 英 head

かみ
髪 　*das* **Haar** /ハール/ 英 hair

かお
顔 　*das* **Gesicht** /ゲズィヒト/ 英 face, look

め
目 　*das* **Auge** /アオゲ/ 英 eye

みみ
耳 　*das* **Ohr** /オーア/ 英 ear

はな
鼻 　*die* **Nase** /ナーゼ/ 英 nose

くち
口 　*der* **Mund** /ムント/ 英 mouth

は
歯 　*der* **Zahn** /ツァーン/ 英 tooth

くび
首 　*der* **Hals** /ハルス/ 英 neck

かた
肩 　*die* **Schulter** /シュルター/ 英 shoulder

むね
胸 　*die* **Brust** /ブルスト/ 英 breast, chest

はら
腹 　*der* **Bauch** /バオホ/ 英 belly

せ
背 　*der* **Rücken** /リュッケン/ 英 back

うで
腕 　*der* **Arm** /アルム/ 英 arm

ひじ
肘 　*der* **Ellbogen** /エルボーゲン/ 英 elbow

てくび
手首 　*das* **Handgelenk** /ハントゲレンク/ 英 wrist

て
手 　*die* **Hand** /ハント/ 英 hand

てのひら
掌 　*die* **Handfläche** /ハントフレッヒェ/ 英 palm of the hand

こし
腰 　*die* **Hüfte** /ヒュフテ/ 英 waist

また
股 　*der* **Oberschenkel** /オーバーシェンケル/ 英 thigh

ひざ
膝 　*das* **Knie** /クニー/ 英 knee

ふくらはぎ
脹ら脛 　*die* **Wade** /ヴァーデ/ 英 calf

くるぶし
踝 　*der* **Knöchel** /クネッヒェル/ 英 ankle

あし
足 　*der* **Fuß** /フース/ *das* **Bein** /バイン/ 英 foot, leg

のう
脳 　*das* **Gehirn** /ゲヒルン/ 英 brain

ほね
骨 　*der* **Knochen** /クノッヘン/ 英 bone

きんにく
筋肉 　*der* **Muskel** /ムスケル/ 英 muscle

けっかん
血管 　*die* **Blutader** /ブルートアーダー/ 英 blood vessel

しんけい
神経 　*der* **Nerv** /ネルフ/ 英 nerve

きかんし
気管支 　*die* **Bronchien** *pl.* /ブロンヒエン/ 英 bronchus

しょくどう
食道 　*die* **Speiseröhre** /シュパイゼレーレ/ 英 esophagus, gullet

はい
肺 　*die* **Lunge** /ルンゲ/ 英 lungs

しんぞう
心臓 　*das* **Herz** /ヘルツ/ 英 heart

い
胃 　*der* **Magen** /マーゲン/ 英 stomach

だいちょう
大腸 　*der* **Dickdarm** /ディックダルム/ 英 large intestine

分野別単語集

890

小腸 *der* **Dünndarm** /デュンダルム/ 英 small intestine
十二指腸 *der* **Zwölffingerdarm** /ツヴェルフフィンガーダルム/ 英 douenum
盲腸 *der* **Blinddarm** /ブリントダルム/ 英 cecum
肝臓 *die* **Leber** /レーバー/ 英 liver
膵臓 *die* **Bauchspeicheldrüse** /バオホシュパイヒェルドリューゼ/ 英 pancreas
腎臓 *die* **Niere** /ニーレ/ 英 kidney

気象　*das* **Wetter** /ヴェッター/

晴れ・快晴 **schönes Wetter** /シェーネス ヴェッター/ 英 fine weather
曇り *die* **Bewölkung** /ベヴェルクング/ 英 cloudy weather
雨 *der* **Regen** /レーゲン/ 英 rain
にわか雨 *der* **Regenschauer** /レーゲンシャオアー/ 英 rain shower
雪 *der* **Schnee** /シュネー/ 英 snow
霙 *der* **Schneeregen** /シュネーレーゲン/ 英 sleet
霧 *der* **Nebel** /ネーベル/ 英 fog, mist
雷 *der* **Donner** /ドナー/ 英 thunder
雷雨 *das* **Gewitter** /ゲヴィッター/ 英 thunderstorm
台風 *der* **Taifun** /タイフーン/ 英 typhoon
気温 *die* **Temperatur** /テンペラトゥーア/ 英 temperature
湿度 *die* **Feuchtigkeit** /フォイヒティヒカイト/ 英 humidity
風力 *die* **Windstärke** /ヴィントシュテルケ/ 英 wind power
気圧 *der* **Luftdruck** /ルフトドルック/ 英 atmospheric pressure
高気圧 *der* **Hochdruck** /ホーホドルック/ *das* **Hoch** /ホーホ/ 英 high (atmospheric) pressure
低気圧 *der* **Tiefdruck** /ティーフドルック/ *das* **Tief** /ティーフ/ 英 low (atmospheric) pressure
スモッグ *der* **Smog** /スモッグ/ 英 smog
風 *der* **Wind** /ヴィント/ 英 wind, breeze

季節・月　*die* **Jahreszeit** /ヤーレスツァイト/　*der* **Monat** /モーナト/

春 *der* **Frühling** /フリューリング/ 英 spring
夏 *der* **Sommer** /ゾマー/ 英 summer
秋 *der* **Herbst** /ヘルプスト/ 英 autumn, fall
冬 *der* **Winter** /ヴィンター/ 英 winter
一月 *der* **Januar** /ヤヌアール/ 英 January
二月 *der* **Februar** /フェーブルアール/ 英 February
三月 *der* **März** /メルツ/ 英 March

891

四月 _{しがつ}	*der* **April** / アプリル /	美 April

四月 *der* **April** / アプリル / 美 April
五月 *der* **Mai** / マイ / 美 May
六月 *der* **Juni** / ユーニ / 美 June
七月 *der* **Juli** / ユーリ / 美 July
八月 *der* **August** / アオグスト / 美 August
九月 *der* **September** / ゼプテンバー / 美 September
十月 *der* **Oktober** / オクトーバー / 美 October
十一月 *der* **November** / ノヴェンバー / 美 November
十二月 *der* **Dezember** / デツェンバー / 美 December

果物　*das* **Obst** / オープスト / *die* **Frucht** / フルフト /

苺 *die* **Erdbeere** / エーアトベーレ / 美 strawberry
オレンジ *die* **Orange** / オランジュ / 美 orange
蜜柑 *die* **Mandarine** / マンダリーネ / 美 mandarin
グレープフルーツ *die* **Grapefruit** / グレープフルート / 美 grapefruit
レモン *die* **Zitrone** / ツィトローネ / 美 lemon
林檎 *der* **Apfel** / アプフェル / 美 apple
(洋)梨 *die* **Birne** / ビルネ / 美 pear
葡萄 *die* **Weintraube** / ヴァイントラオベ / 美 grapes
杏 *die* **Aprikose** / アプリコーゼ / 美 apricot
桜桃 *die* **Kirsche** / キルシェ / 美 cherry
桃 *der* **Pfirsich** / プフィルズィヒ / 美 peach
プラム *die* **Pflaume** / プフラオメ / *die* **Zwetsche** / ツヴェッチェ / 美 plum
キウイ *die* **Kiwi** / キーヴィ / 美 kiwi
パイナップル *die* **Ananas** / アナナス / 美 pineapple
バナナ *die* **Banane** / バナーネ / 美 banana
パパイヤ *die* **Papaya** / パパーヤ / 美 papaya
マンゴー *die* **Mango** / マンゴ / 美 mango
西瓜 *die* **Wassermelone** / ヴァッサーメローネ / 美 watermelon
メロン *die* **Melone** / メローネ / 美 melon

交通　*der* **Verkehr** / フェアケーア /

電車 **(elektrische) Bahn** / (エレクトリシェ) バーン / 美 electric train
普通列車 *der* **Nahverkehrszug** / ナーフェアケーアスツーク / 美 local train
急行列車 *der* **Schnellzug** / シュネルツーク / 美 express train
始発電車 **erster Zug** / エーアスター ツーク / 美 first train
終電 **letzter Zug** / レッツター ツーク / 美 last train (of the day)

分野別単語集

再開する **wieder auf|nehmen** /ヴィーダー アオフネーメン/ 英 restart, reopen

自由席 **nicht reservierter Platz** /ニヒト レゼルヴィーアター プラッツ/ 英 nonreserved seat

指定席 **reservierter Platz** /レゼルヴィーアター プラッツ/ 英 reserved seat

券売機 **der Fahrkartenautomat** /ファールカルテンアオトマート/ 英 ticket machine

ICカード **die IC-Karte** /イーツェーカルテ/ 英 IC card

チャージする **tanken** /タンケン/ 英 charge

バス **der Bus** /ブス/ 英 bus, coach

高速バス **der Fernbus** /フェルンブス/ 英 highway bus

コンサートホール　**der Konzertsaal** /コンツェルトザール/

バイオリン **die Geige** /ガイゲ/ **die Violine** /ヴィオリーネ/ 英 violin

ビオラ **die Viola** /ヴィオーラ/ **die Bratsche** /ブラーチェ/ 英 viola

チェロ **das Cello** /チェロ/ 英 cello

コントラバス **der Kontrabass** /コントラバス/ 英 double bass

ハープ **die Harfe** /ハルフェ/ 英 harp

オーボエ **die Oboe** /オボーエ/ 英 oboe

クラリネット **die Klarinette** /クラリネッテ/ 英 clarinet

フルート **die Querflöte** /クヴェーアフレーテ/ 英 flute

リコーダー **die Blockflöte** /ブロックフレーテ/ 英 recorder

ピッコロ **die Piccoloflöte** /ピッコロフレーテ/ 英 piccolo

ファゴット **das Fagott** /ファゴット/ 英 bassoon

トランペット **die Trompete** /トロンペーテ/ 英 trumpet

トロンボーン **die Posaune** /ポザオネ/ 英 trombone

チューバ **die Tuba** /トゥーバ/ 英 tuba

ホルン **das Horn** /ホルン/ 英 horn

小太鼓 **kleine Trommel** /クライネ トロメル/ 英 snare drum

大太鼓 **die Basstrommel** /バストロメル/ 英 bass drum

ティンパニー **die Pauken** pl. /パオケン/ 英 timpani

シンバル **das Becken** /ベッケン/ 英 cymbal

トライアングル **der(das) Triangel** /トリーアンゲル/ 英 triangle

カスタネット **die Kastagnetten** pl. /カスタニェッテン/ 英 castanets

木琴 **das Xylofon** /クスュロフォーン/ 英 xylophone

(グランド)ピアノ **der Flügel** /フリューゲル/ 英 (grand) piano

チェンバロ **das Cembalo** /チェンバロ/ 英 cembalo, harpsichord

(パイプ)オルガン **die Orgel** /オルゲル/ 英 organ

合唱団 **der Chor** /コーア/ 英 chorus

893

ソプラノ　*der* **Sopran** / ゾプラーン / 英 soprano

メゾソプラノ　*der* **Mezzosopran** / メッツォゾプラーン / 英 mezzo-soprano

アルト　*der* **Alt** / アルト / 英 alto

テノール　*der* **Tenor** / テノーア / 英 tenor

バリトン　*der* **Bariton** / バリトン / 英 baritone

バス　*der* **Bass** / バス / 英 bass

サッカー　*der* **Fußball** / フースバル /

チーム　*die* **Mannschaft** / マンシャフト / 英 team

監督　*der(die)* **Trainer(in)** / トレーナー(-ネリン) / 英 coach

サポーター　*der(die)* **Anhänger(in)** / アンヘンガー(-ゲリン) / *der* **Fan** / フェン /
英 supporter, fan

選手　*der(die)* **Spieler(in)** / シュピーラー(-レリン) / 英 player

フォワード　*der(die)* **Stürmer(in)** / シュテュルマー(-メリン) / 英 forward

ミッドフィルダー　*der(die)* **Mittelfeldspieler(in)** / ミッテルフェルトシュピーラー
(-レリン) / 英 midfielder

ディフェンダー　*der(die)* **Verteidiger(in)** / フェアタイディガー(-ゲリン) / 英 de-
fender

ゴールキーパー　*der(die)* **Torwart(in)** / トーアヴァルト(-ティン) / 英 goal keeper

パス　*die* **Abgabe** / アップガーベ / *der* **Pass** / パス / 英 pass

ドリブル　*das* **Dribbling** / ドリブリング / 英 dribble

シュート　*der* **Schuss** / シュス / 英 shot

ヘディング　*der* **Kopfball** / コプフバル / 英 heading

ゴール　*das* **Tor** / トーア / 英 goal

アシスト　*die* **Vorlage** / フォーアラーゲ / 英 assist

センタリング　*die* **Flanke** / フランケ / 英 centering

クリアする　**klären** / クレーレン / 英 clear

コーナーキック　*der* **Eckball** / エックバル / 英 corner kick

フリーキック　*der* **Freistoß** / フライシュトース / 英 free kick

ゴールキック　*der* **Abstoß** / アップシュトース / 英 goal kick

ペナルティキック，ＰＫ　*der* **Strafstoß** / シュトラーフシュトース / *der* **Elfme-
ter** / エルフメーター / 英 penalty kick

スローイン　*der* **Einwurf** / アインヴルフ / 英 throw-in

ペナルティエリア　*der* **Strafraum** / シュトラーフラオム / 英 penalty area

ハンド　*die* **Hand** / ハント / 英 handling

オフサイド　*das* **Abseits** / アップザイツ / 英 offside

イエローカード　**gelbe Karte** / ゲルベ カルテ / 英 yellow card

レッドカード　**rote Karte** / ローテ カルテ / 英 red card

分野別単語集

894

ホームゲーム　*das* **Heimspiel** / ハイムシュピール / 寅 home game

アウェーゲーム　*das* **Gastspiel** / ガストシュピール / 寅 away game

キックオフ　*der* **Anstoß** / アンシュトース / 寅 kickoff

前半　*die* **erste Hälfte** / ディー エーアステ ヘルフテ / 寅 the first half

後半　*die* **zweite Hälfte** / ディー ツヴァイテ ヘルフテ / 寅 the second half

ハーフタイム　*die* **Halbzeit** / ハルプツァイト / 寅 half time

ロスタイム　*die* **Nachspielzeit** / ナーハシュピールツァイト / 寅 injury time

ブンデスリーガ　*die* **Bundesliga** / ブンデスリーガ / 寅 national division

時間　*die* **Zeit** / ツァイト /

年　*das* **Jahr** / ヤール / 寅 year

月　*der* **Monat** / モーナト / 寅 month

週　*die* **Woche** / ヴォッヘ / 寅 week

日　*der* **Tag** / ターク / 寅 day

時　*die* **Uhr** / ウーア / 寅 hour

分　*die* **Minute** / ミヌーテ / 寅 minute

秒　*die* **Sekunde** / ゼクンデ / 寅 second

日付　*das* **Datum** / ダートゥム / 寅 date

午前　*der* **Vormittag** / フォーアミッターク / 寅 morning

午後　*der* **Nachmittag** / ナーハミッターク / 寅 afternoon

朝　*der* **Morgen** / モルゲン / 寅 morning

昼　*der* **Mittag** / ミッターク / 寅 daytime, noon

夜　*die* **Nacht** / ナハト / 寅 night

夜明け　*die* **Morgendämmerung** / モルゲンデメルング / 寅 dawn, daybreak

日没　*der* **Sonnenuntergang** / ゾネンウンターガング / 寅 sunset

夕方　*der* **Abend** / アーベント / 寅 late afternoon, evening

深夜　*die* **Mitternacht** / ミッターナハト / 寅 midnight

今日　**heute** / ホイテ / 寅 today

明日　**morgen** / モルゲン / 寅 tomorrow

明後日　**übermorgen** / ユーバーモルゲン / 寅 the day after tomorrow

昨日　**gestern** / ゲスターン / 寅 yesterday

一昨日　**vorgestern** / フォーアゲスターン / 寅 the day before yesterday

情報　*die* **Information** / インフォルマツィオーン /

インターネット　*das* **Internet** / インターネット / 寅 Internet

サーバー　*der* **Server** / サーヴァー / 寅 server

ネットワーク　*das* **Netzwerk** / ネッツヴェルク / 寅 network

895

無線LAN (むせんらん) *das* **WLAN** / ヴェーラーン / 愛 wireless LAN

データベース (でーたべーす) *die* **Datenbasis** / ダーテンバーズィス / 愛 data base

アクセス (あくせす) *der* **Zugriff** / ツーグリフ / 愛 access

アドレス (あどれす) *die* **Adresse** / アドレッセ / 愛 address

Eメール (いーめーる) *die* **E-Mail** / イーメイル / 愛 e-mail

パスワード (ぱすわーど) *das* **Passwort** / パスヴォルト / 愛 password

ユーザー名 (ゆーざーめい) *die* **Benutzerkennung** / ベヌッツァーケヌング / 愛 user name

ファイル (ふぁいる) *die* **Datei** / ダタイ / 愛 file

フォルダ (ふぉるだ) *der* **Ordner** / オルドナー / 愛 directory

クリックする (くりっくする) **klicken** / クリッケン / 愛 click

アップロードする (あっぷろーどする) **hoch|laden** / ホーホラーデン / 愛 upload

ダウンロードする (だうんろーどする) **herunter|laden** / ヘルンターラーデン / 愛 download

シェアする (しぇあする) **frei|geben** / フライゲーベン / 愛 share

サイト (さいと) *die* **Webseite** / ヴェップザイテ / 愛 site

パソコン (ぱそこん) *der* **PC** / ペーツェー / 愛 personal computer

デスクトップ (ですくとっぷ) *der* **Desktop** / デスクトップ / 愛 desk-top

ノートパソコン (のーとぱそこん) *das* **Notebook** / ノウトブック / 愛 notebook-type computer

タブレット (たぶれっと) *der* **Tablet-PC** / テブレトペーツェー / 愛 tablet

スマートフォン (すまーとふぉん) *das* **Smartphone** / スマートフォン / 愛 smartphone

プログラム (ぷろぐらむ) *das* **Programm** / プログラム / 愛 program

インストール (いんすとーる) *das* **Installieren** / インスタリーレン / 愛 installation

ハードディスク (はーどでぃすく) *die* **Festplatte** / フェストプラッテ / 愛 hard disk

メモリ (めもり) *der* **Speicher** / シュパイヒャー / 愛 memory

USBメモリ (ゆーえすびーめもり) *der* **USB-Stick** / ウーエスベースティック / 愛 USB memory stick

キーボード (きーぼーど) *die* **Tastatur** / タスタトゥーア / 愛 keyboard

マウス (まうす) *die* **Maus** / マオス / 愛 mouse

モニター (もにたー) *der* **Monitor** / モーニトーア / 愛 monitor

プリンター (ぷりんたー) *der* **Drucker** / ドルッカー / 愛 printer

スキャナー (すきゃなー) *der* **Scanner** / スキャナー / 愛 scanner

ウインドウ (ういんどう) *das* **Fenster** / フェンスター / 愛 window

絵文字 (えもじ) *das* **Emoji** / エモジ / 愛 pictorial symbol, emoticon

分野別単語集

職業 *der* **Beruf** / ベルーフ /

エンジニア (えんじにあ) *der(die)* **Ingenieur(in)** / インジェニエーア(-エァリン)/ 愛 engineer

会社員 (かいしゃいん) *der/die* **Angestellte** / アンゲシュテルテ / 愛 office worker

教員 (きょういん) *der(die)* **Lehrer(in)** / レーラー(-レリン)/ 愛 teacher

銀行員 (ぎんこういん) *der/die* **Bankangestellte** / バンクアンゲシュテルテ / 愛 bank clerk

警察官 (けいさつかん) *der(die)* **Polizist(in)** / ポリツィスト(-ティン)/ 愛 police officer

公務員 *der(die)* **Beamte(-in)** / ベアムテ(-ティン)/ 英 public official

裁判官 *der(die)* **Richter(in)** / リヒター(-テリン)/ 英 judge

作家 *der(die)* **Schriftsteller(in)** / シュリフトシュテラー(-レリン)/ 英 writer, author

消防士 *der(die)* **Feuerwehrmann(-frau)** / フォイアーヴェーアマン(-フラオ)/ 英 fire fighter

ジャーナリスト *der(die)* **Journalist(in)** / ジュルナリスト(-ティン)/ 英 journalist

スタイリスト *der(die)* **Stylist(in)** / スタイリスト(-ティン)/ 英 stylist

セールスマン *der(die)* **Vertreter(in)** / フェアトレーター(-テリン)/ 英 salesman

大工 *der* **Zimmermann** / ツィマーマン/ 英 carpenter

店員 *der(die)* **Verkäufer(in)** / フェアコイファー(-フェリン)/ 英 clerk

美容師 *der(die)* **Kosmetiker(in)** / コスメーティカー(-ケリン)/ *der(die)* **Friseur(-se)** / フリゼーア(-ゼーゼ)/ 英 beautician, hairdresser

フライトアテンダント *der(die)* **Flugbegleiter(in)** / フルークベグライター(-テリン)/ 英 flight attendant

弁護士 *der(die)* **Rechtsanwalt(-wältin)** / レヒツアンヴァルト(-ヴェルティン)/ 英 lawyer, counsel

漁師 *der(die)* **Fischer(in)** / フィッシャー(-シェリン)/ 英 fisherman

食器 *das* **Geschirr** / ゲシル/

スプーン *der* **Löffel** / レッフェル/ 英 spoon

フォーク *die* **Gabel** / ガーベル/ 英 fork

ナイフ *das* **Messer** / メッサー/ 英 knife

箸 *die* **Essstäbchen** *pl.* / エスシュテープヒェン/ 英 chopsticks

コップ *das* **Glas** / グラース/ 英 glass

カップ *die* **Tasse** / タッセ/ 英 cup

ティーカップ *die* **Teetasse** / テータッセ/ 英 tea cup

ソーサー *die* **Untertasse** / ウンタータッセ/ 英 sauser

グラス *das* **Glas** / グラース/ 英 glass

ワイングラス *das* **Weinglas** / ヴァイングラース/ 英 wineglass

ジョッキ *der* **Bierkrug** / ビーアクルーク/ 英 jug, mug

水差し *der* **Krug** / クルーク/ *die* **Wasserkanne** / ヴァッサーカネ/ 英 pitcher

ティーポット *die* **Teekanne** / テーカネ/ 英 teapot

コーヒーポット *die* **Kaffeekanne** / カフェカネ/ 英 cofeepot

皿 *der* **Teller** / テラー/ 英 plate, dish

小皿 **kleiner Teller** / クライナー テラー/ 英 small plate

大皿 *die* **Platte** / プラッテ/ 英 platter

897

おわん
お碗 *die* **Holzschale** / ホルツシャーレ / 英 rice-bowl

さらだぼうる
サラダボウル *die* **Salatschüssel** / ザラートシュッセル / 英 salad bowl

すとろー
ストロー *der* **Strohhalm** / シュトローハルム / 英 straw

なぷきん
ナプキン *die* **Serviette** / ゼルヴィエッテ / 英 napkin

数字　*die* **Zahl** / ツァール / *die* **Ziffer** / ツィッファー /

ぜろ・れい
0　*die* **Null** / ヌル / 英 zero

いち
1　(基数)**eins** / アインス / 英 one　(序数)**erst** / エーアスト / 英 first

に
2　(基数)**zwei** / ツヴァイ / 英 two　(序数)**zweit** / ツヴァイト / 英 second

さん
3　(基数)**drei** / ドライ / 英 three　(序数)**dritt** / ドリット / 英 third

し・よん
4　(基数)**vier** / フィーア / 英 four　(序数)**viert** / フィーアト / 英 fourth

ご
5　(基数)**fünf** / フュンフ / 英 five　(序数)**fünft** / フュンフト / 英 fifth

ろく
6　(基数)**sechs** / ゼクス / 英 six　(序数)**sechst** / ゼクスト / 英 sixth

しち・なな
7　(基数)**sieben** / ズィーベン / 英 seven

　　(序数)**siebt** / ズィープト / **siebent** / ズィーベント / 英 seventh

はち
8　(基数)**acht** / アハト / 英 eight　(序数)**acht** / アハト / 英 eighth

く・きゅう
9　(基数)**neun** / ノイン / 英 nine　(序数)**neunt** / ノイント / 英 ninth

じゅう
10　(基数)**zehn** / ツェーン / 英 ten　(序数)**zehnt** / ツェーント / 英 tenth

じゅういち
11　(基数)**elf** / エルフ / 英 eleven　(序数)**elft** / エルフト / 英 eleventh

じゅうに
12　(基数)**zwölf** / ツヴェルフ / 英 twelve

　　(序数)**zwölft** / ツヴェルフト / 英 twelfth

じゅうさん
13　(基数)**dreizehn** / ドライツェーン / 英 thirteen

　　(序数)**dreizehnt** / ドライツェーント / 英 thirteenth

じゅうし・じゅうよん
14　(基数)**vierzehn** / フィルツェーン / 英 fourteen

　　(序数)**vierzehnt** / フィルツェーント / 英 fourteenth

じゅうご
15　(基数)**fünfzehn** / フュンフツェーン / 英 fifteen

　　(序数)**fünfzehnt** / フュンフツェーント / 英 fifteenth

じゅうろく
16　(基数)**sechzehn** / ゼヒツェーン / 英 sixteen

　　(序数)**sechzehnt** / ゼヒツェーント / 英 sixteenth

じゅうしち・じゅうなな
17　(基数)**siebzehn** / ズィープツェーン / 英 seventeen

　　(序数)**siebzehnt** / ズィープツェーント / 英 seventeenth

じゅうはち
18　(基数)**achtzehn** / アハツェーン / 英 eighteen

　　(序数)**achzehnt** / アハツェーント / 英 eighteenth

じゅうく・じゅうきゅう
19　(基数)**neunzehn** / ノインツェーン / 英 nineteen

　　(序数)**neunzehnt** / ノインツェーント / 英 nineteenth

にじゅう
20　(基数)**zwanzig** / ツヴァンツィヒ / 英 twenty

　　(序数)**zwanzigst** / ツヴァンツィヒスト / 英 twentieth

にじゅういち
21　(基数)**einundzwanzig** / アインウントツヴァンツィヒ / 英 twenty-one

分野別単語集

	（序数）**einundzwanzigst** /アインウントツヴァンツィヒスト/	英	twenty-first
<ruby>30<rt>さんじゅう</rt></ruby>	（基数）**dreißig** /ドライスィヒ/	英	thirty
	（序数）**dreißigst** /ドライスィヒスト/	英	thirtieth
<ruby>40<rt>よんじゅう・しじゅう</rt></ruby>	（基数）**vierzig** /フィアツィヒ/	英	forty
	（序数）**vierzigst** /フィアツィヒスト/	英	fortieth
<ruby>50<rt>ごじゅう</rt></ruby>	（基数）**fünfzig** /フュンフツィヒ/	英	fifty
	（序数）**fünfzigst** /フュンフツィヒスト/	英	fiftieth
<ruby>60<rt>ろくじゅう</rt></ruby>	（基数）**sechzig** /ゼヒツィヒ/	英	sixty
	（序数）**sechzigst** /ゼヒツィヒスト/	英	sixtieth
<ruby>70<rt>しちじゅう・ななじゅう</rt></ruby>	（基数）**siebzig** /ズィープツィヒ/	英	seventy
	（序数）**siebzigst** /ズィープツィヒスト/	英	seventieth
<ruby>80<rt>はちじゅう</rt></ruby>	（基数）**achtzig** /アハツィヒ/	英	eighty
	（序数）**achtzigst** /アハツィヒスト/	英	eightieth
<ruby>90<rt>きゅうじゅう</rt></ruby>	（基数）**neunzig** /ノインツィヒ/	英	ninety
	（序数）**neunzigst** /ノインツィヒスト/	英	ninetieth
<ruby>100<rt>ひゃく</rt></ruby>	（基数）**hundert** /フンダート/	英	a hundred
	（序数）**hundertst** /フンダーツト/	英	a hundredth
<ruby>1000<rt>せん</rt></ruby>	（基数）**tausend** /タオゼント/	英	a thousand
	（序数）**tausendst** /タオゼンツト/	英	a thousandth

<ruby>1万<rt>いちまん</rt></ruby> **zehntausend** /ツェーンタオゼント/ 英 ten thousand

<ruby>10万<rt>じゅうまん</rt></ruby> **hunderttausend** /フンダートタオゼント/ 英 one hundred thousand

<ruby>100万<rt>ひゃくまん</rt></ruby> *die* **Million** /ミリオーン/ 英 one million

<ruby>1000万<rt>せんまん・いっせんまん</rt></ruby> **zehn Millionen** /ツェーン ミリオーネン/ 英 ten million

<ruby>1億<rt>いちおく</rt></ruby> **hundert Millionen** /フンダート ミリオーネン/ 英 one hundred million

<ruby>2倍<rt>にばい</rt></ruby> **doppelt** /ドッペルト/ **zweifach** /ツヴィファッハ/ 英 double

<ruby>3倍<rt>さんばい</rt></ruby> **dreifach** /ドライファッハ/ 英 triple

<ruby>1/2<rt>にぶんのいち</rt></ruby> **halb** /ハルプ/ 英 a half

<ruby>2/3<rt>さんぶんのに</rt></ruby> **zwei drittel** /ツヴァイ ドリッテル/ 英 two thirds

<ruby>2 4/5<rt>にとごぶんのよん・にかごぶんのよん</rt></ruby> **zwei und vier fünftel** /ツヴァイ ウント フィーア フュンフテル/ 英 two and four fifths

<ruby>0.1<rt>れいてんいち</rt></ruby> **null Komma eins (0,1)** /ヌル コンマ アインス/ 英 point one

<ruby>2.14<rt>にてんいちよん</rt></ruby> **zwei Komma vierzehn (2,14)** /ツヴァイ コンマ フィアツェーン/ 英 two point fourteen

---

スポーツ　*der* **Sport** /シュポルト/

<ruby>アーチェリー<rt>あーちぇりー</rt></ruby>　*das* **Bogenschießen** /ボーゲンシーセン/ 英 archery

<ruby>ウエイトリフティング<rt>うえいとりふていんぐ</rt></ruby>　*das* **Gewichtheben** /ゲヴィヒトヘーベン/ 英 weight-lifting

899

カヌー　*das* **Kanu** / カーヌ / 🏴 canoe
空手　*das* **Karate** / カラーテ / 🏴 karate
車いすテニス　*das* **Rollstuhltennis** / ロルシュトゥールテニス / 🏴 wheelchair tennis
車いすバスケットボール　*der* **Rollstuhlbasketball** / ロルシュトゥールバスケットバル / 🏴 wheelchair basketball
ゴルフ　*das* **Golf** / ゴルフ / 🏴 golf
サッカー　*der* **Fußball** / フースバル / 🏴 soccer, football
サーフィン　*das* **Surfen** / ゼーアフェン / 🏴 surfing
自転車競技　*der* **Radsport** / ラートシュポルト / 🏴 cycling
射撃　*das* **Schießen** / シーセン / 🏴 shooting
柔道　*das* **Judo** / ユード / 🏴 judo
水泳　*das* **Schwimmen** / シュヴィメン / 🏴 aquatics
スキー　*das* **Skifahren** / シーファーレン / 🏴 skiing
スケート　*das* **Eislauf** / アイスラオフ / 🏴 skating
スケートボード　*das* **Skateboard** / スケートボート / 🏴 skateboarding
スポーツクライミング　*das* **Sportklettern** / シュポルトクレッターン / 🏴 sport climbing
セーリング　*das* **Segeln** / ゼーゲルン / 🏴 sailing
ソフトボール　*der* **Softball** / ソフトボール / 🏴 softball
体操　*das* **Turnen** / トゥルネン / 🏴 gymnastics
卓球　*das* **Tischtennis** / ティッシュテニス / 🏴 table tennis
テコンドー　*das* **Taekwondo** / テクヴォンド / 🏴 taekwondo
テニス　*das* **Tennis** / テニス / 🏴 tennis
トライアスロン　*das* **Triathlon** / トリーアトロン / 🏴 triathlon
馬術　*der* **Reitsport** / ライトシュポルト / 🏴 equestrian
バスケットボール　*der* **Basketball** / バスケットバル / 🏴 basketball
バドミントン　*das* **Federballspiel** / フェーダーバルシュピール / 🏴 badminton
バレーボール　*der* **Volleyball** / ヴォリバル / 🏴 volleyball
ハンドボール　*der* **Handball** / ハントバル / 🏴 handball
フェンシング　*das* **Fechten** / フェヒテン / 🏴 fencing
ボート　*das* **Rudern** / ルーダーン / 🏴 rowing
ボクシング　*das* **Boxen** / ボクセン / 🏴 boxing
ホッケー　*das* **Hockey** / ホッキ / 🏴 hockey
マラソン　*der* **Marathonlauf** / マラトンラオフ / 🏴 marathon
野球　*der* **Baseball** / ベースボール / 🏴 baseball
ラグビー　*das* **Rugby** / ラグビ / 🏴 Rugby
陸上競技　*die* **Leichtathletik** / ライヒトアトレーティク / 🏴 athletics
レスリング　*der* **Ringen** / リンゲン / 🏴 wrestling

分野別単語集

動物　*das* **Tier** /ティーア/

犬	*der* **Hund** /フント/	英 dog
猫	*die* **Katze** /カッツェ/	英 cat
ライオン	*der(die)* **Löwe(Löwin)** /レーヴェ(レーヴィン)/	英 lion
虎	*der* **Tiger** /ティーガー/	英 tiger
豹	*der* **Leopard** /レオパルト/	英 leopard, panther
麒麟	*die* **Giraffe** /ギラッフェ/	英 giraffe
象	*der* **Elefant** /エレファント/	英 elephant
鹿	*der* **Hirsch** /ヒルシュ/	英 deer
猪	*das* **Wildschwein** /ヴィルトシュヴァイン/	英 wild boar
豚	*das* **Schwein** /シュヴァイン/	英 pig
牛	*das* **Rind** /リント/	英 ox
羊	*das* **Schaf** /シャーフ/	英 sheep
山羊	*die* **Ziege** /ツィーゲ/	英 goat
熊	*der* **Bär** /ベーア/	英 bear
パンダ	*der* **Panda** /パンダ/	英 panda
駱駝	*das* **Kamel** /カメール/	英 camel

河馬　*das* **Nilpferd** /ニールプフェーアト/ *das* **Flusspferd** /フルスプフェーアト/ 英 hippopotamus

コアラ	*der* **Koala** /コアーラ/	英 koala
カンガルー	*das* **Känguru** /ケングル/	英 kangaroo
猿	*der* **Affe** /アッフェ/	英 monkey, ape
ゴリラ	*der* **Gorilla** /ゴリラ/	英 gorilla
狼	*der* **Wolf** /ヴォルフ/	英 wolf
狸	*der* **Dachs** /ダクス/	英 raccoon dog
狐	*der* **Fuchs** /フクス/	英 fox
兎	*das* **Kaninchen** /カニーンヒェン/	英 rabbit
野兎	*der* **Hase** /ハーゼ/	英 hare
鼠	*die* **Ratte** /ラッテ/ *die* **Maus** /マオス/	英 rat, mouse
栗鼠	*das* **Eichhörnchen** /アイヒヘルンヒェン/	英 squirrel
鯨	*der* **Wal** /ヴァール/	英 whale
海豹	*der* **Seehund** /ゼーフント/	英 seal
海豚	*der* **Delfin** /デルフィーン/	英 dolphin

度量衡　**Maße und Gewichte** /マーセ ウント ゲヴィヒテ/

ミリ	*der(das)* **Millimeter** /ミリメーター/	英 millimeter
センチ	*der(das)* **Zentimeter** /ツェンティメーター/	英 centimeter

901

メートル　*der(das)* **Meter** / メーター /　㋐ meter

キロメートル　*der* **Kilometer** / キロメーター /　㋐ kilometer

ヤード　*das* **Yard** / ヤールト /　㋐ yard

マイル　*die* **Meile** / マイレ /　㋐ mile

平方メートル　*der(das)* **Quadratmeter** / クヴァドラートメーター /　㋐ square meter

平方キロメートル　*der(das)* **Quadratkilometer** / クヴァドラートキロメーター /　㋐ square kilometer

アール　*das(der)* **Ar** / アール /　㋐ are

ヘクタール　*das(der)* **Hektar** / ヘクタール /　㋐ hectare

エーカー　*der* **Acre** / エーカー /　㋐ acre

グラム　*das* **Gramm** / グラム /　㋐ gram

キログラム　*das* **Kilogramm** / キログラム /　㋐ kilogram

オンス　*die* **Unze** / ウンツェ /　㋐ ounce

ポンド　*das* **Pfund** / プフント /　㋐ pound

トン　*die* **Tonne** / トネ /　㋐ ton

立方センチ　*der(das)* **Kubikzentimeter** / クビークツェンティメーター /　㋐ cubic centimeter

リットル　*der(das)* **Liter** / リーター /　㋐ liter

立方メートル　*der(das)* **Kubikmeter** / クビークメーター /　㋐ cubic meter

摂氏　**Celsius** / ツェルズィウス /　㋐ Celsius

華氏　**Fahrenheit** / ファーレンハイト /　㋐ Fahrenheit

肉　*das* **Fleisch** / フライシュ /

牛肉　*das* **Rindfleisch** / リントフライシュ /　㋐ beef

子牛肉　*das* **Kalbfleisch** / カルプフライシュ /　㋐ veal

豚肉　*das* **Schweinefleisch** / シュヴァイネフライシュ /　㋐ pork

鶏肉　*das* **Hühnerfleisch** / ヒューナーフライシュ /　㋐ chicken

羊の肉　*das* **Schaf** / シャーフ /　㋐ ram

子羊の肉　*das* **Lamm** / ラム /　㋐ lamb

ジビエ　*das* **Wild** / ヴィルト /　㋐ game

鴨　*die* **Ente** / エンテ /　㋐ duck

野兎　*der* **Hase** / ハーゼ /　㋐ hare

挽肉　*das* **Hackfleisch** / ハックフライシュ /　㋐ ground meat

赤身　**mageres Fleisch** / マーゲレス フラシュ /　㋐ lean

ヒレ肉　*das* **Filet** / フィレー /　㋐ fillet

リブロース　*die* **Lende** / レンデ /　㋐ loin

サーロイン　*das* **Roastbeef** / ローストビーフ /　㋐ sirloin

分野別単語集

タン　*die* **Zunge** /ツンゲ/ Ⓔ tongue
レバー　*die* **Leber** /レーバー/ Ⓔ liver
ハム　*der* **Schinken** /シンケン/ Ⓔ ham
薫製の　**geräuchert** /ゲロイヒャート/ Ⓔ smoked
ソーセージ　*die* **Wurst** /ヴルスト/ Ⓔ sausage
ベーコン　*der* **Speck** /シュペック/ Ⓔ bacon
サラミ　*die* **Salami** /ザラーミ/ Ⓔ salami

日本料理　**japanisches Essen** /ヤパーニシェス エッセン/

饂飩　*das* **Udon** /ウドン/ **japanische Weizennudeln** *pl.* /ヤパーニシェ ヴァイ
ツェンヌーデルン/ Ⓔ Udon
コロッケ　*die* **Krokette** /クロケッテ/ Ⓔ croquette
しゃぶしゃぶ　*das* **Shabu shabu** /シャブシャブ/ Ⓔ Shabu-shabu
すき焼き　*das* **Sukiyaki** /スキヤキ/ Ⓔ Sukiyaki
寿司　*das* **Sushi** /ズーシ/ Ⓔ Sushi
煎餅　**japanischer Reiscracker** /ヤパーニシャー ライスクラッカー/ Ⓔ Senbei
蕎麦　*das* **Soba** /ソバ/ *die* **Buchweizennudeln** *pl.* /ブーフヴァイツェンヌーデル
ン/ Ⓔ Soba
漬物　*das* **Eingelegte** /アインゲレークテ/ Ⓔ pickles
とんかつ　**japanisches Schweinekotelett** /ヤパーニシェス シュヴァイネコテレッ
ト/ Ⓔ Tonkatsu
丼　*das* **Schüsselgericht** /シュッセルゲリヒト/ Ⓔ Donburi
抹茶　*der* **Matcha** /マッチャ/ **grüner Pulvertee** /グリューナー プルファーテー/
Ⓔ Matcha, green tea
味噌汁　*die* **Misosuppe** /ミゾズッペ/ Ⓔ Miso soup

飲み物　*das* **Getränk** /ゲトレンク/

水　*das* **Wasser** /ヴァッサー/ Ⓔ water
ミネラルウォーター　*das* **Mineralwasser** /ミネラールヴァッサー/ Ⓔ mineral
water
炭酸水　*der* **Sprudel** /シュプルーデル/ Ⓔ soda water
赤ワイン　*der* **Rotwein** /ロートヴァイン/ Ⓔ red wine
白ワイン　*der* **Weißwein** /ヴァイスヴァイン/ Ⓔ white wine
スパークリングワイン　*der* **Sekt** /ゼクト/ Ⓔ der Sekt
ビール　*das* **Bier** /ビーア/ Ⓔ beer
生ビール　*das* **Fassbier** /ファスビーア/ Ⓔ draft beer
ウイスキー　*der* **Whisky** /ヴィスキー/ Ⓔ whiskey

903

こにゃっく
コニャック *der* **Cognac** / コニャック / 英 cognac

にほんしゅ
日本酒 *der* **Reiswein** / ライスヴァイン / 英 sake

かくてる
カクテル *der* **Cocktail** / コックテール / 英 cocktail

こーら
コーラ *das(die)* **Cola** / コーラ / 英 cola

じゅーす
ジュース *der* **Saft** / ザフト / 英 juice

ぎゅうにゅう
牛乳 *die* **Milch** / ミルヒ / 英 milk

こーひー
コーヒー *der* **Kaffee** / カフェ / 英 coffee

かふぇおれ
カフェオレ *der* **Kaffee mit Milch** / カフェ ミット ミルヒ / 英 café au lait

かぷちーの
カプチーノ *der* **Cappuccino** / カプチーノ / 英 cappuccino

えすぷれっそ
エスプレッソ *der* **Espresso** / エスプレッソ / 英 espresso

あいすこーひー
アイスコーヒー *der* **Eiskaffee** / アイスカフェ / 英 iced coffee

こうちゃ
紅茶 *der* **Tee** / テー / 英 tea

みるく(れもん)てぃー
ミルク(レモン)ティー *der* **Tee mit** *Milch* **(***Zitrone***)** / テー ミット ミルヒ (ツィトローネ) / 英 tea with milk (lemon)

あいすてぃー
アイスティー *der* **Tee mit Eis** / テー ミット アイス / 英 iced tea

りょくちゃ
緑茶 **grüner Tee** / グリューナー テー / 英 green tea

はーぶてぃー
ハーブティー *der* **Kräutertee** / クロイターテー / 英 herb tea

ここあ
ココア *der* **Kakao** / カカオ / 英 cocoa

病院 *das* **Krankenhaus** / クランケンハオス /

分野別単語集

きゅうきゅうびょういん
救急病院 *das* **Unfallkrankenhaus** / ウンファルクランケンハオス / 英 emergency hospital

そうごうびょういん
総合病院 *die* **Poliklinik** / ポーリクリニク / 英 general hospital

いしゃ
医者 *der* **Arzt** / アールツト / *die* **Ärztin** / エーアツティン / 英 doctor

かんごし
看護師 *der* **Krankenpfleger** / クランケンプフレーガー / *die* **Krankenschwester** / クランケンシュヴェスター / 英 nurse

れんとげんぎし
レントゲン技師 *der(die)* **Röntgenassistent(***in***)** / レントゲンアスィステント (-ティン) / 英 radiographer

やくざいし
薬剤師 *der(die)* **Apotheker(***in***)** / アポテーカー(-ケリン) / 英 pharmacist, druggist

かんじゃ
患者 *der(die)* **Patient(***in***)** / パツィエント(-ティン) / 英 patient, case

しんさつしつ
診察室 *das* **Sprechzimmer** / シュプレヒツィマー / 英 consulting room

しゅじゅつしつ
手術室 *der* **Operationssaal** / オペラツィオーンスザール / 英 operating room

びょうとう
病棟 *die* **Station** / シュタツィオーン / 英 ward

びょうしつ
病室 *das* **Krankenzimmer** / クランケンツィマー / 英 hospital room

やっきょく
薬局 *die* **Apotheke** / アポテーケ / 英 drugstore

ないか
内科 **innere Medizin** / イネレ メディツィーン / 英 internal medicine

げか
外科 *die* **Chirurgie** / ヒルルギー / 英 surgery

歯科　*die* **Zahnmedizin** /ツァーンメディツィーン/ 英 dentistry
眼科　*die* **Augenheilkunde** /アオゲンハイルクンデ/ 英 ophthalmology
産婦人科　*die* **Gynäkologie** /ギュネコロギー/ 英 obsterics and gynecology
小児科　*die* **Pädiatrie** /ペディアトリー/ *die* **Kinderheilkunde** /キンダーハイルク
　ンデ/ 英 pediatrics
耳鼻咽喉科　*die* **Hals-Nasen-Ohren-Heilkunde** /ハルスナーゼンオーレンハイル
　クンデ/ 英 otorhinolaryngology
整形外科　*die* **Orthopädie** /オルトペディー/ 英 orthopedic surgery
レントゲン　*die* **Röntgenstrahlen** *pl.* /レントゲンシュトラーレン/ 英 X rays

---

病気・けが　*die* **Krankheit** /クランクハイト/ *die* **Verletzung** /フェアレッツング/

風邪　*die* **Erkältung** /エアケルトゥング/ 英 cold
インフルエンザ　*die* **Grippe** /グリッペ/ 英 influenza
おたふく風邪　*der* **Mumps** /ムンプス/ 英 mumps
結核　*die* **Tuberkulose** /トゥベルクローゼ/ 英 tuberculosis
はしか　*die* **Masern** /マーザーン/ 英 measles
エイズ　*das* **Aids** /エイズ/ 英 AIDS
食中毒　*die* **Nahrungsmittelvergiftung** /ナールングスミッテルフェアギフトゥング/
　英 food poisoning
盲腸炎　*die* **Blinddarmentzündung** /ブリントダルムエントツュンドゥング/ 英
　appendicitis
癌　*der* **Krebs** /クレープス/ 英 cancer
花粉症　*der* **Heuschnupfen** /ホイシュヌプフェン/ *die* **Pollenallergie** /ポレン
　アレルギー/ 英 hay fever
喘息　*das* **Asthma** /アストマ/ 英 asthma
認知症　*die* **Demenz** /デメンツ/ 英 dementia
糖尿病　*der* **Diabetes** /ディアベーテス/ *die* **Zuckerkrankheit** /ツッカークランク
　ハイト/ 英 diabetes
うつ病　*die* **Depression** /デプレスィオーン/ 英 depression
ストレス　*der* **Stress** /シュトレス/ 英 stress
頭痛　*der* **Kopfschmerz** /コプフシュメルツ/ 英 headache
生理痛　*die* **Menstruationsschmerzen** /メンストルアツィオーンスシュメルツェン/
　英 menstrual pain
腹痛　*das* **Bauchweh** /バオホヴェー/ *der* **Magenschmerz** /マーゲンシュメルツェ
　ン/ 英 stomachache
捻挫　*die* **Verstauchung** /フェアシュタオフング/ 英 sprain
打撲　*die* **Prellung** /プレルング/ **blauer Fleck** /ブラオアー フレック/ 英 blow
脱臼　*die* **Verrenkung** /フェアレンクング/ 英 dislocation

905

骨折 <small>こっせつ</small>   *der* **Knochenbruch** / クノッヘンブルフ / 澳 fracture
虫歯 <small>むしば</small>   *die* **Karies** / カーリエス / **fauler Zahn** / ファオラー ツァーン / 澳 cavity, tooth decay

---

野菜   *das* **Gemüse** / ゲミューゼ /

胡瓜 <small>きゅうり</small>   *die* **Gurke** / グルケ / 澳 cucumber
茄子 <small>なす</small>   *die* **Aubergine** / オベルジーネ / 澳 eggplant, aubergine
人参 <small>にんじん</small>   *die* **Karotte** / カロッテ / 澳 carrot
大根 <small>だいこん</small>   *der* **Rettich** / レッティヒ / 澳 radish
じゃが芋 <small>じゃがいも</small>   *die* **Kartoffel** / カルトッフェル / 澳 potato
南瓜 <small>かぼちゃ</small>   *der* **Kürbis** / キュルビス / 澳 pumpkin
牛蒡 <small>ごぼう</small>   **große Klette** / グローセ クレッテ / 澳 burdock
白菜 <small>はくさい</small>   *der* **Chinakohl** / ヒーナコール / 澳 Chinese cabbage
菠薐草 <small>ほうれんそう</small>   *der* **Spinat** / シュピナート / 澳 spinach
葱 <small>ねぎ</small>   *der* **Lauch** / ラオホ / 澳 leek
玉葱 <small>たまねぎ</small>   *die* **Zwiebel** / ツヴィーベル / 澳 onion
莢隠元 <small>さやいんげん</small>   *die* **Stangenbohne** / シュタンゲボーネ / 澳 green bean
大蒜 <small>にんにく</small>   *der* **Knoblauch** / クノープラオホ / 澳 garlic
トマト <small>とまと</small>   *die* **Tomate** / トマーテ / 澳 tomato
ピーマン <small>ぴーまん</small>   *der* **Paprika** / パプリカ / 澳 green pepper
キャベツ <small>きゃべつ</small>   *der* **Kohl** / コール / 澳 cabbage
芽キャベツ <small>めきゃべつ</small>   *der* **Rosenkohl** / ローゼンコール / 澳 Brussels sprouts
レタス <small>れたす</small>   *der* **Kopfsalat** / コプフザラート / 澳 lettuce
アスパラガス <small>あすぱらがす</small>   *der* **Spargel** / シュパルゲル / 澳 asparagus
カリフラワー <small>かりふらわー</small>   *der* **Blumenkohl** / ブルーメンコール / 澳 cauliflower
ブロッコリー <small>ぶろっこりー</small>   *die* **Brokkoli** / ブロッコリ / 澳 broccoli
セロリ <small>せろり</small>   *der* **Sellerie** / ゼレリ / 澳 celery
パセリ <small>ぱせり</small>   *die* **Petersilie** / ペタズィーリエ / 澳 parsley
グリーンピース <small>ぐりーんぴーす</small>   **grüne Erbse** / グリューネ エルプセ / 澳 pea
玉蜀黍 <small>とうもろこし</small>   *der* **Mais** / マイス / 澳 corn
ズッキーニ <small>ずっきーに</small>   *die* **Zucchini** / ツッキーニ / 澳 zucchini
アーティチョーク <small>あーてぃちょーく</small>   *die* **Artischocke** / アルティショッケ / 澳 artichoke
エシャロット <small>えしゃろっと</small>   *die* **Schalotte** / シャロッテ / 澳 shallot
クレソン <small>くれそん</small>   *die* **Kresse** / クレッセ / 澳 watercress

分野別単語集

曜日　*der* **Wochentag** /ヴォッヘンターク/

日曜日	*der* **Sonntag** /ゾンターク/	英 Sunday
月曜日	*der* **Montag** /モーンターク/	英 Monday
火曜日	*der* **Dienstag** /ディーンスターク/	英 Tuesday
水曜日	*der* **Mittwoch** /ミットヴォッホ/	英 Wednesday
木曜日	*der* **Donnerstag** /ドナースターク/	英 Thursday
金曜日	*der* **Freitag** /フライターク/	英 Friday

土曜日　*der* **Samstag** /ザムスターク/　*der* **Sonnabend** /ゾンアーベント/　英 Saturday

週　*die* **Woche** /ヴォッヘ/　英 week

週末　*das* **Wochenende** /ヴォッヘンエンデ/　英 weekend

平日　*der* **Werktag** /ヴェルクターク/　*der* **Wochentag** /ヴォッヘンターク/　英 weekday

休日　*der* **Feiertag** /ファイアーターク/　英 holiday

レストラン　*das* **Restaurant** /レストラーン/

満席　**voll** /フォル/　英 Full house

テイクアウトで　**zum Mitnehmen** /ツム ミットネーメン/　英 takeout, carryout

店内で　**hier (essen)** /ヒーア (エッセン)/　英 in the store

カウンター席　*der* **Platz an der Theke** /プラッツ アン デア テーケ/　英 bar

座敷席　*das* **Tatamizimmer** /タタミツィマー/　英 Japanese style tatami room

食券　*die* **Essensmarke** /エッセンスマルケ/　英 meal ticket

揚げ　**frittiert** /フリティールト/　英 fried

炒め　**gebraten** /ゲブラーテン/　英 stir-fried

焼き　**gebacken** /ゲバッケン/　英 grilled, broiled

おすすめの　**empfehlenswert** /エンプフェーレンスヴェーアト/　英 recommended

注文　*die* **Bestellung** /ベシュテルング/　英 (back) order

会計　*das* **Zahlen** /ツァーレン/　英 check

2017 年 9 月 10 日　　初版発行

デイリー日独英辞典　カジュアル版

2017 年 9 月 10 日　　第 1 刷発行

編　者	三省堂編修所
発行者	株式会社三省堂　代表者 北口克彦
印刷者	三省堂印刷株式会社
発行所	株式会社三省堂

〒 101-8371
東京都千代田区三崎町二丁目 22 番 14 号
電話　編集　(03) 3230-9411
　　　営業　(03) 3230-9412
http://www.sanseido.co.jp/

落丁本・乱丁本はお取り替えいたします。

ISBN978-4-385-12279-3

〈カジュアル日独英・912pp.〉

本書を無断で複写複製することは、著作権法上の例外を除き、禁じられています。また、本書を請負業者等の第三者に依頼してスキャン等によってデジタル化することは、たとえ個人や家庭内での利用であっても一切認められておりません。

三省堂 デイリー3か国語辞典シリーズ

シンプルで使いやすい
デイリー
3か国語
辞典シリーズ

B6変・912頁(日中英は928頁)・2色刷

★ 日常よく使われる語句をたっぷり収録
★ 仏～韓の各言語と英語はカナ発音付き
★ 日本語見出しはふりがなとローマ字付き
★ 付録に「日常会話」(音声ウェブサービス付き)と「分野別単語集」

デイリー日仏英辞典　　デイリー日西英辞典
デイリー日独英辞典　　デイリー日中英辞典
デイリー日伊英辞典　　デイリー日韓英辞典

コンパクトで見やすい
デイリー
3か国語
会話辞典シリーズ

A6変・384頁・2色刷

★ かんたんに使える表現1,200例
★ 仏～韓の各言語はカナ発音付き
★ 実際の場面を想定した楽しい「シミュレーション」ページ
★ コラム・索引・巻末単語帳も充実

デイリー日仏英3か国語会話辞典
デイリー日独英3か国語会話辞典
デイリー日伊英3か国語会話辞典
デイリー日西英3か国語会話辞典
デイリー日中英3か国語会話辞典
デイリー日韓英3か国語会話辞典

定冠詞（類）・不定冠詞（類）の変化

■定冠詞（類）

	単数 男性	単数 女性	単数 中性	複数
1格	der/dieser	die/diese	das/dieses	die/diese
2格	des/dieses	der/dieser	des/dieses	der/dieser
3格	dem/diesem	der/dieser	dem/diesem	den/diesen
4格	den/diesen	die/diese	das/dieses	die/diese

指示代名詞 jener, solcher; 疑問代名詞 welcher; 不定代名詞 jeder, mancher も上の指示代名詞 dieser の変化に準ずる.

■不定冠詞（類）

	単数 男性	単数 女性	単数 中性	複数
1格	ein/mein	eine/meine	ein/mein	-/meine
2格	eines/meines	einer/meiner	eines/meines	-/meiner
3格	einem/meinem	einer/meiner	einem/meinem	-/meinen
4格	einen/meinen	eine/meine	ein/mein	-/meine

所有代名詞 dein「きみの」, sein「彼の／それの」, ihr「彼女の／彼らの／彼女らの／それらの」, unser「私たちの」, euer「きみたちの」, Ihr「あなたの／あなたがたの」および否定冠詞 kein も, 上の mein「私の」に準じて変化する.
複数形の不定冠詞はない.

形容詞の付加語的用法

	単数 男性	単数 女性
1格	guter Tee	gute Milch
2格	guten Tees	guter Milch
3格	gutem Tee	guter Milch
4格	guten Tee	gute Milch
1格	der alte Baum	die neue Tür
2格	des alten Baums	der neuen Tür
3格	dem alten Baum	der neuen Tür
4格	den alten Baum	die neue Tür
1格	ein guter Vater	eine nette Mutter
2格	eines guten Vaters	einer netten Mutter
3格	einem guten Vater	einer netten Mutter
4格	einen guten Vater	eine nette Mutter